Claudia Sewig

DER MANN, DER DIE TIERE LIEBTE

Claudia Sewig

Der Mann, der die Tiere liebte

Bernhard Grzimek
Biografie

Gustav Lübbe Verlag

Gustav Lübbe Verlag in der Verlagsgruppe Lübbe

Originalausgabe

Copyright © 2009 by Verlagsgruppe Lübbe GmbH & Co. KG, Bergisch Gladbach

Titelformulierung mit freundlicher Unterstützung von GEO

Lektorat: Stefanie Heinen
Personenregister: Judith Mandt
Umschlaggestaltung: Gisela Kullowatz
Umschlagmotiv: © Prof. Bernhard Grzimek/OKAPIA
Satz: Druck & Grafik Siebel, Lindlar
Gesetzt aus der Adobe Garamond Pro
Druck und Einband: CPI-Ebner & Spiegel, Ulm

Printed in Germany
ISBN 978-3-7857-2367-8

5 4 3 2

Sie finden uns im Internet unter: www.luebbe.de
Bitte beachten Sie auch: www.lesejury.de

Für Heidi, Rachel, Wolfgang und Katrin

VORWORT

In einem Brief aus England hieß er »Grizimek«, in Schreiben aus Australien »Grcymec«, aus Moskau »Grgimeck« und aus Kenia »Griemsbeck«.
Schon sein Name war außergewöhnlich, und die Person dahinter nicht
weniger facettenreich: Bernhard Grzimek. Veterinär, Zoodirektor, Fernsehmoderator, Naturschützer, Umweltpolitiker. Seine verschiedenen
Betätigungsfelder gingen weit über sein Image als Fernsehprofessor der
Nation hinaus. Der Mann hinter dem schwierigen Namen war noch viel
mehr: Visionär, Oscar-Gewinner, Abenteurer, Scherzartikelfan, Frauenschwarm.

Mit näselnder Stimme und wilden Tieren im Fernsehstudio zog er
drei Jahrzehnte lang Millionen Zuschauer in seinen Bann. Seine Sendereihe *Ein Platz für Tiere* ist für die Kinder der Sechziger- und Siebzigerjahre gleichbedeutend mit der ersten Abendsendung, die sie sehen durften. Auch sonst weckt der Name Erinnerungen: an die abenteuerliche
Reise von Bernhard und Michael Grzimek in die Serengeti Ende der
Fünfzigerjahre, ihren Kinofilm *Serengeti darf nicht sterben*, der als erster
und bis ins Jahr 2002 einziger deutscher Film überhaupt und bisher einziger deutscher Dokumentarfilm einen Oscar erhielt. An seine zahllosen
Bücher, seine spektakulären Aktionen gegen Pelzmäntel und Legebatterien und sein unermüdliches Werben für den Naturschutz.

Doch wie war er privat? Sein Geburtsjahr 1909 teilte er mit anderen
Prominenten wie dem Kölner Volksschauspieler Willy Millowitsch, Komiker Heinz Ehrhardt, Königin Juliana der Niederlande, dem schwedischen Grafen Lennart Bernadotte oder dem britischen Ornithologen
Sir Peter Markham Scott. Letztere standen mit ihm im Kampf um die

Natur in Kontakt. Allesamt gehören sie zu einer Generation, die zwei Weltkriege miterlebte, die Geburtsstunde des Fernsehens und das Aufkommen der Umweltbewegung.

Bernhard Grzimek erkannte die Wichtigkeit des Naturschutzes früh. Früher als viele andere. Er wetterte deswegen gegen die Überbevölkerung, hatte selbst jedoch mehrere Kinder von verschiedenen Frauen. Er verhandelte mit Diktatoren, wenn es der Natur dienlich war. Er schien ein öffentliches Leben zu leben und starb einsam, während einer Zirkusvorstellung. Grzimek war eine kontroverse Persönlichkeit und ein Genie der Selbstvermarktung, der aus seinem Privatleben ein großes Geheimnis machte. Er drohte am Tod seines Sohnes Michael zu zerbrechen und heiratete doch später dessen Witwe, seine Schwiegertochter.

Vielleicht gäbe es ohne ihn den Frankfurter Zoo nicht mehr, dessen Schließung bereits beschlossen war, als Bernhard Grzimek ihn als Direktor übernahm. Vielleicht hätte die Serengeti, Tansanias bekanntester Nationalpark, nicht mehr die heutige Größe und internationale Beachtung, wenn sie Bernhard Grzimek nicht der Weltöffentlichkeit bekannt gemacht und jahrzehntelang für ihren Schutz gekämpft hätte. Sicherlich sähe es um etliche Gebiete und Arten in vielen Ländern dieser Erde, aber auch in Deutschland selbst heute schlechter aus, wenn der damalige Präsident der Zoologischen Gesellschaft Frankfurt (ZGF) nicht Spenden für deren Schutz geworben und bereitgestellt hätte – immer unter Einbeziehung von Entscheidungsträgern aus Politik und Wirtschaft und der breiten Öffentlichkeit.

»Seine Bedeutung liegt darin, dass ihm die Fähigkeit gegeben ist, seine reichen Erfahrungen anderen zugänglich zu machen. Durch sie wird Bernhard Grzimek zu einem der wichtigsten Prediger des Naturschutzes«, schrieb Nobelpreisträger Konrad Lorenz 1979 in seinem Vorwort zu Grzimeks Buch *Vom Grizzlybär zur Brillenschlange*, und er führt aus: »Bernhard Grzimek predigt aber durchaus nicht ausschließlich und engherzig im Interesse von Tieren. Er hat stets das Ganze im Auge, und dieses Ganze ist nicht mehr und nicht weniger als das Ökosystem unseres Planeten, das heißt die Gesamtheit aller Tier- und Pflanzenarten, in der und von der wir leben. Alles, was er schreibt, ist eine Mahnung zur Rettung von uns selbst. Alles, was er schreibt, ist absolute, unbestechliche Wahrheit.«

Bernhard Grzimek, ein Mahner im Namen der Natur, wie es ihn kein zweites Mal gab. Sein Name spricht sich übrigens, so hat er es einst selbst erklärt, wie folgt aus: Das »rz« weich, wie das »J« im französischen Wort »Jardin« (Garten). Davor dann das »G«. Also ungefähr so, als würde der Name »Gschimek« geschrieben – eine Variante, die in den mehr als zwanzig verschiedenen Anreden aus zweiundvierzig Jahren internationaler Geschäftspost allerdings überraschenderweise fehlt.

KINDHEIT MIT HÜHNERN

»Liebe Frau, Bernhard ist munter und er sitzt schon.
Er setzt sich von selbst auf, wenn er etwas angelehnt wird.
Das wurde gestern festgestellt.«

19. November 1909; Brief von Paulfranz an Margot Grzimek

Wie leicht hätte alles anders kommen können. Ganz anders. 1948, in
Frankfurt am Main, steht Bernhard Grzimek am Scheideweg seines Lebens. Er steht unter Anklage, ist des Postens als Zoodirektor enthoben,
vom Militärgericht verurteilt. Er wird von Kollegen denunziert, und Ver-
lage werden öffentlich davor gewarnt, weiterhin Bücher und Artikel von
ihm zu veröffentlichen.

Die populären Fernsehsendungen, die vielen, in sechsundzwanzig
Sprachen übersetzten Bücher und die preisgekrönten Kinofilme, der erfolgreiche Aufbau des Frankfurter Zoos und die engagierte Naturschutzarbeit, ganz besonders in Afrika. Nichts von alledem würden wir heute
mit dem Namen Bernhard Grzimek verbinden, wären die Ereignisse 1948
anders verlaufen. Grzimek, damals neununddreißig Jahre alt, durchlebt
die wohl kritischste Phase seines Lebens. Exakt zur Hälfte seines Lebens
nennt er eine kleine Familie, den Doktortitel als Tierarzt, eine Reihe von
Veröffentlichungen, etliche Jahre als Regierungsrat und seit gut zwei Jahren den Zoodirektorenposten in Frankfurt am Main sein Eigen. Durchaus etwas, womit er sich sehen lassen kann, aber noch lange nicht das,
wofür ihn später Millionen Menschen weltweit kennen und schätzen.
Der Weg zum »populärsten Deutschen« seiner Zeit ist noch weit.

Ob Bernhard Grzimek um die Bedeutung des Jahres weiß? »Mein
Vater war die ganze Zeit zuversichtlich, wieder ins Amt zu kommen«,
sagt Rochus Grzimek, sein ältester Sohn, rückblickend. »Er hatte ja eine
weiße Weste und auch durchschaut, was da lief.« Und auch wenn – oder
vielleicht gerade auch weil – die Weste nicht ganz so weiß ist, nimmt
Bernhard Grzimek die Dinge wie gewohnt in die Hand.

An einem bedeckten, leicht regnerischen Sonnabend kommt Bernhard Grzimek am 24. April 1909 als jüngstes von sechs Geschwistern in Neisse zur Welt.

»Der Justizrat, Rechtsanwalt und Notar Paulfranz Grzimek, wohnhaft in Neisse, Breslauerstrasse 24 / 25 (…) zeigte an, dass von der Margarete genannt Margot Grzimek (…) in seiner Wohnung am 24. April des Jahres tausendneunhundertundneun, vormittags um zwölf einviertel Uhr ein Knabe geboren worden sei und dass das Kind die Vornamen Bernhard Klemens Maria Hoffbauer Pius erhalten habe.« So steht es in der Geburtsurkunde, die sechs Tage später auf dem Standesamt in Neisse ausgestellt wird. Bernhard bekommt wie jedes seiner Geschwister den Namen des amtierenden Papstes. In seinem Fall ist es Pius X. Dass daneben der volle Name des heiliggesprochenen Wiener Priesters Klemens Maria Hofbauer als Vorname eingetragen wird, zeigt die starke Frömmigkeit der Familie. Bernhard Grzimeks Mutter ist, mehr noch als der Vater, eine strenggläubige Katholikin. Als Mitglied eines Dritten Ordens geht sie einer freiwilligen Verpflichtung folgend täglich zur Messe. Warum und von wem fälschlicherweise ein zweites F in den Namen Hofbauer eingefügt wird, ist ungeklärt. Bernhard Grzimek stört es nicht, im Gegenteil: Seit dem frühen Beginn seiner schriftstellerischen Tätigkeit nutzt er den Namen Clemens (mit C) Hoffbauer als Pseudonym.

Bernhard Grzimeks oberschlesische Geburtsstadt Neisse – das heutige polnische Nysa – hat zu dieser Zeit rund 25 000 Einwohner. »Schlesisches Rom« wird die am Glatzer-Neisse-Fluss und am Fuß des Sudeten-Gebirges gelegene Stadt wegen der vielen Kirchen und Klöster auch genannt. Neisse ist als Hauptstadt des Bistums Neisse-Ottmachau-Grottkau und Residenz der Bischöfe von Breslau seit dem 16. Jahrhundert katholisch. Der Handel mit Garnen und Leinen auf der einen und mit österreichischen, italienischen und ungarischen Weinen auf der anderen Seite hat Neisse im 17. Jahrhundert Wohlstand gebracht; bis zum Ende des 19. Jahrhunderts blühen in der mittelalterlichen Stadt das Zinngießer- sowie das Gold- und Silberschmiedehandwerk. Da der Breslauer Bischof Lorenz um 1215 Siedler aus dem Westen des deutschen Reiches ins Land gerufen hat, um mit ihnen die Stadt zu gründen, wird in Neisse bis 1945 ausschließlich Deutsch gesprochen. Bernhard Grzimek bedauert dies Zeit seines Lebens: Er kann zwar den Klang des Polnischen gut imitieren, lernt aber nie eine slawische Sprache.

Das Geburtshaus von Bernhard Grzimek steht in der Breslauerstraße 24–25, einer breiten, herrschaftlichen Straße, die von reich verzierten Bürgerhäusern aus der Gründerzeit gesäumt wird. In den Geschäften im Parterre herrscht 1909 ein reges Treiben; über das Kopfsteinpflaster rumpeln vereinzelt die ersten Automobile. Einer der Anziehungspunkte in der Straße ist der barocke »Schöne Brunnen« – ein bereits damals mehr als zweihundert Jahre altes Bauwerk mit einem kunstvollen, fünf Meter hohen Eisengitter, das über und über mit prachtvollen Drachen, Putten und grotesken Gestalten verziert ist. Paulfranz Grzimek hat hier schon vor der Heirat mit Bernhards Mutter Margot gewohnt. Seine erste Ehefrau, Maria Grzimek, geborene Schmook, starb 1897 im Alter von nur achtundzwanzig Jahren; aus der Verbindung mit ihr brachte Paulfranz Grzimek seine Tochter Barbara mit in die zweite Ehe. Die Halbschwester der fünf weiteren Grzimek-Geschwister ist bei Bernhards Geburt bereits zwanzig Jahre alt. Bernhard hat noch vier weitere ältere Geschwister: die Schwestern Brigitte (geboren 1903) und Franziska (1904) sowie die Brüder Notker (1905) und Ansgar (1907).

Bernhards Vater Paulfranz wagt als erster Grzimek den Schritt vom Land, wo die Wurzeln der weit verzweigten Familie liegen, in die Stadt. Als erster nachweisbarer Vorfahre gilt der um 1670 geborene oberschlesische Weingärtner und Bauer Thomas Grzimek aus Oberglogau (heute Głogówek). Auch Bernhards Großvater Joseph Grzimek lebte noch als Gutsbesitzer. Er erlernte das Brauhandwerk, betrieb es jedoch nur als Nebenerwerb auf dem von seinem Vater geerbten Gut in Schwesterwitz, gut fünfzig Kilometer von Neisse entfernt. Ein besonderer Ort für die fünf Kinder, wie Bernhard Grzimek in *Auf den Mensch gekommen* schreibt: »In den Ferien fuhren wir immer (…) nach Schwesterwitz. Das ehemalige Bauernhaus war zu einem Landsitz umgebaut, mit dunkelblauer Clematis und echtem (aber saurem) Wein berankt, das Gärtchen an der Stirnseite, zur Dorfstraße hin, immer voller blühender Blumen.«

Bernhard wächst in wohlhabenden Verhältnissen, fast großbürgerlich auf. Die Wohnung in Neisse ist weitläufig, und die Eltern beschäftigen allerlei Personal: eine Köchin, ein Kinderfräulein und ein oder zwei Dienstmädchen.

Bernhards Vater, der in Breslau, Marburg und Berlin studiert hat und durch den damals modischen üppigen Vollbart, seine hohe Stirn und den Zwicker unverkennbar ist, macht sich in Neisse als »Anwalt der Armen« einen Namen. Er ist ein politischer Mensch, Anhänger der katholischen Zentrumspartei, ein wortgewandter, diskutierfreudiger und streitbarer Geist. Eine Kandidatur für ein Reichstagsmandat muss er wegen eines schweren Herzleidens ablehnen; die Politik von Reichskanzler Bismarck, der Staat und Kirche strikt trennen will, lehnt er nichtsdestotrotz vehement ab. So weigert er sich bei seiner ersten Eheschließung im August 1888 konsequent, eine standesamtliche Trauung vor der kirchlichen Trauung vornehmen zu lassen, wie es das 1874 eingeführte Zivilehegesetz vorsieht. Karriereförderlich ist all dies nicht. Das preußisch-protestantisch geprägte Deutsche Reich sieht in ihm einen politisch Unzuverlässigen. Und so muss Paulfranz Grzimek Jahre später im preußischen Justizministerium in Berlin vorstellig werden, als sich seine Ernennung zum Justizrat verzögert. Dort erfährt er, dass man ihm vorwirft, ein »unsicherer Kandidat« zu sein. Außerdem seien seine Eltern 1891 und 1896 auf dem Friedhof des Kirchdorfes Twardawa mit Liturgien und Liedern in polnischer Sprache beerdigt worden. Dass die Menschen zu dieser Zeit hier ausschließlich Polnisch sprachen, muss er den Beamten erst erklären. So wird er dann doch noch Justizrat.

Paulfranz Grzimek ist ein gefürchteter Rhetoriker: Manchen Gesprächspartner setzt er regelrecht schachmatt – ganz gleich, ob es um politische oder religiöse Themen geht. Sein Wissen zieht er aus Gesprächen und aus seiner großen Leidenschaft: seiner umfassenden Bibliothek. Sein Sohn Bernhard entdeckt als Schüler voller Staunen die vielen handschriftlichen lateinischen Randbemerkungen seines Vaters in einer Gesamtausgabe der *Summa theologica* von Thomas von Aquin. Doch er lernt seinen Vater kaum kennen: Knapp drei Wochen vor Bernhards drittem Geburtstag, am 6. April 1912, stirbt Paulfranz Grzimek mit nur zweiundfünfzig Jahren an einem Herzleiden. Bernhard ist zu jung, um Erinnerungen an seinen Vater zu haben. Seine Mutter erzählt ihm später jedoch, dass Paulfranz Grzimek mit kleinen Kindern nichts Rechtes anzufangen wusste und neidisch auf andere Männer war, die große Söhne hatten und vernünftig mit ihnen reden konnten. Vielleicht gibt das später den Ausschlag dafür, dass Bernhard Grzimek selbst sehr früh Vater und auch nie müde wird, Bekannten und Arbeitskollegen dasselbe ans Herz zu legen.

Nach dem Tod des Vaters wachsen Bernhard und seine Geschwister in einer reinen Frauengesellschaft auf. Neben Mutter Margot kümmert sich deren Mutter Maria Wanke um die Kinder. Selbst verwitwet, reist sie aus dem fünfundsiebzig Kilometer entfernten Ratibor an, als Bernhard an Scharlach erkrankt und deshalb in der großen Wohnung von den anderen Kindern isoliert werden muss. Die Großmutter – das Wort »Oma« ist in der Familie verpönt, und selbst das Wort »Mama« muss französisch, mit Betonung auf der zweiten Silbe ausgesprochen werden – liest Bernhard Märchen vor. Von ihr, so nimmt er später an, hat er die Liebe zum Bücherschreiben geerbt. Denn für jedes Enkelkind hat Maria Wanke ein eigenes Märchen geschrieben, dessen Hauptfigur jeweils nach dem betreffenden Kind benannt ist.

Viel mehr Einfluss auf die Erziehung hat jedoch »Tante Hedwig«, die zweite Ehefrau von Bernhards Großvater Joseph und damit Stiefmutter von Paulfranz Grzimek. Nachdem Joseph Grzimek 1896 gestorben ist und nur ein Jahr später auch Paulfranz' erste Frau Maria, führt Hedwig Grzimek ihrem Stiefsohn bis zu dessen zweiter Heirat den Haushalt. Durch den geringen Altersunterschied zwischen den beiden – Hedwig ist nur dreieinhalb Jahre älter als Paulfranz – wird sie von den Kindern nie »Großmutter«, sondern immer nur »Tante Hedwig« genannt. Und zu ebendieser Tante fahren Bernhard und seine Geschwister jedes Jahr in den Ferien aufs Land.

Da keiner seiner drei Söhne es übernehmen wollte, verkaufte Joseph Grzimek das geerbte Stammgut in Schwesterwitz und baute sich am Ausgang des Dorfes an der Straße nach Twardawa einen Bauernhof als Alterssitz aus. Die Ferien, die die Kinder hier bei Tante Hedwig verleben, gehören zu ihren schönsten. Sie laufen barfuß über Stoppelfelder, baden im Dorfbach, treten beim Dorfschmied den Blasebalg oder spielen den vorbeifahrenden Bauern Streiche, indem sie einen schönen Lederriemen über die Straße legen – und diesen, wenn der Bauer von seinem hölzernen Kastenwagen steigt, um ihn aufzuheben, schnell an einem versteckten Faden zu sich in den Straßengraben ziehen. »Der glitt dann plötzlich wie eine Schlange, dicht vor seinen Händen weg, und aus dem Straßengraben sprang eine lachende Kinderschar heraus. Wir mussten dabei nur aufpassen, dass der Bauer nicht etwa noch eine Peitsche in der Hand hatte!«, schreibt Bernhard Grzimek in *Auf den Mensch gekommen* über diesen Scherz.

Dunkle Wolken ziehen in diesen Tagen nur dann auf, wenn eines der schweren Sommergewitter droht. Dann sitzen die Kinder ängstlich im ehemaligen Kuhstall, einem großen Raum mit gewölbter Decke, und beten mit dem Kinderfräulein den Rosenkranz. Die Hausangestellten sind in diesen Ferien stets mit dabei. Nur Mutter Margot fährt nie mit nach Schwesterwitz, sondern besucht währenddessen ihre drei Schwestern in Ratibor – so lautet Hedwig Grzimeks Bedingung. Denn so gibt es immer nur eine Frau im Haus, die das Sagen über die fünf Kinder beansprucht.

Der einzige Mann, der in Bernhards Kinder- und Jugendjahren eine Rolle gespielt haben mag, ist der Franziskaner Pater Gaudentius Strzybny. Er ist katholischer Geistlicher und unterrichtet am ein wenig außerhalb von Neisse gelegenen Klosterinternat St. Rochus Mathematik. Nach dem Tod von Bernhards Vater kümmert sich Pater Gaudentius sehr um Margot Grzimek und die Kinder. Keines der Grzimek-Kinder wird in St. Rochus unterrichtet, aber Margot Grzimek geht täglich zur Messe und beichtet bei Pater Gaudentius. Besonders im Ersten Weltkrieg werden die Mönche des Klosters eine große Stütze für die gesamte Familie.

Not leidet die Familie nach dem Tod des Ernährers vorerst jedoch nicht. Der großzügige bürgerliche Haushalt wird auch nach dem Umzug der Familie 1913 in die Bahnhofstraße 9 weitergeführt. Das ist sicherlich zu einem großen Teil Bernhards Halbschwester Barbara zu verdanken: Damit die allesamt noch so jungen Kinder gut heranwachsen können, überlässt sie ihrer Stiefmutter Margot Grzimek einen großen Teil ihres Erbes. Dabei dürfte es sich nicht nur durch den Anteil ihres Vaters, sondern auch durch eine Erbschaft vonseiten ihrer Mutter, die einer alten Aachener Goldschmiedefamilie entstammte, um eine respektable Summe gehandelt haben. Barbara selbst hat zwei Monate vor dem Tod des Vaters nach Breslau geheiratet.

Bernhard, so beschreiben ihn seine Geschwister später, war ein behäbiges Kleinkind mit einem ziemlich großen Kopf, das sehr langsam und überlegt sprach. Die daraus resultierenden Spitznamen wie »Bruder Langsam« und »Kürbis« brachten ihn nicht aus der Fassung. In einem

Brief erinnert sich Schwester Franziska (von allen nur »Fränze« genannt):
»Er war zwar nicht hübsch, besonders im Gegensatz zu den beiden anderen, aber auch absolut nicht hässlich! Da sieht man wieder einmal die verschiedenen Geschmäcker, im Grunde beruhen alle menschlichen Differenzen darauf, dass jedem was anderes gefällt und man sich meistens nicht einigen kann.«

Schon in diesen jungen Jahren, noch vor dem Ersten Weltkrieg, erwacht Bernhards Faszination für Tiere. Vorerst fesselt der ausgestopfte Papagei von Nachbarin Elfriede Winkler seine Aufmerksamkeit. Tante Friedel, wie die Kinder sie nennen, verspricht Bernhard den Exoten als Erbstück. Und dieser betet prompt dafür, dass dieser Fall bald eintritt.

Die Friedenszeit, in der sich das Deutsche Reich nach der Gründung des Kaiserreiches unter Wilhelm I. 1871 befindet und während der Bernhard Grzimek seine ersten fünf Lebensjahre verbringt, endet mit dem Ausbruch des ersten Weltkrieges und der Mobilmachung des Deutschen Reiches am 1. August 1914.

Neisse ist ein bedeutender Militärstandort: Seit 1859 befindet sich hier eine der drei preußischen Kriegsschulen, und bis zum Ersten Weltkrieg ist die Stadt Sitz eines Divisionsstabes sowie von je einer Kavallerie-, Infanterie- und Feldartilleriebrigade, zweier Infanterieregimenter, einer Fußartillerieabteilung und eines Pionierbataillons. Als Margot Grzimek mit ihren Kindern und dem Personal im zweiten Kriegsjahr in einen Außenbezirk zieht, kann die Familie vom Küchenfenster aus die exerzierenden Soldaten beobachten.

Das Haus mit zwei Sieben-Zimmer-Wohnungen mit gesonderten Räumen für Waschküche und die, damals üblichen, Bediensteten steht in der Obermährengasse, einer breiten Straße mit mehreren Villen, einem Krankenhaus und einem Kloster. Gleich hinter dem Haus gibt es ein ungenutztes Sägewerk, in das während des Krieges Soldaten einquartiert werden. Diese werden auf dem ehemaligen Holzlagerplatz gedrillt, bis sie zur Front geschickt werden. Für Bernhard und seine Brüder Ansgar und Notker ist es ein großer Spaß, versteckt mit einer Trillerpfeife die Soldaten stillstehen und sie im Glauben zu lassen, das Signal sei von einem Feldwebel gegeben worden.

Überhaupt ist die Welt in diesen Tagen für die Brüder ein großer Abenteuerspielplatz. Nicht nur, dass sie sich heimlich in die Unterkünfte

der Soldaten schleichen. Besonders die alten friderizianischen Festungs-
wälle, die hinter dem Holztrockenplatz des Sägewerks und dem dahinter
liegenden Obstgarten beginnen, werden ihr liebster Aufenthaltsort. Die
mächtige Festungsanlage wird während des Krieges nicht mehr scharf
bewacht, und so spielen Bernhard, seine Brüder und Freunde in den
ziegelgemauerten Festungsgräben mit schweren Holzschilden und echten Beilen Indianer, stemmen zum Emporklettern Löcher in die Wände
oder brechen mit anderen Jugendbanden die alten Gewölbe auf, um die
unterirdischen, dunklen Gänge zu erkunden.

Kaum zu halten sind die Kinder, wenn ein Zirkus in die Stadt kommt.
Meist ist es der renommierte Zirkus Straßburger, dessen Artisten und
jüdische Betreiber in späteren Jahren immer stärker den rassistischen Repressalien der Nationalsozialisten ausgesetzt sein werden und der 1935
von Paula Busch übernommen wird. Wenn die Mitarbeiter anfangen,
das Zelt auf dem Exerzierplatz aufzubauen, sind die Grzimek-Kinder
meist schon dabei. »Kam unsere Mutter uns abends Gute Nacht sagen,
so lagen wir öfters voll angezogen im Bett, krochen nachher durch das
Fenster im Erdgeschoss hinaus, schlüpften unter der Leinwand des Zirkus durch und kletterten oben auf die hintersten Stehplätze. Oft rückten
wir während der Vorstellung von Bankreihe zu Bankreihe nach vorn. Einmal haben wir es so, ohne zu zahlen, bis zu den rotüberzogenen Logen-
plätzen geschafft«, schreibt Bernhard Grzimek in seiner Autobiografie
Auf den Mensch gekommen.

Die Faszination für den Zirkus lässt ihn zeitlebens nicht los. Doch
in diesem Moment ahnt er weder, dass er selbst einmal eine Tigerdressur
vorführen wird, noch, dass er die letzten Minuten seines Lebens unter
dem Grand Chapiteau eines Zirkus verbringen wird.

An Ostern 1915 wird Bernhard in die Katholische Volksschule Neisse
eingeschult. Die bunte Schultüte, so erinnert er sich, ist überwiegend mit
Holzwolle gefüllt. Nur obenauf liegt eine dünne Schicht Süßigkeiten –
Mangelware in Kriegszeiten. Und gleichzeitig eine böse Vorahnung auf
das, was noch kommen soll. Denn ab 1917 gibt es so wenig zu essen,
dass Bernhard und sein ältester Bruder Notker bisweilen vor Schwäche
umfallen, wenn sie in der Kirche oder der Schule länger stehen müssen.
Aus grobem Maismehl backen die Frauen Küchlein in einer Pfanne, die
sie zuvor mit Wachskerzen eingefettet haben. Tierkadaver werden zu

Seife verkocht, die Schuhe mit Zöpfen aus zusammengedrehten Fasern besohlt – aber die Grzimek-Kinder laufen sowieso lieber bis in den tiefen Herbst barfuß. Hauptnahrungsmittel sind in dieser Zeit Kohlrüben, und der Laib Brot pro Person und Woche wird mit Strichen versehen, damit jedes Kind weiß, wie viel es pro Tag abschneiden darf.

»Muttel, gib mir doch ein Stückel trockenes Brot!«, soll Bernhard seine Mutter oft abends beim Gute-Nacht-Sagen angebettelt haben. Das erzählt seine Mutter ihm später. Doch ihr Jüngster entwickelt noch ganz andere Tricks: Schnell hat er gelernt, dass die alte Dame aus dem Hinterhaus ihm aus Mitleid etwas Zuckerrübensirup auf sein trockenes Brot streicht, wenn er es vor ihren Augen isst.

Doch auch Bernhard kann etwas zur Ernährung der Familie beisteuern. Bereits als Schüler hält er Tauben und Hühner, etliche Kaninchen, für die er täglich an den Wegrändern Gras schneiden und Heu machen muss, aber auch zwei weiße, hornlose Saanenziegen. Für sie hat er sogar einen Teil des verlassenen alten Garnisonsfriedhofes vom Friedhofswärter gepachtet. Sie danken es ihm mit ihrer Milch, aus denen das Kinderfräulein Quark herstellt. In der Obermährengasse erleichtern alte Stallungen, in denen früher die Kutschpferde der Bewohner untergebracht waren, die Tierhaltung. Hier bekommt Bernhard sogar nach langem Betteln ein Ferkel, das jedoch nicht lange lebt.

Alle Grzimek-Kinder sind tierbegeistert: Gemeinsam toben sie mit dem Hund herum, überzeugen die Mutter, ein Kätzchen halten zu dürfen, und Notker bringt sogar zwei Schlangen ins Haus. Die allerdings lässt Margot Grzimek umgehend aus der Wohnung entfernen. Als Bernhard acht Jahre alt ist, nimmt er einen Igel mit in den Unterricht. Von dem Zeitpunkt an ist das stachelige Tier nicht nur sein Spitzname – wohl, weil der Name Igel viel einfacher auszusprechen ist als Grzimek, wie er später einmal bemerkt. Es wird auch zu seinem Wappentier, das als Stempel seine private Post, in der Form von Manschettenknöpfen und auf Krawatten seine Kleidung ziert und an Briefkästen und auf Fahrzeugen einen Hinweis auf den Besitzer gibt.

Kein Wunder, dass Bernhards Berufswunsch in diesen Jahren bereits um Tiere kreist: Er möchte Kutscher werden, dann – sicher beeinflusst durch Pater Gaudentius – doch lieber Franziskanerpater. Auch eine Offizierslaufbahn strebt er an. Schließlich legt er sich jedoch auf Landwirt fest. Unweit vom Haus der Familie, dort, wo die Obermährengasse in die Mährengasse übergeht, stehen bereits Bauernhöfe. Und in den Ferien lernen die Kinder nicht nur in Schwesterwitz das Landleben kennen, sondern auch auf den Gütern zweier weiterer Verwandter.

Ludwig Grzimek, einer der beiden jüngeren Brüder von Bernhards Vater, hat sich aus dem Erlös des väterlichen Gutes ein Rittergut in Posen bei Hohensalza (Inowrocław) gekauft. Dort liegen Bernhard und sein Bruder Ansgar in den letzten Kriegsjahren in der Scheune im Heu und malen sich aus, wie sie welche Tiere unterbringen und was sie anbauen würden, wenn das Gut Slabençin ihnen gehörte. Onkel Ludwig hat große Ställe mit Ochsen und Kühen und baut auf dem fruchtbaren Boden des etwa fünfhundert Hektar großen Gutes Weizen und Zuckerrüben an. Von den Feldarbeitern und Hausangestellten, die allesamt Polnisch sprechen, schnappen Bernhard und seine Geschwister einige Worte auf – vor allem Schimpfwörter. Briefe, die Bernhard Grzimek viele Jahre später aus Polen bekommt, muss er sich jedoch übersetzen lassen.

Das andere Gut, von dem die Geschwister noch lange schwärmen, liegt in Westpreußen und gehört einem anderen Onkel: Oskar Mende, dem Mann von Emilie Grzimek (»Tante Milli«) aus der Krakauer Grzimek-Linie. Ihre Mutter Emilie Deloch und Bernhards Großmutter Pauline Grzimek, geborene Deloch, waren Halbschwestern. Gut Mendenau ist doppelt so groß wie das Posener Gut von Onkel Ludwig, und Oskar Mende nennt hier eine eigene Brennerei, Drechslerei, Gärtnerei, Schmiede und eine Mühle sein Eigen. Bernhard und seine Geschwister fahren mit ihm im Einspänner über die Felder, rudern in einem Kahn über den Goplo-See und fangen Krebse und Frösche. Mit der hübschen Villa und dem gepflegten Park ist Mendenau für Bernhard Grzimek ein Mustergut. Hier und auf Gut Slabençin erlernt er die Grundzüge der Landwirtschaft und der Viehhaltung, mit der er sich während seines Studiums für kurze Zeit seinen Lebensunterhalt verdienen wird.

Bereits als kleiner Junge tritt Bernhard Grzimek in den örtlichen Kleintierzüchterverein in Neisse ein und konzentriert sich besonders auf die Haltung einer Tierart: die der Antwerpener Bartzwerghühner. An diese kleinen kecken Hühner, die ursprünglich aus Belgien stammen und recht kompakt daherkommen, verliert er sein Herz so nachhaltig, dass er sie noch bis ins Rentenalter züchten wird. Als Junge baut er für sie auf dem ehemaligen Holzlagerplatz des alten Sägewerkes hinter ihrer Wohnung fünf Gehege mit fünf kleinen Ställen. Das Geld für das Futter verdient er sich mit Märchenstunden. Dabei zeigt sich bereits sein ausgeprägter Ideen- und Improvisationsreichtum: Zusammen mit seinen älteren Brüdern mietet Bernhard Grzimek Säle in den Dorfgasthäusern der Umgebung an und lässt dort durch eine Schauspielerin des Neisser Stadttheaters Märchen vorlesen. Untermalt werden diese Veranstaltungen durch Farblichtbilder, die sich die Jungen vom Deutschen Städtebund ausleihen. Die Geschwister schaffen damit eine große Attraktion, denn öffentlichen Rundfunk wird es in Deutschland erst ab Oktober 1923 geben, und das Fernsehen hält erst Mitte der Dreißigerjahre, im großen Stil sogar erst ab 1950 Einzug in deutsche Wohnstuben.

Bei so viel Engagement für seine Bartzwerge ist es kein Wunder, dass die Hühnerschar in den Ferien mitkommen muss, wenn die Kinder zu Tante Hedwig nach Schwesterwitz oder nach Posen zu Onkel Ludwig reisen. Damit seine gefiederten Lieblinge die Fahrt in Eisenbahn und Kutsche gut überstehen, baut Bernhard spezielle Transportkisten für sie.

Doch Bernhard verbringt seine Zeit nicht ausschließlich draußen und mit Tieren. In einem Brief vom Oktober 1917 schreibt Bernhards Schwester Fränze einer Freundin, dass Bernhard ausgesprochen viel lese und dann von nichts und niemandem zu stören sei. Das scheint er von seinem Vater geerbt zu haben. Sein bisweilen in sich versunkenes Wesen, das nicht nur beim Lesen an den Tag tritt, bringt ihm schon damals den Ruf ein, häufig ein wenig geistesabwesend zu sein. So überrascht er seine Lehrer mehr als einmal, indem er während des Unterrichts völlig unvermittelt aufsteht und einen Vortrag hält – der nichts mit den Ausführungen des Lehrers davor zu tun hat.

Anfang 1919, nach Ende des Ersten Weltkriegs, zieht Margot Grzimek mit ihren fünf Kindern wieder in die Stadt zurück, in die Gartenstraße 2. Auf der Suche nach einer Wohnung hätte sie im Neisser Vorort Friedrichstadt beinahe das Haus gekauft, in dem der Dichter und Schriftsteller Joseph Freiherr von Eichendorff am 26. November 1857 gestorben war. Doch das Haus hätte eine Unsumme für Sanierungsarbeiten verschlungen, und so entscheidet sie sich für eine Wohnung in der Tradition der bisherigen Grzimek'schen Wohnstätten: eine ehemals hochherr-

21

schaftliche Wohnung, gelegen im zweiten Stock, mit riesigen Zimmern, überwiegend mit Parkett ausgestattet und einem großen überdachten Vorderbalkon, auf dem die Kinder im Sommer mit Vorliebe schlafen. Hinter der Küche führt eine steinerne Wendeltreppe in den Keller, von wo die Kinder Kohlen für die riesigen Kachelöfen hinaufholen müssen.

Die leeren Pferdeställe und Kutscherwohnungen nehmen Bernhard und sein Bruder Ansgar sofort in Beschlag. Hier bauen sie eine stattliche Hühnerhaltung auf, und auch Tauben und Ziegen gehören weiterhin zum Haushalt. Da kommt es gelegen, dass der frühere Oberstabsarzt, der unter der Familie wohnt, ebenfalls ein großer Hühnernarr ist und Bernhard erlaubt, in seinem riesigen Behandlungszimmer eine petroleumgetriebene kleine Brutmaschine aufzustellen. Manchmal wäscht er sogar mit Bernhard zusammen die faulen Eier – damit der schlitzohrige Junge sie in kleine Kartons verpackt im Wartesaal des Bahnhofs liegenlassen und sich diebisch freuen kann, wenn jemand das Päckchen beiläufig mitnimmt.

Bernhard und sein zwei Jahre älterer Bruder Ansgar stehen sich in diesen Jahren besonders nah. Viele Ideen, auch für die Tierhaltung, stammen von Ansgar und werden von Bernhard umgesetzt oder ausgebaut. »Mein Onkel war einfach absolut geschäftstüchtig, mein Vater weniger«, erzählt Ansgars älteste Tochter Brita Grzimek.

So gewinnt Bernhard schon als Zehnjähriger ein Porzellanservice mit Zwerghuhnmotiv, als er seine Tiere nach Oppeln auf eine Geflügelausstellung schickt. Und unter dem Vorwand, austreten zu müssen, stiehlt er sich immer mittwochs schon vor der großen Pause aus der Schule, um auf dem Wochenmarkt seine Hühner zu verkaufen oder neue anzuschaffen.

Ab Ostern 1919 besucht Bernhard, wie seine beiden älteren Brüder, das Realgymnasium von Neisse. Als Fremdsprachen erlernt er Latein, Englisch und Französisch, außerdem belegt er als Wahlfach Kunstgeschichte. Vorlesungen hierin hört er später nebenbei an der Universität, obwohl er sich nie zu einem Kunstliebhaber oder gar -kenner entwickeln wird. In diesen Dingen vertraut er lieber auf die Expertise anderer, zum Beispiel auf seinen Vetter zweiten Grades, Günther Grzimek, einen ausgemachten Kenner des Manierismus.

Was er von Schultagen an schätzt und beherrscht, ist das Auswendiglernen von Balladen. Besonders die Werke des damals populären Schriftstellers und Lyrikers Börries Freiherr von Münchhausen, dessen erste Balladen Anfang des zwanzigsten Jahrhunderts erscheinen und damals in vielen Schulbüchern abgedruckt werden, haben es Bernhard angetan. Aber auch die Leichenrede des Mark Anton aus Shakespeares *Julius Caesar* behält er, einmal im Englischunterricht gelernt, für immer im Kopf. Aus reinem Übermut überträgt er außerdem Gedichte aus Ovids *Metamorphosen* aus dem Lateinischen in schlesische Mundart und schlesische Verhältnisse. Auch wenn es sich für Angehörige gehobener Stände nicht ziemt, Dialekt zu sprechen, wie Bernhard bemerkt. Alle Grzimek-Kinder lernen es dennoch recht gut.

Ein weiteres Gebiet, auf dem sich Bernhard in Jugendtagen sicheren Fußes bewegt, ist die katholische Religion. Geprägt durch die Erziehung seiner strenggläubigen Mutter, verwickelt er bereits als Dreizehnjähriger eine immerhin fünf Jahre ältere Freundin seiner Schwester Fränze in eine rege Diskussion. Dabei treibt er die junge Protestantin mit seinem Wissen über die katholische Lehre dermaßen in die Enge, dass sie sich schließlich geschlagen geben muss – was ihr furchtbar unangenehm ist, gerade vor Bernhards Mutter, wie sie Fränze danach anvertraut.

Dass Bernhard die Religion dennoch nicht als Maß aller Dinge betrachtet und ihm immer eher der Schalk denn der Heilige Geist im Nacken sitzt, zeigen die zahllosen Streiche, die er zusammen mit seinen Brüdern ausheckt. So heften sie einmal Pater Gaudentius ein Schild mit der Aufschrift »Achtung, ich beiße!« an die Kapuze, was ihre Mutter gerade noch entdeckt, bevor der Pater damit auf die Straße geht. Ein anderes Mal, als Bernhard als Messdiener einspringen muss, probiert er aus, was wohl passiert, wenn man einige kleine Gummistückchen im Weihrauchkessel versenkt – und fängt sich dafür zwei Backpfeifen von Clemens Neumann ein, dem Priester, der gleichzeitig sein Religionslehrer ist.

Trotz der Ohrfeigen beeindruckt Neumann Bernhard Grzimek von allen Lehrern am meisten: »Nicht so sehr religiös, sondern als Persönlichkeit. Er war hochmusikalisch, weitherzig, gab eine Volksliedersammlung *Der Spielmann* heraus, arbeitete mit Herz und Seele in der damaligen Jugendbewegung«, so schreibt er später über Neumann.

Alle Grzimek-Kinder sind Mitglieder der in Neisse gegründeten katholischen Jugendbewegung Quickborn, deren Mitglieder auf Alkohol und Nikotin verzichten und eine Lebensgestaltung aus dem Glauben diskutieren. So trinkt keines der Grzimek-Geschwister Alkohol, keines raucht vor dem Abitur. Bernhards Vater hätte diese Bewegung sicherlich gefallen, auf jeden Fall auch im Hinblick auf die Einbeziehung von Mädchen, was der katholischen Kirche anfänglich gar nicht lieb war. Doch Paulfranz Grzimek dachte modern: »Eine Frau muss einen Beruf haben«, soll er immer gesagt haben – und das in einer Zeit, als Frauen noch darauf warteten, geheiratet zu werden.

Bernhards Mutter Margot toleriert das Treiben ihrer Kinder und bemängelt lediglich, dass sie keine weißen Kragen tragen. In ihrer ältesten Tochter Brigitte findet sie die größte Mitstreiterin im Glauben. Gitta, wie die Familie sie nennt, ist tief religiös und tritt 1924 mit einundzwanzig Jahren als Novizin in die Benediktinerinnenabtei St. Gabriel in Bertoldstein in der Steiermark ein. Als Domina Anselma stirbt sie nur dreizehn Jahre später an Kehlkopftuberkulose, einer der häufigsten und qualvollsten Komplikationen der Lungentuberkulose. Obwohl die Krankheit in Deutschland zu dieser Zeit noch nicht geheilt werden kann, beantragt die Familie, dass die schwerkranke Brigitte die Abtei verlassen und in einem Krankenhaus behandelt werden darf. Die Genehmigung aus Rom kommt jedoch erst, als sie bereits tot ist.

Doch kurz nach dem Ersten Weltkrieg plagen die Familie andere Sorgen. Denn der Versailler Vertrag bestimmt, dass Teile des Grenzverlaufs zwischen Polen und Deutschland per Volksabstimmung neu festgelegt werden; vorerst wird durch die Teilung der bisherigen Provinz Schlesien die Provinz Oberschlesien gebildet und dem Völkerbund unterstellt. Doch obwohl sich bei der Volksabstimmung am 20. März 1921 fast sechzig Prozent der Oberschlesier für den Verbleib beim Deutschen Reich und gegen den Anschluss an die Republik Polen aussprechen, empfiehlt der Völkerbundrat die Teilung Oberschlesiens.

Margot Grzimek hat für ihre Familie gerade noch rechtzeitig eine neue Bleibe gefunden, bevor die Wohnungsnot in Neisse durch diese Entwicklung drückend wird. Zugleich verschlechtert die voranschreitende Geldentwertung die finanzielle Lage vieler Familien dramatisch. Im Krieg hatte Margot Grzimek zwar genug Geld, konnte dafür aber kein Essen kaufen. Nun, wo es langsam alles wieder gibt, verliert ihr

Geld an Wert. Die Kaufkraft der ehemaligen Goldmark wird nur noch durch Millionen, Milliarden, schließlich eine Billion Papiermark erreicht – so viel kostet am Ende 1923 ein Laib Brot.

Hätte die Familie Grzimek das Haus im Vorort Friedrichstadt gekauft, hätte sie damit einen Teil ihres Vermögens vor der Inflation retten können. So aber wartet Margot Grzimek täglich auf den Geldbriefträger, der die Witwenpension bringt, und geht dafür schnell einkaufen, bevor die Scheine noch wertloser werden. Die Situation der Familie verschlechtert sich zusätzlich dadurch, dass Margot auf den – einst guten – Rat ihres Mannes gehört und Geld als Darlehen auf Grund und Boden ausgeliehen hat. Nun kommen die Bauern und zahlen die Hypotheken an sie zurück – Summen, die zu dieser Zeit den Gegenwert von zwanzig oder dreißig Eiern haben. Margot Grzimek sieht sich gezwungen, zwei, manchmal auch drei Zimmer der großen Wohnung möbliert zu vermieten. Auch das Personal muss sie nach und nach entlassen. Ihre beiden unverheirateten Schwestern sparen jeden Pfennig, um ihr und den fünf unmündigen Kindern über die Runden zu helfen.

Erst die Währungsreform bringt 1923 finanzielle Stabilität. Als neues Zahlungsmittel wird die Rentenmark ausgegeben, deren Wechselkurs bei einer Rentenmark zu einer Billion Papiermark liegt. Im August 1924 wird sie von der Reichsmark abgelöst, die die deutsche Währungsstabilität garantieren soll.

Zwölf Jahre als Witwe und ein Weltkrieg mit fünf kleinen Kindern liegen hinter Margot Grzimek. Harte Jahre, in denen die von Natur aus eher füllige Frau mit den vollen braunen Haaren gänzlich abgemagert ist und – auch ein Zeichen der Mangelernährung – unter Haarausfall leidet. Zu allem Überfluss wird sie zeit ihres Lebens von starken Migräneattacken heimgesucht. Bernhard bewundert und verehrt seine Mutter, die ihre Kraft aus dem starken Glauben zieht. »Ich empfinde es als besonderes Geschenk, eine solche aufopferungs- und liebevolle, gerechte und kluge Mutter gehabt zu haben«, schreibt er in seinen Lebenserinnerungen. Später nennt er seine Mutter in einem Interview einen »Idealmensch, der liebste Mensch, den ich kennengelernt habe«.

Es ist nicht zuletzt Margot Grzimeks Verdienst, dass Bernhard seine Kindheit und Jugend trotz der entbehrungsreichen Kriegsjahre als glücklich beschreibt. Äußerlich kommt übrigens nur sein dunkelhaariger

Bruder Notker nach der Mutter, alle anderen Kinder, so auch Bernhard Grzimek, sind blond und blauäugig wie der Vater.

Ab 1924 verlassen die Geschwister nach und nach das Elternhaus: Fränze tritt nach Ende ihrer Ausbildung als Buchhändlerin Stellen in Dresden und Breslau an; später lässt sie sich in Leipzig und Berlin noch zur Diplom-Bibliothekarin ausbilden. Notker beginnt ein Medizinstudium, das ihn nach Königsberg, Wien und Frankfurt am Main führt. Auch Ansgar geht zum Studium der Rechts- und Staatswissenschaften fort, ihn zieht es nach Innsbruck, Berlin und Breslau. So bleibt Bernhard Grzimek die letzten beiden Schuljahre allein mit seiner Mutter zurück.

Weil der Familie nach dem Krieg das Geld fehlt, unternimmt Bernhard in seiner Jugend nur zwei größere Reisen: nach Dresden und nach Prag. In Dresden wandelt er auf den Spuren eines Großonkels mütterlicherseits, der hundert Jahre zuvor seine Postkutschenreise nach Dresden in einem Tagebuch festgehalten hat. Prag, das knapp dreihundert Kilometer von Neisse entfernt liegt, beeindruckt den jungen Bernhard Grzimek noch mehr. Es zählt auch in späteren Jahren zu seinen Lieblingsstädten– vielleicht auch wegen der Erinnerung an sein erstes amouröses Abenteuer.

Mit seiner Mutter fährt er regelmäßig ins nähere Breslau, und auf Bernhards Betteln führt die beiden ihr Weg dort meist in den Zoo. Nur nach Wien kommen sie nicht mehr. In die habsburgische Metropole waren Paulfranz und Margot Grzimek noch häufig vor dem Ersten Weltkrieg gefahren, um größere Einkäufe zu erledigen – mit rund dreihundertdreißig Kilometern Entfernung lag Wien immerhin hundert Kilometer näher an Neisse als Berlin, und die Grenzen waren zu jener Zeit völlig offen.

Dafür erkundet Bernhard die nähere Umgebung seiner Heimatstadt, ob beim Wandern mit der Jugendbewegung Quickborn, die auf dem zwölf Kilometer entfernten Steinberg ein Landheim unterhält, oder mit dem Fahrrad, das sich Bernhard von seinem ersten selbstverdienten Geld kauft. Im Kleintierzüchterverein hat er nämlich den Besitzer einer kleinen Druckerei kennengelernt, bei dem er das Schriftsetzen lernt. Hauptsächlich aber verfasst er für ihn Texte für die Plakate und Anzeigen der Kunden und heimlich auch für kleine Broschüren. So häuft er bei dem Drucker langsam ein Guthaben an, das er unter anderem nutzt, um für die Reitschule eines ehemaligen Soldaten Plakate herzustellen. Dadurch lernt Bernhard kostenlos reiten. Für Städter ist Reiten damals ein gänzlich ungewöhnlicher Sport, denn nur sehr wohlhabende Bürger können es sich leisten. Richtig als Sport angesehen wird es auch erst nach dem Zweiten Weltkrieg, nachdem die Pferde als Arbeitstiere von Autos und Traktoren abgelöst worden sind. So aber lernt Bernhard, unter militärischem Drill, bereits Mitte der Zwanzigerjahre, sich auf einem Pferderücken zu halten. Und er rast schon bald im gestreckten Galopp über die Felder.

Zeitgleich beginnt er mit dem Schreiben, einer Tätigkeit, die eine zentrale Rolle in seinem Leben spielen wird. Als begeisterter Geflügelzüchter liest er regelmäßig die 1880 gegründete Zeitschrift *Geflügel-Börse*, die erst vierzehntägig, seit April 1892 aber bereits zweimal wöchentlich in Leipzig herausgegeben wird. Vom anfänglichen Anzeigenblatt entwickelt sich die Zeitschrift schnell zu einer Pflichtlektüre für Geflügelfreunde. Und so wie sich um die Jahrhundertwende immer mehr Spezialvereine gründen, sind auch Geflügelausstellungen groß im Kommen.

Bernhard Grzimek stört sich daran, dass Züchter von Rassegeflügel zu sehr auf äußerliche Merkmale wie Kopfhaltung und Beinfarbe ihrer Vögel achten. Er liebt Tiere sehr, wie er sagt, »aber etwa so wie ein Landwirt«. Nutztiere sind und bleiben für ihn Nutztiere. Und so schreibt er bereits als 16-Jähriger einen Artikel in der *Geflügel-Börse*, in dem er die Züchter dazu aufruft, Aufzeichnungen über die Legeleistungen ihrer Hühner zu machen. Er gründet sogar einen Verein, in dem die Mitglieder die Menge und Größe ihrer Eier notieren. Daraus entsteht die *Nutzprobe der Geflügel-Börse* – Bernhard Grzimeks erste Broschüren.

Doch damit nicht genug. Unter dem Titel *Taschen-Zwerghühner-Atlas* schreibt er noch als Schüler sein erstes kleines Buch. »Das vorliegende Büchlein erhebt keinen anderen Anspruch als den auf Billigkeit« – so lautet der recht ungewöhnliche erste Satz des Vorwortes. Bernhard Grzimek erklärt den niedrigen Preis (fünfundzwanzig Pfennig und fünf Pfennig Porto, »etwa so viel wie eine Rasse-Postkarte«) damit, dass die Bilder beziehungsweise die Druckstöcke größtenteils während seiner »jahrelangen Werbearbeit für die Zwerghühner« angefertigt worden seien und er den Text auf ein Äußerstes beschränkt habe, »da es ja bereits eine Anzahl Werke in jeder Preislage über Zwerge gibt«. Er empfiehlt,

den *Atlas* an Menschen zu verschenken, »die wir für unsere edle Zwerghuhnzucht gewinnen wollen«.

Alles erledigt er bei seinem Erstlingswerk in Eigenregie: Er ist Autor
und Herausgeber in einem, lässt es selbst drucken, und auch zu beziehen
ist das Büchlein beim Autor selbst. Inhaltlich beschäftigt es sich nicht
nur mit der Wirtschaftlichkeit der Zwerghühner, sondern auch mit den
praktischen Aspekten der Haltung bis hin zur Beschreibung der einzelnen Rassen. Unter dem Titel *Nutzbringende Zwerghuhnzucht* erscheint
das vergriffene Werk nach dem Krieg in einer neubearbeiteten Auflage
in der Lehrmeister-Bücherei des Leipziger Verlages Hachmeister & Thal.
Kaum einer der vielen Millionen Leser seiner späteren Welterfolge wie
Serengeti darf nicht sterben dürfte geahnt haben, dass Bernhard Grzimek
sich so ausgiebig mit der Größe von Zwerghuhneiern beschäftig hat. Er
schreibt dieses erste Buch übrigens unter dem Namen »Bernhart« Grzimek, wie er sich selbst bis zum Zweiten Weltkrieg gelegentlich noch in
Artikeln oder auf Postkarten an seine Mutter nennt – wahrscheinlich aus
einer Laune heraus.

Als ein Verlagsvertreter auf der Durchreise spontan in der Gartenstraße vorbeischaut, um den »Neuautoren« persönlich kennenzulernen,
erklärt die verblüffte Margot Grzimek ihm, dass Bernhard noch in der
Schule ist. So nimmt der Besuch an, dass Bernhard von Beruf Lehrer
sei – und dieser kann beim Heimkommen gerade noch in einem Hinter-
zimmer die weiße Schülerschirmmütze vom Kopf reißen, in seine erste
lange Hose schlüpfen und so die Begegnung ohne peinliche Nachfragen
überstehen.

Doch auch in delikateren Angelegenheiten ist Bernhard Grzimek mit
einem brennenden Eifer gesegnet und durchaus als frühreif zu bezeichnen: Gegen die Glaubensregeln und ohne eine gründliche Aufklärung,
aber endlich fernab von Geschwistern und anderen Aufsichtspersonen
verbringt er seine erste Liebesnacht als Pennäler auf einer Reise nach
Prag. Dort hatte er sich mit dem Hausmädchen des damaligen Außen-
ministers und späteren Staatspräsidenten der Tschechoslowakei, Edvard
Beneš, angefreundet. Doch der Mut vor der eigenen Courage verlässt
ihn noch mitten in der Nacht, kurz nach dem Schäferstündchen, und
er klingelt einen Apotheker aus dem Schlaf. Weitgehend unbeleckt von
medizinischen Sachverhalten kauft er, wie er sich erinnert, ein Keimtö-

tungsmittel, das zwar gänzlich ungeeignet für diesen Fall ist, dafür aber fürchterlich brennt.

Scham, über solche Dinge später zu berichten, kennt er nicht. Im Gegenteil: Bernhard Grzimek lässt keine Gelegenheit aus, seine Schwäche für Frauen mal zwischen den Zeilen, mal recht offen, ja beinah kokettierend zu äußern und auch niederzuschreiben. Im Vorwort zu seinen Lebenserinnerungen schreibt er so, er habe sich »immer für die Säugetierart Mensch begeistern können, natürlich besonders für den weiblichen Teil davon«. Fünfzig Seiten später wird er bereits deutlicher: »Die Sittenlehre der katholischen Kirche ist so streng, dass es nur ganz wenige schaffen, wirklich danach zu leben. Das sind dann die Heiligen. Andere Menschen wie ich können das, besonders auf dem geschlechtlichen Gebiet, einfach nicht schaffen und müssten sich dauernd selbst belügen.« Dass ihm der Ruf eines Galans vorauseilt, scheint er jedoch durchaus zu genießen.

Den Grundstein für seine frühe Ehe legt er noch zu Schultagen. In der Pionierbadeanstalt von Neisse, abgekürzt »Pio«, wo alle Grzimek-Kinder schwimmen lernen, begegnet er Hildegard Prüfer. Bernhard ist sechzehn oder siebzehn Jahre alt, Hildegard zwei Jahre jünger. Ihr Vater, ein Studienrat und Professor, ist von Kattowitz nach Neisse versetzt worden, als im Oktober 1921 Ostoberschlesien Polen zugeschlagen worden war und die deutschen Schulen in Kattowitz aufgelöst wurden. Während sich Hildegard und ihre Freundinnen in hochgeschlossenen Badeanzügen sonnen, paddelt ein junger Mann in seinem Boot direkt ins Mädchenabteil. Der zu Hilfe gerufene Bademeister verscheucht den Eindringling. »Gar nicht zerknirscht und mit unverschämtem Lachen steuerte er sein Boot aus der gesperrten Zone«, schreibt Hildegard Grzimek später über diesen Vorfall. »Wir kannten ihn, den Primaner Bernhard Grzimek, der es sich nicht verkneifen konnte, sich nochmals umzudrehen und der empörten Mädchenschar übermütig zuzuwinken.« Vier Jahre später werden sich die beiden wiedertreffen und einander näherkommen.

Doch vorerst hat Bernhard Grzimek noch seine bisher größte Hürde zu nehmen: das Abitur. Vor keiner weiteren Prüfung, ob an der Universität oder als Flugschüler, wird er später noch einmal so viel Angst haben wie vor der Reifeprüfung im März 1928. Auf dem Neisser Realgymnasium, der heutigen Grundschule Nr. 5, war er immer ein passabler Schüler. Allerdings ist Mathematik seine große Schwäche, und daher

29

sind es später auch immer die Frauen in seinem Leben, die die Finanzen verwalten. Hervorragend ist er hingegen im Zeichnen und in Deutsch. Beide Veranlagungen übrigens, die Schwäche in Mathematik und die Stärke im Fach Deutsch, scheint Bernhard von seinem Vater geerbt zu haben – Paulfranz Grzimek gab bei seinem Abitur in Mathematik ein weißes Blatt Papier ab, wohingegen er den geschliffenen Umgang mit der deutschen Sprache in Wort und Schrift außerordentlich schätzte und beherrschte.

Bernhard Grzimek jedenfalls gilt wie seine Brüder vor ihm als Star im Deutschunterricht. Und so haben sich der Direktor und der Deutschlehrer etwas Besonderes für seine Reifeprüfung ausgedacht. Sie senden sein *Nutzprobenbüchlein* an die Landwirtschaftskammer in Oppeln, um etwas über den »inhaltlichen Wert« zu erfahren. Als das Urteil positiv ausfällt, wird Bernhard Grzimek davon befreit, in der Reifeprüfung einen deutschen Aufsatz zu schreiben. Eine weitere Sonderaufgabe wird ihm für das Zeichnen zugedacht. Da er in der Schule für seine Karikaturen bekannt ist, soll er für seine Reifeprüfung je eine von jedem Lehrer anfertigen. Ein besonders gefürchteter Pauker schickt ihm daraufhin vorher extra noch Schokolade nach Hause – wohl, um ihn milde zu stimmen. Und auch während der Prüfung wird er nach und nach von mehreren Lehrern gebeten, es doch »nicht so schlimm zu treiben«. Schließlich gibt Bernhard entnervt auf und bittet um eine neue Aufgabe, die ihm auch gestellt wird. So überwindet er die Hürde Abitur insgesamt mit der Note »gut«. Der Weg zum Studium steht ihm offen.

Ein Veterinär, der lieber Verhaltensforscher ist

*»Ich pflege Menschenärzten gern scherzend zu sagen, dass
sie gewissermaßen spezialisierte Tierärzte sind. Sie befassen
sich mit nur einer Säugetierart, dem Menschen.«*

Bernhard Grzimek in *Auf den Mensch gekommen*

Und nun? Das Abitur ist bestanden, doch damit sind zwei wichtige Fragen noch nicht geklärt: Wie soll Margot Grzimek das Studium ihres dritten Sohnes finanzieren? Und: Was will dieser überhaupt studieren? Dass Bernhard einen Beruf anstrebt, der mit Tieren zu tun hat, weiß er schon lange. Da Neisse jedoch keine Universitätsstadt ist, ist er bisher nicht mit Zoologen in Berührung gekommen. Lehrer im Fach Naturwissenschaften zu werden interessiert ihn nicht. Und der Gedanke an den Posten eines Zoodirektors kommt ihm damals noch nicht einmal in den Sinn. Vielleicht bewundert er seinen ältesten Bruder Notker, der sein Medizinstudium inzwischen fast abgeschlossen hat. Jedenfalls entscheidet er sich schließlich ohne weitere fachliche Beratung für eine verwandte Disziplin: ein Studium der Veterinärmedizin.

Bei der Finanzierung hilft Bernhards Oberstudiendirektor Ludwig Karst, der sich für ihn bei der Studienstiftung des Deutschen Volkes einsetzt. Bernhard Grzimek vermutet später, dass sein Lehrer die Fähigkeiten seines Schützlings stark übertrieben haben muss; jedenfalls wird Bernhard zur Prüfung nach Breslau eingeladen. Indem er das Gespräch von Fragen zur Politik und Wirtschaft auf Tiere und Literatur lenkt, besteht er das Auswahlgespräch, und die Studienstiftung erkennt ihm ein Freistudium zu.

Der Studienort ist schnell gewählt. Da Tiermedizin erst seit wenigen Jahrzehnten als vollwertiges Universitätsstudium gilt, damit nur in wenigen Städten gelehrt wird, und Leipzig am nächsten liegt, entscheidet sich Bernhard für die mit rund 700 000 Einwohnern damals fünftgrößte Stadt Deutschlands. Die Goldenen Zwanziger sind auch am hoch indus-

31

trialisierten Leipzig nicht vorbeigegangen und bringen der Stadt ihr eigenes Rundfunksymphonieorchester, die erste unterirdische Messehalle der Welt und den Bau des ersten Hochhauses. Von der nahen Weltwirtschaftskrise ist im Frühjahr 1928 noch nichts zu merken.

Bernhard Grzimek bleiben zwischen Abiturprüfung und Einschreibungstermin an der Universität knapp zwei Monate Zeit, um eine Wohnung zu finden und umzuziehen. Von Neisse aus gibt er eine Anzeige in einer Leipziger Tageszeitung auf, denn er braucht nicht nur eine Bleibe für sich – seine Antwerpener Bartzwerge ziehen mit ihm. Für sie sucht er einen Schrebergarten und findet diesen mit einer hübschen kleinen Laube im Stadtteil Mockau, im Nordosten der Stadt. In der Wohnung des Eigentümers, die nicht weit entfernt vom Schrebergarten in der Mockauer Straße 74 liegt, kann Bernhard auch ein Zimmer für sich anmieten. Glücklich untergekommen, schreibt er sich am 30. April 1928 an der Universität ein. Leider hat er nicht bedacht, dass die Veterinärmedizinische Fakultät am anderen Ende der Stadt liegt, und so muss er, nachdem er morgens seine zwei Bruten Zwerghühner gefüttert hat, eine lange Strecke mit der Straßenbahn zur Universität fahren und hat abends den gleichen langen Weg noch einmal vor sich, bevor er dazu kommt, die Beete zu jäten.

Ende der Zwanzigerjahre sind die Studentenzahlen übersichtlich: Nur ein knappes Dutzend angehender Tierärzte hat sich für das erste Semester eingeschrieben, und so finden die Vorlesungen oft an einem Tisch mit dem Professor statt. In den allgemeinen Fächern wie Physik, Chemie, Botanik, Zoologie und Physiologie, die auch die Humanmedizinstudenten in ihren ersten Semestern belegen müssen, treffen die Studiengänge der entsprechenden Fakultäten aufeinander, und so verbringen sie schon einmal die Mittagspause zusammen im Anatomiesaal zwischen den zu präparierenden Leichen. Bernhard Grzimek schätzt diesen Austausch sehr. Allerdings lässt er keine Gelegenheit aus, den Menschenärzten seine Meinung kundzutun. Auch wenn er sie scherzhaft formuliert, ist er doch vom Inhalt überzeugt: »Sie stehen zu uns Veterinärmedizinern im gleichen Verhältnis wie etwa der Zahnarzt zum Arzt.«

Leipzig ist für Bernhard Grzimek auch deshalb als Studienort so geeignet, weil er mittlerweile ständiger Mitarbeiter der *Geflügel-Börse* geworden ist. Er schreibt regelmäßig Artikel und redigiert die Jugendseite der Zeitschrift. Kein Wunder, dass er schon einmal in den Vorlesungen am Nachmittag einnickt, wenn der Raum für einen Lichtbildvortrag verdunkelt wird. Eine Eigenschaft, die der Kinoliebhaber Bernhard Grzimek in späteren Jahren beibehalten wird: Kaum ist das Licht in einem Filmhaus ausgeschaltet und die Werbung läuft, schläft er regelmäßig so tief ein, dass er manchmal erst zum Ende des Films wieder aufwacht. Oder, wie seine Enkel und sein Mitarbeiter Markus Borner später einmal in Afrika miterleben, genau nach eineinhalb Stunden in der Werbepause – um sich, nach einem Blick auf die Uhr, schrecklich darüber aufzuregen, dass »die hier ja stundenlang Werbung zeigen!«.

Manchmal trifft sich Bernhard Grzimek in Leipzig mit seiner Schwester Fränze, die dort zur Diplom-Bibliothekarin ausgebildet wird – zumindest wenn er Uhrzeit, Tag und Ort der Verabredung auch richtig mitbekommen hat. Denn »Bebbusch«, so beschreibt es Fränze, ist wie in Schultagen oft so in Gedanken versunken, dass er nichts um sich herum mitbekommt. Deshalb lässt Fränze ihren jüngsten Bruder die Verabredungstermine immer mehrmals nacheinander aufsagen. Doch Zweifel blieben ihr auch dann: »Selbst wenn er richtig geantwortet hat, hieß es, damit zu rechnen, dass er nur mechanisch wiederholte und in Wirklichkeit nichts von Ort und Zeit aufgefasst hatte.«

Außerhalb der Universität trifft sich Bernhard Grzimek auch mit anderen Studenten, die sich wie er einer Studentenverbindung angeschlossen haben. Es ist eine katholische nichtschlagende Verbindung, die dem Cartellverband der katholischen deutschen Studentenverbindungen (CV) angeschlossen ist. Seinen Kindern erzählt er später, dass einmal eine große Gruppe aus dieser Verbindung mit einem Leiterwagen raus aufs Land gefahren sei, mit Kannen voll Bier, und alle sehr schnell betrunken gewesen seien. Das habe ihm sehr missfallen, und er habe den Rest der Kannen ausgekippt. Schließlich hatte er bei Quickborn bisher freiwillig auf Alkohol verzichtet. Zwar gibt Bernhard Grzimek diese Tugend nur wenige Jahre nach diesem Vorfall auf. Doch damals führt sie zu seinem Austritt aus der Studentenvereinigung – ob freiwillig oder gezwungen, ist nicht überliefert.

Doch er bleibt ohnehin kürzer in Leipzig als gedacht. Zum Ende des ersten Semesters, im Herbst 1928, erhält er einen Brief von seinem Vetter zweiten Grades, Günther Grzimek, aus Berlin. Der Rechtsanwalt, Notar und Mitglied des Preußischen Landtages für die Demokratische Partei Ostpreußens hat ein Bauerngut gekauft und bittet Bernhard, dieses für ihn zu bewirtschaften und eine Hühnerfarm einzurichten, wie sie seit den Zwanzigerjahren modern sind. Das Gut Stäbchen, um das es sich handelt, liegt im Südosten von Berlin, einsam im Wald an einem Nebenarm der Spree, hinter dem Vorort Erkner.

Günther und Bernhard Grzimek, deren Großväter Brüder waren, kennen sich bisher nicht persönlich. Günther ist zweiundzwanzig Jahre älter, ein erfahrener, erfolgreicher Mann mit sechs Kindern und wie alle Grzimeks ein starker Charakter. Die Familie wohnt in Berlin-Charlottenburg direkt an der Kaiser-Wilhelm-Gedächtniskirche, im Haus des berühmten Künstlercafés Café des Westens, auch als Café Größenwahn oder als Romanisches Café bekannt.

Günther Grzimeks Leidenschaft gilt dem Studium der Malerei, und seine Manieristensammlung mit zeitweise dreihundert Bildern ist die einzige Spezialsammlung dieser Art weltweit. Was hat ausgerechnet ihn zum Kauf des Bauerngutes bewogen? Bereits 1925 hatte die Familie »im billigen Berliner Osten eine Bleibe für die Wochenenden und die Ferien gefunden – in Berlin JWD (Janz Weit Draußen), am Ende von Erkner«. So schreibt Günther Grzimek in seinen Memoiren *Grzimeks Menschenleben. Erinnerungen eines Urahns*, und er führt aus: »Dort, in der Mittelstraße, hatten unsere Tochter Gisela und ich eines Tages vor einem schmalen Gartengrundstück gestanden.« Günther Grzimek erwirbt es und tauscht es kurze Zeit später gegen ein Haus mit Grundstück bei Königsberg. In Erkner wird er dann Stäbchen gesehen und die Chance auf eine gute Geldanlage erkannt haben – zumal er mit Bernhard einen geborenen Hühnerzüchter in der Verwandtschaft wusste.

Doch Günther Grzimek ist noch aus einem weiteren Grund auf Bernhard aufmerksam geworden: Er möchte ihn mit seiner ältesten Tochter Ingeborg verkuppeln, die vier Jahre jünger ist als Bernhard. Bernhard scheint durchaus nicht abgeneigt. Gerne erzählt er später, wie er Inge einmal in Berlin in den Zug nach Köln gesetzt habe, nur um sie dort am Bahnsteig mit einem Rosenstrauß willkommen zu heißen. Für diese charmante Überraschung war er die Strecke extra geflogen, was ihm allerdings nicht gut bekam – ihm wurde beim Fliegen übel, so wie ihm schon als Junge in der Eisenbahn schlecht geworden war. »Ich hatte zum Unglück auch noch frühmorgens in einer kleinen Gastwirtschaft in der Friedrichstraße in Berlin Brötchen mit Appetitsild darauf gegessen. Es war äußerst unangenehm, dieses scharf schmeckende Zeug zum zweiten Mal zu schlucken.«

Dass aus dem romantischen Werben – pikante Fischhappen hin oder her – keine Beziehung entsteht, ist wohl auf die Vorsicht der Familie zurückzuführen. Dieser ist eine Ehe zwischen Cousin und Cousine schließlich wohl doch nicht ganz geheuer.

Die Entscheidung, das Angebot der Bewirtschaftung von Gut Stäbchen anzunehmen, trifft Bernhard Grzimek jedenfalls vorerst aus rein kaufmännischen Gründen: Er kann hier wesentlich mehr Geld als allein durch die Mitarbeit an der *Geflügel-Börse* verdienen und auch beruflich schneller vorankommen. Das Studium will er jedoch aus Angst vor späteren Minderwertigkeitsgefühlen auf jeden Fall beenden: »Man bildet sich ein, ein Versager zu sein, auch wenn man in anderen Gebieten gut vorankommt.« Daher verlässt er im Oktober 1928 die Universität Leipzig und wird am 5. November für das Wintersemester 1928/1929 an der Tierärztlichen Hochschule Berlin für das zweite Semester angenommen.

Das einsam gelegene Gut Stäbchen steht seit mehreren Monaten leer, als Bernhard Grzimek es übernimmt. Das große, zweihundert Jahre alte Wohnhaus liegt auf einem Hügel und bietet einen romantischen Blick auf die umgebenden Wiesen, Felder und den kleinen Flusslauf der Müggelspree. Die Türen des Bauernhauses sind so niedrig, dass sich Bernhard mit seinen 1,93 Metern Körpergröße immer ein wenig bücken muss, um hindurchzugelangen.

Elektrisches Licht gibt es hier draußen noch nicht, und auch eine Telefonleitung muss Bernhard Grzimek erst legen lassen. Um das Gut zu erreichen, nimmt er von Berlin aus die S-Bahn bis zur Endstation Erkner und hat dann noch sieben oder acht Kilometer Fußmarsch vor sich, die zum Teil durch einen Wald führen. Gerade nachts ist ihm das nicht ganz geheuer, und so schafft er sich einen Schimmel an, um mit einem Gespann nach Erkner fahren zu können. Auch eine Pistole legt er sich zu, vorsichtshalber. Und im Nachbardorf kauft er die Hündin Senta für fünf Mark von der Kette weg.

Der Schäferhundmischling läuft ihm bereits am ersten Abend wieder weg. Am nächsten Tag bringt der vormalige Besitzer die Hündin zurück – zusammen mit ihrem Welpen. Nun bleibt Senta da, doch Mutter und Sohn reißen zwei der Antwerpener Bartzwerge. Bernhard Grzimek bringt den Hunden mit einer Tracht Prügel bei, sich den Hühnern (von denen damals bereits eines dreißig Mark kostet) zukünftig nicht mehr zu nähern. Bei der Hundeerziehung und später auch bei anderen Tierarten lässt Bernhard Grzimek eine harte Hand walten: Tiere müssen gehorchen und sich ihres Platzes bewusst sein. Sosehr er sich in seinem Leben für Tiere einsetzen wird – für Menschen, die ihre Tiere verherrlichen und verhätscheln, hat er nichts übrig.

Senta nimmt dennoch eine Sonderstellung ein: Sie ist das erste Tier, dessen Verhalten Bernhard Grzimek näher beobachtet. Indem er ihr Befehle beibringt, die sie nur auf einen kleinen Fingerzeig hin ausführt, beschäftigt er sich mit der Lernfähigkeit eines größeren Säugetiers. Später wird er sogar Elefanten daraufhin untersuchen. Doch Senta ist sein erstes größeres Beobachtungsobjekt, und Bernhard Grzimek geht eine stärkere emotionale Bindung zu ihr ein als zu jedem anderen seiner Tiere nach ihr. Als sie unheilbar erkrankt und eingeschläfert werden muss, bringt er es nicht fertig, ihren Körper in die Tierkörperbeseitigungsanstalt zu bringen, sondern vergräbt sie heimlich im Grunewald. Er schreibt später darüber: »Ich habe allerlei Tiere besessen. Aber einen Hund habe ich mir lange nicht wieder angeschafft. Später ist zwar doch einer ins Haus gekommen. Und wieder später noch einer. Aber das ist eben nur ein Hund, der der Familie gehört. Es ist nicht mein Hund. Das war nur Senta.«

Mit Pferd, Hund und Pistole ausgestattet, macht sich Bernhard Grzimek an den Aufbau der Hühnerfarm. Er schafft 1500 Leghornhühner an – eine leistungsstarke Eierlegerasse – und baut auf den Feldern Spinat, Spargel und Erdbeeren an. Für die Ernte stellt er Arbeiterinnen ein, aus Ostpreußen holt er sich Kutscher auf das Gut, und in der Witwe Zeidler, die im Osten Berlins zwanzig Jahre eine kleine Gastwirtschaft betrieben hat, findet er eine tatkräftige Wirtschafterin. Günther Grzimek kauft ein gebrauchtes Motorboot, mit dem Bernhard die Waren über die Müggelspree, den kleinen und den großen Müggelsee bis nach Berlin schiffen soll. Eine beschwerliche Reise, die Stunden kostet, denn die Müggelspree ist seit Langem nicht mehr schiffbar und die Schraube des Motorbootes stößt häufig auf den unebenen Grund. Bei Sturmwarnung wird sogar der große Müggelsee für Motorbootsverkehr gesperrt. Schon bald organisiert Bernhard Grzimek den Transport der Güter daher lieber auf dem Landweg.

In Berlin muss er sich in der Zentralmarkthalle gegen die anderen Verkäufer behaupten. Frustriert davon, wie stark die Händler bei einem Warenüberangebot die Preise drücken können, zerstampft er dort zwar einmal seinen übrig gebliebenen Spinat. Doch so leicht lässt er sich nicht unterkriegen: Geschäftstüchtig, wie er schon damals ist, geht er fortan auf die Leute zu, mit denen er ins Geschäft kommen möchte. So marschiert er von Hotel zu Hotel und bekommt damit feste Dauerbestellungen für seine Eier. »Hühnerbaron!«, rufen ihm die Kinder in den Nachbardörfern schon bald hinterher, denn nach dem Motorboot hat Vetter Günther eine äußerst elegante Equipage aus der Zeit vor dem Ersten Weltkrieg angeschafft. Die gepolsterte Kutsche mit den dazu passenden, silberbeschlagenen Pferdegeschirren sieht zwar äußerst imposant aus, bleibt aber leider allzu schnell im tiefen Sand der Waldwege stecken und wird so recht bald von Bernhard Grzimek gegen seinen alten Wirtschaftswagen zurückgetauscht.

Der Anfang ist also gemacht, der Farmbetrieb läuft. Doch als Bernhard Grzimek zwei Pferde kaufen möchte und wegen eines Streits um den Verkauf mit dem Händler vor Gericht zieht, kommt heraus, dass er noch nicht volljährig ist und eigentlich keine rechtsgültigen Verträge abschließen darf. Mithilfe seines Cousins und der schriftlichen Zustimmung seiner Mutter und aller Geschwister wird Bernhard Grzimek daraufhin durch einen Gerichtsbeschluss schon mit neunzehn Jahren für volljährig erklärt, und er gewinnt dann auch den Prozess um die Pferde.

Neben seiner Arbeit als Betriebsleiter des Gutes läuft aber auch sein Studium weiter. Um die in der Luisenstraße in Berlin-Mitte gegenüber der Charité gelegene Tierärztliche Hochschule schneller erreichen zu können, legt er sich noch 1928 ein Motorrad zu. Ausgerechnet der Winter 1928 / 1929 wird jedoch der kälteste seit Jahren, und bei minus dreißig Grad friert Bernhard Grzimek auf seinem Kraftrad sehr. Um sich die tägliche Fahrerei zu ersparen, mietet er sich schließlich in einem der alten Häuser ganz in der Nähe der Tierärztlichen Hochschule ein.

Als sich 1929 die Weltwirtschaftskrise ankündigt, ist es für Bernhard Grzimek nicht einfach, sich mit dem Betrieb über Wasser zu halten, doch er bewährt sich leidlich und kann sogar sein Stipendium nach nur einem Semester in Berlin zurückgeben. Auch überredet ihn seine Wirtschafterin, eine Gastwirtschaft im großen Bauernhaus des Gutes Stäbchen zu eröffnen, von dem sie bisher nur drei Zimmer nutzen. Bernhard Grzimek bekommt die erforderliche Genehmigung, und Witwe Zeidler schenkt von da an fleißig ihre Sondermischung Korn aus, mal mit Himbeersaft, mal mit Kaffee. Wenn einer der Gäste übernachten möchte, vermieten die beiden sogar die eigenen Betten und schlafen selbst in der Scheune.

Im Winter kann Bernhard Grzimek an der Universität nachholen, was er im Sommer durch die Arbeit auf dem Hof verpasst hat. Besonders beeindruckt ihn dabei der Veterinäranatom Heinrich Bittner. Obwohl er bereits für einige Jahre zum Austausch in der Türkei war, ist der Professor noch sehr jung. Er gibt seinen Studenten einen Rat mit auf den Weg: Sie sollen seine Vorlesung nicht als Offenbarung oder Evangelium ansehen. Denn: »Er trüge nur die heutigen Erkenntnisse der Wissenschaft vor, die schon morgen durch neue Forschungsergebnisse erweitert, geändert oder sogar als falsch erkannt werden könnten.«

Bernhard Grzimek beherzigt diese Einstellung. So etwa, als er, bereits Zoodirektor in Frankfurt, dem jungen Veterinär und späteren Berliner Zoodirektor Heinz-Georg Klös die von ihm geschriebenen Hühnerbücher mit den Worten in die Hand drückt: »Sie sollen sie lesen. Aber bitte nicht so kritisch. Ich war damals noch sehr jung.«

Gleichzeitig reagiert Bernhard Grzimek aber auch äußerst empfindlich, wenn man ihm veraltete Anschauungen oder gar Fehler in seinen Werken vorhält. So erinnert sich Erhard Kaleta, Leiter des Institutes für Geflügelkrankheiten an der Universität Gießen, dass Bernhard Grzimek in seinem späteren Kampf gegen Legebatterien nichts mehr von seinen früheren Ansichten wissen wollte: »Dabei ist er derjenige gewesen, der Hühner weltweit das erste Mal in Drahtkäfige gesetzt hat! In seiner Hühnerschaffenszeit war die Kokzidose, oder auch Rote Küken-Ruhr, ein Riesenproblem.« Bernhard Grzimek habe erkannt, dass diese Krankheit, die Küken und Jungvögel im Alter von bis zu zehn Wochen befällt, dadurch zustande komme, dass mit dem Kot massenhaft Erreger ausgeschieden und durch das Scharren und Picken des Huhns wieder aufgenommen werden. »Seine Idee war: Wir setzen die Hühner und die

Küken ab dem ersten Lebenstag einfach auf ein Drahtgitter. Dann fällt der Kot durch, und der verzinkte Draht hat eventuell auch noch eine desinfizierende Wirkung. Damit konnte er das Kokzidose-Risiko erheblich mindern. Später erst kam die Erfindung von Arzneimitteln, die die Kokzidose heilen konnten und die Käfighaltung überflüssig machten.« Viele Kollegen aus der Geflügelforschung, so Kaleta, hätten Grzimek die Kehrtwende verübelt.

Doch 1929 steht Bernhard Grzimek erst am Anfang seiner akademischen Laufbahn. Am 6. August besteht er den ersten Teil seiner tierärztlichen Vorprüfung in Berlin mit der Note »gut«. Zur gleichen Zeit knüpft er die ersten Kontakte zum Berliner Zoo. Da sein Vetter Günther mit seiner Familie in unmittelbarer Nähe des Tiergartens wohnt, wachsen dessen Kinder mehr oder weniger zwischen den Tieren auf. Besonders der 1918 geborene Sohn Waldemar treibt sich in jeder freien Minute vor den Käfigen herum und modelliert bereits mit elf Jahren erste Tierfiguren aus Plastilin. Die Technik hat er sich unter anderem bei dem bekannten Bildhauer Hugo Lederer abgeguckt. Später wird auch Waldemar Grzimek ein berühmter Bildhauer. Seinen drei Jahre jüngeren Bruder Günther fasziniert eher die gestalterische Seite des Tiergartens; er macht sich später als Landschaftsarchitekt einen Namen und wird deshalb in der Familie der »grüne Grzimek« genannt.

Der Zoologische Garten Berlin ist 1844 als erster deutscher Zoo eröffnet worden. Ende der Zwanzigerjahre verfügt er über eine exquisite Sammlung mit außerordentlich vielen Arten und einer Vielzahl bedrohter Tiere. Vor allem Gorillamann Bobby ist berühmt: Er erreicht als einer der ersten männlichen Gorillas in Gefangenschaft das Erwachsenenalter. Geleitet wird der Zoo bis 1931 von Geheimrat Ludwig Heck, anschließend von dessen Sohn, Lutz Heck. An der Heck'schen Schule, die sich mit dem zweiten Sohn und langjährigen Zoodirektor des Münchener Tierparks Hellabrunn, Heinz Heck, und Lutz Hecks Söhnen über drei Generationen durch die deutsche und amerikanische Zoolandschaft zieht, kommt lange Zeit kein angehender Zoodirektor vorbei.

Der Student Bernhard Grzimek ist stolz darauf, von Geheimrat Ludwig Heck einen ganzen Bogen Freikarten für den Zoo geschenkt zu bekommen. »Mein Großvater hat Studenten immer gefördert«, erinnert sich Lutz Heck, ein Enkel. Auch nach seiner Pensionierung habe Ludwig

39

Heck immer noch im Zoo gewohnt und ein kleines Zimmer in der Verwaltung gehabt, in dem er wissenschaftlich gearbeitet habe. Keine zwanzig Jahre später wird Bernhard Grzimek mit Heinz Heck, dem Münchener Zoodirektor, einen erbitterten Kampf führen, der die Zoowelt in Atem hält. In dessen Verlauf wird es zu Tiervergiftungen, Bestechungen, sogar der Verhaftung von Bernhard Grzimek kommen – der Ausgangspunkt einer lebenslangen Feindschaft.

Zu Studententagen ahnt er davon noch nichts. Ihn beschäftigen andere Entwicklungen. So steigt die Nationalsozialistische Deutsche Arbeiterpartei (NSDAP) zur Massenpartei auf, und auch an der Universität bekommen politische Gesinnungen eine immer größere Bedeutung. »Damals waren die Angehörigen der landwirtschaftlichen und veterinärmedizinischen Fakultäten meist stark rechts gesinnt, entweder deutschnational oder zum Teil auch bereits nationalsozialistisch«, schreibt Bernhard Grzimek in *Auf den Mensch gekommen* über diese Zeit.

Als einmal sämtliche Studenten zu Beginn einer Parasitologie-Vorlesung den Hörsaal verlassen, bleiben nur Bernhard Grzimek und zwei weitere Studenten sitzen – »da ich nicht wusste, worum es sich überhaupt handelte«. Später stellt sich heraus, dass der Professor, »der Sozialdemokrat war, irgendeine politische Äußerung getan hatte. Einer der Studenten, Mitglied einer schlagenden Verbindung, warf mir daraufhin vor, ich sei ›auch ein Kommunist‹.«

Bernhard Grzimek lässt ihn diese Behauptung vor den anderen Studenten wiederholen und schimpft ihn daraufhin öffentlich einen Lügner. »Ich erwartete, dass er mich fordern würde, und hatte schon einen guten Freund eingeschaltet, der einer schlagenden Verbindung angehörte. Aber es geschah nichts.« Auch in abendlichen Gesprächen unter befreundeten Mitstudenten verstrickt sich Bernhard Grzimek gerne in politische Diskussionen. Bei den Treffen in seiner Wohnung sind vorwiegend Nationalisten oder Nationalsozialisten anwesend, jedoch auch Anhänger von linken Parteien, auf deren Seite er sich – »um die anderen zu ärgern« – in der Diskussion schlägt. Bernhard Grzimek erinnert sich: »Die Grzimeks hatten schon immer gern im Streitgespräch die Klingen gekreuzt, aus Freude an der Sache an sich, ziemlich ohne Rücksicht auf den eigenen Standpunkt. Wie harmlos erschien uns das damals alles.«

Am 7. März 1930 besteht Bernhard Grzimek den zweiten Teil der

Tierärztlichen Vorprüfung, das Physikum. Nur zwei Monate später, am 17. Mai, heiratet er, gerade einundzwanzig Jahre alt, die 19-jährige Hildegard Prüfer – eines der »empörten Mädchen« aus der Badeanstalt in Neisse. Sie schreibt über das erneute Aufeinandertreffen der beiden: »Er erinnerte sich seiner damaligen Schandtat des Überfalls auf das Mädchenbad noch sehr gut … und grinste in der Erinnerung daran noch so impertinent wie damals. Er war eben einer der Unverbesserlichen, sagte Ja, wenn ich Nein meinte, und versteifte sich auf Nein, wenn ich bejahte.«

Trotz der vorgeblichen Differenzen sagten beide kurz darauf gemeinsam Ja. Wie genau es zum Wiedersehen kam, ist nicht ganz klar. »Meine Eltern haben sich in Neisse kennengelernt, aber noch nicht so richtig angeguckt. Meine Mutter war bereits mit einem Chemiker verlobt, Dr. Gotthard Spiegel aus Wittenberg, fast von der Schulbank weg. Sie hatte angefangen, bei einem Zahnarzt in Wittenberg Sprechstundenhilfe zu lernen, aber hat das nur ein paar Monate gemacht«, erinnert sich Rochus Grzimek. Wie genau sein Vater dann doch wieder ins Spiel gekommen sei, wisse er nicht: »Mein Onkel Ansgar und meine Mutter kannten sich von der Tanzschule, vielleicht daher.«

Hildegards Vater, Studienrat Max Prüfer, hätte lieber den Chemiker an der Seite seiner Tochter gesehen. Als Hildegard stur bleibt und auf Bernhard Grzimek beharrt, gilt es aber noch eine weitere Hürde zu nehmen: Erst soll Hildegards zwei Jahre ältere Schwester Gerda verheiratet werden – doch die »war eher der herbe Typ«, wie Rochus Grzimek sagt, und ein Verehrer für sie ist zu dieser Zeit nicht in Sicht. Sein Vater hätte seine Schwägerin in spe dann auf sein Motorrad eingeladen und unter Vorspielen einer Panne einfach weit draußen auf der Landstraße stehengelassen. »Dann hat er ihr aus einiger Entfernung zugerufen, dass sie sich überlegen solle, ob sie der Heirat zustimme – sonst müsse sie zu Fuß zurückgehen.«

So heiraten Bernhard und Hildegard Grzimek schließlich in Wittenberg – sehr zum Missfallen von Bernhards Mutter, denn Wittenberg ist wie Hildegards Familie protestantisch. Da hilft es auch nicht, dass Bernhard Grzimek einen Klassenkameraden, der inzwischen katholischer Priester ist, nach Wittenberg holt, um sich dort von ihm in einer winzigen katholischen Kirche trauen zu lassen. Margot Grzimek kommt aus

Protest nicht zur Hochzeit. In seinen Lebenserinnerungen verliert Bernhard Grzimek über all dies genau zwei Sätze: »Im Frühjahr 1930 habe ich Hildegard Prüfer, die Tochter eines Gymnasialprofessors, geheiratet, die ich schon von Neisse her kannte. Damals waren Studenten-Ehen noch recht üblich.«

Am Anfang der siebenundvierzig erlebnisreichen Ehejahre steht für das junge Paar ein Umzug aus der Universitätsgegend in eine Zweieinhalbzimmerwohnung im Westen von Berlin, in die Sodener Straße 30 in Wilmersdorf. Als Bernhard Grzimek kurz darauf von einer Vorlesung nach Hause kommt, klebt auf dem Grammophon und anderen Einrichtungsgegenständen der Kuckuck des Gerichtsvollziehers. Obwohl er sich selbst nie verschuldet hat, wird ihm seine ahnungslose Gutmütigkeit zum Verhängnis: In seinem ersten Semester in Leipzig hatte er der Frau seines Zimmerwirtes als vorgeblicher Arbeitgeber einen Anmeldeschein für die Krankenkasse unterschrieben. Sie wollte den Arbeitgeberanteil selbst bezahlen, hatte dies aber nie getan. Nach rechtlicher Beratung sieht Bernhard Grzimek von einem Einspruch ab.

Von Gut Stäbchen, dem er offiziell noch bis 1932 als Betriebsleiter vorsteht, holt er in diesen Tagen Hündin Senta in die Berliner Wohnung. Er hatte sie ursprünglich nicht mitgenommen, »weil sie so ein ausgesprochener Landhund war«. Doch Bernhard treu ergeben gewöhnt sie sich schnell in der Stadtwohnung ein und macht den Anfang des bunten Tierreigens, der von nun an das Leben der Familie bestimmen wird. »Eines schönen Tages lieferte man mir zwei Perlhühner, sechs Kanarienvögel und einen quicklebendigen Hahn ab«, schreibt Hildegard Grzimek in *Mein Leben für die Tiere/Mit Tieren unter einem Dach*. Ihr Mann versichert ihr zwar, er habe das Geflügel nur angeschafft, damit sie nicht so allein sei und etwas Landluft inmitten der Großstadt habe. Als sie sich jedoch über das allzu laute Treiben beschwert, ist er erstaunlich schnell bereit, die Vögel wieder abholen zu lassen. Hildegard vermutet später, dass er nicht ihr zuliebe so schnell nachgegeben, sondern eingesehen hat, dass das Federvieh für seine Studien nicht geeignet ist.

Kurz nach der Hochzeit bekommt Bernhard Grzimek die einmalige Gelegenheit, für mehrere Wochen nach Amerika zu reisen. »Ministerialrat Dr. Jan Gerriets, der Sachbearbeiter für Kleintierzucht im Preußischen Landwirtschaftsministerium, war auf mich aufmerksam geworden«, erinnert er sich. Bernhard Grzimek folgt der Einladung ins Ministerium, wo er und Gerriets sich darüber unterhalten, dass die Vereinigten Staaten von Amerika in der Organisation ihrer Geflügelfarmen weit voraus sind. Am Ende des Gesprächs gibt das Ministerium Bernhard Grzimek fünfhundert Mark, damit dieser sich die nordamerikanischen Farmen ansehen kann. Auch die *Geflügel-Börse* unterstützt ihn mit einigen Hundert Mark, ebenso Spratt's Hundekuchenfabrik, die Lichtenberger Niederlassung des britischen Chemikers Spratt, der als einer der Ersten seit Mitte des 19. Jahrhunderts auf der Grundlage ernährungswissenschaftlicher Erkenntnisse Tierfutter herstellt.

So geht der Student und frisch gebackene Ehemann im Sommer 1930 an Bord eines altmodischen englischen Dampfers der Cunard-Linie. Reguläre Flüge nach Amerika gibt es damals noch nicht, und so muss Bernhard Grzimek seinen langen Körper in eine kleine billige Kabine direkt über der Schiffsschraube zwängen. Wie schon in Eisenbahnen und Flugzeugen rebelliert auch hier sein Magen, wenn der hohe Seegang Kabine und Magen in die Höhe hebt und gleich darauf in die Tiefe fallen lässt. Bernhard Grzimek wird schlagartig bewusst, dass er zwar seitenweise Shakespeare in Originalsprache zitieren kann, ihm aber der umgangssprachliche Wortschatz fehlt: »Das Erste, was ich in meinem kleinen Wörterbuch nachschlug, war *to vomit* – sich übergeben – und *bucket* – Eimer.«

Eine Woche lang muss der angehende Veterinär die Seekrankheit ertragen. Dann stoppen die Maschinen. Mitten in der Nacht hat der Dampfer sein Ziel erreicht: New York City. In der Morgendämmerung geht Bernhard Grzimek mit den anderen Passagieren an Land. Als Tourist ist er unter den Reisenden ein Exot, denn die meisten sind Auswanderer, die im Land der unbegrenzten Möglichkeiten das Glück suchen. Auch eine Handvoll Geschäftsreisende befindet sich unter den Passagieren.

Noch lange Jahre wird Bernhard Grzimek jedem Amerikaner, den er trifft, von seinem ersten Eindruck erzählen: »Das Erste, was ich im Morgenlicht von dem neuen Erdteil sah, war ein großes, langes Schild *Wrigley's Chewing Gum* – Wrigleys Kaugummi.« Doch vom Konsumrausch ist in New York in diesen Tagen wenig zu spüren. Die glorreichen Zwanzigerjahre, die Jahre der Lebensfreude mit den Premierenrekorden am Broadway, sind der großen Depression nach dem Börsenkrach gewichen. Im Central Park stehen Wohnzelte als Notunterkünfte. Lange Menschenschlangen winden sich um Häuserblocks, in denen die Wartenden in winzigen Schritten vorrücken, um ihre Sozialhilfe abzuholen. Eine Firma nach der nächsten schließt.

Bernhard Grzimek lässt sich von einem der gelben Taxis zu seiner Unterkunft fahren, dem International Student's Home im Stadtteil Morningside Heights, einem Heim für ausländische Studenten, das man ihm empfohlen hat. Das heutige International House ist nur sechs Jahre zuvor eröffnet worden – ein gewaltiges, kastenförmiges Gebäude in bester Lage, an einer der damals vornehmsten Straßen New Yorks: dem Riverside Drive.

Bernhard Grzimek gefällt es, ein wenig mit seiner Adresse anzugeben: »Wenn ich auf Befragen sagte, dass ich dort wohnte, machte das immer erheblichen Eindruck. Dass es sich um das Studentenheim handelte, fügte ich nicht hinzu.« Den Preis empfindet Bernhard Grzimek dennoch als recht hoch: »Obwohl man keine eigene Badegelegenheit und Toilette hatte, sondern einen gemeinsamen Wasch- und Duschraum benutzen musste, hatte ich für jede Nacht vier Dollar zu bezahlen, nach dem damaligen Kurswert 16,80 Mark. Dafür konnte ich dazumal in Berlin im Adlon wohnen.«

Nicht, dass Bernhard Grzimek auf diese Idee gekommen wäre: Was seine eigenen Belange wie Unterkünfte, Verpflegung oder Kleidung anging, war er sein Leben lang äußerst sparsam. Ein Paar Schuhe trug er zum Beispiel so weit auf, bis ein Frankfurter Schuhmacher ihm einmal anbot, er würde ihm, wenn er damit noch einmal zur Reparatur käme, ein neues Paar kaufen.

Das New Yorker Nachtleben reizt den 21-Jährigen dennoch. Schon am ersten Abend verlässt er das Studentenwohnheim, das nach ihm noch so illustre Gäste wie den japanischen Automobilmogul Tatsuro Toyoda oder die Choreographielegende Pina Bausch beherbergen wird, um sich im angrenzenden Stadtteil Harlem ein wenig umzusehen. Harlem ist seit 1920 fast vollständig in schwarzer Hand. Unerschrocken, vielleicht auch ein wenig uninformiert, durchstreift Bernhard Grzimek die nächtlichen Straßenzüge. Er besucht eine der zahllosen Burlesque Shows, eine Form des Varietés, die sich gerade mehr und mehr zu einer reinen Stripshow entwickelt und auf den Studenten keinerlei Reiz ausübt: »So neu mir

dieser Anblick war, so gewöhnlich und witzlos erschien er mir – keine
Musik, kein bisschen Tanz, kein Ansager mit meinetwegen etwas zwei-
deutigen Witzen nach französischer Art.«

So schlendert er weiter und kommt an einer Spielhalle vorbei, die
mit Würfel- und Geschicklichkeitsspielen, Schießständen und Ballwurf-
buden lockt. Bernhard Grzimek wird von einem der Standbesitzer angesprochen, und als er angibt, kein Geld zu haben, lädt dieser ihn auf
eine Runde Bällewerfen ein. Doch als dem Studenten sein Gewinn ausgezahlt werden soll und er dabei unbedacht einen Fünfzig-Dollar-Schein
zum Wechseln aus der Hand gibt, ist er die Banknote plötzlich los. Der
Budenbesitzer behauptet auf einmal, Bernhard Grzimek habe verloren.
Auch ein hinzugezogener Polizist will dem jungen Deutschen erst nicht
helfen, doch als dieser sich in seiner Not an ein Empfehlungsschreiben
des Preußischen Landwirtschaftsministeriums erinnert, das er bei sich
führt, und dieses offizielle Papier vorweist, bekommt er schließlich sein
Geld zurück. In New York Tourist zu sein, und noch dazu im nächtlichen Harlem, ist damals noch ein abenteuerliches und nicht selten sogar gefährliches Unterfangen.

Auch sonst macht die Stadt auf den ersten Blick keinen überwälti-
genden Eindruck auf Bernhard Grzimek. Die Wolkenkratzer, von denen
das dreihundertneunzehn Meter hohe Chrysler Building immerhin gerade das höchste Gebäude der Welt ist, und die Freiheitsstatue haben auf
den Studenten auf Postkarten imposanter gewirkt. In der Straßenbahn
wird er vom Schaffner zurechtgestutzt, weil er am Eingang kein Geld-
stück einwirft. Sein Fazit: »Man sah damals in den USA eben Ausländer
nicht wie bei uns als Reisende, als Gäste aus fremden Ländern, sondern
als lästige Einwanderer, die den Einheimischen die Arbeit wegnahmen.«

Auch vom New Yorker Zoo ist er enttäuscht – auch ihn hatte er sich
größer und eindrucksvoller vorgestellt. Allein die Masse an Automobilen
beeindruckt ihn zutiefst, und so fotografiert er aus Hochhäusern heraus
Dutzende Bilder von den nebeneinander geparkten Kraftfahrzeugen, die
aus der Höhe »wie Stoffmuster« wirken. Und natürlich vereinnahmt ihn
das Naturhistorische Museum. Hier verbringt Bernhard Grzimek viele
Stunden und bewundert besonders die von dem berühmten Präparator
und Afrikaforscher Carl E. Akeley geschaffenen Dioramen, die lebens-
nahen, kunstvollen Kombinationen aus exzellent präparierten Tiergrup-

45

pen, dazugehörigen Pflanzen und gemalten Landschaftshintergründen. So etwas gibt es damals in dieser Qualität in Deutschland noch nicht. Doch Bernhard Grzimeks eigentlicher Reisegrund sind die Hühner, und so besucht er verschiedene Geflügelzuchtverbände. Deren Vertreter zeigen ihm auf einer Fahrt entlang der Ostküste die großen Hühnerfarmen, und der junge Deutsche staunt: »Die Geräte zum Sortieren der Eier nach dem Gewicht waren mir zum Teil neu, ebenso auch die Verpackung.«

Wenige Jahre später wird Bernhard Grzimek das hier Gesehene in Deutschland als Sachverständiger beim Preußischen Landwirtschaftsministerium zur Anwendung bringen. Andere Beobachtungen stimmen ihn jedoch nachdenklich: »Nur noch Großbetriebe zahlten sich aus. Mir wurde damals klar, was über kurz oder lang auch in Deutschland kommen würde. Denn im Allgemeinen sind wir ja mit einem Abstand von etwa zehn Jahren der amerikanischen Entwicklung gefolgt. Wir ahmen amerikanische Entwicklungen auch dann noch getreulich nach, wenn sie drüben schon längst als Fehlschläge erkannt worden sind.«

Im November 1930 tritt Bernhard Grzimek die Rückreise an, dieses Mal an Bord des Ozeandampfers *Aquitania*. Das zweihundertsiebzig Meter lange Schiff mit den rund 45 000 Bruttoregistertonnen und den vier Schornsteinen ist eines der größten Passagierschiffe und ein imposanter Anblick. Leider vermag jedoch auch dieses Bernhard Grzimeks Seekrankheit nicht zu verhindern. In den schweren Herbststürmen auf dem Nordatlantik rollend, mit Kellnern, die im Restaurant kannenweise Wasser auf die Tischdecken gießen, damit diese rutschfester werden, wünscht er sich, das Schiff möge sinken – so sehr leidet er unter der Übelkeit.

Schließlich ist die Passage geschafft, und Bernhard Grzimek geht im französischen Cherbourg, dem einzigen Zwischenstopp auf dem Weg nach Southampton, von Bord. Er nimmt die Eisenbahn nach Paris und genießt es für drei Tage, in Cafés zu sitzen und die Menschen zu beobachten. »Ich hatte Frankreich bis dahin noch niemals betreten. Trotzdem kam ich mir wie zuhause vor.« Später wird er das Einsteigen in England auf der Hinreise und den Besuch der französischen Hauptstadt auf der Rückreise in verschiedenen Lebensläufen geschickt als eine »Studienreise nach England, Nordamerika und Frankreich« deklarieren.

Nach seiner Rückkehr muss sich Bernhard Grzimek an der Universität anstrengen, denn er hat durch seine Amerikareise ein komplettes Semester verpasst. Keiner seiner Professoren kommt dabei der Unverfrorenheit auf die Schliche, mit der er jedem von ihnen – mit einigen Wochen Abstand – sein Studienbuch mit den Vorlesungen gleich zweimal vorlegt: zum Abzeichnen des aktuellen und des vorherigen Semesters, in dem er gar nicht da war. Dass er so zwar die äußeren Formalien erfüllt hat, den verpassten Stoff jedoch dennoch lernen muss, hält ihn nicht davon ab, zusätzliche Vorlesungen in Zoologie und Humanmedizin zu hören. So besucht er am Zoologischen Institut in der Invalidenstraße die Vorlesungen des großen Vogelkundlers Erwin Stresemann. Kurzzeitig überlegt Bernhard Grzimek, nach dem Abschluss seines Studiums noch eine Doktorarbeit in Zoologie zu verfassen. Doch als er feststellt, dass er sich dann zusätzlich in Philosophie prüfen lassen müsste, nimmt er von dieser Idee Abstand und verbringt stattdessen mehr Zeit bei den Humanmedizinern. So besucht er die Vorlesungen des bekannten Chirurgen August Bier, der an der Chirurgischen Universitätsklinik der Berliner Charité lehrt und forscht und mit seinen Selbstversuchen als einer der Wegbereiter der modernen Anästhesie gilt. Noch häufiger hört er Vorlesungen des berühmten Leiters der Chirurgischen Universitätsklinik, Ferdinand Sauerbruch. 1931 gelingt diesem als erstem Chirurgen die Beseitigung einer Ausbuchtung der Herzwand nach einem Infarkt, die Behandlung eines sogenannten Herzaneurysmas. Damals eine Sensation.

Später wird Bernhard Grzimek seinen Kindern eine besondere Anekdote aus Sauerbruchs Vorlesungen erzählen: Einmal sollten alle Studenten ihre Beobachtungsgabe bei einem Experiment testen. Dazu habe Sauerbruch einen Finger in ein Glas mit Urin gesteckt, ihn abgeleckt und danach bestimmt, von welchem seiner Mitarbeiter der Urin sei. Dann habe er die Studenten aufgefordert, es ihm nachzumachen – da sich ein guter Wissenschaftler vor nichts ekeln sollte. Erst nachdem alle an der Reihe waren, habe der Professor aufgeklärt, dass er zwar einen Finger in das Gefäß gesteckt, aber einen anderen abgelutscht hatte …

Scherze wie diese sind genau nach Bernhard Grzimeks Geschmack – zumindest solange sie nicht auf seine Kosten gehen. Was in Kinderjahren mit typischen Jungenstreichen angefangen hat, entwickelt sich über die Jahre zu einer regelrechten Leidenschaft. So macht er in Berlin abends mit Mitstudenten Telefonstreiche, erklärt – ungefragt, im lauten Tonfall, und vor allem absichtlich falsch – ihm unbekannten Mitreisenden in der Straßenbahn die Berliner Sehenswürdigkeiten oder starrt mit Freunden zum Beispiel angestrengt auf ein Hausdach, versehen mit Ausrufen wie: »Ich glaube nicht, dass er sich noch lange halten kann!«, obwohl dort gar nichts zu sehen ist. Zusammen mit seinem Sohn Michael entwickelt Bernhard Grzimek in den Vierziger- und Fünfzigerjahren die nur zwischen ihnen ausgetragene Variante, dem anderen, wenn dieser es am wenigsten erwartet, mit der flachen Hand kräftig auf einen Oberschenkel zu schlagen. Das führt gerade in größeren Gesellschaften das ein oder andere Mal zu leichten Irritationen.

Schließlich verfällt Bernhard Grzimek den Scherzartikeln. Er sammelt die berühmten Furzkissen, Milchkännchen, die ein Muh-Geräusch von sich geben, aber keine Milch, bis hin zu künstlichen Kothaufen und Pfützen aus vermeintlich Erbrochenem und setzt sie bei jeder Gelegenheit ein. »Dazu ging er in Frankfurt regelmäßig zu Sennelaub gegenüber dem Parkhaus an der Hauptwache, die haben diese Artikel verkauft. Die müssen an meinem Vater richtig verdient haben«, erinnert sich Rochus Grzimek.

In früheren Jahren tut es aber auch ausgestopfte Kleidung, die – als menschliche Silhouette auf der einzigen Toilette drapiert – die davor wartenden Gäste irgendwann verzweifeln lässt. Bernhard Grzimek steht dabei stets im Hintergrund und freut sich über die Reaktionen: nicht schenkelklopfend, nicht lauthals lachend, sondern feinsinnig lächelnd. Und ist wenig amüsiert, wenn jemand den Trick durchschaut.

So kindlich sein Gemüt in diesen Dingen ist, so früh drängt es ihn, eine eigene Familie zu gründen. Dass Hildegard in der kurzen Zeit zwischen Heirat und seiner Abreise nach Amerika nicht schwanger geworden ist, veranlasst Bernhard Grzimek bereits, mit ihr nach seiner Rückkehr zum Gynäkologen zu gehen. »Ich brachte meine Frau zu einem alten Professor der Gynäkologie, der erfreulicherweise von mir als ›Kollegen‹ kein Geld nahm. Er stellte einen Gebärmutterknick fest.« Ein eingesetzter Plastikstreifen – so detailliert äußert sich der Veterinär in seinen Lebenserinnerungen darüber – bringt jedoch den erwünschten Erfolg: Am 11. August 1931 kommt der erste gemeinsame Sohn, Rochus Benedikt, zur Welt.

Hildegard Grzimek trainiert die Hündin Senta darauf, mit den Vorderpfoten den Kinderwagen zum Wippen zu bringen, wenn Rochus schreit und sie selbst gerade in der Küche beschäftigt ist. Doch da die wirtschaftliche Lage der jungen Familie nicht besonders rosig ist, Bernhard Grzimek noch studiert und seine Frau bei der Bewirtschaftung von Gut Stäbchen helfen muss, verbringt Rochus die entscheidenden Jahre seiner Kleinkindzeit bei den Großeltern mütterlicherseits in Wittenberg. Dort nimmt er mehr oder weniger die Position des zwei Jahre zuvor verstorbenen jüngsten Sohns seiner Großeltern ein und wird auch nur der »kleine Prüfer« genannt. »Mein Bruder Michael, der drei Jahre nach mir geboren wurde, war zwar auch noch oft in Wittenberg, aber schon mehr bei meinen Eltern, weil mein Vater da ja bereits promoviert war, eine Stellung hatte und somit auch die wirtschaftliche Lage der Familie besser war. Zwei Kinder wurden den Großeltern auch zu viel«, sagt Rochus Grzimek.

Anfang der Dreißigerjahre Jahre gilt Bernhard Grzimeks ungeteilte Aufmerksamkeit trotz des ersten Sohnes jedoch seiner Karriere, und daran wird sich auch später wenig ändern. Am meisten interessiert er sich für die Tierpsychologie, einen Fachbereich, der sich gerade erst zu einer eigenständigen biologischen Disziplin entwickelt. Später wird das Arbeitsgebiet so bekannter Forscher wie Konrad Lorenz, Nikolaas Tinbergen, Otto Koehler und Oskar und Katharina Heinroth als Ethologie oder Vergleichende Verhaltensforschung bezeichnet.

Bernhard Grzimek besucht in dieser Zeit auch Vorlesungen von Humanpsychologen und verfasst neben Artikeln für die *Geflügel-Börse* und tierärztliche Fachjournale wie das *Archiv der Geflügelkunde* erste allgemeinverständliche Berichte über tierisches Verhalten. Anfangs ist es für ihn nicht einfach, Texte in Zeitungen und Magazinen zu platzieren. »Es wurde immer schwieriger, Geld zu verdienen. Die Zahl der Arbeitslosen stieg ständig. Frühmorgens warteten wir beim Frühstück ängstlich, ob etwas Schweres in den Briefkasten fiel. Das war dann wieder mal ein Aufsatz, der von einer Fachzeitschrift zurückgeschickt worden war. Der Festbetrag, den mir eine davon monatlich zahlte, wurde mit viel Entschuldigungen halbiert«, berichtet er in *Auf den Mensch gekommen*.

So zieht die kleine Familie auch noch einmal kurzfristig um, in eine billigere Wohnung im Osten von Berlin, nach Niederschöneweide.

»Später erzählten sie immer von der guten italienischen Eisdiele dort«, erinnert sich Rochus Grzimek. Für ihre Umzugswut seien seine Eltern im Übrigen im Verwandtenkreis bekannt gewesen.

Ein finanzieller Lichtblick tut sich erst auf, als Bernhard Grzimek im Schriftsteller Ehm Welk (Autor des Romans *Die Heiden von Kummerow*) einen Abnehmer für seine Texte findet. Welk leitet zu der Zeit die *Grüne Post*, eine 1927 gegründete Wochenzeitung des Ullstein-Verlags, die als erste in Deutschland im Zeitungsformat und auf blassgrünem Papier gedruckt wird. Durch die regelmäßige Berichterstattung in der *Grünen Post* nimmt die schriftstellerische Arbeit mehr und mehr Raum in Bernhard Grzimeks Leben ein. Warum seine Berufsangabe im Berliner Adressbuch des Jahres 1931 »Chefredakteur« lautet, ist jedoch nicht nachvollziehbar.

Im Herbst 1932 kann Bernhard Grzimek zudem das Staatsexamen ablegen. Nach neun Semestern – acht, wenn man seinen USA-Aufenthalt abzieht – schließt er sich mit vier weiteren Mitstudenten zusammen, wie er in *Auf den Mensch gekommen* berichtet: »Wir paukten Tag und Nacht und gingen alle vier oder fünf Tage, in der kürzest zulässigen Zeit, in einem weiteren Fach, bei einem anderen Professor in die Prüfung.«

Im Fach Chemie, Bernhard Grzimeks schwacher Stelle, macht es sich bezahlt, dass er keine Vorlesung oder Übung des Professors geschwänzt, sondern sich stets gut sichtbar hingesetzt hat. So bekommt er, obwohl er bereits die erste Frage nicht beantworten kann, ein »sehr gut«. Bernhard Grzimek vermutet später, dass seine auffällige Präsenz im Unterricht den Prüfer dazu verleitet haben muss, in ihm einen »verheißungsvollen Chemiker« zu sehen. Sein alter Professor der Lebensmittelkunde prüft, leicht erkrankt, vom Bett aus, und in Arzneimittelkunde muss Bernhard Grzimek eines aus mehr als vierzig verschiedenen weißen Pulvern richtig bestimmen. Nur bei Pathologieprofessor Johannes Dobberstein fällt er im ersten Anlauf durch, was Bernhard Grzimek später auf einen alten Disput zwischen den beiden zurückführt, bei dem er den Professor in einem Artikel und auch mündlich in einem Sachverhalt korrigiert hatte. Beim zweiten Versuch klappt es jedenfalls, und auch später wird sich Dobberstein nicht als nachtragend erweisen: In den Fünfzigerjahren besucht er Bernhard Grzimek im Frankfurter Zoo, und sein ehemaliger Student lässt viele exotische Tiere nach einem ungewöhnlichen Ableben zur Untersuchung an das Institut für Vergleichende Pathologie der Deutschen Akademie der Wissenschaften zu Berlin schicken, welches für Dobberstein eingerichtet worden ist.

Am 14. Dezember 1932 bekommt Bernhard Grzimek per Urkunde bescheinigt, dass er das tierärztliche Staatsexamen in Berlin mit »gut« bestanden hat. Genau zwei Wochen später erhält er vom Preußischen Innenministerium die Approbation als Tierarzt für das Gebiet des Deutschen Reiches. Damit kann Bernhard Grzimek als fertiger Tierarzt ins Jahr 1933 hineinfeiern. Nun möchte er nur noch den Doktortitel erlangen.

Wäre der Veterinäranatom Heinrich Bittner, den er so sehr bewundert hat, nicht noch während Bernhard Grzimeks Studium an einer Infektion gestorben, wäre er ein idealer Doktorvater für ihn geworden – hatte Bittner doch 1924 über *Die Sektion des Hausgeflügels und der Versuchssingvögel* publiziert. Auch Bernhard Grzimek beleuchtet für seine Promotion das Innenleben eines Haushuhnes näher und reicht am 31. Januar 1933 seine Ausarbeitung mit dem Titel *Das Arteriensystem des Halses und Kopfes, der Vorder- und Hintergliedmaße(n) von Gallus domesticus* ein. Gewohnt pragmatisch gewinnt er der Arbeit das Beste ab: »Das Geflügel, dessen Adern ich nach dem Tode mit gefärbten Stoffen und mit Mitteln vollspritzen musste, die sich im Röntgenbild abzeichnen, haben wir zu großen Teilen aufgegessen. Das ist immerhin ein kleiner Vorteil des Tierarztes gegenüber einem angehenden Menschenarzt.«

Als Gutachter wählt er den neuen Professor für Veterinäranatomie, Wilhelm Krüger, einen Fachmann für Pferde, der 1934 zum Rektor der Humboldt-Universität zu Berlin ernannt wird. Außerdem gehören zu seinen Prüfern der damalige Rektor der Tierärztlichen Hochschule, Kurt Neumann-Kleinpaul, der der Vorsitzende des Prüfungsausschusses ist, sowie Wilhelm Hinz, Professor für Allgemeine Therapie.

In ihrem Gutachten schreiben die Professoren am 20. Februar 1933: »Der Verfasser, der als Geflügelspezialist in der Literatur sich einen Namen zu machen bemüht ist, legt als Dissertation eine anatomische Arbeit vor ... Die Arbeit ist verdienstvoll, denn die Angaben über den Verlauf der Gefäße in den Lehrbüchern der Veterinäranatomie ... sind dürftig und behandeln auch meistens nicht nur das Huhn ... Durch einige schöne Federzeichnungen werden die klaren und eindeutigen Schilde-

rungen sehr schön illustriert. Es hat dem Verfasser anscheinend vorge-
schwebt, das Arteriensystem des Körpers mit Ausnahme desjenigen der
Eingeweide zu bearbeiten. ... Zu dieser Vollständigkeit fehlt der vorliegenden Arbeit bedauerlicherweise ein kleines Kapitel, nämlich das über
die Arterien der Rumpfwand. Nichtsdestoweniger verdient die Arbeit
das Urteil ›gut‹.«

Wie schon im Abitur findet Bernhard Grzimeks Begabung für das
Zeichnen besondere Erwähnung. Die mündliche Doktorprüfung am
25. Februar 1933 wird ebenfalls mit einem »gut« benotet. Damit sind
seine Ausbildung und seine Tätigkeit an der Universität fürs Erste abgeschlossen.

KLEINVIEH

»Ich bin immer gern Beamter gewesen, obwohl es ein recht
schlecht bezahlter Job ist – allerdings hatte ich die Möglichkeit,
mir durch meine Schriftstellerei stets Geld dazuzuverdienen.«
Bernhard Grzimek in *Auf den Mensch gekommen*

Zwischen Abgabe der Doktorarbeit und der mündlichen Prüfung ereignet sich Anfang 1933 etwas, das Bernhard Grzimeks Zukunft maßgeblich
beeinflussen und sein Schicksal mit dem Deutschlands mal loser, mal
enger verknüpfen wird: Nur wenige Tage nachdem Reichspräsident Paul
von Hindenburg am 30. Januar 1933 Adolf Hitler zum Reichskanzler ernannt und auf dessen Wunsch am 1. Februar den Reichstag aufgelöst
hat, tritt Bernhard Grzimek in den Staatsdienst ein. Am 4. Februar 1933
beginnt er seine Arbeit als Sachverständiger beim Preußischen Landwirtschaftsministerium in Berlin.

Er hat diese Anstellung nicht aktiv gesucht, und so bedeutet sie auch
nicht, dass Bernhard Grzimek aus politischen Gründen einen öffentlichen
Posten anstrebt. Die Stelle ist vielmehr eines von drei völlig verschiedenen Angeboten, die er fast zeitgleich erhalten hat. Das erste Angebot
stammt von Medizinprofessor Gerhard Elkeles, dem Direktor des Un-
tersuchungsinstitutes Berlin-Westend. Er beschäftigt sich unter anderem
mit der Aufklärung der sogenannten Papageienkrankheit (Psittakose
oder Ornithose), einer bakteriellen Infektion, die beim Menschen zu
einer Lungenentzündung führen kann. Die Epidemie 1929 / 30 hat auch
in Berlin großes öffentliches Interesse geweckt und bewirkt, dass sich
die Forschung damit mehr auseinandersetzt. Elkeles möchte Bernhard
Grzimek, mit dem er 1932 in der *Tierärztlichen Rundschau* einen Artikel
über die Krankheit veröffentlicht hat, als Assistenten gewinnen, und dieser ist durchaus nicht abgeneigt.

Die zweite Stelle ist abwegiger, wenngleich auch um ein Vielfaches
lukrativer: Einer der amerikanischen Direktoren von Kraft's Käsefirma,

den Bernhard Grzimek durch Zufall kennengelernt hat, bietet ihm an, Direktor mehrerer Fabriken der Firma in Deutschland zu werden. Schließlich entscheidet sich Grzimek jedoch für das Angebot von Ministerialrat Jan Gerriets, der ihn bereits bei der Amerikareise unterstützt hat, und beginnt die Arbeit im Ministerium. »Ich glaube nicht, dass es mir schwergefallen wäre, ein Geschäftsmann zu werden und reichlich Geld zu verdienen. Aber ich habe es immer vorgezogen, die Dinge zu tun, die mir Spaß machten«, schreibt er später über seine Entscheidung. Es sei zwar »der am schlechtesten bezahlte Posten« gewesen, er habe ihn aber am meisten gereizt. Immerhin bekommt Grzimek für seine Arbeit dreihundert Mark Lohn im Monat – das Doppelte von dem, was damals ein Arbeiter verdient.

Rein nach dem Spaßprinzip wird er die Stelle dennoch nicht ausgewählt haben. Ihm wird vielmehr durchaus bewusst gewesen sein, dass es für die Karriere förderlich sein könnte, »erst einmal die Arbeit in einer Spitzenfirma kennenzulernen und womöglich einen Titel zu bekommen« – wie es ihm sogar der Direktor von Kraft's empfiehlt.

Da Grzimek außerdem beschließt, eine eigene Tierarztpraxis zu eröffnen, bleibt der Familie nicht anderes übrig, als erneut umzuziehen. Noch im Frühjahr 1933 mietet Bernhard Grzimek ein Reihenhaus im Westen von Berlin im Vorort Onkel Toms Hütte, der Waldsiedlung von Zehlendorf. Für Bernhard Grzimek erweist sich das kleine Reihenhaus in der Straße Am Hegewinkel 100 mit dem für die Siedlung charakteristischen Flachdach als ideal: In den unteren Räumen kann er seine Praxis einrichten, in den beiden darüberliegenden Stockwerken wohnt die Familie, und mit der neuen U-Bahn-Anbindung ist er auch schnell im Ministerium.

Kaum eingezogen, hängt er ein Schild »Tierarzt« ans Haus, und auch der Eintrag im Berliner Adressbuch wird prompt auf diesen Titel geändert. So lassen die ersten Patienten nicht lange auf sich warten. War Bernhard Grzimek bisher eher auf Nutztiere und vor allem wissenschaftliche Fragestellungen eingestellt, hat er es jetzt vorwiegend mit Kleintierhaltern und deren Problemen zu tun. So sucht unter anderem eine Hundehalterin seinen Rat, weil ihre Dogge sie nachts ab und zu aus dem Bett schmeißt – so breit macht sich das Tier darin. Hildegard steht ihm zur Seite und erinnert sich später: »Das war ein Betrieb! Tagsüber war mein Mann im Ministerium, von 17 bis 19 Uhr verarztete er kranke Tiere. Selbstverständlich glänzte ich dabei als Sprechstundenhilfe. Als Frau eines Veterinärs muss man mit allem rechnen.«

Die Bewirtschaftung von Gut Stäbchen hat das junge Paar mittlerweile aus Zeitnot abgegeben. Denn als Sachverständiger des Preußischen Landwirtschaftsministeriums ist Bernhard Grzimek für die neue Eierverordnung zuständig und damit ständig unterwegs. Wie das »Gesetz über den Verkehr mit Eiern« vom 20. Dezember und eine Verordnung über die Regelung des Eiermarktes vom 21. Dezember 1933 soll auch die im Vorjahr eingeführte Regelung den Umgang mit tierischen Lebensmitteln neu ordnen und die Vorteile der niederländischen und dänischen Konkurrenz zunichte machen. »Deutsche Eier kamen kaum in den Großhandel, besonders nicht in die Kühlhäuser. Sie waren nicht frisch, oft schmutzig, nicht richtig der Größe nach sortiert, und man musste … bis zu vier Prozent faule in Kauf nehmen, ohne eine Entschädigung verlangen zu können«, schreibt Grzimek in *Auf den Mensch gekommen* über die damaligen Umstände.

Seine Aufgabe ist es, Polizisten in der Überwachung von Eierverkauf und -handel zu schulen und in Begleitung von örtlichen Polizisten die Betriebe zu überprüfen. Damit ist der »Hühnerbaron« wieder in seinem Element. Ihm obliegt es, dafür zu sorgen, dass deutsche Eier als solche gekennzeichnet und marktfähig werden und sich gegenüber denen mit dem Stempelaufdruck »danish« durchsetzen. Doch der Handel beachtet die neuen Kennzeichnungspflichten nicht, und die Lebensmittelpolizei scheut sich einzugreifen, weil sie sich nicht auskennt. »Es war nicht gerade ein dankbares Geschäft, für die Güte der deutschen Eier verantwortlich gemacht worden zu sein«, bemerkt Bernhard Grzimek später.

In den ersten Monaten im Amt geht es für Grzimek drunter und drüber, zumal nach der Machtübernahme kurzerhand bestimmt wird, dass Eier nur noch durch Genossenschaften erfasst und gehandelt werden sollen. Da diese Eiergenossenschaften aber noch gar nicht in allen Gebieten existieren, trifft Bernhard Grzimek bei seinen Reisen manchmal auf Höfe, in denen die Eier in der Scheune »einfach wie Kartoffeln gehäuft« werden. Nur in Schleswig-Holstein und den holländischen Grenzgebieten haben sich die Bauern bereits auf die Konkurrenz eingestellt.

Bernhard Grzimek ist nun Beamter eines Staates, den die Nationalsozialisten in kürzester Zeit umbauen. Wie stand er zu Hitler und der neuen Regierung, zur unübersehbaren Demontage der Demokratie? Er selbst versichert nach 1945 stets, nie Mitglied in einer Partei oder politischen Organisation gewesen zu sein. Diese Aussage jedoch muss infrage gestellt werden. In verschiedenen Archiven finden sich nämlich Unterlagen, in denen Grzimek selbst angibt, im Jahr 1933 der SA, der sogenannten Sturmabteilung der NSDAP, beigetreten zu sein. In den Fragebogen des Reichsnährstandes vom 13. Januar 1935 und einen Personalbogen beim Verwaltungsamt des Reichsbauernführers vom 9. Januar 1935 hat er den Dienstgrad »SA-Mann« eingetragen. Einmal gibt er den 1., einmal den 7. Juli 1933 als Eintrittsdatum an. In einem Fragebogen der Universität Berlin, von ihm unterschrieben am 22. April 1936, führt er diese Angabe eigenhändig sogar noch weiter aus: »SA, Motorsturm 2 / M28«. Im selben Schriftstück erklärt er eine Mitgliedschaft von 1933 bis 1935, in einem anderen detailliert vom 7. Juli 1933 bis zum 1. Mai 1935, Mitgliedsnummer 2552.

Alle genannten Dokumente sind handschriftlich von Bernhard Grzimek ausgefüllt, ohne Ergänzungen von anderen Personen. Da sich keine weiteren Dokumente finden, die auch von behördlicher Seite eine Mitgliedschaft eindeutig belegen und Bernhard Grzimek sich selbst nie dazu geäußert hat, kann über seine Motivation, der SA beizutreten, nur spekuliert werden. Für Burkhard Assmus, Sammlungsleiter für Historische Dokumente ab 1914 im Deutschen Historischen Museum in Berlin, sind zwei Varianten denkbar: »Zum einen, dass er wirklich Mitglied war, das wäre nicht ungewöhnlich gewesen. Damals war es Mainstream, nichts Anrüchiges, SA-Mitglied zu sein. Es war ein Gemeinschaftsding, man wollte dabei, Teil des Ganzen sein. Möglich wäre jedoch auch, dass er die Angaben in Hinblick auf seine Karriere erfunden hat.«

Letzteres würde erklären, warum sich die Eintragungen nur in Dokumenten finden, die für die Versetzung innerhalb der Behörde und das Habilitationsgesuch an die Landwirtschaftlich-Tierärztliche Fakultät der Universität Berlin von Bedeutung sind. Bernhard Grzimek hatte stets seine Karriere vor Augen. Er stand nicht hinter den nationalsozialistischen Ideologien, dachte wahrscheinlich nicht einmal näher darüber nach.

Der politische Druck von außen wird in den Dreißigerjahren jeden-

56

falls immer stärker, auch an den Hochschulen, an denen die Politisierung schnell voranschreitet. Vielleicht hat ein Vorgesetzter im Ministerium, vielleicht aber auch ein leitender Angestellter in der Eierwirtschaft, wie SA-Führer Max Neumann, dem 24-Jährigen in dieser Situation nahegelegt, politisches Engagement zu zeigen. Und diesem Ratschlag folgt Bernhard Grzimek, tatsächlich – oder vielleicht auch nur auf dem Papier.

Dass er dabei ausgerechnet den SA-Motorsturm auswählt, ist allerdings unverständlich und auch wenig grotesk, denn der Motorsturm sammelt diejenigen, die Interesse am Motorsport haben. Bernhard Grzimek besitzt damals jedoch noch nicht einmal einen Automobilführerschein. Diesen macht er erst im Jahr 1952, zusammen mit seinem 21-jährigen Sohn Rochus. Jeder, der irgendwann einmal mit Bernhard Grzimek gefahren ist, wird außerdem bescheinigen, dass er kein besonders guter Autofahrer war und ihm Gespür und Interesse für Kraftfahrzeuge gänzlich zu fehlen schienen. Da in der Motor-SA auch Motorradfahrer zusammengefasst waren und Bernhard Grzimek in seiner Zeit auf Gut Stäbchen aus wirtschaftlichen Gründen das Motorradfahren begonnen hatte, ist es jedoch nicht völlig ausgeschlossen, dass er sich tatsächlich dieser SA-Gruppierung anschloss.

Noch ein weiterer Widerspruch gibt Rätsel auf: Im Dezember 1932 gehörten in Berlin und Brandenburg etwa 2000 Mitglieder der Motor-SA und der Reserve-Motor-SA an; 1934 wird die Motor-SA jedoch aufgelöst. Dass Bernhard Grzimek angibt, bis 1935 Mitglied gewesen zu sein, kann, muss aber nicht zwangsläufig auf eine erfundene Mitgliedschaft hindeuten. Denn das NS-Kraftfahrerkorps (NSKK) tritt als kleinste eigenständige Gruppierung der NSDAP die direkte Nachfolge der aufgelösten Organisation an.

Parteimitglied der NSDAP ist Bernhard Grzimek zum damaligen Zeitpunkt nicht. Entgegen aller späteren Aussagen wird er es jedoch: Auf der Karteikarte der NSDAP-Gaukartei ist seine Aufnahme am 1. Mai 1937 vermerkt, Mitgliedsnummer 5 919 786. Dass ihm die Mitgliedschaft nicht unbemerkt »untergejubelt«, also von einer dritten Person ohne sein Wissen beantragt worden sein kann, zeigt der Fragebogen für die *Parteistatistische Erhebung 1939*. Hier trägt Bernhard Grzimek am 17. Juli 1939 handschriftlich das Datum seines Parteieintritts und die Mitgliedsnummer ein. »1937 war schon ziemlich spät für einen Beitritt«, erklärt

Assmus. »Andererseits war er ja noch sehr jung. Man war bis 1938 generell sehr stolz auf Deutschland und die Partei, und somit war selbst ein Beitritt zu diesem Zeitpunkt nichts Ungewöhnliches.«

Die Zeit der Masseneintritte nach der Machtübernahme 1933 (die der sogenannten »Märzgefallenen«) ist zwar schon eine Weile her, doch mit der Wirtschaft geht es bergauf, die Arbeitslosigkeit sinkt, kurzum: Es gibt viele Gründe, an die Partei zu glauben. Es kann jedoch wiederum auch eine strategische Entscheidung gewesen sein, die Bernhard Grzimek zur Parteimitgliedschaft bewegt – sie kann einer Karriere im Ministerium in diesen Jahren nur förderlich sein. Vielleicht erhofft er sich durch sie auch bessere Chancen als Schriftsteller. Denn seine Aufnahme als Vollmitglied in die Reichsschrifttumskammer (RSK) wird am 23. Januar 1937 abgelehnt und mit dem bisher zu geringen Umfang seiner Veröffentlichungen im Verhältnis zu seiner hauptamtlichen Tätigkeit begründet. Für gelegentliche Publikationen wird er von der Mitgliedschaft in der RSK befreit, die seit dem 30. Juli 1934 laut Anordnung für alle im Literaturbereich Tätigen verpflichtend ist. Am 1. April 1939 wird Bernhard Grzimek jedoch schließlich doch noch aufgenommen – weil er jetzt Parteigenosse ist?

Bernhard Grzimek steht weder hinter noch zu seiner SA- und NSDAP-Mitgliedschaft. Er ist kein parteipolitischer Mensch, hasst Versammlungen jeglicher Art und gilt unter Freunden keineswegs als Freund von Hitlers Politik. »Wenn Dr. Bernhard Grzimek zu uns kam, sei es kurz ins Büro oder mit seiner Frau Hilde zu einem abendlichen gemütlichen Plausch, dann türmte ich einen Berg von Sofakissen auf unser Telefon, da ich gehört hatte, dass durch angezapfte Telefone unter Mithilfe missbrauchter Mikrofone Zimmergespräche belauscht werden konnten. Wenn die beiden auf Politik zu sprechen kamen, und immer taten sie das, dann lästerten sie. Bei den strengen ›Defätismus-Gesetzen‹ hätte das für beide verhängnisvoll werden können«, berichtet Katharina Heinroth, die Frau des großen Verhaltensforschers Oskar Heinroth und spätere Direktorin des Berliner Zoologischen Gartens, in ihrem Buch *Mit Faltern begann's* über die Jahre 1937 und 1938. Und damit über Jahre, in denen Bernhard Grzimek bereits Parteimitglied ist, das jedoch Familie und Freunden verheimlicht.

Für Nachfragen seines Sohnes Rochus hat er später Ausreden parat, wie sich dieser erinnert: »Als ich in unserem Haus in Berlin-Johannisthal eine SA-Uniform auf dem Dachboden gefunden hatte, sagte mein Vater, die sei von seinem Bruder Ansgar. Dieser hat das später vehement bestritten. Über seine NSDAP-Mitgliedschaft behauptete mein Vater nach dem Krieg, dass sie ›von Kommunisten reingestellt‹ worden sei.«

Wie so viele ist Bernhard Grzimek ein Mitläufer, kein Überzeugungstäter. Karriere und die Familie sind ihm wichtig, und zu ihren Gunsten wählt er in diesen Jahren den Weg des geringsten Widerstandes. Belege, dass er sich während seiner Mitgliedschaften aktiv betätigt hätte, gibt es nicht. Leider besitzt er später nicht die Größe, offen damit umzugehen, und er verschweigt diese Seite seiner Vergangenheit sowohl gegenüber Familienangehörigen als auch gegenüber Außenstehenden, schwört deswegen sogar einen Meineid.

Auch in der 1974 erschienenen Autobiografie *Auf den Mensch gekommen* erwähnt Bernhard Grzimek nur Begebenheiten, die auf eine Gesinnung gegen das NS-Regime schließen lassen. So berichtet er, dass die Gestapo 1934 die Wohnung im Hansaviertel, in die die Familie im Frühjahr des Jahres gezogen war, durchsucht habe: »Eines Tages wurde ich von meiner Frau angerufen: Ich sollte nicht nach Hause kommen, sondern mich mit ihr in der Stadt treffen, ›an derselben Stelle wie neulich‹. Von der Gestapo, der geheimen Staatspolizei, war unsere Wohnung von oben bis unten durchsucht worden, man hatte besonders alle meine Bücher gemustert und einige mitgenommen.«

Eine Vermutung, warum die Gestapo Interesse an ihm haben könnte, nennt er nicht. Er erwähnt nur seine Reaktion: »Ich rief einen Bekannten an, den Eierhändler Max Neumann aus Frankfurt / Main, der SA-Führer und gleichzeitig Vorsitzender der Hauptvereinigung der deutschen Eierwirtschaft war. Er ging in meine Wohnung, stöberte nochmals alle Bücher und Papiere durch, telefonierte dann mit verschiedenen Stellen und meinte schließlich, ich brauche mir wohl zunächst keine Sorgen zu machen.«

In der Familie, erinnert sich Sohn Rochus Grzimek, gab es für die Durchsuchung später folgende Erklärung: »Ein Kollege meines Vaters hatte auf einem Vervielfältigungsapparat im Büro kommunistische Propaganda kopiert. Der wurde verhaftet und hingerichtet. Deshalb wurde auch unsere Wohnung von der Gestapo mehrfach auf den Kopf gestellt.«

Die selektive, einseitige Wiedergabe der Ereignisse im Zweiten Weltkrieg in seinen Memoiren und das konsequente Verschweigen seiner Parteimitgliedschaft, ja später sogar die Falschaussage unter Eid, sind in seiner Generation sicherlich kein Einzelfall. Doch Bernhard Grzimek – ein Mensch, der sich nicht gerne kritisieren ließ und eigene Fehler so lange abstritt, bis er wirklich nicht mehr anders konnte, als sie zuzugeben – zeigt hier seine größte Schwäche.

Dass die kleine Familie nach nur einem Jahr von »Onkel Toms Hütte« in die erste Etage der Brückenallee 18 umzieht, hat politische wie wirtschaftliche Gründe. Da 1933 ein Berufsverbot für Doppelverdiener verhängt wurde, muss Bernhard Grzimek sich zwischen Ministerium und Praxis entscheiden. Das fällt ihm nicht schwer, denn auch wenn er im Krieg seine veterinärmedizinischen Instrumente für den Fall in Sicherheit bringt, dass er sie noch einmal brauchen kann, ist er doch kein Vollbluttierarzt für Haustiere. Da sich mittlerweile auch wieder Nachwuchs ankündigt und die finanzielle Lage der Familie dadurch nicht gerade besser wird, ziehen sie aus dem Haus im Westen Berlins in die billigere Wohnung im Zentrum an der Ecke zum Holsteiner Ufer um. Hier wird am 12. April 1934 der zweite Sohn, Michael Christian Maria Bernhard Grzimek, geboren.

Das hochherrschaftliche Eckhaus mit der großen Wohnung liegt direkt an der Spree. Unten im Haus befindet sich eine Bäckerei, die auf Baumkuchen spezialisiert ist, was in der Familie nicht lange unbemerkt bleibt, da Bernhard Grzimek von Kindesbeinen an eine Schwäche für Süßes hat. In der darübergelegenen Wohnung mit den hohen Stuckdecken, dem alten Parkett und den »ausgezeichneten Fenstern« (wie Bernhard auf einer Postkarte an seine Mutter vermerkt) üben die Kinder Dreiradfahren. Vier Zimmer der Wohnung – Bernhard Grzimeks Arbeitszimmer, in dem ein Aquarium mit Goldfischen steht, das Wohnzimmer, das elterliche Schlafzimmer und ein kleines Kabuff, in dem Besuch untergebracht wird – liegen zur Spree und sind, mit einer Unterbrechung, durch einen umlaufenden Balkon verbunden. Das Kinderzimmer und ein Zimmer für ein Dienstmädchen, das ab sofort Hildegard Grzimek zur Hand geht, liegen zur anderen Seite.

Als Ersatz für den Garten, den die Familie in der neuen Stadtwoh-

nung vermisst, kaufen die Grzimeks kurzerhand ein kleines Wochen-
endhaus in der Kolonie Auf der Hallig. Der Name ist Programm, liegt
die Kolonie doch auf einer Halbinsel zwischen Havel und Hohenzol-
lernkanal, zwanzig Minuten zu Fuß von der damaligen S-Bahn-Endsta-
tion Gartenfeld entfernt. Zwei Sommer, 1935 und 1936, verbringen die
Grzimeks in dem Holzhaus mit dem ausgebauten Satteldach, in dem
die Betten stehen. Sie genießen die unbeschwerten Tage an der frischen
Luft – Tiere halten sie in dieser Zeit hier aber nicht.

Für Bernhard Grzimek ist die Lage der neuen Wohnung in der Brückenallee sehr bequem, denn er kann durch den Tiergarten Richtung
Brandenburger Tor und dann schräg gegenüber dem Hotel Adlon in die
Wilhelmstraße zu Fuß ins Ministerium gehen. Hier müssen er und die
anderen Angehörigen des Landwirtschaftsministeriums am 30. Januar
1934 antreten, um an der Jahresfeier zur Machtübernahme teilzunehmen.
Als Adolf Hitler in etwa vierzig Metern Entfernung an ihm im Auto
vorbeifährt, sieht Bernhard Grzimek ihn zum ersten Mal in natura. Es
ist zehn Uhr, und die Menschenmassen haben in einer langen Prozession
das Tempelhofer Feld erreicht.

Bernhard Grzimek erinnert sich später daran, dass es erst schneite,
dann regnete und dass es keine Toiletten gab. An die Rede Hitlers hingegen will er sich nicht erinnern können. »Ich habe daraufhin in den anschließenden Jahren des Dritten Reiches nie mehr an einer solchen Veranstaltung teilgenommen. Meistens habe ich gerade zu dieser Zeit eine
Dienstreise gemacht. Musste ich doch noch einmal antreten, so bin ich
nach der ersten Straßenecke Zigaretten holen oder austreten gegangen
und nicht wiedergekommen. Das geschah nicht so sehr aus Feindschaft
gegen die Nazis, sondern weil ich alle Arten von Massenzusammenbal-
lungen nicht mag.«

Die Olympischen Spiele in Berlin 1936 meidet Bernhard Grzimek
entsprechend ebenso wie jede andere Großveranstaltung in den kommenden Jahren. Auch in seiner Zeit als Zoodirektor fährt er nur gezwun-
genermaßen zu den Konferenzen, um Kontakte zu Kollegen zu knüpfen
und die Länder und ihre Zoos kennenzulernen. Ämter und Ehrenämter
in Vereinen, Verbänden und Gesellschaften, von denen er später so viele
bekleiden wird, nimmt er im Dienst der Sache und das ein oder andere
Mal eventuell auch aus Prestigegründen an. Doch nie wird er sich an die

damit verbundene und von ihm oft beklagte »Vereinsmeierei« gewöhnen, und so lässt er sich auch auf Tagungen und Konferenzen so oft wie eben möglich entschuldigen.

Am 1. Juli 1934 wechselt Bernhard Grzimek vom Landwirtschaftsministerium in den »Reichsnährstand« – keineswegs freiwillig. Doch der Reichsnährstand, die Zwangsvereinigung aller in Landwirtschaft, Fischerei und Gartenbau tätigen Personen und Betriebe sowie der Verbände und Landwirtschaftskammern, muss mit Personal gefüllt werden. Mit siebzehn Millionen Mitgliedern Mitte der Dreißigerjahre steht die riesige Massenorganisation unter Leitung des Landwirtschaftsministers und Reichsbauernführers Richard Walther Darré. Der Übergang ist für Bernhard Grzimek fließend: Er wechselt zwar als Unterabteilungsleiter in die Spitzenstelle des Reichsnährstandes, das Verwaltungsamt des Reichsbauernführers, Reichshauptabteilung II D8. Doch er bleibt bis zum 31. Oktober 1934 offiziell dem Ministerium unterstellt und wird vorerst auch noch von diesem bezahlt. Zudem ändert sich an seinem Aufgabengebiet nichts: Er bleibt mit der Eierstandardisierung beauftragt. Allerdings wird er stärker als zuvor angehalten, die deutschen Eier gegenüber der dänischen und niederländischen Ware konkurrenzfähig zu machen. Denn das NS-Regime ist darauf bedacht, sich mit der angestrebten Steigerung der Produktivität in der Landwirtschaft vom Weltmarkt abzuschotten und eine landwirtschaftliche Autarkie herzustellen.

Bernhard Grzimek erkennt, dass sein Ziel nicht mehr nur durch gelegentliche Betriebsprüfungen zu erreichen ist, zumal diese von wenig sachverständigen Lebensmittelpolizisten vorgenommen werden. »Deshalb prüfte und berief ich ›Eiersachverständige‹. Sie bekamen kein festes Gehalt, sondern wurden für jede Eierkiste bezahlt, die sie geöffnet und nachgeprüft hatten – also nicht etwa für Beanstandungen, die sie erhoben.«

Zusätzlich verlangt er von den mehr als 1700 deutschen Eierkennzeichnungsstellen, die die Eier sortieren, prüfen und verpacken, bei Beanstandungen eine Strafgebühr. Durch verbesserte Kontrollen und eine sorgsamere Lagerung gelingt es ihm so, den bisher handelsüblichen Satz von vier Prozent faulen Eiern in wenigen Jahren auf 0,0016 Prozent zu drücken. Er schafft damit eine Ware, die sich zur Einkühlung eignet, während bis dahin im Wesentlichen nur importierte Eier eingekühlt wurden. Außerdem richtet er den Geflügel- und Gesundheitsdienst ein, der vor allem größere Hühnerbestände regelmäßig auf chronische Krankheiten untersucht.

Wie er vorzugehen hat, muss Bernhard Grzimek sich mangels Anweisungen selbst aneignen. Unter eigener Verantwortung erlässt er Richtlinien und überträgt der Landesbauernschaft die Aufsicht über die Kontrollen. Die meisten Anregungen holt er sich dazu aus dem Ausland, vorwiegend aus den auf diesem Gebiet führenden Ländern Dänemark und Holland. So kann er in den Siebzigerjahren auf eine Frage Prinz Bernhards der Niederlande, wie gut er eigentlich sein Land kenne, antworten: »Jede Stadt und jedes Dorf, das vor vierzig Jahren eine Eiergenossenschaft hatte!«

In den Niederlanden lernt er auch die neuen Eiersortiermaschinen, die Hühner- und Entenfarmen, das Einkühlen und das Befördern der Eier gründlich kennen. Doch auch im Inland kommt er durch seine Tätigkeit viel herum. »Wenn wir hier über die Heidedörfer gingen, kannte er sich erstaunlich gut aus – er war in seiner Zeit im Reichsnährstand hier gewesen. Er wusste generell in der Landwirtschaft und vor Ort gut Bescheid«, sagt Henry Makowski, der als Mitbegründer des Deutschen Naturschutzrings und ehemaliger Naturschutzreferent im Hamburger Naturschutzamt später viel mit Grzimek zu tun hat.

Bernhard Grzimek nutzt die Informationen, die er über Geflügelhaltung und Eierwirtschaft sammelt, auch, um zu diesen Themen erste praktische Ratgeber herauszugeben. 1933 verfasst er sowohl *Das kleine Geflügelbuch*, das im Frühjahr 1934 im Ullstein-Verlag erscheint, als auch *Geflügel richtig füttern!*, herausgegeben vom Verlag der *Geflügel-Börse*. Beide Werke vereinen Wissen, das Bernhard Grzimek teils noch als Student, teils später im Ministerium angesammelt und das er in Auszügen bereits in Artikeln veröffentlicht hat, so zum Beispiel in den Zeitschriften *Geflügel-Börse*, *Tierärztliche Rundschau* oder *Archiv der Geflügelkunde*. In der Doppelverwertung von Material bringt es Bernhard Grzimek im Laufe der Jahre zur Meisterschaft: Einen einmal exklusiv verkauften Artikel bringt er oft etwas später unter seinem Pseudonym Clemens Hoffbauer in einer anderen Zeitung unter, und am Ende fasst er diesen Artikel gemeinsam mit einer Reihe anderer noch zu einem Buch zusammen. Aus diesem Grund behält er auch immer mehrere Durchschläge von jedem Artikel.

Das kleine Geflügelbuch wendet sich noch an »Siedler, Kleingärtner und Bauern«, für die Bernhard Grzimek nicht nur mit Kapiteln wie »Stall und Auslauf«, »Wie verkaufen wir Eier und Schlachtgeflügel« bis »Krankheiten« Grundlegendes zusammenfasst. In dem ihm eigenen Pragmatismus hängt er vielmehr als letztes Kapitel auch noch »Eier- und Geflügelrezepte« an.

Sein nächstes Werk, *Geflügel richtig füttern! Handbuch der neuzeitlichen Geflügelfütterung*, ist zwar deutlich wissenschaftlicher angelegt. Dennoch bemüht sich Bernhard Grzimek stets, mit populären Zeichnungen, die zum Teil von ihm selbst stammen, und Fotos eine breite Leserschaft anzusprechen. Und es gelingt ihm: Allein *Das kleine Geflügelbuch* verkauft sich im ersten Jahr 20 000 Mal, und beide Werke werden in mehreren überarbeiteten Ausgaben bis in die Fünfzigerjahre nachgedruckt.

Durch den Erfolg angespornt, schreibt er 1934 schließlich noch ein drittes Buch: *Das Eierbuch – ein Handbuch für Eierfachleute, Kennzeichnungsstellen und Geflügelzüchter*. Schon der Anhang, in dem er die für die Güteüberwachung wichtigen Gesetze mit Anmerkungen und Gerichtsurteilen aufführt, zeigt, dass Bernhard Grzimek hier ein Lehrwerk für seine Eiersachverständigen geschaffen hat. Die Darstellung von Eierputzmaschinen wie der sogenannten »Eipuma« und der Abdruck von Prozentrechnungstabellen für die Beanstandung von Eiern bis hin zum Wie und Was des Eierstempelns gehen über das Wissen, das Hobby-Geflügelhalter brauchen, weit hinaus. Bernhard Grzimek macht sich durch die Bücher nicht nur einen guten Namen im Ministerium, im Reichsnährstand und unter Geflügelexperten – es ist für ihn auch ein ordentliches Zubrot. Für die Jahre 1934 und 1935 gibt er jeweils 1600 Reichsmark brutto als Einkünfte aus schriftstellerischen Tätigkeiten an. Das entspricht damals immerhin jeweils drei bis vier Monatsgehältern als Unterabteilungsleiter.

Sein Einkommen als Autor steigert sich schlagartig, als Bernhard Grzimek einen Mann kennenlernt, der nicht nur die finanzielle Lage der Familie deutlich verbessern, sondern auch Bernhard Grzimeks Zukunft maßgeblich mitbestimmen wird: Wilhelm Hollbach. Nachdem Ehm Welk nach einer offenen Kritik an Reichspropagandaminister Joseph Goebbels bei der *Grünen Post* 1934 abgesetzt und für kurze Zeit sogar ins Konzentrationslager Oranienburg deportiert worden ist, muss sich

Bernhard Grzimek auf die Suche nach einem neuen Abnehmer für seine populärwissenschaftlichen Texte machen. Dabei stößt er auf Hollbach, den Hauptschriftleiter des *Illustrierten Blatts*, einer der damals größten Deutschen Illustrierten. Die wöchentlich in Frankfurt am Main im Verlag der *Frankfurter Zeitung* produzierte, überregionale *Zeitschrift für Haus, Familie, Freizeit, Jugend und Wissen* wird schon bald sein bester Abnehmer: In jeder Ausgabe erscheint eine Doppelseite von ihm. Dafür bekommt er, nachdem sich auch sein Bekanntheitsgrad durch die Veröffentlichungen rasch gesteigert hat, schließlich tausend Reichsmark.

Und Hollbach zahlt Grzimek nicht nur ein ordentliches Honorar: Als die Familie 1937 in ein Haus in Berlin-Johannisthal umzieht, übernimmt er auf Kosten des *Illustrierten Blattes* sogar den Ausbau des Kellers für die Tierhaltung, Futter- und weitere Materialkosten sowie das Gehalt einer zweiten Hausangestellten, damit Bernhard Grzimek exklusive Berichte von seinen Verhaltensstudien liefern kann. Tagsüber ist Grzimek im Reichsnährstand, abends schreibt er. Das heißt: Er lässt schreiben, von seiner Frau Hildegard, wie diese später in ihrem Buch *Mit Tieren unter einem Dach* ausführt: »Warum hatte ich Kamel auch verraten, dass ich stenographieren und Maschine schreiben konnte? Mein Haustyrann legte sich lang auf die Couch, futterte ein Stück Konfekt nach dem anderen und diktierte der billigen Sekretärin Seite um Seite. Das ging nach dem Abendessen oft bis spät in die Nacht hinein.«

Wach hält sich Hilde mit großen Mengen Bohnenkaffees, den sie sich in Kriegszeiten extra aus Frankreich mitbringen lässt, und sie und ihr Mann rauchen eine Zigarette nach der anderen, bis das Manuskript fertig ist. Doch selbst dann gibt Bernhard Grzimek, der zeitlebens mit nur wenigen Stunden Schlaf auskommt, oft keine Ruhe: »Meinem Mann fiel auch gar nichts dabei ein, mich nachts aus dem Schlaf zu wecken: ›Hildchen, nimm doch mal rasch deinen Block, mir ist da was eingefallen; ich habe das sonst bis morgen früh wieder vergessen.‹«

Was Hildegard Grzimek in diesem wie in den beiden anderen Büchern über ihr Leben niederschreibt, klingt über weite Strecken heiter, aufregend und unbeschwert – geht es dabei doch zumeist um die Erlebnisse mit den exotischen Tieren, die nach und nach den Grzimek'schen Haushalt bevölkerten. Kommt die Sprache auf Bernhard, so sind die Passagen oft mit einer gespielten Entrüstung über den »Gatten« verfasst –

und nur selten schimmert durch, dass die Ehe für Hildegard Grzimek alles andere als einfach war. Nur Eingeweihte werden begriffen haben, wie viel von ihren verletzten Gefühlen sie in einem ironischen Nebensatz wie diesem, platziert in einem völlig harmlosen Zusammenhang, preisgibt: »Mit einem etwas verschämten oder auch etwas unverschämten Lächeln – ich kann das bei meinem holden Gatten nicht immer ganz auseinanderhalten – prostete er mir zu.«

Im April 1935 wird die 24-jährige Mutter eines vier- und eines einjährigen Sohnes zu einem Kur- und Erholungsaufenthalt eingewiesen. Diagnose: »Erschöpfungszustand und Herzneurose«. Sie ist von »120 auf 88 Pfund« abgemagert, wie Bernhard Grzimek in einem Schreiben an den Reichsnährstand schildert, in dem er um einen Vorschuss von zweihundert Reichsmark auf den Zuschuss zum Kuraufenthalt bittet. Es sind nicht die Kinder, es ist nicht die abendliche, stundenlange Schreibarbeit für ihren Mann, die Hildegard Grzimek so zusetzt. Es sind Bernhards Affären, die er sich auch während der zweiten Schwangerschaft seiner Frau nicht verkneift. »Meine Großmutter mütterlicherseits hat auf meinen Vater manchmal geschimpft und gesagt, dass er da keine Rücksicht genommen hätte, als meine Mutter mit Michael schwanger war. Ich habe nie gefragt, auch wenn meine Großmutter etwas erzählen wollte – ich wollte es nicht wissen«, sagt Rochus Grzimek heute.

Hildegard Grzimek weiß von den Eskapaden ihres Mannes, auch von der Frau, die Bernhard Grzimek in dieser Zeit, Ende 1935, Anfang 1936 kennenlernt. In seinen Memoiren schreibt er über sie: »Ich musste einer Schauspielschülerin von Paul Wegener immer die Texte abfragen und die Stichworte sagen. Auf diese Weise habe ich so manches unwillkürlich mitgelernt und kann heute noch die Liebesklagen in *Romeo und Julia* aufsagen. Dieses junge Mädchen ist später sehr einflussreich geworden und hat mir in der Nazizeit das Leben gerettet.«

Abgesehen davon, dass er diese Begebenheit auf das Ende der Zwanzigerjahre vordatiert, stimmen die Angaben. Doch über die Bedeutung dieser Bekanntschaft schweigt sich Bernhard Grzimek aus. Die junge Dame ist gerade vierundzwanzig Jahre alt und Schauspielschülerin, als sie ihm im Reichsnährstand begegnet. »Da war eine Stelle als Sekretärin ausgeschrieben, und ich musste Geld verdienen. Bernhard machte mit mir einen Stenographietest: Er diktierte, und ich musste mitschreiben.

Doch was ich da notiert hatte, konnte ich hinterher nicht mehr lesen. Ich habe den Brief also aus meinem Gedächtnis nachgeschrieben. Natürlich merkte er das, und er sagte zu mir: ›Der Brief ist gut, aber Sie können keine Stenographie. Sie sind aber trotzdem angestellt‹«, erinnert sie sich siebzig Jahre später. So beginnt ihre – vorerst geschäftliche – Beziehung.

Bernhard Grzimek achtet sehr aufs Geld und ist daher für Nebenverdienstmöglichkeiten immer sehr aufgeschlossen. So nimmt er neben seiner täglichen Arbeit für die Reichsfachgruppe Kaninchenzüchter im Reichsbund Deutscher Kleintierzüchter eine Werbeaktion für die Verwendung von Angorakaninchenwolle in Angriff. Angorawolle wird damals noch nicht genutzt, und Bernhard Grzimek setzt sich so sehr für die Kaninchenzüchter ein, dass am Ende ein gesetzlich geschütztes Gütezeichen für Erzeugnisse aus Angorawolle eingeführt wird. Der Präsident des Reichsverbandes Deutscher Kleintierzüchter e. V. bittet daraufhin in einem Brief an den Reichsnährstand um eine »monatliche Aufwandsentschädigung für Dr. Grzimek von 100 RM für seine Müheverwaltung«.

In einem beigefügten Schreiben ersucht Bernhard Grzimek, ihm die Nebentätigkeit zu genehmigen, und begründet sein Anliegen durch den Verweis darauf, dass dadurch weitere Verdienstmöglichkeiten wie die Schriftstellerei zu kurz gekommen seien. Er erklärt seine Loyalität zum Reichsnährstand, nicht ohne dabei auf seine besondere Familiensituation hinzuweisen: »Ich habe mit 21 Jahren geheiratet; als mein erstes Kind sich einstellte, war ich 22 Jahre. In öffentlicher Stellung bin ich gehaltlich insofern benachteiligt, als ich nach Alter besoldet werde, andererseits aber einen Familienstand und Verpflichtungen habe wie andere Herren meist erst mit 35–40 Jahren. Ich ziehe jedoch die hiesige Tätigkeit in jedem Fall einer privaten vor, da hier verantwortungsvollere Aufgaben zu lösen waren, wie in der Eierüberwachung, bzw. künftig zu lösen sind. Ich habe gleichzeitig meine Mutter zu unterstützen und werde sie mit einem Bruder zusammen über kurz oder lang ganz unterhalten müssen.«

Er bekommt die Entschädigung und ab November 1935 noch achtzig Reichsmark Ministerialzulage zusätzlich bei Einstellung eines Sachbearbeiters.

Zu dieser Zeit ist Bernhard Grzimek gerade für acht Wochen in

Blankenburg im Harz, um bis kurz vor Weihnachten freiwillig an einer Militärübung teilzunehmen. Durch seine alten Kontakte ins inzwischen verkleinerte Landwirtschaftsministerium ist ihm bewusst, »dass Hitler insgeheim alles für einen baldigen Krieg vorbereitete, obwohl er in der Öffentlichkeit, in seinen Reden, ständig seinen Friedenswillen beteuerte«, wie Grzimek in *Auf den Mensch gekommen* schreibt. Aus Gesprächen mit älteren Mitstudenten, früheren Kriegsteilnehmern, die ihm sehr eingehend ihre Erlebnisse als Soldat und anschließend als Kriegsgefangene berichten, habe er geschlossen, »es sei besser, den nächsten Krieg als Offizier mitzumachen, statt als gemeiner Soldat«. Das ist für Bernhard Grzimek umso wichtiger, als Ärzte und Tierärzte nach verhältnismäßig kurzer Allgemeinausbildung vergleichsweise schnell zu Sanitär- oder Veterinäroffizieren befördert werden. Wieder ein Schachzug in Sachen Karriere – dem Zufall überlässt er nichts.

Bernhard Grzimek zieht während der Übung mit seinen Mitsoldaten in eine alte Kaserne; ohne Zentralheizung, sondern mit alten Kanonenöfen auf den Stuben, schläft er mit seinen Kameraden auf Strohsäcken, fürchtet Nachtalarme mit anschließenden Dauermärschen und muss sich beim Marschieren beschimpfen lassen, weil er als Längster so große Schritte macht, dass die Kleinen nicht mehr hinterherkommen.

Insgesamt beschreibt er die zwei Monate in der 1. Kompanie, Ergänzungs-Bataillon 18, jedoch als »recht abwechslungsreich und spannend«, schwärmt von den Mädchen in der Kleinstadt und gewinnt sogar einen Preis (ein gerahmtes Bild des Reichswehrministers von Blomberg) für die beste Leistung im Scheibenschießen. So steht auch in seinem Führungszeugnis vom 21. Dezember 1935, dass er sich während seiner Dienstzeit als Gefreiter der Reserve »sehr gut« geführt habe und »in Ehren aus dem Heere entlassen« werde.

Kaum ist Bernhard Grzimek zurück in Berlin, wird am 10. Januar 1936 die Deutsche Gesellschaft für Tierpsychologie gegründet. Im Bericht über die Gründung heißt es: »Die Gesellschaft sieht ihre Aufgaben in der Erforschung der Tierseele und der praktischen Auswertung tierpsychologischer Erkenntnisse … Den ersten Anstoß zur Gründung der Gesellschaft gab die Praxis, und zwar der Tierzuchtbetrieb.« Sie widmet sich also der Disziplin, mit der sich Bernhard Grzimek immer mehr beschäftigt.

Was also hätte besser zu Bernhard Grzimek gepasst? Es ist zwar wahrscheinlich, dass er – entweder für den Reichsnährstand oder aber privat – bei der Gründung anwesend ist. Die Formulierung »Wir begründeten die Gesellschaft«, die er in seinem Buch *Auf den Mensch gekommen* wählt, wirkt jedoch leicht anmaßend. Zwar kennt er mit Oskar Heinroth, dem Direktor des Berliner Aquariums, den eigentlichen Begründer der Verhaltensforschung, der mit so namhaften Persönlichkeiten wie dem Verhaltensforscher Konrad Lorenz, dem Pionier der Umweltforscher, Jakob von Uexküll, oder dem Berliner Zoodirektor Lutz Heck im Beirat der Gesellschaft ist. Bernhard Grzimek selbst tritt in diesen ersten Jahren jedoch noch nicht in der Deutschen Gesellschaft für Tierpsychologie in Erscheinung. Weder hat er ein Amt, noch hält er bei den Versammlungen Vorträge. Erst für den 1940/41 erschienenen vierten Band der seit 1937 von der Gesellschaft herausgegebenen *Zeitschrift für Tierpsychologie* steuert er einen Beitrag bei. Er widmet sich *Beobachtungen an einem kleinen Schimpansenmädchen.*

Die Zeitschrift etabliert sich zwar, und Bernhard Grzimek wird bis Ende der Fünfzigerjahre regelmäßig in ihr publizieren, doch die Gesellschaft existiert nur für wenige Jahre. Nach zwei Jahrestagungen im Februar 1937 und im September 1938 muss bereits die für 1939 geplante dritte Versammlung wegen des Ausbruchs des Zweiten Weltkriegs »auf unbestimmte Zeit« verschoben werden. Nach dem Krieg wird die Deutsche Gesellschaft für Tierpsychologie nicht reaktiviert. Das mag darauf zurückzuführen sein, dass sie einigen als zu eng mit dem NS-Regime verbunden erscheint, da sie »unter Mitwirkung der Behörden« gegründet worden war und zu ihrem Beirat auch Mitarbeiter des Reichskriegsministeriums und des Reichsministeriums für Volksaufklärung und Propaganda gehörten.

In der Mitte der Dreißigerjahre schlägt auch das Forscherherz Bernhard Grzimeks wieder höher. Jedenfalls reicht er am 18. April 1936 sein Habilitationsgesuch an der Landwirtschaftlich-Tierärztlichen Fakultät der Universität Berlin, Abteilung Tierheilkunde, ein. Das Thema setzt seine bisherigen Studien fort und resultiert aus seiner Tätigkeit in der Eierüberwachung: *Gewichtsverlust und Luftkammervergrößerung von Eiern in handelsüblichen Packungen, sowie über den Einfluss des Waschens von Eiern.*

Doch sein Streben nach einem Professorentitel scheitert kläglich. Am 27. Juni 1936 geht ihm die schriftliche Ablehnung zu, und man teilt ihm »ergebenst mit, dass die von Ihnen vorgelegte Habilitationsschrift ... von dem Fakultätsausschuss unter Zustimmung des Herrn Rektors der Universität und des Dekans der Fakultät als nicht ausreichend beurteilt worden ist. Ohne den Untersuchungen ihre technische oder wirtschaftliche Bedeutung absprechen zu wollen, kann in ihnen eine wissenschaftliche Leistung nicht erblickt werden. Die Arbeit muss infolgedessen als zur Habilitation ungeeignet und wissenschaftlich unzureichend zurückgewiesen werden.«

Die Abweisung muss Bernhard Grzimek hart getroffen haben. Sein späteres Engagement an den Universitäten in Hannover, Frankfurt und Gießen zeigt, wie sehr er um eine Anerkennung aus dem wissenschaftlichen Bereich bemüht war. Vielleicht sieht er hier tatsächlich seine Zukunft, vielleicht will er sich als sicherheitsliebender Mensch auch nur ein zweites Standbein als Dozent schaffen – oder aber den Titel nutzen, um auf anderen Gebieten ein größeres Gewicht in die Waagschale werfen zu können. So muss er jedoch noch bis 1960 warten, bis ihm die Justus-Liebig-Universität Gießen den Professorentitel – ehrenhalber – verleiht.

These und Erkenntnisse seines Habilitationsgesuches von 1936 veröffentlicht Bernhard Grzimek übrigens umgehend nach der Ablehnung in der *Zeitschrift für Fleisch- und Milchhygiene*. Und er schreibt ein weiteres Fachbuch: *Krankes Geflügel. Handbuch der Geflügelkrankheiten*, das sechs Neuauflagen erfährt. Es ist jedoch sein letztes rein wissenschaftliches Buch.

In der Zwischenzeit sind sich die junge Schauspielerin und er nähergekommen: »Bernhard kam mich häufig in der Pause am Theater, auch bei den Proben, besuchen – zum Knutschen. Er war sehr besitzergreifend.« Sie weiß, dass Bernhard Grzimek verheiratet ist: »Ab und zu kam Hildegard in den Reichsnährstand und wollte zu ihm ins Büro. Er wollte das aber nie.«

Grzimeks Geliebte lebt selbst in einer Beziehung. Doch diese Beziehung mit einem Psychologen ist so frei, dass sich Lebensgefährte und Geliebter, in voller Kenntnis der Lage, sogar kennenlernen und, wie die Frau zwischen ihnen sagt, »auch mochten«. Umgekehrt sei dieses nicht der Fall gewesen, erinnert sie sich: »Als Bernhard Hildegard in eine Theatervorstellung von mir mitgenommen hat, da hat Hilde ihm hinterher die ganzen Oberhemden zerschnitten.«

Warum Bernhard Grzimek seiner Frau die Geliebte auch noch vorführt, ist schwer zu sagen. Bewusst quälen will er Hildegard sicher nicht. Vielleicht ist es seine Art, ihr zu zeigen: »Schau her – so bin ich. Mich gibt es nun einmal nur so.« Vielleicht hat Hildegard Grzimek, als sie von dem Abenteuer ihres Mannes erfährt, auch danach gefragt, wer denn die andere sei. Die Affäre beendet Bernhard Grzimek nach diesem Vorfall jedenfalls nicht.

Während Berlin im Sommer 1936 ganz im Banne der Olympischen Spiele steht, beschäftigen die Familie Grzimek ganz andere, für sie viel dramatischere Ereignisse: Hildegard Grzimek erleidet durch eine Bauchhöhlenschwangerschaft starke innere Blutungen. Rochus Grzimek erinnert sich: »Sehr viele Ärzte waren draußen auf dem Olympiafeld, und mein Vater hatte große Probleme, einen Arzt aufzutreiben. Dann erreichte er endlich einen jüdischen Arzt, der damals schon eigentlich nur noch Juden behandeln durfte. Der kam, sah den Ernst der Lage und wies sie gleich ins St. Hedwigs-Krankenhaus, das Akademische Lehrkrankenhaus der Charité in Berlin-Mitte, ein. Mein Vater bekam später wahnsinnige Probleme im Ministerium, weil er seine Frau von einem jüdischen Arzt behandeln lassen hatte.«

Wie Bernhard Grzimek am 3. August an die Personalabteilung des Reichsnährstandes schreibt, ist Hildegard bei ihrer Einlieferung bereits ohne Puls. Sie kann in einer Notoperation gerettet werden. »Danach konnte meine Mutter allerdings keine Kinder mehr bekommen«, sagt Rochus Grzimek.

Großmutter Margot Grzimek reist aus Neisse an, um sich während Hildegards Krankenhausaufenthalts und der anschließenden Kur um Rochus und Michael, damals fünf und zwei Jahre alt, zu kümmern. Doch die Operation bringt die Familie auch in finanzielle Schwierigkeiten, und so reicht Bernhard Grzimek Ende August 1936 eine Kostenaufstellung über 1205,65 Reichsmark bei seiner Verwaltung ein und bittet um Beihilfe. Dabei stellt sich heraus: Weder er noch Hildegard sind versichert.

Rochus Grzimek erinnert sich: »Meine Eltern waren nicht krankenversichert, da mein Vater auf einen Verwandten gehört hatte. Der hatte ihm eingeredet, dass es billiger sei, das Geld auf dem Konto zu haben und im Notfall selbst zu zahlen.« Sein Vater gibt allerdings im sogenannten Beihilfegesuch zur Rückerstattung der Kosten im Krankheitsfall an, dass Hildegard an der Basedow'schen Krankheit, einer Schilddrüsenüberfunktion, leide und deshalb von der Krankenkasse nicht aufgenommen worden sei.

Als Rochus und Michael zur weiteren Betreuung von den Großeltern Prüfer nach Wittenberg geholt werden, kann Bernhards Mutter Margot Anfang Oktober 1936 mit dem Zug die Heimreise nach Neisse antreten. Dass sie in Berlin fast ständig von Kopfschmerzen gequält wurde, nimmt Bernhard Grzimek zwar zur Kenntnis, aber die Migräneerkrankung der Mutter ist der Familie vertraut und kein weiterer Anlass zur Sorge. Doch auf der Zugfahrt wird Margot Grzimek kurz vor Leipzig ohnmächtig. Zwar bringt man sie noch in das dortige Universitätskrankenhaus. Dort stirbt sie jedoch am 11. Oktober 1936 im Alter von nur sechzig Jahren in Bernhards Beisein an den Folgen eines Hirnschlags. Ihre Kinder lassen sie neben ihrem Mann, den sie um vierundzwanzig Jahre überlebt hat, auf dem Friedhof von Twardawa in Oberschlesien beisetzen.

Bernhard Grzimek trifft der Tod seiner geliebten Mutter sehr. Wie eng er ihr verbunden war, zeigt, dass er erst jetzt, nach ihrem Tode, aus der Kirche austritt. Schon länger hat er mit den Anschauungen der katholischen Kirche gehadert, und er bezeichnet sich fortan als »überzeugter Atheist« – auch wenn er bis an sein Lebensende bibelfest bleibt. Doch noch zu Lebzeiten hätte er seiner strenggläubigen Mutter seinen Austritt niemals angetan.

Beruflich hat es für Bernhard Grzimek kurz zuvor einen weiteren Wechsel gegeben. Zum 1. September 1936 ist er innerhalb des Reichsnährstandes mit all seinen Mitarbeitern in die Hauptvereinigung der deutschen Eierwirtschaft überführt worden. Hier obliegt ihm wie bisher die Arbeit der Reichshauptabteilung 11 D8, die Eierüberwachung, doch außerdem soll er sich nun auch noch um Schlachtgeflügel und Bienenhaltung kümmern. In Kombination mit seiner kommissarischen, nebenamtlichen Leitung der Unterabteilung für Veterinärwesen, drängt Bernhard Grzimek deshalb in mehreren Briefen auf eine entsprechende Entlohnung seiner zusätzlichen Tätigkeit.

In einem Brief an das Verwaltungsamt des Reichsbauernführers vom 29. November 1936 schreibt er so: »Als Entgelt für die wesentliche Mehrarbeit und den Wegfall der Ministerialzulage wurde mir eine wesentlich bessere Eingruppierung (XIII statt XI) zugesagt. In den weiteren Verhandlungen wurde ausdrücklich auf eine Vergütung für die nebenamtliche Tätigkeit in Höhe bis zu 150 RM hingewiesen. Bei der endgültigen Gehaltsabrechnung in der Hauptvereinigung der deutschen Eierwirtschaft hat sich herausgestellt, dass ich in Gehaltsgruppe XIII nach Wegfall der Ministerialzulage ca. 4 RM im Monat mehr bekomme als bisher. ... Ich weise höflich darauf hin, dass mir in den letzten Monaten wiederholt von staatlicher Seite Stellenangebote gemacht worden sind, dass ich mich jedoch mit meinen jetzigen, von mir aufgebauten Arbeitsgebieten außerordentlich eng verwachsen fühle.«

Ein reger Briefwechsel führt schließlich zu einer zusätzlichen Vergütung von fünfzig Reichsmark im Monat (zum Vergleich: ein Volksempfänger, der damalige »Volkswagen unter den Radios«, kostet zu der Zeit 50 Reichsmark, wie Rochus Grzimek sich erinnert), und der kleine Triumph stärkt Bernhard Grzimeks Hartnäckigkeit in Verhandlungen mit der Verwaltung, die er später noch häufig genug beweisen muss.

Nur wenige Monate nach dem Tod der Mutter hat die Familie zwei weitere Todesfälle zu beklagen: Im Januar 1937 stirbt »Tante Hedwig« einen Monat vor ihrem 81. Geburtstag, im August 1937 Bernhards Schwester Brigitte. Im Alter von siebenundzwanzig Jahren hat Bernhard Grzimek somit nicht nur beide Elternteile verloren, sondern auch bereits eine Schwester und eine der wichtigsten Bezugspersonen seiner Kindheit.

Vielleicht ein winziger Trost ist allein das überraschende Erbe seiner Mutter: 5000 Reichsmark aus der Rückzahlung einer längst als wertlos angesehenen Beteiligung aus der Zeit vor dem Ersten Weltkrieg. Mit ihr kann Bernhard Grzimek eine Doppelhaushälfte im Osten Berlins, in Johannisthal, anzahlen und mit seiner kleinen Familie im Frühjahr 1937 ein weiteres Mal umziehen. Die gekaufte linke Haushälfte der Waldstraße 38 gehört zu sieben oder acht baugleichen Häusern in der Straße. Es ist »eine bessere Gegend«, wie Rochus Grzimek sagt, und viele, die hier leben, arbeiten in Ministerien. So wohnt in der anderen Hälfte des Doppelhauses Ernst Lutterloh, Ministerialdirigent im Reichsjustizministerium. Ein anderer Nachbar ist im Eisenbahnministerium tätig; er lässt für die Familie Grzimek bei späteren Fahrten ins Allgäu häufig ein Abteil vor Fahrtbeginn abschließen und somit reservieren.

Das neue Haus mit den acht Zimmern ist großzügig angelegt, ebenso der Garten, in dem unter anderem eine alte Linde, ein großer Walnussbaum, zwei Schattenmorellen und zwei große Süßkirschbäume stehen – wohl die einzigen Bäume in Berlin, in denen sich in den kommenden Jahren regelmäßig Affen verlustieren. In jedem der Zimmer befindet sich eine Klingel, und die beiden Dienstmädchen können auf einer Tafel in der Küche sehen, in welchem Zimmer nach ihnen geklingelt wurde.

Hildegard Grzimek kocht selbst – bis 1939 noch mit Gas, dann hält ein Elektroherd Einzug – »mit Begeisterung, und das, obwohl sie erst in der Ehe gelernt hatte zu kochen«, wie Sohn Rochus erzählt. Sie steht oft und lange in der Küche, berichtet er weiter: »Wir waren immer ein Durchgangsbahnhof. Ständig brachte der Vater Gäste mit.« Wenn Hildegard die Gäste allerdings nach Kriegsbeginn aufforderte: »Nehmen Sie ordentlich, es ist noch genug draußen!«, habe dies für die Kinder bedeutet: Kein Nachschlag mehr, das Essen wird knapp.

Kommt Bernhard Grzimek am Abend vom Reichsnährstand einmal allein nach Hause, verzieht er sich meist in sein Arbeitszimmer im ersten Stock und arbeitet wie gewohnt an Manuskripten. Dabei schätzt er es, eine Schale Süßigkeiten vor sich stehen zu haben (die danach regelmäßig geleert ist), und er raucht meist eine Zigarette nach der anderen. Ob die Kinder dabei unten toben, bekommt er gar nicht mit. »Wenn mein Mann nämlich an seiner Arbeit war, dann hätte das ganze Haus abbrennen können, er hätte es nicht gemerkt«, beschreibt Hildegard Grzimek seine Arbeitsweise. Sie ist klassische Hausfrau und Sekretärin zugleich: Wenn sie nicht für ihn stenographiert oder tippt, ist sie oft mit seiner Kleidung beschäftigt.

Bernhard Grzimek legt großen Wert auf tadellose Anzüge. So schafft er eigens ein professionelles Bügelkissen an, damit Hildegard ihm die Anzüge aufbügeln kann, und auch eine Hosenpresse hält, kaum auf dem Markt, Einzug ins Haus. Das ist umso erstaunlicher, da der Hausherr eigentlich kein Gespür für Mode hat: Im Kleiderschrank hängen deshalb die Krawatten einzeln nebeneinander, versehen mit Zetteln, auf denen sie Bernhard Grzimek nach Wochentagen eingeteilt und notiert hat, welche Anzüge zu ihnen passen. Auch mit Schuhen ist er merkwürdigerweise oft nachlässig.

Im Kellerraum des Hauses versucht ein Vetter Bernhard Grzimeks direkt nach dem Einzug ein Tonbandgerät zu basteln, denn Bernhard Grzimek ist zu dieser Zeit bereits mit naturwissenschaftlichen Sendungen im Rundfunk der Reichs-Rundfunk-Gesellschaft (RRG) zu hören. Als dieses Unternehmen scheitert, richtet Bernhard Grzimek hier die später legendäre Tierstube mit zwei großen Raubtierkäfigen ein, in die nach und nach unter anderem Menschenaffen und Wölfe einziehen. Dazu lässt er einen breiten Schacht vor das bisher kleine Kellerfenster bauen und ein normal großes Fenster einsetzen, das zusätzlich vergittert und oben von einem Zaun umgeben wird, damit niemand in den Schacht fällt. Wilhelm Hollbach übernimmt auch hierfür die Umbaukosten.

In den eigens hergerichteten Räumen beginnt Bernhard Grzimek, mit Tieren, die er über Zoos oder große Tierhandlungen kauft, kleine Lern- und Verhaltensexperimente durchzuführen, die er dann in Hollbachs *Illustriertem Blatt* oder später auch in der *Zeitschrift für Tierpsychologie* beschreibt. Rhesi, das Rhesusaffenweibchen, das Zwergpapageienpärchen Jorinde und Joringel und das Zwergkängurubaby Muppi gehören zu den ersten tierischen Hausmitbewohnern und Beobachtungsobjekten. Agathe, ein Graupapagei, den Bernhard Grzimek von einem Stuttgarter Rechtsanwalt kauft, pfeift ganze Opernarien und ist damit musikalischer als sein neuer Besitzer. Als schließlich eine Ratte den kleinen Privatzoo bereichern soll, stellt Hildegard Grzimek ihren Mann jedoch vor die Wahl: das Tier oder sie. Über den Fortgang schreibt sie: »Später erfuhr ich dann, er habe ›Jonathan‹ mit ins Büro genommen, wo sie … in seiner Schreibtischschublade sechs Junge bekommen hat‹.«

Noch im Sommer 1937 absolviert Bernhard Grzimek freiwillig zwei Wehrmachtsübungen. Nach einem sechswöchigen Lehrgang bei einer Artillerieeinheit in Lübben im Spreewald wird er in den Rang eines Unteroffiziers befördert. So kann er bei der nächsten Übung bereits außerhalb der Kaserne in einem Mietszimmer wohnen: vier Wochen lang beim Reiterregiment 9 in Fürstenwalde-Spree. Dafür, dass er endlich wieder zu Pferde sitzen kann, hat Bernhard Grzimek selbst gesorgt, denn seit seinem Umzug nach Berlin Ende der Zwanzigerjahre hat er wenig

Gelegenheit gehabt zu reiten. Mit dieser Übung kommt er nicht nur seinem Hobby nach. Er legt vielmehr – wahrscheinlich durchaus bewusst – den Grundstein für seinen Aufgabenbereich im nächsten Krieg, mit dem er durchaus rechnet.

Vorerst bekommt er jedoch im Reichsnährstand große Probleme. Auf Drängen der jungen Schauspielerin, mit der er weiterhin ein Verhältnis pflegt, hat Bernhard Grzimek nämlich einen Freund seiner Geliebten eingestellt: Franz Petrich, einen früheren sozialdemokratischen Reichstagsabgeordneten. Dieser nutzt seine Anstellung jedoch, um auf den Schreibmaschinen der Abteilung Aufrufe gegen Adolf Hitler und die Nationalsozialisten zu verfassen und vor dem drohenden Krieg zu warnen. Auch wenn Bernhard Grzimek später über Petrich befindet, dass er ein »ungemein angenehmer Mensch« gewesen sei, ärgert er sich sehr über dessen Schriftsätze und äußert in seinen Lebenserinnerungen: »Ich bin heute noch der Ansicht, dass man auf diese Weise gegen Gewaltherrscher wie Hitler nicht ankommen kann und dass man sich und seine Familie nur sinnlos gefährdet. Man kann Leute wie Hitler nur totschießen.«

Petrich fällt bereits nach kurzer Zeit im Reichsnährstand auf und wird noch in der Dienststelle verhaftet. Er überlebt die Haft jahrelang – doch wenige Tage vor der Befreiung durch die Amerikaner wird er im April 1945 im Zuchthaus Sonnenburg hingerichtet.

Durch die Affäre um Petrich ist auch Bernhard Grzimeks Karriere in Gefahr. Als herauskommt, dass er Petrich ohne Wissen der Personalabteilung eingestellt hat, muss er seinen Dienst noch im Sommer 1937 von einem auf den anderen Augenblick quittieren und selbst die Verhaftung fürchten. Doch sowohl seine früheren Vorgesetzten im Ernährungsministerium als auch sein Helfer bei der früheren Durchsuchung durch die Gestapo, Max Neumann, setzen sich für ihn ein. Und so bekommt Grzimek schon recht bald einen neuen, wenn auch untergeordneten Posten als Referent in der Reichsstelle für Tiere und tierische Erzeugnisse. Dort kontrolliert er im Wesentlichen Gefrierhäuser, bevor er schließlich Anfang 1938 zurück ins Reichsernährungsministerium zu seinem alten Vorgesetzten, Ministerialdirigent Georg Narten, versetzt wird.

Bernhard Grzimek ist schon damals, was man heute einen Networker nennt: Er sucht stets die Nähe von Menschen in einflussreichen Positionen und nutzt diese Kontakte – später im Dienste seiner Naturschutzarbeit, doch in diesen frühen Jahren bisweilen auch aus egoistischen Gründen.

Mithilfe von Walter Pflaumbaum, dem Leiter der Reichsstelle für Tiere und tierische Erzeugnisse und späteren CDU-Bundestagsabgeordneten, führt Bernhard Grzimek in dieser Zeit ein für Deutschland neues System zur Bekämpfung von Rindertuberkulose ein: Durch eine strikte Trennung von tuberkulinpositiven und -negativen Rindern schafft er es innerhalb der nächsten eineinhalb Jahre, zum ersten Mal in Deutschland zwei Molkereieinzugsgebiete völlig von Rindertuberkulose zu befreien. Hierfür importiert er Kühe aus Dänemark und den Niederlanden, die der Rindertuberkulose bereits weitgehend Herr geworden sind, und zahlt den deutschen Bauern, die sich zu einer Umstellung ihres gesamten Bestandes in tuberkulinnegative Tiere entschließen, pro Liter Milch zwei Pfennig mehr.

Auch im eigenen Haushalt dreht sich mehr als je zuvor alles um Tiere. Das erste Menschenaffenkind in einer langen Reihe kommt in die Familie: Ula, ein einjähriges Schimpansenmädchen. Bei einem Besuch im Zoo von Halle hatte Bernhard Grzimek zuvor von Zoodirektor Fritz Schmidt-Hoensdorf erfahren, dass dieser sich am nächsten Tag in Hannover einen Schimpansen aus einer Gruppe von vierzehn Tieren aussuchen wollte, die gerade zum Verkauf aus Afrika nach Deutschland gebracht worden war. In einer Zeit, in der viele Tiere in Gefangenschaft nicht lange leben und Nachzuchten noch die Ausnahme sind, ist das nicht ungewöhnlich; ein umfassendes Übereinkommen über den internationalen Handel mit gefährdeten Tieren und Pflanzen wird erst Mitte der Siebzigerjahre in Kraft treten. Bernhard Grzimek lässt der Gedanke an die Schimpansen jedenfalls nicht mehr los, und so bittet er Schmidt-Hoensdorf, auch für ihn ein Jungtier auszusuchen. Drei Tage später holt er es mit dem Zug von Hannover nach Berlin, und schnell ist Ula, wie die Grzimeks die junge Schimpansin taufen, das dritte Kind im Hause. Nachts schläft sie in einem Käfig des Tierzimmers im Keller, doch tagsüber darf sie sich im Haus frei bewegen.

Bernhard Grzimek nutzt die aufregenden, heiteren Begebenheiten mit dem Menschenaffenkind – meist Beobachtungen, die Hildegard ihm abends erzählt – für etliche Artikel, die er hauptsächlich im *Illustrierten Blatt* veröffentlicht. Dafür bindet er Ula und Ersatz-Affenmutter

Hildegard auch in verschiedene Experimente ein, wie Hildegard Grzimek in einem ihrer Bücher schildert: »Eines Tages sagte mein Mann: ›Weißt du, ich möchte doch einmal sehen, wie Ula sich verhält, wenn du aus dem Radio sprichst, sie dich aber nicht sehen kann.‹« Dass der kleine Affe das Radio beinahe auseinandernimmt und auch noch ein paar Grammophonplatten dabei entzweigehen, nimmt Bernhard Grzimek gerne in Kauf: Er hat gute Fotos im Kasten und mindestens eine weitere Tiergeschichte zur Veröffentlichung im Kopf.

Doch solch unbeschwerte Stunden werden für ihn immer seltener. Im Frühjahr 1939, als die Wehrmacht längst konkrete Szenarien für den anstehenden Feldzug entwirft, beginnt das Tauziehen um den promovierten Tierarzt. Hat er anfänglich durch sein Expertenwissen im Ministerium noch eine sogenannte Unabkömmlichkeitsstellung, wird diese im März und erneut im Mai 1939 trotz der Proteste des Reichsministers für Ernährung und Landwirtschaft, Richard Walther Darré, von Seiten der Wehrmacht aufgehoben. In einem Schreiben des Wehrersatzinspekteurs von Berlin, Generalleutnant Ferdinand Bock von Wülfingen, vom Mai 1939 heißt es hierzu, dass »in Anbetracht der gespannten Ersatzlage bei den Veterinär-Offizieren die Beorderung des Unterveterinärs der Reserve, Dr. Grzimek, aufrechterhalten werden muss«.

Bernhard Grzimek versucht dies anscheinend zu vermeiden. »Vor dem Krieg, als mein Vater merkte, dass es brenzlig wurde, wollte er ausreißen – so erzählte er jedenfalls immer. Er hatte angeblich schon eine Schifffahrtskarte nach Südamerika«, berichtet Rochus Grzimek.

Belegen lässt sich das nicht. Doch denkbar ist es durchaus. Auf jeden Fall hat sich Bernhard Grzimek verrechnet, wenn er geglaubt hat, als Offizier erst später ins Geschehen eingreifen zu müssen. Denn schon drei Tage vor dem offiziellen Kriegsbeginn wird er Ende August 1939 zum Dienst in der Wehrmacht eingezogen.

KRIEG UND PFERDE

*»An sich kam mir das nicht überraschend, denn ich hatte schon
vor zwei Jahren im Ministerium Schriftstücke gesehen, wo im
besetzten Polen sofort Sparkassen oder Banken aufgemacht werden
sollten. Dass ich aber schon drei Tage vor Kriegsausbruch dabei
war, hatte ich nicht erwartet.«*

Bernhard Grzimek in *Auf den Mensch gekommen*

Die letzten Augusttage des Jahres 1939 sind warm und sonnig. Bernhard Grzimek nutzt sie nichtsahnend für ein spontanes Bad in der Ostsee. Er ist gerade auf einer Dienstreise in Stettin (dem heutigen polnischen Szczecin), das damals Hauptstadt der preußischen Provinz Pommern ist. Erst bei seiner Rückkehr nach Berlin findet er den Stellungsbefehl der Wehrmacht vor, der hier bereits seit zwei Tagen auf ihn wartet.

Bernhard Grzimek ist dreißig Jahre alt, Vater von zwei acht und fünf Jahre alten Jungen und seit nunmehr sieben Jahren im Staatsdienst in Berlin tätig, als er Hals über Kopf in eine Kleinstadt hinter Landsberg aufbrechen muss, wohin er beordert ist. Seit seiner letzten Wehrmachtsübung ist er Unterveterinär der Reserve, doch hat er sich die als Offizier zu tragenden Abzeichen noch nicht besorgt. Mit diesem Umstand erklärt Grzimek, warum er stattdessen eine silberne SA-Mützenkordel ansteckt, die »ganz gut an die Wehrmachtsmütze« passt und die er angeblich noch »mit einigem Glück« in einem Laden ergattert hat. Betrachtet man auch die Aussage von Rochus Grzimek über die später auf dem Dachboden gefundene Uniform, ist jedoch wahrscheinlicher, dass Bernhard Grzimek das SA-Abzeichen zu diesem Zeitpunkt bereits besaß und er die Uniform, auch wenn er 1935 ausgetreten ist, aufbewahrt hat.

Als Großbritannien und Frankreich am 3. September 1939 Deutschland den Krieg erklären, um damit ihre Bündniszusage an Polen zu erfüllen, ist Bernhard Grzimek mit seiner Einheit bereits ein ganzes Stück weit nach Polen eingedrungen. Er befindet sich, so schreibt er später, in der zweiten Welle des Einmarsches nach Polen: »Jedes Städtchen, in das wir kamen, war im Stadtkern von unserer Luftwaffe völlig zerbombt und verbrannt.«

Als Adjutant des Oberfeldveterinärs ist er für die Pferde der Division zuständig, und das sind nicht gerade wenige. Immerhin soll das Deutsche Reich im Zweiten Weltkrieg insgesamt etwa 2,8 Millionen Pferde eingesetzt haben. Allein im Juni 1941 standen der Wehrmacht für den Aufmarsch im Osten mehr als 700 000 Pferde zur Verfügung. Zwar sind die Fronteinheiten motorisiert. Doch der Nachschub an Mensch und Material läuft über Pferd und Wagen oder zu Fuß.

Bernhard Grzimek ist mit seiner Aufgabe anfangs überfordert. Er muss Pferdebestände in und zwischen den Einheiten koordinieren, ohne dies gelernt zu haben. Doch auch seinem Vorgesetzten geht es nicht besser, und so lavieren sich beide durch die ersten Tage und Wochen.

Eine von Grzimeks ersten Anweisungen ist, ein erkranktes Pferd nicht gleich zu erschießen – immerhin kostet ein Kaltblüter damals mehr als ein Volkswagen. Als Nächstes beginnt er, die Zahl der verwundeten und getöteten Pferde seiner Division, die er jeden Morgen um sieben Uhr früh an das Korps zu melden hat, nach Schätzung anzugeben. Eigens Kradmelder – also Männer auf Motorrädern – quer durch das Kriegsgebiet zu den einzelnen Einheiten zu schicken, um die Zahlen zu erfahren, erscheint ihm sinnlos und gefährlich. Seine Rechnung geht auf, wie er später stolz vermerkt: »Nach einiger Zeit wurden wir gelobt, weil wir als einzige Einheit immer pünktlich unsere Durchsagen machten.«

Kurz nach Beendigung des Polenfeldzugs am 6. Oktober 1939, als er die exakten Zahlen erfährt, meldet er schließlich gerade so viele Pferde als gefallen, dass die Angaben über den noch vorhandenen Bestand wieder der Realität entsprechen.

Schon in Polen, so schreibt er 1973 in seinen Lebenserinnerungen und Mitte der Siebzigerjahre im Zusammenhang mit seiner Betitelung von Legebatteriehühnern als »KZ-Hühner« und den daraus resultierenden Gerichtsprozessen auch in einigen Zeitungsartikeln, will er durch Zufall erfahren haben, was »in Auschwitz vorging«. Ein SS-Mann aus Oberschlesien habe ihm sein Herz über das ausgeschüttet, was er als Kraftwagenfahrer im Konzentrationslager gesehen habe: wie sich die jüdischen Deportierten ausziehen mussten, bevor sie in die Gaskammern geführt wurden. In seinen Erinnerungen an die Kriegszeit gesteht Bernhard Grzimek ein: »Ich habe damals nicht gewagt, vielen Menschen davon zu erzählen. Ich wusste genau, was darauf stand, und wollte selbst überleben.«

Es kann gut sein, dass er tatsächlich auf diese Weise von den Vernichtungslagern erfahren hat. Nur kann der Zeitpunkt nicht stimmen, denn Auschwitz, das größte Konzentrationslager, setzte sich aus drei Einzellagern zusammen, von denen das erste (das Stammlager Auschwitz 1) Mitte 1940 errichtet wurde. Da Bernhard Grzimek 1942 / 1943 nochmals nach Polen beordert wird, ist es möglich, dass sich seine Erinnerungen vermischt haben. Denn, so sagt Rochus Grzimek: »Mein Vater hatte kein gutes Zahlen- oder Namensgedächtnis. Das machte alles meine Mutter für ihn.« Doch Hildegards Hilfe fehlt, als Bernhard Grzimek diese Aussagen über Auschwitz niederschreibt – die beiden leben seit Ende 1972 bereits getrennt.

Als Ende September 1939 die Repressalien der Eroberer beginnen und in Deutschland die Lebensmittelkarten eingeführt werden, geht es für Bernhard Grzimek beruflich bergauf: In Abwesenheit wird er zum Regierungsrat im Reichsministerium für Ernährung und Landwirtschaft befördert. Die lang ersehnte Bestellung zum Beamten, die durch den aufgezwungenen Wechsel in den Reichsnährstand so lange unmöglich war, lässt die Familie aufatmen: Dreihundertneunundsechzig Reichsmark Beamtensold und fünfundachtzig Reichsmark Ministerialzulage bekommt Bernhard Grzimek nun monatlich.

Zumindest soll er sie bekommen, doch die Gehaltszahlungen bleiben plötzlich aus. Ob durch den Kriegsbeginn oder interne Buchhaltungsprobleme des Ministeriums durch die neue Eingruppierung als Beamter, ist schwer zu sagen. Hildegard Grzimek und die Kinder müssen jedenfalls frieren, da sie durch den finanziellen Engpass keine Kohlen bestellen können. Und das ausgerechnet im extrem kalten Winter 1939 / 40: Das Quecksilber sinkt in Berlin auf minus dreißig Grad, die Flüsse sind zugefroren und somit die Wasserwege für den Handel unbrauchbar, die Eisenbahnen allein können nicht genug Kohle heranschaffen.

Mit dem Handschlitten holen Rochus und Michael Grzimek zwar kleine Mengen vom Kohlehändler ab, doch das reicht kaum aus. Denn das Haus in Johannisthal ist mit einer Warmluftheizung ausgestattet: Nur im Wohnzimmer stehen ein Kessel und ein Kachelofen; alle oberen

Zimmer, also auch die Schlafzimmer, haben nur Schlitze in der Wand, aus der die weitergeleitete heiße Luft kommt. Wird nur wenig gefeuert, um Kohle zu sparen, werden die oberen Räume nicht richtig warm.

Um die separate Beheizung des Tierzimmers zu sparen, lässt Hildegard Grzimek das Schimpansenkind Ula im Bett ihres Mannes schlafen. Die Ernährung des kleinen Menschenaffen lässt sich jedoch nicht so problemlos regeln, da Früchte (besonders Bananen und Apfelsinen) immer schwieriger zu bekommen sind. Auch Milch kann Hildegard Grzimek nicht mehr für Ula kaufen, denn für das Affenkind bekommt sie keine Lebensmittelmarken. Über die ersten Kriegsmonate schreibt sie später in ihrem Buch *Tiere – meine lieben Hausgenossen*: »Ein Glück ... dass meine beiden Jungen noch so klein waren, denn so bekam ich für sie Vollmilch, von der ich für Ula etwas wegnehmen konnte, leider aber keineswegs genug.«

Über den Berliner Zoodirektor Lutz Heck ist der Regisseur und Kameramann Paul Lieberenz auf die Grzimeks und das kleine Affenmädchen aufmerksam geworden. Lieberenz, der bereits Expeditionen des deutschen Afrikaforschers Hans Schomburgk und des schwedischen Geographen Sven Hedin filmisch begleitet hat, betreibt seit Mitte der Dreißigerjahre eine Produktionsfirma für Kulturfilme. Im Oktober und November 1939 dreht er im Johannisthaler Haus der Familie den 13-minütigen Film *Ulla, das Schimpansenkind*. Der Name des kleinen Affen existiert verwirrenderweise in der Familie in beiden Schreibweisen: »Ula« und »Ulla«. In Filmverzeichnissen ist der Film heute fälschlicherweise mit der Jahresangabe 1950 und dem Regievermerk auf Bernhard Grzimek als Kurzdokumentarfilm eingetragen.

In der ersten Novemberwoche kommt Bernhard Grzimek auf Urlaub zurück nach Berlin. Das erste Mal in seinem Leben hat er sich einen Bart stehen lassen, der zu aller Überraschung rot ist und zu einer wilden Attacke von Ula führt. Es wird die letzte große Tat der kleinen Schimpansin bleiben. Denn sie stirbt Anfang Januar 1940 trotz vierwöchiger Bemühungen des Oberarztes der Charité-Kinderklinik an Anämie. Den Tod der Schimpansin verheimlicht die Familie bis Kriegsende, wie Rochus Grzimek mehr als sechzig Jahre später erzählt: »Die Geschichten über Ula waren ja noch nicht im *Illustrierten Blatt* abgedruckt. Es wurde behauptet, Ula sei in irgendeinem Zoo. Wir Kinder wurden somit regelrecht zum Schwindeln erzogen. Auch die Dienstmädchen waren vereidigt.«

Bernhard Grzimeks Urlaub von der Wehrmacht währt nur vier Wochen. Während dieser Zeit versuchen seine Vorgesetzten im Ministerium für Ernährung und Landwirtschaft verzweifelt, eine Urlaubsverlängerung für ihn zu erwirken, zuerst um vier, dann um acht Wochen. Schließlich beantragen sie sogar seine komplette Freistellung vom Heeresdienst. In einem Schnellbrief von Reichslandwirtschaftsminister Darré an die Veterinärinspektion beim Oberkommando der Wehrmacht vom 28. November 1939 legt dieser die Gründe offen: »Dr. Grzimek ist der einzige tierärztliche Referent in meinem Ministerium ... Der Ausbruch des Krieges brachte die Notwendigkeit mit sich, die Einfuhr von Schlachttieren unter teilweiser Außerachtlassung der veterinärpolizeilichen Sicherungsmaßnahmen durchzuführen. Zur Überprüfung dieser Einfuhrregelungen ist eine eingearbeitete tierärztliche Kraft für mich unentbehrlich.«

In Sachen Seuchenbekämpfung sei Bernhard Grzimek für das Ministerium unersetzbar, schreibt Darré weiter, und auch in einem dritten wichtigen Arbeitsgebiet: »Es handelt sich um die Erfassung von Schlachthofabfällen und innersekretorischen Drüsen, die bisher nur auf den größeren Schlachthöfen stattfand und jetzt auch auf die kleineren ausgedehnt werden muss. Durch die Maßnahme wird es möglich werden, eine ernste Lebensgefahr für bestimmte Gruppen von Krankheiten abzuwenden, die durch den Ausfall ausländischer Arzneieinfuhr eingetreten ist.«

Darré bezieht sich darauf, dass Insulin in den Anfängen noch in aufwendigen Prozeduren aus den Bauchspeicheldrüsen von Schweinen oder Kälbern isoliert wird, was Ministerialdirektor Moritz am 1. Dezember 1939, dem Tag vor Ablauf von Grzimeks Urlaub, noch einmal explizit ausführt: »Bei nicht rechtzeitigem Gelingen dieser Aufgabe gehen z. B. nach Mitteilung des Reichsärzteführers die schwer Zuckerkranken Deutschlands in etwa zwei Monaten aus Mangel an Insulin und Diät im Zuckerkoma zugrunde.«

Dokumente, in denen Bernhard Grzimek seine Vorgesetzten darum bittet, sich für seine Freistellung einzusetzen, finden sich zwar nicht, da so etwas schriftlich niederzulegen damals sicherlich zu gefährlich gewesen wäre. Doch es ist davon auszugehen, dass der Veterinär nicht erpicht darauf war, einberufen zu werden, und er seinen Abteilungsleitern in Gesprächen unter vier Augen mögliche Argumente für die Wichtigkeit seiner Unabkömmlichkeit selbst geliefert hat.

Doch es hilft nichts. Am 2. Dezember 1939, um 9.55 Uhr, trifft ein Telegramm an das Reichslandwirtschaftsministerium in Berlin ein: »Urlaubsverlängerung abgelehnt. Grzimek hat sich sofort in Hamm Hotel Feldhaus zu melden – Andreas, Generalmajor.«

Die Wehrmacht formiert sich um; der Angriff auf Frankreich und die Beneluxstaaten wird bereits geplant. Wieder kümmert sich Bernhard Grzimek um die Verteilung und tierärztliche Versorgung der Pferde. In Polen hat er gelernt, Materialien wie etwa Hufnägel zu organisieren – bei der hohen Zahl von Beutepferden, die die Wehrmacht beschlagnahmt, eine wichtige Aufgabe.

Als er keinen Weihnachtsurlaub bekommt, will Hildegard Grzimek ihrem Mann die Geschenke nach Hamm bringen. »Zum Glück kam sie zu spät zum Anhalter Bahnhof und verpasste den Zug«, erinnert sich Rochus Grzimek. »Dieser Zug wurde nämlich, als er die Saale bei Halle überquerte, von einem anderen Zug gerammt, und viele Waggons stürzten in die Saale. Es gab mehr als 100 Tote.«

So feiert die Familie – wie so viele andere in diesen Jahren – das erste Mal getrennt Weihnachten. Erst nach drei Monaten in Hamm kommt Bernhard Grzimek am 1. Februar 1940 mit acht Wochen genehmigtem Urlaub zurück nach Berlin und ins Ministerium. Ab dem 1. April 1940 wird er dann auf erneuten Antrag seines Ministeriums zu einem Truppenteil nach Berlin versetzt und steht damit dem Reichsministerium für Ernährung und Landwirtschaft täglich ab fünfzehn Uhr zur Verfügung.

Nun, da Schimpansin Ula tot ist und Bernhard Grzimek vorerst auf unabsehbare Zeit in Berlin bleiben kann, möchte er wieder ein größeres Tier anschaffen, um Verhaltensforschung zu betreiben. »Eigentlich wollte ich mir einen Hund zulegen. Dabei ärgerte mich die Hundesteuer, und außerdem wollte ich ja an Tieren gern etwas Neues beobachten und entdecken«, schreibt er in seinem Buch *Wolf Dschingis* von 1943.

Ob für den sparsamen Mann tatsächlich die zu umgehende Steuer den Ausschlag gibt oder ob er mit seinen guten Kontakten zu den Zoos und Tierhändlern bereits von Anfang an nach etwas Exotischerem strebt:

84

1940 bestellt er jedenfalls bei der Tierhandelsfirma Ruhe in Hannover einen jungen Wolf, dessen Verhalten er auch im Vergleich zum Dackelpärchen der Familie studieren möchte. Das »Wölfchen«, auf das besonders Rochus und Michael sehnsüchtig warten, kommt eines Morgens in einer großen Transportkiste in Johannisthal an, als Bernhard Grzimek bereits außer Haus ist. Zu ihrer Überraschung sieht sich Hildegard Grzimek einem ausgewachsenen Wolf gegenüber. Die Kinder sind bei ihrer Rückkehr aus der Schule maßlos enttäuscht – das ist nicht der erhoffte kleine Spielgefährte –, und auch der Familienvater ist abends alles andere als begeistert. »Es hat zwischen uns beiden erhebliche Szenen gegeben. Er wollte den Wolf wieder zurückschicken, ich wollte ihn behalten«, schreibt Hildegard Grzimek später.

Als es den beiden jedoch innerhalb kurzer Zeit gelingt, Dschingis – so wird der Wolf getauft, auch wenn es ein weibliches Tier ist – an sich und die Umgebung zu gewöhnen, sieht Bernhard Grzimek keinen Grund mehr, sich von ihm zu trennen. Im Gegenteil: Sofort beginnt er mit dem Training des sieben Monate alten Tieres, lehrt Dschingis wie einen Familienhund das Sitz, Platz und Pfote geben und führt ihn schon bald an einer Leine auf der Straße aus, wobei Hildegard Grzimek allerdings anfangs von hinten nachschieben muss.

Dschingis wird Bernhard Grzimeks treuer Begleiter und liebstes Studienobjekt. So versteckt der Tierpsychologe Fleischbrocken im Garten, wobei der Wolf zuschauen darf. Er wird jedoch erst nach einer gewissen Zeit von der Kette gelassen und kann nun nach dem Futter suchen. Durch dieses Experiment untersucht Bernhard Grzimek die Gedächtnisleistung des Tieres.

Bei den Versuchen ist die gesamte Familie gefordert: Michael holt als Futter für den Wolf in Milchkannen Pferdedärme vom Schlachter. Zusammen mit seinem Bruder Rochus muss er zudem bei den Versuchen im Garten assistieren, und die beiden Jungen haben die schweren Lampen im Haus in Position zu bringen, wenn ihr Vater das Tier dort fotografieren möchte. Ihrer Mutter Hildegard Grzimek obliegt die Tierpflege, doch auch viele Beobachtungen stammen von ihr. »Ich bin nur ein trockener Chronist«, schreibt Bernhard Grzimek entsprechend im Vorwort zu *Wolf Dschingis*: »Ein Chronist hat allein den Ehrgeiz, nur das zu erzählen, was er mit eigenen Augen gesehen hat oder was an-

dere erlebt haben, die er als wahrheitsliebend und zuverlässig kennt.«
So finden auch schon einmal Anekdoten aus dem Alltagsleben als selbst
erlebt Eingang in Grzimeks Erzählungen, wenn sie nachweislich jemand
anders beobachtet hat.

Obwohl Bernhard Grzimeks Geliebte zu Beginn des Krieges in seiner
Abwesenheit geheiratet und er ihr deshalb nach seiner Rückkehr eine
Szene gemacht hat, sehen sich die beiden weiterhin regelmäßig. Wenn
sie zusammen mit der Straßenbahn fahren, ist immer öfter Dschingis dabei, den Grzimek fast täglich mit ins Ministerium nimmt. Er bekommt
viel Lob von Passanten und Mitarbeitern für den »schönen Schäferhund«.
Dschingis legt sich brav in der Bahn unter die Bank, doch er wird oft
seekrank, und sein Herrchen verlässt nicht selten fluchtartig mit ihm die
Bahn, wenn sich der Wolf in den Maulkorb erbricht.

Bald kennt ganz Johannisthal Dschingis – nicht zuletzt weil sich sein
Geheul wie die bekannte Luftwarnung anhört. Fünf Zeitungen bitten
um einen Fototermin mit dem Wolf, und doch soll sich seine Berühmtheit noch steigern.

»Ich fuhr mit meinem Aufnahmeleiter Herrn Rudolf Fichtner die
Kaiserallee in Wilmersdorf lang, als ich einen jungen Mann mit einem
Wolf an der Leine sah. Ich fragte, ob der Wolf gezähmt sei, und er sagte:
›Nun ja, meine Frau liegt gerade im Krankenhaus‹.« So schildert Leni
Riefenstahl später in einem Interview ihr erstes zufälliges Zusammentreffen mit Bernhard Grzimek und Dschingis in Berlin (wobei Hilde-
gard Grzimek nie wegen des Wolfs im Krankenhaus gewesen sei, wie
Rochus Grzimek sagt). Die hochtalentierte, längst berühmte Regisseu-
rin, Kamerafrau, Schauspielerin und Tänzerin hatte sich bedenkenlos
mit den Nationalsozialisten eingelassen und mehrere Propagandafilme
gedreht. 1940 beginnt sie gerade mit der Arbeit an einer Verfilmung
von Eugen d'Alberts Oper *Tiefland*, einem Werk um die Liebe und den
Kampf eines reichen Grundbesitzers und eines Hirten um die Tänzerin
Marta (gespielt von Riefenstahl selbst). Vorgesehen sind auch dramatische Szenen mit einem Wolf.

»Ich hatte … mir beim Schreiben des Drehbuchs gar keine Probleme
vorgestellt, die man beim Filmen mit Wölfen haben könnte. Das habe
ich mir ganz einfach vorgestellt. Ich bat meinen Aufnahmeleiter, mir so

einen gezähmten Wolf zu besorgen. Nach einer Weile bekam ich die Nachricht, dass die ganze Welt behauptete, es gäbe keine gezähmten Wölfe. So versuchte ich es mit einem wilden Schäferhund, aber man sah sofort, dass das ein Hund war«, erzählt Leni Riefenstahl später. Als die Dreharbeiten deshalb stocken, läuft ihr Bernhard Grzimek über den Weg. Sofort nimmt er die Aufgabe an, Dschingis für den Film zu dressieren.

Der Krieg geht in dieser Zeit fast unbemerkt an dem Unterveterinär der Reserve vorbei. Zwar marschiert die Wehrmacht im April 1940 in Dänemark und Norwegen ein, im Mai in die Niederlande, Belgien und Luxemburg, im Juni in Frankreich. Doch Bernhard Grzimek muss in dieser ganzen Zeit nur einmal kurz – im Juli 1940 – ausrücken, um »ein paar hundert Heerespferde aus Lille nach einem Heimatpferdelazarett zu bringen«.

Nachdem ihn die Wehrmacht am 1. August 1940 aus dem aktiven Wehrdienst bereits wieder entlassen hat, kann sich Grzimek vermehrt um das Training der mittlerweile drei Wölfe kümmern. Weil die Filmfirma dies als sehr gefährlich einschätzt, bezahlt sie ihn wie einen Charakterdarsteller. Einige Szenen von den Wölfen werden im Garten der Familie gedreht, und die Pausen nutzt Bernhard Grzimek, um sich nackt auf dem Balkon vor seinem Arbeitszimmer zu sonnen. Ganz unbemerkt bleibt sein Treiben jedoch nicht, wie sich Rochus Grzimek erinnert, denn eines Tages flattert seinen Eltern – beide regelrechte Sonnenanbeter – unangenehme Post ins Haus: »Zwei alte, entfernt wohnende Nachbarinnen hatten meinen Vater wegen des Nacktsonnens angezeigt. Die müssen mit Ferngläsern gespannt haben.«

Nachdem die Innenaufnahmen des Films im Studio Babelsberg bei Berlin erfolgreich abgeschlossen sind, geht es für die Außenaufnahmen in die Dolomiten. Bernhard Grzimek nimmt vier Wochen Urlaub vom Ministerium und reist mit Hildegard, den drei Wölfen und der Ungarischen Hirtenhündin Furba, dem neuesten Familienzuwachs, nach Südtirol. Im Hotel Greif in Bozen sollen sie auf die Filmcrew treffen, doch diese verspätet sich um acht Tage, und so fährt das Ehepaar kurzerhand nach Venedig in die Ferien. Bernhard Grzimek schreibt hierüber später: »Welch ein Eindruck, diese herrliche Stadt ganz ohne Touristen zu sehen, und dazu noch in den Läden alles kaufen zu können, was es im kriegsführenden Deutschland längst nicht mehr gab.«

Hildegard Grzimek wird ausführlicher, als sie beschreibt, wie die beiden erst regelrecht über das Schokoladen- und Konfitürengeschäft Perugina in Bozen herfallen und dann auch noch den lokalen Obstmarkt leerkaufen. Das Mittagessen wird kurzerhand gestrichen, und mit den Schätzen geht es auf das Hotelzimmer: »Wir aßen – man konnte es bald schon nicht mehr essen nennen! Der Erfolg blieb nicht aus. Am Abend hatten wir beide einen so verdorbenen Magen, dass wir für die nächste Zeit nichts mehr von Süßigkeiten wissen wollten.«

Schließlich treffen die Filmleute doch ein, die Wölfe können aus dem Zollamt abgeholt werden, und es geht zum Dreh hoch hinauf auf den Rollepass. Mit hüpfendem und quakendem Kinderspielzeug bringt Bernhard Grzimek Dschingis dazu, für eine Szene neugierig auf dem Bauch heranzurobben. In einer anderen Szene schlüpft er selbst in die Kleidung und die Perücke des Hirten, denn das Drehbuch sieht vor, dass dieser, während er den Wolf erwürgt, gemeinsam mit ihm einen Abhang hinunterrollt. Das ist dem Darsteller nicht zuzumuten, und so kugeln schließlich Bernhard Grzimek und Dschingis nach einigen Tagen des Trainings den Hang hinunter. Insgesamt sind die Dreharbeiten mit den Wölfen ein voller Erfolg.

Bernhard Grzimek ist von Leni Riefenstahl beeindruckt. Ihr Mut und ihre Tatkraft faszinieren ihn ebenso wie ihre Arbeitsbesessenheit, von der er sich in den Bergen überzeugen kann – und die seinem eigenen Naturell so ähnlich ist. Doch nicht nur das: »Wir haben uns damals in der einsamen Hütte lange Abende unterhalten«, schreibt er und berichtet, er habe mit ihr auch über die Tötung von unheilbar Geisteskranken diskutiert, die von den Nationalsozialisten praktizierte Euthanasie. Sie sei dagegen gewesen, doch »ich war gegenteiliger Meinung«, berichtet er 1974 in *Auf den Mensch gekommen*: »Leider sind die Möglichkeiten, solche Menschen zu erlösen, durch die Missetaten der Hitler-Leute auf diesem Gebiet völlig in Verruf gekommen … Ich allerdings wäre dankbar, wenn mutige Ärzte mir, sofern ich geisteskrank würde, eine erlösende Spritze geben dürften. Ebenso, wenn man mich nicht wie üblich über ein unheilbares Leiden täuschen würde, das mich befällt, und mir die Wahl ließe, rechtzeitig Schluss zu machen. Das ist schließlich einer der Vorteile des Menschen gegenüber den Tieren: über sich selbst nachdenken und über sich selbst bestimmen zu können.«

Dieser Einstellung bleibt Bernhard Grzimek sein Leben lang treu. Immer wieder betont er, der glaubt, wie sein Vater nur zweiundfünfzig Jahre alt zu werden, dass ihm ein schneller Tod durch einen Flugzeugabsturz oder einen Löwenangriff am liebsten wäre. In seiner späteren Zeit als Zoodirektor soll er außerdem angedeutet haben, dass er notfalls auch zu Schlangengift greifen würde, um sein Leben zu beenden, sollte es seiner Auffassung nach nicht mehr lebenswert sein.

Auf über zweitausend Metern Höhe in den Dolomiten, im Sommer 1940, vertritt der Tierarzt gegenüber Leni Riefenstahl auch die Ansicht, dass es richtig sei, Menschen zu sterilisieren, die mit einiger Wahrscheinlichkeit Krankheiten und Missbildungen vererben. Er verurteilt zwar die Vorgehensweise der Nationalsozialisten als »groben Missbrauch«, lehnt Euthanasie und Kastrierung unter bestimmten Umständen jedoch auch bei Menschen nicht ab. Verbunden damit, dass er völlig unkritisch in den Dienst Leni Riefenstahls tritt, deren Nähe zu Hitler allgemein bekannt ist, mutet diese Einstellung mehr als befremdlich an. Steckt in ihm doch nationalsozialistisches Gedankengut?

Eines ist sicher: Bernhard Grzimek war kein Rassist. Er urteilt zeitlebens nicht nach der Hautfarbe eines Menschen oder seiner Konfession, sondern nach seinen Handlungen. Dass er dabei manchmal über Gräueltaten wie die des ugandischen Diktators Idi Amin hinwegsieht und sich – für den Rest der Welt fast provokativ – mit ihm trifft, um in dem afrikanischen Land seine Naturschutzziele voranzubringen, kann ihm heute zur Last gelegt werden. Bernhard Grzimek hätte diese Vorwürfe jedoch weit von sich gewiesen, denn zum Erreichen seiner Ziele gab es diese Grenzen für ihn nicht. Er hätte sich – so war es seine Überzeugung – mit jedem Diktator zusammengesetzt, wäre es für den Naturschutz förderlich. Oder eben für seine persönlichen Ziele wie im Fall von Leni Riefenstahl.

So kritisch Bernhard Grzimek in einigen Dingen ist, so unkritisch ist er also in anderen. Seine Äußerungen zu schwerkranken und geistig behinderten Menschen wurzeln jedoch in seiner naturwissenschaftlich gesteuerten Überzeugung. Es ist nicht das nationalsozialistische Denken über die »Säuberung« der guten Rasse. Es ist der Ausdruck seiner Überzeugung, dass zu viele Menschen die Erde bevölkern und dass deshalb eine Selektion stattfinden sollte. Hierbei hätte er im Zweifel weder bei

Familienangehörigen noch bei sich selbst Halt gemacht. Ein Überlegenheitsgefühl kannte er, was das anging, nicht.

Ob die Beziehung zwischen Grzimek und Riefenstahl, die in den Schneideräumen in Berlin fortgesetzt wird, über eine rein berufliche hinausging, wie einige spätere Weggefährten Grzimeks vermuten, ist nicht belegt. So wie er von ihr geschwärmt hat und wie er außerehelichen Vergnügen grundsätzlich nicht abgeneigt war, wäre es jedoch durchaus denkbar.

Am Ende des Urlaubs reisen Bernhard und Hildegard Grzimek jedenfalls zurück nach Berlin, wobei sie auf Bitten der Filmcrew Dschingis für weitere Aufnahmen in den Bergen lassen. Acht Tage später ist er tot – eine Schafsehne hat sich beim Fressen um seine Zunge geschlungen, und aus der Narkose des herbeigerufenen Tierarztes erwacht der Wolf nicht mehr.

Der Verlust schmerzt die Grzimeks sehr, doch um die Verhaltensforschung fortzusetzen, kommen nach Dschingis noch einige weitere Wölfe ins Haus. Die Oper *Tiefland* bekommt die Weltöffentlichkeit bedingt durch die noch folgenden Kriegsjahre und deren Auswirkungen allerdings erst 1954 bei der Premiere in Stuttgart zu sehen.

Nach den Dreharbeiten fahren Bernhard und Hildegard Grzimek mit ihren Söhnen während der Sommerferien 1940 auf das Gut Mendenau in Westpreußen – das Gut von Oskar Mende, auf dem bereits Bernhard Grzimek fröhliche Kindertage verbracht hat. Nach dem Tod Mendes, zwei Jahre zuvor, hat sein Sohn Ulrich das Gut übernommen. Er ist ein Jahr älter als Bernhard Grzimek, jedoch unverheiratet und kinderlos.

Wie einst ihr Vater sind Rochus und Michael von dem Anwesen mit dem englischen Park und den Segelbooten auf dem zum Gut gehörigen See begeistert. Doch ihr Aufenthalt dient auch einem anderen Zweck: »Das Gut sollte, da die Verwandten meines Vaters nach dem Ersten Weltkrieg, um dort bleiben zu können, die polnische Staatsbürgerschaft angenommen hatten, jetzt 1940 von den Nazis enteignet werden«, erklärt Rochus Grzimek. »Deshalb haben wir ostentativ dort Ferien gemacht – mein Vater war ja bereits Regierungsrat in Berlin, und sein Vetter hat dann ein paar Nazis dazu geladen, um zu zeigen, wen er so in Berlin kennt. So haben sie das Gut immerhin bis 1945 behalten können.«

Bernhard Grzimek hängt an seinen Wurzeln. Er pflegt den Kontakt zu seiner weit verzweigten Familie. Auch wenn sein Vater den Schritt in die Kleinstadt Neisse wagte, so fühlt sich Bernhard Grzimek von Kindesbeinen an weitaus mehr dem Land- als dem Stadtleben verbunden. So führte auch die Hochzeitsreise von ihm und Hildegard 1930 nicht nach Wien oder Prag, sondern zu Verwandten nach Krappitz, dem heutigen polnischen Krapkowice im Landkreis Oppeln. Hier, am Zusammenfluss von Oder und Hotzenplotz, verbringen Rochus und Michael von September bis Anfang Dezember 1940 während der Luftangriffe der Engländer auf Berlin weitere Ferien.

Der Truppenteil, zu dem Bernhard Grzimek in Berlin versetzt worden ist, ist eines von sechsunddreißig Lazaretten für die sogenannten Heimatpferde. Insgesamt werden in ihnen etwa 100 000 Pferde täglich versorgt, und siebzig bis fünfundsiebzig Prozent der Tiere können anschließend wieder eingesetzt werden. Doch Bernhard Grzimek soll hier keine Wunden heilen, sondern wird auf Anordnung von Generaloberstabsveterinär Kurt Schulze für tierpsychologische Untersuchungen eingeteilt. In einem Gespräch, zu dem er Bernhard Grzimek zu sich ins Oberkommando des Heeres nach Potsdam bittet, zeigt der General, der – so erinnert sich Grzimek später – in seinen Räumen nicht mit »Heil Hitler!« gegrüßt werden möchte, dass er sich über sein Gegenüber informiert hat. »Ich habe immer Ihre Aufsätze in der *Illustrierten* gelesen. Dabei dachte ich, es wäre womöglich nur volkstümliche Schreiberei. Deshalb habe ich bei Professor Otto Koehler in Königsberg angefragt, und er hat mir gute Auskünfte über Sie als Wissenschaftler gegeben« – so gibt Grzimek Schulzes Worte an ihn später wieder.

Otto Koehler, Direktor des Zoologischen Institutes und Museums der Universität Königsberg, der Bernhard Grzimek aus seiner Tätigkeit im Beirat der Deutschen Gesellschaft für Tierpsychologie kennt, hat seit Mitte der Dreißigerjahre entscheidende Experimente zum Zählvermögen von Tieren durchgeführt. Seinem positiven Urteil hat es Bernhard Grzimek zu verdanken, dass er für Schulze Daten erheben kann, mit deren Hilfe die Ausbildung des Heerespferdes verkürzt werden soll. Grzimek beginnt mit Versuchen zum Sehvermögen von Pferden und kann nach langen Reihen von Experimenten schließlich nachweisen, dass Pferde zumindest die vier Hauptfarben Gelb, Grün, Blau und Rot eindeutig als verschiedene Farben und nicht bloß als Grau wahrnehmen.

Daneben studiert Grzimek unter anderem das Begrüßungsritual von Pferden, und er untersucht ihre Sehschärfe und führt Scheuversuche mit ihnen durch. Während seiner Forschungen prägt Bernhard Grzimek einen Ausdruck, der später vor allem durch den Ethologen Nikolaas Tinbergen bekannt wird: den der »Radfahrer-Reaktion«. Im Volksmund wird er für die menschliche Eigenschaft verwendet, nach oben zu buckeln, aber nach unten zu treten, und Grzimek bezeichnet damit das Verhalten eines Tieres, das sein Verhalten auf ein nicht beteiligtes Objekt umlenkt – bei ihm ein Pferd, das er selbst vom Futter weggescheucht hat und das daraufhin einen wehrlosen Artgenossen beißt. Heute wird die »Radfahrer-Reaktion«, für die Tinbergen den englischen Begriff *redirected activity* verwendet, innerhalb der Verhaltensforschung »umadressiertes Verhalten«, »umorientierte Bewegung« oder »Ersatzhandlung« genannt.

Seiner Arbeit im Dienste des Heeres widmet sich Bernhard Grzimek nachmittags, während er vormittags weiter im Ministerium tätig ist. Abends und am Wochenende stellt er Versuche mit seinen eigenen Tieren an, wertet diese aus und veröffentlicht die Ergebnisse mit großer Regelmäßigkeit im *Illustrierten Blatt* oder in der *Zeitschrift für Tierpsychologie*.

Für die Pflege seines kleinen Privatzoos stellt ihm die Reichsschrifttumskammer Mitte November 1940 sogar eine Bescheinigung für eine Extrazuteilung Kohlen zur Vorlage bei der Kohlenstelle aus – Bernhard Grzimek hat die Kammer überzeugt, dass die Tiere für »Filme und Artikel« wichtig sind, und wirkt damit gleichzeitig einer Wiederholung der Heizprobleme des Winters 1939/40 entgegen.

Über ganz andere Dinge macht er sich hingegen, wie er später schreibt, keine weiterreichenden Gedanken. »Es wäre sicher für mich ein Leichtes gewesen, Hitler und einen größten Teil seiner höchsten und engsten Mitarbeiter mit Maschinengewehrsalven oder einer Bombe zu töten.« Von seinem Büro im Ministerium in der Wilhelmstraße kann Grzimek nämlich in diesen und den folgenden Jahren immer wieder – »bei Staatsbegräbnissen und ähnlichen Aufzügen« – geradewegs auf Adolf Hitler und seinen Tross sehen, wenn sie unter dem Fenster vorbeifahren. »Aber auch ich habe damals nur daran gedacht, mit meiner Familie zu überleben. Und um ehrlich zu sein, ich glaube, ich würde heute nicht viel anders handeln«, schreibt Bernhard Grzimek in seiner Autobiografie *Auf den Mensch gekommen*.

Er denkt und handelt damit wie die meisten Deutschen. Der für das Deutsche Reich bisher erfolgreich verlaufene Krieg ist zu dieser Zeit weit weg, Hitler auf dem Höhepunkt seines Ruhmes und das Verderben für den überwiegenden Teil der Bevölkerung noch lange nicht offensichtlich.

Ein ganz anderes, freudiges, wenngleich auch nicht gänzlich unproblematisches Ereignis beschäftigt Bernhard Grzimek Ende 1940 umso mehr: Am 6. Dezember 1940 wird er zum dritten Mal Vater, allerdings nicht durch Ehefrau Hildegard, sondern durch seine Geliebte, die die gemeinsame Tochter Monika zur Welt bringt. Doch anders als Grzimek scheint die frischgebackene Mutter nicht sonderlich erfreut über die Geburt, wie Monika berichtet: »Meine Mutter hat mir immer gesagt, dass sie kein Kind mit Grzimek wollte, dass er ihr mich quasi aufgezwungen hat.«
Sicher ist, dass Hildegard Grzimek nach ihrer Bauchhöhlenschwangerschaft keine Kinder mehr bekommen kann und dass Bernhard Grzimek ein Freund der Großfamilie ist. Er freut sich über seine Tochter, kommt zu ihrer Geburt ins evangelische Martin-Luther-Krankenhaus in Berlin-Grunewald und sucht den Namen Monika selbst aus. Ob Hildegard gleich zu Beginn von Monika gewusst hat, ist nicht bekannt. Sicher ist jedoch, dass Bernhard Grzimek bei seiner Frau bleibt. Immerhin ist Hildegard die Mutter seiner beiden Söhne, eine perfekte Hausfrau und Gastgeberin und Grzimeks enge Mitarbeiterin bei allen Tierversuchen und Artikeln. Sie hält Bernhard den Rücken frei und lässt ihm sogar die Freiheiten seiner Affären. Er ist ihre große Liebe. Und all das weiß er.
So führt Bernhard Grzimek sein Doppelleben weiter wie bisher. Darauf bedacht, in der Öffentlichkeit als mustergültig zu erscheinen, steht er nach außen nicht zu Monika, auch wenn er sie und ihre Mutter so oft wie möglich sieht. Seine eigentliche Familie vernachlässigt er dabei nicht: Als sich Rochus im Januar 1941 bei einem Rodelunfall in Berlin eine Gehirnerschütterung zuzieht, fährt der Junge zum Auskurieren mit seiner Mutter und Michael nach Oberstorf ins Allgäu. Dort erreicht Hildegard wenig später ein Telegramm ihres Mann mit der Aufforderung »Kauf ein Haus!«. »Mein Vater hatte Wind vom Russlandfeldzug bekommen«, erklärt Rochus Grzimek diese Aufforderung. Denn Mitte Dezember 1940 hatte Adolf Hitler die Weisung zum sogenannten Unter-

nehmen Barbarossa herausgegeben, die detaillierte Anweisungen für den Überfall auf die Sowjetunion enthielt. Vielleicht wird Bernhard Grzimek in diesem Moment klar, dass der Krieg noch lange nicht vorüber ist, und er sucht eine sichere Fluchtstätte für seine Familie auf dem Land.

Dass er damit gleichzeitig eine große räumliche Trennung zwischen seiner Familie und sich auf der einen und seiner Geliebten und Tochter Monika auf der anderen Seite schafft, ist möglicherweise ein zusätzlicher Grund für seine Entscheidung. Bernhard Grzimek schaltet jedenfalls von Berlin aus Anzeigen in Münchener Zeitungen, und Hildegard Grzimek sucht vor Ort. So finden sie schließlich ein uraltes, hölzernes Bauernhäuschen in Kenels im Allgäu, zwischen Buchenberg und Isny. »Ich habe mich, was mich selbst angeht, oft getäuscht und falsche Entscheidungen getroffen«, schreibt Bernhard Grzimek später, doch hier habe er richtig gehandelt. Bereits ein paar Wochen später sind solche Käufe verboten.

Kenels, das für die Familie während der nächsten siebzehn Jahre eine zweite Heimat wird, besteht aus fünf verstreut stehenden Häusern und gehört zur Gemeinde Buchenberg. Das Hauptdorf Buchenberg liegt etwa vier Kilometer, die nächste Bahnstation einen Kilometer entfernt, nach Kempten sind es zwölf Kilometer.

Nachdem Hildegard Grzimek das Haus Anfang 1941 gekauft hat, fährt Bernhard Grzimek im Frühjahr gemeinsam mit ihr ins Allgäu und kümmert sich um die Ausstattung. »Dem Bäcker hat mein Vater einen großen Tiroler Küchentisch und ein mit Leder bezogenes Kanapee abgekauft, das kam dann in sein Arbeitszimmer. Außerdem wurden weitere alte Bauernmöbel – unter anderem Schränke, die hundertfünfzig Jahre alt waren – dazugekauft. Der verfaulte Fußboden und vier Türen wurden ausgetauscht. Und bei Schreinermeister Kolb hat mein Vater Bauernmöbel nach seinen eigenen Entwürfen in Auftrag gegeben: einen Schreibtisch, eine Vitrine, eine Eckbank, einen Bauerntisch und zwei Betten«, berichtet Rochus Grzimek über die Ausstattung des Hauses.

Im ersten Stock lebt in eineinhalb Zimmern eine alte Tagelöhnerin mit ihrem Sohn. Den Grzimeks stehen zu ebener Erde im vorderen Teil des Hauses der Wohnraum und Bernhards Arbeitszimmer, das niemand betreten darf, wenn er darin arbeitet, zur Verfügung, außerdem eine Küche. Die hintere Wand des Flures bildet eine einfache Bretterwand, die das Haus von der Scheune trennt. In deren hinterem Teil befinden sich der Stall und darüber eine Tenne, in der eine Hobelbank steht. Im ersten Stock liegt das Schlafzimmer mit mehreren Bauernbetten, die schmal und sehr kurz sind, und unter dem Dach befindet sich noch ein Gästezimmer. Selbst ein Plumpsklo ist im Haus, was ein großer Vorteil ist, denn im Winter ist das Haus oft wochenlang komplett eingeschneit. Nur wenn die Jauchegrube voll ist, muss die Familie aufpassen, dass die Fäkalien nicht ins Haus laufen. Achten muss Bernhard Grzimek auch auf die Deckenhöhe: In dem niedrigen Häuschen liegt sie unter zwei Metern, und so stößt sich der hochgewachsene Bernhard Grzimek so manches Mal den Kopf.

Als die deutschen Truppen im Sommer 1941 den Feldzug gegen die Sowjetunion beginnen, verbringt die Familie die ersten Ferien in ihrem Häuschen. Bernhard Grzimek muss vorerst noch nicht einrücken. Vorausschauend hat er jedoch noch vor dem Urlaub begonnen, Offizierskisten mit wichtigen Büchern, Fotonegativen und seinem veterinärmedizinischen Besteck per Bahn nach Kenels zu schicken. Als der Krieg voranschreitet, vergräbt die Familie diese Schätze dort im Garten und pflanzt Kartoffeln darüber. Dass er auch seine tierärztlichen Instrumente in Sicherheit bringt, ist ein deutliches Zeichen dafür, dass Bernhard Grzimek die weitere Entwicklung Sorgen bereitet. Die Passion des Veterinärs bleiben aber die Verhaltensforschung und das Schreiben darüber. Gleich für zwei neue Bücher unterschreibt Bernhard Grzimek 1941 Verträge: im April für das – so der Arbeitstitel – *Ullabuch*, in dem er über die Schimpansin berichten und das dann als *Wir Tiere sind ja gar nicht so* erscheinen wird, und ob des großen Erfolges im Dezember auch für das *Ullabuch 2*, das später *Wolf Dschingis* betitelt wird. Obwohl beide Bücher aus Artikeln bestehen, die Bernhard Grzimek bereits im *Illustrierten Blatt* veröffentlich hat, bekommt er von der Frankh'schen Verlagshandlung in Stuttgart zehn Prozent Absatzhonorar pro verkauftem Buch – alles andere als ein schlechter Lohn, gerade für eine Zweitverwertung.

Im Vorwort zu seinem Buch *Unsere Brüder mit den Krallen*, das in gleicher Machart im Juni 1943 im Frankfurter Verlag Die Zeil erscheinen wird, begründet Bernhard Grzimek seinen Entschluss, bereits veröffentlichte Texte neu zusammenzustellen, durchaus kokettierend: »Der Gedanke lockte mich, nicht nur für drei Tage, sondern für ein paar Jahre meine Bilder zu knipsen und meine Aufsätze zu schreiben. Und ich trös-

tete mich damit, dass auch die Bücher berühmter und bekannter Tierschriftsteller wie Thompson Seton oder Kwonnesin erst als Zeitungsauf-
sätze erschienen waren.«

Dass Bernhard Grzimek zwei Autoren nennt, die für ihre Abenteuer-
und Jugendliteratur bekannt sind, und sich nicht mit hochwissenschaft-
lichen Schreibern vergleicht, zeigt, wie er selbst seine Werke einschätzte,
wie seine Tochter Monika später unterstreicht: »Er hat mir gesagt, dass
alle Leute seine Bücher lesen sollen; er würde nicht für Wissenschaftler
schreiben.«

Seine Artikel für Fachzeitschriften nimmt Grzimek von dieser Maxi-
me natürlich aus. Für diese, besonders für die *Zeitschrift für Tierpsychologie*, sammelt er 1942 im Pferdelazarett weiter fleißig Material. Dabei
hilft ihm seine privilegierte Stellung: Trotz des Russlandfeldzuges wird er
erst im November 1942 wieder eingezogen, was er dem Wohlwollen von
Generaloberstabsveterinär Kurt Schulze verdankt. Dieser ist ein ausgemachter Pferdenarr und leitet seit 1940 die Amtsgruppe Pferdewesen im
Oberkommando des Heeres. Schulzes Forschungsaufträge an Grzimek,
der sicherlich auch nicht müde wird, selbst Themen vorzuschlagen, sind
ein Faustpfand gegen die Einberufung an die Front.

Zusätzlich schützt Bernhard Grzimek die halbtägige Unabkömmlichkeitsstellung im Ministerium durch den guten Draht zu seinem Vorgesetzten, Ministerialrat Georg Narten. Als dieser die Familie Grzimek
einmal in Johannisthal besucht, trägt die Hausangestellte Hedwig extra
ein für diesen Zweck neu gekauftes schwarzes Kleid mit Schürzchen und
Haube. »So etwas hat es danach nie wieder bei uns gegeben«, sagt Rochus Grzimek. Doch das reicht Bernhard Grzimek auch an Höflichkeit –
auf den Einsatz seiner geliebten Scherzartikel verzichtet er nicht einmal
bei seinem Chef. Rochus Grzimek erinnert sich weiter: »Kurz vor dem
Besuch hatte mein Vater Tee in die Toilette geschüttet, einen künstlichen
Haufen davorgelegt und das Toilettenpapier weggenommen.« Ein ausge-
schnittener Zuckerlöffel, durch den alles durchfällt, und ein Furzkissen
unter dem Platz des Gastes komplettieren die für Bernhard Grzimek so
typische Humorattacke. Selbst im Alltagsleben der Familie verbindet
sich übrigens Praktisches mit Scherzhaftem: Über den vier Handtü-
chern der Familienmitglieder klebt im Bad der jeweilige Name, um Ver-
wechslungen auszuschließen. Über einem fünften Handtuch prangt das

Schild: »Für Gäste und Füße« – kleine Momente fast kindlicher Freude in Deutschlands dunkelster Zeit.

Vielleicht weiß Bernhard Grzimek durch das Ministerium von der Kriegslage und den nationalsozialistischen Verbrechen, die einem Großteil der Deutschen Bevölkerung zu diesem Zeitpunkt noch unbekannt sind. Vielleicht ist es aber auch reiner Instinkt, dass er Pfingsten 1942, nachdem die Familie den Winter in Berlin verbracht hat, nach Kenels fährt, um eine eigene Kuh zu kaufen und das bisherige Ausweichheim als längerfristige Zufluchtstätte auszustatten. Die Pauline genannte Kuh sucht er – wie könnte es anders sein – in einem als tuberkulosefrei zertifizierten Stall in Kempten aus. Im Gästebuch notiert er: »Pfingsten 1942. Das dritte Mal oben, um die Kuh in Empfang zu nehmen. Der erste Tag Winterwetter, 7 Grad. Ich hab den neuen Ofen eingeheizt, gekocht, geschlafen. 2. Feiertag strahlende Sonne, sodass ich in der Badehose vorm Haus liegen konnte. In 20 Minuten geht mein Zug. 25. 5. 1942, Bernhard Grz.«

Nach seiner Abreise, so vereinbaren sie es, kümmern sich die Tagelöhnerin und ihr Sohn um Pauline. Dinge zu organisieren ist in diesen Tagen wichtiger denn je. So hat sich Bernhard Grzimek in Berlin wegen seiner vielen Reisen zum Beispiel auch ein Postfach zugelegt, aus dem Rochus für ihn die Briefe mit den Zeitungs- und Buchhonoraren abholt.

Dass Bernhard Grzimek überhaupt noch zum Schreiben kommt, verdankt er seiner eisernen Disziplin und dem geringen Schlafbedarf. So sammelt er in diesen Jahren bereits Ideen für ein kleines Buch über *Das Tierhäuschen in den Bergen*, das Bauernhaus der Familie in Kenels – seine erste Erzählung für Kinder und Jugendliche mit kleinen, schwarzweißen Zeichnungen, vielen wahren Begebenheiten, aber auch ebenso viel Dichtung. Es erscheint 1949 beim Verlag Heinrich F. C. Hannsmann in Stuttgart. Den eigenen Kindern liest er nur selten vor. »Dafür war nie die Zeit«, sagt Rochus Grzimek. Er kann sich nur an zwei oder drei Gelegenheiten erinnern, an denen sich sein Vater zum Erzählen mit seiner mit Holzschnitten verzierten Ausgabe von *Grimms Märchen* zu Michael und ihm gesetzt hat.

Auch gespielt wird in der Familie Grzimek nur selten. Wenn doch, dann Mensch-Ärgere-Dich-nicht oder das Komponisten-Quartett. Wie schon als Schüler ist Bernhard Grzimek auch als Erwachsener noch gut im Auswendiglernen, und so fragt er seine Söhne so manche Quartettkarte aus dem Kopf ab, die er nicht einmal auf der Hand hat.

Seine Berliner Geliebte hat inzwischen ein Engagement am Theater angenommen, und Tochter Monika ist bei ihrem Ehemann vorerst noch in guten Händen. Doch der Druck, den die Nationalsozialisten auf ihn ausüben, weil er früher der SPD angehört und zudem jüdische Kinder unterrichtet hat, wird immer größer. Er setzt sich in den letzten Kriegsjahren nach Arnstadt am Fuß des Thüringer Waldes ab. »Hätte sie sich scheiden lassen, hätten sie ihn gleich rangekriegt – aber weil meine Mutter berühmt war, genoss er Schutz«, berichtet seine Ziehtochter Monika.

Ihre Mutter ist in dieser Zeit am Theater bereits durchaus erfolgreich und wird gegen Kriegsende sogar in zwei Filmen mitwirken. Zu ihren Bewunderern zählt Martin Bormann, Leiter der Parteikanzlei und Ende 1942 de facto Hitlers Stellvertreter. Er möchte die junge Schauspielerin kennenlernen, und natürlich gelingt es ihm, wie gewünscht einen Kontakt zu ihr herzustellen. Als sie Bormann dann von ihrer Bekanntschaft mit Bernhard Grzimek erzählt, wünscht er, auch ihn kennenzulernen. »So habe ich einmal mit Martin Bormann im Kaiserhof zu Berlin Kaffee getrunken«, schreibt Bernhard Grzimek später über dieses Treffen mit einem der größten NS-Verbrecher: »Er wirkte sehr durchschnittlich, niemand hätte ihm angemerkt, dass er Hunderttausend und Millionen umbringen ließ.«

Natürlich fragt Bormann nach der Herkunft des Namens Grzimek, und Bernhard kann die polnische Abstammung nicht verbergen. »Ein paar Sekunden Stillschweigen, dann setzte er das Gespräch fort. Ich war übrigens froh, dass ich damals nicht bekannt genug war, um einen Befehl zu bekommen, mir einen anderen Namen zuzulegen. Gerechnet hatte ich schon damit.« So groß kann seine Sorge aber nicht gewesen sein, war ihm doch gerade »durch Urkunde des Führers vom 1. Mai 1942 das Kriegsverdienstkreuz 2. Klasse« verliehen worden, wie ein Aktenvermerk belegt. Diese Anerkennung wurde, anders als das Ritterkreuz oder das Eiserne Kreuz, die für besondere Verdienste bei Einsatz von feindlicher Waffeneinwirkung verliehen wurden, für Verdienste im rückwärtigen Frontgebiet oder im Heimatland verliehen. Grzimeks »kriegsrelevante«

Untersuchungen an den Pferden dürften hierfür im Zweifel bereits ausgereicht haben – zumal sie auf Geheiß des Generaloberstabsveterinärs ausgeführt wurden.

Bernhard Grzimek interessiert sich im Gespräch mit Bormann jedenfalls dafür, warum Hitler Krieg mit dem Osten führt, und er fragt ihn, »was wir denn mit dem neu eroberten Land machen sollten«. Die Deutschen, so hält er Bormann vor, seien doch nun einmal ein landmüdes Volk geworden, wohingegen die Polen und die Ostvölker noch geradezu landbesessen seien. Eine rechte Antwort bekommt er darauf nicht. »Auf jeden Fall wurde mir damals klar, dass selbst führende Nationalsozialisten keine wirklich ausgegorenen Ziele mit ihrem Krieg gegen den Osten hatten«, erinnert er sich und fährt fort: »Obwohl Bormann durch diese Unterhaltung offensichtlich nicht gerade befriedigt war, habe ich niemals irgendwelche Nachteile dadurch erlitten.«

Noch immer nicht an die Front zurückgerufen, konzentriert sich Bernhard Grzimek vorerst weiter auf die Tierpsychologie. Er ist gerade in den Vorstand der Gesellschaft für Tierpsychologie berufen worden, als er im September 1942 auf Anregung von Otto Koehler Versuche mit größeren Tieren beginnt. Anhand einer Gruppe Königstiger des Zirkus Sarrasani möchte Grzimek erforschen, was der Zoologe Emil Diebschlag zuvor für Tauben nachgewiesen hat: dass alle Tiere eine Rangordnung haben. In einem gewagten Experiment plant Grzimek, den Platz des »ranghöchsten Tieres«, also des Dompteurs, einzunehmen und genau dessen Befehle zu erteilen. Dann, so Grzimeks Überlegung, sollten die Tiger auch ihn anerkennen und ihm gehorchen.

»Als Herr Grzimek zu uns kam, war ich sehr verärgert, weil gerade zwei Tage vorher ein junger Mann da gewesen war, der die Tiere gleich streicheln wollte – den habe ich rausgeschmissen. Da habe ich Grzimek dann auch ziemlich forsch abgewiesen«, beschreibt Fritz Mey-Sarrasani, damals Betriebsleiter, seine Reaktion auf Grzimeks Anliegen später in einem Interview. »Er ging dann zu unserem Dompteur Haupt, ließ nicht locker. Dann schickte ich ihn schließlich zu Frau Trude Stosch-Sarrasani und hoffte, sie würde ihn abwimmeln – aber das passierte nicht.«

Die 29-Jährige ist seit einem Jahr Direktorin des Unternehmens; sie lässt Grzimek gewähren. Nach zahlreichen Unterschriften auf Haftungs-

und Verzichtserklärungen darf er so seine Arbeit mit Tierlehrer Hermann Haupt antreten. Da abends Vorführungen laufen und Bernhard Grzimek wegen dieses Experiments nicht der Arbeit fernbleiben kann, wird für ihn der Rundkäfig morgens bereits um sechs Uhr in der Manege aufgestellt. »Ich hatte keine Angst, nur war ich in Sorge, die Tiere nicht zu verwechseln«, bekennt Bernhard Grzimek in einem Interview Jahre später, schließlich habe er für Menschengesichter ein »fast beleidigend schlechtes Gedächtnis«. Einer bekannten Frankfurter Hotelerbin, die ihm jedes Mal aufs Neue vorgestellt werden musste, hätte er daraufhin auch gesagt: »Gnädige Frau, wenn Sie ein Schimpansenweibchen wären, hätte ich mir Sie besser merken können«, erinnert sich Enkel Christian Grzimek.

Doch es gelingt Bernhard Grzimek nicht nur, Gitta, Fatma, Tibet, Daisy, Daily und Ceylon auseinanderzuhalten. Nach sechs Tagen und insgesamt nur dreieinhalb Stunden Training führt er die Tiere erst im leeren Zelt und danach noch einmal in einer normalen Vorstellung, in seinem Straßenanzug und völlig selbstständig vor. »Mein Vater fuhr, weil es eine Nachmittagsvorführung war, direkt hinterher zurück ins Ministerium. Und meine Mutter, Michael und ich fuhren mit dem goldenen Lorbeerkranz, der ihm vom Zirkus verliehen worden war, mit der Straßenbahn nach Hause«, berichtet Rochus Grzimek.

Fritz Mey-Sarrasani verrät Bernhard Grzimek später, er habe außer ihm nur einen einzigen Menschen kennengelernt, der ebenfalls ohne Angst in den Käfig gegangen sei: den Schauspieler Harry Piel. Anfang der Achtzigerjahre wird sich Bernhard Grzimek noch einmal bei Sarassani unter die Tiger gesellen, dann jedoch außerhalb der Vorführung und nur für Fotoaufnahmen.

Fotos sind es auch, die ihn im Spätsommer 1942 für eine Woche nach Kenels treiben: Von dem Stuttgarter Rechtsanwalt Praxmarer hat er zwei Zwergziegen und eine Walliser Ziege gekauft, die er für Geschichten fotografieren möchte. Rochus Grzimek erinnert sich, dass sein Vater die Tiere nach ein paar Wochen jedoch als unbrauchbar zurückgegeben hat – vielleicht der Auslöser für die erbitterte Feindschaft zwischen den beiden Männern, die Bernhard Grzimek später noch in ernsthafte Schwierigkeiten bringen wird. Doch davon ahnt er 1942 noch nichts. Stattdessen verbringt er herrliche Sonnentage im Allgäu, und er hat einen Gast:

Wilhelm Hollbach, den Chefredakteur des *Illustrierten Blattes*, der auch in den nächsten Jahren noch zwei Mal zu Besuch bei den Grzimeks nach Kenels kommen wird.

Im Gästebuch der Familie bedankt er sich für die Gastfreundschaft mit einer geistreichen Geschichte über das Verhältnis zu seinem Autor Bernhard Grzimek: »Der Scheich der Holla-la-Beduinen war allzeit tributpflichtig dem barihurt Emir der Schim-mek-mek-Araber, jede Woche musste er ihm eine große Summe von Piastern zahlen ... Der Scheich sann auf Rache. Er zog mit seinem ganzen Stamm zu den Zelten und zu dem Lagerplatz des Emirs in Schatt el Kenel und fraß ihm und den Seinen alles weg ... Den Tribut muss er aber weiter leisten, denn der Emir der Schim-mek-mek ist der mächtigste Fürst in der Wüste. Wölfe und Tiger sind ihm untertan.«

Mehr als drei Jahre befindet sich Deutschland schon im Krieg, als am 23. November 1942 mit dem ersten systematischen Bombenangriff der Briten auf Berlin das Geschehen vollends in die eigene Stadt verlagert wird. Grzimek hat kurz zuvor einen neuen Marschbefehl bekommen: General Schulze beauftragt ihn zu erforschen, ob Pferde einen Richtungssinn haben, also auch in einem ihnen unbekannten Gebiet in den eigenen Stall zurückfinden, und schickt Grzimek zum berühmten polnischen Arabergestüt Janów Podlaski. Hier, in der Nähe des Flusses Bug und damit kurz vor der heutigen Grenze zu Weißrussland, werden seit 1817 arabische Vollblüter und Anglo-Araber gezüchtet. Die edlen Pferde verlassen das Gestüt erst, wenn sie verkauft werden, und so kann Bernhard Grzimek sicher sein, dass keines der Tiere die Umgebung kennt – eine zwingende Voraussetzung für seine Versuche.

Mit dem D-Zug fährt er von Berlin nach Warschau und von dort mit einem Wehrmachtszug noch einmal hundertsiebzig Kilometer gen Osten in das Städtchen Biała Podlaska, das nach der Erschießung der zum Großteil jüdischen Bevölkerung durch die ss nur wenige Wochen zuvor völlig verwaist ist. Zwanzig Kilometer weiter erreicht er das prachtvolle Gestüt, das mit seinen schneeweißen Stallungen und dem markanten Uhrturm am Ende einer langen Ulmenallee liegt. Janów Podlaski wird von der deutschen Wehrmacht verwaltet und steht seit August 1940 unter der Leitung von Oberst Hans Fellgiebel, dem Bruder von General

Erich Fellgiebel, einem der späteren Beteiligten am Hitler-Attentat vom 20. Juli 1944. Zusammen mit dem polnischen Gestütsleiter Stanislaw Pohoski und dessen Stellvertreter Andrzej Krzysztalowicz bemüht sich Fellgiebel um den Wiederaufbau der Zucht, die durch den Verlust von achtzig Prozent der Pferde bei Kriegsbeginn stark gelitten hat.

Als Bernhard Grzimek auf dem Gestüt ankommt, trifft er neben dem zwanzig Jahre älteren Hans Fellgiebel auch dessen Ehefrau und die zwei Töchter an. Fellgiebel ist alles andere als begeistert von Bernhard Grzimeks Ansinnen, wie sich seine Tochter Inge Theodorescu, geborene Fellgiebel, erinnert – führte doch gerade ein ansteckender Herpesvirus unter den Pferden zu massenhaften Totgeburten: »Mein Vater wartete dringend auf einen aktiven Veterinär. Wir hatten ein seuchenhaftes Verfohlen im Gestüt, das war sehr ernsthaft. Dann kam Grzimek und wollte pferdepsychologische Versuche machen! Er wollte keine veterinärmedizinische Arbeit leisten, und mein Vater wollte ihn dann auch nicht dort haben: ›Was will der Kerl hier?‹, hat er gefragt. Mein Vater war verzweifelt über das Verfohlen. Der vorherige Tierarzt war in den Kaukasus geschickt worden, um dort noch mehr Araber zu finden – so war das Gestüt ohne Tierarzt und ohne Medikamente. So wartete mein Vater eben auf einen Fachmann – und nicht auf einen Schriftsteller.«

Doch da Grzimek von General Schulze geschickt ist, muss sich Fellgiebel mit seiner Anwesenheit abfinden. Er stellt dem Verhaltensforscher seine 25-jährige Tochter Karin zur Seite, die ihm bei den Versuchen helfen soll. Bernhard Grzimek kommt ihre Unterstützung sehr gelegen, da Karin sich – anders als er selbst – mit den Mitarbeitern des Gestüts auf Polnisch verständigen kann.

Hans Fellgiebel vertritt von Anfang an eine deutliche Meinung zu den Versuchen. »Das weiß doch jeder Idiot, dass ein Pferd nur nach Hause findet, wenn es den Weg schon einmal gegangen ist«, zitiert Inge Theodorescu ihren Vater. Sie ist zu dieser Zeit siebzehn Jahre alt und wird später eine bekannte Dressurreiterin. Ihr Vater soll recht behalten: Keines der edlen Pferde, die Grzimek teils auf Wagen, teils zu Fuß und mit verbundenen Augen vom Gestüt bringt, findet dorthin zurück.

Bernhard Grzimek kann damit zwar beweisen, dass Pferde keinen Richtungssinn besitzen, der sie durch unbekanntes Gelände sicher zurückführt, muss die Tiere jedoch auch mühsam auf den schneebedeckten Feldern wieder einfangen oder aus einem der umliegenden Dörfer zurückholen.

Die Abende in Janów Podlaski verbringt Bernhard Grzimek, der im Gästehaus des Gestüts wohnt, mit der Familie Fellgiebel am Kamin. »Auch mein Vater war dabei, die haben sich dann schon verstanden«, sagt Inge Theodorescu. »Grzimek hat herrliche Geschichten erzählt, und wir saßen mit großen Augen um ihn herum. Er war ein sehr interessanter Mann. Ich fand seine Art zu erzählen, mit der leisen Stimme, faszinierend.« Sie glaubt nicht, dass ihr Vater und Grzimek sich über Politik unterhalten haben. Ihre Eltern seien sehr »Anti-Hitler« gewesen. »Doch das, was mein Onkel Erich wusste, wird er meinem Vater nicht erzählt haben«, sagt sie und betont, dass auch Grzimek kein Anhänger des NS-Regimes gewesen sei: »Wenn man weiterkommen wollte, musste man die Uniform anziehen.«

Bernhard Grzimek genießt die Zeit auf dem Gestüt und erinnert sich später gerne daran, wie gut Hans Fellgiebel mit den polnischen Angestellten und der Bevölkerung umging. In einem Fernsehinterview im Dezember 1977 sagt er über den Respekt, den die Polen dem Deutschen dafür zollten: »Ich habe erst jetzt erfahren, dass alle Partisanen, die ja rundherum in den Wäldern saßen, verständigt waren, dass, wenn ein Offizier aus dem Gestüt kam, ihm nichts geschehen sollte. Ich war damals froh, dass meine Pferde nicht freiwillig in den Wald liefen.«

1944, als die russische Armee vor dem Bug steht, wird die deutsche Wehrmacht das Gestüt evakuieren und die Pferde nach Dresden bringen. 1950 kommen die Tiere schließlich in ihre wieder aufgebauten Stallungen nach Polen zurück, und noch einmal fünfundzwanzig Jahre später, Mitte der Siebzigerjahre, wird Bernhard Grzimek hier für sein eigenes, kleines Gestüt zwei Vollblut-Araber kaufen.

Als Grzimek Anfang 1943 zurück in Berlin von den Ergebnissen seiner Experimente berichtet, zeigt sich General Schulze enttäuscht, »dass die Pferde sich in den Versuchen viel weniger gescheit zeigten, als er erwartet hatte«, wie Bernhard Grzimek später schreibt. Er schlägt dem General vor, zum Vergleich Verhaltensexperimente mit Elefanten durchzuführen, denen ein unglaubliches Gedächtnis nachgesagt wird. Und zu seiner

Überraschung wird er umgehend nach München zum Zirkus Krone abkommandiert.

Bernhard Grzimek verbringt in dieser Zeit, so notiert er im Gästebuch, jedes Wochenende in Kenels. Außerdem schreibt er: »Nur zweimal von Kempten nach Schwarzerd mit der Eisenbahn, sonst immer gelaufen. Kaninchen und Entchen neu angeschafft.«

Hildegard Grzimek, die die vergangenen Monate mit den Söhnen in Berlin ausgehalten hat, entscheidet, Rochus und Michael schon zu Ostern 1943 aus der Schule zu nehmen und nach Kenels zu fahren – und nicht erst auf die Sommerferien zu warten. »Meine Mutter hatte extra einen Schwerkriegsverletzten als Hauslehrer engagiert, der mit uns ins Allgäu kam«, sagt Rochus Grzimek. Er erinnert sich, dass sein Vater in dieser Zeit mehrmals plötzlich morgens in Kenels im Bett lag – da war er nachts von München herübergekommen und vom Bahnhof aus zweieinhalb Stunden zu Fuß gelaufen.

In der Halle des Münchener Winterquartiers des Zirkus Krone bekommt es Bernhard Grzimek mit Moni, Betja, Menne und Loni zu tun. Die vier Elefantenkühe müssen nun das leisten, was vorher schon Pferde, Wölfe, Hunde und Affen über sich ergehen lassen mussten, wenn sie Bernhard Grzimek in die Hände gefallen waren. Brot wird vor ihren Augen versteckt und soll nach etwas Wartezeit von den Probanden aus dem richtigen Kasten geangelt werden. Hierbei stellen sich die Elefanten so wenig gescheit an wie zuvor die Pferde, notiert Bernhard Grzimek, und er erklärt dies für beide Tierarten folgendermaßen: »Im natürlichen Leben des Elefanten kommt es nicht vor, dass sich sein Futter vor ihm versteckt.« Deshalb sei es für die Tiere auch nicht wichtig, sich den Ort eines Futterverstecks lange merken zu können. Ein Raubtier hingegen müsse wissen, in welchen Busch sein Beutetier geflüchtet ist.

Die Experimente sind sicherlich auch noch aus heutiger Sicht wissenschaftlich, doch schon damals geht Bernhard Grzimek nach einem Prinzip vor, das er in seinen späteren Fernsehsendungen zur Perfektion treiben wird: wissenschaftliche Fakten mit Alltäglichem oder Amüsantem zu verbinden, sodass das Dargestellte auch für eine breite Öffentlichkeit von Interesse ist. Und so untersucht er in seinen zwei Monaten in München im Auftrag der Wehrmacht und so wissenschaftlich wie möglich auch, ob Elefanten Angst vor weißen Mäusen haben. Das lang geglaubte

Vorurteil kann er durch seine Versuche widerlegen. Elefanten haben keine spezifische Angst vor Mäusen, sondern sind generell schreckhaft und vorsichtig gegenüber fremden Objekten – und damit auch gegenüber Mäusen, findet Grzimek heraus.

Direkt nach seiner Rückkehr muss er weiter nach Hannover, denn Professor Kurt Schulze hat seinen Schützling Bernhard Grzimek der Tierärztlichen Hochschule Hannover für eine Vorlesung über Tierpsychologie empfohlen. In einem Brief vom 20. Februar 1943 schreibt Grzimek dazu an den Rektor, Hans Butz: »Ich halte den Plan, den werdenden Tierarzt mit dem Denken und Fühlen oder doch wenigstens den bisher vorliegenden Methoden, dieses Fühlen zu erforschen, vertraut zu machen, für außerordentlich begrüßenswert und aussichtsvoll. Gerade das ›Denken‹ der Tiere interessiert ja die gebildete Öffentlichkeit außerordentlich, und der Laie wird sich immer mit berechtigten Erwartungen gerade an den Tierarzt aufklärungssuchend wenden.«

Doch Bernhard Grzimek hat, da er Neuland betritt, auch Zweifel: »Ich bin mir dabei klar, dass es außerordentlich schwierig ist, eine derartige Vorlesung erstmalig aufzubauen. Eine einigermaßen anerkannte Zusammenfassung des Stoffgebietes besteht noch nicht. Die Arbeiten sind im zoologischen, psychologischen, human- und veterinärmedizinischen Schrifttum aller Sparten verstreut und stehen häufig noch in ungeklärten Widersprüchen zueinander.«

Nach einigen Schreiben über Termine und Vergütung wird Bernhard Grzimek am 10. Mai 1943 durch den Reichsminister für Wissenschaft, Erziehung und Volksbildung, Bernhard Rust, der Lehrauftrag erteilt, »vom Sommersemester 1943 ab in dieser Fakultät jeweils in den Sommersemestern die Tierpsychologie in Vorlesungen zu vertreten«.

Am Sonntag, den 20. Juni 1943 trifft Bernhard Grzimek also in Hannover ein. Er übernachtet in Kastens Hotel in der Innenstadt, zwischen Hauptbahnhof und Oper, und bespricht sich am nächsten Morgen extra noch einmal mit Rektor Butz, bevor er am Nachmittag in der Aula seine erste Vorlesung hält. Denn der Vortragende ist ein wenig nervös. »Hoffentlich wird sich bei dem schönen Sommerwetter jemand am Nachmittag in der Vorlesung einfinden. Ich wäre Ihnen zu sehr großem Dank verpflichtet, wenn Sie in Ihrer Vorlesung noch einmal besonders darauf hinweisen würden«, schreibt er noch fünf Tage vorher an Butz.

Siebenhundert Studenten sind im Sommersemester 1943 an der Tierärztlichen Hochschule Hannover eingeschrieben, von denen die Viert- und Fünftsemester die Vorlesung hören sollen. Während des drei Monate währenden Sommersemesters kommt Bernhard Grzimek bis in den August alle zwei Wochen für seine Vorlesung nach Hannover. Ob er die Reihe zu Ende führt, ist jedoch ungewiss, da der Unterveterinär noch im Sommer zur »Frontbewährung« zur Heeresgruppe Nord nach Estland geschickt wird.

Es ist das einzige Mal, dass Bernhard Grzimek die Einberufung gelegen kommt. So hat er nämlich eine wunderbare Erklärung, warum er eine ihm angebotene Anstellung »leider« nicht annehmen kann. Heinrich Himmler persönlich, Reichsführer der ss und seit dem 25. August 1943 auch Reichsinnenminister, möchte ihm eine Professur an der Universität Posen übertragen und ihm ein Hundeforschungsinstitut einrichten. So steht es in einem Brief an das Reichsministerium für Landwirtschaft und Ernährung. Rückblickend schreibt Grzimek in *Auf den Mensch gekommen*: »Hätte Himmler mir dieses Angebot vielleicht schon 1936 gemacht – ich weiß nicht, ob ich als ehrgeiziger junger Mann es nicht doch angenommen hätte. Vielleicht hätte ich dann Aufträge bekommen, Hunde abzurichten, und die wären dann später in Konzentrationslagern eingesetzt worden.«

So aber kann er Himmler im Sommer 1943 in einem Antwortbrief, den er im Namen des Ernährungsministers Darré entwerfen muss (Anrede: »Lieber Heini«), mitteilen, dass das Oberkommando des Heeres bestätigt, dass Bernhard Grzimek im Augenblick unabkömmlich sei. Weitere Hinweise darauf, warum Grzimek das Angebot Himmlers abgelehnt hat, finden sich in den Akten nicht. Es muss ein triftiger Grund gewesen sein, der den Karrieristen Grzimek davon abhält, seine Chance wahrzunehmen. Hätte Himmler auf der Erteilung des Lehrauftrags bestanden, hätte sein Wort sicherlich über dem der Einberufung gestanden. Ob für Grzimeks Überlegung tatsächlich entscheidend ist, dass die Hunde in Konzentrationslagern eingesetzt werden könnten, ist nicht nachzuvollziehen.

Auf dem Weg zu seiner Einheit in Estland macht Bernhard Grzimek jedenfalls zwei Tage Zwischenstopp in Riga bei Josef Fuchs, einem alten Bekannten aus Johannisthal, dessen jüngster Sohn zusammen mit Michael Grzimek eingeschult worden war. Fuchs hat gerade die Leitung des dortigen AEG-Werkes übernommen. »In dem Werk wurde die Minox-Spionagekamera gebaut, und nach seiner Reise hatte mein Vater dann auch so eine«, erinnert sich Rochus Grzimek. Mit ebendieser Kamera habe sein Vater auch heimlich Fotos auf dem Obersalzberg gemacht, wohin er gebeten wurde, um die Privathühnerhaltung Adolf Hitlers anzusehen. »Mein Vater war ein leichtsinniger Hund«, sagt Rochus Grzimek zu diesen inzwischen verschollenen Fotos, von denen eines das Teehaus oben auf dem Gipfel gezeigt habe. Aber so sei sein Vater gewesen: »Er hat sich auch politische Witze gegen Hitler in seinem Notizbuch notiert – unglaublich gefährlich.«

Bernhard Grzimek selbst berichtet in seinen Lebenserinnerungen über den Besuch auf Hitlers Berghof, dass Hitler seine Hühner nicht frei herumlaufen ließ, da es dort zu viele Füchse gegeben habe und Hitler verboten habe, auf irgendein Tier zu schießen. Weiter schreibt Grzimek über eine ihm unbekannte Dame, mit der er sich fast um einen Kahn am Ufer des Königssees gestritten habe. Schließlich habe er nachgegeben – nur um später zu erfahren, dass es sich um Eva Braun gehandelt hatte, die Lebensgefährtin Adolf Hitlers. Allerdings datiert Bernhard Grzimek dieses Ereignis auf das Jahr 1936. Zu dieser Zeit war er zwar noch intensiver in der Eierüberwachung tätig als 1943, aber die Wahrscheinlichkeit, dass er auf dem Obersalzberg hätte fotografieren können, war doch eher gering. Aber mit Jahreszahlen und Namen, wie bereits erwähnt, nimmt er es einerseits nicht ganz so genau. Andererseits könnte er das Erlebte in seinem Buch auch gezielt vordatiert haben, um seine Verbindung zu Hitler aus der Kriegszeit herauszulösen.

Grzimeks Einheit – Pferdelazarett und zugleich Pferdedepot – liegt zweihundert Kilometer von Riga entfernt. Die Soldaten sind in einem schlossähnlichen Gutshaus einquartiert, und in der Equipe befinden sich, wie Bernhard Grzimek später notiert, neben Spitzenpferden auch Spitzenreiter.

Da er hier eine große Auswahl an Tieren zur Verfügung hat, widmet er sich neben seinen tierärztlichen Aufgaben gleich auch weiteren Verhaltensstudien, zum Beispiel der Erforschung, ob bei Pferden eine Händigkeit ausgeprägt ist, ob sie also ein Vorderbein mehr nutzen als das andere, oder auf welcher Seite sie bevorzugt kauen. Da ihn besonders interessiert, angeborenes von erlerntem Verhalten zu unterscheiden, zieht er gut zwei Monate lang ein Pferdefohlen völlig isoliert von allen Artgenossen auf – das Verhalten des Tieres kann nur angeboren sein. Er muss diese Untersuchung jedoch abbrechen, als die russische Armee in das Gebiet vordringt und seine Einheit auf einen Rückmarschbefehl wartet.

Aus unterschiedlichen Gründen wird Bernhard Grzimek in diesen Tagen dem einen oder anderen in Erinnerung geblieben sein. Den Soldaten seiner Einheit sicherlich, weil er dem leitenden Stabsveterinär gleich zu Beginn erzählt, dass der Rigaer Zoo, den er auf der Hinfahrt noch schnell besucht hat, junge Löwen gegen Pferde tauschen würde und er diesen Tausch prompt vornehmen muss. So ziehen die Männer unweit der Front einen jungen Löwen groß, der »völlig zahm wurde«, wie Bernhard Grzimek schreibt. Aber auch den Zwangsarbeitern, die im AEG-Werk in Riga eingesetzt waren. »An das Werk ließ mein Vater durch seine Verbundenheit mit Herrn Fuchs das Fleisch der Schlachtpferde liefern – für die Arbeiter«, erklärt Rochus Grzimek.

Auf dem Rückzug wird Bernhard Grzimek angeschossen. Der überraschende nächtliche Überfall von Widerstandskämpfern lässt ihn vom Pferd stürzen, doch er hat Glück: Es ist nur ein Prellschuss. Trotzdem soll er in ein Lazarett gebracht werden, doch seine Angst, dass dieses bereits am nächsten Tag von den Sowjets übernommen werden könnte, ist so groß, dass er bei seiner Einheit bleibt und in einer Droschke weiterfährt. Sie zieht über die Memelbrücke in Tilsit zurück ins Reichsgebiet und weiter durch das südliche Ostpreußen. »Alles war völlig friedlich, niemandem schien klar zu sein, dass der Feind schon unmittelbar vor der Tür stand«, schreibt Bernhard Grzimek später.

In Grassnitz nimmt die Einheit auf dem Rittergut der Familie von Stein Quartier. Die Verwundung scheint vergessen, und auch der Krieg gerät für Bernhard Grzimek in weite Ferne. In seinen Erzählungen ist später nur von den wunderschönen antiken Möbeln, den zwei sehr hübschen Töchtern der Familie und der Tatsache, dass die Einheit ein Tanzfest im Freien veranstaltet, zu dem sie alle Mädchen der umliegenden Dörfer einlädt, die Rede. Es klingt beinah nach Urlaub, wenn er schreibt: »Wir haben dort vierzehn schöne Tage verlebt, mit Baden, Schwimmen, durch die Wälder Reiten.«

Schließlich jedoch wird der Regierungsrat zurück ins Ministerium nach Berlin beordert. Es ist November 1943, und fast jede Nacht gehen Luftangriffe auf die Stadt nieder. Hildegard Grzimek hat die Söhne vorsorglich im Allgäu gelassen, als sie im Oktober nach Berlin zurückgekehrt ist. Da der Hauslehrer von Rochus und Michael die Familie zum Studium verlassen hat, sollen die beiden Jungen eigentlich bei einer alleinstehenden Dame in Kempten in Pension gehen und dort das Gymnasium besuchen. Doch Rochus Grzimek erkrankt an Scharlach, und nur mit viel Überzeugungsarbeit gelingt es Hildegard Grzimek, dass für ihren hoch ansteckenden Sohn ein umgebauter Waggon als Krankenwagen an einen D-Zug von Kempten nach Wittenberg angehängt wird und sie die Kinder zu den Großeltern Prüfer bringen kann.

Dort fangen die Probleme jedoch erst richtig an, erinnert sich Rochus Grzimek: »Die Keller in Wittenberg waren alle mit Gängen verbunden, damit man bei Angriffen wegkonnte. Wir wurden von jemandem verpfiffen, weil ich mit Scharlach nicht in den Keller gedurft hätte – das war ja ansteckend. Meine Großmutter hat sich dann auch noch mit dem Blockwart angelegt, der deshalb vorbeikam. Mein Großvater, der immer sehr sozialdemokratisch gewesen war, war aus Angst, seine Pension zu verlieren, zum Ende noch Parteimitglied geworden. Er konnte das dann gerade noch schlichten.«

Wenigstens hat der Scharlach den Vorteil, dass Rochus ein Attest vom Arzt bekommt und so nicht bei den sogenannten Pimpfen, den mit zehn bis vierzehn Jahren Jüngsten in Hitlers Jugendbewegung, mitmarschieren muss. »In Berlin hatte ich das gemusst, aber in den hoch gelegenen Bergdörfern des Allgäus gab es zum Glück keine Jugendorganisation der Nazis.«

In Berlin haben Bernhard und Hildegard Grzimek derweil mit ganz anderen Sorgen zu kämpfen: In der Nacht vom 22. auf den 23. November 1943 treffen mehr als tausend Brand- und mehrere Sprengbomben schwersten Kalibers den Zoo. Zwei Stunden brauchen die beiden zu Fuß quer durch Berlin zum Zoologischen Garten, »an rauchenden Schutthaufen vorbei, um gesperrte Häuserviertel herum, Ruß und Qualm bissen in die Augen, die Schuhe knirschen auf der Straße in zentimeterhoch liegenden Glasscherben«, beschreibt Bernhard Grzimek das Szenario später.

Der Zoo bietet einen trostlosen Anblick: Die sandsteinernen Elefanten am Eingang sind geborsten, dahinter liegen die meisten Häuser in Schutt und Asche. Viele der zu Friedenszeiten noch mehr als 3700 Tiere aus 1300 verschiedenen Arten sind tot oder werden in ihren zerstörten Behausungen die nächsten kalten Tage nicht überleben. Nur einundneunzig Tiere werden am Ende des Krieges übrig sein.

Direktor Lutz Heck bittet die Grzimeks, drei der wertvollsten Tiere zu sich zu nehmen, denn er weiß um das mittlerweile wieder leer stehende Tierzimmer im Keller ihres Hauses. So kommen am 25. November 1943 das Schimpansenpaar Ova und Bambo und das Orang-Utan-Kind Muschi nach Johannisthal. »Die Schimpansen hatte mein Vater selbst noch 1938 aus Kamerun mitgebracht«, berichtet Lutz Heck junior später. Der damals 18-Jährige begegnet Bernhard Grzimek bei dieser Gelegenheit zum ersten Mal, und es soll bis Anfang der Sechzigerjahre dauern, bis sich die beiden Männer als Zoodirektoren wiedersehen.

Die Menschenaffen im Haus bieten großartigen neuen Stoff für Bernhard Grzimeks Artikel. Im *Illustrierten Blatt* berichtet er noch bis in den Spätsommer 1944 hinein von den »ausgebombten Menschenaffen«. Dann wird die Zeitschrift von der Regierung eingestellt – und die Tiere sind längst nicht mehr bei den Grzimeks. Muschi, das kleine Orang-Utan-Mädchen, dessen Mutter nach den Angriffen in Panik aus ihrem zerstörten Gehege auf einen Baum geklettert war und dort am nächsten Tag tot aufgefunden wurde, bleibt ohnehin nur kurze Zeit bei der Familie und wird dann in den Zoo nach Kopenhagen weitergeschickt, wie aus den Unterlagen des Berliner Zoos hervorgeht. Für eine Reihe guter Fotos und viele kleine Anekdoten reicht es aber allemal.

Ova und Bambo bieten dem Tierpsychologen jedoch Material für eine Fülle an Geschichten: Beide Tiere sind nicht nur wahre Ausbrecherkönige und nehmen mehrfach den Tierkeller auseinander. Ova raucht auch jede Zigarette, deren sie habhaft werden kann, freundet sich mit dem Zwergdackel der Familie an und zieht eifrig Muttern im Inneren ihres Käfigs fest, in den sich der Handwerker, der das Gitter verstärken soll, nicht traut. Vielleicht ist es die mit der Aufnahme der Menschenaffen geleistete Gefälligkeit, vielleicht auch die schon lange bestehende Freundschaft zum Ehepaar Heinroth, die 1944 dazu führt, dass Bernhard Grzimek nach der Aufsichtsratssitzung des Zoos am 25. Oktober »vorläufig um Ausübung der Aufsichtsrat-Tätigkeit« gebeten wird. Die offizielle Wahl hierzu findet, da die Hauptversammlungen 1945 und 1946 ausfallen, allerdings erst am 5. September 1947 statt – zu einem Zeitpunkt, als Bernhard Grzimek seit mehr als zwei Jahren Zoodirektor in Frankfurt und somit für einen Aufsichtsratposten in Berlin ungeeignet ist.

Die Affen im Keller, die Söhne jedoch gut versorgt in Wittenberg wissend, helfen Bernhard und Hildegard Grzimek Anfang 1944 nach einem schweren Fliegerangriff einen Brand bei Nachbarn in der Waldstraße zu löschen. Da ruft ihnen jemand zu, dass sie sich vielleicht erst um ihr eigenes Haus kümmern sollten. Spritzer einer Phosphorbombe haben Teile des Schlafzimmers im Dachgeschoss in Brand gesteckt, doch es gelingt den Grzimeks, der Flammen Herr zu werden, bevor diese sich weiter ausbreiten können. Später wird das Dach noch zweimal durch den Druck von Luftminen beschädigt. Ansonsten bleiben das Haus der Grzimeks und sie selbst jedoch unversehrt.

Als Bernhard Grzimek am 18. März 1944 für das Ministerium in Hessen unterwegs ist, bekommt er vom Taunus aus den schweren Luftangriff auf Frankfurt mit, der die Altstadt, Nordend und Ostend, Bornheim und die Universität trifft. Am nächsten Morgen muss er sich durch die Trümmer zum Frankfurter Hauptbahnhof durchschlagen und schreibt später darüber: »Ich ahnte damals noch nicht, dass ich noch den größten Teil meines Lebens in dieser Stadt verbringen würde.«

Es ist an der Zeit, Rochus und Michael endgültig aufs Land nach Kenels zu bringen. Im Mai 1944 kommen die beiden Jungen deshalb aus Wittenberg noch einmal für drei Wochen zurück nach Berlin. »Mittlerweile waren die Affen von den Eltern in den behelfsmäßig geflickten Zoo zurückgebracht worden«, erinnert sich Rochus Grzimek. Mit seinem Bruder Michael stromert er durch den für die Öffentlichkeit geschlossenen Park, der noch einmal am 26. Juli 1944 seine Pforten öffnen wird, bevor ihn der Krieg im April 1945 vollends in ein Schlachtfeld verwandeln wird.

Zusammen mit dem Hausmädchen Stanja, einer jungen Polin, die der Familie vom Arbeitsamt zugewiesen worden ist, dem Dackelpärchen Pitt und Nikki, Agathe, dem Graupapagei und dem Nutria Purzel im Schlepptau, reisen Hildegard Grzimek und die Kinder Anfang Juni 1944 schließlich nach Kenels. Hildegard Grzimek kehrt jedoch noch ein-

III

mal in das große leere Haus zu den letzten tierischen Studienobjekten ihres Mannes zurück, einer Familie von Rhesusaffen. Erst als auch diese Tiere sicher im Zoo von Halle untergebracht sind, verlässt sie endgültig Berlin.

Bernhard Grzimek hat mittlerweile eine neue Einberufung erhalten; seine Einheit ist vom südlichen Ostpreußen nach Polen verlegt worden. Zwar weist ihn das Vorlesungsverzeichnis der Tierärztlichen Hochschule in Hannover für das Sommersemester 1944 erneut als Vortragenden für das Fach Tierpsychologie aus, doch ist fraglich, ob er die Vorlesungsreihe angefangen hat. Denn noch vor dem Warschauer Aufstand gegen die deutschen Besatzer am 1. August 1944 muss sich Bernhard Grzimek in einem Dorf an der Straße von Krakau nach Warschau einfinden, »schätzungsweise 80 Kilometer von Krakau entfernt«, wie er später schreibt.

Auch wenn die Sommeroffensive der sowjetischen Verbände im vollen Gange ist, bekommt Grzimek das Geschehen nur am Rande mit. Wenn er an diesem ersten Einsatzort oder später nahe eines Dorfes östlich von Kielce, rund zweihundert Kilometer von Warschau entfernt, morgens eine Stunde über die Felder ausreitet, warnen ihn Bauern höchstens einmal, »heute besser nicht in diese Richtung« zu reiten. »Jeder war bemüht«, so schreibt er später, »in all dieser Schrecknis möglichst friedlich auszukommen.« Am nachhaltigsten jedoch beeindruckt ihn etwas, in das ihn ein alter Schuldirektor einweiht, der ihm ein wenig Polnisch beibringt. Von ihm erfährt er auf Nachfrage, warum die polnischen Jugendlichen der Umgebung ständig von Dorf zu Dorf fahren: Sie werden von ihren ehemaligen Lehrern heimlich unterrichtet und bekommen sogar die Reifeprüfung abgenommen – etwas, worauf zu der damaligen Zeit für die Lehrer die Todesstrafe steht. Bernhard Grzimek imponiert dieser Vorgang sehr: »Ich glaube, so etwas wäre in Deutschland unter fremder Besatzung nie möglich gewesen. Es würde sich immer jemand finden, der das verriet. Die Polen sind aber seit zwei Jahrhunderten daran gewöhnt, immer wieder unter Fremdherrschaft zu leben und trotzdem ihren Zusammenhalt als Volk nicht zu verlieren.«

Während seine Einheit immer noch die Löwin Lola mit sich führt, die eine große Attraktion für alle Dorfbewohner ist, beschäftigt Bernhard Grzimek die Frage, wie lange Deutschland diesen Krieg noch führen kann und wird. Er ist deshalb äußerst erleichtert, als er im Herbst

1944 überraschend nach Berlin zurückbeordert wird: »Mir war bewusst, dass nach den furchtbaren Grausamkeiten, welche die Hitlerverwaltung in diesem Lande angerichtet hatte, nach dem grausigen Tode von so vielen Millionen Menschen, ein Deutscher beim Zusammenbruch in Polen unweigerlich umgebracht werden würde.«

Doch in Berlin erwarten ihn nicht nur wieder Doppelschichten im Pferdelazarett und im Ministerium. Die Stadt erlebt nun auch fast jede Nacht schwere Luftangriffe, und selbst am Tage geht das Bombardement durch die Amerikaner und Engländer oft weiter. »Draußen bei der Armee war es friedlicher«, schreibt Bernhard Grzimek in seinen Lebenserinnerungen über die Lage in der Hauptstadt – was deutlich macht, wie wenig er bei seinen Einberufungen an die Front dort bisher auszustehen hatte.

Um weiter schreiben zu können, bemüht sich Grzimek Anfang Dezember um einen Bezugschein für eine neue Schreibmaschine. Seine alte hat er mit dem Fotoarchiv, den meisten Büchern und wichtigen Papieren im Allgäu in Sicherheit gebracht. Ein Beamter der Reichsschrifttumskammer schreibt dazu in einer Bescheinigung vom 2. Dezember 1944: »Zur Fertigstellung seiner kriegswichtigen schriftstellerischen Arbeiten benötigt er dringend eine neue Schreibmaschine. Da die alte Schreibmaschine des Herrn Grzimek für die Fortführung seiner wissenschaftlichen Arbeiten in seiner eigenen Tierstation, die aus Sicherheitsgründen nach Kenels verlagert worden ist, weiterhin dort benötigt wird, Herr Dr. Grzimek selbst jedoch beruflich an Berlin gebunden ist, wird die Beschaffung einer neuen Schreibmaschine von mir als dringend befürwortet.«

Die »Tierstation«, als die Bernhard Grzimek das Häuschen in den Bergen wohl vor der Kammer verkauft hat, hat er selbst das letzte Mal vom 22. August bis zum 2. September 1943 besucht. Bei diesem Aufenthalt kaufte er, so notiert er im Gästebuch, noch eine zweite Kuh, Anselma. Doch für deren Futter kann die Familie nicht aufkommen, und so wird sie beim benachbarten Bauern Rist untergestellt.

Unterdessen ist bereits mehr als ein Jahr vergangen, seit Rochus und Michael Grzimek, später gefolgt von ihrer Mutter Hildegard, nach Kenels gezogen sind. Die Familie hat sich so gut es geht auf das Leben ohne Bernhard Grzimek eingestellt – auch wenn er einmal aus der Ferne helfen muss: »Obwohl wir eine Kuh, Hühner und Gänse hatten und schließlich sogar noch ein Schwein gemästet haben, galten wir nicht als landwirtschaftlicher Betrieb. Und der Landrat weigerte sich deshalb, uns eine Schlachtgenehmigung zu geben«, sagt Rochus Grzimek. »Da hat sich dann mein Vater aus dem Ministerium in Berlin eingeschaltet, und so bekamen wir schließlich die Genehmigung.«

Zur Schlachtung des Schweins im November 1944 kommen die Großeltern Prüfer nach Kenels. Und sie bleiben im Allgäu – denn Hildegard Grzimek lässt ihre Eltern nicht mehr nach Wittenberg zurückreisen. Wie die anderen Familienmitglieder müssen aber auch sie bei der Versorgung helfen: Hildegard und die Jungen stechen gemeinsam Torf, die Jungen gehen mit dem Großvater in den Wald, als das Holz knapp wird, und bei der Heuernte helfen die Tagelöhnerin Babett und ihr Sohn Hans. Jedes Wochenende wird gebuttert – und die Milch, die sie abliefern müssen, wird vorher schnell noch illegal etwas entrahmt, erinnert sich Rochus Grzimek: »Das fiel ja nicht auf, da nach dem Abliefern alle Milch zusammen in einen großen Kessel kam. Nur die Zentrifuge mussten wir immer schnell verstecken, wenn sich jemand dem Haus näherte.«

Weil alles in der Höhenlage so spät und spärlich wächst, gibt es Anfang 1945 außer Milch und Käse nichts mehr zu kaufen. »Plötzlich bekamen wir eine Zuteilung von 25 Kilogramm bestem Schweizer Käse, aus dem Wagenrad geschnitten – die Sennerei konnte den nicht mehr losbekommen. Wir haben dann Käse in allen Varianten gegessen und schließlich an die Hühner verfüttert, die das aber nach ein paar Tagen auch schon nicht mehr gefressen haben«, erinnert sich Rochus Grzimek.

Die zugeteilten zwei Zentner Kartoffeln müssen die Jungen mit dem Großvater von Kempten mit dem Handwagen nach Kenels hochziehen, über zwölf Kilometer und mit 300 Metern Höhenunterschied, während Tiefflieger über sie hinwegdonnern. Nur auf die Eierproduktion im Hause Grzimek ist Verlass: Vorausschauend hatte Bernhard Grzimek schon früh Eintagsküken von Hühnern nach Kenels geschickt. Und die ansässigen Bauern respektieren die zugereiste Familie, weil deren Hühner immer so viele Eier legen. Das Legeverhalten zu optimieren hat Bernhard Grzimek in seinen frühen »Hühnerjahren« gelernt, sagt sein Sohn: »Man muss nur wissen, welches Huhn wie viele Eier legt – und dann die in den Topf stecken, die keine Leistungen mehr zeigen.«

Als im Januar 1945 eine Flüchtlingswelle aus der Verwandtschaft in Kenels ankommt, verschlechtert sich die Versorgungslage jedoch dramatisch. In jedem Zimmer des Hauses stehen nun vier bis fünf Betten – insgesamt fünfundsechzig Verwandte aus dem Osten Deutschlands suchen in Kenels und den umliegenden Dörfern eine sichere Bleibe. Unter ihnen sind Bernhard Grzimeks Schwester Fränze, die Frau seines Bruders Notker mit ihren Kindern, Cousinen, Tanten und weitere Verwandte. Hildegard Grzimek kommt kaum hinterher, beim Gemeindeamt ständig weitere Grzimeks in Kenels anzumelden. Viele werden, nachdem sie in der Heimat alles verloren haben, bis zu ihrem Lebensende im Allgäu bleiben.

So ist das im November 1944 geschlachtete Schwein bereits im Februar 1945 aufgegessen. Schlimmer noch: Der Familie waren für die Schlachtung die Fleischmarken der nächsten zweieinhalb Jahre gestrichen worden, wie Rochus Grzimek berichtet. Auch das Heu reicht im Frühjahr 1945 nicht aus, die Kuh droht zu verhungern. »Wir hätten die Zeit nicht so gut durchgehalten, wenn der Bäckermeister Küsle uns nicht unterstützt hätte. Dessen Tochter Walli war bei uns zum Pflichtjahr gewesen, dem Ersatz für den Arbeitsdienst der Jungen, und hat immer Brötchen und Brot mitgebracht«, sagt er.

Rochus leidet trotzdem unter Mangelernährung, weswegen die Familie dann doch eine Nährmittelzuteilung bekommt. Und es gibt Unterstützung von ungewöhnlicher Seite: Das aus Berlin mitgereiste Dackelpaar Nikki und Pitt bekommt reichlich Nachwuchs, den die Familie bei den Bauern gegen Lebensmittel eintauschen kann.

Um zu hören, wie die Situation in Berlin ist, geht Hildegard Grzimek regelmäßig zur Bahnstation Schwarzerd. Die Bahn hat damals bereits interne Telefonverbindungen, und so lässt sie den Johannisthaler Bahnhof Niederschöneweide anrufen und nachfragen, ob es Angriffe gegeben hätte. Kommt ein »Nein, alles ruhig«, ist sie beruhigt. Im Februar 1945 fährt sie ein letztes Mal kurz nach Berlin, um die Bankkonten und Sparbücher zu plündern. »Sie hatte deshalb großen Krach mit meinem Vater – aber meine Mutter hatte den richtigen Riecher: So konnten wir wenigstens in der Schwarzmarktzeit nach dem Krieg mit diesen 60 000 Mark einiges erwerben«, erinnert sich Rochus Grzimek.

Seine Mutter findet bei ihrer kurzen Heimreise ein zerstörtes Berlin

115

vor. Dem Bombenangriff der Amerikaner am 3. Februar 1945 auf die Reichshauptstadt sind mehr als 20 000 Menschen zum Opfer gefallen; die Rote Armee ist auf dem Vormarsch. Bernhard Grzimek hatte zwar nochmals einen Marschbefehl zu einer Einheit nach Polen bekommen, doch er musste sofort wieder umkehren, da seine Einheit auf der Flucht vor den Russen bereits abgerückt war. Nun sitzt er in Berlin und ist sich über eines sicher: »Ich hatte mir immer vorgenommen, mich niemals im Kriege gefangen nehmen zu lassen.«

Und so handelt er. Ende März 1945 kommt ein letzter Brief von ihm aus Berlin im Allgäu an. Darin schreibt er: »Die Sache wird wohl noch vier Wochen dauern, bis der Krieg weitergeht. Die müssen jetzt erst einmal ihren Nachschub ordnen« – so erinnert sich Rochus Grzimek. Weiter schreibt sein Vater, dass er einen Marschbefehl nach Mährisch Ostrau in Tschechien habe. »Wir dachten also, dass der Vater da sei, wo auch sein Bruder Notker ein Kriegslazarett leitete.« Doch die beiden Brüder werden sich nicht wiedersehen. Notker Grzimek bleibt bei seinem Lazarett mit Schwerverwundeten, um es den Russen zu übergeben, und stirbt am 11. Mai 1945, drei Tage nach dem Waffenstillstand, an den schweren Verletzungen, die ihm vermutlich von Tschechen zugefügt worden sind. So wird es jedenfalls seiner Frau im Februar 1946 mitgeteilt.

Und Bernhard Grzimek? Er hat den Marschbefehl an die Ostfront, doch er kommt ihm nicht nach. Er desertiert. Denn er weiß, dass der Krieg verloren ist und er dieses Mal nicht mehr bloß im Hinterland Pferdebestände koordinieren könnte. Doch ihm ist auch bewusst, dass er als Vaterlandsverräter sofort aufgehängt oder erschossen würde, sollte man ihn in Berlin finden. So muss seine Geliebte ihn verstecken. In den Luftschutzbunker können sie nicht zusammen gehen, da er dort aufgefallen wäre. »Also sind wir spazieren gegangen während der Luftangriffe, und meine Mutter und er haben mir die roten und grünen Rauchbomben gezeigt, die als Markierungen abgeworfen wurden«, sagt die gemeinsame Tochter Monika.

Als ein Bekannter sie vor nächtlichen Wohnungsdurchsuchungen warnt, schwitzt ihre Mutter Blut und Wasser – seit einiger Zeit ist Grzimek nämlich bei ihr untergeschlüpft. Zum Glück kommen die Mannschaften jedoch nicht ins Haus. Der Bekannte, der sie warnt, ist Fahrer bei ss-Obergruppenführer Gottlob Berger. Bernhard Grzimek schreibt, ohne Nennung des Namens, über ihn: »Er war herzkrank und deswegen nur zur Polizei eingezogen worden. Eines Morgens war aber die gesamte Polizeiabteilung, zu der er gehörte, in die ss umgegliedert worden.« Mehrfach hilft der, so Grzimek, »fromme Katholik« Menschen, die unter der Gewaltherrschaft der Nationalsozialisten zu leiden haben. Einmal warnt er ein katholisches Vereinshaus, bei dem er mangelnde Verdunklung feststellen soll, ein anderes Mal hilft er bei einem Transport von warmer Winterkleidung an polnische Zwangsarbeiter. Schließlich beschafft er Lebensmittelkarten für sich versteckt haltende jüdische Bekannte von Grzimek und seiner Geliebten. Er ist es auch, der der kleinen Familie schließlich zur Flucht aus Berlin verhilft.

Mit einem gestohlenen Lastwagen fährt er sie und einen Teil ihrer Besitztümer nach Ostwestfalen. Bernhard Grzimek sitzt versteckt zwischen den Kisten in einem Schrank, Monika kauert zwischen den Beinen ihrer Mutter auf dem Beifahrersitz. Als ob das nicht genug wäre, ist die Schauspielerin im siebten Monat schwanger und erwartet ihr zweites Kind von Bernhard Grzimek. »Einmal sind wir angehalten worden. Als die Soldaten auf die Ladefläche gucken wollten, sind wir einfach weitergefahren, und die Soldaten haben hinter uns her geschossen«, erinnert sich Monika.

Doch die Flucht gelingt, und sie mieten ein Zimmer hoch unter dem Dach an, gegenüber dem Haus von Monikas Großeltern. Der Fluchthelfer holt für sie mit dem Wagen noch Holz aus dem Wald und fährt dann nach Berlin zurück – ein verhängnisvoller Fehler. Denn in Magdeburg nehmen ihn amerikanische Soldaten gefangen. Bernhard Grzimek verschweigt später in der Öffentlichkeit die Umstände seiner Flucht und erzählt die Geschehnisse in seinen Lebenserinnerungen wie ein kleines Abenteuer: »Ich schaffte es, einen Befehl nach Westen zu bekommen. Die Fahrt auf einem Lastwagen auf der Autobahn war aufregend, weil immer wieder Tiefflieger darüber entlangflogen und mit Maschinengewehren auf die Fahrzeuge schossen. In Detmold, wo ich bei guten Freunden übernachtete, waren am nächsten Morgen die Amerikaner einmarschiert. Ich machte von dem Recht oder der Pflicht eines jeden Soldaten, sich der Gefangenschaft zu entziehen, Gebrauch: Ich vergrub meine Uniform und Pistole in einem Garten und zog Zivilkleidung an. So endete der Krieg für mich. Im Grunde genommen hatte ich großes Glück gehabt.«

Nun sitzt er also im Teutoburger Wald. Es ist Ende März, Anfang April 1945. Bernhard Grzimek will nach Frankfurt am Main, um dort, wie mit Wilhelm Hollbach verabredet, nach dem Krieg gemeinsam das *Illustrierte Blatt* wieder aufleben zu lassen. Von der amerikanischen Militärregierung, bei der Grzimek im Detmolder Rathaus vorstellig wird und denen er die Tatsache, dass er »Zivilist« sei, mit einem Herzfehler erklärt, erhofft er sich eine Mitfahrgelegenheit auf einem Militärfahrzeug. Doch das scheint unmöglich. Da er am nächsten Tag wiederkommen soll, bittet er den amerikanischen Leutnant um ein Schreiben, damit er schneller vorgelassen wird. Auf dem Zettel steht: »*Dr. Grzimek is requested to come to the Rathaus* – Dr. Grzimek ist aufgefordert, ins Rathaus zu kommen.«

Bernhard Grzimek erkennt seine Chance, das Schreiben mit dem offiziellen amerikanischen Armeestempel als Passierschein zu nutzen. Und so macht er sich mit einem notdürftig zusammengeflickten Fahrrad auf den Weg nach Frankfurt. Wann immer es geht, schließt er sich Gruppen von Fahrradfahrern an – mal einem Trupp befreiter russischer Kriegsgefangener, dann einem Schwung Belgier. Schließlich trifft er auf einen anderen Soldaten, ebenfalls in Zivil und auf dem Weg nach Hause, und die beiden fahren eine große Strecke des Weges gemeinsam – stets darauf bedacht, nicht in eine amerikanische Kontrolle zu geraten. Nachts schlafen sie bei Bauern, die den Autor des *Illustrierten Blattes* häufig dem Namen nach kennen und deshalb freundlich aufnehmen.

Von der mehr als dreihundert Kilometer langen Strecke, die ihn auch durch das »trostlos zerbombte« Gießen führt, erscheint Bernhard Grzimek der Vilbeler Berg vor Frankfurt als die schlimmste Etappe: »Es wollte kein Ende nehmen, der Packen mit den Habseligkeiten war so schwer, und immer mehr Amerikaner waren zu sehen.«

Bei der Einfahrt in die Stadt Frankfurt hält ihn prompt ein amerikanischer Wachtposten an. So weit gekommen, um doch noch in Gefangenschaft zu geraten? Grzimek zeigt sein Schreiben aus Detmold vor – und erhält nur die Ermahnung, dass da nicht stände, dass er Fahrrad fahren dürfe. Er entschuldigt sich, schiebt das Fahrrad um die nächste Ecke und steigt außer Sichtweite wieder auf.

Jetzt gilt es, schleunigst Wilhelm Hollbach zu treffen.

PLÖTZLICH ZOODIREKTOR

»Menschen aber gehören nun einmal zu einem Zoo – für sie,
nicht für die Tiere, ist er ja gebaut.«
Bernhard Grzimek in *Auf den Mensch gekommen*

Als Bernhard Grzimek Anfang April 1945 in der Jügelstraße 11 eintrifft, findet er Hollbachs Haus von zwei amerikanischen Soldaten bewacht. Sie lassen ihn nicht passieren. Denn, so erklären sie ihm, »hier wohnt jetzt der Oberbürgermeister«. Grzimek vermutet, dass die Amerikaner Hollbachs Wohnung beschlagnahmt haben, und bittet die Soldaten, wenigstens fragen zu dürfen, wo denn Wilhelm Hollbach hingezogen sei. So darf er schließlich eintreten. Zu seiner großen Überraschung trifft er den Gesuchten dort an – als gerade ernannten vorläufigen Bürgermeister der Stadt Frankfurt.

Statt über eine Redaktion oder einen Verlag hat Wilhelm Hollbach nun über das Schicksal einer Stadt zu entscheiden. Einer Stadt in Schutt und Asche: Von den vormals mehr als 550 000 Einwohnern Frankfurts sind gerade einmal 200 000 geblieben. Die Hälfte davon ist obdachlos. Fast siebzig Prozent der Bausubstanz Frankfurts sind zerstört, nur noch sechzehn Schulen und zwei Krankenhäuser nutzbar.

Bernhard Grzimek kann vorerst bei den Hollbachs in der Jügelstraße wohnen. Als diese aus Sicherheitsgründen vom Erdgeschoss in den ersten Stock ziehen – am 25. März 1945 war der von den Amerikanern in Aachen eingesetzte Nachkriegsbürgermeister Franz Oppenhoff auf Befehl Himmlers durch dessen Freischärlerbewegung »Werwolf« ermordet worden –, übernimmt Bernhard Grzimek Hollbachs alte Wohnung. Er teilt sie sich mit dem evangelischen Geistlichen, der vorher im ersten Stock gewohnt hat. Während dieser die vorderen Räume der Wohnung im Erdgeschoss bezieht, bewohnt Grzimek zwei der hinteren Zimmer.

An die Wiederbelebung des *Illustrierten Blattes*, derentwegen sich

Bernhard Grzimek nach Frankfurt durchgeschlagen hat, ist vorerst nicht zu denken. Auf Arbeit muss der Regierungsrat Grzimek trotzdem nicht lange warten. Hollbachs Begrüßungsworte lauten: »Gott sei Dank, dass Sie kommen. Sie sind wenigstens Verwaltungsbeamter. Ich regiere hier die Stadt Frankfurt lediglich mit Zeitungsmenschen.«

Hollbach stellt seinen langjährigen Mitarbeiter noch am gleichen Tag als seinen persönlichen Referenten ein; ab dem 12. April 1945 steht Bernhard Grzimek offiziell im öffentlichen Dienst der Stadt Frankfurt am Main und bezieht ein Büro in der Siesmayerstraße 12, die wie die Jügelstraße im Westend liegt. »Mein Vater hat dann die ganzen Präsidenten eingesetzt, zum Beispiel für die Eisenbahn, weil er der einzige Beamte dort war, der wusste, wie man eine Verfügung oder einen Erlass macht«, sagt Rochus Grzimek über die unerwarteten Aufgaben seines Vaters.

Für die zu vergebenden Posten greift Bernhard Grzimek auf Verwaltungsleute zurück, die nicht Parteimitglied waren und oftmals schon pensioniert sind. Auch darum, dass die Straßenbahnen wieder fahren, bemüht er sich gleich in der Anfangszeit. Mit einer Angabe, die sich hartnäckig in Artikeln und Aussagen über Bernhard Grzimek hält, räumt sein Sohn allerdings auf: »Mein Vater ist nie Polizeipräsident gewesen – das war nur eine seiner Geschichten.« Diese findet sich auch in Grzimeks Autobiografie *Auf den Mensch gekommen*, wo es heißt: »Eines Tages teilten mir die Amerikaner mit, dass sie mich zum Polizeipräsidenten von Frankfurt ernannt hätten. Es war nun gar nicht meine Absicht, eine derartige Laufbahn einzuschlagen.«

Die »Ernennung« scheint Grzimek in späteren Jahren durchaus geeignet, um sich ein wenig mit Ehre zu schmücken – jedoch behauptet er nie, das Amt ausgeübt zu haben. Und selbst im Frankfurter Polizeipräsidium ist man sich heute noch sicher, dass Grzimek »den Posten einige Tage innehatte, wenn vielleicht auch nur auf dem Papier«.

Dem widerspricht die Auskunft von Kurt Kraus, dem ehemaligen Sprecher des Polizeipräsidiums Frankfurt: »Wenn es tatsächlich so war, dann muss es vor dem 29. März 1945 gewesen sein, denn an dem Tag wurde der erste Polizeipräsident Frankfurts nach dem Krieg, Kriminalrat Ferdinand Mührdel, ins Amt gehoben.«

Das war jedoch vor der Ankunft Grzimeks bei Wilhelm Hollbach, und somit unmöglich. Zwar wird Mührdel bereits Ende August 1945 schon wieder abgesetzt, da er sich mit der Militärregierung überworfen hat, doch auch eine Ernennung Grzimeks nach diesem Zeitpunkt ist unwahrscheinlich, da er ab dem 1. Mai kommissarischer Direktor des Frankfurter Zoos ist. Auf diesen Posten arbeitet Bernhard Grzimek nicht gezielt hin. Im Gegenteil: »Ich hatte keineswegs die Absicht, in Frankfurt zu bleiben, sondern wollte zurück nach Berlin«, schreibt er in seinen Lebenserinnerungen.

Warum es ihn in die alte Hauptstadt zieht, aus privaten oder aus beruflichen Gründen, verrät er nicht. Allerdings liegt die Vermutung nahe, dass er um das Ende seiner Karriere im Ministerium weiß und er deshalb über seine jahrelangen Verhaltensversuche und die zwei Semester als Dozent an der Tierärztlichen Hochschule in Hannover trotz des fehlgeschlagenen Habilitationsversuches eine akademische Laufbahn anstrebt.

Mitte April 1945, als er gerade zusätzlich die Ernährungsverwaltung der Stadt übernimmt, richtet sich das Augenmerk Bernhard Grzimeks aber wie selbstverständlich auf den Frankfurter Zoo. Und so erhöht er als Erstes die Futterzuteilungen für Zoo- und Zirkustiere. In einem Brief an die Frankfurter Militärverwaltung vom 19. April 1945 lässt er Wilhelm Hollbach (unter)schreiben: »Im Zoologischen Garten befinden sich noch wertvolle Tiere, für die zurzeit kein Futter vorhanden ist. Wir bitten daher, sofort aus den beschlagnahmten deutschen Heerbeständen 200 Zentner Heu und 40 Zentner Hafer freizugeben.«

Doch nicht nur die Tiere hungern: Weil die Militärregierungen von Frankfurt und Wiesbaden nicht miteinander kommunizieren, wie Bernhard Grzimek später schreibt, stehen Eisenbahnen mit Frühkartoffeln still, die für die Versorgung der Frankfurter Bevölkerung dringend benötigt werden. Erst als Grzimek einen Artikel darüber in der amerikanischen Armeezeitung *The Stars and Stripes* lanciert, kommen die Verantwortlichen und so schließlich auch die Züge in Bewegung.

»Vielleicht hat mein Vater gerochen, dass die Tage von Wilhelm Hollbach gezählt waren. Und so begann er, sich intensiver um den verwaisten Zoo zu kümmern«, sagt Rochus Grzimek über das immer stärker werdende Engagement seines Vaters für den Tiergarten. Tatsächlich ist Hollbach nur etwas mehr als drei Monate Bürgermeister, als er Anfang Juli 1945 unter anderem wegen seiner kritischen Haltung zu den

Wohnungsbeschlagnahmungen und der Entnazifizierungspolitik seines Amtes enthoben wird. Sein Nachfolger wird der Verwaltungsfachmann und ehemalige Hanauer Oberbürgermeister Kurt Blaum.

Bernhard Grzimek hat jedoch seine Zeit als Hollbachs Assistent genutzt, um sich von ihm als Zoodirektor einsetzen zu lassen. Die Amerikaner haben seine Bemühungen um den Zoo bis dahin höchstens mitleidig belächelt. Ob er verrückt sei, sich um Affen kümmern zu wollen, wo doch die Stadt so hochgradig zerstört sei, muss er sich fragen lassen. Doch das hält Bernhard Grzimek von seinem Vorhaben nicht ab: »Da ich die Genehmigung der Militärregierung zur Wiedereröffnung des Zoos nicht erhielt, beschloss ich, es einfach ohne Erlaubnis zu tun.«

Der bisherige Zoodirektor Georg Steinbacher ist entweder gefallen oder in Kriegsgefangenschaft, heißt es damals; ohnehin führen seit Steinbachers Einberufung an die Front Stadtamtmann Fritz Acker, Zooinspektor Gustav Lederer sowie der spätere Leipziger Zoodirektor Ludwig Zukowsky den Garten. Als Bernhard Grzimek am 1. Mai 1945 von Wilhelm Hollbach zum kommissarischen Zoodirektor ernannt wird, behält Acker die kaufmännische Leitung, das Dezernat übernimmt Hollbach kurzerhand selbst. Eine Woche später kapituliert die Deutsche Wehrmacht; der Krieg in Europa ist beendet.

Frankfurt erlebt in diesen Maitagen eine ungewöhnliche Hitzewelle. Doch Zeit zum Verschnaufen bleibt nicht, denn es gilt, einen der am stärksten zerstörten deutschen Zoologischen Gärten wieder aufzubauen: Mit wenigen Ausnahmen sind alle Gebäude vernichtet oder stark beschädigt. Allein die alte Bärenburg, die 1858 noch am alten Zoostandort in der Bockenheimer Landstraße erbaut und 1873 auf das neue Zoogelände transportiert worden war, ist unversehrt stehen geblieben. Das prächtige Gesellschaftshaus, das Aquarium, das Elefantenhaus, das Raubtier- und das Affenhaus sowie der Futterhof liegen wie die meisten Bauten um sie herum in Schutt und Asche oder sind bis zum Keller ausgebrannt. Das Gelände ist ein Kraterfeld.

In den Mai- und Juniwochen arbeiten die Männer, so gut sie nur können. Im geschlossenen Garten werden Bombentrichter zugeschüttet und der große Weiher behelfsmäßig abgedichtet. Käfige und Umzäunungen werden notdürftig geflickt. Die noch verbliebenen Tiere – darunter zwanzig größere wie ein Schimpansenmännchen, ein Flusspferdbulle und zwei Kamele – werden auf die leeren Gehege verteilt. Doch während Bernhard Grzimek mit der Beschaffung von Baumaterial und Futter zu kämpfen hat, gibt es in der Verwaltung Streit über die Modalitäten seiner Einstellung. Wilhelm Hollbach hat ihn recht eigenmächtig als Beamter einstellen lassen und für Bezüge gesorgt, die »mindestens Ihr früheres Gehalt als Regierungsrat einschließlich Ministerialzulage« erreichen, wie er Grzimek am 2. Juni 1945 schreibt. Der Stadtverwaltung gegenüber erklärt er das folgendermaßen: »Dr. Grzimek hat bisher ein Monatseinkommen von etwa 4000 Reichsmark, wie ich aus eigener Kenntnis weiß, aus seinen Zeitschriften und Büchereinnahmen, gehabt. Ihm sind in den letzten Wochen der Posten des stellvertretenden Hauptgeschäftsführers der hiesigen Industrie- und Handelskammer und der des Leiters des Landesernährungsamtes angetragen worden, die beide etwa doppelt so hoch bezahlt sind wie der des Zoodirektors. Für die zweitgenannte Stellung war bereits die Bestätigung der amerikanischen Militärbehörde erfolgt. Dr. Grzimek hat beide Stellungen ausgeschlagen und die erheblich minderbesoldete des Zoodirektors vorgezogen.«

Der von Hollbach angeführte Gehaltsverzicht Grzimeks erklärt auch, dass dieser dem zukünftigen Zoodirektor weiterhin eine schriftstellerische Tätigkeit »im Rahmen der reichsgesetzlichen Vorschriften« zugesteht. Überhaupt werden in den Wirren der letzen Kriegs- und der ersten Nachkriegstage viele Entscheidungen auf die Schnelle getroffen. Bei Einstellungen steht oftmals nur eine einzige Frage im Raum: die nach einer Parteimitgliedschaft. Bernhard Grzimek kann diesbezüglich eine Bescheinigung der Lippischen Regierung in Detmold vom 19. Mai 1945 vorlegen. Darin heißt es: »Herr Dr. Grzimek war in den Jahren vor der Machtübernahme Angehöriger der Sozialdemokratischen Studentenverbindung. Er hat auch in den Jahren der Naziherrschaft sich aktiv sozialistisch betätigt und stets die Verbindung zur Sozialdemokratischen Partei aufrechterhalten.«

Warum wurde diese Bescheinigung in Detmold ausgestellt und nicht in Berlin? Die Vermutung liegt nahe, dass Grzimeks Geliebte oder deren Vater, ein vormals leitender Sozialdemokrat in Detmold, mit diesem »Persilschein« ein wenig nachgeholfen haben. Nicht, dass Bernhard Grzimek hinter der nationalsozialistischen Politik gestanden hätte. Es gibt genügend Belege für seine kritische Haltung. Aber eine besondere Nähe zu den Sozialdemokraten kann man ihm in der damaligen Zeit auch nicht nachsagen.

Auch wenn Bernhard Grzimek zeit seines Lebens parteilich unpolitisch ist, muss er 1945 fürchten, dass seine NSDAP-Mitgliedschaft bekannt wird. Deshalb braucht er »Gegenzeugnisse« wie die von ihm vorgelegte Bescheinigung. Auf die Nachfrage, warum das Schreiben gerade aus Detmold kommt, könnte er ganz einfach auf seinen dortigen Wohnsitz verwiesen haben – im Stadtarchiv Detmold finden sich Unterlagen, die die Anmeldung Grzimeks in Detmold belegen. Die Wohnung meldet er erst mehr als ein Jahr später wieder ab.

Sieht er eine gemeinsame Zukunft mit seiner langjährigen Geliebten? Behält er deshalb den zweiten Wohnsitz, um zu ihr zurückzugehen, sollte er in Frankfurt scheitern? Oder will er sogar mit ihr und den gemeinsamen Kindern zurück nach Berlin? Dort war er immerhin bis zum 28. März 1945 unter der Adresse der Schauspielerin gemeldet. Bernhard Grzimek sagt dazu nichts. Und er unternimmt auch nichts, was in diese Richtung geht. Seine Frau Hildegard und die Söhne sind im Mai und Juni 1945 immer noch im Allgäu, und Bernhard Grzimeks einziges Bestreben in dieser Zeit ist es, sich mit dem Aufbau des Zoos eine gesicherte Stellung zu schaffen.

Dabei treten jedoch neue Hürden auf: Grzimek war Reichsbeamter und kann damit laut einem Schreiben des Personalamtes vom 7. August 1945 erst dann zum Beamten der Frankfurter Stadtverwaltung ernannt werden, wenn er ordnungsgemäß aus dem Reichsdienst entlassen ist. Weiter heißt es: »Der bisherige Inhaber der Stelle des Direktors des Tiergartens, Dr. Steinbacher, ist am 2. Juni 1945 wegen seiner Zugehörigkeit zur NSDAP aus dem städtischen Dienst entlassen worden. Die Stelle ist somit am 1. Mai 1945 nicht frei gewesen, und Dr. Grzimek konnte zu diesem Termin nicht als Direktor des Zoologischen Gartens angestellt werden.«

Grzimeks Vorgänger Georg Steinbacher war nach Frankfurt zurückgekehrt und wollte wieder auf seinen Posten, was ihm verwehrt wurde. Im Münchener Zoodirektor Heinz Heck fand er dann einen starken Fürsprecher, wie der spätere Direktor des Berliner Zoos, Heinz-Georg Klös, sich erinnert: »Heinz Heck hatte eine mächtige Position. Er war zum einen nicht in der Partei gewesen, und er war Zoodirektor in einem der wenigen deutschen Zoos, die nicht durch den Krieg zerstört worden waren. Er hatte einen einmaligen Tierbestand, den er komplett durch den Krieg bekommen hatte. Der Augsburger Tierpark war hingegen fast völlig zerstört, und es waren nur wenige Tiere übrig. So hat Heinz Heck zu dem Oberbürgermeister dort gesagt: ›Ich gebe euch Tiere, wenn Steinbacher dort Zoodirektor wird.‹«

Am 1. August 1947 wird Georg Steinbacher den Posten in Augsburg antreten. Doch er wird es Bernhard Grzimek nie verzeihen, dass dieser bei seiner Rückkehr auf seinem Stuhl saß – sosehr Grzimek auch immer wieder beteuert, dass er handeln musste, um den Zoo vor der Schließung zu bewahren. Und genau deshalb, unbeirrt von allen anderen Sorgen, verfolgt Bernhard Grzimek im Frühsommer 1945 nur ein Ziel: die amerikanische Militärregierung schnellstmöglich mit einem wieder herzeigbaren Frankfurter Zoo vor vollendete Tatsachen zu stellen und ihr somit keine andere Wahl zu lassen, als die Genehmigung zur Wiedereröffnung des Parks endlich zu erteilen.

Die Karikaturistin und Illustratorin Martha Bertina, die zuvor für das *Illustrierte Blatt* gearbeitet hatte, zeichnet für ihn die ersten Plakate: »Der Zoo ist wieder eröffnet!« Es werden die ersten Plakate, die nach dem Krieg überhaupt wieder in Frankfurt aufgehängt werden. Mit einer alten, mit Laubzweigen geschmückten Ponykutsche, selbst gemalten Schildern, den zwei Kamelen und einer Handvoll Ziegen ziehen Bernhard Grzimek und seine Belegschaft durch die Stadt. Kinder folgen dem kleinen Umzug auf seinem Weg an der Ruine der Hauptwache vorbei. Mittendrin fährt der Direktor Grzimek auf seinem Fahrrad. Und die Rechnung geht auf: Als der Zoo am Sonntag, dem 1. Juli 1945, seine Pforten öffnet, strömen die Menschen in Scharen. Kinos gibt es keine mehr, das Baden im Main ist aus Gesundheitsgründen verboten, und so sind selbst die wenigen Tiere in der ansonsten trostlosen Umgebung eine willkommene Abwechslung für die Frankfurter.

Bernhard Grzimek führt an diesem ersten Tag den Militärkommandeur durch den Park, der sich selbst ein Bild machen möchte. Es ist zwölf Uhr mittags, als die kleine Gruppe – es sind noch ein Dolmetscher, ein Schriftleiter, Bürgermeister Hollbach und Inspektor Lederer dabei – in das Menschenaffenhaus kommt. »Dort saß der einzige Überlebende, ein ausgewachsener Schimpansenmann. Ich hatte mich mit ihm angefreundet und pflegte ihm immer im Vorbeigehen die Hand hinzugeben. Das tat ich auch jetzt«, schreibt Bernhard Grzimek später. Was er nicht bedacht hat: Schimpanse Moritz ist eine so große Menschenansammlung nicht mehr gewöhnt und deshalb außergewöhnlich aufgeregt. Und so beißt er Grzimek in den Mittelfinger der rechten Hand. Zuerst versucht der Zoodirektor noch, es vor Major Sheehan zu verstecken. Doch »nach einer Weile wurde mir für kurze Zeit etwas dunkel vor den Augen«.

Der Biss entzündet sich noch am gleichen Tag. Zuerst schwillt die Hand, dann der gesamte rechte Arm an, sodass Bernhard Grzimek nichts anderes übrig bleibt, als am nächsten Nachmittag ins Krankenhaus zu fahren. Charlotte Mahler, die spätere langjährige Chefärztin des Frankfurter Bürgerhospitals und zu dieser Zeit kommissarische Leiterin der Chirurgischen Universitätsklinik, will den Finger amputieren. Bernhard Grzimek überzeugt sie zwar, davon abzusehen. Um das Entfernen der Beugesehne kommt er jedoch nicht herum, und so bleibt der Finger von da an steif.

Als die Ärztin bei Bernhard Grzimek nach dessen Erwachen aus der Narkose ein Elektrokardiogramm macht, stellt sie überraschend eine Reizleitungsstörung des Herzens fest. »Hätten die Beteiligten das vorher gewusst, so wäre ich wahrscheinlich keinen Tag Soldat gewesen. Ich habe aber auch anschließend die empfohlenen Mittel nicht eingenommen und bin nicht in Herzbäder gefahren, sondern bin als Flieger und in den Tropen doch noch einige Jahre gut damit durchgekommen«, schreibt Grzimek später lapidar.

Zum Zeitpunkt der Diagnose wird ihm jedoch sicherlich der frühe Herztod seines Vaters durch den Kopf gegangen sein. Der Affenbiss bleibt in neunundzwanzig Dienstjahren übrigens Bernhard Grzimeks einziger großer Unfall mit einem Zootier. Was jedoch viel wichtiger ist: Nach dem trotz allem gelungenen Rundgang genehmigt die Militärregierung, dass der Zoo geöffnet bleiben darf.

Die Zeit ist nun reif, Hildegard und die Kinder aus dem Allgäu nach Frankfurt zu holen. Mitte Juni 1945 hatten sie nach zweieinhalb bangen Monaten ohne ein Zeichen von ihm endlich per Kurier einen Brief erhalten, in dem Bernhard Grzimek sie über seinen Verbleib aufklärte. Doch Hildegard Grzimek kann sich nicht sofort auf den Weg zu ihrem Mann machen: In ihrem Häuschen in Kenels ist seit dem 8. Mai 1945 eine Gruppe französische Soldaten, Marokkaner, einquartiert. Nach fliegenden Bomberverbänden und Verdunklungsanordnung ist das das kriegerischste Erlebnis, das die Familie im ansonsten friedlichen Allgäu mitbekommt, schreibt Hildegard Grzimek später. Anstatt in der Scheune, wie von den französischen Offizieren verlangt, bringt sie die Soldaten in einer Stube des Hauses unter – aus Angst, ein Zigarettenstummel könne das Heu für die Kuh in Brand setzen. Als Dank lassen ihr die Männer bei ihrem Abzug einen Schrank voll Lebensmittel zurück, die sie von ihren eigenen Rationen abgespart haben.

Dann endlich kann sich auch Hildegard Grzimek von ihren Söhnen und ihren Eltern verabschieden und sich auf »die schwierigste und merkwürdigste Fahrt« ihres Lebens begeben. »Nach drei Tagen kam ich verschmutzt und völlig erschöpft in Frankfurt an … Manche Strecken war ich auf dem Dach halbzerstörter Eisenbahnwagen oder auf dem Trittbrett stehend gefahren. Einen Teil des Weges hatten mich schwarze Amerikaner im Auto mitgenommen«, berichtet Hildegard Grzimek in ihrem Buch *Mit Tieren unter einem Dach*.

Bei ihrer Ankunft in Frankfurt trifft sie ihren Mann noch mit Verband und einer großen Armschlinge an. Sofort kümmert sie sich um praktische Angelegenheiten, für die Bernhard Grzimek bisher weder Zeit noch Muße gehabt hat. So gelingt es ihr, in einer Möbelhandlung eine komplette Schlafzimmer- und Wohnzimmereinrichtung aufzutreiben: helle Birkenholzmöbel für das Schlafzimmer und dunkles Holz für das Wohnzimmer. »Die stammten aus einer eisernen Reserve für die Größen der Nazi-Zeit«, sagt Rochus Grzimek.

Als Hildegard Grzimek ihrem Mann berichtet, dass trotz der allgemeinen Lebensmittelknappheit im Allgäu mehr Käse vorhanden ist, als Abnehmer zu finden sind, schickt Bernhard Grzimek sie umgehend zurück, um Käse zu holen. Als Mitfahrerin auf einem Lastzug kommt sie so noch im Juli 1945 zurück nach Kenels. Lange Zeit zum Ausruhen gönnt sie sich nicht, und während der elfjährige Michael weiter bei den Großeltern bleibt, nimmt Hildegard Grzimek ihren Sohn Rochus, der kurz vor seinem vierzehnten Geburtstag steht, mit auf die Rückfahrt nach Frankfurt. Die beiden trampen bis nach Ulm, wo sie auf den Lastzug treffen sollen. Dieser kommt wie verabredet: mit fünfzehn Tonnen Harzer Käse beladen, der nur mit Pergamentpapier verpackt ist. Und das bei hochsommerlichen Temperaturen! »Auf den Käse wurden wir und noch viele andere Leute gepackt, und so fuhren wir die Geislinger Steige runter, bis die Bremsen brannten. Später sind dann auch noch zwei Reifen geplatzt«, beschreibt Rochus Grzimek die abenteuerliche Transporttour.

Als sie Anfang August 1945 nach drei Tagen Frankfurt erreichen, hat sich dort in der Zwischenzeit einiges ereignet: Wilhelm Hollbach ist als Oberbürgermeister abgesetzt worden. Er geht nach Baden-Baden und gründet dort den Drei-Kreise-Verlag. Mit der Herausgabe der Halbmonatszeitschrift *Bunte Federn* scheitert er jedoch schon kurze Zeit später. Dagegen erscheint mit der *Frankfurter Rundschau (FR)* seit dem 1. August die erste deutsche Tageszeitung, der nach dem Krieg eine Lizenz erteilt worden ist. Die Redaktion hat die Arbeit in den Räumen der 1943 von den Nationalsozialisten verbotenen *Frankfurter Zeitung* wieder aufgenommen.

Bernhard Grzimek wird in der *FR* eine Serie von Kurzgeschichten über Tiere veröffentlichen, die später auch in den Zooführern abgedruckt werden. Für ihn persönlich ist jedoch zu dieser Zeit ein anderes Ereignis bedeutender: Am 16. Juli 1945 hat seine Geliebte in Detmold den gemeinsamen Sohn Cornelius zur Welt gebracht. Doch das Leben mit zwei Familien wie seinerzeit in Berlin ist nun nicht mehr möglich; schon bald wird Bernhard Grzimek mit Hildegard und den Söhnen wieder gemeinsam in Frankfurt leben. Seine andere Familie wohnt währenddessen im mehr als dreihundert Kilometer entfernten Detmold, noch dazu getrennt durch die Zonengrenze zwischen der amerikanischen und der englischen Besatzungszone – und in einer Zeit, als der Verkehr auf der Schiene und der Straße überhaupt gerade erst wieder ins Rollen kommt. Zugleich ist der doppelte Familienvater mit dem Wiederaufbau des Frankfurter Zoos bis über beide Ohren mit Arbeit eingedeckt. Eigentlich müsste er sich nun entscheiden, könnte man meinen. Und das tut er auch, auf seine Art: indem er sich ganz in die Arbeit stürzt. Und ansonsten abwartet.

Die amerikanische Militärregierung hat zwar den Zoobetrieb genehmigt. Zusammen mit der neuen Stadtverwaltung hat sie aber festgelegt, dass sich der Zoo selbst finanzieren müsse. Bernhard Grzimek ist klar, dass die wenigen Tiere in den Ruinen nicht genug Besucher anlocken werden, um Wiederaufbau und Unterhalt des Parks zu gewährleisten. So holt er Musiker, Künstler und Schausteller in den Zoo, auf einer Platt-

128

form hinter der Ruine des Zoogesellschaftshauses lässt er im Freien zum Tanz aufspielen, bekannte Opernsänger singen zwischen den Tiergehegen. Zudem bieten Varietékünstler und Hochseilartisten der Familie Traber sowie Rollschuh- und Rhönradsportler den Frankfurtern immer neue Programmpunkte. Als absoluter Erfolg erweist sich daneben ein Feuerwerk, für das Bernhard Grzimek nach mehreren Anläufen die Genehmigung bekommen hat. Er schreibt später darüber: »Es gab einen solchen Menschenauflauf, dass das Frontgitter des Zoos glatt niedergebrochen wurde. Schließlich hatte es seit sechs oder sieben Jahren in Deutschland kein Feuerwerk mehr gegeben; die Kinder kannten so etwas größtenteils noch nicht. Wir nahmen Berge voll Geld ein.«

Parallel versucht Grzimek, von überallher Tiere zu bekommen. Seine Freundschaft zur Zirkusfamilie Krone verhilft ihm dabei zu einem außergewöhnlichen Angebot. »1945 war das Unternehmen unter Kuratel gestellt worden. Friedel Krone bot meinem Vater daraufhin drei Elefanten zum Kauf für 25 000 Reichsmark an. Das war weniger als der Fleischwert. Doch die Frankfurter Stadtverwaltung willigte nicht ein. Da bat mein Vater, dass sie ihm genehmigen wolle, die Elefanten privat zu kaufen. Daraufhin wurde ihm das Geld dann doch bewilligt. So konnten wir Ende August 1945 die Tiere abends am Ostbahnhof in Frankfurt abholen«, erzählt Rochus Grzimek.

Die Elefantenkühe gehen brav, an eine LKW-Zugmaschine gekettet, vom Bahnhof zum Zoo. Die ersten beiden lassen sich auch problemlos ins Gehege führen, aber die dritte Kuh, Simla, türmt panisch in den dunklen Zoo, als sie ihre beiden Artgenossinnen plötzlich nicht mehr sieht. Die Elefantendame jagt Bernhard Grzimek und die Pfleger in die Büsche, zertrümmert ein Kassenhäuschen, drückt den massiven Zaun der Zooumrandung nieder und gelangt so aus dem Zoo auf den heutigen Alfred-Brehm-Platz. Rochus Grzimek erinnert sich an die unglaubliche Geschichte: »Wir hatten alle Angst, dass die Militärpolizei die Kuh erschießt. In der Thüringerstraße lief sie vor die Straßenbahn – zum Glück stoppten beide. Völlig überraschend saß der Sohn des Wirtes vom Zirkus Krone in der Bahn, der auch die Elefanten dressierte, und der brachte die Kuh, nur an einem Ohr ziehend, zurück in den Zoo.«

Die ersten Kontakte, die Bernhard Grzimek im großen Geflecht der Zoologischen Gärten knüpft, sind die zu dem Münchener Zoodirektor Heinz Heck und zur Tierhandelsfirma Ruhe in Hannover. Mit dem mächtigen Heck, das weiß er noch aus Berlin, muss er sich als Neuling gut stellen. Und so schreibt Bernhard Grzimek dem alteingesessenen Kollegen, der den Tierpark Hellabrunn bereits im Mai 1945 wiedereröffnet hatte, regelmäßig die neuesten Nachrichten aus anderen Zoos. Die erste Tierlieferung für den Frankfurter Zoo ist dann auch ein Schwung Meerschweinchen aus München.

In Hannover bemüht sich Bernhard Grzimek um ein Zebra, ein »für uns sehr wichtiges Schautier«. Auch die Familie wirkt bei der Beschaffung von Tieren mit, wie Rochus Grzimek berichtet, der gemeinsam mit seiner Mutter ab September 1945 für den Zoo auf »Tierfang« geht: »Wir sind mit einem gecharterten Laster mit Tierkisten los und haben Zirkusse und Zoos abgefahren, um Tiere einzusammeln. Zum Beispiel haben wir aus dem Zoo in Karlsruhe, der sich in Auflösung befand, zwei Siamkatzen mitgebracht, die wir dann später in der Wohnung hatten. Und zwei Zwergponys, die eigentlich Rudolf Heß gehört hatten. Damit hat mein Bruder Michael dann später an Wochenenden Kinderreiten im Zoo veranstaltet und so sein Taschengeld aufgebessert«, erinnert sich Rochus Grzimek.

Bereits in den ersten Wochen in Frankfurt hat Bernhard Grzimek noch durch Wilhelm Hollbach Kontakt zu Bruno H. Schubert aufgenommen. Der Unternehmer und spätere Generalkonsul von Chile, der in den Jahren nach 1945 die Frankfurter Henninger-Bräu zu einer der größten Brauereien in Europa entwickeln wird, lädt Bernhard Grzimek zu einer seiner Abendgesellschaften ein. Aus einer Laune heraus, so berichtet Schubert später, seien er, seine Frau Inge und Bernhard Grzimek danach noch nachts im Main baden gegangen – nackt. »Als wir herauskamen, hat uns die Militärpolizei aufgegriffen. Es war ja längst *curfew*, Ausgangssperre, und so mussten wir mit auf die Wache kommen.«

Nach einigen Ermahnungen lässt man sie schließlich laufen. Zwischen Bernhard Grzimek und dem zehn Jahre jüngeren Schubert entwickelt sich von da an eine Freundschaft. Es ist eine der wenigen engeren, nicht ausschließlich geschäftlichen Beziehungen, die Grzimek in seinem Leben eingehen wird. Schubert hilft dem Zoo in den Anfangsmonaten mit Lastwagen aus, die er von amerikanischen Freunden zur Verfügung gestellt bekommen hat. So können Tiere aus Leipzig geholt werden, die von der Beschlagnahmung durch die Russen gefährdet sind. Später gehen die beiden Männer jedoch auch zusammen auf Safari, wie Schubert berichtet.

Ein weiterer freundschaftlicher Kontakt entspinnt sich mit dem Schaustellerehepaar Fritz und Lulu Herhaus. Von den bereits im Zoo gastierenden Schaustellern erfährt Grzimek von einer riesigen Achterbahn, die den beiden gehört. Sie hat den Krieg unbeschadet überstanden und steht nun, auf Lastwagen verpackt, im Schwarzwald. Grzimek wittert das Potenzial dieser besonderen Attraktion. Doch es gibt ein ernstes Problem, wie er später in *Auf den Mensch gekommen* schreibt: »Die Franzosen waren bekannt dafür, dass sie nicht das Geringste aus dem Teil Deutschlands herausließen, den sie besetzt hielten.« Da er mittlerweile einige amerikanische Offiziere besser kennengelernt hat, kann er diese überreden, die »Achterbahn mit ihren Soldaten aus der französischen Zone herauszuholen, da ich mir vorstellte, dass französische Soldaten nicht so leicht auf amerikanische schießen würden«.

Sein Plan funktioniert, und die gewaltige Bahn wird neben dem Zoogesellschaftshaus auf der ehemaligen Ponykoppel aufgebaut. Allerdings dürfen Lulu Herhaus, die Grande Dame des Schaustellergewerbes, und ihr Mann sie erst ab vierzehn Uhr laufen lassen. In Betrieb macht die Holzbahn nämlich ordentlich Lärm, und direkt nebenan befindet sich das damalige Kaiser-Wilhelm-Gymnasium. Doch das tut dem Zulauf keinen Abbruch, wie Bernhard Grzimek später vermerkt: »Diese Achterbahn brachte uns ungeheuer viel Geld ein.«

Der Anfang ist geschafft: Besucher strömen in den Zoo und bringen Bares in die Kasse für Notdächer, Zäune, Kohle, Futter und neue Tiere. Für den erfahrungsgemäß besucherschwachen Monat Dezember organisiert Grzimek einen »Weihnachtstrubel« mit einer Eislaufrevue auf dem zugefrorenen Zooweiher. So bringt er es bereits im ersten halben Jahr nach der Wiedereröffnung auf mehr als 460 000 Besucher. Eine kleine Sensation, besuchten doch in den Jahren zwischen 1938 und 1943 im gleichen Zeitraum im Durchschnitt weniger als 200 000 Personen den Zoo, wie Bernhard Grzimek im Bericht des Zoologischen Gartens Frankfurt für das erste Halbjahr 1946 anführt.

Der Zoodirektor schreibt weiter: »Diese starke Steigerung des Besuches war nicht darauf zurückzuführen, dass den Frankfurtern keine anderen Möglichkeiten zur Unterhaltung offenstanden, sondern auf die besonderen Maßnahmen unseres Gartens.« Der starke Besucherzuspruch hätte nämlich erst eingesetzt, nachdem ab Anfang September die Schaustellergeschäfte im Zoo aufgebaut worden waren, argumentiert Grzimek und erklärt: »Die von uns eingeschlagene Linie ist zwangsläufig durch den Wegfall der städtischen Zuschüsse und die Notwendigkeit, die Gebäude neu zu errichten und den Tierbestand aufzufüllen.«

Also ist der Rummelplatz für ihn nur Mittel zum Zweck. Oder ist da doch mehr? Macht der große Zirkusfan Bernhard Grzimek aus der Not eine Tugend, indem er in die bisher rein wissenschaftlich orientierten Zoos ein neues Unterhaltungselement hineinbringt? In seinen Lebenserinnerungen findet er klare Worte: »Ich hatte allen Schaustellern von vornherein erklärt, dass wir sie nur so lange beherbergen könnten, bis sie wieder wie üblich von Platz zu Platz reisen könnten. Die Verbindung eines Zirkus mit einem Zoologischen Garten, der ein volksbildendes, wissenschaftliches Unternehmen ist, passt einfach nicht.« Viele der alteingesessenen Kollegen beäugen ihn jedenfalls für seine neuen Methoden mit Skepsis.

Es ist somit kein leichter Start für Bernhard Grzimek – auch wenn die Besucherzahlen für ihn sprechen. An allen Ecken und Kanten muss er organisieren, improvisieren und anpacken. Auch die Belegschaft des Zoos, von der viele Männer gefallen oder in Gefangenschaft sind, kann er nur langsam wieder aufstocken. »So musste mein Mann nicht nur seine Arbeit als Zoodirektor verrichten, sondern auch als Tierwärter, Tierarzt, Kartenknipser usw. fungieren«, schreibt Hildegard Grzimek in *Tiere – meine lieben Hausgenossen* über die ersten Monate.

Es gibt noch andere Probleme, wie ein Brief an die Militärregierung vom 11. September 1945 zeigt. In ihm bittet Grzimek »um zwei Jagdgewehre mit Munition aus beschlagnahmten Beständen, um notfalls ausgebrochene Tiere zu erschießen und wertvolle Tiere vor Diebstahl zu bewahren«. Es kommt nämlich nicht selten vor, dass in dem nur notdürftig gesicherten Zoo morgens Tiere fehlen. Sie werden Opfer der hungernden Bevölkerung oder alkoholisierter amerikanischer Soldaten. Mit Letzteren muss sich Bernhard Grzimek häufiger auseinandersetzen, als ihm lieb ist. Aber er spricht in diesen Tagen im Tierpark als Einziger

Englisch und bekommt deshalb auch schon bald einen Telefonanschluss genehmigt, damit er auch nach Feierabend jederzeit zu Hilfe gerufen werden kann.

»Nachts kam zum Beispiel einer in den Zoo und forderte mit gezogener Pistole einen Affen«, beschreibt er später eines seiner Erlebnisse mit einem Soldaten. Lässt er solche Eindringlinge durch die Militärpolizei verhaften, kommen sie mitunter kurze Zeit später wieder und suchen nach dem »Langen«. Dann sieht Bernhard Grzimek zu, dass er schleunigst verschwindet.

Um den Tierbestand ernähren zu können, bittet er die amerikanische Militärregierung auch um Küchenabfälle aus ihrem Hauptquartier, dem I.G. Hochhaus. »Der Zoologische Garten wird außerordentlich stark besucht. Ein sehr hoher Anteil der Besucher sind amerikanische Soldaten. An einzelnen Tagen wurden bis zu 1400 Amerikaner gezählt. Der Zoo ist also eine wichtige Unterhaltungs- und Belehrstätte für die amerikanischen Truppen«, argumentiert er in einem Brief vom 12. September 1945: »Es ist sehr schwer, den noch vorhandenen Tierbestand zu ernähren ... Im IG-Hochhaus fallen erhebliche Mengen an Küchenabfällen an, die für die Ernährung sehr vieler Arten von Zootieren außerordentlich wertvoll sind.« Die Abfälle aus der Offiziersmesse werden daraufhin dem Zoo zugestanden.

Bernhard Grzimek fällt es schwer, gegenüber der hungernden Bevölkerung die Verfütterung von frischen Lebensmitteln zu rechtfertigen. »Bis 1948 haben wir deshalb das Brot und auch das Fleisch, das uns angeliefert wurde, mit Methylen-Blau bespritzt. Das ist ein unschädlicher Farbstoff. Die Leute sollten glauben, dass es verschimmelt wäre. Das war Grzimeks Idee«, erinnert sich Hellmut Neubüser, der 1946 als Pfleger im Frankfurter Zoo anfängt und später Zooinspektor wird.

Nach fünf Monaten Zoobetrieb scheint die Frage nach den Formalien von Grzimeks Anstellung endlich geklärt; das Personalamt und der neue Oberbürgermeister Kurt Blaum haben seine vorschnelle Ernennung durch Hollbach ausgiebig diskutiert. Schließlich ernennt Blaum am 1. Oktober 1945 »unter Berufung in das Beamtenverhältnis auf Lebenszeit den Regierungsrat Dr. Bernhard Grzimek zum Direktor des Zoologischen Gartens«.

Kaum ist die Urkunde ausgestellt, geht jedoch das Feilschen um das

Finanzielle los. Bernhard Grzimek schreibt der Stadtverwaltung, dass er häufig reisende Zoodirektoren, Schausteller und andere für den Zoo wichtige Persönlichkeiten zu Hause beköstige und ihnen oftmals auch Unterkunft gewähre. Nur so könne er die notwendigen Kontakte aufbauen, die beim Wiederaufbau des Zoos unentbehrlich seien. Aus seiner Privattasche könne er das jedoch nicht länger finanzieren. Die Stadt genehmigt ihm deshalb – nach etlichen Briefwechseln – zusätzlich zu seinem Nettogehalt von vierhundertfünfzig bis fünfhundert Reichsmark eine Aufwandsentschädigung von monatlich dreihundert Reichsmark. Die Bitte um Trennungsgeld für die Monate, die seine Familie noch im Allgäu war, wird dagegen abgelehnt: Grzimek sei schließlich nicht nach Frankfurt versetzt worden, sondern aus freien Stücken an den Main gekommen.

Bernhard Grzimek möchte sich zwar nicht bereichern, legt aber Wert darauf, für seine Leistungen entsprechend entlohnt zu werden, und ist auch für einen lukrativen Nebenverdienst stets aufgeschlossen, wie er selbst immer wieder in Hinblick auf seine Schriftstellerei betont. Ansonsten bemüht er sich, mit gutem Vorbild voranzugehen und aus seiner Position nicht einseitig Profit zu schlagen. »Wenn er zum Beispiel privaten Besuch im Zoo empfing, dann hat er für diese Gäste Eintritt gezahlt«, erzählt Hellmut Neubüser.

Wenn es um das Wohl seines Zoos geht, arbeitet Grzimek jedoch mit allen Tricks. Da es verboten ist, weiter als zehn Kilometer aus Frankfurt herauszufahren, lässt er sich beispielsweise für einen Tiertransport eine Sondergenehmigung der Militärregierung nach Neustadt ausschreiben. Da die Amerikaner nicht wissen, wie viele Städte dieses Namens es gibt, kann er sich somit in ganz Deutschland frei bewegen – immer auf dem Weg nach Neustadt. Auf diese Weise organisiert er für den Frankfurter Zoo unter anderem zwei Eisbären, zwei Löwen, Maultiere, Watussi-Rinder, zwei junge Braunbären und mehrere kleinere Tiere. Später schreibt er über diese und andere Taktiken: »Ich habe in meinem Leben bei Nachprüfungen des Betriebes nie Schwierigkeiten dadurch gehabt, dass ich Vorschriften sehr großzügig ausgelegt oder manchmal sogar überschritten habe, da ich nachweisen konnte, dass dies zum besten der Verwaltung oder der Allgemeinheit geschehen war.«

Einer seiner größten Coups der Anfangszeit ist die Erweiterung des

Zoogeländes. Schon seit Jahrzehnten soll der Zoo aus der Stadt hinaus verlegt werden, ebenso lange wird in die alten Gebäude wohl nicht mehr investiert. Dadurch macht der Zoo auf Bernhard Grzimek, bereits als er ihn in den Dreißigerjahren das erste Mal besucht, »den Eindruck eines altertümlichen Gitterzoos«. Auf die Verlegung jedoch will er nun, da er Zoodirektor ist, nicht länger warten. Stattdessen sieht er in den Wirren der Nachkriegszeit eine einmalige Chance, und er ergreift sie. »Nein, der Zoo musste sich ›einschleichen‹, ich musste es ausnutzen, dass schon einer da war, und musste diesen weiterentwickeln«, schreibt Grzimek rückblickend. »Die Gelegenheit war günstig – rundum standen nur noch Ruinen. So holten wir aus den städtischen Lagern Verkehrszeichen und schlossen damit zwei hinter dem Zoo angrenzende Straßen für den öffentlichen Verkehr. Das erregte weiter kein Aufsehen, Kraftwagen gab es kaum noch, und die Herren in der Stadtverwaltung waren größtenteils neu und wussten ebenso wenig Bescheid wie die Militärregierung.«

Bernhard Grzimek sperrt die Thüringer Straße vorübergehend für den öffentlichen Verkehr; auf der direkt an den Zoo anschließenden Straße lässt er eine Reihe von Schaustellergeschäften wie einen Autoskooter und eine Geisterbahn aufstellen. Sein eigenmächtiges Vorgehen begründet er in seinem Jahresbericht für das erste Halbjahr 1946 gegenüber der Stadtverwaltung damit, dass er für sie sonst keinen Platz gehabt hätte: »Diese Geschäfte wurden auf der Straße durch Packwagen, Drahtgeflechte usw. so abgeschlossen, dass ein großer Teil der Straße jetzt (zunächst vorübergehend) Bestandteil des Gartens geworden ist.«

Ende des Jahres 1945 kann Bernhard Grzimek seit sechs Jahren das erste Mal in Urlaub fahren. Zusammen mit seiner Frau reist er vom 21. Dezember 1945 bis zum 4. Januar 1946 nach Kenels, wo sich Hildegards Eltern im Häuschen der Familie auf Dauer eingerichtet haben und auch deren Enkelsöhne noch mit ihnen leben. Während Grzimek seinen älteren Sohn Rochus bereits im Sommer in Frankfurt gesehen hat, ist es das erste Wiedersehen mit seinem jüngeren Sohn Michael seit eineinhalb Jahren. Auch wenn sich die Grzimeks entscheiden, die Kinder noch bis zum Sommer 1946 im Allgäu zu lassen und abzuwarten, bis die Familie in Frankfurt eine eigene Wohnung gefunden hat, sieht Bernhard Grzimek seine Söhne jetzt wieder regelmäßig: Im April und Juni 1946 wird er auf

Dienstreisen jeweils für zwei Tage vorbeischauen, und im Mai kommt er sogar einmal für vierzehn Tage nach Kenels.

In dieser Zeit beginnt Grzimek für die *Rheinische Illustrierte* zu schreiben. »Die saßen in Kaiserslautern und hatten einen langen Vorlauf«, erinnert sich sein Sohn Rochus.

Wenn der Artikel sonntags bis 16 Uhr nicht fertig ist, sind Bernhard und Hildegard Grzimek nicht ansprechbar. »Sie rannten dann mit dem Manuskript immer noch zur Nachtleerung der Post, damit es Montagmorgen da war«, beschreibt Heinz-Georg Klös das wöchentliche Prozedere. Der angehende Veterinärstudent ist 1946 das erste Mal zu Gast bei der Familie und erinnert sich genau, wie er Bernhard Grzimek kennenlernte: »Vom Zoo Wuppertal, meinem Heimatzoo, musste ein größerer Tiertransport nach Hellabrunn, München, gemacht werden mit einem Zwischenstopp in Frankfurt. Da brauchten sie jemanden, der mitfuhr, denn ich sollte dafür sorgen, dass der Zug nicht über die französische Zone ging. Die Franzosen beschlagnahmten nämlich alles. Auf diesem Transport habe ich auch zwei Zebus in Frankfurt abgeliefert. Unterkünfte gab es damals nicht, und so hat mich Bernhard Grzimek in seine Wohnung eingeladen.«

Nachdem Klös 1947 das Studium der Tiermedizin in Gießen aufgenommen hat, wird er anfänglich alle vier Wochen, später alle vierzehn Tage an den Wochenenden nach Frankfurt fahren. »Ich musste nichts im Zoo machen, sondern habe ihn ›inspiziert‹. Das heißt, ich lief einfach so mit.« Dabei bekommt er vom Zooalltag ein gutes Bild – und auch von der Familie Grzimek. Denn er kann wieder bei ihnen wohnen und lernt nicht nur die Buchführung von Hausmädchen Sophie kennen – »Der hatte Grzimek einen Nagel durch ein Brett geschlagen, auf dem sie die Quittungen aufspießen musste« –, sondern auch die Arbeitsmethoden des Hausherrn. »In der Bibliothek in seiner Wohnung hing ein großer Zettel: ›Ich verleihe keine Bücher!‹ Er erklärte mir, dass in jedem Buch mindestens einhundert Zettel lägen und dass er nicht mehr arbeiten könne, wenn einer davon wegkäme.« Und noch etwas wird dem späteren Berliner Zoodirektor schon damals schnell klar: »Hilde war eine sehr kluge Frau. Er verdankt ihr sehr viel.«

Da Hildegard Grzimek bereits in den ersten Monaten nach der Neueröffnung des Zoos Tiertransporte geleitet hat, vertraut ihr Bernhard

Grzimek auch weiterhin solche Aufgaben an. So schreibt er in einem Brief vom 14. August 1946 an den Münchener Zoodirektor Heinz Heck: »Meine Frau war ermächtigt, wie Sie wissen, den Preis mit Ihnen auszumachen und sofort in bar zu bezahlen.« Dennoch kommt der Kauf des Guanakos nicht zustande. Denn plötzlich, so schreibt Grzimek weiter, sei der Kauf an ein weiteres Tiertauschgeschäft gekoppelt gewesen, von dem vorher nicht die Rede gewesen sei. Der Frankfurter Zoodirektor sitzt in der Klemme: Er braucht die Tiere von Heck, der allerdings deutlich am längeren Hebel sitzt. Doch nicht um jeden Preis, wie Grzimek ihm klarmacht: »Das ist nicht korrekt, und da mache ich, offen gesagt, nicht mit.«

Vorausgegangen sind bereits andere Tiertauschaktionen. Doch bei den letzten Geschäften mit Heck, so schreibt Grzimek weiter, sei er »reingefallen«. Die Tiere hätten Mängel, die ihm nicht genannt worden seien, oder seien schlichtweg nicht diejenigen, die er sich persönlich ausgesucht habe. »Ich konnte die Überschläue mancher Zooleute nicht verstehen … Den Partner reinzulegen mag sich für einen reisenden Geschäftsmann lohnen, der nie wieder in dasselbe Dorf kommt. Wenn man jedoch immer wieder durch Jahre und Jahrzehnte mit denselben Leuten zu tun hat, ist das geschäftlich sehr unklug«, schreibt Bernhard Grzimek viele Jahre später ganz allgemein in seiner Autobiographie.

In seinem Brief an Heinz Heck versucht er, noch einmal einen Schritt auf den älteren Kollegen zuzugehen. Ja, er schmeichelt ihm sogar ein wenig – und versteckt damit die indirekte Drohung, dass Heck sich besser nicht mit ihm anlegen solle: »Sie sind nun einmal uns allen als Tiergärtner überlegen, und außerdem sind Sie ein sehr guter Kaufmann. Wenn ich mit Ihnen Tauschgeschäfte mache, so rechne ich auf Ihr Wohlwollen und eine gewisse Hilfe mir gegenüber und gegenüber unserem Zoo, der ziemlich von vorne beginnen muss. Sie wissen sehr genau, dass ich mich als Frankfurter Zoo mit Ihnen nicht in Rechtsstreitigkeiten einlassen kann oder will. Aber ich hoffe, dass sich ein gewisses Vertrauensverhältnis zwischen uns bildet, das mich ermutigt … weitere Transaktionen vornehmen zu können.«

Heck reagiert empört. In einem dreiseitigen Brief kündigt er am 23. August 1946 an, mit Grzimek keine Tauschgeschäfte mehr abschließen zu wollen: »Ich weiß, es ist immer schwer, mit jemandem Geschäfte zu machen, der die praktische Erfahrung noch nicht hat ... So entsteht Misstrauen, was dann auch der unangenehm zu spüren bekommt, der mit dem besten Willen Gefälligkeiten erweist. Dies hat aber bei Ihnen eine Form angenommen, der ich mich wirklich nicht länger aussetzen kann. In einigen Jahren, wenn Sie sicherer geworden sind, wird sich das vielleicht ändern.«

Die Briefwechsel der folgenden Monate beinhalten nur noch sachliche Hinweise zu bereits angeleierten Tauschgeschäften. Wie tief der Stachel bei Heinz Heck wirklich sitzt, wird Bernhard Grzimek jedoch recht bald zu spüren bekommen. Dieses erste Kettenrasseln ist nur der Anfang.

Im Frankfurter Zoo tut sich derweil einiges: Im März 1946 gibt es einen »Faschingstrubel«, der mit mehreren verschiedenen Kapellen und einem eigens aufgebauten Tanzzelt für übermäßig viele Besucher sorgt. Am 18. April 1946 zieht außerdem der Zirkus Helene Hoppe ein. In einem Bericht an die Stadtverwaltung schreibt Grzimek: »Der Zirkus beabsichtigt, bis Ende Oktober zu bleiben, und spielt mit monatlich wechselndem Programm zehn Vorstellungen in jeder Woche, die uns viele hunderttausende voll zahlende Besucher in den Zoo bringen. Das Zirkuszelt ist zugleich, da alle Theater und Säle zerstört sind, der einzige Versammlungsraum für politische Parteien usw. in Frankfurt, der mehrere tausend Besucher fasst. Der Zirkus hat auf eine eigene Tierschau verzichtet; seine Tiere sind größtenteils in den Bestand des Gartens eingegliedert worden, sodass wir den Sommer über eine wesentlich vermehrte Tierschau haben ... und auch manche Tiere wie das Riesen-Känguru in Paaren zusammensetzen konnten.«

Für den Zoo bedeutet das einen doppelten Gewinn: an Einnahmen und (vorübergehend) auch an Tieren. Kein Wunder, dass das Gastspiel erst bis zum 1. Dezember 1946 verlängert und daran anschließend auch noch ein Vertrag für 1947 geschlossen wird. Boxveranstaltungen an jedem Sonntagvormittag und Märchenveranstaltungen an den Nachmittagen ergänzen das Programm. Zusätzlich ist in der Ruine des riesigen Zoogesellschaftshauses aus einem Nebenraum ein kleiner Saal für 275 Personen entstanden. Am 3. September 1946 eröffnet hier das Kleine Theater im Zoo. Es zählt zu den ersten (wieder)eröffneten Theatern nach dem Krieg und zeigt zur Premiere das literarische Kabarett *Die Hinterbliebe-*

nen. Dass die Besucher oft unter Regenschirmen kauern müssen, weil es von der undichten Decke heruntertropft, tut der Beliebtheit keinen Abbruch.

Mehrere Lustspiele, ein Gastspiel des Schauspielers und Kabarettisten Werner Finck und ein Gastspiel von sogenannten »Zigeunergeigern« schließen sich an. Ab Anfang Januar 1947 finden in dem Saal auch Kammerspiele unter der Leitung von Fritz Rémond statt. Rémond baut das Theater, das seit seinem Tod 1976 seinen Namen trägt, über die kommenden Jahre weiter aus. Bernhard Grzimek wirbt für alle Aktivitäten mit einem großen Gemeinschaftsplakat des Zoos und der Schausteller, unter anderem am Hauptbahnhof. »Es wurden sogar Plakate bis 150 Kilometer in die Provinz angebracht«, schreibt er stolz an die Stadtverwaltung.

Mit Robert Stausberg steht Grzimek schon früh ein Werbeleiter zur Seite, und gemeinsam prägen sie den Werbeslogan *Der Zoo – eine Welt für sich.* An den Straßenbahnknotenpunkten hängt der Zoo zusätzlich große Schaukästen auf, in denen in dreitägigem Wechsel mit handgemalten Bild- und Schriftplakaten alles Neue aus dem Zoo berichtet wird. Aus Mangel an Glas sind sie durch ein Gittergeflecht gesichert. Später halten auch von Grzimek selbst aufgenommene Fotos die Frankfurter über neu eingetroffene Tiere, Geburten und Sonderveranstaltungen auf dem Laufenden.

Die Besucherzahlen sprechen für Grzimeks Taktik: Während im ersten Halbjahr 1946 mehr als 800 000 Besucher in den Zoo strömen, sind es im zweiten Halbjahr sogar gut 1,1 Millionen Personen. Somit hat der Zoo 1946 insgesamt knapp zwei Millionen zahlende Besucher, und das bei einer Einwohnerzahl Frankfurts von 430 000. »Damit dürfte der Zoologische Garten Frankfurt augenblicklich der meistbesuchte Platz der westlichen Zone sein«, verkündet Grzimek stolz in seinem Jahresbericht.

Während der Zustrom anfänglich wohl weniger auf den Tierbestand als auf die übrigen Attraktionen zurückzuführen ist, arbeiten Bernhard Grzimek und seine Mitarbeiter mit Hochdruck an der Wiederherstellung und Belebung der Gehege. So können sie schon 1946 die Schweine- und Wolfsanlagen wieder errichten. Da sie die Materialien dafür größtenteils aus den Trümmern des Zoos gewinnen, ist dieser auch einer der ersten trümmerfreien Plätze in Frankfurt. Auch sonst hat das Organisieren von möglichst kostenfreiem Material für Bernhard Grzimek höchste Priorität: »Mit sportlichem Eifer«, so ist es in der Chronik *100jähriger Zoo* von 1958 zu lesen, »schleppten die Zooleute bei Tag und Nacht mit allerlei Fahrzeugen alte Eisenträger, Gitter, Ziegel, Balken in den Tiergarten.«

Aus den ausgebrannten Ruinen der Häuserblocks rund um den Zoo, die von der Stadtverwaltung abgerissen werden, kommen so in Nacht- und Nebelaktionen sogar Eisenträger für die neue Decke des zweiten Saals im Haus der Zoogesellschaft zusammen. »Schließlich blieben diese Stoffe ja auch bei uns im städtischen Besitz«, schreibt Grzimek später darüber. Eine dieser Hamsterfahrten endet für ihn jedoch fast im Gefängnis. Als er von seinen Leuten mehrere Lastwagenladungen Absperrgitter aus einem angeblich aufgegebenen amerikanischen Lager abholen lässt, stehen zwei Tage später zwei amerikanische Offiziere vor ihm. Sie fordern die Gitter umgehend zurück und drohen Bernhard Grzimek mit Haft. Erst als dieser hintenherum erfährt, dass die beiden die Gitter bereits auf dem Schwarzmarkt angeboten haben, erklärt er ihnen selbstsicher, dass die meisten Zoobesucher Amerikaner seien und er deshalb eine Schenkung des Baumaterials geradezu erwarte. Die Offiziere geben nach.

Jede Hand, die mit anpackt, ist willkommen. Doch schon bald muss Bernhard Grzimek feststellen, dass nicht jeder zum Tierpfleger taugt. Er setzt sich deshalb bei der Stadt für bessere Löhne ein. »Die Tierpflege wurde wesentlich dadurch erleichtert, dass das Personalamt der Stadt nunmehr einer Forderung des Gartens zustimmte und die Bezahlung der Tierwärter als gelernte Arbeiter mit Gefahrenzulage usw. gestattete, während sie bisher als ungelernte Arbeiter eingestellt waren. Auf diese Weise konnte manch tüchtige Kraft gehalten und gewonnen werden«, schreibt er später in einem Jahresbericht.

»Anfänglich dachte er, dass Schweinehirten als Tierpfleger reichten – dann hatte er es nicht so schwer. Später hat er aber die Entwicklung eingesehen und brauchte Experten«, erklärt Hellmut Neubüser die Wandlung. Als 18-Jähriger beginnt er am 4. Juli 1946 seinen Dienst im Zoo. »Als Junghilfsarbeiter mit zweiundsiebzig Pfennig Stundenlohn, davon zwölf Pfennig Gefahrenzulage – das war mehr, als wir ausgeben konnten. Die Tierpfleger werden wahrscheinlich zweiundneunzig Pfennig gehabt haben.« Die Regelarbeitszeit beträgt damals achtundvierzig Wochen-

140

stunden, doch vierundfünfzig bis sechzig Stunden tatsächlich geleistete Arbeit sind in den ersten Jahren nach dem Krieg keine Seltenheit.

Grzimek weiß die Arbeit seiner Mitarbeiter zu schätzen. Und auch wenn er nicht gerade für Lobeshymnen bekannt ist, zollt er ihnen auf seine Art und Weise Anerkennung. »Grzimek und Dr. Müller, der Zoodirektor in Wuppertal, haben sich dafür eingesetzt, dass der Beruf des Tierpflegers ein anerkannter Lehrberuf wurde«, erinnert sich Neubüser. Nach Angaben von Carsten Knott, Sprecher des deutschen Berufsverbandes der Zootierpfleger, wurde der Beruf des Zootierpflegers 1950 in Westdeutschland als Lehrberuf anerkannt. »Anfangs unterrichteten im Frankfurter Zoo Inspektor Dr. Lederer und Grzimek. 1954 habe ich dann die Ausbildung übernommen«, sagt Hellmut Neubüser. Grzimek selbst nennt in *Auf den Mensch gekommen* jedoch ganz freimütig auch eigennützige Motive für die Ausbildung: »Dabei muss ich ehrlich gestehen, dass ich dies gar nicht so sehr wegen der Tierpfleger tat, sondern dabei vor allem an den Betrieb dachte. Augenblicklich bekam man so kurz nach dem Krieg, wo so viele Soldaten heimkehrten, noch Arbeitskräfte. Ich war aber lange genug landwirtschaftlicher Betriebsleiter ... um zu wissen, dass das wohl in einigen Jahren nicht mehr so sein würde.«

Im Sommer 1946, noch bevor Rochus und Michael Grzimek nach Frankfurt zurückkommen, zieht die Familie von der Jügelstraße in die Nähe des Zoos. In der neuen Dreizimmer-Hochparterrewohnung in der Friedberger Anlage 16 hat vorher die Sekretärin des Stadtkommandanten gewohnt. Nur dadurch war Bernhard Grzimek an die Wohnung gekommen, sagt sein Sohn Rochus. »Ursprünglich war es einmal eine Acht- oder Neunzimmerwohnung, die irgendwann einmal geteilt worden war. Wir hatten drei Zimmer und den Wintergarten, der zur Küche umfunktioniert worden war. Michael und ich hatten ein Zimmer zusammen, in das auch alle Gäste einquartiert wurden. Das Dienstmädchen Sophie schlief auf einem zusammenklappbaren amerikanischen Feldbett im Wintergarten. Später bekamen wir noch eine Mansarde oben im Haus, wo das Mädchen dann hinzog«, erinnert er sich.

Die Fußbodendielen der Wohnung sind so durchgefault und durchgewölbt, dass die Familie sich nach einiger Zeit nicht mehr traut, zu viert am Tisch zu sitzen. Rochus Grzimek erklärt: »Wir wussten nie, wann wir in die Souterrain-Wohnung unter uns durchbrechen würden.«

Trotz aller Mängel der Wohnung zählt anfangs allein die unmittelbare Nähe zum Zoo, denn noch kann die Stadt Grzimek keine adäquate Dienstwohnung zur Verfügung stellen. Und wie zuvor werden immer wieder besondere Schützlinge in Hildegard Grzimeks Obhut gebracht, die im Zoo noch nicht wieder richtig versorgt werden können. So zieht als Erstes das drei Tage alte Pavianbaby Sannchen bei den Grzimeks ein. Da es vom eigenen Vater seit der Geburt malträtiert wurde, muss Hildegard Grzimek dem Affenkind anfänglich alle zwanzig bis dreißig Minuten Kamillenumschläge um das kleine Gesicht legen. Erst nach dem Abklingen der Schwellungen kann sie dem kleinen Wesen mit der Pipette Milch einflößen. Es erholt sich zusehends und findet in der Zwergdackelhündin Nikki schnell einen tierischen Freund. Eines Sonntags steht dann plötzlich eine alte Dame mit einer großen Tasche vor der Tür. Darin sitzt Theodor, ein ausgewachsener Feldhase. Er sei ihr einfach zu groß geworden, erklärt sie, und wo könne er es besser haben als bei einem Zoodirektor? Nur will sie auf keinen Fall, dass das Tier in den Zoo kommt – er sei doch nur unter Menschen aufgewachsen. Schon bald steht die Wohnung in Frankfurt dem Haus der Familie in Berlin-Johannisthal in Sachen Tiervielfalt in nichts nach.

Das zweite Halbjahr 1946 steht im Zeichen der Wahlen. Im August 1946 unterliegt Kurt Blaum bei den Oberbürgermeisterwahlen dem Kandidaten der SPD, Walter Kolb. Dieser wird der dritte Oberbürgermeister in Bernhard Grzimeks kurzer Amtszeit. Er »war recht interessiert am Tiergarten und kam des Öfteren zu Einweihungen neuer Gehege oder zu Namensgebungen von neugeborenen Tieren zu uns«, schreibt Grzimek Jahre später. »Ich habe ihn als Oberbürgermeister sehr geschätzt.«
    Als dann im Herbst 1946 die großen Wahlveranstaltungen der Parteien für die erste Wahl zum Hessischen Landtag abgehalten werden, finden diese im Zoo statt. Denn außer dem Zirkuszelt gibt es immer noch keinen anderen Versammlungsraum in Frankfurt, der mehrere Tausend Besucher fasst.
    In all diesem Trubel kommt eines Tages ein kleiner Junge zu Tierpfleger Hellmut Neubüser und bringt ihm einige Vögel, Grünfinken. »Die hätte er gefangen. Ich habe sie dann für ihn an den Zoohändler am Ostbahnhof verkauft.«

Als Nächstes kommt der Junge mit einem Kernbeißer. »Den sollte er hier abgeben, sagte er. ›Und wenn mein Vater kommt, dann sagen Sie ihm, dass Sie ihn haben fliegen lassen, weil er in Ordnung war.‹ ›Wer ist denn dein Vater?‹ ›Der Direktor!‹«

Der geschäftstüchtige Zwölfjährige ist Michael Grzimek. Zwischen ihm und dem sechs Jahre älteren Hellmut Neubüser entwickelt sich eine Freundschaft. »Michael kam oft nach der Schule in den Zoo und hat mir geholfen. Danach sind wir dann gern ins Kino gegangen«, erzählt Neubüser, der als junger Tierpfleger oft bei den Grzimeks zu Mittag isst. »Hildegard war beinah wie eine zweite Mutter zu mir. Ich habe das der Familie hoch angerechnet.«

Für ihn sind die Grzimeks eine »absolut intakte Familie«. Von Hildegard Grzimeks Alkoholproblemen oder etwaigen Eheproblemen merkt er nichts. Sogar Bernhard Grzimek ist »väterlich« zu ihm gewesen, erinnert sich Neubüser – »auch wenn er Familie und Dienst sonst immer strikt getrennt hat. Im Dienst sagte er deshalb auch ›Herr Neubüser‹, und zu Hause sagte er ›Hellmut, Sie‹.« Wie sehr Grzimek in seinen Gedanken versunken sein kann, erlebt Neubüser bei einer anderen Gelegenheit: »Dabei haben wir nebeneinander am Tisch gesessen, und später, nach dem Aufstehen, guckt er mich plötzlich an und sagt zu mir: ›Ach Hellmut, sind Sie auch schon da?‹«

Das Jahr 1947 beginnt mit einer extremen Kältewelle, in deren Verlauf Temperaturen von bis zu 20 Grad unter null gemessen werden. Auch der Zoo ist betroffen. »Eine der ersten Operationen meines Mannes war eine Fremdkörperoperation an einem Zebu im Außengehege bei minus zehn Grad«, erinnert sich Annemarie Klöppel, Ehefrau des Tierarztes Günter Klöppel, eines ehemaligen Veterinäroffiziers, der Ende 1946 seinen Dienst nebenberuflich im Zoo angetreten hatte.

Grzimek und der zehn Jahre jüngere Klöppel verstehen sich von Anfang an – auch, oder vielleicht gerade weil sich Bernhard Grzimek komplett aus der Tiermedizin heraushält, wie Annemarie Klöppel sagt: »Am Anfang ist mein Mann immer noch zu ihm hin und hat gefragt: ›Was meinen Sie denn dazu, Sie sind doch auch vom Fach?‹ Aber Grzimek hat immer nur gesagt: ›Nein, das ist Ihre Sache, das machen Sie.‹ Es wäre meinem Mann oft lieb gewesen, wenn er eine zweite Meinung gehabt hätte.« Doch dazu fehlt Grzimek zum einen die praktische Erfahrung, zum anderen ist er ein Verfechter der klaren Aufgabenverteilung. Wenn er ein Thema an jemanden abgibt, so vertraut er dieser Person blind und mischt sich nicht mehr ein. Bei Operationen guckt er jedoch manchmal aus Interesse zu, erinnert sich Annemarie Klöppel: »Einmal haben wir sogar abends seinen Geparden bei ihm zu Hause auf dem Küchentisch notoperiert – das Tier hatte einen Tennisball verschluckt.«

Grzimek hat außerdem das Talent zu erkennen, wer ihm nützlich sein kann. »Einmal hat er einen Oberwärter eingestellt, der vorher Türsteher war. Das hat alle schrecklich empört. Doch Grzimek hat nur gesagt: ›Lasst mal, der hat Verbindungen zu den dollsten Leuten. Der kann Dinge beschaffen, an die ich nie drankäme‹«, erzählt Annemarie Klöppel. So einfach kann Grzimek seine Belegschaft allerdings nicht überzeugen. Im Gegenteil: Einige bringt er so erst recht gegen den Oberwärter auf – und gegen sich selbst. »Es kam deshalb zu einer Personalversammlung«, erinnert sich Hellmut Neubüser. »Die fand im notdürftig hergestellten Theater statt, im Frühjahr 1947. Bei dieser Verschwörung war ich nicht eingeweiht. Aber einige, die zu Grzimek hielten, hatten vom Militär aus heimlich eine Tonverbindung in Grzimeks Wohnung gelegt, sodass er alles mithören konnte.«

Einige der Angestellten hätten sich von Grzimek wie von einem Gutsherrn kommandiert gefühlt, berichtet Neubüser weiter: »So hatte er zum Beispiel angeordnet, dass alle Arbeiten bis zehn Uhr morgens erledigt sein sollten. Das ließ sich gar nicht in allen Revieren durchsetzen, weil in einigen erst gefüttert werden musste … Andere beschwerten sich, dass er so auf Äußerlichkeiten achtete – wir sollten zum Beispiel immer Muster mit dem Besen in den Kies ziehen. Und die Wände sollten stets frisch gestrichen sein.«

Grzimek ist so klug, nicht auf die Versammlung zu reagieren. Offiziell weiß er ja auch von nichts. So verläuft die Sache vorerst im Sande, denn auch die Protestbriefe, die einige Pfleger an die Stadtverwaltung schreiben wollen, werden nie abgeschickt.

Im Theatersaal des Zoos residiert zu dieser Zeit tagsüber das Kino im Zoo, das zweimal täglich Tonfilme zeigt. Zuerst läuft der amerikanische Film *Tropische Abenteuer* über Tierfänge in Afrika und Indien. Abends schafft Theaterdirektor Rémond trotz des zusammengeschusterten Saals glanzvolle Premieren. Was in der NS-Zeit unterdrückt und verboten war, füllt nun den Spielplan: Werke von Carl Zuckmayer, Somerset Maugham, George Bernhard Shaw oder Jean Giraudoux. Dazu gelingt es Rémond, Schauspieler wie Martin Held, Inge Meysel, Curd Jürgens und Karlheinz Böhm zu verpflichten. Sie spielen ebenso im Theater im Zoo wie Heinz Rühmann oder Hilde Krahl. Zu den Talenten, die Rémond entdeckt und fördert, zählt Louise Martini ebenso wie Boy Gobert und auch Hans-Joachim Kulenkampff. Von Letzterem, der ganz am Anfang bei einem der Kinderfeste des Zoos auftritt, erzählt Grzimek später gerne, dass dieser die Karriere »bei ihm« gestartet habe. »Tatsächlich saßen auch Leute wie Theo Lingen oder Zarah Leander bei uns in der Wohnung und verhandelten mit Rémond über ihre Auftritte im Theater«, erzählt Rochus Grzimek.

Ihre Gagen müssen sich die Schauspieler anfangs an der Tageskasse des Zoos abholen. Zwischen Fritz Rémond und Bernhard Grzimek, so sagt dessen Sohn, existiert eine Hassliebe: »Beide konnten gleichermaßen Geschichten reißen. Rémond war ein geborener Komödiant.« Auch Bernhard Grzimek weiß Zuhörer in seinen Bann zu ziehen. Die angeborene Abneigung gegen größere Menschenansammlungen und die Zerstreutheit verschwinden, sobald er seinen Kreis gefunden hat. Dann ist er ein redegewandter Alleinunterhalter, den man kaum stoppen kann und der beleidigt reagiert, wenn man ihn unterbricht. Fritz Rémond verschlägt er mit seiner entwaffnenden Ehrlichkeit die Sprache, wie sich Rochus Grzimek erinnert: »Während eines Streites über die Pacht für den Theatersaal sagte Rémond wütend zu meinem Vater, er würde an die Presse geben, dass er ein Kulturbanause sei. Da antwortete mein Vater ihm: ›Das können Sie gerne machen. Ich verstehe von Kunst und Theater gar nichts.‹ Rémond ist sprachlos weggegangen.«

Heinz Heck dagegen lässt sich von Grzimek nicht so schnell aus dem Konzept bringen. Der Tonfall in der Korrespondenz zwischen den beiden Zoodirektoren verschärft sich. Nach einem Austausch von Wisenten mit vielen Pannen und Missverständnissen schreibt Heck am 24. Januar 1947 an Grzimek: »Wieder einmal möchten Sie scheinbar mir gegenüber solche Geschäftspraktiken anwenden, wie sie vielleicht in Jahrmarktsbetrieben üblich sind.«

Damit zeigt er deutlich, was er von den Schaustellerbetrieben im

Frankfurter Zoo und damit von Grzimeks Konzept hält. Grzimek lenkt, wie bereits vorher mehrfach, auch in seinem Antwortschreiben vom 3. Februar 1947 ein, ohne sich jedoch für irgendetwas zu rechtfertigen oder zu entschuldigen: »Ich möchte doch anregen, aus unserem Schriftwechsel Beschimpfungen und Beleidigungen herauszulassen. Ich finde es für beide Teile viel erfreulicher, wenn man in netter Form miteinander verkehrt, auch wenn man mal verschiedener Ansicht ist, was sich ja wohl nie ganz vermeiden lassen wird.«

Dass an Heinz Hecks Meinung über ihn schon lange nichts mehr zu retten ist, ahnt Grzimek auch jetzt noch nicht. Stattdessen gießt er unwissentlich sogar noch einmal Öl ins Feuer, als er die von den Niederlanden ausgehende Neugründung des Internationalen Verbandes von Zoodircktoren begrüßt. Heck jedoch legt allen deutschen Zoodirektoren nahe, den 1887 gegründeten Verband Deutscher Zoodirektoren (VDZ) wiederaufleben zu lassen. Als der Internationale Verband Kontakt zu einigen deutschen Zoodirektoren aufnimmt, versucht Heck das zu verhindern, wie Grzimek später schreibt: »Als Heinz Heck erklärte, niemand von uns dürfe fahren, wenn nicht alle zugleich eingeladen würden, wandte ich ein, dass ich mir von einem Verein nicht vorschreiben lassen würde, wohin ich reise.«

Von einem Verein nicht, und auch nicht von Heck als dienstältestem Zoodirektor, der Respekt, wenn nicht sogar eine gewisse Unterwerfung erwartet. Bernhard Grzimek fühlt sich im Recht. Der Frankfurter Zoo wächst und gedeiht unter seiner Führung. Auch wenn 1947 eine Dürre die Futterbeschaffung erneut erschwert, kann die Ernährungslage der Tiere so sehr verbessert werden, dass wieder Jungtiere geboren werden. Anfang November 1947 trifft außerdem aus Afrika ein Pärchen Sphinx-Paviane ein – eine Sensation. »Der Frankfurter Zoo hat somit die ersten Tierimporte, die nach dem Krieg wieder bewerkstelligt worden sind, für sich gesichert«, berichtet Bernhard Grzimek stolz in einem Brief an den Bürgermeister.

Das Wetteifern der Zoologischen Gärten, eine Tierart als Erster zu zeigen oder als Erster gezüchtet zu haben, wird Grzimek in den späteren Jahren mit Begeisterung betreiben. Er weiß, dass er den Zoobesuchern stets etwas Neues, etwas Besonderes bieten muss, um sie immer und immer wieder anzulocken. Dennoch kommt er im Sommer 1947 an einigen

Sonntagen nicht darum herum, über den Rundfunk vom Zoobesuch abraten zu lassen: Das Gelände ist einfach komplett überfüllt; 1947 kommen insgesamt 2,1 Millionen Besucher. Umso mehr freut sich Bernhard Grzimek, dass sich die Frankfurter Stadtverordneten entschlossen haben, dem Zoo zwei angrenzende Ruinenviertel zuzusprechen. Wenig später wird diese Entscheidung jedoch wieder aufgehoben und eine Wohnbebauung beschlossen.

Auch für das eigene Gelände werden Entscheidungen getroffen und wieder rückgängig gemacht. Zirkusdirektor Oskar Hoppe, der den Zirkus seiner Frau Helene Hoppe im Zoo leitet, möchte dort einen festen Zirkusbau aus Beton errichten lassen. Bei der Stadtverwaltung hat er den Antrag schon fast durch, wie Bernhard Grzimek später schreibt. Und obwohl der Zirkus entscheidend dazu beigetragen hat, in den ersten beiden Nachkriegsjahren Besucher anzulocken, gefällt die Idee dem Zoodirektor ganz und gar nicht: »Einmal waren mir die Vergnügungsgeschäfte nur ein Mittel gewesen, um das Geld für den Wiederaufbau zu verdienen und den Zoo bekannt zu machen, solange wir noch nicht wieder genug Tiere und Gebäude hatten.«

Auf der anderen Seite fürchtet Grzimek, dass dieser Bau nie wieder aus dem Zoo entfernt werden kann. Und dass direkt daneben sicherlich nicht das große alte Haus der Zoogesellschaft wiedererrichtet würde, wie Grzimek es anstrebt. Deshalb arbeitet er mit aller Macht gegen das Vorhaben. Es gelingt ihm, dass die Stadtverordneten stattdessen seinem neuen Vorschlag zustimmen: Anstelle von Hoppe wird der Zirkusbesitzer Franz Althoff einen noch größeren, aber zerlegbaren Holzbau mit Stahlskelett errichten. Dieser Zirkusbau, der im Winter 1947/48 seinen Spielbetrieb mit Platz für mehr als 3000 Besucher aufnimmt, wird bis zu seinem Abbau 1956 jedoch keine einzige Zirkusvorführung zeigen. Stattdessen finden hier Opern- und Operettenaufführungen, Konzerte, Gottesdienste und politische Kundgebungen statt, die – wie schon zuvor der Zirkus Hoppe – Besucherströme in den Zoo locken.

Natürlich macht er sich Zirkusdirektor Oskar Hoppe damit »zum Todfeind«, wie Grzimek selbst später bemerkt. Und das in einer Zeit, in der er Feinde am allerwenigsten brauchen kann, wie sich bald zeigen soll: Im November 1947 erhebt die amerikanische Militärregierung Anklage gegen Bernhard Grzimek und wirft ihm vor, in einem Fragebogen seine

Parteizugehörigkeit verschwiegen zu haben. In der Dokumentenzentrale der Militärregierung in Berlin ist nämlich eine Karteikarte über ihn aufgetaucht, die auf eine Mitgliedschaft schließen lässt.

Grzimek sieht sich – nach zweieinhalb Jahren, in denen alles zu seinen Gunsten gelaufen ist – plötzlich mit seiner Vergangenheit konfrontiert. Und noch bevor das Urteil gesprochen ist, bekommt er die ersten Konsequenzen zu spüren. Das *Börsenblatt für den Deutschen Buchhandel* meldet in Ausgabe 22 / 1947: »Die Militärregierung warnt alle Buch- und Zeitschriftenverleger vor dem Schriftsteller Bernhard Grzimek aus Frankfurt / Main, der wegen Fragebogenfälschung (Verschweigen seiner Parteizugehörigkeit) unter Anklage gestellt worden ist. Ein von Grzimek verfasstes Werk ist in einem württembergischen-badischen Verlagshaus herausgebracht worden, eine Anzahl Zeitungen in der US-Zone veröffentlichen Artikel aus seiner Feder. Es steht zu vermuten, dass Grzimek versuchen wird, weitere Schriften in die Öffentlichkeit gelangen zu lassen.« Die Stadt Frankfurt suspendiert ihn vorübergehend von seinem Amt.

Stürzt Bernhard Grzimek doch über seine Parteizugehörigkeit, die seinem Vorgänger die Rückkehr als Zoodirektor verbaut hatte?

Er bestreitet die Vorwürfe, denn es ist davon auszugehen, dass ihm damals bewusst ist, dass eine Verurteilung den Verlust seiner bisherigen Position bedeuten würde und dass er wahrscheinlich auch nie wieder in eine ähnliche Position käme – sitzt doch der Groll gegen seine »feindliche« Übernahme der Stelle Steinbachers in vielen alten Kollegen tief. Auch als Autor und im öffentlichen wie universitären Dienst würde er zumindest für die nächsten Jahre nicht akzeptiert. Bliebe eine Tätigkeit als Tierarzt. Doch das ist nicht das, was Bernhard Grzimek sich für sein Leben vorstellt. Wie eine Abschrift der Spruchkammer vom 23. März 1948 bezeugt, erklärt er daher eidesstattlich, »niemals Kenntnis gehabt zu haben, dass er als Parteimitglied oder auch nur Parteianwärter in irgendwelchen Listen geführt wurde«.

Vorerst sieht es so aus, als solle er mit einem blauen Auge davonkommen. Zwar verurteilt ihn am 10. Dezember 1947 das Mittlere Militärgericht in Frankfurt am Main, doch nur wegen angeblicher Fragebogenfälschung. Bernhard Grzimek muss eine Geldstrafe von 5000 Reichsmark zahlen und erhält einen Eintrag im Zentralen Strafregister. Das Personalamt der Stadt Frankfurt stellt daraufhin am 12. Dezember 1947 einen Antrag auf Weiterbeschäftigung Grzimeks. Im Schreiben an den Minister für politische Befreiung im Hessischen Staatsministerium heißt es unter anderem: »Wie aus … eidesstattlichen Erklärungen von neutralen Zeugen hervorgeht, hat sich Dr. Grzimek niemals im nationalsozialistischen Sinne betätigt und ist in keiner Form hervorgetreten. Dieser Umstand wurde auch von dem Mittleren Militärgericht bei der Strafbemessung in Erwägung gezogen und der Umstand, dass er sich im antifaschistischen Sinne betätigt und während der Nazizeit wiederholt Nachteile erlitten hat, gewürdigt. Die Bestrafung erfolgte lediglich aus formalen Gründen. Auf Grund des anständigen Charakters und der tadelfreien Gesinnung des Dr. Grzimek hat das Militärgericht nur eine Geldstrafe verhängt, um den Betroffenen in der Fortführung seines Berufes nicht zu behindern. … Der Aufbau dieser ganzen Anlage und die Anschaffung und Betreuung der wertvollen Raub- und sonstigen Tiere erfordert eine tatkräftige und umsichtige Führerperson, die zurzeit durch niemanden anderes ersetzt werden kann.«

Die Stadtverwaltung stellt sich somit hinter Grzimek. Entsprechend groß ist bei allen Beteiligten die Erleichterung, als nur drei Tage später, am 15. Dezember 1947, die »vorläufige Genehmigung zur Weiterbeschäftigung nach Art. 60 des Gesetzes zur Befreiung von Nationalsozialismus und Militarismus vom 5. März 1946« ausgestellt wird. Bernhard Grzimek kommt wieder ins Amt.

Doch kaum ist diese Nachricht durchgesickert, geschehen im Zoo merkwürdige Dinge: Am 14. Dezember 1947 erkrankt ein Elefant schwer, ein Zebra stirbt am selben Tag. Das ist durchaus noch nichts Ungewöhnliches. Wie üblich und ohne Eile lässt Bernhard Grzimek die Kadaver zur Untersuchung der Todesursache ins Staatliche Veterinäruntersuchungsamt schicken. Auch als ihm zwei Wochen später ein Pfleger des Vogelhauses atemlos den Tod von einundzwanzig Fasanen, drei Rebhühnern und sechs Enten berichtet, glaubt Grzimek zuerst noch an eine Seuche. Jetzt lässt er allerdings auch das Futter untersuchen, und nach wochenlangen Analysen findet das Staatliche Chemische Untersuchungsamt die Ursache der Todesfälle: Die Tiere wurden mit Natriumfluorid vergiftet.

Bernhard Grzimek ist verblüfft. »Natriumfluorid war mir als Tierarzt eigentlich nicht als Gift bekannt«, schreibt er später über die Vorfälle. Er liest im Lexikon nach, dass das »in Wasser wenig lösliche Pulver ... zur Konservierung von Holz und im Gärungsgewerbe verwandt wird. Außerdem sollte es in Pulver- oder Salbenform oder als Bad auch Federlinge bei Vögeln abtöten.«

Bevor die genauen Ergebnisse vorliegen, gehen die Tiermorde weiter. Am 1. Januar 1948 melden Tierpfleger einen toten Hyazinth-Ara, einen Kranich und fünf Nutrias. Vier Tage später verendet ein Rehbock.

Der nächste Schock lässt nicht lange auf sich warten: Am 8. Januar 1948 teilt die Stadtkanzlei Oberbürgermeister Kolb in einem Schreiben mit, dass Bernhard Grzimek doch nicht im Dienst der Stadt Frankfurt bleiben kann: »Dr. Grzimek ist nicht beschäftigungswürdig gemäß Artikel 58 des Befreiungsgesetzes, da es sich erwiesen hat, dass er Mitglied der Nazipartei vom 1. Mai 1937 war. Er ist noch nicht durch die Spruchkammer gegangen und wurde wegen Fragebogenfälschung von einem Militärgericht verurteilt. Sowohl Dr. Grzimek wie auch die Stadtverwaltung haben sich durch die Beschäftigung eines ... Beschäftigungsunwürdigen ... strafbar gemacht.«

Oberbürgermeister Kolb bleibt nichts anderes übrig, als am 10. Januar 1948 ein förmliches Dienststrafverfahren gegen Bernhard Grzimek einzuleiten. An das Personalamt in Wiesbaden schreibt er: »Die Fragebogenfälschung des Herrn Grzimek muss angesichts seiner Stellung als leitender Beamter der Stadtverwaltung als ein Vertrauensmissbrauch angesehen werden, der eine weitere Verbindung des Genannten mit der Stadtverwaltung unmöglich macht. Wir beantragen daher ... die Einleitung des förmlichen Dienststrafverfahrens mit dem Ziel der Entfernung aus dem Dienst.«

Grzimek erhält parallel die Nachricht, dass Kolb sich gezwungen sieht, ihn »mit sofortiger Wirkung aus dem städtischen Dienst zu entlassen. Irgendwelche Gehalts- oder sonstigen Bezüge dürfen nicht mehr gezahlt werden.« Sein Dienstausweis wird eingezogen.

Bernhard Grzimek bewahrt Haltung und leitet von der Wohnung in der Friedberger Anlage die Geschäfte des Zoos »bis zu einem gewissen Grad« weiter, wie er später selbst schreibt: »Viele Beamte und Angestellte der Stadt, die dringend benötigt waren, taten das damals in ähnlicher Form bis zu ihrer Entnazifizierung.« So trägt auch ein Brief des Zoologischen Gartens an den Oberbürgermeister vom 12. Januar 1948 bereits die Unterschrift »i. A. A. Seitz«, also die Signatur von Grzimeks erstem wissenschaftlichen Assistenten. Nur das interne Namenskürzel »X« unter dem Datum verrät Grzimek als eigentlichen Urheber der Zeilen.

In Zoo- und Zoologenkreisen spricht sich die Suspendierung Grzimeks schnell herum. Der Münchener Tierparkdirektor Heinz Heck findet, wenig überraschend, in einem Brief an seinen Wuppertaler Kollegen Martin Schlott klare Worte – und spricht bereits von der Zukunft des Frankfurter Zoos unter einem Nachfolger Grzimeks: »Es ist ... wahrscheinlich, dass er trotz bester Beziehungen nicht wieder nach Frankfurt kommen wird. ... Wenn das so ist, dass er nicht wieder kommt, dann wäre es zu begrüßen, wenn die Stadt Frankfurt die Gelegenheit benutzen würde, den ganzen Rummelplatz auf das Messegelände zu verlegen und aus Frankfurt wieder einen Zoologischen Garten zu machen, wofür sehr viele Frankfurter Stimmung machen.«

Auch die Verhaltensforscher Otto Koehler und Konrad Lorenz tauschen sich im März 1948 in Briefen über Grzimeks Prozess aus, verurteilen den Kollegen dabei jedoch nicht. Lorenz war selbst NSDAP-Mitglied gewesen, auch wenn er das abstreitet, und ist im Frühjahr 1948 gerade um seine Rehabilitierung bemüht. Otto Koehler, der als Direktor des Zoologischen Institutes und Museums der Universität Königsberg und Beirat in der Deutschen Gesellschaft für Tierpsychologie seinerzeit bei Generaloberstabsveterinär Kurt Schulze ein gutes Zeugnis über Bernhard Grzimek abgegeben hatte, steht ihm auch in diesen Tagen zur Seite. Er bescheinigt Grzimek für dessen Entnazifizierungsprozess, dass dieser »den nichtarischen weltbekannten Zoologie-Professor von Frisch vor der Absetzung bewahrt hat«, wie es in der Abschrift der Sitzung vom 23. März 1948 der Spruchkammer Frankfurt am Main steht.

Tatsächlich hatte sich Otto Koehler Anfang 1941 Hilfe suchend an Bernhard Grzimek gewandt, als der in Wien geborene Karl von Frisch, damals Leiter des Zoologischen Institutes der Münchener Universität, vom Bayerischen Staatsministerium als »Mischling zweiten Grades« in den Ruhestand versetzt werden sollte. Koehler baute auf Grzimeks gute Ministeriumskontakte. Und dieser schrieb damals in der Tat »mit dem Briefbogen des Ernährungsministeriums in dieser Sache ans Kultusministerium«, um deutlich zu machen, dass Karl von Frischs Forschung an Bienen extrem wichtig für die Landwirtschaft sei – zum Beispiel, »um die Honigerträge zu erhöhen und die deutsche Ernährungslage zu verbessern«. Die Entlassung des späteren Nobelpreisträgers wurde daraufhin bis nach Kriegsende zurückgestellt.

Doch Otto Koehler ist nicht der Einzige, der für Bernhard Grzimek aussagt. Der suspendierte Zoodirektor nutzt vielmehr zu seiner Entlastung alle erdenklichen Kontakte und legt »eine größere Anzahl von durchaus glaubhaft wirkenden Erklärungen dritter Personen« vor, wie in der Abschrift vermerkt ist. Zum Beispiel bescheinigt seine erste Sekretärin im Ministerium, Eugenie Immenkamp, dass Grzimek, »weil er nicht der nationalsozialistischen Partei angehörte, sofort bei Kriegsbeginn als Einziger von seiner Abteilung zur Front eingezogen« wurde. Der Fahrer, der Bernhard Grzimek, seiner Geliebten und der gemeinsamen Tochter bei der Flucht aus Berlin geholfen hat, bezeugt, dass Grzimek »Juden monatelang versteckt und mit Essen versorgt« habe, und Wilhelm Hollbach sagt aus, dass Grzimek »die Beteiligung als Schriftsteller bei nationalsozialistischen Zeitungen, trotz Drohungen und glänzenden Angeboten abgelehnt« habe. Auch die Bescheinigung der Lippischen Regierung über Grzimeks Verbindung zur Sozialdemokratischen Partei kommt erneut zum Tragen.

Dennoch bleibt die Angst. Tief im Innersten scheint Bernhard Grzimek zu fürchten, dass all die Zeugen nichts ausrichten können, wenn die Spruchkammer auf die entscheidenden Beweise für seine Parteimitgliedschaft stößt. Nur so ist jedenfalls zu erklären, warum er am 17. Februar 1948, mehr als einen Monat vor der Entscheidung der Spruchkammer, an den Schweinfurter Oberbürgermeister Ignaz Schön schreibt, um sich als Pächter des Schweinfurter Tiergartens zu bewerben. Grzimek macht in seinem Schreiben keinen Hehl daraus, dass er gerade ein Spruchkammerverfahren durchläuft. Allerdings betont er auch, dass sich die Fraktionen der SPD und CDU sowie die Stadtverwaltung »sehr nachdrücklich für die Beschleunigung des Verfahrens« einsetzen und den Direktorenposten des Frankfurter Zoos unbesetzt lassen.

Unter der Maßgabe, die ganze Angelegenheit »unbedingt vertraulich« zu behandeln, sendet Grzimek der Stadtverwaltung in Schweinfurt auch ein von ihm ausgearbeitetes Arbeitsprogramm und den Entwurf eines Pachtvertrages für den Zoo zu, in dem er unter anderem eine Vergrößerung des Geländes anstrebt. Immerhin darin ist er sich mit seinem

Kollegen Heinz Heck einig – der steht wegen des Tiergartens bereits seit März 1947 mit der Stadt Schweinfurt in Verbindung und hat seine volle Unterstützung bei der Planung und Vergrößerung des Gartens, der Vermittlung eines Direktors und der Beschaffung des benötigten Tierbestandes zugesagt.

Als Heck Anfang April 1948 mitbekommt, dass ausgerechnet Bernhard Grzimek sich um den Schweinfurter Tiergarten bemüht, warnt er die dortige Stadtverwaltung: »Ganz abgesehen von den fachlich nicht interessierenden Umständen seines Entnazifizierungsverfahrens werden gegen Herrn Dr. Grzimek in Frankfurt zurzeit eine Reihe von schweren Vorwürfen ganz anderer Art erhoben. Ich erlaube mir daher zu raten, den Ausgang der Frankfurter Angelegenheiten abzuwarten, ehe Sie in irgendeine engere Verbindung mit Herrn Dr. Grzimek treten.« Da weitere Briefwechsel mit Grzimek in den Akten fehlen, die Stadtverwaltung aber Anfang Mai 1948 bei Heinz Heck gezielt nach weiteren möglichen Pächtern fragt, scheint die Warnung gewirkt zu haben.

Mittlerweile überschlagen sich jedoch auch in Frankfurt die Ereignisse: Am 23. März 1948 entscheidet die Spruchkammer über das Verfahren mit dem Aktenzeichen F/65 621 – Bernhard Grzimeks Entnazifizierung. Er selbst schreibt kurz vorher noch in einem Brief an die Schweinfurter Stadtverwaltung, dass der »Ankläger die Einreihung als Mitläufer beantragt« habe. Nach den zahlreichen Zeugenaussagen, die Grzimek der Kammer liefern konnte, reiht ihn diese unter dem Vorsitzenden Dr. Walter Sondag jedoch schließlich in die Gruppe der Entlasteten ein. Zur Begründung verweist die Kammer nicht nur auf die Zeugenaussagen und Grzimeks eidesstattliche Beteuerung, niemals eine Anmeldung bei der NSDAP vollzogen oder von einer Anwärter- oder Parteimitgliedschaft gewusst zu haben, sondern vor allem auf die gefundenen Dokumente. Das Karteiblatt, das zu der Verurteilung durch das Militärgericht geführt hat, wird »wegen seiner Form und der lückenhaften Angaben (keine Mitgliedsnummer) nur als sehr zweifelhafter Beweis für die Schuld des Betroffenen« angesehen, und es wird ausdrücklich darauf hingewiesen, dass kein Blatt der parteistatistischen Erhebung von 1939 gefunden wurde.

Bernhard Grzimek hat es geschafft, sich reinzuwaschen. Sein Verfahren gehört zu den letzten Spruchkammerverfahren überhaupt in Frankfurt: Am 31. März 1948 wird die Entnazifizierung in der US-Zone im Zuge des Kalten Krieges eingestellt, obwohl einige bedeutende Verfahren noch nicht abgeschlossen sind, und am 26. April 1948 wird der Spruch in Grzimeks Verfahren rechtskräftig.

Wurde er zu Recht in die Gruppe der Entlasteten eingereiht? Sicher hat er nie im Sinne der Nationalsozialisten gedacht oder gehandelt. Doch er war Parteimitglied und verdankt seine Entlastung auch dem glücklichen Zufall, dass die Dokumente, die darüber Auskunft geben konnten, damals nicht gefunden wurden – sowie seinem Meineid.

Auch wenn Grzimek bis an sein Lebensende nie darüber sprechen wird, schimmert die von ihm konstruierte Wahrheit in *Auf den Mensch gekommen* an der ein oder anderen Stelle durch: Während er noch im Spruchkammerverfahren behauptet hat, niemals der NSDAP beigetreten zu sein, schreibt er fünfundzwanzig Jahre später über das zweite oder dritte Kriegsjahr: »Ich bemühte mich, vorsichtshalber in die Partei aufgenommen zu werden, bekam aber keine Bestätigung darüber, wirkliches Mitglied zu sein, sondern nur ›Anwärter‹.«

Angeblich geht er diesen Schritt, weil man sich »von oben« nach ihm erkundigt hatte. Doch die Unterlagen verraten, dass er bereits seit dem 1. Mai 1937 Parteimitglied ist.

Wenn Grzimek glaubt, dass nach dem Spruch der Kammer sein Leben wieder im Lot sei, irrt er gewaltig. Es kommt noch weitaus schlimmer. Denn die Tiervergiftungen waren auch nach seiner Entlassung weitergegangen und die Stadtverwaltung hatte sich daraufhin zum Eingreifen gezwungen gesehen und eine Belohnung von 30 000 Reichsmark für die Aufklärung des Falls ausgesetzt. Allerdings hatte sie zeitgleich verfügt: »Die hierfür erforderlichen Mittel werden zu Lasten der Betriebsrücklage des Zoos als außerplanmäßige Ausgabe ... bewilligt.«

Zwar hörten die Vergiftungen im März 1948 tatsächlich kurzfristig auf. Doch kaum ist Grzimek freigesprochen, sterben am 4. und am 7. April 1948 mit zwei Schimpansen die bisher wertvollsten Tiere. Auch wenn später nicht mehr ganz klar ist, ob sie wirklich vergiftet wurden, sieht sich Bernhard Grzimek Angriffen ausgesetzt. »Inzwischen verstreute Oskar Hoppe Liebenswürdigkeiten über Dr. Grzimek. Er habe sich Verschiedenes schenken lassen, trage lebhaft zur Verbreitung der Syphilis bei und ähnliche freundliche Dinge«, schreibt etwa Robert E. Lembke, der spätere stellvertretende Fernsehdirektor des Bayerischen Rundfunks sowie Moderator von *Was bin ich?*, in der *Neuen Zeitung*, dem offiziellen Blatt der amerikanischen Militärregierung, das zweimal wöchentlich in der amerikanischen Besatzungszone erscheint.

Bernhard Grzimek erstattet wegen wissentlich falscher Anschuldigungen Anzeige gegen Zirkusdirektor Oskar Hoppe. Doch nicht Hoppe wird verhaftet. Vielmehr nehmen Kriminalbeamte am 7. April 1948 völlig überraschend Hildegard und Bernhard Grzimek in ihrer Wohnung fest – frühmorgens, aus dem Bett heraus – und bringen sie in Handschellen ins Polizeipräsidium. Da Bernhard Grzimek nur vor Gericht aussagen will, wird er in das Untersuchungsgefängnis an der Hammelgasse gebracht. Auch Hildegard Grzimek kommt in Untersuchungshaft. Für beide wird es die erste Nacht in einem Gefängnis, und nur nach und nach erfahren sie Einzelheiten. So werden dem Ehepaar insgesamt sechsundzwanzig Anklagepunkte zur Last gelegt: Bernhard Grzimek soll – wie er einige Monate später in einem erklärenden Rundschreiben an die Zoodirektoren aufführt – unter anderem »einen Fuchs gegen Zigaretten verkauft, seine Wohnung von Zoohandwerkern renoviert, vom Zoogastwirt Lebensmittel für private Zwecke erhalten, Zookohle privat verbraucht, Zwiebel- und Mehlschiebungen gemacht, dem Zoo fünf Staubsauger, einen Radioapparat und 25 Kochplatten gestohlen und eine Wildsau schwarz geschlachtet und für sich verbraucht haben. Ebenso Eier und Holz«.

Doch damit nicht genug. Grzimek wird auch zur Last gelegt, »Tierwärter zur Angabe höherer Arbeitsstunden veranlasst zu haben, um ihnen ein besseres Gehalt zu verschaffen, bevorzugt Parteimitglieder eingestellt, einen Dackel gegen Dollar verkauft und von Oskar Hoppe Bestechungsgelder angenommen zu haben.«

Während Hildegard Grzimek, der vorgeworfen wird, an all diesen Verfehlungen ihres Mannes beteiligt gewesen zu sein, das Gefängnis nach zwei Tagen verlassen kann, wird Bernhard Grzimek noch den gesamten nächsten Tag, von zehn bis siebzehn Uhr, verhört. Dann darf auch er gehen. Der Untersuchungsrichter lehnt den Erlass eines Haftbefehls ab, da seines Erachtens weder Flucht- noch Verdunklungsgefahr besteht; vom Dienst bleibt der Zoodirektor jedoch weiterhin suspendiert.

Mittlerweile ist es wegen der Verhaftung von Bernhard und Hildegard Grzimek zu einer handfesten Auseinandersetzung zwischen der Frankfurter Staatsanwaltschaft und dem Polizeipräsidium gekommen. Oberstaatsanwalt Hans-Krafft Kosterlitz spricht in einer Pressekonferenz, die auch den Fall Grzimek behandelt, von »Kompetenzstreitigkeiten« und erklärt, die Polizei habe die Akten der Staatsanwaltschaft erst am Tag nach der Verhaftung übermittelt, und das, obwohl diese nach dem Gesetz »Herr eines jeden einzuleitenden Strafverfahrens ist, bis es durch die öffentliche Klage der Hand des Richters übergeben wird«. Das Polizeipräsidium gibt daraufhin eine neun Punkte umfassende Erklärung an die Presse, in der es alle Anschuldigungen durch die Staatsanwaltschaft zurückweist.

Wie und warum es zu den Anschuldigungen gegen Bernhard Grzimek gekommen ist, wird nie ganz geklärt. Doch es ist wahrscheinlich, dass sich zwei vormals unabhängige Gegner Grzimeks zusammengeschlossen haben, um ihn um den Posten des Frankfurter Zoodirektors zu bringen. Zum einen ist dies Zirkusdirektor Oskar Hoppe, dem Grzimek den festen Bau im Zoo verweigert hatte und der laut Grzimek »wiederholt vor Zeugen erklärt [hat], er werde mich auch meinerseits mit allen Mitteln unmöglich machen und aus dem Zoo bringen«. Die anderen Gegner – und das überrascht Bernhard Grzimek zutiefst, als er im Laufe der Untersuchungen davon hört – sind die Zoodirektoren Heinz Heck und Georg Steinbacher.

Die beiden, so schreibt Grzimek später, haben den Stuttgarter Rechtsanwalt Walter Praxmarer mit dem Auftrag nach Frankfurt geschickt, »kriminelle Straftaten von mir zu ermitteln. Der Auftrag umschloss auch die Vollmacht, diese von sich aus bei der Frankfurter Polizei zur Anzeige zu bringen. Praxmarer kam auf diese Weise in Verbindung mit Hoppe«. Bei Walter Praxmarer handelt es sich übrigens um den Anwalt, mit dem sich Grzimek 1942 über den Verkauf und die Rückgabe zweier Ziegen für den Bauernhof in Kenels zerstritten hatte, wie Rochus Grzimek sagt.

Eine wichtige Rolle kommt auch dem ehemaligen Pfleger Karl Neiss zu. Es ist eine seiner Aussagen, die nach langen Monaten der Untersuchungszeit nicht zur Einstellung, sondern doch noch zur Eröffnung des Strafverfahrens führt. Er erklärt, Grzimek habe in seinem privaten Haushalt dreihundertfünfundsiebzig Zentner Kohle aus Zoobeständen verbraucht, die er dorthin geliefert habe – eine Menge, mit der – so errechnet es später ein Sachverständiger – der einzige Ofen sechs Jahre im Dauerbetrieb hätte laufen müssen.

Neben der »Amtsunterschlagung« von Kohlen wird den Grzimeks vorgeworfen, Lebensmittel und Zigaretten von dem Zoogastronom Richard Oromek ohne Markenabgabe und Bezahlung entgegengenommen zu haben. Als die Verhandlung am 10. August 1948 endet, werden Bernhard und Hildegard Grzimek vom ersten Vorwurf »wegen erwiesener Unschuld«, vom zweiten »mangels Beweisen« freigesprochen. Und schon drei Tage später stellt Oberbürgermeister Kolb einen Antrag auf Wiedereinstellung Bernhard Grzimeks an den Magistrat, dem sich das Personalamt am 14. August 1948 anschließt. Zwei Tage später stimmt der Magistrat der Wiedereinstellung zu, und Bernhard Grzimek kann auf Weisung Kolbs seinen Dienst wieder antreten. Sieben Monate lang war er suspendiert – ohne Gehalt, ohne Arbeit, ohne die Möglichkeit zu publizieren. Dafür mit der ständigen Angst um seine Zukunft.

»Das Jahr 1948 war das schwärzeste meines Lebens«, schreibt Bernhard Grzimek rückblickend in *Auf den Mensch gekommen*: »Wäre es mir nicht gelungen, mich durchzukämpfen und meine Unschuld zu beweisen, so hätte es zwangsläufig auch das Ende meines Lebens bedeutet.«

Tatsächlich hätte Grzimek wohl nach einer Verurteilung nicht das Leben geführt, mit dem er später der Weltöffentlichkeit bekannt wird. Sicher ist aber auch – und so steht es im Urteil des Strafprozesses –, dass er immer das Beste für den Zoo herausholen wollte. Dass er dabei das Recht an manchen Stellen auch schon einmal ordentlich gedehnt hat, ist eine Vorgehensweise, die er zeitlebens in einem gewissen Rahmen im Dienst der Sache beibehalten wird.

Auch wenn die KPD einen letzten Versuch unternimmt, sich gegen die Wiedereinsetzung zu wenden, wird die Personalie Bernhard Grzimek in der Stadtverwaltung nicht mehr angezweifelt. Im Gegenteil: Als Heinz Heck einen sechsseitigen Brief an Oberbürgermeister Kolb schickt und darin die tiergärtnerischen Fähigkeiten Grzimeks anzweifelt, stellt sich Kolb ganz klar hinter seinen Zoodirektor.

Die Auseinandersetzung zwischen Heck und Grzimek geht jedoch auch danach weiter. In Rundschreiben an die Zoodirektoren und weitere

Kreise tun beide ihre Meinung über den jeweils anderen nur zu deutlich kund – was im Dezember 1948 zur Strafantragstellung von Heck gegen Grzimek und im Januar 1949 von Grzimek gegen Heck führt. Am 13. August 1949 erklären sie in einem gemeinsamen Rundschreiben zwar: »Der zwischen uns bestehende gerichtliche Streitfall, der seinen Ausdruck unter anderem in Rundschreiben gefunden hat, ist beigelegt.« Doch damit ist die Sache noch lange nicht erledigt – zumal Bernhard Grzimek seit seiner Entlassung aus dem Verband der deutschen Zoodirektoren ausgeschlossen ist.

Im Herbst 1948 gilt sein Einsatz jedoch erst einmal besseren Besucherzahlen. Inzwischen ist die Währungsreform in Kraft getreten und die damit verbundenen rapiden Preiserhöhungen und der sprunghafte Anstieg der Arbeitslosigkeit machen sich auch in der stark fallenden Anzahl der Zoobesucher bemerkbar. Erschwerend kommt hinzu, dass durch die Währungsreform alle aus den besucherstarken Nachkriegsjahren bisher angesammelten Rücklagen des Zoos verfallen.

Glücklicherweise hat der Zoo seit Kriegsende sechsundzwanzig Gebäude wieder in Ordnung gebracht. Im Gesellschaftshaus hat Bernhard Grzimek das Haupttreppenhaus überdachen und ein Zwischengeschoss einziehen lassen. »Er wollte den zweiten Saal ausbauen, aber dann kam die Währungsreform. Die Träger waren schon eingezogen. Außerdem hatte er ein Angebot von der Ufa, den großen Saal ausbauen zu lassen. Ganz nach dem Vorbild des Ufa-Palastes im Berliner Zoo«, erzählt Rochus Grzimek. Doch was in Berlin erfolgreich läuft, scheitert in Frankfurt an der Finanzierung. Lediglich mit dem Ausbau des Dachgeschosses für seine Dienstwohnung kann der Zoodirektor 1949 beginnen.

Auch der Tierbestand kann sich mittlerweile wieder sehen lassen: Rund tausend Tiere bevölkern 1949 den Zoo. Doch erneut kommt es zu Tiervergiftungen. »Ich war wirklich verzweifelt«, schreibt Bernhard Grzimek später hierüber. »Schließlich konnte ich ja nicht zulassen, dass meinetwegen alle Tiere des Frankfurter Zoos zugrunde gingen; wenn ich diese Verbrechen nicht aufklären oder unterbinden konnte, musste ich trotz der Siege vor den Gerichten anstandshalber doch gehen.«

Das erste Ermittlungsverfahren der Frankfurter Staatsanwaltschaft, das bereits kurz nach Bekanntwerden der ersten Vergiftungen eingeleitet worden war, war nach dem scheinbaren Ende der Vorfälle im April 1948 im Juli eingestellt worden. Im Verlauf des Verfahrens waren der Nachtwächter Karl Pulz, der Tierpfleger Hellmut Neubüser und der Oberwärter Karl Schacherl als tatverdächtig kurzfristig festgenommen worden. »Meine Mutter besaß, in einem BH eingenäht, Strychnin. Das hatte sie bei der Hausdurchsuchung bei uns angegeben. So kam es zu meiner Verhaftung«, erzählt Neubüser fast sechzig Jahre später. Sein Großvater sei Arzt gewesen, und von ihm habe seine Mutter das Gift gehabt. »Das hatten damals viele Frauen im Krieg und auch noch in der Zeit der Besatzungen.«

Bernhard Grzimek aber muss handeln. Anstatt sich wie bisher gleich an die Öffentlichkeit zu wenden, bittet er Oberstaatsanwalt Hans-Krafft Kosterlitz um Rat. Dieser empfiehlt ihm, den Frankfurter Kriminalbeamten Adam Ganjon hinzuzuziehen, der wegen seiner NSDAP-Mitgliedschaft noch nicht wieder im Dienst ist. Grzimek schleust ihn unter dem Namen Dr. Schrader im Zoo ein. »Ganjon hat sich im Zoo als Abonnent ausgegeben und ist überall rumgelaufen. Der sah richtig schlampig aus, schielte auch noch ein wenig – sehr unauffällig. Er redete mit allen und bekam so viel raus, zum Beispiel auch noch nachträglich, dass Praxmarer durch den Zoo gerannt war und alle Pfleger interviewt hatte«, sagt Rochus Grzimek.

Der Privatdetektiv betritt nie das Zoobüro, sondern trifft sich mit Bernhard Grzimek heimlich in dessen Wohnung. Gleichzeitig führt dieser verstärkte Sicherungsmaßnahmen ein: Nummernschlösser werden angebracht, scharfe Wachhunde angeschafft, und zeitweise gehen nachts uniformierte Polizisten im Zoo Streife. Auch der Zoodirektor selbst beteiligt sich an den Nachtwachen. Trotz der Bemühungen sterben im Januar und Februar 1949 eine Schimpansin, zwei Meerkatzen und ein Bisonbulle. Ein Pavian hingegen überlebt einen Giftanschlag. Dann endlich wird Ganjon fündig. »In einem Versteck, in dem Schacherl früher Lebensmittel versteckt hat, wurde das Gift von uns entdeckt«, sagt Grzimek später vor Gericht aus. Die Untersuchung der mit Lehm gefüllten Fischkonserve, die Ganjon am 13. März 1949 gefunden hat, ergibt Ende März, dass der Inhalt stark fluoridhaltig ist.

Schacherl kommt am 14. April 1949 in Untersuchungshaft. In den Taschen einer seiner Jacken werden Reste des Giftes entdeckt. Er wird angeklagt, »vorsätzlich und rechtswidrig Gegenstände, welche zum öffentlichen Nutzen dienen, beschädigt und zerstört zu haben, außerdem Tiere unnötig gequält zu haben«. Doch nach einer fünftägigen Verhandlung wird Karl Schacherl aus Mangel an Beweisen freigesprochen. Das Gericht, verkündet der Vorsitzende, sei zu der Überzeugung gekommen, dass auch den »stärksten Indizien« aufgrund der durch »Klatsch und Hass verseuchten Zoo-Atmosphäre keine hundertprozentige Beweiskraft zuzusprechen« sei.

»Viele der anderen Richter haben sich über dieses Urteil aufgeregt«, erinnert sich Rochus Grzimek. »Mein Vater hat dann Dienstaufsichtsbeschwerden losgelassen, noch und nöcher. Jahrelang. Irgendwann wurde der damalige Vorsitzende Richter ans Grundbuchamt versetzt.«

Die Vergiftungen im Zoo hören jedenfalls endlich auf. Wirklich aufgeklärt wird der Tod von insgesamt neunundvierzig Tieren jedoch nie.

Bernhard Grzimek versucht, noch während der Untersuchungen zu einem halbwegs normalen Leben zurückzufinden. Am 18. September 1948, einen Monat nach seiner Wiedereinstellung, unterschreibt er den Vertrag für ein neues Buch: *Michael knipst sich aus* – seine zweite Erzählung, »Eine Geschichte für junge Leute«, wie es auf dem Einband steht, ganz speziell aber »eine Jungensgeschichte«, wie es im Buch heißt. »Ich hatte als erster Jugendlicher eine Lizenz von den Amerikanern für eine Zeitschrift bekommen«, erklärt Rochus Grzimek die Entstehung des Buches. »Diese Zeitschrift *Das reißende Wasser*, die ich nach dem Gebirgsbach in Kenels benannt hatte, hatte ich schon während des Krieges im Allgäu für die Verwandtschaft gedruckt. In Frankfurt hat mein Vater mir dann dafür die Fortsetzungsgeschichte *Das Geheimnis des Professor Tüftlers* geschrieben.«

Insgesamt zwölf Auflagen der DIN-A5-Zeitschrift erscheinen bis 1949, am Ende mit einer Auflage von 5000 Exemplaren. Bernhard Grzimek fasst in *Michael knipst sich aus* seine Fortsetzungsgeschichte um den jungen Titelhelden Michael zusammen. Die jungen Leser werden nicht gewusst haben, wie viel von Bernhard Grzimek in seinem Protagonisten steckt: Michael flieht unter anderem aus Schlesien nach Frankfurt, erlebt den Großteil seiner Abenteuer im Zoo und im Zirkus und wird ganz nebenbei auf einer Schifffahrt nach New York schrecklich seekrank.

Wenn man heute weiß, was Bernhard und Michael Grzimek später in

1 Margarete Grzimek, genannt Margot, mit ihrem Sohn Bernhard im Jahr 1909.
Foto: Okapia.

2 Bernhard Grzimeks Vater, Paulfranz Grzimek.
Foto: Okapia.

3 (*rechts*) Schon als Kind große Liebe zu Tieren – der zehnjährige Bernhard mit Katze. *Foto: Okapia.*

4 (*unten*) Bernhard (links) und seine Brüder Notker (Mitte) und Ansgar Grzimek (rechts) hatten ein enges Verhältnis zueinander. *Foto: Okapia.*

5 Bernhard Grzimek studierte in Leipzig und Berlin, hier in Studentenuniform im Alter von 19 Jahren.
Foto: Okapia.

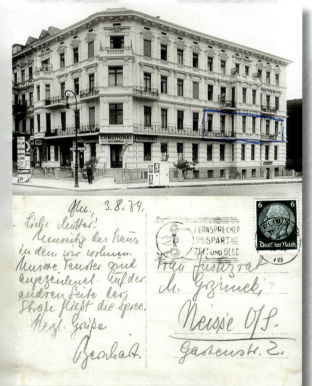

6 Postkarte an die Mutter kurz nach dem Umzug in die Brückenallee 18 in Berlin, 1934. Ungewöhnlich die Unterschrift: Bernhart mit »t«.
Foto: Okapia.

7 *(oben)* Bernhard Grzimek faszinierte der Zirkus – 1942 wagte er sich in Berlin selbst als Dompteur in die Manege des Zirkus Sarrasani. *Foto: Okapia.*

8 *(unten)* Im gleichen Kriegsjahr als Veterinäroffizier. *Foto: Okapia.*

9 *(oben)* Nebenberuflich Autor: Grzimek Anfang der Fünfzigerjahre an seinem Schreibtisch. *Foto: Okapia.*

10 *(links)* Zoodirektor Bernhard Grzimek beim Betriebsfest des Frankfurter Zoos im Herbst 1953. *Foto: Wolfgang Lummer.*

11 *(rechts)* Im Januar 1951 trifft Grzimek Reisevorbereitungen für Afrika – mit tatkräftiger Unterstützung eines jungen Schimpansen. *Foto: dpa Picture-Alliance.*

12 *(unten)* Bernhard und Hildegard Grzimek in den 1950er Jahren beim Mittagessen, belagert von Gepard Cheetah. *Foto: Okapia.*

13 *(oben)* Ganz privat und doch vor der Kamera für *Gorillas wollen schlafen gehen*: Bernhard Grzimek liest seinem Adoptivsohn Thomas Märchen vor.
Foto: Hessischer Rundfunk.

14 *(links)* Werbefoto für die Fernsehsendung *Gorillas wollen schlafen gehen* – Bernhard Grzimek mit Sohn Michael und Gorilla, 1956.
Foto: Okapia.

15 *(oben)* Bernhard Grzimek Mitte der 50er Jahre im Kreise seiner Familie: Sohn Rochus (links), Ehefrau Hildegard, Sohn Michael (rechts).
Foto: Archiv Rochus Grzimek.

16 *(rechts)* Eine Wette soll dem starken Raucher Bernhard Grzimek helfen, die Finger von den Zigaretten zu lassen: 50 Mark für jeden, der ihn beim Rauchen erwischt.
Foto: Ullstein Bild.

17 Grzimek liebte Scherzartikel und war auch sonst für jeden Spaß zu haben - wie hier 1951 mit einer Schildkröte.
Foto: Okapia.

18 Großer Mann, großes Tier – Grzimek mit einer zahmen Giraffe, 1956.
Foto: Okapia.

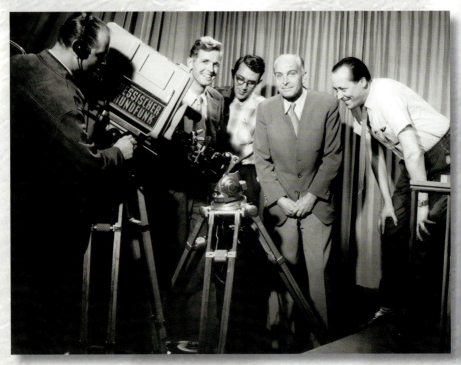

19 *(oben)* Bernhard Grzimek während seiner ersten Sendung *Ein Platz für Tiere* – mit Produzent Martin Jente, Regisseur Ekkehard Böhmer und Sohn Michael (v. r. n. l).
Foto: Hessischer Rundfunk.

20 *(unten)* Gespannt warteten die Zuschauer vor jeder Sendung, was für ein Tier Grzimek mitbringen würde: dieses Mal einen jungen Tapir.
Foto: Archiv Monika Karpel.

21 *(oben)* Bernhard Grzimek in den 1950er Jahren mit einem Ameisenbär.
Foto: Okapia.

22 *(links)* Er reiste gern und viel; kein Kontinent, auf dem Bernhard Grzimek nicht gewesen wäre.
Foto: Hessischer Rundfunk.

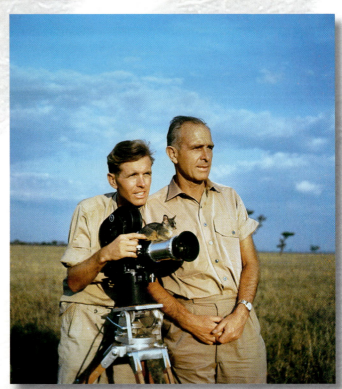

23 Mit Michael 1958 bei den Dreharbeiten zu *Serengeti darf nicht sterben*, auf ihrer Kamera sitzt Buschbaby Jokele. *Foto: Okapia.*

24 Improvisiertes Badezimmer im Camp im Serengeti-Nationalpark in Tansania, 1958. *Foto: Okapia.*

25 *(oben)* Bernhard und Michael Grzimek bei ihrer Arbeit in der Serengeti. Im Hintergrund die Dornier 27 D-ENTE, mit der Michael 1959 tödlich verunglückte.
Foto: Okapia.

26 *(links)* Mit einem Zebrafohlen in der ostafrikanischen Savanne auf seiner Reise zum Jahreswechsel 1959/60.
Foto: Okapia.

27 *(rechts)* 1960 wird Bernhard Grzimek für den Film *Serengeti darf nicht sterben* als erster Deutscher mit dem begehrten Oscar in der Kategorie »Bester Dokumentarfilm« ausgezeichnet.
Foto: *Ullstein Bild.*

28 *(unten)* Zu Julius Nyerere, seit 1962 Präsident von Tansania, pflegte Bernhard Grzimek einen engen Kontakt (hier bei einem Besuch 1963).
Foto: *Okapia.*

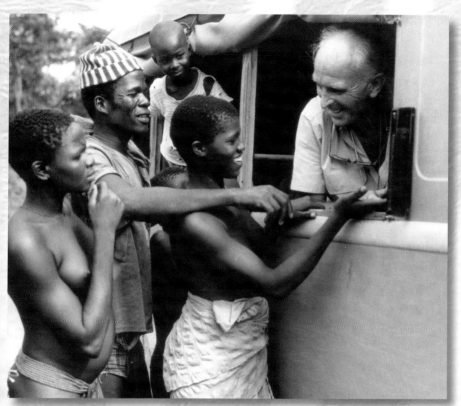

29 *(oben)* Kontaktaufnahme mit der Bevölkerung der Elfenbeinküste auf seiner Reise 1963.
Foto: Okapia.

30 *(links)* Bernhard Grzimek 1963 an der Elfenbeinküste mit Angehörigen der Lobi.
Foto: Okapia.

31 *(oben)* Zu Lande so nützlich wie im Wasser: Grzimek in seinem roten Amphicar im ugandischen Murchison Falls Nationalpark.
Foto: Okapia.

32 *(links)* Grzimek 1970 mit einem Königspython im Frankfurter Zoo.
Foto: Hessischer Rundfunk.

Afrika geleistet haben, überraschen die Schlussseiten des Büchleins besonders: Mehr als zwei Jahre vor ihrer ersten Afrikareise und fast ein Jahrzehnt bevor sich Vater und Sohn um den Schutz der Serengeti und die Dokumentation des dortigen Tierreichtums kümmern, schreibt Bernhard Grzimek über die Taten seines Helden Michael in Afrika: »Seine Filmaufnahmen, die er mitten in Elefantenherden oder zwischen den kreischenden Schwärmen der Graupapageien machte, versetzten die Naturwissenschaftler und auch die Kinobesucher aller Welt in Erstaunen ... Michael hatte große Pläne. Seine Verhandlungen mit der Kolonialregierung waren fast abgeschlossen. Er wollte ein großes Landgebiet erwerben und hier alle seine Einkünfte anlegen, um den wilden Tieren Afrikas eine Zufluchtstätte zu schaffen.«

Es ist, als könnte Bernhard Grzimek in seine und Michaels Zukunft sehen. Wenn er bereits zu diesem Zeitpunkt so konkrete Pläne für ein Engagement in Afrika hat, setzt er sie in den kommenden Jahren erstaunlich konsequent um.

Straff organisiert ist Bernhard Grzimek ohnehin sein Leben lang. In seinem privaten Arbeitszimmer in Frankfurt hat er drei Fächer im Regal: je eines für Hilde, Rochus und Michael. Denn zu Hause wird genauso diszipliniert gearbeitet wie im Büro des Zoos. Hildegard Grzimek tippt seine Artikel für die *Rheinische Illustrierte*, Sohn Rochus setzt anfänglich die Verträge für die Bücher seines Vaters auf. Es scheint, als hätte sich die Familie auf ein Leben in Frankfurt eingerichtet. Doch die Ereignisse der vergangenen zwei Jahre bestärken Bernhard Grzimek in seinem Vorhaben, nicht auf Dauer Zoodirektor in Frankfurt zu bleiben. »Nach dem Abschluss der Gerichtsverfahren und der Ermittlungen sah ich mich bereits nach einem Wohnsitz am Bodensee um, wo ich unabhängig arbeiten wollte«, schreibt Grzimek später in *Auf den Mensch gekommen.*

Sein väterlicher Freund, Professor Otto Koehler, der mittlerweile an der Universität Freiburg lehrt, rät ihm jedoch dringend davon ab: »Wenn Sie jetzt weggehen, wird ganz Deutschland sagen, Sie haben gehen müssen. Vor ein paar Jahren können Sie jetzt nicht aufgeben.«

Grzimek sieht das ein, wie er schreibt, und bleibt dann »ganz in Frankfurt hängen«.

Irgendwann erreicht Grzimek die Nachricht, dass sich seine Geliebte hat scheiden lassen. Danach, so erinnert sich die gemeinsame Tochter Monika, unternimmt ihre Mutter einen letzten Versuch, Bernhard Grzimek für sich zu gewinnen: »Meine Mutter hat mir erzählt, dass sie ihm mitgeteilt habe, dass sie nun geschieden sei und er sich auch scheiden lassen solle. Da hat er ihr berichtet, dass er schwören musste, nicht in der Partei gewesen zu sein. Das hätten er und auch Hildegard getan. Da hat meine Mutter gesagt: ›Wenn du einen Meineid geschworen hast, wird Hildegard dich dein Leben lang erpressen.‹ Deshalb hat er sich nicht scheiden lassen. Meine Mutter hat ihn dann rausgeschmissen.«

Bernhard Grzimek wird sich dazu in Gesprächen mit seiner Tochter Monika nie äußern. »Er hat mir immer nur gesagt: ›Deine Mutter hat sich mir gegenüber immer absolut tadellos verhalten.‹ Er hat nie ein schlechtes Wort über sie gesagt. Aber er hat das Thema auch totgeschwiegen«, berichtet sie. Allerdings habe ihr die Mutter erzählt, dass Grzimek ihr einen »Erpresserbrief« geschrieben habe: »Wenn du Unterhalt forderst, dann werde ich dir das Erziehungsrecht wegnehmen.« Danach sei der Kontakt zwischen Bernhard Grzimek und ihrer Mutter abgebrochen. Und so erfahren die gemeinsamen Kinder Monika und Cornelius auch erst viel später, wer ihr Vater ist.

Die Schausteller im Zoo haben sich nach der Währungsreform nach und nach wieder auf Reisen begeben. Als letzter Vergnügungsbetrieb steht Anfang 1949 die große Gebirgsachterbahn des Ehepaars Herhaus auf dem Gelände. Als sie im Mai 1949 abgebaut wird, stiften die Besitzer 1500 Mark für den Umbau des von ihnen genutzten Platzes zu einem Tiergehege. Nur einige wenige Schaustellerbetriebe bleiben auf dem angeschlossenen Gelände der Thüringerstraße.

So muss Bernhard Grzimek neue Attraktionen akquirieren. Da das Aquarium, vor dem Krieg eine der Hauptsehenswürdigkeiten, noch nicht wieder aufgebaut ist, organisiert er eine Zierfischschau im Affenhaus. Für einen »Sommer-Zoo« in Aschaffenburg stellt der Frankfurter Zoo leihweise die Tiere zur Verfügung – und erhält dafür die Eintrittsgelder.

Doch zuvor hat sich Bernhard Grzimek noch etwas anderes einfallen lassen, das ganz nach seinem Geschmack ist: Am 1. April 1949 macht der Frankfurter Zoo mit einem Aprilscherz von sich reden, der einigen Frankfurtern heute noch in Erinnerung ist. Hierfür gibt Grzimek bereits Mitte März 1949 die (Falsch-)Meldung an die Presse, dass der Kopenhagener Zoo demnächst einen weißen Elefanten aus Burma erhalte und dieser auf seinem Transport auch durch Frankfurt komme. »Wir haben dann einen Elefanten weiß gekalkt und den Tierpfleger Heinz Staub als Inder angemalt. Dazu hat Grzimek zwei Fotos montiert – unterschiedlich belichtet. So wirkte das weiße Tier noch weißer. Diese Fotos wurden überall in der Presse gezeigt«, erinnert sich Hellmut Neubüser.

Was für den Frankfurter Zoo eine großartige Werbung ist, enttäuscht zwei unbeteiligte Parteien nach der Aufklärung des Scherzes sehr. »Eine Religionsgemeinschaft kam in den Zoo, die den Elefanten verehren wollte. Die zogen betrübt wieder ab«, sagt Neubüser. Und auch der Kopenhagener Zoodirektor, der von Pressevertretern seines Landes nach dem Tier gefragt wird, das er ihnen verschwiegen habe, wirkt bei einem Telefonat mit Grzimek dann doch ernüchtert.

Bei einer Rundfahrt durch die norddeutschen Zoos verschafft sich Bernhard Grzimek im September 1949 einen Eindruck darüber, wie der Wiederaufbau in anderen Zoologischen Gärten voranschreitet – und zeigt sich anschließend frustriert über die Frankfurter Verhältnisse. Am 15. September schreibt er daher an Oberbürgermeister Kolb, »dass in sämtlichen besichtigten Zoos, die unter den Kriegsverhältnissen bei Weitem nicht so stark gelitten haben, umfangreiche Bauten durch die Städte vorgenommen worden sind. Obwohl unser Garten bei Weitem noch nicht wieder das Niveau der anderen Zoos erreicht hat, ihm immer noch wichtige Tierhäuser und vor allen Dingen das Gesellschaftshaus fehlen, hat die Stadt sämtliche Bauten gestoppt. Es ist im Gegenteil beschlossen worden, dass nur dann etwas wieder aufgebaut werden darf, wenn der schwer zerstörte Zoo dafür Überschüsse erarbeitet, und dass er von diesen Überschüssen außerdem noch die Hälfte an die Stadt für andere Zwecke abführen muss. Die Entwicklung des Frankfurter Zoos im Verhältnis zu den übrigen Gärten ist damit für die kommende Zeit eindeutig vorgeschrieben.«

Immerhin kann Familie Grzimek am 15. November 1949 endlich in ihre Dienstwohnung einziehen. Sie liegt im fünften Stock des Zoogesellschaftshauses, dicht unter dem Dach, wo vor dem Krieg die Kutscherwohnungen waren. Auch wenn bei ihrem Einzug in das prächtige Gebäude noch viele untere Etagen mit Trümmern bedeckt sind, knüpft die Wohnung in Größe und Lage an alte Berliner Verhältnisse an: Neben Wohnzimmer, Arbeitszimmer, Elternschlafzimmer, einem Zimmer für Rochus und Michael, das später durch eine Trennwand in zwei einzelne Räume geteilt wird, einem Zimmer für das Hausmädchen, Küche, Bad und separater Toilette richtet Bernhard Grzimek eine Dunkelkammer und – im größten Raum – das berühmte Tierzimmer mit mehreren Käfigen ein. Zu beiden Seiten der Wohnung gibt es zudem Balkone auf dem Flachdach, die auf der einen Seite die Stadt Richtung Konstabler Wache und auf der anderen Seite ein Stück vom Zoo übersehen. »Ich hatte schon als Kind bei meiner Verwandtschaft in Schlesien und Posen gelernt: Auch wenn man ein noch so großes Gut hat, muss man so wohnen, dass man beinahe vom Bett aus den Betrieb überblickt«, schreibt Bernhard Grzimek später über die exponierte Lage der Wohnung.

Das Flachdach hat außerdem den Vorteil, dass Hildegard und er hier ihre geliebten Sonnenbäder nehmen können – endlich auch garantiert ohne Einblickmöglichkeiten für die Nachbarn.

Nach dem für ihn so schwierigen Jahr 1948 widmet sich Bernhard Grzimek 1949 mit ganzer Kraft seiner Arbeit. Er publiziert drei Artikel in der *Zeitschrift für Tierpsychologie*, führt eine wissenschaftliche Vortragsreihe im Zoo ein (immer sonntags um 10.30 Uhr, alle vier Wochen) und ist jeden Sonnabend im *Südwestfunk* zu hören. Mit der Rinderanlage kann Grzimek 1949 den ersten kompletten Neubau nach dem Krieg im Zoo einweihen. Und auch für die Beschaffung von ganz besonderen Tieren hat er 1949 ein gutes Händchen: Am 10. Dezember nimmt er mit Bürgermeister Walter Leiske am Frankfurter Flughafen zwei Löwen in Empfang – Nachkommen des Maskottchens der Filmfirma Metro Goldwyn Mayer Cie., die dem Frankfurter Zoo die beiden Tiere gespendet hat. Und nur fünf Tage später kann Grzimek Oberbürgermeister Kolb in einem Brief ein weiteres spektakuläres Tier ankündigen: ein sehr seltenes Okapi, eine Waldgiraffe aus den Regenwäldern des Kongos, das ihm die belgische Regierung zugesagt hat. Es wird zwar noch fast fünf Jahre dauern, bis das Tier tatsächlich nach Frankfurt kommt. Die Freude schmälert das aber nicht.

Auch das Tierzimmer in der neuen Dienstwohnung der Grzimeks

füllt sich schnell: Klammeraffe Philipp, der eines Tages ohne Absender mit der Post bei den Grzimeks eintrifft und mit Vorliebe Kartoffelpuffer vom Mittagstisch stiehlt, Leopard Abdullah, der sich mit der Boxerhündin der Familie so anfreundet, dass diese später noch oft in seinem Zookäfig zu Gast ist, und eine ganze Reihe Menschenaffen werden als Jungtiere liebevoll von Hildegard Grzimek gepflegt. Lediglich die Reinigung der Käfige im Tierzimmer übernehmen Pfleger aus dem Zoo. »Das Futter wurde von der Futterküche hochgebracht, wir mussten nur saubermachen und neue Holzwolle mitbringen«, erinnert sich Horst Klose, langjähriger Menschenaffenpfleger im Frankfurter Zoo: »Es gab immer einen Kaffee von Hildegard Grzimek und ab und zu auch ein Stück Kuchen – sie war eine ausgezeichnete Köchin. Wir haben zwanglos geklönt, auch mit ihm, wenn er zufällig in der Wohnung war.«

Wie schon in Berlin nutzt Bernhard Grzimek auch in Frankfurt das Tierleben in den eigenen vier Wänden für etliche Fotos, und sein Sohn Michael dreht über das bunte Treiben die ersten kleinen Filme für die Wochenschau, wie Klose berichtet: »Einer zeigte die Schimpansin Katrin, wie sie die Katze der Familie Grzimek so sehr mit Seife im Waschbecken wäscht, dass der ganze Schaum in den Flur läuft.«

Noch steht bei diesen ersten Filmen des erst 16-jährigen Michaels der Humor im Vordergrund. Ein Humor, den er mit seinem Vater teilt. Dieser nutzt das Talent seines Sohnes für die Sache des Zoos. »Im Laufe des letzten Jahres hat mein Sohn Michael einen 16mm-Kulturfilm vom Leben im Frankfurter Zoologischen Garten aufgenommen. Der Film ... hat etwa 40 Minuten Vorführdauer; er zeigt interessante Ereignisse bei den Zootieren, die der normale Besucher gewöhnlich nicht zu sehen bekommt«, schreibt Bernhard Grzimek so im Dezember 1950 in einem Brief an Oberbürgermeister Kolb: »Ich habe die Herstellung zugelassen, da ich damit ein gutes und geeignetes Vortragsmaterial schaffen wollte.«

Tatsächlich wird der Film im Winter 1949 / 50 in sechzig Schulen und vor insgesamt 22 000 Schülern gezeigt. Grzimeks Mitarbeiter Dietrich Heinemann, der mit dem Film über Land fährt, wird 1957 Direktor des Zoos in Münster und später einer der wichtigsten Mitarbeiter bei *Grzimeks Tierleben*. Grzimek ist schon damals bewusst, wie wichtig Schulen für den Zoo sind – und der Zoo für die Schulen. Doch es werden noch zehn Jahre vergehen, bis auf seine Initiative die erste Zooschullehrerin Deutschlands in Frankfurt ihren Dienst antritt. Von Mitte April bis Mitte September 1950 registriert Grzimek jedenfalls den Besuch von 1500 Schulklassen, und er erreicht, dass die Kultusministerien in Hessen und Rheinland Pfalz »erneut in ihrem Amtsblatt auf die Notwendigkeit eines Zoobesuchs als Ergänzung des Schulunterrichts« hinweisen.

Wie alle Männer in der Familie ist auch Sohn Rochus dem Kino verfallen. Das von ihm seit 1950 geleitete Zookino zeigt an den Wochenenden insgesamt sieben Vorführungen und unter der Woche vormittags Vorführungen für Schüler. Damit lockt Rochus Grzimek zwischen 100000 und 150000 zusätzliche Besucher pro Jahr in den Zoo. »Das war meinem Vater ganz lieb, weil er ja immer hohe Besucherzahlen im Zoo haben wollte. Und der Eintritt zum Jugendkino war kombiniert mit dem Zooeintritt. Der Pachtvertrag für den Saal war allerdings nicht zwischen ihm und mir abgeschlossen, sondern mit jemandem aus der Stadtverwaltung – damit das nicht komisch aussah. Und ich, das heißt die Kulturvereinigung der Jugend e.V., zahlte auch eine saftige Miete.«

Das Jahr 1950 beginnt für Bernhard Grzimek mit einer erfreulichen Nachricht: Er wird eingeladen, Mitglied im Internationalen Zoodirektorenverband zu werden. »Grzimek hatte 1950 großes Glück, dass der Londoner Zoodirektor sagte, dass sie das nicht weiter ohne die Deutschen machen könnten«, erzählt Heinz-Georg Klös. »So wurden 1950 nur drei deutsche Zoodirektoren aufgenommen, die als unantastbar galten: Prof. Dr. Karl Max Schneider aus Leipzig, Katharina Heinroth aus Berlin, denn ihr Mann Oskar Heinroth war ein erbitterter Gegner der Nazis gewesen – und Bernhard Grzimek aus Frankfurt. Das war ein kleiner Sieg für ihn.«

Grzimek nimmt die Einladung umgehend an. Heini Hediger, der damalige Baseler Zoodirektor und Begründer der modernen Tiergartenbiologie, freut sich, dass er die Deutschen bei der internationalen Zoodirektorenkonferenz Anfang Juni 1950 in London begrüßen kann. Hediger ist damals gerade Präsident der *International Union of Directors of Zoological Gardens* (IUDZG, heute WAZA: *World Association of Zoos and Aquariums*).

Und noch einen Triumph erringt Bernhard Grzimek 1950 – dieses

Mal über die Frankfurter Behörden: Er lässt die Gesellschaft der Freunde des Zoologischen Gartens gründen. Eine solche »Zoo-Gesellschaft«, wie sie am 15. Februar 1950 ins Vereinsregister der Stadt Frankfurt am Main eingetragen wird, hatte es bereit 1858 zur Gründung des Frankfurter Zoos gegeben. Deshalb wird sie 1958, zum hundertjährigen Bestehen des Tiergartens, auch in »Zoologische Gesellschaft Frankfurt am Main, gegründet 1858« umbenannt. Dass nach seinen regelmäßigen Fernsehaufrufen später Millionenbeträge auf die Konten der Gesellschaft für die »Hilfe für die bedrohte Tierwelt« eingehen werden, ist zu dieser Zeit wahrscheinlich selbst für Bernhard Grzimek nicht vorstellbar.

In den Anfangstagen möchte er die Gesellschaft vorrangig als Instrument einsetzen, um Projekte genehmigt zu bekommen, die er mit einem direkten Antrag des Zoos an die Stadt nie erreichen könnte. 1950 ist das beispielsweise die Zoolotterie, die der Bürgermeister bereits abgelehnt hat. Daher schreibt Grzimek an einige namhafte Frankfurter, ob sie mit ihrem guten Namen für den Zoo eintreten würden. Sie kommen seiner Aufforderung nach: Landgerichtspräsident Johannes Becker, Staatssekretär Walter Hallstein, Bankdirektor Hans Heinrich Hauck, Staatsminister a. D. Karl Lorberg, Automobilunternehmer Georg von Opel, der spätere Bundesrichter Erwin Stein und einige andere gründen die Gesellschaft. Schon den ersten Antrag der illustren Runde auf eine Zoolotterie kann die Stadt nicht ablehnen, und bereits im ersten Jahr werden 1,7 Millionen Lose verkauft und 480 000 Mark Gewinn erzielt.

»Immer wenn die Stadtverwaltung nachteilige Entscheidungen für den Zoo plante und ich als städtischer Beamter nur begrenzt dagegen halten konnte, setzte ich Beschwerdeschreiben auf, die dann Georg von Opel oder ein anderes Mitglied des Vorstandes unterschrieben«, schreibt Bernhard Grzimek in *Auf den Mensch gekommen* über sein neues Vorgehen. Oft muss er dann im Auftrag der Stadt Antwortschreiben auf Briefe verfassen, sich somit also selbst antworten.

Auch die Finanzierung vieler Neubauten im Zoo wird über die Zoogesellschaft gesichert. Wenn sie anbietet, einen Anteil zu übernehmen, wenn die Stadt den Rest dazugibt, werden Baumaßnahmen wesentlich schneller bewilligt, als wenn Bernhard Grzimek das Geld komplett von der Stadt erbeten hätte. Und nicht nur prominente Bürger der Stadt tragen über die Gesellschaft zum weiteren Auf- und Ausbau des Frankfurter

Zoos bei: Sie hat von Anfang an auch regen Zulauf von Zoobesuchern und Tierfreunden.

Alexander Rabenau erinnert sich, dass nach den wissenschaftlichen Vorträgen im Zoo Listen ausgelegen hätten, in die man sich eintragen konnte: »Die Mitgliedschaft war damals nicht ganz billig: 15 Mark im Jahr – aber es sollte ja auch etwas zusammenkommen für den Zoo. Wir hatten damit aber freien Eintritt«, erzählt er. Der damals gerade 17-Jährige erhält die Erlaubnis seines Vaters, sich einzutragen – und bekommt auf einer rosa Karte bescheinigt, Mitglied Nummer 11 der »Gesellschaft der Freunde des Zoologischen Gartens e.V.« zu sein.

Mit der Aufnahme in den internationalen Zoodirektorenverband und der Gesellschaftsgründung laufen die Dinge für Bernhard Grzimek gut – wären da nicht immer noch die großen Querelen im deutschen Zoodirektorenverband durch Grzimeks Streit mit Heinz Heck. Letzterer legt Anfang Oktober 1950 sogar den Vorsitz des Verbandes nieder und tritt aus dem Verband aus, nachdem dieser Grzimek nach dem positiven Ausgang aller Gerichtsverfahren wieder aufgenommen hat.

Als dienstältester Zoodirektor übernimmt Richard Müller (ehemals Direktor in Königsberg, Osnabrück und Posen) Hecks Amt. Müller ist erst seit Kurzem Direktor in Wuppertal und hat durch sein »nachkriegsbedingtes Beiseitestehen«, wie er es in seinem ersten Rundschreiben an seine Kollegen im Dezember 1950 nennt, »keine nähere Kenntnis von den betrüblichen Spannungen im Kollegenkreis«. Er muss schleunigst handeln, um ein Zerbrechen des Verbandes durch diese Krise zu verhindern, und führt daher Gespräche mit Grzimek und Heck, aber auch mit anderen Kollegen.

Katharina Heinroth, Direktorin des Zoologischen Gartens zu Berlin, bezieht deutlich Stellung für Grzimek und erklärt in einem Brief an Müller: »Mein persönlicher Eindruck ist, dass die größere Schuld bei Heinz Heck liegt wegen seines skandalösen Briefes an Grzimeks Vorgesetzten, Oberbürgermeister Kolb, und anderen Dingen, die der Rechtsanwalt Praxmarer getan hat und die schließlich zur Verhaftung von Grzimek führten, hinter der ganz offensichtlich Heinz Heck steckt.« Dinge dieser Art habe Grzimek sich nie geleistet. »Er ist in keiner Weise aggressiv, während dieses Heinz Heck gegen einen Kollegen gewesen ist.«

Andere Kollegen stehen dagegen zu Heck, und so sieht es Müller als wenig sinnvoll an, auf der nächsten Versammlung eine hitzige Debatte auszutragen. Er schlägt stattdessen die Einberufung eines Ehrenrates vor, der die Angelegenheit klären soll. Bernhard Grzimek hegt hiergegen große Bedenken – zumal der Ehrenrat bereits in den ersten Monaten des Jahres 1951 zu einem Beschluss gelangen soll, wenn Grzimek, zusammen mit Sohn Michael, in Afrika sein wird. So erklärt er, dass er der Behandlung der Angelegenheit während seiner Abwesenheit nur zustimmt, wenn Landgerichtsrat Gerhard Zoebe zum juristischen Vorsitzenden des Ehrenrates bestimmt und der ehemalige Leipziger Zoodirektor Johannes Gebbing im Ehrenrat als sein Vertreter eingesetzt wird. Grzimek weiß, dass er sich auf Zoebe und Gebbing verlassen kann, denn mit Zoebe ist er freundschaftlich verbunden und Gebbings Sohn Johannes junior wohnt während seines Zoologiestudiums gerade bei den Grzimeks.

Noch am 31. Dezember 1950 schreibt Bernhard Grzimek an Müller: »Ich möchte davor warnen, mich in meiner Abwesenheit irgendwie vor vollendete Tatsachen stellen zu wollen. Ich bin über meine Frau ... in der Zwischenzeit erreichbar.«

Und so fliegt er in der zweiten Januarwoche 1951 zum ersten Mal nach Afrika – auf den Kontinent, der ihn zeit seines Lebens nicht mehr loslassen wird.

ABENTEUER AFRIKA,
ABENTEUER FERNSEHEN

»Ich weiß, dass sich Hunderttausende vergeblich sehnen, so
wie ich in den ersten Jahrzehnten meines Lebens, nach diesem
Afrika, das heute schon halb elektrifiziert, radioüberstrahlt,
von Staatsgrenzen zerschnitten – aber immer noch das letzte
Paradies unserer Sehnsüchte ist.«

Bernhard Grzimek in *Kein Platz für Wilde Tiere*

Auf nach Afrika! Bernhard Grzimek hat lange darauf gewartet, die »Brüder meiner Zooinsassen in Freiheit zu sehen«. Seine Sorge, dass der Mensch die Bestände der wilden Tiere immer mehr reduzieren wird, wächst unaufhaltsam. Noch fast zwei Jahrzehnte werden vergehen, bis sich der Club of Rome gründet, um über das Wachstum der Menschheit und Themen wie Ernährung, Energie, Rohstoffe und Umwelt zu diskutieren. Doch Bernhard Grzimek schreibt bereits im Winter 1951/52 im Vorwort von *Flug ins Schimpansenland*: »Und doch ist es aus dutzenderlei Gründen wichtig, das freie Tierleben kennenzulernen. Es wird nämlich immer seltener, erschreckend schnell. Die Menschen vermehren sich grausam rasch, seit die moderne Medizin und Hygiene die Kindersterblichkeit und die großen Seuchen überwunden hat.«

Seine Befürchtung, dass die Menschen bereits am Ende des 20. Jahrhunderts Elefanten, Nashörner, Tiger, Tapire und viele andere Tiere nur noch aus Filmen und Büchern kennen, bewahrheitet sich zum Glück nicht. In diesen Tagen, lange bevor er zum öffentlichen Mahner auf diesem Gebiet wird, schreibt er jedoch auch: »Ein paar vernünftige Leute bemühen sich, in Deutschland, Afrika, Russland und Amerika einige letzte Naturschutzgebiete zu schaffen, die unseren behaarten Brüdern vorbehalten bleiben sollen. Es ist ein verzweifeltes und vielleicht fragwürdiges Bemühen ... Um nun wilde Tiere in begrenzten Schutzgebieten, und meistens nicht in den fruchtbarsten Weidegegenden, zu hegen, muss man einigermaßen im Bilde sein, wie sie leben. Wer Gutes tun will, muss erst wissen, was guttut.«

Doch selbst für einen Zoodirektor ist es damals nicht einfach, eine

Reise nach Afrika zu unternehmen. Schon geraume Zeit hat sich Grzimek darum bemüht, als er Mitte 1950 den ehemaligen Frankfurter Juwelenhändler Abraham über einen Bekannten kennenlernt. Abraham
war 1936 aus Deutschland geflohen und hatte schließlich im Inland der
Elfenbeinküste eine neue Heimat gefunden. Bei einem Kaffee in der
Wohnung des Zoodirektors lädt er Bernhard Grzimek ein, ihn dort auf
seinem Anwesen zu besuchen. Da Grzimek für das Visum eine schriftliche Einladung braucht, lässt Abraham seine zwölfjährige Tochter Flora
diese gleich noch in der Wohnung der Grzimeks auf der Schreibmaschine tippen.

Dennoch erteilt der Generalgouverneur von Französisch-Westafrika
in Dakar Bernhard Grzimek vorerst keine Einreiseerlaubnis. Es folgen
viele Gespräche, Behördengänge und eine langwierige Korrespondenz
zwischen Frankfurt, Dakar und Paris, bis schließlich kurz vor Weihnachten 1950 der französische Generalkonsul im Zoo anruft und die frohe
Botschaft übermittelt: Das Visum ist genehmigt. »Wie der Frühling persönlich kam mein Mann hereingetanzt, rief mir die gute Nachricht zu,
hob mich hoch und drückte mich fest an sich«, erinnert sich Hildegard
Grzimek später in *Tiere, meine lieben Hausgenossen*.

Vor lauter Übermut bricht Bernhard Grzimek seiner zarten Frau bei
dieser Aktion eine Rippe und gleichzeitig eine zweite an. Als sie deshalb
laut aufschreit, beißt ihn die aufgebrachte Schimpansin Kathrin, Hildegards Pflegekind, kräftig ins Bein. So bringt das Visum für Afrika die
beiden vorerst ins Rote-Kreuz-Krankenhaus, um die Ecke des Zoos.

Viel Zeit für Reisevorbereitungen bleibt nicht, denn bereits in der
zweiten Januarwoche 1951 soll es losgehen. Für den 16-jährigen Michael,
der seinen Vater begleiten und beim Filmen und Fotografieren helfen soll,
muss Grzimek beim Kultusministerium in Wiesbaden eine Beurlaubung
von der Schule beantragen. Neben den erforderlichen Impfungen, der
Beschaffung von Devisen und der Zusammenstellung einer Reiseapo-
theke inklusive verschiedener Gegengifte für Schlangenbisse beschäftigt
die beiden Männer besonders ihre Kleidung. »Es wurde noch empfohlen,
mit Helm und Stiefeln zu reisen. Es wurde dann alles extra angefertigt,
richtige Tropenuniformen: Helme, Stiefel, Hemden, Jacken und Hosen«,
erinnert sich Erika Grzimek, die Michael 1949 in der Tanzschule kennengelernt hatte. Er sei ein gut aussehender junger Mann gewesen, groß

172

und schlank, berichtet sie: »Andere haben oft zu mir gesagt: ›Der hätte mir auch gefallen.‹«

Irgendwann lädt Michael Erika zu einem Zoospaziergang ein, und sie ist irritiert, dass ihn alle Tierpfleger grüßen. Obwohl sich das junge Paar bereits seit Wochen immer sonntags zum Tanzstundentee trifft, hat Michael ihr noch nichts über seine Verbindung zum Zoo erzählt. Erst im Winter 1949/50 wird sie schließlich Bernhard, Hildegard und Rochus Grzimek vorgestellt.

Anfang Januar 1951 heißt es jedenfalls für drei Monate Abschied zu nehmen. Doch wie auch bei späteren Reisen vermeiden Vater und Sohn gefühlsduselige Momente und machen sich ohne großes Aufsehen kurz nach Hildegard Grzimeks 40. Geburtstag, den sie noch am 10. Januar 1951 gefeiert haben, mit der Air France über Paris auf den Weg nach Dakar, heute Hauptstadt des Senegals, damals Hauptstadt von Französisch-Westafrika. Einen Tag später fliegen sie weiter nach Kayes, das damals noch die Hauptstadt der Kolonie Französisch-Sudan ist (heute Mali). Mit einer kleineren Maschine und weiteren Zwischenstopps erreichen sie schließlich das erste Ziel ihrer Reise: Bouaké. Hier, im Zentrum der Elfenbeinküste, erwartet sie ihr Gastgeber Abraham.

Michael und Bernhard Grzimek wählen Bouaké zum Basislager und brechen von hier aus auf einem Lastwagen, den Abraham ihnen zur Verfügung stellt, oder auch per Anhalter zu ihren Touren auf – die Kultur und die Tiere des Landes erforschend.

Sie müssen eine Erscheinung gewesen sein, die beiden groß gewachsenen, blonden Deutschen in ihren hohen schwarzen Stiefeln und den maßgeschneiderten Hemden – zu denen sie schon nach kurzer Zeit, der Hitze wegen, kurze Hosen tragen. »Ob alle Deutschen so groß wären, werden wir gefragt, ›auch Ihre Frau?‹«, schreibt Bernhard Grzimek 1952 in *Flug ins Schimpansenland*, seinem Buch über die Reise, das 1963 unter dem Titel *Wir lebten mit den Baule* noch einmal neu erscheint. Manches, was er damals schreibt, mutet aus heutiger Sicht befremdlich an. So berichtet er unter anderem von »einem meiner Boys«, der ihm und Michael während der Reise hilft, davon, wie schwierig es sei, »das Alter von Schwarzen zu bestimmen« – und immer wieder von Frauen, »die nur von den Hüften an abwärts bekleidet waren«. Gerne zeigt er diese auf diversen Fotos, mal mit sich selbst, mal mit Michael, und vermischt dabei geschickt das wissenschaftliche Interesse an der Kultur mit der Anziehungskraft dieser Schilderungen und Bilder auf die deutschen Leser.

Es darf jedoch nicht vergessen werden, dass wir zwar heute über solche Fotos lächeln, es zu dieser Zeit in Deutschland aber noch sehr prüde zugeht. Immerhin ist es bis 1969 gesetzlich verboten, ein »außereheliches Zusammensein« zu tolerieren. Auch *Political Correctness* ist noch kein Begriff, und wenn die Wörter »Boy«, »Neger« und »Schwarzer« munter die Seiten füllen, so ist das schlicht als Dokument der Zeit zu verstehen.

Bernhard Grzimek fühlt sich nicht überlegen. Im Gegenteil: Immer wieder schildert er Begebenheiten, die seinen Respekt vor den Afrikanern zeigen. Über eine der ersten großen Diskussionen, der er in einer großen Menschenansammlung beiwohnt und bei der trotzdem niemand durcheinanderbrüllt, schreibt er zum Beispiel: »Auch diese Sitten sind bei unseren jungen Erfahrungen in der demokratischen Selbstverwaltung leider selbst in ›Hohen Häusern‹ noch nicht so eingeführt wie in solchen entlegenen Negerdörfern.«

Bernhard Grzimek drängt es, die ersten frei lebenden Flusspferde seines Lebens zu sehen. So fahren und marschieren Vater und Sohn auf verschlungenen Pfaden entlang der Flüsse, beobachten Flusspferde und Affen, besuchen Dörfer, in denen ausschließlich Leprakranke leben, gehen in Kinos, die zwar Wände, aber wegen der großen Hitze kein Dach haben und die Filme somit unter dem funkelnden Sternenhimmel zeigen, lassen sich alte Sagen erzählen und klettern immer wieder auf überfüllte Lastwagen, um ein Stück des Weges mitzufahren.

Sie leben bescheiden, oft als Gäste in den Hütten der kleinen Dörfer, durch die sie kommen. Im neu gegründeten Naturschutzreservat in den Nimbabergen, im heutigen Dreiländereck von Guinea, Liberia und der Republik Elfenbeinküste, können sie allerdings die Forschungsstation beziehen – »ein wahres Paradies in den unerforschten Wäldern!«, wie Bernhard Grzimek später schreibt – und sich als erste Nichtfranzosen in das Gästebuch eintragen. Sie sind gekommen, um Schimpansen zu beobachten. Und es gelingt ihnen, nach Tagen anstrengender Waldmärsche, langen Stunden vergeblichen Wartens und immer wieder geneckt durch die Rufe der Menschenaffen in der Ferne, die trotzdem lange unerreichbar bleiben. Zwar währt ihr Zusammentreffen mit einer Gruppe Schimpansen schließlich nur wenige Augenblicke. Aber in diesen haben Vater und Sohn ihre Foto- und Filmkameras (eine Rolleiflex und eine Bolex, sechzehn Millimeter, noch zum Aufkurbeln) im Dauereinsatz.

»Gerade weil ich zehn Tage Mühe, Fieber und Strapazen an ein paar gute Schimpansenbilder gewandt habe«, schreibt Bernhard Grzimek darüber, »imponiert mir heute ein gutes Foto von einem Tier in freier Wildbahn weit mehr als ein Gorillaschädel, ein Vierzehnendergeweih, eine Löwenhaut oder andere Jagdtrophäen.«

Von Anfang an sollte die Reise keine Tierfangexpedition werden. Die Aufnahmen und die Tierbeobachtungen stehen für Bernhard Grzimek im Vordergrund. Umso mehr muss es ihn geärgert haben, dass Michael und er die Waldelefanten, die regelmäßig eine Bananenplantage verwüsten, noch weniger als die Schimpansen zu Gesicht bekommen. Und das, obwohl sich die beiden Männer schon frühmorgens in der Plantage auf die Lauer legen. Dafür wird Michael während dieser Zeit von einer Giftschlange gebissen (erholt sich aber dank des entsprechenden Serums nach zwei Tagen), und die beiden verirren sich auf ihrer Suche nach den Rüsseltieren sogar für zwei Tage im Wald.

Schließlich, kurz vor ihrem geplanten Rückflug, wird Bernhard Grzimek doch noch schwach; als ihm aus Privatbesitz drei Schimpansen zum Kauf angeboten werden, kann er nicht widerstehen. Der Zoodirektor hat Glück, dass er noch vor der Abreise in Paris »für alle Fälle« die Erlaubnis zur Ausfuhr einiger Menschenaffen bewirkt hat. Doch jetzt spricht sich schnell herum, dass die »beiden Amerikaner«, für die sie oft gehalten werden, Geld für Tiere ausgeben. Und so nehmen sie schließlich neben den Schimpansen auch Kisten voller Meerkatzen, Mangaben und anderer Affen, Schleichkatzen und Vögel mit zurück nach Bouaké.

Doch wie sollen sie die wertvolle Fracht nach Frankfurt bringen? Im Flugzeug scheint es unmöglich, und wenn, dann wäre es unbezahlbar, notiert Bernhard Grzimek später. Er selbst muss zurück nach Frankfurt, da er nur begrenzt Urlaub hat, und so vertraut er dem erst sechzehn Jahre alten Michael an, die Tiere auf einem winzigen Dampfer nach Hamburg zu begleiten. Michael, der erst drei Monate Schulfranzösisch hatte, muss nach dem Abflug seines Vaters allein mit den Tieren mit der Schmalspurbahn an die Küste fahren, bevor er sich mit der *Joseph Blot* auf den Weg machen kann. Den Umgang mit Tieren hat er von klein auf gelernt. Und Improvisationstalent, für solch ein Unterfangen sicherlich eine gute Eigenschaft, hat er schon als forscher 12-Jähriger bewiesen, als er sich den Rhesusaffen August auf den Gepäckträger setzte, an die Mannheimer Autobahn radelte und als lebende Zooreklame regelmäßig mit Rucksackladungen von Orangen, Nüssen und Süßigkeiten, die ihm die vorbeifahrenden Amerikaner zugesteckt hatten, nach Hause kam.

In einem Aufsatz für sein Frankfurter Gymnasium schildert Michael Grzimek später das Abenteuer der Überfahrt: Wie er die Affen gegen Seekrankheit und bei Bisswunden verarztet hat. Wie er bei jedem Wetter über die Ladung glitschiger Baumstämme balancieren musste, um zu den Tieren zu gelangen. Wie er selbst unter Übelkeit und Fieber litt und es zum Essen nur Rotwein gab, was für den jungen Frankfurter gewiss keine reine Freude war. Wie er schließlich eine große Pythonschlange frei in seiner Kabine herumkriechen ließ, weil die Mannschaft immer darin herumschnüffelte – und wie die Schlange dabei leider in den Mannschaftsraum entwich.

Im Hamburger Zollhafen wird er schließlich, nach wochenlanger Fahrt, Mitte April 1951 von seinem Vater und Journalisten in Empfang genommen. »Er war schrecklich krank, ganz braun-gelb im Gesicht«, erinnert sich Erika Grzimek. »Er kam sofort für drei Wochen ins Krankenhaus, wurde dann durch alle Tropeninstitute geschickt und hatte immer wieder hohes Fieber und Schüttelfrost. Diese Schübe kamen alle vier Wochen wieder, noch zwei Jahre lang. Dann war es plötzlich vorbei.« Malaria kann nicht nachgewiesen werden. Auch der Verdacht auf Spaltpilze in der Lunge erweist sich als falsch. Doch Erika Grzimek vermutet noch heute, dass Michael sich damals vielleicht dadurch etwas eingefangen hat, dass er auf Wiesen immer einen Grashalm abrupfte und in den Mund steckte. In Afrika angesichts der vielen Tiere und tropischen Erreger vielleicht nicht die beste Idee.

Anders als sein Sohn ist Bernhard Grzimek bereits in der letzten Märzwoche 1951 nach Frankfurt zurückgekehrt. Auf seinem Schreibtisch stapelt sich die Post. Immer noch wird innerhalb des Verbands der Zoodirektoren ausgiebig wegen des Streits zwischen ihm und Heinz Heck korrespondiert. Der Ehrenrat wurde wegen Unstimmigkeiten über die Vorgehensweise noch nicht einberufen, und nach Heinz Heck drohen nun auch weitere Zoodirektoren mit ihrem Austritt. Verzweifelt bemüht

sich der Vorsitzende Richard Müller, die Vereinigung zusammenzu-
halten, doch er kann die Spaltung nicht mehr aufhalten: Am 6. April
1951 teilt Heinz Heck ihm schriftlich mit, dass er seine Angelegenheiten
nicht mehr von diesem Verband verhandeln lassen wolle und er wünsche, »nunmehr endgültig mit diesem Verbande ... nicht das Geringste
mehr zu tun zu haben«. Auch Georg Steinbacher, Grzimeks Vorgänger
in Frankfurt, tritt aus dem Verband aus, ebenso die Direktoren Hermann Junker (Bremerhaven), Hans-Georg Thienemann (Duisburg) und
Ludwig Zukowsky (Münster).

Müller befürchtet, dass auch Bernhard Grzimek hinschmeißen und
das »medienträchtig nutzen« könnte. Er sagt die für Mai 1951 einberufene
Zoodirektorenkonferenz ab und beschließt mit den Kollegen Hermann
Steinmetz (Gelsenkirchen) und Werner Zahn (Köln) schweren Herzens
die Auflösung des Verbandes. Doch noch bevor es zu der geplanten
Selbstauflösung kommen kann, geht Heinz Heck zur Gegeninitiative
über. Indem er Müller noch einmal darauf hinweist, dass der Verband
der Zoodirektoren nur noch wenige Mitglieder zählt und damit für ihn
»die Berechtigung entfällt, sich als Repräsentant der deutschen Zoodirektoren zu bezeichnen und als solcher aufzutreten«, gründet er mit einigen der ausgetretenen Kollegen den »Verband deutscher Tiergärtner und
Wildtierhalter e.V.«. Das lässt den Kampfgeist der im Zoodirektorenverband verbliebenen Mitglieder noch einmal auflodern, und besonders
Bernhard Grzimek spricht sich ausdrücklich für den Weiterbestand des
alten Verbandes aus.

Bei einem Treffen in Wuppertal vom 31. Mai auf den 1. Juni 1951, an
dem auch Bernhard Grzimek und Katharina Heinroth auf ihrer Durchreise zur Internationalen Zoodirektorenkonferenz in Amsterdam teilnehmen, beschließen sie den Fortbestand. »Bis dahin hatte es Grzimek
schwer«, erinnert sich Heinz-Georg Klös später. »Aber ab da hat er sich
im Verband durchgesetzt und war am Ende der absolute Boss. Zumal
er auch seinen ehemaligen Assistenten Dr. Alfred Seitz als Direktor des
Zoos nach Nürnberg gebracht hatte – und damit quasi zwei Zoos hatte.
Der Heck'sche Verband hat sich dagegen nie bewährt. Als Erster fiel Zu-
ckowsky aus Münster um, dann Junker, und beide kamen zurück in unseren Verband. Thienemann ist sehr spät umgefallen. Heinz Heck ist nie
wieder zurückgekommen.«

Mit der Auflösung des neuen Verbands haben die Auseinandersetzungen zwischen Heck und Grzimek nach fast vier Jahren ein Ende. In den knapp zwanzig Jahren, die beide noch als Zoodirektoren wirken werden, gehen sie sich aus dem Weg. Dass Bernhard Grzimek dabei keineswegs nachtragend reagiert und auch Heinz Heck zu differenzieren versteht, zeigt sich in den Sechzigerjahren: als Lutz Heck, Heinz Hecks Neffe, in den Vorstand des Münchener Tierparks Hellabrunn gewählt wird und in den Zoodirektorenverband eintreten will. »Mein Onkel sagte, dass ich das natürlich tun solle«, erinnert sich Lutz Heck. »Und als auf der Konferenz, auf der über meine Aufnahme abgestimmt werden sollte, wegen der alten Streitereien getuschelt wurde, sagte Bernhard Grzimek in seiner Rede nur: ›Mir ist zu Ohren gekommen, dass hier diskutiert wird, ob wir den jungen Lutz Heck in den Verband aufnehmen sollen. Das finde ich eine völlig überflüssige Frage – für mich ist das ganz selbstverständlich. Die Zeiten der Familienverfolgungen sind vorbei.‹ Wir haben uns dann wunderbar verstanden.«

Anfang der Fünfzigerjahre wird Bernhard Grzimek jedoch erleichtert gewesen sein, aus der ganzen Affäre unbeschadet und sogar mit gestärkter Position herausgegangen zu sein. Er nutzt seine Afrikareise, um sein öffentliches Renommee zu untermauern und bemüht sich zusätzlich zu den samstäglichen Rundfunksendungen im *Südwestfunk* – bis zum Beginn seiner Fernsehsendungen 1956 wird er mehr als vierhundert Beiträge verfasst haben – wieder um mehr Veröffentlichungen. So schließt er Mitte August 1951 einen Vertrag mit der Illustrierten *Wochenend*, in dem vereinbart wird, dass in jeder zweiten Ausgabe fünf Seiten mit seinen Fotos erscheinen.

Der Posten des Zoodirektors allein reicht ihm nicht mehr. Bernhard Grzimek will mehr. In seinen Lebenserinnerungen schreibt er später: »In der ersten Hälfte der fünfziger Jahre ist mir wohl klar geworden, dass ich zeitlebens Zoodirektor bleiben würde und nicht nur vorübergehend für die ersten Nachkriegsjahre, wie ich es ursprünglich gewollt hatte. Wenn man sich einmal etwas Zeit nimmt und über diesen Beruf nachdenkt, dann kann man sich leicht als Gefängnisdirektor vorkommen.«

Doch Grzimek weiß um die Aufgabe und die Bedeutung der Zoologischen Gärten, und er beginnt, aus seiner sicheren Anstellung heraus

178

seine Vorteile zu nutzen, und baut weiter aus, was mit populären Artikeln in Zeitschriften und Büchern begann.

In diesen Jahren mag er angefangen haben, sich als Vermittler zu sehen – als Vermittler zwischen Tieren und Menschen, zwischen Wissenschaft und Wirtschaft. Später wird noch die Politik hinzukommen. Dass er sich dabei in einer Sache grundlegend irrt, lässt einen heute rückblickend schmunzeln. Ausgerechnet 1951, im Jahr der Gründung des Serengeti Nationalparks, dessen Name nur wenige Jahre später auf ewig mit dem von Bernhard Grzimek verbunden sein wird, schreibt er: »Ich bin beileibe kein Experte für Afrika, und ich werde es nicht sein, auch wenn mir das Schicksal es gestattet, noch Dutzend Mal hinzufahren.«

Immerhin hält seine Fehleinschätzung ihn schon damals nicht davon ab, seine Beobachtungen der Tiere im afrikanischen Freiland mit denen der gefangenen Tiere zu vermischen und mit den gewonnenen Erkenntnissen an die Universität zu streben. Denn Grzimek möchte die während des Kriegs an der Tierärztlichen Hochschule in Hannover begonnenen Vorlesungen in Tierpsychologie weiterführen. Was ihm direkt nach Kriegsende in Frankfurt nicht möglich war, da die Universität erst wieder zum Sommersemester 1946 öffnete, versucht er nun an der Justus-Liebig-Universität in Gießen. Allerdings reagierte die dortige Veterinärmedizinische Fakultät zunächst zurückhaltend auf Grzimeks Drängen nach einem Lehrauftrag. Obwohl er sogar bereit gewesen wäre, einen unbesoldeten Lehrauftrag für Tierpsychologie zu übernehmen, hält schließlich ein Fakultätsangehöriger die Vorlesung. Erst fünf Jahre später gelingt Grzimek der Weg zurück an die Universität.

Sein Forscherdrang bleibt in der Zwischenzeit ungebrochen. Am 11. Dezember 1951 schreibt Bernhard Grzimek zum Beispiel dem Direktor der Zoological Society of Glasgow and West of Scotland, er habe gehört, dass es einigen Journalisten gelungen sei, Fotos des Monsters von Loch Ness zu machen. Ob es darüber schon wissenschaftliche Publikationen gebe? Wenn nicht, würde er sich sehr freuen, wenn man ihm Material darüber schicken könnte! Wenn nur der Hauch einer Chance besteht, dass dort tatsächlich ein ungewöhnliches Tier lebt, will Grzimek dem auf den Grund gehen. Sollte es hingegen endlich einen Beweis für einen »Streich« geben, würde er auch das nur zu gerne aufklären.

Medienwirksame Themen liegen ihm nun einmal. Deshalb muss er sich jedoch Anfang 1952 in einer anderen Sache gegenüber der Frankfurter Stadtverwaltung rechtfertigen. Am 11. Januar 1952 wird nämlich der Kinofilm *Gift im Zoo* uraufgeführt, der deutlich auf den zurückliegenden Tiervergiftungen fußt. Obwohl Bernhard Grzimek bereits zwei Jahre zuvor gegenüber der Stadt beteuert hat, seine Mitwirkung an dem Film »in letzter Minute« zurückgezogen zu haben, bittet der Magistrat Bürgermeister Walter Leiske noch einmal, mit Grzimek über sein Engagement in dieser Sache zu reden.

In einem Brief an Oberbürgermeister Walter Kolb schreibt Bernhard Grzimek daraufhin am 8. Januar 1952, er habe »sehr verlockende Angebote, mich schriftstellerisch über das Kesseltreiben gegen den Frankfurter Zoologischen Garten und mich selbst zu äußern, bisher stets abgelehnt, weil mir dies im Interesse der Stadtverwaltung und des Zoologischen Gartens für richtig erschien«. Dies, so Grzimek, sei ihm jedoch sehr schwergefallen, da ihn ein mit dem ehemaligen Polizeipräsidenten befreundeter Lokalredakteur jahrelang bei jeder Gelegenheit öffentlich angegriffen habe. Er ergänzt: »Die Behauptung einer Zeitung, dass ich der spiritus rector des fraglichen Filmes sei, ist sofort von mir und dem Produktionschef der Camera Filmproduktion GmbH, Herrn Matthes, in aller Form dementiert worden. Ich kenne den fraglichen Film bisher noch nicht.«

Rochus Grzimek erinnert sich, dass die Filmleute bereits im Sommer 1948 versucht haben, Kontakt zu seinem Vater aufzunehmen. An einem Sonntagmittag hätten sie geklingelt, als die Familie gerade am Mittagstisch gesessen habe: »Mein Vater empörte sich: ›Eine Unverschämtheit, am Sonntag zur Mittagzeit!‹ Die beiden mussten dann sehr lange warten, bis er sie empfangen hat. Es stellte sich heraus, dass es sich um eine damals sehr bekannte Schauspielerin handelte und ihren Mann, der Regisseur war.«

Irene von Meyendorf, bekannt unter anderem durch *Lange Beine – lange Finger,* und ihr zweiter Mann, der Filmproduzent Joachim Matthes, wollten mit Grzimek die Geschichte der Tiervergiftungen verfilmen. »Es war ja gerade die Zeit, wo mein Vater entlassen war und keine Einnahmen hatte«, berichtet Rochus Grzimek weiter: »Die beiden sicherten ihm für ein sogenanntes Treatment, eineinhalb Schreibmaschinenseiten, 20 000 Mark zu. Das hat er auch geschrieben. Er sollte dann im Film mitwirken, aber dann wurde es ihm zu brenzlig, als er wieder ins Amt kam.«

Ob Bernhard Grzimek das Geld für das Treatment je bekommen hat, ist fraglich. Der Film wird jedenfalls ohne ihn in Hamburg produziert, die Außenaufnahmen mit dem späteren Berliner Staatsschauspieler Carl Raddatz (unter anderem *Immensee*) als Zoodirektor und Irene von Meyendorf als Dompteuse in Hagenbecks Tierpark gedreht. Bernhard Grzimek sieht das Werk erst nach der Uraufführung Anfang 1952.

Für den Frankfurter Zoodirektor sind zu dieser Zeit andere Dinge wichtiger: Per Magistrats- und Stadtverordnetenbeschluss ist Mitte Dezember 1951 die von ihm lange geforderte Zooerweiterung endgültig genehmigt worden. Nachdem Grzimek in den ersten Nachkriegsjahren mehr oder weniger illegal Straßenzüge für den Zoo hatte absperren lassen, wird jetzt am nördlichen Ende des Zoos ein Gelände offiziell dem Zoo zugeschlagen. Doch das Areal kann nicht sofort bebaut werden: Noch stehen auf ihm und an seinen Rändern etliche alte Gebäude, die zum Teil noch bewohnt sind. Ersatzwohnungen für die Bewohner zu finden und diese umzusiedeln stellt sich als langwieriger Prozess heraus. Denn einige Mieter weigern sich, die Wohnungen zu verlassen, und in andere bereits leerstehende Wohnungen ziehen über Nacht wieder Menschen ein. »Wir haben uns dann so geholfen, dass wir nach dem Freiwerden einer Wohnung sofort die Fensterkreuze zerschlagen, die Türen ausgehoben und die Bodenbretter zerstört haben. Denn Menschen gewaltsam durch die Polizei herausbringen zu lassen, wozu wir berechtigt gewesen wären, konnten wir uns nicht leisten. Ich sah schon im Voraus die Schlagzeilen in den Frankfurter Zeitungen: ›Menschen müssen Affen weichen!‹«, schreibt Bernhard Grzimek über die Jahre des Kampfes um das Erweiterungsgelände.

Ein paar Mal springt die Zoogesellschaft helfend ein und kauft Grundstücke kurzerhand auf, die auf diesem Gelände liegen und noch in Privathand sind. Gegen einen Hausbesitzer, der partout nicht klein beigeben will und seinen Laden weiter betreibt, geht Bernhard Grzimek jedoch auf seine Art und Weise vor: Er lässt direkt in der Nähe des Hauses die Container abstellen, in denen die alten Knochen und Abfälle des Zoos abgeladen werden. Der Gestank tut sein Übriges – das Grundstück wird für den Zoo frei. Trotz dieser List wird es aber noch fünfzehn Jahre dauern, bis 1967 auch das letzte Haus abgerissen werden kann. 1959 ist das Gelände jedoch schon so weit geräumt, dass die Affenfreianlagen für die Mantelpaviane eingeweiht werden können.

Mitte April 1952, nur wenige Tage, bevor Bernhard Grzimek zu seiner ersten Südamerikareise aufbricht, tritt ein Mann in den Dienst des Zoos, der in den nächsten zwei Jahrzehnten »der Mann hinter Grzimek« sein wird. Es ist Richard Faust, damals vierundzwanzig Jahre alt, ein frisch promovierter Zoologe, der von der Uni Mainz als wissenschaftliche Hilfskraft nach Frankfurt wechselt. »Mein Mann und ich hatten gemeinsam in Mainz bei Professor Wolfgang von Buddenbrock studiert und promoviert«, erinnert sich Ingrid Faust, Richard Fausts erste Ehefrau, an diese Zeit. »Eines Tages bekam Buddenbrock einen Brief von Herrn Dr. Grzimek, ob er ihm jemanden für seine Assistentenstelle empfehlen könne. Mein Mann hatte vorher über die Flugfähigkeit von Insekten gearbeitet, aber er war begeistert von der neuen Aufgabe.«

So unterschiedlich die beiden Männer sind, so gut arbeiten sie zusammen. Grzimek ist der Medienmann, der keinen Auftritt scheut, um dem Zoo zu dienen. Faust ist der manchmal fast menschenscheue Wissenschaftler, der die Arbeit akribisch erledigt und seinem Chef so den Rücken freihält. »Mein Mann war sparsam mit seinen Urteilen. Aber ich weiß, dass er Grzimek im Laufe der Zusammenarbeit als eine Persönlichkeit geschätzt hat und froh war, mit ihm zusammenarbeiten zu dürfen. Er sah ihn nicht als Vorbild, sondern die beiden haben sich gegenseitig ergänzt. Das haben beide so empfunden. Grzimek und mein Mann hatten ein freundschaftliches Verhältnis – so verschieden sie waren«, sagt Ingrid Faust.

Genau zwei Tage bleiben den beiden Männern, die sich zeitlebens siezen, für eine erste Einweisung. Dann fliegt Bernhard Grzimek nach Venezuela. Der ehemalige Pathologieprofessor an der Universität Frankfurt, Rudolf Jaffé, hat ihn eingeladen, an der Universität Caracas Vorträge über Tierpsychologie und Tiergartenwesen zu halten. Grzimek muss für die vierwöchige Reise zwar Urlaub nehmen, bekommt aber durch die Vorträge den Aufenthalt und den Flug bezahlt. Die Vorträge muss Grzimek allerdings auf Spanisch halten. Der Fremdsprache nicht mächtig, heuert er daraufhin kurzerhand noch einen südamerikanischen

Studenten in Frankfurt an, der den Vortrag übersetzt und mit dem Zoo-direktor die Aussprache trainiert.

Und es funktioniert. Bernhard Grzimek lebt in Caracas bei Profes-sor Jaffé und bereist von dort aus das Land. Er besucht Venezuelas ers-ten Nationalpark Rancho Grande, der im folgenden Jahr nach seinem Begründer Henri Pittier benannt wird, und übernachtet dort bei dem bekannten deutschen Zoologen und Tibetforscher Ernst Schäfer. Dieser hatte seine dritte Tibetexpedition im Auftrag der ss-Organisation »Ah-nenerbe« durchgeführt und war daher im Deutschland der Nachkriegs-zeit nicht wohlgelitten.

Grzimek reist weiter ans Meer, beobachtet Pelikane beim Fischen und große Scharen von Flussschildkröten im Orinoco-Fluss. Auf der Rück-reise stoppt er, wie schon auf der Hinreise, in New York und besucht den Zoo und das Naturhistorische Museum. Noch am Tag seiner Rück-kehr, dem 17. Mai 1952, gibt er stolz die Pressemitteilung heraus, dass er während seines Aufenthalts offiziell von der venezolanischen Regierung aufgefordert worden war, »ein Gutachten über den Bau eines großen tro-pischen Zoos in der aufblühenden Hauptstadt Caracas abzugeben und das dafür in Frage kommende Gelände auszusuchen«.

Die zweite Hälfte des Jahres 1952 steht für Bernhard Grzimek dann im Zeichen der Zusammenkünfte. Zum ersten Mal in seiner Amtszeit lädt er die deutschen Zoodirektoren im September 1952 zur Konferenz nach Frankfurt ein. Bereits einige Tage später reist er zur internationalen Zoodirektorenkonferenz nach Rom.

Besonders wichtig ist ihm jedoch die letzte große Zusammenkunft des Jahres am 28. Dezember 1952 im Frankfurter Zoo: Initiiert von sei-nem Vetter zweiten Grades, Günther Grzimek (für den er als Student den Hof bewirtschaftet hatte), gründet sich der »Familienverband Grzi-mek«. Neunundzwanzig Grzimeks kommen bei diesem ersten Treffen in Frankfurt zusammen, das von da an regelmäßig alle zwei Jahre stattfin-det – heute mit mehr als hundert Grzimeks aus der ganzen Welt.

In den ersten Jahren bis 1956, in denen Bernhard Grzimek zweiter Vorsitzender des Verbandes ist, finden die Treffen bei ihm im Frankfurter Zoo statt. Danach pendeln sie sich lange Jahre in Oberursel im Taunus ein, im Hotel Waldesruh. »Er hat immer gesagt: ›Wenn es woanders ist, komme ich nicht‹«, erinnert sich Erika Grzimek. So aber ist er jedes

Mal dabei und fährt auch begeistert bei allen Touren mit, die aus dem Familienverband heraus in die alte Heimat organisiert werden – Bernhard Grzimeks Herz hängt noch immer an seiner Geburtsstadt Neisse, die im März 1945 von der Roten Armee erobert und zu fünfundsiebzig Prozent zerstört worden war. Bei Touren mit einem gemieteten Omnibus fährt die Familie in einigen Jahren vierzehn Tage lang alle Gebiete der Kindheit der Neisser Grzimek-Kinder an: Breslau, Neisse, Glogau, Oberglogau.

Im Zoo gehen 1953 die Baumaßnahmen mit großen Schritten voran. Im Aquarium wird neben einer Krokodillandschaft auch die große Reptilienhalle im Rohbau fertig, und im bisher nur behelfsmäßig geflickten Elefantenhaus wird mit dem Wiederaufbau begonnen. Auch der Wirtschaftshof entsteht auf einer Erweiterungsfläche neu. Für die Zoobesucher ist der Fortschritt am Zoogesellschaftshaus sicherlich am auffälligsten: Endlich wieder mit Fenstern versehen, sieht das prachtvolle Gebäude schon fast wieder aus wie früher.

Besonders stolz ist Bernhard Grzimek aber auf die Eröffnung des ersten großen Neubaus: des Giraffen- und Antilopenhauses, das Bürgermeister Walter Leiske am 7. Oktober 1953 einweiht. Die große Anlage mit drei Freigehegen hat Grzimek zusammen mit einem Architekten und dem Oberbaurat selbst entworfen. Dazu war er Anfang 1952 eigens zur Begutachtung des Giraffenhauses in den Zoo nach Kopenhagen gefahren. Von hier und auch aus dem Rotterdamer Zoo bekommt er Pläne der Giraffenhäuser zur Verfügung gestellt. Die Realisierung in Frankfurt ermöglicht eine Spende der Zoogesellschaft über 340 000 Mark. Grzimeks besondere Idee für Frankfurt: Die Giraffen stehen einen Meter höher als die Besucher – damit die imposanten Tiere *noch* größer wirken.

Den Lärm und Dreck, den Bauarbeiten mit sich bringen, erträgt Bernhard Grzimek aber nur schwer. Er schätzt Ordnung und Sauberkeit, geht während seiner Visiten in den Tierhäusern schon einmal mit der Fingerspitze über Türrahmen, um zu überprüfen, ob die Tierpfleger richtig staubgewischt haben, und hämmert kleine Trennwände in seine Schreibtischschubladen, damit Stifte und andere Kleinteile nicht durcheinanderfallen. Dafür, dass sich große Bauvorhaben nicht ohne optische und akustische Beeinträchtigungen verwirklichen lassen, entschuldigt er sich in Briefen an ausländische Gäste – die Außenwirkung des Zoos ist ihm zeitlebens so wichtig, dass er auch in späteren Jahren stets versucht, wichtige Besucher immer im Sommer einzuladen, wenn sich der Zoo durch das Grün der Bäume und Sträucher von seiner besten Seite zeigt. Kaum ist das Giraffenhaus fertig, wird er nicht müde, dessen Vorzüge zu erwähnen, wo es nur geht. Besonders hebt er dabei die Gastlaboratorien heraus, die seit ihrer Eröffnung im Oktober laufend von Doktoranden und auswärtigen Forschern genutzt werden.

Im Frühsommer 1953 plant Bernhard Grzimek, erneut nach Afrika zu reisen. In Briefen an Tierhandelsfirmen und Wildtierfarmen in Tanganjika (das heutige Tansania ohne die Inseln Sansibar und Pemba) und Kenia erkundigt er sich bereits nach Details: benötigten Genehmigungen, um in die großen Reservate Ostafrikas fahren und dort fotografieren und filmen zu können, den Preisen für ein Mietauto und der Gefährlichkeit des Mau-Mau-Aufstandes, einer Unabhängigkeitsbewegung gegen die britische Kolonialherrschaft. Doch die Planung gestaltet sich schwierig, und die Reise kommt nicht zustande. Grzimek lässt die Visa-Anträge trotzdem weiter laufen und nutzt die freie Zeit, um seine erste Afrikareise nun auch in Artikeln aufzuarbeiten. Er veröffentlicht mehr denn je, vor allem in wissenschaftlichen Journalen. Auch der seit 1946 von Erich Kästner herausgegebenen Farb-Illustrierten *Der Pinguin* verkauft er eine Artikelserie. »Mein Vater war sehr glücklich damit, dort Farbfotos zeigen zu können – das hatte damals keine andere Illustrierte. Dann ließ der Verlag die Illustrierte jedoch leider einstellen«, erinnert sich Rochus Grzimek.

So kommt Bernhard Grzimek anschließend zur mittwochs erscheinenden *Revue* des Kindler und Schiermeyer Verlags, für die er viele Jahre schreiben wird.

Den gesamten Juli 1953 verbringen Bernhard und Hildegard Grzimek zusammen mit Michael und Erika in Frankreich und Spanien. Nach diesem Urlaub sieht sich Bernhard Grzimek genötigt, in einem Brief an den Leipziger Zoodirektor Karl Max Schneider sein Urteil über die südeuropäischen Zoos zu revidieren, die er bis dahin nur vom Hörensagen kannte. Mühlhausen und Barcelona hätten beide, so schreibt er, »recht massive und ordentliche Häuser«.

Auf der Rückfahrt fährt die Familie in Kenels vorbei. »Haus außen

185

neu gestrichen. 9 Grad, bedeckt, regnerisch. Ofen in Isny bestellt«, trägt Bernhard Grzimek ins Gästebuch ein. Sie reisen im privaten Wagen, einem Brezel-Käfer mit fünfundzwanzig PS, den sich Bernhard und Hildegard Grzimek ein Jahr zuvor angeschafft haben, nachdem der dreiundvierzig Jahre alte Bernhard Grzimek und sein gerade einundzwanzigjähriger Sohn Rochus gemeinsam den Führerschein gemacht haben. Dieser erinnert sich noch gut daran: »Mein Vater ist dabei am Theaterplatz fast mit einer Straßenbahn zusammengestoßen – die musste eine Notbremsung machen. Der Schutzpolizist wedelte wild mit den Armen, guckte ins Auto und sagte dann nur: ›Ach, Herr Doktor!‹ Damit war die Sache erledigt. Mein Vater durfte weiterfahren und bekam den Führerschein.« Wie bereits erwähnt, wird Bernhard Grzimek sich auch später mit dem Autofahren nie recht anfreunden. Es selbst gibt 1954 in seinem Buch *Kein Platz für wilde Tiere* unumwunden zu: »Ich verstehe von Autos so viel wie ein Rennfahrer von Elefanten.«

Die bunte Wohngemeinschaft aus Mensch und Tier in der Zoodirektorenwohnung bekommt 1953 prominenten Zuwachs. Hildegard Grzimek betreut mittlerweile unter anderem vier Schimpansen, ein Stinktier und ein Pärchen Flughörnchen. Letzteres hat seine Flöhe auf die Hausherrin übertragen und wird deshalb von ihr ins Zoobüro ihres Mannes verbannt. Dort fallen die Flöhe dann auch Bernhard Grzimeks Sekretärin an, wie diese Hildegard unter Tränen berichtet.

Doch das ist nichts gegen die Neuzugänge: Anfang August 1953 treffen drei kleine Flachlandgorillas in der Wohnung der Grzimeks ein. Thomas, Rafiki und Carlo sind das Resultat jahrelanger Verhandlungen um Fang- beziehungsweise Ausfuhrgenehmigungen für die seltenen Tiere. Zu dieser Zeit ist so ein Geschäft hauptsächlich eine Frage der Zeit, der politischen Beziehungen und des Geldes; das Washingtoner Artenschutzabkommen liegt noch in ferner Zukunft. Selbst für Bernhard Grzimek zählt nur eines, wie der Jahresbericht des Frankfurter Zoos von 1953 belegt »Der Frankfurter Zoo pflegt damit neben so vielen Einmaligkeiten als einziger deutscher Tiergarten Gorillas.« Zur Aufzucht der wertvollen Tiere hat der Zoodirektor eigens ein Abkommen mit der Firma Nestlé geschlossen, die dem Zoo für die Gorillababys ihre Kindermilchnahrung Pelargon zur Verfügung stellt.

Im August 1953 scheitert allerdings eine andere Bemühung Grzimeks: Der Platz vor dem Zoogesellschaftshaus wird nach einem Vorschlag der Frankfurter Senckenberg-Gesellschaft nach dem Zoologen und Verfasser des *Tierlebens* in Alfred-Brehm-Platz umbenannt. Und nicht, wie von der Gesellschaft der Freunde des Zoologischen Gartens beantragt, in Max-Schmidt-Platz. Der »Schöpfer des Frankfurter Zoos und Hauptbegründer des modernen Tiergartenwesens in Europa«, wie Bernhard Grzimek in einem Brief an Oberbürgermeister Walter Kolb am 21. August 1953 über Max Schmidt ausführt, ist laut Stadtrat Rudolf Menzer deshalb nicht gewählt worden, weil bereits ein Tiergehege im Zoo nach ihm benannt ist. Für Grzimek ist das jedoch kein Grund, sondern ein Affront der Stadt gegen die Zoogesellschaft. Ist er doch gerade erst vom Magistrat beauftragt worden, mit der Gesellschaft über eine Millionenanleihe für den Aufbau des Zoogesellschaftshauses zu verhandeln.

Trotz Grzimeks Protest bleibt es bei der Benennung. Mehr als ein halbes Jahrhundert später werden jedoch seine eigenen Verdienste um den Frankfurter Zoo und den weltweiten Naturschutz Eingang in den Frankfurter Stadtplan finden: Im April 2008 wird ein Teilstück der Straße Am Tiergarten in Bernhard-Grzimek-Allee umbenannt.

Vielleicht trifft Grzimek die Entscheidung 1953 auch besonders, weil sie auf einem Vorschlag der Senckenberg-Gesellschaft basiert. »Zu Senckenberg hatte mein Vater ein problematisches Verhältnis«, erinnert sich Rochus Grzimek. »Das geht wahrscheinlich darauf zurück, dass er in Frankfurt keinen Ehrendoktor und keine Ehrenprofessur bekam.«

Auch wenn Robert Mertens, der damalige Direktor des Forschungsinstitutes und Naturmuseums Senckenberg, einmal wöchentlich in den Frankfurter Zoo kommt, um mit dem dortigen Reptilienexperten Albert Schick zu fachsimpeln und nebenbei viele Reptilien für den Zoo zu bestimmen, ist Bernhard Grzimek bei diesen Besuchen nie zugegen, wie sich Dieter Backhaus erinnert, der 1956 als Zoologe in den Frankfurter Zoo kam und später unter anderem Leiter des Exotariums wird. »Tote Tiere haben wir aber teilweise an Senckenberg gegeben, später auch nach Gießen«, berichtet er. »Die meisten schickten wir allerdings nach Ost-Berlin zu Prof. Rudolf Ippen in die Forschungsstelle für Wirbeltierforschung, der Vorgängerin des heutigen Instituts für Zoo- und

Wildtierforschung. Der hatte eine spezielle Erlaubnis, diese Pakete aus dem Westen zu bekommen – zum Teil haben wir dann, statt toter Tiere auf Eis, auch Weihnachtspäckchen geschickt.«

Nachdem sich seine Afrika-Pläne 1953 nicht haben verwirklichen lassen, bricht Bernhard Grzimek am 24. März 1954 umso enthusiastischer nach Belgisch-Kongo auf. Endlich kann er das ihm lange versprochene Okapi abholen! »Unser Okapi für Frankfurt wäre das erste seiner Art, das je nach Deutschland kommt, das sechzehnte, welches lebend einen außerafrikanischen Zoo erreicht, und das zehnte in einem nicht-belgischen Zoo«, beschreibt er die tiergärtnerische Sensation nach der Reise in seinem Buch *Kein Platz für Wilde Tiere*.

Sein Sohn Michael, der während dieser Expedition zwanzig Jahre alt wird, begleitet ihn wie schon vor vier Jahren. Über Brüssel fliegen die beiden nach Léopoldville, ins heutige Kinshasa, wo sie der Direktor des Zoologischen Gartens erwartet, zu dem Bernhard Grzimek vor der Reise Kontakt geknüpft hat. Er ist während der ersten Tage ihr Gastgeber und gibt ihnen zu Ehren ein festliches Abendessen. »Unsere Damen zu Hause schimpfen immer über uns, weil wir zu tanzfaul sind – wir beiden haben zu lange Beine dazu. Aber hier heißt es der Reihe nach die Gattinnen der hohen Beamten, der tierärztlichen und der zoologischen Kollegen auffordern«, beschreibt Grzimek später diesen »Abend, ganz wie von einem Filmregisseur inszeniert«.

Nach einigen Tagen reisen die Grzimeks weiter in das 1500 Kilometer nordöstlich gelegene Stanleyville (heute Kisangani). Sie wollen nicht allein das Okapi nach Frankfurt bringen, sondern fahren in ihrem blauen Dreitonner auch in der Hoffnung auf ein oder zwei weitere Gorillas und eventuell einen jungen Elefanten durch das Land. Natürlich ist es Bernhard und Michael Grzimek auch daran gelegen, die afrikanische Kultur und die Tiere auf Film und Fotos zu bannen. Besonders Elefantenbeobachtungen und -aufnahmen reizen sie sehr, nachdem sie damit bei ihrer ersten Afrikareise nicht allzu erfolgreich gewesen waren.

Trotz Dutzender Autopannen schaffen es Vater und Sohn in das elefantenreiche Gebiet des Kongos am oberen Uele-Flusslauf. Dort können sie nach langen Fußmärschen auch tatsächlich ihre ersten Waldelefanten sehen, fotografieren und filmen. »Wenn doch ein Staat den Anfang machte und die Einfuhr von Elfenbein verböte!«, schreibt Bernhard Grzimek damals im Angesicht der imposanten Tierriesen.

Die Erfüllung dieses Wunsches wird er jedoch nicht erleben: Erst 1989, zwei Jahre nach seinem Tod, wird der Handel mit Elfenbein offiziell verboten. Dabei ist Bernhard Grzimek weder damals noch später generell gegen die Jagd eingestellt, auch wenn das viele Jäger verärgert annehmen und viele Tierschützer von ihm selbstredend erwarten. Er differenziert sehr genau: Die Elefantenjagd um des Tötens und der Trophäen willen verurteilt er als »verabscheuungswürdiges Vergnügen für sehr reiche Leute«, wohingegen er europäischen Jägern das Verdienst zuspricht, »bestimmte Tierarten vor dem Aussterben bewahrt zu haben«.

Glücklich mit ihren rein »optisch erlegten« Elefanten fahren die beiden weiter. An einer Telegrafenstation erfährt Bernhard Grzimek nach langem Nachfragen und nachdem er seinen Namen aufgeschrieben hat, dass hier tatsächlich vor Kurzem ein Telegramm eingegangen ist, auf das er schon lange wartet. Es ist die Erlaubnis, den Garamba-Nationalpark an der Grenze zum Sudan zu besichtigen – die einzige Stelle im Kongo, an der Breitmaulnashörner leben. Auch Giraffen gibt es dort.

Kaum sind die Grzimeks, begleitet von Wildhütern, in den Park eingefahren, galoppieren vier der langhalsigen Tiere auf das Auto zu und bleiben neugierig in etwa achtzig Metern Entfernung stehen. »Ich habe in meinem Leben viel mit Tieren erlebt. Aber in solchem Augenblick muss ich doch den Atem anhalten, ich spüre meine Eingeweide wie beim tiefen, feierlichen Klang einer Orgel«, schreibt Bernhard Grzimek später.

Nur wenige Kilometer weiter sitzt ein junger Löwe auf dem Weg. Die Mutter liegt mit drei weiteren Jungtieren einige Meter weiter im Gebüsch. Bernhard Grzimek kennt kein Halten mehr. Mit seiner umgehängten Fotokamera lässt er sich seitwärts aus dem Auto gleiten und macht aus nächster Nähe ein paar Bilder. Erst zurück im Auto, so schreibt er später, wird ihm sein Leichtsinn bewusst: »Wenn man täglich zuhause mit Raubkatzen umgeht und sie so zahm sind, dass man sie streicheln kann, dann bildet man sich unwillkürlich ein, dass man alle so behandeln kann.«

Die Selbsterkenntnis ist jedoch nicht von langer Dauer. Besonders der Tierfilmer Alan Root, der später unter anderem *Serengeti darf nicht sterben* für die Grzimeks dreht und viele Jahrzehnte nicht nur in Afrika eng mit Bernhard Grzimek zusammenarbeitet, weiß davon zu berichten. »Bernhard war mehr als selbstbewusst, wenn er auf Tiere zuging, immer an der Grenze zum Leichtsinn. Wir mussten ihn oft aus Situationen herausholen und zum Beispiel einmal mit mehreren Männern einen Elefanten verscheuchen, an den er zu nah herangegangen war und der gerade anfing, in Angriffsposition zu gehen.«

Nicht weit vom Nationalpark entfernt liegt die Elefantenstation Gangala na Bodio. Ein Platz, den, wie Bernhard Grzimek schreibt, »auf der Welt jeder vom Hörensagen kennt, der mit Elefanten oder wilden Tieren zu tun hat, einer Stätte, die fast sagenumwoben ist«. Seit er an ihrem ersten Abend in Léopoldville gehört hatte, dass gerade Elefantenfangsaison sei, hat es ihn hierher gezogen. Denn die Mitarbeiter der Station lassen ihre »Elefantensoldaten« junge Elefanten von ihren Herden abtrennen, fangen sie dann ein und zähmen sie. Als Bernhard und Michael Grzimek sich als erste Deutsche in das Gästebuch eintragen, leben in Gangala na Bodio gerade zweiunddreißig Elefanten. Bernhard Grzimek fügt zu ihren Namen im Gästebuch hinzu, dass er sich einen davon »als Andenken mit nach Frankfurt nehmen« werde. Schließlich ist in dem Sonderflugzeug, das er für das Okapi gechartert hat, noch genug Platz für weitere Tiere.

Vater und Sohn haben sogar die Gelegenheit, an einer Elefantenjagd teilzunehmen: Auf Pferden reiten sie den Elefantenjägern hinterher und bewundern die Schnelligkeit, mit der die Männer den Tieren hinterherlaufen. Im Lager werden die gefangenen kleinen Elefanten dann von Elefantenführern, den Kornaks, trainiert. Die Auswahl eines Jungtieres für den Frankfurter Zoo fällt Bernhard Grzimek nicht leicht. Immer wieder sitzt er mit Michael stundenlang vor den Elefantenbabys. Schließlich entscheiden sie sich für das Elefantenmädchen Dima, ein noch recht kleines, aber sehr draufgängerisches Tier.

Nach einem Abstecher, den sie unternehmen, um noch ein paar Flusspferde zu filmen, für die Bernhard Grzimek zeitlebens eine Schwäche hat, begegnen die beiden bei ihrer Fahrt durch den hohen Ituri-Urwald Pygmäen. »Der Ituriwald hat zwei Arten von seltsamen Lebewesen lange vor der übrigen Welt versteckt gehalten«, schreibt Bernhard Grzimek 1956 in seinem Buch über die Reise: »Das Okapi, das erst zu Beginn unseres Jahrhunderts entdeckt wurde, und die Pygmäen, die der Deutsche Schweinfurth ... 1870 als erster Europäer zu Gesicht bekam.« Grzimek ist fasziniert von den maximal 1,40 Meter großen Mbuti: »Wochenlang haben wir unter ihnen gelebt, und immer wieder waren wir versucht, sie als Schar Kinder anzusehen, nicht nur wegen ihrer kleinen Gestalt. Wir mussten uns stets von Neuem klarmachen, dass sie erwachsene Männer und Frauen waren. Das Leben unter diesen ursprünglichen, fröhlichen, kleinen Wilden werden wir wohl nie vergessen.«

So wird auch ein Pygmäen-Paar im Zentrum von Grzimeks erstem Kinofilm, *Kein Platz für wilde Tiere*, stehen, den er nach dem Erfolg des gleichnamigen Buchs ein Jahr später mit Michael drehen wird. Bereits bei ihrer ersten Begegnung mit den Mbuti können Bernhard und Michael Grzimek nicht genug Fotos von den halbnackten Jägern machen: Beim Jagen, Baden, Tanzen und Kochen nehmen sie die Pygmäen auf. Gerne auch, wie sich Dutzende von ihnen auf den Lastwagen der Grzimeks drängeln oder wie sie sich über mitgebrachte Spaßartikel amüsieren, zum Beispiel über eine kleine magnetische Mädchenpuppe, die nicht in einer – gleichgepolten – Badewanne liegen bleibt. Dass Bernhard Grzimek dabei nicht rein wissenschaftlich das Vorgefundene dokumentiert, sondern seine Fotos ein wenig schönt, gibt er freimütig zu: »Zum Filmen oder Fotografieren sortierte ich immer wieder hartnäckig zwei oder drei aus, die irgendwo von Schwarzen europäische Shorts eingetauscht hatten oder stolz in einer zerrissenen Weste von Weißen paradierten.«

Nachdem die Mbuti etliche Tiere für die Grzimeks gefangen haben – darunter Pottos, eine nachtaktive Affenart, und Riesenwaldschweine – und den verdutzten Gästen statt der mittels Gesten und Mimik beschriebenen Chamäleons plötzlich auch ein ausgewachsenes Nilkrokodil anschleppen, brechen Bernhard und Michael Grzimek schließlich zu ihrer letzten Station auf. An der Kreuzung des Epulu-Flusses mit der Autoroute Stanleyville-Irumu hat die staatliche Okapi-Fanggruppe ihr Lager aufgeschlagen. Hier sollen die beiden Frankfurter das erste Exemplar der seltenen Waldtiere für Deutschland in Empfang nehmen können. Das ist eine große Ehre, denn die belgische Regierung hat die Okapis 1933 unter Schutz gestellt und reglementiert seit 1946 Fang und Export der Tierart.

Bernhard Grzimek fragt sich, ob es richtig ist, überhaupt Okapis außer Landes zu bringen: »Auch wenn man sich klarmacht, dass die Pygmäen seit alters her fast täglich Okapis fangen und aufessen, wird man sich fragen, ob man ... den Fang nicht überhaupt aufgeben und die Tiere dort lassen soll, wo sie sind. Aber auch in der Heimat der Okapis dringen jetzt die Bananenplantagen immer tiefer in den Urwald ein ... Ein Zoodirektor, der einen so seltenen Pflegling in seinem Garten aufnimmt, wird immer schlaflose Nächte haben. Aber dieses Wagnis muss immer wieder von einzelnen Tiergärten unternommen werden, wenn sie ihre Aufgabe ernst nehmen, durch Forschungen die bedrohten Wildtiere vor dem Ansturm der ständig zunehmenden Menschheit zu schützen.«

Sosehr es Grzimek schon damals um den Schutz der Wildtiere geht, so deutlich erkennt er auch den Schauwert einer solchen Attraktion für den Frankfurter Zoo. In einem Antwortschreiben auf eine Glosse im *Wiesbadener Tageblatt*, die noch vor der Abreise der beiden fragte, ob ein Zootier im Flugzeug reisen müsse, und die hohen Kosten von 25 000 Mark kritisierte (von denen ein Großteil von »Fußballtoto« aufgebracht wird), antwortete Bernhard Grzimek unter anderem: »Ein so seltenes und auffälliges Großtier wie das Okapi, welches noch nie in Deutschland war, dürfte schon im ersten Jahr mehr als 25 000 zusätzliche Besucher in den Zoo bringen.«

Um der Okapis möglichst schonend habhaft zu werden, haben die Tierfänger auf den versteckten Wegen der scheuen Waldgiraffen rund zweihundert Fallgruben angelegt. Ist ein Okapi in die Falle gegangen, ist es äußerst kompliziert, es aus dem zwei Meter tiefen Loch zu befreien. Zuerst bauen die Männer lange enge Gänge aus dichten Ästen von der Grube zu einem Kral, damit das Tier wie in einem Blättertunnel, ohne direkten Blick auf die Menschen, hinausgeleitet werden kann. Auf diese Weise gelangt es bis in das eigentliche Fanglager.

Als Michael und Bernhard Grzimek dort eintreffen, können sie ihr Zelt zwischen den Gehegen von fünfzehn Okapis aufbauen. Unter den acht männlichen Tieren dürfen sie sich eines aussuchen. Eigentlich das Paradies für den Zoodirektor, sollte man meinen. Doch Bernhard Grzimek leidet, und nicht nur unter der Wahl, die ihn schon bei den Elefantenjungen gequält hat: Er hat sich auf der Reise einen Zahn abgebrochen, und jede Mahlzeit wird für ihn zur Tortur. Bei 1,93 Meter Körpergröße wiegt er, der stets penibel auf sein Gewicht achtet, normalerweise gerade einmal achtzig Kilogramm. Somit hat er nicht allzu viele Reserven – zumal er auf allen Auslandsreisen Probleme mit dem Magen bekommt. Da aber der nächste Zahnarzt fünfhundert Kilometer entfernt ist, muss er weiter ausharren. Es bleibt allein, die Entscheidung für das Okapi zu fällen, und letztendlich wird es der junge Epulu, der noch keine Hörner hat und auf etwa drei Jahre geschätzt wird.

Im Lager befinden sich außer den Okapis auch acht Schimpansenkinder, die nicht gefangen, sondern von der Jagdverwaltung in umliegenden Dörfern beschlagnahmt worden sind. Fünf der kleinen, zum Teil verwundeten oder kranken Menschaffenbabys, die an Ketten angebunden täglich um die Aufmerksamkeit der Grzimeks buhlen, beschließen diese ebenfalls mit nach Frankfurt zu nehmen. Als die Abreise naht, zählen zu dem Tierbestand neben Okapi Epulu und Elefantenkind Dima so auch die fünf Schimpansen Irumu, Buta, Yindi, Popeye und Koki, zwei Riesenwaldschweine, Pinselohrschwein Helene, zwei Sitatunga-Antilopen, einige Ducker-Antilopen und noch zwei bis drei Dutzend andere »Kleintiere«.

Doch bevor sich Bernhard und Michael Grzimek mit ihrer wertvollen Fracht auf den Weg nach Stanleyville zum Flughafen machen, überkommen den Zoodirektor Zweifel an den Maßen der Transportboxen. Die Fluglinie Sabena hatte ihm eine Türhöhe von zwei Metern für den Beladevorgang genannt, und so bauen die Arbeiter in der Fangstation eine knapp zwei Meter hohe Kiste für das 1,80 Meter hohe Tier. Bernhard Grzimek fällt jedoch ein, dass er sich beim Einsteigen in ein Flugzeug immer bücken muss – und dass deshalb die Tür unmöglich zwei Meter hoch sein kann. Kurzerhand fliegt er vom Flugplatz in Irumu fünfhundert Kilometer nach Stanleyville und misst selbst nach: nur 1,60 Meter! Bevor er zurückfliegt und eine höhenverstellbare Kiste in Auftrag gibt, die beim Einladen kurz niedriger gestellt, aber im Flugzeug dem Tier wieder die volle Höhe zugestehen kann, geht er in der Stadt noch schnell zum Frisör. Und nimmt im Gästehaus der Sabena ein heißes Bad.

Mit drei Autos, zwei Lastwagen und einem PKW, machen er und sein Sohn sich schließlich nach seiner Rückkehr mit all den Tierkisten auf den Weg durch den Ituriwald zurück nach Stanleyville. Noch vor dem Abflug geht Bernhard Grzimek dort zum Zahnarzt. »Jedes Mal, wenn ich aus Afrika zurückkomme, bleibt ein Stückchen von mir dort. Meistens ein Stück Herz, diesmal auch ein Stück Knochen, das nie mehr nachwächst«, schreibt Bernhard Grzimek später in *Auf den Mensch gekommen* darüber.

Die Gefühle, die er bereits nach seiner zweiten Reise für den schwarzen Kontinent hegt, werden sich in den kommenden Jahren noch verstärken. Bernhard Grzimeks Herz schlägt für Afrika, und es wird kaum noch ein Jahr vergehen, in dem er nicht mehrere Monate dort verbringt. »›Hier in Afrika‹ war deshalb ein geflügeltes Wort von ihm« – auch gedankenverloren in Deutschland ausgesprochen, erinnert sich Hubert Weinzierl. Der spätere Vorsitzende des Kuratoriums der Deutschen Bundesstiftung Umwelt lernte Grzimek Anfang der Sechzigerjahre im Rahmen der Naturschutzarbeit kennen und war bis zum Tod von Bernhard Grzimek sicherlich sein wichtigster Weggefährte auf diesem Gebiet. Außerdem gehörte Weinzierl, der Grzimek als väterlichen Freund ansah, zu den wenigen Menschen, zu denen dieser über die Arbeit hinaus eine echte Freundschaft aufbaute. »Ich habe einen Brief von ihm, da schreibt er mir aus der Serengeti: ›Man sollte nie mehr aus Afrika heimkommen.‹ Ich glaube aber nicht, dass er wirklich Pläne hatte, dort zu bleiben«, sagt Weinzierl. »Dazu hatte er dann doch zu viele europäische Bindungen.«

Am 14. Mai 1954 landen Michael und Bernhard Grzimek mit dem Flugzeug voller Tiere in Frankfurt. Angefangen mit dem Medienandrang bei ihrer Ankunft lässt Bernhard Grzimek auch in den kommenden Monaten keine Gelegenheit aus, die Reise und das Okapi in den Vordergrund zu stellen. »Das Okapi wird durch erste Spezialisten Deutschlands laufend überwacht«, lässt er beispielsweise Oberbürgermeister Kolb in einem Brief wissen. Außerdem rechnet er ihm vor, dass allein in den ersten drei Monaten, die das Okapi im Frankfurter Zoo war, 55 000 Personen mehr als im Vorjahreszeitraum den Tiergarten besucht haben: »Dieser Erfolg ist im Wesentlichen auf die Kongo-Expedition zurückzuführen. Darüber hinaus ist natürlich der Tierbestand des Zoologischen Gartens wertmäßig für längere Zeit erheblich gesteigert worden.«

Auf der internationalen Zoodirektorenkonferenz in Kopenhagen vom 20. bis 25. Juni 1954 hält er einen Vortrag über das Zähmen der Elefanten in der Elefantenstation Gangala na Bodio. Carl-Heinrich Hagenbeck, der ein Okapi für den amerikanischen Zirkus Ringling in Quarantäne genommen hat, teilt er auf Nachfrage zusätzlich seine bishe-

194

rigen Erfahrungen mit Schlafverhalten, Sehvermögen und Salzbedarf der besonderen Tiere mit und gibt ihm noch den guten Rat: »Schlau sind Okapis bestimmt nicht. Sie können aber nach Bedarf nach allen Seiten sehr schön ausschlagen, was dann oft überraschend kommt.«

Auf der Geschäftstagung des Verbandes Deutscher Zoodirektoren im September 1954 in Nürnberg zeigt Bernhard Grzimek einen Tonfilm, den Michael im Kongo aufgenommen hat. Für seinen Sohn hat das Filmen in der Zwischenzeit einen so hohen Stellenwert eingenommen, dass der frisch gebackene Abiturient am 1. Juli 1954 zusammen mit seinem Vater die OKAPIA KG als Produktionsfirma für Dokumentarfilme gründet. Anfänglich dient Erika Grzimeks alte Adresse im Frankfurter Stadtteil Westend als Büro. Nach der Hochzeit von Michael und Erika im Mai 1955 zieht die Firma jedoch in die gemeinsame Wohnung des jungen Paares am Sandweg um, unweit des Zoos.

Gewissermaßen als Nebenprodukt entsteht hier in den ersten Jahren ein umfangreiches Fotoarchiv, das ursprünglich zur Bewerbung der Filme und Bebilderung von Bernhard Grzimeks Büchern dienen soll. Erika Grzimek entwickelt die Filme und fertigt Vergrößerungen an. Ab 1956 liefert das Archiv zusätzlich das Werbematerial für Bernhard Grzimeks Fernsehsendungen. »In der Zeit war der Filmbereich jedoch noch deutlich wichtiger als die Fotos«, erklärt Christian Grzimek, der jüngere der beiden Söhne von Michael und Erika Grzimek. Seit ihm sein Großvater 1984 seine Anteile übergeben hat, leitet er die OKAPIA, gemeinsam mit seiner Mutter, als Geschäftsführer.

Bernhard Grzimek muss sich 1954 trotz des Starts der gemeinsamen Firma auch wieder dem täglichen Zoogeschäft widmen. Nach eigener Aussage als »erster Zoo weltweit« führt er in diesem Jahr das völlige Verbot der Tierfütterung durch die Besucher ein. Über das Übersetzerbüro im Rathaus lässt er den Text für ein Schild ins Englische, später auch in verschiedene andere Sprachen übersetzen: »Füttern im Zoo nicht gestattet. Bei Verstoß DM 25 und Gartenverweis.«

In den nächsten zwei Jahren, so berichtet er später, »gab es einen erbitterten Kampf, vor allem mit den Zeitungen und mit einem Teil unserer Besucher«. Beide meinen, der Zoobesuch würde nur noch halb so viel Freude machen; die Stadtverwaltung will darüber hinaus wissen, wer ihm die Genehmigung gegeben hätte, Geldstrafen zu verhängen.

Doch damit droht der Zoodirektor sowieso nur – als letzte Maßnahme lässt er Handzettel mit der Aufschrift »Sie wurden soeben beim Füttern beobachtet« herstellen, die das Aufsichtspersonal uneinsichtigen Zoobesuchern in die Hand drückt. Der pädagogische Effekt, vor allen anderen als ertappt dazustehen, lässt es am Ende gelingen: Das Füttern unterbleibt bis auf wenige Ausnahmen, Grzimek kann der Stadtverwaltung den Rückgang von Todesfällen durch Überfüttern oder falsches Füttern melden, und bald werden Stimmen laut, dass sich auch andere Zoos ein Beispiel an Frankfurt nehmen sollten.

Grzimeks Ruf als Zoodirektor hat sich inzwischen deutlich verbessert. Vergessen sind die Jahre der Prozesse und der Suspendierung. Der voranschreitende Wiederaufbau des Frankfurter Zoos unter seiner Leitung, sein Engagement im deutschen wie im internationalen Zoodirektorenverband sowie seine Afrikareisen haben seinen Namen bereits Mitte der Fünfzigerjahre über die Grenzen Deutschlands bekannt werden lassen. Nach einem Besuch von acht Angehörigen der Stadtverwaltung von Montreal im Herbst 1954 im Frankfurter Zoo, die sich in Europa nach Ideen für einen Tierpark umsehen, erhält Grzimek sogar ein Angebot aus Kanada: Ihm wird angetragen, sich für den Direktorenposten des geplanten Zoos zu bewerben.

Bernhard Grzimek fühlt sich geehrt und bekundet im Dezember 1954 in einem Brief an den Direktor des Chicago Zoological Park, Robert Bean, auch Interesse. Die Aufgabe, einen großen Zoo völlig neu zu planen, noch dazu mit einem Millionenbudget, hätten bisher nur sehr wenige Zoodirektoren offeriert bekommen, schreibt er. Außerdem sei die Lage in Europa mit der Bedrohung durch die Russen und den Unsinn, den viele europäische Politiker machten, kein Grund für Optimismus. Grzimek äußert sogar die Befürchtung, dass alles, was gerade im Frankfurter Zoo wieder aufgebaut werde, innerhalb einer Generation wieder zerstört sein könne. Somit sei er deutlich an der Erbauung des Montrealer Zoos interessiert. Allerdings macht er klar, dass es ihm schwerfallen würde, den Frankfurter Zoo, den er gegen viele Widerstände dahin gebracht habe, wo er heute sei, zu verlassen – zumal er fester Angestellter der Stadt und damit unkündbar, der bestbezahlte Zoodirektor Deutschlands und noch dazu in Deutschland und Europa ein bekannter Autor sei.

Nur drei Tage nach diesem Schreiben setzt er Oberbürgermeister Kolb über den Vorgang in Kenntnis. Abgesehen von der Tatsache, dass Bernhard Grzimek die nächsten zwanzig Jahre Zoodirektor in Frankfurt bleiben wird, ist über den Fortgang der Verhandlungen nichts bekannt. Wahrscheinlich ist jedoch, dass Grzimek das Angebot selbst ablehnt, es aber nutzt, um ein Druckmittel gegen die Frankfurter Stadtverwaltung zu haben. Mit dem weiter voranschreitenden Aufbau des Zoos und der Gründung von OKAPIA befindet er sich ohnehin gerade in einer Phase, die ihm keinen Anlass für einen Neuanfang in Amerika gibt. Ein paar Jahre zuvor oder vielleicht auch einige Jahre später hätte er das Angebot vielleicht ernsthafter überdacht.

So aber widmet er sich weiter den Bauprojekten im eigenen Zoo und kann im Frühjahr 1955 die neue, jetzt gitterlose Freianlage des Raubtierhauses mit einer Löwenfamilie besetzen. Im Raubtierhaus selbst hat Grzimek die Wände kacheln lassen, ebenso im Elefantenhaus, nachdem er damit bei den Menschenaffen äußerst gute Erfahrungen gemacht hat. »Unsere Häuser hatten später alle den Charme einer Bahnhofstoilette«, berichtet der ehemalige Tierparkinspektor Hellmut Neubüser über die gekachelten Wände und die festen Böden. »Dazu muss man aber wissen, dass wir nach dem Krieg unglaublich mit Endoparasiten, also den im Körper vieler Zootiere lebenden Schmarotzern, zu kämpfen hatten. Es gab noch keine Mittel dagegen, und so war zum Beispiel die Jungensterblichkeit bei den Menschenaffen hoch, und die Raubtiere übergaben sich dadurch. Ursprünglich hatten wir überall Holzböden und nur kaltes Wasser zum Reinigen. Grzimek hat schnell erkannt, dass die Wanderung der Parasitenlarven auf dem Boden unterbrochen werden musste. Die ganzen Reinigungsmittel waren dazu allein nicht in der Lage. Besonders für das Okapi gab es dann ganz strikte Maßnahmen: Bodenheizung, Einsatz eines Desinfektionsmittels nach einem festgelegten Zeitplan, sofortiges Entfernen des Kotes, und eben die gekachelte Bauweise. Das war schon etwas Neues. Das hat er sich als Tierarzt gut ausgedacht.«

Bevor die Ausbreitung der meisten Parasiten mit Medikamenten bekämpft werden kann, hält die von Neubüser als »Badezimmerarchitektur« bezeichnete Bauweise weltweit Einzug in die Zoos. 1955 kann Grzimek auch den Fortschritt weiterer baulicher Maßnahmen vermelden: Die Aquariumshalle im Exotarium ist so gut wie fertig, und mit dem Wirtschaftsgebäude des Zoos auf dem außerhalb liegenden La Roque'schen Gelände geht es gut voran. Auch im Zoogesellschaftshaus ist der Wiederaufbau im vollen Gange. Da die letzten Ruinenteile abgebrochen und dazu auch zwei Säulen im Treppenhaus entfernt werden sollen, die genau unter der Dienstwohnung der Familie stehen, werden Bernhard, Hildegard, die Kinder und alle Tiere der Familie für ein Dreivierteljahr in eine Wohnung außerhalb des Zoos umgesiedelt.

Da Hildegard Grzimek jedoch die Pflege der mittlerweile sieben Menschenaffenkinder für so lange Zeit nicht aus der Hand geben will, ziehen sie allesamt im Sommer 1955 in die Laborräume des Giraffenhauses. Auf eine neue Erfindung, auf die er bisher sehr stolz war, ist Bernhard Grzimek in den folgenden Monaten nun nicht mehr gut zu sprechen: Erst vor Kurzem hat er im Giraffenhaus eine komplizierte Luftbefeuchtungsanlage installieren lassen, doch die Technik dafür ist im Obergeschoss des Gebäudes untergebracht, genau neben den Räumen, in denen die Grzimeks nun schlafen. So manche Nacht lässt sie das laute Anspringen der Pumpen aus dem Schlaf fahren. Dafür hat die Familie am 24. November 1955 Logenplätze, als mit Thulo die erste Giraffe im Frankfurter Zoo das Licht der Welt erblickt. Das kleine Büchlein *Thulo aus Frankfurt* widmet Bernhard Grzimek dem langbeinigen Neuankömmling und seinen wilden Artgenossen in Afrika.

Als die Familie im Frühjahr 1956 endlich in ihre Wohnung im Zoogesellschaftshaus zurückziehen kann, stehen die Säulen, wegen deren Abriss sie sicherheitshalber ausziehen musste, übrigens immer noch. Sie werden genau vierundzwanzig Stunden später ohne Vorwarnung entfernt. Da die Ausbauarbeiten damit noch nicht abgeschlossen sind, sondern im Gegenteil nun das Treppenhaus fehlt, wird an der Außenfassade ein behelfsmäßiges Holztreppenhaus errichtet. In der nächsten Zeit muss auf ihr jeder, der in die Grzimek'sche Wohnung will, sechsundneunzig Stufen emporsteigen und dann durch ein Fenster in die Wohnung klettern.

Noch vor ihrer Zeit im Giraffenhaus feiert die Familie Grzimek drei besondere Ereignisse, zuerst die Silberhochzeit von Bernhard und Hildegard am 17. Mai 1955 in Taormina (Italien). »20. bis 22. Mai 1955: Hilde + Bernhard, zurückkommend von einer Autoreise zur Umgehung der Silberhochzeit in Frankfurt« steht dazu in knappen Worten im Gästebuch in Kenels eingetragen. Hierher waren sie durch die Schweiz und Italien ab dem 9. Mai geflohen, zum ersten Mal mit Michaels neuer Borgward-Isabella, wie Bernhard Grzimek notiert.

In Kempten lässt er sich bei der Maßschneiderei Peter Rossberger einen neuen Trachtenanzug und eine graugrüne Gabardine-Hose anfertigen. Wie sich der heutige Geschäftsführer Peter Rossberger IV. erinnert, war Bernhard Grzimek einer der ersten Kunden seines Vaters, nachdem dieser aus russischer Kriegsgefangenschaft zurückgekehrt war. Später kommt Peter Rossberger III. für Anproben jahrelang in die Wohnung der Grzimeks nach Frankfurt und erzählt gerne, wie dabei einmal ein Gepard ins Zimmer kam und er sich so lange ängstlich an die Wand drückte, bis die Grzimeks ihn lachend erlösten. Diesen Spaß erlaubt sich Bernhard Grzimek mit den vielen zahmen Geparden, die nach und nach durch seine Hände gehen, auch später noch oft mit seinen Gästen in seinem Zoobüro. »Als ich später mit meinem Vater auf Geschäftsreise ging, Mitte der Siebzigerjahre, war ich bei der ersten Begegnung mit Prof. Grzimek erstaunt, wie sportlich durchtrainiert er für sein Alter war«, erinnert sich Peter Rossberger IV.: »Sein Körper war braungebrannt, sehnig und männlich behaart, da wäre manch 35-Jähriger neidisch geworden.«

Den Anzug, den Bernhard Grzimek im Mai 1955 von den Rossbergers aus Kenels mitnimmt, ist für die Hochzeit von Michael und Erika bestimmt, die nur wenige Tage später, am 26. Mai 1955, im Rheingau gefeiert wird. Was Bernhard Grzimek stets propagiert hat – die frühe Heirat, das frühe Kinderkriegen – vollführt sein Sohn Michael nach seinem Vorbild: Er heiratet wie Bernhard kurz nach seinem einundzwanzigsten Geburtstag, und wie schon bei seinen Eltern stellt sich auch bei Erika und Michael der erste Nachwuchs bereits ein gutes Jahr nach der Hochzeit ein. Am 30. Juli 1956 kommt ihr Sohn Stephan Michael zur Welt. Der zweite Sohn, Christian Bernhard, folgt drei Jahre später, wie schon Michael damals seinem Bruder Rochus mit knapp drei Jahren Abstand gefolgt war.

Die wohl bedeutendste Änderung in der Familiensituation der Grzimeks ist jedoch eine andere: Im Herbst 1955 nehmen Bernhard und Hildegard den vierjährigen Armund in die Familie auf, den sie Thomas nennen. »Thomas war eine Schnapsidee meiner Eltern. Nachdem meine Eltern 1952 den Film *Toxi* über ein Besatzungskind im Kino gesehen

hatten, kamen sie auf die Idee, ein Kind anzunehmen«, erzählt Rochus
Grzimek. Er erinnert sich, wie ihn seine Mutter eines Tages bat, sie zu
chauffieren – und plötzlich standen sie vor dem Kinderheim in Eppen-
hain im Taunus, rund dreißig Kilometer vom Frankfurter Stadtzentrum
entfernt: »Dort holten wir an dem Tag Thomas ab. Er war vorher schon
einige Jahre durch andere Kinderheime gegangen.«

Der laut Geburtsurkunde am 2. Dezember 1950 in Frankfurt geborene Junge ist zunächst als Pflegekind in der Familie. »Einige Monate
später legte mein Vater mir und Michael plötzlich bei Tisch einen Wisch
vor, den wir unterschreiben sollten – dass wir mit der Adoption einver-
standen sind. Daraufhin hatten wir einen ziemlichen Disput, und mein
Vater sagte dann nur kalt: ›Wenn ihr das nicht unterschreibt, werdet ihr
enterbt.‹ Daraufhin haben wir das zähneknirschend unterschrieben, und
Thomas wurde offiziell adoptiert«, sagt Rochus Grzimek. Erika Grzimek
kann sich hingegen an keine Einwände Michaels gegen die Adoption
erinnern.

Über Thomas' Herkunft kommen schnell Gerüchte auf, aus denen
sich eine vermeintliche Wahrheit entwickelt, die heute noch in zwei
Varianten existiert. Die meisten derer, die die Familie kannten, sind sich
sicher, dass Thomas Bernhard Grzimeks leiblicher Sohn war. Einige andere sind dagegen überzeugt, dass es sich um Michaels Sohn handelte.
Nur an eine Adoption glaubt niemand. Denn: Thomas war dunkelhäu-
tig, und Bernhard und Michael Grzimek waren Anfang der Fünfzigerjahre lange in Afrika gewesen. Ein Zoofahrer soll ihn sogar angeblich
vom Frankfurter Flughafen abgeholt haben, wo er in einer Maschine aus
Afrika gelandet sei. »Thomas ist ein Besatzungskind, alles andere stimmt
nicht. Die Mutter ist die Tochter eines Diplomingenieurs aus Mannheim gewesen«, sagt Rochus Grzimek dazu. Und Erika Grzimek, der die
Geburtsurkunde vorliegt, ergänzt, dass Thomas' Mutter ihres Wissens
nach Sekretärin in Frankfurt-Höchst war. »Der Vater ist nach Amerika
zurückgegangen, soweit ich weiß.«

Wenn Hildegard Grzimek die Gerüchte damals bekümmern, zeigt sie
es nicht. Sie nimmt sich liebevoll ihres Adoptivsohns an. Bernhard Grzimek hat sogar Spaß an den Behauptungen und brüstet sich hier und da
mit »seinem« Sohn Thomas, wie einige Zeitzeugen sich erinnern. Doch
wohl nur in den ersten Jahren: Ab Ende der Sechzigerjahre verschlechtert

sich das Verhältnis zwischen den beiden so sehr, dass Bernhard Grzimek Thomas in seinen 1974 erschienenen Lebenserinnerungen gerade einmal in zwei Sätzen erwähnt – und auch das eigentlich nur am Rande einer Begebenheit, bei der er einem Gast durch den Verweis auf Thomas verdeutlicht, dass er »Mischlinge nicht für minderwertig« hält.

Als Thomas in die Familie kommt, sind Bernhard und Michael Grzimek gerade wieder in Afrika, auf ihrer dritten Reise durch den schwarzen Kontinent. »Als er siebzehn Jahre alt war, bekamen seine Kulturfilme schon das Prädikat ›wertvoll‹. Dann setzte er sich in den Kopf, mein Buch *Kein Platz für wilde Tiere* in Farbe zu verfilmen«, schreibt Bernhard Grzimek 1959 auf den ersten Seiten seines Buchs *Serengeti darf nicht sterben* über seinen Sohn Michael und den Grund dieser dritten gemeinsamen Expedition. Der erfahrene Autor weiß, dass er über seine Bücher Zehntausende, vielleicht auch Hunderttausende Menschen erreichen kann. »Millionen aber erreicht man nur durch den Film, das Fernsehen und die Illustrierten.«

Letzterer bedient sich Bernhard Grzimek bereits seit vielen Jahren, um seine Themen zu verbreiten. Der Fernsehbetrieb, der in Deutschland erst im März 1951 wieder aufgenommen worden ist, steckt 1955 mit rund 100000 angeschlossenen Haushalten noch mehr oder weniger in den Kinderschuhen. Auch wenn er in den nächsten Jahren einen wahren Siegesfeldzug antritt und auch Bernhard Grzimek schon im nächsten Jahr auf diesen Zug aufspringen wird, hat er sich doch lange gegen das Medium Fernsehen gesträubt. Die werbelastigen Programme, wie er sie bisher aus Amerika kennt, treffen nicht seinen Geschmack. Und so begibt er sich ab Ende Juli 1955 lieber in das Abenteuer der Kinofilmproduktion.

Für die Filmexpedition heuern Bernhard und Michael Grzimek Verstärkung an: den Kameramann Herbert Lander, einen erfahrenen Dokumentarfilmer, und Michaels alten Schulfreund Hermann Gimbel. »Michael war schon nach dem Abitur zu mir gekommen. ›Ich gründe jetzt eine Firma und mache Werbefilme! Machst du mit?‹ Er hatte eine Spielfilmkamera, eine Arriflex 35 Millimeter. Doch ich ging zum Jurastudium in die Schweiz«, erinnert sich Gimbel. »Als Kameraassistent ließ ich mich dann aber doch für *Kein Platz für wilde Tiere* anheuern.«

Die vier Männer fliegen über Brüssel nach Brazzaville und von dort weiter ins kongolesische Stanleyville, wo ihre Expedition starten soll. Bernhard Grzimek kauft hierfür einen Chevrolet Pick-up-Truck. Und wie schon bei ihrer ersten Kongoreise wird ihnen ihr Gefährt auch dieses Mal viele Überraschungen bescheren, wie Hermann Gimbel sich erinnert: »Mitten auf der Reise hat sich ein Rad vom Anhänger gelöst, weil die Achse durchgeglüht war. Wir konnten nicht weiter und hatten somit vierzehn Tage ungewollt Aufenthalt. Der Witwe eines belgischen Gouverneurs, bei der wir uns ganz in der Nähe zum Mittagessen eingeladen hatten, erzählten wir nebenbei von diesem Malheur. Worauf sie ihre Angestellten so lange die Autowracks hinter ihrem Haus durchsuchen ließ, bis sich eine passende Achse fand.«

Zusammen mit ihrem afrikanischen Gehilfen, »Boy« Hubert, der Bernhard und Michael Grzimek schon bei der letzten Reise durch den Kongo begleitet hatte, machen sie sich auf den Weg. Für ihre Arbeit hat Bernhard Grzimek die Genehmigung erhalten, »in Gebiete Innerafrikas einzutreten, die sonst für jeden Zugang gesetzlich gesperrt sind«, so heißt es in einer Pressenotiz, die der Frankfurter Zoo zu seiner Abreise herausgegeben hat.

Sie fahren im Uhrzeigersinn von Belgisch-Kongo in den Sudan, der kurz vor der Ausrufung der Republik steht, weiter in die britischen Kolonien Uganda, Kenia und Tanganjika und von dort zurück in die zentralen Wälder des Kongos. »Im Kongo haben wir längere Zeit im Camp Putnam in Lehmhütten gelebt. Ansonsten haben wir meist in einem Zelt geschlafen, das wir dabeihatten«, erzählt Gimbel. Das genannte Camp hatte 1925 der New Yorker Chirurg, Aussteiger und Feldforscher Patrick Tracy Lowell Putnam am Epulu-Fluss, am Rande des Ituri-Regenwaldes errichtet, um hier die Pygmäen medizinisch zu versorgen und zu erforschen.

Wenn die Gruppe in die Nähe eines feindlichen Stammes kommt, zieht ihr Helfer Hubert es vor, ab und zu im Führerhaus des Trucks zu übernachten, erinnert sich Hermann Gimbel. »Er hat für uns Wäsche gewaschen, gekocht und gedolmetscht. Ansonsten haben wir aber sehr einfach gelebt. Wir haben uns von Konserven ernährt, und mit denen wurde sehr sorgsam umgegangen – ich bin häufig nicht satt geworden. Bernhard und Michael haben schwer gespart. Aber sie hatten ja auch eine Bundesbürgschaft aufgenommen. Und das Geld haben sie dann eher für Filmmaterial ausgegeben.«

Es lohnt sich: Die Männer bekommen in nur dreißig Metern Entfernung ein Breitmaulnashorn vor die Kameralinse, bestaunen den Kilimandscharo und betreten mit Tanganjika das Land, das sie durch die Serengeti später nicht mehr loslassen soll. Um schneller voranzukommen und die Tiere auch aus der Luft filmen zu können, steigen sie zeitweise auf ein Kleinflugzeug um. Besonders freuen sich Bernhard und Michael Grzimek über das Wiedersehen mit den Mbuti-Pygmäen. »Obwohl ich eigentlich ein ›Tiermensch‹ bin, habe ich an das Zwergenvolk der Pygmäen im Kongo-Urwald mein Herz verloren«, schreibt Bernhard Grzimek in dem von der OKAPIA herausgegebenen Begleitheft zum Film *Kein Platz für wilde Tiere*. Die Liebesgeschichte zwischen den beiden Epini und Kasimo genannten Mbuti bildet – neben zwei Flusspferden – den roten Faden des Films. Das einzige Problem: Die beiden Pygmäen, die sich Bernhard und Michael als Liebespaar ausgesucht haben, können sich eigentlich nicht ausstehen.

Als alle Aufnahmen gemacht sind, fliegen Bernhard und Michael Grzimek mit Herbert Lander nach Hause. Hermann Gimbel fährt den Pick-up samt Anhänger und Herbert durch den Urwald zurück nach Stanleyville. In der Regenzeit, durch die im Film später zwar ein saftiggrünes Afrika zu sehen ist, ist das kein leichtes Unterfangen, wie Gimbel sich erinnert. »Michael hat mir dann außerdem noch Filmmaterial dagelassen und gesagt: ›Probier einfach und film noch ein wenig modernes Afrika.‹« Was der angehende Jurist später an Filmszenen mit nach Frankfurt bringt, gefällt Michael Grzimek dann so gut, dass er seinen Freund wenige Jahre später für *Serengeti darf nicht sterben* sogar als Kameramann mitnimmt.

Als sie am 18. Oktober 1955 wieder in Frankfurt landen, waren Bernhard und Michael Grzimek fast drei Monate weg. Nur durch den Ausgleich von geleisteten Sonntagsdiensten kann sich der Zoodirektor auch in späteren Jahren so lange Expeditionen erlauben.

Tiere haben sie dieses Mal keine mitgebracht. Aber das war auch nicht beabsichtigt, wie die Pressenotiz von der Abreise verrät. Die zusätzliche Bemerkung »Waffen werden nicht mitgenommen« muss als

Vorsichtsmaßnahme gegenüber der Presse gewertet werden. Denn diese ist äußerst sensibilisiert, seit Anfang Januar 1955 Georg von Opel, Vorstandsmitglied der Gesellschaft der Freunde des Zoologischen Gartens Frankfurt und von 1959 bis 1971 deren Präsident, nach einer Afrikareise durch den Artikel *Von der Großwildjagd zurück* in die Schlagzeilen geraten war. Zwar relativierte von Opel den Abschuss von zwei Elefanten, zwei Nashörnern, drei Büffeln, Antilopen und weiteren Wildtieren mit den »gut durchdachten Jagdgesetzen in Kenia« und brachte für die ZGF Statistiken über den afrikanischen Wildbestand mit. Doch bereits damals spricht sich Bernhard Grzimek deutlich gegen diese Art von Jagd aus. Georg von Opel wird ihm jedoch zu wichtig gewesen sein, um ihn öffentlich anzugreifen. Und so verdeutlicht Grzimek der Presse vielleicht auf diese elegante Art und Weise, dass es sich bei seiner Reise nicht um eine »solche Safari« handelt.

Nach ihrer Rückkehr stehen die kommenden Monate ganz im Zeichen der Filmproduktion. Dabei ist aller Anfang schwer. »Die erste Filmverleihgesellschaft in München, welche sich einen Teil unserer Aufnahmen aus Afrika ansah, lehnte ihn ab. Schließlich musste Michael für über 100 000 Mark Wechsel querschreiben, um den Film schneiden, in Farbe kopieren, vertonen und fertig stellen zu lassen«, schreibt Bernhard Grzimek im ersten Kapitel von *Serengeti darf nicht sterben*.

Klaus Dudenhöfer erinnert sich noch genau, wie die beiden nach Hamburg zur Filmproduktionsgesellschaft Real Film des bekannten Filmproduzenten Gyula Trebitsch kamen: »Sie sagten, sie hätten ein paar Aufnahmen gedreht, ob ich vielleicht Interesse hätte. Aber sie hätten kein Geld.« Dudenhöfer, der gerade *Des Teufels General* geschnitten hatte, sieht sich die Aufnahmen an – und findet sie sehr gut. Man einigt sich auf einen Preis. Gut 30 000 Meter 35-Millimeter-Film, schätzt Dudenhöfer, wollen zu einem abendfüllenden Film verarbeitet werden. Das Problem ist nur: »Die beiden waren Wissenschaftler, die zwar wunderschönes Material hatten, aber keine Geschichte.« Er muss sich die Geschichte daher ziemlich zusammensuchen, sagt Dudenhöfer: »Beide hatten nicht wirklich Ahnung vom Filmgeschäft. Michael war ein richtig netter Kerl, der von seiner Sache begeistert war, ein völlig Verrückter. Bernhard Grzimek ist sehr geschäftstüchtig gewesen, milde ausgedrückt.«

Zwischen Hamburg und Frankfurt laufen in dieser Zeit die Telefone

204

heiß. Oft kommt Michael auch an die Elbe, oder Dudenhöfer fährt zum Schneiden in den Sandweg nach Frankfurt. Die Musik komponiert Wolfgang Zeller, der bereits 1926 in die Filmindustrie eingestiegen war und 1940 unter anderem auch die Musik zu Veit Harlans antisemitischem Werk *Jud Süß* geschrieben hatte. Für *Kein Platz für wilde Tiere* lässt er jetzt ein sechzigköpfiges Orchester zum Einsatz kommen. Auch *Serengeti darf nicht sterben* untermalt Zeller später musikalisch.

Die Textbearbeitung nach Bernhard Grzimeks Buchvorlage übernimmt Heinz Kuntze-Just, der Filmproduzent und Chefredakteur der *Neuen Deutschen Wochenschau*, und als Sprecher wird der bekannte Theater- und Filmschauspieler Viktor de Kowa engagiert. Er hatte unter anderem neben Curd Jürgens und Marianne Koch in *Des Teufels General* (1954) gespielt. Seine prägnante Stimme ist dem deutschen Publikum aber auch als Synchronstimme von James Stewart in *Mein Freund Harvey* (1951) bekannt.

Michael und Bernhard Grzimek arbeiten mit Hochdruck auf die Filmfestspiele in Berlin Ende Juni 1956 hin. Der Zooalltag hält jedoch vorher noch einige Überraschungen für Bernhard Grzimek bereit. Im April 1956 wird ihm angeboten, Katharina Heinroths Nachfolge als Direktor des Berliner Zoos zu übernehmen. Schon Grzimeks Brief vom 2. Mai 1956 an seinen ehemaligen wissenschaftlichen Assistenten Alfred Seitz, der mittlerweile Direktor des Nürnberger Tiergartens ist, lässt ahnen, dass er das Angebot nicht annehmen wird. Drei Tage später schreibt er an Fritz Schmidt-Hoensdorf, der ihn zusammen mit dem Aufsichtsrat des Zoos vorgeschlagen hatte: »Sie wissen, wie sehr mir Berlin ans Herz gewachsen ist und wie stark ich auch mit dem Berliner Zoologischen Garten verbunden bin. Der Aufbau so wesentlicher neuer Anlagen ist eine Aufgabe, die sehr reizvoll ist. Andererseits bin ich jetzt schon zwölf Jahre hier im Frankfurter Zoologischen Garten und ihm damit sehr verbunden. So sehr gewissenhaft ich mir das verlockende Angebot des Aufsichtsrates des Berliner Zoologischen Gartens überlegt habe, bin ich doch zu der Entscheidung gekommen, in Frankfurt zu bleiben.«

Warum soll Grzimek auch ausgerechnet jetzt wechseln? Er steuert mit dem Frankfurter Zoo auf dessen hundertjähriges Bestehen zu und ergänzt dafür Gehege und Tierbestand erfolgreich um eine Neuigkeit nach der nächsten. So kommt im Juli 1956 mit einem Paar Giraffengazellen eine echte Rarität in den Frankfurter Zoo. Auch die Besucherzahlen stimmen: Allein 1956 strömen 1,3 Millionen Menschen in den Zoo. Und Bernhard Grzimek erschließt sich mit der Filmproduktion gerade ein zusätzliches Standbein. Dagegen macht die Insellage Berlins die Arbeit dort nicht einfach.

Was jedoch den Ausschlag für Grzimek gegeben haben könnte, Frankfurt treu zu bleiben, ist die bereits beantragte Errichtung eines zweiten Tierparks. Sein Konzept hierfür erläutert Bernhard Grzimek am 7. Mai 1956 in einem Brief an den Hessischen Minister für Volksbildung Arno Hennig. Er plane, führt Grzimek aus, »wegen der räumlichen Enge des Zoologischen Gartens … seit Kriegsende, nach dem Wiederaufbau des teuren alten Gartens in weiterer Entfernung von Frankfurt/Main großzügige Freigehege für diejenigen Tierarten zu schaffen, die keine geheizten Häuser, dafür aber weite Geländeflächen brauchen«.

Dieser Freiheits-Tierpark, wie Grzimek ihn nennt, soll Tierherden in großen, eingezäunten Gehegen in einer natürlichen Landschaft zeigen, und Besucher sollen den Park nur in Autos oder Omnibussen durchfahren können. Er habe, schreibt Grzimek, »den Gedanken verfolgt, erstmals das Prinzip der afrikanischen und nordamerikanischen Nationalparks hierher zu übertragen … Ein derartiger Freiheits-Tierpark wird für Europa etwas völlig Neues darstellen und zunächst ebensolches Aufsehen erregen wie vor einem halben Jahrhundert der Gedanke Hagenbecks, in einem Tiergarten die unschönen Gitter durch Gräben zu ersetzen.«

Die Ausweichflächen, die tatsächlich bereits für einen »Außenzoo« etwas außerhalb gedacht gewesen waren, waren in den ersten Nachkriegsjahren anderweitig bebaut worden. Auch der Plan, ein Aquarium nicht im Zoo, sondern an anderer Stelle in der Stadt in Kombination mit einem Café zu eröffnen, scheiterte bereits im Ansatz. Doch die Idee des Freiheits-Tierparks scheint 1956 in greifbare Nähe zu rücken – über einen ungewöhnlichen Weg.

Er führt über Georg von Opel, der sein gerade in Kronberg im Taunus eröffnetes Tiergehege wieder schließen soll, weil er sich beim Bau darüber hinweggesetzt hat, dass das Gelände als Landschaftsschutzgebiet ausgewiesen ist. Der Landrat von Weilburg besteht auf der Schließung, bietet ihm als Ausgleich jedoch den im Staatsbesitz befindlichen Weilburger Wildpark an. Georg von Opel schreibt Bernhard Grzimek dazu am 15. Mai 1956: »Ich halte es für unbedingt richtig und würde es sehr begrüßen, wenn der Weilburger Tierpark ein Schwestergarten unseres Frankfurter Zoologischen Gartens unter Ihrer bewährten Führung würde. ... Ich mache deshalb den Vorschlag, dass entweder die Stadt Frankfurt oder die Gesellschaft der Freunde des Zoologischen Gartens das Weilburger Projekt übernehmen.« Dafür ist von Opel bereit, von seinen eigenen Planungen für den Weilburger Tierpark zurückzutreten und den »Auto-Zoo« durch Grzimek verwirklichen zu lassen.

Nach einigem Hin und Her darf von Opel sein Freigehege in Kronberg, den heutigen »Opel-Zoo«, schließlich doch weiter betreiben, und damit steht der Wildpark bei Weilburg nicht mehr zur Disposition. Der Kampf um die Verwirklichung einer »Tierfreiheit«, wie Bernhard Grzimek sie in späteren Jahren nennt, entwickelt sich so zu Grzimeks langwierigstem Projekt.

Andere Dinge gehen da schneller: Schon am 16. Mai 1956 können Michael und er noch vor den Berliner Filmfestspielen ihren Film in Frankfurt in geladener Runde »voruraufführen«. »Die Filmfachleute beanstandeten, dass wir die wilden Tiere zu friedlich zeigten. Man war von anderen Afrika-Filmen gewöhnt, dass alle paar Augenblicke ein Raubtier seine Beute umbringt, dass Riesenschlangen Menschen würgen und bösartig angreifende Elefanten im letzten Augenblick erschossen werden. Wir aber konnten als zoologische Wissenschaftler die Tiere nur so zeigen, wie sie wirklich leben, und nicht, wie sie dem Publikum des Nervenkitzels wegen im Allgemeinen gezeigt werden«, schreibt Bernhard Grzimek in *Serengeti darf nicht sterben* über die ersten Reaktionen auf *Kein Platz für wilde Tiere*.

Tatsächlich gibt es in dem Film keine Szene, in der ein Tier getötet wird. Die höchste Dramatik entsteht, wo in schneller Folge abwechselnd eine Springmaus und eine Puffotter gezeigt werden. Der blütenreine Sanduntergrund und die Ausleuchtung der Szene lassen vermuten, dass sie zu den wenigen Sequenzen gehört, die im Zoo nachproduziert wurden. Bernhard Grzimek war diese durchaus gängige Methode jedoch unangenehm, und er wollte auf keinen Fall, dass jemand davon erfuhr. Dass das Titelbild seines Buches *Kein Platz für wilde Tiere*, das ihn mit einem Serval auf dem Arm zeigt, keineswegs in Afrika, sondern auf dem Flachdach des Kleinen Theaters im Zoo entstanden ist, gibt er hingegen in *Auf den Mensch gekommen* freimütig zu. Der Serval ist eines seiner zahmen Tiere, und hinter den beiden hält versteckt ein Tierpfleger einen Palmenzweig ins Bild.

Mit mulmigen Gefühlen reist Bernhard Grzimek in der vorletzten Maiwoche 1956 in die USA. Er hat gehört, dass Walt Disney, »ein so großer Künstler und ein sehr vermögender Mann«, zur gleichen Zeit wie die Grzimeks einen Film über afrikanische Tiere gedreht hatte, der schon bald in den Kinos laufen sollte. Nach den ersten Zeichentrickfilmen und einigen Abenteuerfilmen hatte der amerikanische Filmproduzent bereits 1953 mit *Die Wüste lebt* seinen ersten abendfüllenden Dokumentarfilm gedreht – und gleich einen Oscar dafür gewonnen. Dem Genre der Tierdokumentationen gibt das einen enormen Aufwind. Bereits 1954 legt Disney mit *Wunder der Prärie* nach. 1955, in Konkurrenz zu *Kein Platz für wilde Tiere* der Grzimeks, kommt schließlich *Geheimnisse der Steppe* in die Kinos.

Doch Bernhard Grzimek fliegt nicht in die Vereinigten Staaten, um den Konkurrenten kennenzulernen. Er nutzt die Internationale Zoodirektorenkonferenz in Chicago Anfang Juni 1956 vielmehr, um vorher einige amerikanische Zoos zu besuchen. In einem Brief an die Stadtverwaltung schreibt er dazu vorab: »Die Anwesenheit auf der Konferenz in Chicago scheint mir wichtig, weil ich bei dieser Gelegenheit die Union auch darauf festlegen möchte, die Tagung 1958 anlässlich des hundertjährigen Jubiläums unseres Zoos in Frankfurt abzuhalten.« Fast noch wichtiger, ergänzt Grzimek, sei es ihm, die amerikanischen Zoos kennenzulernen, die er für besonders fortschrittlich hält: »Besonders wichtig scheint mir unter anderem die Frage, wie die amerikanischen Gärten die Fütterung der Fleischfresser lösen. Bei uns wird Pferdefleisch immer seltener und teurer, man wird in absehbarer Zeit auf andere Tierarten übergehen müssen. Diese Entwicklung haben die amerikanischen Zoologischen Gärten schon ein bis zwei Jahrzehnte früher durchmachen müssen. In diesem Zusammenhang darf ich darauf hinweisen, dass mir von der Stadtverwaltung bisher Überseereisen nicht bezahlt oder bezuschusst worden sind. Die Geldmittel dafür sind bis jetzt von mir selbst oder aus anderen Quellen aufgebracht worden.«

Während er auf der Konferenz in Chicago über sein Filmprojekt

208

spricht, berichtet er anschließend auf der Deutschen Zoodirektorentagung von den amerikanischen Zoos. In drei Wochen hat er unter anderem die Tiergärten in New York, Miami, San Diego, Los Angeles,
Denver, Kansas City, Cincinetti, Chicago, Cleveland, Washington und
Philadelphia besucht.

Kurze Zeit später reisen Bernhard und Michael Grzimek Mitte Juni
1956 nach Berlin. Seit die Internationalen Filmfestspiele im Jahr zuvor
offiziell den Festivals in Cannes oder Venedig gleichgestellt wurden, ist
auf einen Schlag alles größer und professioneller. Mit tausendeinhundert
Fachbesuchern und fünfhundert Journalisten haben sich die Besucherzahlen verdoppelt. Auch das Protokoll ist strenger: Vor den Kinos halten
Absperrungen die Schaulustigen zurück – ein Schulterklopfen für die
Stars wie in den Jahren zuvor ist nicht mehr möglich. Auch die Preisver-
gabe ist strikter geworden. Nicht mehr das Publikum entscheidet, sondern eine internationale Jury.

Kein Platz für wilde Tiere läuft am letzten Tag der Festspiele in einem
Lichtspielhaus auf dem Kurfürstendamm. »Wir hatten vorher die Presse
zu einem Frühstück in den Berliner Zoologischen Garten eingeladen,
aber genau um zehn Uhr ging ein Wolkenbruch nieder, sodass sich niemand getraute, zu Fuß durch den Tiergarten bis in den Restaurantpa-
villon zu laufen. Wir blieben auf Riesenbergen von belegten Brötchen
sitzen«, schreibt Bernhard Grzimek später über diesen schicksalhaften
Tag. Wie »Schuljungen zu Ostern in der Aula, wenn bekannt gegeben
wird, wer versetzt und wer sitzen geblieben ist« fühlen sich die beiden
Männer, als sie in der letzten Reihe der offiziellen Uraufführung ihres
Filmes folgen.

Als sie etwas später im Festsaal auf dem Kurfürstendamm eintreffen, in dem die Preise verliehen werden, erwartet die Presse sie schon
sehnsüchtig. *Kein Platz für wilde Tiere* hat mit seinem düsteren Zeichen-
trickanfang, den mahnenden Worten und Bildern über den Einfluss der
Vermehrung der Menschheit auf die Wildtierpopulationen und seinen
eindrucksvollen, doch noch zuvor bemängelten Aufnahmen der angeblich zu friedlichen Tiere alle überzeugt. Neben dem Goldenen Bären
der Fachjury für den besten Internationalen Dokumentarfilm gewinnen
Michael und Bernhard Grzimek einen zweiten Goldenen Bären, den des
Publikums. Noch hinzu kommt der Bundesfilmpreis, den das Bundesin-

nenministerium verleiht und mit einer Prämie von 20 000 Mark ausstattet. Walt Disney wird mit einem Silbernen Bären ausgezeichnet, *Kein Platz für wilde Tiere* aber wird von China über Japan bis nach Südafrika und sogar in den damaligen Ostblockstaaten gezeigt. Die Anstrengungen haben sich gelohnt.

Zeit, um sich auf den Lorbeeren auszuruhen, bleibt Bernhard Grzimek nicht. Das Fernsehen ist auf ihn aufmerksam geworden. Genauer gesagt: der Schauspieler und Journalist Martin Jente, der der Fernsehnation später als Butler von Hans-Joachim Kulenkampff in der Quizsendung *Einer wird gewinnen* bekannt wird. Dass Jente als Redakteur beim Hessischen Rundfunk hinter EWG steckte und auch hinter *Zum Blauen Bock*, wissen nur wenige. Noch vor diesen Dauerbrennern der Abendunterhaltung bringt Jente Ende Juli 1956 jedenfalls den Frankfurter Zoodirektor auf die Mattscheibe.

»Martin Jente hatte die Idee, eine ganze Sendung rund um die Affenkinder im Haushalt der Grzimeks zu drehen und war vom HR aus an Bernhard Grzimek herangetreten«, erinnert sich Ekkehard Böhmer, der seit April 1954 beim Hessischen Rundfunk tätig war und später der erste Regisseur bei *Ein Platz für Tiere* wurde.

Mit Makula, einem jungen Gorillaweibchen, ist die Gruppe der Menschenaffen in Hildegard Grzimeks Obhut zu dieser Zeit gerade um ein weiteres Tier gewachsen. Mitte Juni 1956 war ein Rechtsanwalt aus Angola mit vier Gorillababys in Frankfurt aufgetaucht, von denen jedoch drei bereits in den ersten Tagen starben. Makula, das vierte und kleinste Affenkind, bringt Hildegard Grzimek mit aufopferungsvoller Hingabe durch. Es ist erst vier Monate alt, als ein großer Tross Fernsehleute am 29. Juli 1956 im Zoo einfällt und eine Reportage dreht. Die Kameras verfolgen die Affenkinder von der Wohnung der Grzimeks, wo sie nachts im Tierzimmer schlafen, auf ihrem morgendlichen Weg auf der »Eidechse«, dem Elektrowagen des Zoos, in den Spielkäfig des Affenhauses, bis abends zu ihrer Rückkehr in die Wohnung und ihre Schlafkäfige. So trägt die Sendung dann auch den Namen *Gorillas wollen schlafen gehen*.

Der Erfolg ist überwältigend. Was am Anfang als einfacher Beitrag gedacht war, kommt so gut bei den Fernsehzuschauern an, dass der Hessische Rundfunk eine Serie daraus machen möchte. Drei Monate nach seinem ersten Fernsehauftritt folgt so Bernhard Grzimeks erste Sendung unter dem Titel *Ein Platz für Tiere*. Hundertvierundsiebzig weitere werden bis zu seinem Tode 1987 folgen. Damit ist eine der ersten deutschen Fernsehserien überhaupt aus der Taufe gehoben.

So kommt Bernhard Grzimek doch noch zum Fernsehen, auch wenn er »in den ersten Jahren in Deutschland abgelehnt hatte, im Fernsehen mitzuwirken«, wie er später schreibt: »Ich hatte es von meinen Reisen in Amerika einfach in zu abstoßender Erinnerung. Außerdem gab es damals nur ein paar zehntausend Zuschauer in Deutschland.« Mit Fernsehwerbung wird er sich allerdings nie ganz anfreunden, und nur ein einziges Mal in seinem Leben gibt er sich dafür her. »Das war eine Werbung für Hundefutter, in den Achtzigerjahren. Dazu hatte ihn Christian bequatscht. Bernhard hatte sich vorher aber genau bescheinigen lassen, was drin war in dem Hundefutter«, erzählt Erika Grzimek.

Die Zahl der Zuschauer wächst Mitte der Fünfzigerjahre rasant. Sind es 1955 erst 100000 Fernsehteilnehmer, wird 1957 bereits die Millionengrenze im Bundesgebiet überschritten. Die Einführung des Farbfernsehens in Deutschland lässt allerdings noch zehn Jahre auf sich warten.

Einmal im Monat, von Beginn an immer zur besten Sendezeit um Viertel nach acht, erscheint Bernhard Grzimek auf dem Fernsehbildschirm. Den Vorschlag, die Sendung wöchentlich oder zweiwöchentlich auszustrahlen, lehnt Bernhard Grzimek gleich zu Beginn ab, da er ja »nicht hauptberuflich Fernsehmann« sei. So pendelt sich die Anzahl auf sieben bis acht Sendungen im Jahr ein.

»Grzimek war der Allererste mit einer solchen Serie, es gab keine anderen Tiersendungen und damit auch sehr hohe Einschaltquoten«, sagt Böhmer. Tatsächlich erreichen die Sendungen einen heute unvorstellbaren Marktanteil von bis zu siebzig Prozent. Erst als Heinz Sielmann 1960 mit *Expeditionen ins Tierreich* startet, bekommt Grzimek Konkurrenz. 1964 folgt Eugen Schumacher mit seiner Sendereihe *Auf den Spuren seltener Tiere*, und schließlich kommt 1970 noch Horst Stern mit *Sterns Stunde* dazu.

Bernhard Grzimek reagiert unterschiedlich auf die Kollegen. »Mit Heinz Sielmann hat Bernhard immer telefoniert, und dann haben sie ihr Jahresprogramm abgesprochen – damit sie nicht beide die gleichen Themen hatten. Mit Horst Stern hat er sich sehr gut verstanden, und mit Eugen Schumacher war das eher eine Konkurrenzsituation«, erinnert sich Erika Grzimek.

Bernhard Grzimek ist mit 175 Folgen in einunddreißig Jahren am Ende länger präsent als seine Kollegen. Als *Ein Platz für Tiere* startet, ist er siebenundvierzig Jahre alt und wirkt damit zwar schon seriös, aber noch nicht so sehr wie der liebe Tieronkel, als der er von vielen Zuschauern in den späteren Jahren wahrgenommen wird.

Vielleicht ist es die besondere Mischung, die den großen Erfolg der Serie ausmacht: wie er wissenschaftliche und unterhaltsame Fakten zugleich präsentiert, dabei auch unbequeme Themen wie das Robbenschlachten bewusst aufgreift und dazu hervorragendes, oft exklusives Filmmaterial vorführt. Hinzu kommt natürlich auch Grzimeks Popularität, die spätestens durch den Kinofilm *Kein Platz für wilde Tiere*, jedoch bereits auch schon vorher durch seine Illustrierten-Artikel weit über Frankfurt hinausgeht. Am publikumswirksamsten sind jedoch zweifelsohne seine tierischen Studiogäste. Keine der damaligen Showgrößen – ob Hans-Joachim Kulenkampff, Peter Alexander oder Caterina Valente – vermag die Fernsehnation so zu fesseln wie die Frage, welches Tier Grzimek wohl dieses Mal mit in die Sendung gebracht hat und wie sich der (zumeist vierbeinige) Studiogast benimmt.

Der Zoodirektor weiß: Tiere ziehen immer. Nicht umsonst lässt er sich bei jeder Gelegenheit mit einem Tier ablichten oder drückt Politikern und Prominenten bei deren Besuch im Zoo eines in den Arm. »Die Tiere waren der Renner der Sendung«, sagt auch Böhmer. »Einmal hat er eine Sendung über Giftschlangen gemacht und hatte dabei die ganze Zeit eine Schlange um den Hals liegen. Erst ganz am Ende der Sendung hat er die Zuschauer aufgeklärt, dass es eine Würge- und keine Giftschlange war.«

In einer der ersten Sendungen bringt Grzimek die Flöhe eines Flohzirkus mit ins Fernsehstudio, was die Kameraleute damals noch vor eine echte Aufgabe stellt. Cheetah, sein zahmer Gepard, wird zu einem seiner Stammgäste, doch vom Klammeraffen über den Wüstenfuchs bis zum Faultier kriecht, krabbelt und hüpft eigentlich alles über den Schreibtisch, hinter dem Grzimek all die Jahre sitzt – anfangs im kleinen Schwarz-Weiß-Studio 4 und später im neuen Studio 3, aus dem damals auch die Lottozahlen gesendet werden.

Was für die Zuschauer mit »Guten Abend, meine lieben Freunde« beginnt, hat im Studio einen geregelten Vorlauf. Solange die Sendungen noch live ausgestrahlt werden, kommt Bernhard Grzimek gegen neunzehn Uhr ins Studio und verschwindet in der Maske, während ein Tierpfleger das Studiotier des Abends an die Räumlichkeiten gewöhnt. Von 20.15 bis 21 Uhr läuft dann die Sendung, und danach ist Grzimek meist schnell wieder verschwunden. In den ersten Jahren stellt er zu Beginn der Sendungen immer noch einen Zoo vor: zuerst die deutschen, dann auch europäische Einrichtungen.

Später, als die Sendungen vorab aufgezeichnet werden, muss Bernhard Grzimek bereits morgens gegen 9.30 Uhr in der Maske sein und kommt von dort gegen zehn Uhr ins Studio. »Das war auch immer dienstags, am Tag der Sendung«, sagt Heiner Walenda-Schölling, der *Ein Platz für Tiere* von 1971 bis zur letzten Folge 1987 als verantwortlicher Redakteur betreute. »Nacheinander hat er dann erst die Einspielfilme kommentiert, und dann haben wir die Zwischenmoderationen mit dem Tier am Anfang und Ende gefilmt. Zum Mittagessen waren wir meist fertig.« Unterbrochen werden müssen die Aufzeichnungen dabei nur sehr selten. »Und wenn, dann wegen eines Tieres, und nicht wegen Grzimek.«

Mit einem Packen handschriftlicher DIN-A4-Aufzeichnungen, in denen er auch genaue Angaben über die Länge seiner Texte in Sekunden festhält, ist Bernhard Grzimek auf seinen Part immer bestens vorbereitet – wenn ihm die Papiere nicht von einem Affen während der Sendung entwendet werden.

Die penible Vorbereitung dient auch dazu, seine Nervosität zu bezwingen. Und Grzimek ist extrem nervös, gilt sowohl in der Familie als auch im Zoo einen Tag vor einer Sendung bereits als nicht ansprechbar. Was ab und zu von Journalisten kritisiert wurde – dass man im Hintergrund einen Stuhl umkippen hört, der von einem Wolf umgerissen wurde, oder dass der Gepard auf dem Schreibtisch sein Herrchen komplett verdeckt –, beschreibt Grzimek in *Auf den Mensch gekommen* als Vorteil der Sendung: »Es gibt anscheinend dem Zuschauer das Gefühl, wirklich im Augenblick dabei zu sein und sich fast mit dem Vortragenden zu unterhalten, wenn auch einseitig.«

Als schwieriger empfindet er, es dem Universitätsprofessor wie dem Schulkind unter seinen Zuschauern recht zu machen. Doch er hält sich auch hier an den Grundsatz, den er schon in all den Jahren mit seinen Artikeln und Büchern verfolgt hat: Er möchte möglichst viele Menschen erreichen. Deshalb hält er die Beiträge allgemeinverständlich, zumal die Sendungen später auch im Vormittagsprogramm wiederholt und damit tatsächlich auch von Kindern gesehen werden.

An den Sendungen verdient Grzimek anfangs übrigens kaum etwas. Erst später, nachdem er einmal beim Intendanten auf den Tisch gehauen habe, wurde er gut bezahlt, erinnern sich seine Mitstreiter. Seine engste Vertraute im Sender ist Rosemarie Schütte, die ihm 1963 als junge Cutterin zugeteilt wird. »Man hatte ihm vorher eine ältere Kollegin zur Seite gestellt, mit der er nicht so gut auskam. Sie wollte das Ganze künstlerisch gestalten – das kam bei ihm nicht an.«

Für Rosemarie Schütte beginnt die Arbeit drei Wochen vor jeder Sendung. Ihr schickt Grzimek das gesamte Filmmaterial und genaue Anweisungen, wie welche Szene zu schneiden ist. In dem Begleitbrief finden sich dann auch schon einmal Anweisungen wie: »Unter Indianer-Szenen auch sehr deutlich nackte Männer zeigen!« Sobald der Schnitt fertig ist, bekommt Grzimek eine Schwarz-Weiß-Kopie, damit er seinen Auftritt üben und seinen Text auf den Film lesen kann.

Wenn ihm etwas nicht gefällt oder er noch einen Einfall hat, kennt Bernhard Grzimek kein Pardon, erzählt Rosemarie Schütte: »Fünf, sechs Mal hat er samstags früh um 6.30 Uhr bei uns angerufen und uns aus dem Bett geholt: ›Ja, hier Grzimek. Ich habe mir das noch mal überlegt, und vielleicht müssen da noch die drei Elefanten … Können Sie mitschreiben, das ist auf Seite soundso.‹ Er war selbst sehr korrekt, ein fleißiger Frühaufsteher, der glaubte, dass, wenn er sich kasteite, die anderen das dann auch tun müssten. Er hatte da auch keine Gewissensbisse – weil er es gar nicht bemerkt hat, dass wir das anders sehen könnten. An oberster Stelle stand für ihn Disziplin. Aber wenn man jemanden schätzt, dann nimmt man so etwas hin.«

Mit den Jahren werden die beiden ein so eingespieltes Team, dass die Cutterin genau weiß, wie Bernhard Grzimek sich die Sendung vorstellt. Und selbst wenn er von der großen Schachtel Pralinen, die er ihr ab und zu mitbringt, drei Viertel selbst isst, verzeiht sie ihm das.

Für die Menschen, die mit ihm im Sender arbeiten, ist er nicht nur das Zugpferd des Hauses. Jeder verbindet besondere Erinnerungen mit ihm. Hilde Nocker, eine der ersten Fernsehansagerinnen des Hessischen Rundfunks, hatte es mit Grzimek nicht immer leicht. Sie moderierte die anfängliche Live-Sendung bis Mitte der Sechzigerjahre an einem Schreibtisch direkt neben Bernhard Grzimek an. »Einmal konnte sie nur mit Mühe ihre Ansage sprechen«, erinnert sich Hartmut Schottler, der 1963 von Böhmer die Regie der Sendung übernahm: »Da war eine Würgeschlange kurzerhand unter ihren Tisch geraten und wand sich um ihre Beine.« Die sonst stets charmante Ansagerin habe gerade noch ein »Es passiert was! Es passiert was!« hervorstoßen können. Dann sei allerdings auch schon der Tierpfleger zur Stelle gewesen, der die Tiere immer ins Studio begleitete. Bei ihrer letzten Ansage am 7. Oktober 1964 bedankt sich Bernhard Grzimek, zusammen mit der Schimpansin Uschi, deshalb vielleicht auch besonders herzlich bei Hilde Nocker.

Martin Jente liebte es dagegen, Affen auf dem Arm über die Studioflure zu tragen. Nur einmal, so wird erzählt, ging einer der kleineren, flinkeren stiften und konnte erst nach einer ganzen Weile wieder aus einem Luftschacht hervorgelockt werden. Doch es ist vor allem Bernhard Grzimeks Persönlichkeit, die alle fasziniert. Dem stets elegant gekleideten und perfekt vorbereiteten Zoodirektor, der leise und näselnd von oben herab sprach und dabei durchaus arrogant wirken konnte, der jedoch nie vergaß, an Geburtstagen oder zu Weihnachten eine persönliche Postkarte zu schicken, von wo immer er sich auch gerade auf der Welt aufhielt, zollen sie noch heute großen Respekt.

»Grzimek war ein Mensch, mit dem man hervorragend auskam – wenn man unter vier Augen war. Sobald ein Dritter dabei war, war er distanzierter«, sagt beispielsweise Ekkehard Böhmer. Hartmut Schottler, der Grzimek als den »Träger, Erfinder und Erzähler der Sendung« bezeichnet, beschreibt seine arrogante Wirkung als »Schutzpanzer«. So, wie er diesen einsetzte, hätte er vor der Kamera auch andere Register ziehen können. »Er konnte sehr suggestiv sein. Er hat die Suggestion im Fernsehen fast erfunden, war geradezu magisch in seiner Ausstrahlungskraft.«

Wenn Grzimek auf die Tränendrüse drückt, mit seiner fast pastoralen Stimme am Ende jeder Sendung um Spenden für die Zoologische Gesellschaft bittet, dann ist er sich seiner Wirkung sehr wohl bewusst. Laut wird er zum Erreichen seine Ziele, vor oder hinter der Kamera, jedoch nie.

»Wir haben uns in all den Jahren kein einziges Mal gestritten«, sagt Rosemarie Schütte. Nur auf eines habe er verstimmt reagiert: »Bei all den Scherzen, die er selber machte – er mochte es nicht, wenn man ihn auf den Arm nahm. Zum Beispiel durften wir ihm nicht seine dummen Versprecher vorspielen.«

Gute Miene zum bösen Spiel hat Bernhard Grzimek in dieser Angelegenheit nur einmal machen müssen, als er live im Radio damit konfrontiert wurde. Noch vor seiner Fernsehzeit hatte er mit Reinhard Albrecht, einem Reporter des Südwestfunks, eine Rätselsendung mit Tierstimmen bestritten. Die Stimmen, die der Zoodirektor auf Band aufgenommen hatte, mussten vom Reporter und den Zuhörern erraten werden. Zum Schluss bat ihn Albrecht, selbst einmal zu raten. »Ein seltsames ›äh, äh, äh, äh‹ klang aus dem Lautsprecher. Ich tippte auf Kamelhengst. Aber es war – ich selber«, schreibt Grzimek später in seinem Buch *20 Tiere und ein Mensch*. Der Reporter hatte einfach aus früheren Gesprächen Grzimeks Verlegenheitslaute herausgeschnitten und hintereinandergehängt. Für den Perfektionisten Grzimek eine bittere Pille.

Mit dem Fernsehen beginnt eine der größten Konstanten im Leben Bernhard Grzimeks. Dass er das gleich von Anfang an absehen konnte, ist eher unwahrscheinlich. Zu viel ist in diesen Jahren in seinem Leben in Bewegung. Die Familie feiert nach der gelungenen ersten Sendung am 30. Juli 1956 die Geburt des ersten Sohnes von Michael und Erika, Stephan Michael, und am 20. Oktober die Hochzeit von Rochus und seiner Frau Jutta. Dazwischen verbringen Bernhard und Hildegard Grzimek mit Sohn Thomas die Ferien im italienischen Badeort Lido di Jesolo und bleiben auf der Hin- und Rückfahrt jeweils einige Nächte in Kenels.

Auch im Zoo hat sich 1956 einiges getan: Durch den Wiederaufbau des Zoogesellschaftshauses muss aus baupolizeilichen Gründen der Franz-Althoff-Bau abgerissen werden, und auf dem frei gewordenen Platz wird mit dem Bau von Bärenanlagen begonnen. Wenig später, zum Jahreswechsel 1956/57, wird der Rohbau des Gesellschaftshauses samt Innenverputzung fertig, und Grzimek kann am 20. Dezember 1956 in dem prunkvollen Gebäude das Kleine Theater im Zoo eröffnen.

Aus tiergärtnerischer Sicht ist daneben der Import des Orang-Utan-Männchens Moritz aus Sumatra, das als Ersatz für den im März 1956 gestorbenen Henki in den Zoo kommt, von Bedeutung. Denn der Schauwert des Menschenaffen, der eine Armspannweite von 2,20 bis 2,30 Metern aufweist, ist enorm: Moritz ist »wohl einer der größten Orang-Utans, der jemals in einem deutschen Tierpark war«, schreibt Bernhard Grzimek stolz im Jahresbericht.

Nach wie vor ist auch die Eisbärin Novaja, die seit Anfang Dezember 1955 von Ingrid und Richard Faust mit der Flasche aufgezogen worden war, eine große Attraktion. Was selbst heute noch weltweit für Aufsehen sorgt, ist damals erst die zweite künstliche Aufzucht eines Eisbären überhaupt. Bis zum Alter von drei Monaten lebt die kleine Bärin in der Wohnung der Fausts, doch sie wird den beiden gegenüber auch noch im Zoo die nächsten zwanzig Jahre lang völlig zahm bleiben, wie Ingrid Faust erzählt.

Und es gibt noch mehr zu feiern, als die Spitzmaul-Nashornkuh Katharina dem Zoo am 24. Dezember 1956 eine außergewöhnliche Überraschung bereitet: Mit der Geburt ihres Sohnes bringt sie das erste in Europa geborene afrikanische Nashornbaby zur Welt. Die Geburt war erst für das Frühjahr erwartet worden, und so bleibt Bernhard Grzimek nichts anderes übrig, als sich nach seiner Rückkehr alles darüber erzählen zu lassen – denn Weihnachten verbringt er zusammen mit seiner Familie in Afrika.

Am 19. Dezember 1956 sind nicht nur Bernhard und Michael, sondern dieses Mal auch Hildegard und Erika Grzimek mit dem Zug nach Brüssel und von dort mit dem Flugzeug nach Stanleyville aufgebrochen. Obwohl Bernhard und Michael Grzimek sogar kurze Zeit später den Pilotenschein ablegen und ein eigenes Flugzeug anschaffen, wird es das einzige Mal bleiben, dass alle vier gemeinsam in einem Flugzeug sitzen. »Die beiden sind nie mit uns Frauen in ihrem Flugzeug geflogen. ›Einer muss übrig bleiben‹, hat Michael immer gesagt«, erinnert sich Erika Grzimek.

Bernhard Grzimek nutzt die Reise in den Kongo und nach Uganda, um wissenschaftliche Arbeiten vorzubereiten. Denn er hat vor, Dieter Backhaus für fünf Monate nach Afrika zu schicken. Backhaus war erst im Juni 1956 mit der Aufgabe nach Frankfurt gekommen, die Giraffen im neuen Giraffenhaus zu erforschen, und hatte bereits zeigen können, dass Giraffen Farben sehen. »Ab Februar 1957 war ich für fünf Monate im eigentlich geschlossenen Garamba-Nationalpark im Kongo. Das hatte Grzimek nur mit einer Genehmigung der obersten Behörde dort erreicht«, erinnert sich Backhaus.

Das Forschungsvorhaben finanziert Bernhard Grzimek mit den Einspielgeldern von *Kein Platz für wilde Tiere*, wie eine Pressemitteilung des Zoos belegt: »Die Kosten für diesen Studienaufenthalt übernehmen die Herren Michael und Dr. Bernhard Grzimek persönlich. Da die Erlöse des Filmes *Kein Platz für wilde Tiere* ideellen Zwecken zugutekommen sollen, haben sie neben anderen Natur- und Tierschutzorganisationen dem Frankfurter Zoologischen Garten für Forschungs- und Wiederaufbauzwecke einen Betrag von 25 000 Mark zur Verfügung gestellt.«

Nach der Rückkehr der Grzimeks im Januar 1957 hat Bernhard Grzimek einen neuen Vorgesetzten, den SPD-Politiker Werner Bockelmann, der als Nachfolger des im Vorjahr verstorbenen Walter Kolb zum neuen Frankfurter Oberbürgermeister gewählt worden ist. Bernhard Grzimek verhandelt in diesem Frühjahr mehrfach mit der Verwaltung: Der Regierungspräsident in Wiesbaden hat ihn angesichts des laufenden Verfahrens wegen des Baus im Landschaftsschutzgebiet gebeten, ein Gutachten zu erstellen, ob es notwendig sei, dass Georg von Opel in Kronberg Tiere hält. Da Georg von Opel jedoch im Vorstand und ein großer Förderer der ZGF in Frankfurt ist, bittet Grzimek den Regierungspräsidenten, von ihm als Gutachter abzusehen, und verweist auf die Zoodirektoren Richard Müller aus Wuppertal und Alfred Seitz aus Nürnberg.

In eigener Sache korrespondiert Grzimek mit der Verwaltung der Frankfurter Johann Wolfgang Goethe-Universität. Endlich haben seine jahrelangen Bemühungen gefruchtet, denn der Rektor der Universität, Helmut Coing, setzt sich beim Hessischen Minister für Erziehung und Volksbildung für Grzimek ein. »Dr. Grzimek ist ein wissenschaftlich wie praktisch außerordentlich tüchtiger Direktor des Zoologischen Gartens Frankfurt am Main, der die Verbindung mit der Universität und dem Zoologischen Institut stets gesucht hat und der die praktische Seite des Unterrichts in Zoologie stets gefördert hat«, heißt es so in einem Antrag vom März 1957: »Eine enge Zusammenarbeit mit dem Zoologischen Institut, die durch die Erteilung eines Lehrauftrages … sehr gefördert werden könnte, ist daher in Interesse von Wissenschaft und Unterricht sehr erwünscht. Dr. Grzimek ist nach dem Urteil von Konrad Lorenz, unseres besten Tierpsychologen, ›ein Verhaltensforscher von Ruf, dessen didaktische Fähigkeiten durch eine große Anzahl ganz ausgezeichneter Arbeiten und Vorträge unter Beweis gestellt sind‹.«

Dem Antrag wird stattgegeben, und Grzimek erhält einen unbesoldeten Lehrauftrag für Tiergärtnerei und Tierschutz in der Naturwissenschaftlichen Fakultät. Er ist ab diesem Tag also offiziell »Beauftragte Lehrkraft« der Universität in Frankfurt und hält seine Vorlesungen ab dem Wintersemester 1957/58 jeden Montag von dreizehn bis vierzehn Uhr ab. Hellmut Neubüser erinnert sich, dass die Vorlesungen am Zoologischen Institut nicht besonders gut besucht waren: »Wir kamen dann immer mit unseren Lehrlingen aus dem Zoo dazu. Dann musste für die zum einen kein Unterricht im Zoo gemacht werden, und Grzimek hatte an der Uni eine Reihe mehr voll. Seine Vorträge waren für die Lehrlinge aber oft ein wenig zu hoch.«

Schon nach dem ersten Semester wechselt Bernhard Grzimek vom wöchentlichen auf den zweiwöchentlichen Rhythmus und hält die Vorlesung dafür dann zweistündig. Im Sommersemester 1959 lässt er sich von der Naturwissenschaftlichen Fakultät für seinen Aufenthalt in der Serengeti beurlauben, und bereits nach dem Sommersemester 1960 stellt er die Vorlesungen gänzlich ein.

Vielleicht ist ihm der Auftrag neben seiner umfangreichen Arbeit zu viel geworden. Vielleicht hatte er sich auch mehr Resonanz erhofft. Oder er hat schlicht sein Ziel an anderer Stelle erreicht und deshalb das Gewicht dorthin verlagert: Parallel zu dem Lehrauftrag in Frankfurt hat Bernhard Grzimek nämlich auch an der Justus-Liebig-Universität in Gießen zu lehren begonnen, wo er am 12. Juli 1960 zum Honorarprofessor ernannt wird. Sein dortiger Lehrauftrag zum Thema »Haltung und Zucht von Zootieren« beginnt im Wintersemester 1957/58. Bereits im Sommer 1958 erwägt die Veterinärmedizinische Fakultät, ihm den Titel des Honorarprofessors zu verleihen. Doch erst nach zwei Jahren entschließt man sich endgültig dafür.

Auch in Gießen wird Bernhard Grzimek viele Semester »zur Wahrnehmung von Forschungsaufgaben in Afrika« beurlaubt. Als er im Dezember 1969 zum Beauftragten der Bundesregierung für Angelegenheiten des Naturschutzes berufen wird, stellt ihn die Universität für die Dauer dieser Aufgabe frei. Grzimek wird zwar bis zu seinem Tod im Vorlesungsverzeichnis als Angehöriger des Lehrkörpers geführt, aber er bietet keine Lehrveranstaltungen mehr an.

Im Gegensatz zu den Vorlesungen in Frankfurt sind Grzimeks Vorlesungen bei den Tierärzten in Gießen gut besucht. »Die Vorlesungen waren immer gerammelt voll. Sie fanden im Physiologiehörsaal statt, da passen etwa hundertvierzig Leute rein. Die Studenten saßen aber zum Teil auch auf den Stufen – also waren etwa hundertfünfzig, hundertsechzig Leute da«, erinnert sich Klaus H. Bonath, damals Student und später Veterinärchirurg an der Universität Gießen. In den Vorlesungen am frühen Abend habe Grzimek über die Zucht und Haltung, aber auch über Krankheiten von Zootieren referiert: »Das hat er sehr mit seinen Erlebnissen aus Afrika gewürzt und Bilder oder auch mal einen Film gezeigt. Das waren schon sehr lebendige Vorlesungen, auch wenn er einen mit der Klangfarbe seiner Stimme ja nicht unbedingt vom Sessel gerissen hat. Das kam mehr durch seine Persönlichkeit.«

Bernhard Grzimek sei ein Vorbild für sie gewesen, sagt Bonath, und Manfred Reinacher berichtet Ähnliches über Grzimeks Wirkung auf seine Studenten. »Wir haben damals eine Umfrage gemacht, und da wollten allein fünfzehn Prozent der Studenten Zootierarzt werden, was natürlich zahlenmäßig unmöglich war«, erinnert sich der heutige Dekan des Fachbereichs Veterinärmedizin und Geschäftsführender Direktor des Instituts für Veterinärpathologie an der Justus-Liebig-Universität Gießen. Die Vorlesungen an sich, sagt er, seien ihm ein wenig wie das »Ausprobieren seiner Filme« vorgekommen: »Er hatte die sogar zum Teil selbst noch nicht gesehen. Zum Beispiel die Eiablage von einem Krokodil. Da sagte er hinterher zu uns: ›Das habe ich eben das erste Mal auf einem Film gesehen!‹«

Grzimek bringt nicht nur zahlreiche neue Erkenntnisse in die junge Disziplin der Ethologie ein, sondern ist auch mit seiner Vorlesung Vorreiter, wie ein weiterer ehemaliger Student schreibt: »Es war … die einzige Möglichkeit, während des tiermedizinischen Studiums etwas über Zoo- und Wildtiere zu hören. Das gab es in Gießen und sonst nirgendwo im deutschsprachigen Raum.« Jedoch kritisiert der Tiermediziner Heinz Gass, dass Grzimek es bei all seinen Geschichten »nie versäumte zu unterstreichen, wie wichtig er in diesem Zusammenhang war«, wie er in seinem Buch *Hat er die alle gefressen?* schreibt.

Die Zeiten, an denen Grzimek sich eine stärkere Einbindung an eine Universität gewünscht hätte, scheinen jedenfalls Ende der Fünfzigerjahre vorbei zu sein. Er nimmt weder groß mit anderen Professoren Kontakt auf, noch engagiert er sich in Belangen der Universitäten. Allerdings betreut er bei sich im Zoo Doktoranden, wie sich Bonath erinnert. »Wir Assistenten, Doktoranden und Diplomanden haben in der Zoobaracke auf dem Wirtschaftshof gewohnt. Die Baracke war eingeschossig, aus Holz, mit acht Räumen, die links und rechts vom Mittelgang abgingen. Dazu Gemeinschaftsduschen und -toiletten. Und in den Räumen stand ein Etagenbett. Das war schon sehr spartanisch, aber für uns war das völlig in Ordnung.« Oft sei Bernhard Grzimek zu den Feiern gekommen, die die Doktoranden dort abgehalten hätten, ergänzt er und berichtet: »Einmal haben wir versucht, ob man nicht die Futterfische, die dem Zoo angeliefert wurden, in siedendem Öl braten kann. Das war derart lecker, dass Grzimek ganz schön zugelangt hat. Er war von unserer Feier so begeistert, dass er eine Rede gehalten hat: ›Ich wünsche Ihnen, dass Sie alle Zoodirektoren werden!‹ Das war von der menschlichen Seite her so positiv, damit hatten wir gar nicht gerechnet.«

Tatsächlich vergleicht Bernhard Grzimek den Beruf des Zoodirektors schon lange nicht mehr mit dem des Gefängniswärters. Sondern er betrachtet ihn eher als Retter und vergleicht den Zoo immer häufiger mit einer »Arche für die bedrängte Tierwelt«. Sich selbst versteht er als einen der neuen Noahs. Zwar ist es wahrscheinlich ein reiner Zufall, aber dennoch ein bemerkenswerter, dass ein anderer Mann, der auf dem gleichen Gebiet wie Grzimek arbeitet, 1955 sein viertes Buch mit dem Titel *The New Noah (Der neue Noah)* herausbringt. Auch der Brite Gerald Durrell wird durch seine populärwissenschaftlichen Tier- und Zoobücher, seine Afrika-Expeditionen, seine Fernsehsendungen über Tiere und Naturschutz und seinen 1959 auf der Kanalinsel Jersey gegründeten Artenschutzzoo weltberühmt.

»Beide Männer waren bemerkenswert und Pioniere der Zoowelt, besonders wenn es um den Naturschutz ging«, sagt Jeremy Mallinson, der bis 2002 Nachfolger Durrells als Zoodirektor auf Jersey war. »Vieles von dem, was sie in den Sechzigerjahren noch so einsam vertraten, ist heute in modernen Zoos als ›Modus operandi‹ akzeptiert.«

Mallinson erinnert sich, dass sich Gerald Durrell und Bernhard Grzimek mindestens zweimal getroffen hätten, einmal davon in den Sechzigerjahren für ein mehrstündiges Gespräch und einen Zoorundgang in Frankfurt: »Mir schien, dass sie gegenseitig die Arbeit des anderen bewunderten.« Dabei stimmen sie auch in der Ansicht überein, die Grzimek am 14. Juni 1957 in einem Brief an den Kenianischen Tierexporteur Carr Hartley vertritt: »Ich bin nicht der Meinung, dass es möglich sein wird, Tierarten in Zoos vor dem Aussterben zu bewahren, wenn sie im Freiland dem Untergang geweiht sind. Es bedarf deshalb all unserer Arbeit, um Nationalparks, Naturreservate und ähnliche Gebiete in Afrika und überall sonst zu erhalten, um das Aussterben der Tiere zu verhindern.«

Im Frankfurter Zoo ist derweil das Exotarium fertig geworden und sorgt allein in den letzten vier Monaten des Jahres 1957 für 282 000 Besucher. Verantwortlich für die Kombination aus Aquarium, Terrarien und Gehegen für Vögel, Säugetiere und Insekten ist Gustav Lederer, der bereits unter Grzimeks Vor-Vorgänger das Aquarium betreut hatte. Das Exotarium hat anfänglich weit über die Zooöffnungszeiten hinaus bis zweiundzwanzig Uhr geöffnet. Allein die rund 1200 Fische, 214 Reptilien, 54 Lurche und 625 Wirbellose wie zum Beispiel Seesterne tragen dazu bei, dass der Tierbestand des Zoos von 1360 Exemplaren im Jahr 1954 auf 3340 im Jahr 1958 anwächst.

Bernhard Grzimek ist hocherfreut über den »Rekordbesuch«, den das neue Haus auslöst: Mit 1,5 Millionen Zoobesuchern wird die Vorjahresmarke weit übertroffen. »Der ungewöhnliche Anstieg um mehr als ein Viertel ist offensichtlich auf die Eröffnung des Exotariums zurückzuführen, sodass damit schon ein erheblicher Teil seiner Baukosten bezahlt ist. Dieses zeigt, wie unrichtig es ist, rein sozialen Bauaufgaben der Stadt, welche ihre Unkosten nicht wieder einzubringen haben, die Zoobauten gegenüberzustellen, welche gleichzeitig sozialen und volksbildenden Zwecken dienen«, schreibt der Zoodirektor in einer Presseerklärung am 4. Dezember 1957.

Irgendwann in dieser Zeit sieht Grzimeks uneheliche Tochter Monika ihn zum ersten Mal im Fernsehen. »Meine Mutter sagte plötzlich: ›Das ist dein Vater.‹« Die damals 16- oder 17-Jährige und ihr fünf Jahre jüngerer Bruder hatten bis dahin nicht gewusst, dass ihr Ziehvater nicht auch ihr leiblicher Vater ist. Umso mehr trifft Monika die Neuigkeit: »Ich bin dann zu meinem vermeintlichen Vater gefahren, der damals in Hannover lebte, und er hat bestätigt, nicht mein Vater zu sein. Meine Mutter hat mir dann aber untersagt, mit Bernhard Grzimek Kontakt aufzunehmen. Sie sagte, dass ich sonst nicht mehr ihre Tochter sei.«

Zu groß ist der Bruch zwischen Bernhard Grzimek und seiner einstigen Geliebten, zu sehr beansprucht die alleinerziehende Mutter ihre Kinder für sich. Verunsichert befolgt Monika die Anweisung und nimmt erst einige Jahre später Kontakt mit Bernhard Grzimek auf.

Der ahnt Ende 1957 nichts von alledem. Er hat gerade das Haus in Kenels verkauft, da er zusammen mit Michael einen aufgestockten Ziegenstall am Monte Brè in der Schweiz als neues Feriendomizil erworben hat. Hildegards Eltern, die nach dem Krieg in dem Häuschen in Kenels wohnen geblieben waren, siedeln nach Nürnberg über. Den eigentlichen Umzug von Kenels nach Aldesago bewerkstelligt Hildegard Grzimek erst am 7. Mai 1958, wie eine letzte Eintragung im Gästebuch von Kenels belegt.

Bernhard und Michael Grzimek sind zu diesem Zeitpunkt wieder in Afrika, dieses Mal in der Serengeti. In einer der letzten Sequenzen ihres Filmes *Kein Platz für wilde Tiere* hatte es bereits geheißen: »Jetzt wird die Serengeti-Steppe, der einzige Nationalpark in Tanganjika, zu zwei Dritteln durch die britische Mandatsverwaltung als Naturschutzgebiet aufgegeben. Eines der berühmtesten Tierparadiese der Erde, ein ideeller Besitz der ganzen Menschheit, wird dadurch vernichtet.«

Von da an hatten Vater und Sohn ein neues Ziel vor Augen.

SCHICKSAL SERENGETI: VON GROSSEM GLÜCK UND GROSSEM SCHMERZ

»So viele Menschen fliegen heute schlafend über die Tiefen des Ozeans oder sie bekommen gebratenes Huhn zu grünen Erbsen serviert, während ein paar Kilometer senkrecht unter ihnen die Wunder des Urwalds leuchten. Solche eiligen Luftomnibusbenutzer sollten einmal in ihrem Leben wirklich fliegen. So wie Michael und ich.«

Bernhard Grzimek in *Serengeti darf nicht sterben*

Von Anfang an wollten Vater und Sohn das Geld aus den Einnahmen von *Kein Platz für wilde Tiere* für einen reellen Platz für wilde Tiere, ein Wildschutzreservat, ausgeben. Ihre Wahl fällt auf die Momella-Farm in Tanganjika, deren in Schlesien geborene Besitzerin Margarete Trappe 1957 gestorben war. Die Farm liegt malerisch zwischen Wäldern und Seen am Fuße des Berges Meru und bietet eine grandiose Aussicht auf den gewaltigen Kilimandscharo im Osten.

Um seine Pläne vorzustellen, lädt Bernhard Grzimek den Direktor der Nationalparks des damals noch britisch verwalteten Tanganjikas, Colonel Peter Molloy, nach Frankfurt ein. Doch der hat eine andere Idee: Bernhard und Michael Grzimek sollen ihr Geld dafür verwenden, die Wanderbewegung der geschätzten eine Million Tiere in der Serengeti zu dokumentieren. Gerade waren nämlich neue, engere Parkgrenzen für die Serengeti beschlossen worden, ohne dass man einen Überblick darüber hatte, wie und wohin die riesigen Herden der Gnus und Zebras auf den weiten Steppen zogen. Wie auch? In der Regenzeit waren weite Teile des Gebietes nicht mit dem Auto zu passieren.

Michael Grzimek ist die Lösung schnell klar: Für diese Aufgabe braucht man ein Flugzeug. Vater und Sohn stimmen Molloys Vorschlag zu, und so findet sich Bernhard Grzimek, achtundvierzig Jahre alt, eines Sonntagmorgens auf dem Sportflugplatz Egelsbach wieder, zwanzig Kilometer von Frankfurt entfernt. In einer postgelben Piper Cup lernt der Zoodirektor, zu dessen Leidenschaft das Fliegen vorher nicht unbedingt gezählt hatte, zusammen mit seinem Sohn Michael in nur wenigen Wochen, ein Flugzeug zu steuern. Als er im November 1957 die Prüfung für den Luftfahrerschein des Landes Hessen im Regierungspräsidium in Darmstadt ablegt, besteht er diese mit Auszeichnung. »Ich hatte eben fleißig gelernt, weil ich mir sagte: Wenn du durchfällst, steht es in der Zeitung, und es gibt so viele Leute, die sich königlich darüber freuen«, schreibt Bernhard Grzimek in seinem Buch *Serengeti darf nicht sterben*, das 1959 über ihre Reise und Forschung erscheint.

Noch während der Flugstunden kaufen die beiden Männer die Maschine, mit der sie nach Afrika aufbrechen wollen: eine Dornier Do 27-B1, die erste Maschine für den zivilen Einsatz. Der Kaufpreis für das neun Meter lange Gefährt mit einer Flügelspannweite von zwölf Metern und einem Leergewicht von gut tausend Kilogramm beträgt damals 125 000 Mark.

Bernhard und Michael Grzimek lassen einen Zusatztank mit einem Volumen von hundertsiebzig Litern einbauen und Halterungen für Film- und Fotokameras montieren lassen. »Ansonsten war die Maschine aber militärisch spartanisch. Die Sitze waren kaum verstellbar und unbequem, die Lautstärke im Inneren der Maschine ohne Kopfhörer so hoch, dass man sich kaum unterhalten konnte. Die Heizung funktionierte vorne bei den Piloten gut, für die bis zu vier Passagiere hinten ungenügend«, erläutert Martin Rulffs, Fluglotse am Frankfurter Flughafen, Spezialist für und begeisterter Sammler von allem, was mit diesem Flugzeugtyp zu tun hat.

Als die Maschine im Oktober 1957 fertiggestellt ist, hebt sie sich mit ihrem auffallenden schwarz-weißen Streifenmuster eindrucksvoll von allen anderen Flugzeugen ab. »Vielleicht kommt es dann den Tieren in der Serengeti, wo abertausende Zebras herumlaufen, nicht ganz so technisch und fremd vor. Vor allem aber findet man das kleine Ding leichter wieder, wenn wir einmal Bruch machen und irgendwo in Afrika gesucht werden«, schreibt Bernhard Grzimek später.

Die Vorlage für die Zebra-Bemalung hat Michael Grzimek selbst angefertigt und vor den Lackierarbeiten im Werk abgegeben. Fraglich ist, ob die auffällige Farbgebung tatsächlich die Idee der beiden Grzimeks war oder ob sie sich damit bei zwei anderen Afrikafilmern bedient haben. Martin und Orsa Johnson, ein amerikanisches Ehepaar, das seit 1917 Abenteuerfilme in tropischen Gefilden drehte und dafür 1932 die Fluglizenz erworben hatte, sorgte bereits fünfundzwanzig Jahre vor den

Grzimeks mit zwei zebragestreiften und leopardengefleckten Sikorsky-Wasserflugzeugen für Aufsehen. Schwer vorstellbar, dass dieses den passionierten Kinogängern Michael und Bernhard Grzimek verborgen geblieben war. Und wann immer Letzterer in seinem Leben auf eine gute Idee stieß, scheute er sich nicht, sie zu übernehmen. Grzimek selbst ging damit sehr offensiv um, wie ein Brief von ihm an Carl-Heinrich Hagenbeck vom 27. Januar 1958 belegt: »Zoologische Gärten leben ja davon, dass sie einander kopieren. Wo einer auf eine kluge Idee kommt und etwas hübsches Neues macht, wird er bald allerorten Nachahmer finden. Auch ich habe es zum Beispiel immer dankbar empfunden, dass Sie mir bei Bauplänen auf meine Anfragen großzügig Auskunft erteilt haben.«

Der 11. Dezember 1957, ein Mittwoch, ist ein bedeckter Wintertag mit Höchstwerten von gerade einmal minus zwei Grad Celsius. Mit dem Dienstwagen des Zoos, dem alten Opel Kapitän des ehemaligen Oberbürgermeisters Kolb, fährt Dieter Backhaus die beiden Männer frühmorgens zum Flugplatz in Egelsbach. »Der Wagen war vollgestopft mit Zeug. Wir haben dann das Flugzeug beladen, und während Michael die amtlichen Sachen im Flughafenbüro regelte, lief Bernhard Grzimek noch einmal ans Auto. Er holte heimlich seine Personenwaage hervor und versteckte sie im Flugzeug. Er achtete ja immer sehr auf seine schlanke Linie«, erzählt Backhaus.

So verlassen Vater und Sohn nach einer knappen Verabschiedung im Zoo und bei der Familie an diesem Morgen gut gelaunt den deutschen Boden in Richtung Schweiz. Wie Backhaus sagt, »ohne Angabe bei den offiziellen Stellen, dass ihr Ziel Afrika war – dafür hätten sie nie die Starterlaubnis bekommen«. An Bord ist noch ein dritter Mitreisender: das Buschbaby Jokele. Den kleinen Primaten hatte Bernhard Grzimek von seiner letzten Afrikareise mit nach Frankfurt gebracht. Nachdem Jokele für ein knappes Jahr Stehlampen und Zuckerdosen in der Direktorenwohnung unsicher gemacht hatte, hatte der Familienrat beschlossen, ihm die Freiheit wiederzugeben. Deshalb fliegt er nun mit nach Ostafrika, zurück in die Heimat.

Die D-ENTE – so lautet die von den Grzimeks gewählte Kennung des Flugzeugs – fliegt mit zweihundertzwanzig Kilometern in der Stunde, dem Radiokompass und Bernhard Grzimeks Autoatlas folgend, ins Abenteuer. In Genf, ihrer ersten Station, hält sie eine Schlechtwetterfront eine Nacht länger als geplant fest, in Marseille geht gar nichts mehr: Das schwarze Sturmtief blockiert Italien so, dass sich Bernhard und Michael Grzimek schließlich entscheiden, den Umweg über Spanien und Gibraltar in Kauf zu nehmen. In Cartagena lassen sie sich jedoch von anderen Piloten anstacheln, statt über Gibraltar direkt über das Mittelmeer nach Oran in Algerien zu fliegen. Es sind nur knapp dreihundert Kilometer oder gut eineinhalb Flugstunden für die beiden Männer. Doch so wagemutig sie in vielen Dingen sind, so sicherheitsliebend sind sie in anderen: Vor ihrer ersten Meeresüberquerung ziehen sie Schwimmwesten über und legen das kleine, sich bei Wasserkontakt selbst aufblasende Gummiboot zurecht, an das Michael noch eine Tasche mit Proviant, Rauchpatronen und Spezialbriketts knotet, die Haifische fernhalten sollen. Letztere hatten sie vor der Reise eigens in Amerika bestellt.

Kaum über dem Meer, setzt der Motor aus. Nach ein paar beängstigend langen Momenten kann Michael ihn jedoch mit der Hilfspumpe wieder starten, und nachdem sie im dichten Regen endlich den Flughafen von Oran gefunden haben, setzen sie dort sicher auf. Auf ihrem Weiterflug am nächsten Tag müssen sie jedoch schon nach kurzer Zeit umdrehen, zu mächtig sind noch die Wolken und zu schlecht die Sicht. An Bernhard Grzimeks Seite drückt der starke Regen so durch die Abdichtung der Tür, dass der Zoodirektor sich einen Lappen über den Kopf halten und diesen regelmäßig auswringen muss. Schließlich hangeln sie sich entlang der Küstenlinie über Tunis nach Tripolis, Bengasi und Alexandria, bevor sie nach Süden ins Landesinnere des Afrikanischen Kontinents abbiegen.

Kraftstoffbeschaffung, kleinere Reparaturen und das Ausfüllen von Dutzenden Formularen machen ihnen bei jedem Zwischenstopp zu schaffen. »Wenn wir mit einem Seufzer der Erleichterung wieder in der Luft hängen, stellen wir meistens fest, dass wir vergessen haben zu essen. Weil meine Frau nicht dabei ist, fühle ich mich verpflichtet, Michael ein bisschen zu bemuttern«, schreibt Bernhard Grzimek später. So bietet er seinem Sohn Proviant an, den dieser jedoch häufig ablehnt: »Das hat er von seiner Mutter: Erregung schlägt ihm auf den Magen. Und dieser weite Flug regt ihn auf, auch wenn er noch so gelassen tut.«

Über Luxor, Wadi Halfa und Khartum – von wo aus sie beim Flugzeugwerk in Deutschland telegrafisch eine Zusatzkühlung für den Motor bestellen und nach Ostafrika schicken lassen – gelangen Vater und Sohn nach Juba in der neu gegründeten Republik Sudan. Wieder einmal feiern sie Weihnachten in Afrika – dieses Jahr bei einem festlichen Empfang des Gouverneurs. Zäher Truthahn und flambierter Plumpudding, bunte Papierhüte und Knallbonbons, ja am Ende so betrunkene Gäste, dass diese sich mit in Wein getränkten Papierkugeln bewerfen, hinterlassen einen eigenartigen Eindruck bei den beiden deutschen Gästen. Vielleicht sind sie auch nur nervös, als sie in der schwülen Wärme um Mitternacht ihr Gästezimmer aufsuchen. »Wir müssen kräftig auf Vorrat schlafen, denn morgen wollen wir auf Biegen und Brechen unsere Reise beenden. Wir fliegen über Uganda nach Entebbe am Victoriasee, tanken dort auf und schweben gleich weiter über Waldgebirge bis nach Nairobi, der Hauptstadt von Kenia in Britisch-Ostafrika«, schreibt Bernhard Grzimek in *Serengeti darf nicht sterben*.

Tatsächlich erreichen sie Nairobi am nächsten Tag und sind damit nach vierzehn Tagen Reise so gut wie am Ziel. In Arusha, einer Stadt im Nordosten Tanganjikas, lassen sie ihr Flugzeug stehen und steigen in einen Geländewagen um. Sie wollen im »größten Zoo der Welt«, wie Bernhard Grzimek schreibt – dem Ngorongoro-Krater – erst einmal vom Boden aus versuchen, die Tiere zu zählen. Der Einbruchkrater eines alten Vulkans mit dem atemberaubenden Durchmesser von zweiundzwanzig Kilometern und sechs- bis siebenhundert Meter hohen Seitenwänden ist von neuntausend großen Tieren besiedelt, wie Vater und Sohn später herausfinden.

Der erste Blick auf den Krater macht die beiden Deutschen sprachlos. »Mein Sohn hat die Angewohnheit, ein wenig den Kopf zurückzunehmen und die Nasenflügel zu weiten, wenn ihn etwas packt. Auch ich bin ergriffen. Ausrufe der Bewunderung geben wir beide nur vor Begleitern ab, die das von uns erwarten. Hier können wir ganz still sein. Wir blicken auf eines der Wunder unserer Erde«, hält Bernhard Grzimek diesen Moment in *Serengeti darf nicht sterben* fest. Tatsächlich setzt die UNESCO dieses Wunder 1979 auf die Liste des Weltnaturerbes.

Vater und Sohn übernachten bei Gordon Harvey, einem der beiden Wildhüter des Nationalparks, und fahren mit ihm am nächsten Tag in den Krater hinab. Nun, da sie sich ein erstes Bild von der Region gemacht haben, wagen sie es, mit der D-ENTE von Arusha in den gut 26 000 Hektar großen Krater hineinzufliegen und in ihm die ersten Probezählungen vorzunehmen. »Zuerst hatten wir den Plan, einfach das ganze Gebiet mit der Luftbildkamera zu fotografieren, dann eine Aufnahme an die andere zu setzen und, wie auf einer Landkarte, jedes Tier zu zählen«, schreibt Bernhard Grzimek. Um jedoch die Tierarten noch erkennen zu können und nicht nur dunkle Punkte zu sehen, so berechnen Vater und Sohn, müssten die Ausschnitte so gewählt werden, dass insgesamt fünfzigtausend Serienbilder geschossen werden müssten. Abgesehen von der Menge hätte sie das, auch bei einer eigenen Entwicklung, mehr als 250 000 Mark gekostet. Nach heutiger Kaufkraft ein Millionenbetrag.

Vater und Sohn erkennen, dass sie während des Flugs zählen müssen. Jeder schätzt dazu von seiner Seite aus den Bestand der Herde ab, die sie gerade überfliegen. Hinterher nennen sie sich ihre Ergebnisse. Je häufiger sie üben, desto mehr gleichen sich die Ergebnisse an. Im späteren Verlauf ihrer Untersuchungen, so beschließen sie schon recht früh, sollen auch die Wildhüter Gordon Harvey und Myles Turner mitfliegen, denn von acht Augen versprechen sich die Grzimeks noch genauere Daten. Doch das ist erst möglich, nachdem der Direktor des Nationalparks die beiden Wildhüter – auf die dringende Forderung von deren Ehefrauen – versichert hat.

Nach den ersten Testflügen in den gut überschaubaren Strukturen des Kraters fliegen Michael und Bernhard Grzimek in die weite Steppe der Serengeti. In Banagi, rund achtzehn Kilometer nördlich vom heutigen Standpunkt der Nationalparkverwaltung in Seronera, leben Myles und Kay Turner. Hier soll auch das Quartier der Grzimeks aufgeschlagen werden. Doch Bernhard und Michael Grzimek wollen zuerst nach Seronera. Dort entdecken sie zwischen locker verteilten Bäumen eine Landepiste. Sie ist ziemlich kurz, und sie müssen all ihr Können aufwenden, um die Maschine knapp vor dem Ende des rauen Streifens zum Stehen zu bekommen. Als sie aus dem Flugzeug klettern, begrüßt sie Myles Turner – in Banagi. Die Grzimeks haben sich verflogen.

In Myles Turners Buch *My Serengeti Years. The Memoirs of an African Game Warden*, das seine Frau Kay drei Jahre nach seinem Tod 1987 herausgibt, schreibt er über die unerwartete Ankunft der beiden: »Ein Landestreifen sollte in Banagi für die Grzimeks hergerichtet werden, und als ich das gerade an einem heißen Nachmittag im Januar 1958 tat, hörte ich das Brummen eines Flugzeuges, das sich von Osten näherte. Der Streifen war nur halb fertig. Äste und Dornengestrüpp lagen überall verstreut, und ich war mir sicher, dass es keiner versuchen würde, hier zu landen. Aber die Insassen der zebragestreiften Dornier, die plötzlich über den Baumwipfeln erschien, müssen anders gedacht haben: Die Landeklappen fuhren aus, und die Maschine landete auf den 270 Metern, die ich bisher von Busch befreit hatte. Heraus stiegen zwei groß gewachsene Deutsche: Bernhard Grzimek und sein Sohn Michael.«

Im 36-jährigen Myles Turner finden die beiden einen ihrer treuesten Helfer in der Serengeti. Und mehr noch, wie Bernhard Grzimek im Vorwort zu Turners Buch schreibt: »Myles Turner war mein bester Freund in Ostafrika. Als mein Sohn Michael und ich unsere Untersuchungen an den Herdenwanderungen ausführten, lebten wir in einer primitiven Metallhütte nicht weit von seinem damaligen Haus in Banagi entfernt. Wir bewunderten seine Fähigkeit, Wilderer zu bekämpfen und Ranger zu organisieren. Alle Erfolge, die wir in den Jahren damals hatten, verdanken wir seinem Wissen über Afrika, der Natur dort und den Menschen.«

Die Blechhütte, die für die nächsten Wochen das Zuhause von Bernhard und Michael Grzimek wird, hat Turner aus einigen Aluminiumplatten zusammengeschraubt. In ihr schlafen die Männer auf Feldbetten, über die sie Moskitonetze spannen. »Die Baracke war zwölf bis fünfzehn Meter lang, und die Tür schloss nicht richtig. Da habe ich lieber ein Vorhängeschloss für nachts angebracht«, erinnert sich Hermann Gimbel. Ebenso wie daran, dass das nachtaktive Buschbaby nachts über die Regalböden sprang, auf denen Konservendosen, Werkzeug, Medikamente und Filmutensilien verteilt waren: »Wenn man im Schlaf mit den Zehen zu nah ans Moskitonetz kam, biss Jokele da auch schon mal rein.«

Als sich die Pläne für ihre Forschungsarbeit in der Serengeti konkretisierten, hatte Michael Grzimek seinem ehemaligen Schulfreund Hermann Gimbel den Pilotenschein bezahlt, damit dieser sie auch bei dieser Expedition wieder unterstützen konnte. Er reist den Grzimeks nach Tanganjika nach – und findet an der Hütte ein Schild vor, das die beiden Grzimeks dort angebracht haben: »New Stanley Hotel« steht darauf. »Das war damals in Nairobi das erste Haus am Platz«, erklärt Erika Grzimek den Scherz der beiden.

Auf die gewohnten Streiche und Scherze verzichten Vater und Sohn auch in Afrika nicht. Einmal rufen sie Hermann Gimbel dringend aus dem Plumpsklo heraus. »Als ich mit heruntergelassener Hose hervorstolperte, ging dort gerade ein Löwe entlang«, erinnert sich Gimbel. Nichts passiert, das Tier verschwindet, aber Vater und Sohn amüsieren sich köstlich über das entsetzte Gesicht des erschreckten Freundes. Später wird Bernhard Grzimek die Anekdote häufiger so wiedergeben, als sei der Streich ihm gespielt worden.

So viel Spaß die Männer in Afrika haben, so hart arbeiten sie auch. »In der Serengeti sind wir immer früh aufgestanden, um halb sieben spätestens. Dann haben wir nur kurz Kaffee getrunken, bevor es losging. Mittags haben wir nicht groß Pause gemacht. Abends waren wir meistens so kaputt, dass wir nur noch etwas gegessen und eine Manöverkritik abgehalten haben und dann schnell unter die Moskitonetze gekrabbelt sind«, erinnert sich Hermann Gimbel. Bernhard Grzimek hätte dann unter seinem Moskitonetz immer noch lange gelesen – »der konnte mit drei Stunden Schlaf auskommen. Morgens war er meistens wieder als Erster auf und rasierte sich ordentlich.«

Helfend stehen den Männern ein Koch und ein Fahrer zur Seite. Zum Einkaufen fliegen die Frankfurter mit der D-ENTE nach Arusha oder Nairobi. Das Flugzeug ist übrigens besser vor den wilden Tieren geschützt als die Menschen: Um zu vermeiden, dass Hyänen mit ihrem starken Gebiss der Maschine nachts zu Leibe rücken, haben Myles Turner und seine Helfer eine ebene Fläche geschaffen, die mit Dornengebüsch umrandet ist. Hier wird die Maschine nachts unweit der Start- und Landepiste abgestellt.

Außer Hermann Gimbel haben die Grzimeks auch den deutschen Dokumentarfilmer Richard Graf engagiert. »Das war ein guter Filmer, und er fing die Arbeit auch an. Aber er hatte keine Ahnung von Tieraufnahmen. Myles Turner schlug dann den Grzimeks vor, mich anstelle von Richard Graf anzustellen«, erinnert sich Alan Root.

Der damals gerade erst zwanzig Jahre alte Filmer war kurz zuvor vom Nairobi Museum für einen Film über Blatthühnchen engagiert worden und anschließend von Armand und Michaela Denis, den Pionieren der Tierfilmerei in Afrika. Als Bernhard und Michael Grzimek in der Serengeti eintreffen, hat Root dort daher schon vier Monate gefilmt und arbeitet gerade am Naivasha-See im Südwesten Kenias. Auf eine Nachricht von Myles Turner fliegt er von Nairobi nach Seronera, um die Grzimeks zu treffen – »und ich bekam den Job auf der Stelle. Als ich dazustieß, hatten sie aber schon einiges gefilmt«.

Michael Grzimek und der drei Jahre jüngere Alan Root verstehen sich auf Anhieb. Beide begeistern sich für anspruchsvolle Filmsequenzen, teilen den gleichen Humor und sind auch beide rechte Draufgänger. Zudem haben die Grzimeks in Root einen zuverlässigen und äußerst fähigen Kameramann gefunden.

Nachdem alles organisiert ist, die Filmaufnahmen laufen und die ersten Tierzählungen aus der Luft durchgeführt sind, können Bernhard und Michael Grzimek Mitte Januar 1958 zwar schweren Herzens, aber ruhigen Gewissens mit einer Linienmaschine nach Frankfurt zurückfliegen. Bernhard Grzimek muss zurück ins Büro, denn um »mit einem Sportflugzeug nach Zentralafrika zu fliegen und dort wissenschaftliche Beobachtungen im Auftrag der britischen Mandatsverwaltung Tanganyika durchzuführen«, hatte er nur für die Zeit vom 11. Dezember 1957 bis zum 16. Januar 1958 einen Urlaubsantrag an das Verkehrs- und Wirtschaftsamt gestellt. Auch Michael muss zurück nach Frankfurt, um sein Zoologiestudium fortzuführen.

Zeitgleich mit den beiden könnte Mitte Januar eine Postkarte in Frankfurt eingetroffen sein, die Bernhard Grzimek am 2. Januar 1958 an seinen Vor-Vorgänger im Amt, Kurt Priemel, abgeschickt hatte. Inhaltlich hält sich diese knapp: »Lieber Herr Kollege, von unserer Arbeit in Afrika herzliche Grüße. Ihr Grzimek.« Erwähnenswert ist die bereits eine Woche nach der Ankunft der Grzimeks in Arusha abgestempelte Karte dennoch: Sie zeigt ein selbst fotografiertes Motiv, die D-ENTE, wie sie niedrig über eine Gruppe Zebras in der Steppe hinwegfliegt.

Bernhard Grzimek, das Marketinggenie in eigener Sache. Er ist kaum in Afrika angekommen, hat gerade erst die Blechhütte bezogen und kann lediglich aus einem an einer Schirmakazie hängenden Wassersack duschen, den die Sonne erwärmt, hat aber bereits die perfekte Ansichtskarte fotografiert, entwickelt, geschrieben und verschickt! Nicht einmal der Stempelaufdruck »Dr. Bernhard Grzimek, Frankfurt/Main, Zoo« fehlt. »Die Karte war nur möglich durch einen sehr guten asiatischen Fotoladen in Arusha«, erinnert sich Alan Root. »Ich glaube, dass alle Schwarz-Weiß-Filme der Grzimeks dort entwickelt und abgezogen wurden. Die Farbfilme und das 35-Millimeter-Filmmaterial wurden allerdings zur Entwicklung nach Deutschland geschickt. Wir bekamen dann von jeder Filmrolle ein paar Abzüge, um eine Idee zu haben, was wir im Kasten hatten.«

Bernhard Grzimek verschickte diese und viele weitere Karten von späteren Reisen sicherlich nicht wie andere Leute Urlaubskarten. Ob ein paar Zeilen an einen Zeitungsredakteur, in welcher Mission er gerade reist – so hatte er im Kongo die Pygmäen ihre Hände auf ein Stempelkissen und dann auf Postkarten drücken lassen, die er dann mit schönen Grüßen aus Afrika an die Redaktionen schickte –, oder eben dieser nette Gruß an Kurt Priemel: Alle sind kleine Gesten, die ihn im Gespräch halten. Die Karte an Priemel diente nach Bernhard Grzimeks schweren Jahren im Zoo vielleicht auch ein wenig dem Zweck, die geschäftlich-freundschaftliche Beziehung zu dem in Fachkreisen geschätzten Zoomann zu festigen und so einen Verbündeten hinter sich zu wissen, sollte das noch einmal nötig sein. Kurt Priemel stirbt allerdings ein gutes Jahr später.

Anfang 1958 laufen die Vorbereitungen für die Feierlichkeiten zum hundertjährigen Bestehen des Frankfurter Zoos auf Hochtouren. Als eine besondere Attraktion bemüht sich Bernhard Grzimek nach seiner Rückkehr um einen Großen Panda. Das Tier soll dem Zoo leihweise zur Verfügung gestellt und im Ausstellungsraum des Zoogesellschaftshauses gezeigt werden. Natürlich versucht Grzimek, daraus so viel Aufmerksamkeit wie möglich zu schlagen, wie er dem Tierhändler Heini Demmer in Nairobi am 11. Februar 1958 schreibt: »Ich muss mich auf den Panda verlassen können, dann bereite ich auch eine Sendung im Fernsehen vor, Beiträge in Illustrierten usw. Die Sache muss dann schlagartig einsetzen.«

Als die Verhandlungen voranschreiten, bittet er Demmer dringend, ihm zu bestätigen, »dass das Tier in Deutschland erst in Frankfurt das erste Mal der Presse vorgeführt wird, also nicht etwa in Berlin«. Parallel organisiert der Zoodirektor von seinem heimischen Schreibtisch auch die Arbeit in Afrika. Bei mehreren amerikanischen Zoodirektoren erkundigt er sich schriftlich, was die damals gerade erst entwickelten Betäubungsgewehre kosten, und erklärt, er brauche ein solches, um für die Studien einzelnen Steppentieren wie Zebras oder Gnus farbige Halsbänder anlegen zu können.

Während Michael Grzimek bereits im März 1958 in die Serengeti zurückkehren kann, schafft es Bernhard Grzimek jedoch erst Anfang Mai 1958 und nur für eine Woche, sich freizunehmen – als Ausgleich für die Sonntagsdienste im Zoo. »Michael meldete sich immer aus Afrika und schrieb dem Vater: ›Das Wetter ist gut. Du musst für Aufnahmen kommen.‹ Damit er ihn dann später in den Film reinschneiden konnte«, sagt Erika Grzimek.

In der Abwesenheit ihres Schwiegervaters wird am 7. Mai 1958 eine Gedenkmarke »100 Jahre Zoologischer Garten Frankfurt (Main)« von der Post herausgegeben – »Die erste für einen Zoo«, wie Bernhard Grzimek später stolz schreibt. Sie ist von dem Künstlerpaar Alfred und Gerta Haller gestaltet worden und hat einen Postwert von zehn Pfennig.

Später im Mai trifft auch Chi-Chi ein, der halbwüchsige Große Panda. Wie erwartet wird das Weibchen eine Besucherattraktion: Von April auf Mai 1958 steigt die Besucherzahl des Zoos sprunghaft von rund 130000 auf 200000 Besucher im Monat an, und am Ende des Jubiläumsjahres werden mit 1675000 Besuchern so viele Menschen wie nie zuvor in den Frankfurter Zoo geströmt sein. Chi-Chi, die in Frankfurt nur Zwischenstation macht und eigentlich für die USA bestimmt ist, reist aufgrund von Einfuhrproblemen vorerst nach Kopenhagen weiter und wird schließlich vom Londoner Zoo gekauft – für umgerechnet 200000 Mark, wie Bernhard Grzimek in *Auf den Mensch gekommen* angibt. »Ich selber wagte damals noch nicht, einen gar zu hohen Betrag für ein einzelnes Tier auszugeben, das ja, wie alle Lebewesen, schon am nächsten Tag tot sein konnte.«

Für die Blattschneideameisen, die er vor Beginn der Feierlichkeiten noch für das Exotarium aus Venezuela zu beschaffen versucht, muss er nicht ganz so viel zahlen. Doch für ein Okapiweibchen, das endlich dem einsamen Epulu zugesellt werden soll, lässt er sich dann doch nicht lumpen, wie sich Ingrid Faust erinnert: »Mein Mann und ich sind 1958 in die Okapi-Zuchtstation in den Kongo geflogen und haben ein Weibchen, Safari, ausgesucht, für 60000 Mark. Der Lastwagen, auf dem das Tier verpackt war, ist dann leider auf dem Schlammweg zum Flughafen umgekippt. Das Tier hat stark geblutet, stand aber noch auf den Beinen. Mein Mann entschied, weiterzufahren. Nun wollte Grzimek aber mit der Presse zum Flughafen kommen. Wir haben dann noch vor der Ankunft in Frankfurt über den Piloten bitten lassen, Grzimek zu informieren, ohne Presse aufzutauchen. Er kam alleine – wie immer er das geschafft hat.«

Viel Geld und viel Mühe hat Grzimek investiert, endlich ein zuchtfähiges Okapipaar in Frankfurt zu haben. Lange hatte er auf die belgische Kolonialverwaltung im Kongo eingewirkt, die Erlaubnis für den Kauf eines weiblichen Tieres zu erteilen, und mit dem Hinweis auf das Jubiläum des Zoos schien sein Wunsch endlich erfüllt zu werden. Doch kurz vor der Abreise der Fausts geriet die Sache noch einmal in Gefahr, denn Bernhard Grzimek berichtete einem belgischen Zoodirektor, der bei ihm zu Besuch war, von der Zusage. »Er wurde sehr ärgerlich und erklärte zu meinem Schrecken, er würde alles tun, um das zu verhindern. Am nächsten Tag rief ich Außenminister Heinrich von Brentano an, der ja Frankfurter war. Auf meine Bitte hin bedankte er sich amtlich bei der belgischen Regierung für das Geschenk des Okapis – und damit war die Angelegenheit aus der Ebene der Zoodirektoren herausgehoben«, schreibt Grzimek in seinen Lebenserinnerungen.

Nach diesem Auf und Ab ist nachvollziehbar, dass Grzimek schockiert ist, als er das Tier auf dem Wirtschaftshof des Zoos zum ersten Mal zu Gesicht bekommt. »›Was bringen Sie da für einen Schlachthofgaul!‹, entfuhr es ihm«, berichtet Ingrid Faust. »Mein Mann sagte ihm, dass es das gesündeste Tier von allen gewesen sei, und hat mit ihm um eine Flasche Sekt für jedes geborene Kalb gewettet.« Richard Faust soll recht behalten: Bereits 1960 kommt das erste deutsche Okapi, Kiwu, in Frankfurt zur Welt. Sieben weitere folgen über die Jahre, und Safari stirbt erst im Alter von zwanzig Jahren.

Apropos Wetten: Eine Wette, für die der starke Raucher Bernhard Grzimek jahrelang in der Familie, unter seinen Mitarbeitern und später in Naturschutzkreisen bekannt ist, soll ihm dabei helfen, die Finger von den Zigaretten zu lassen. So bietet er jedem fünfzig Mark an, der ihn beim Rauchen erwischt. »Wenn meine Eltern davor nebeneinander rauchten, dann musste meine Mutter ihm immer Rauchringe in den Mund blasen«, erzählt Rochus Grzimek. Doch auch mit ihr geht Bernhard die Wette ein: »Wenn wir ihn dann erwischten, sagten wir ihm, dass er uns die Hälfte geben sollte – oder wir würden es der Mutter erzählen ... Dann bekamen wir auch das Geld.«

Bestrebt, mit dem Rauchen aufzuhören, versucht Bernhard Grzimek auch auf andere Einfluss zu nehmen. Bei Richard Faust, einem äußerst starken Raucher, wird es ihm nicht gelingen. Auch wenn er sogar dessen Frau bittet, deswegen auf ihn einzuwirken. Ganz konsequent ist Grzimek jedoch selbst nicht. »Es kam schon einmal vor, wenn auch nicht oft, dass er fünfzig Mark auf den Tisch legte und sagte, die seien für die Naturschutzkasse – aber er müsse jetzt einfach eine rauchen«, erinnert sich Hubert Weinzierl.

Grzimek ist sich der Schädlichkeit des Rauchens bewusst und versucht sich zu disziplinieren, wie er sich auch mit Alkohol und übermäßigem Essen zurückhält. Schlägt er dann doch einmal über die Stränge, versucht er es gleich am nächsten Tag auszugleichen. So hält er sich dann noch mehr zurück als ohnehin und isst auch schon einmal eine Praline nur zur Hälfte, um sich die andere Hälfte für den nächsten Tag aufzusparen, wie sich Erika Grzimek erinnert. Das Rauchen gibt er jedoch erst endgültig auf, als sein Enkel Cornelius-Daniel, der im Oktober 1957 geborene erste Sohn von Rochus und Jutta Grzimek, in den Siebzigerjahren zu ihm sagt: »Da hustet der Rauchertod dir aus der Lunge.«

Doch 1958, mit dem großen Zoojubiläum vor Augen, parallel dem Auftrag in der Serengeti, den Vorlesungen an den Universitäten, der Leitung des Zoos und den monatlichen Fernsehsendungen greift er noch regelmäßig zur Zigarette. Zu seinem enormen Arbeitspensum kommt hinzu, dass an seiner Arbeit in Afrika, seinem Buch *Kein Platz für Tiere* und dem gleichnamigen Film Kritik laut wird. Diese kommentiert Grzimek in einem Brief an Victor Conzémius von der Société de Botanique et de Zoologie Congolaise in Léopoldville vom 16. Mai 1958: »Ein Herr Dr. Meissner aus München hat einen langen und sehr bösartigen Brief nach Nairobi gerichtet, in dem allerlei unwahre Behauptungen über mein Buch, meinen Film und meine Tätigkeit in Afrika aufgestellt worden sind. Die Englische Verwaltung war allerdings korrekt genug, mir diesen Brief sofort zu übergeben, sodass ich gegen Herrn Dr. Meissner hier in Deutschland sofort gerichtlich vorgehen kann. Ich vermute, dass derselbe Herr ähnliche Briefe an andere Angehörige der Belgischen Verwaltung geschickt hat.«

Hans-Otto Meissner ist zwar kein Zoologe, aber auch nicht irgendwer: Der wie Bernhard Grzimek 1909 geborene Jurist ist der Sohn von Otto Meissner, dem ehemaligen Leiter des Büros des Reichspräsidenten. Seit Abschluss seines Jurastudiums steht er im Diplomatischen Dienst und hat sich mit politisch-historischen Büchern, später aber vor allem auch mit Reisebeschreibungen einen Namen gemacht. Das Werk, an dem er 1958 zusammen mit dem Diplomingenieur Manfred Behr arbeitet und das 1959 erscheint, wird in Fachkreisen auch als »Anti-Grzimek-Buch« bekannt. Es trägt bezeichnenderweise den Titel *Keine Angst um wilde Tiere* und vertritt die These, dass man sich um die Wildbestände Afrikas nicht zu sorgen brauche und dass auch die Jagd der Weißen keinen negativen Einfluss auf die Populationen der großen Säugetiere habe.

Grzimek ist wütend. Nicht nur über das Buch, für das sich der damalige Bundestagspräsident und Jäger Eugen Gerstenmaier laut eines *Spiegel*-Artikels auf Amtsbriefbogen »mit verbindlicher Begrüßung und Waidmannsheil« im November 1959 »aufrichtig und herzlich« für den »ganz ausgezeichneten, erstklassigen Bericht« bei Meissner und Behr bedankt, sondern auch darüber, dass Meissner in Afrika Material über ihn sammelt, das dazu dienen soll, die »amtliche Stelle« des Zoodirektors »zu ruinieren«.

Dass in den Archiven nur sehr lückenhaft Briefe zu dieser Affäre zu finden sind, lässt darauf schließen, dass Bernhard Grzimek auf eine gerichtliche Auseinandersetzung verzichtet hat. Auch in seinen Memoiren schreibt er später lediglich, dass er dem Verfasser ein Strafverfahren angedroht und sich dieser »daraufhin am 15. September 1958 schriftlich entschuldigt und seine Beleidigungen zurückgenommen« habe.

Keine Angst um wilde Tiere erscheint 1959 dennoch und kritisiert in vielen Passagen Grzimeks Haltung und Arbeit – oft mit einem süffisanten Unterton. »Was sind das für kläglische und verächtliche Gestalten, die in Afrika Löwen jagen, falls man sich der Meinung von Dr. B. Grzimek anschließt«, heißt es so. Oder: »Ein Mann, des Klimas ungewohnt und frisch aus Europa eingetroffen, hat schon etwas geleistet, wenn er nach seiner Tagespirsch ins Standlager heimkehrt. Von uns aus mag er jetzt ein Glas Sekt trinken, auch wenn Herr Dr. Grzimek es ihm nicht gönnt.«

Noch eine dritte Person mischt bei diesem Angriff auf Bernhard Grzimek massiv mit: Theodor Haltenorth, der für die Überprüfung der tierkundlichen Angaben des »Anti-Grzimek« verantwortlich zeichnet und damals die Säugetierabteilung der Zoologischen Sammlung des Bayerischen Staates in München leitet. In seinem Vorwort schreibt er: »Was bei uns fast täglich in Presse und Film, in Funk und Fernsehen an naturkundlichen Falschheiten und Widersinn dem breiten Publikum geboten wird, das könnte selbst von einem stark besetzten Mitgliederstab eines hierzu eigens geschaffenen Aufklärungsbüros nicht laufend richtiggestellt werden. Ein beliebter Gegenstand der Unsinnverbreitung ist in den letzten Jahren Afrika mit seiner Großtierwelt geworden, die kurz vor der Ausrottung durch mordlustige weiße Jagdprotzen stehen soll. Lohnt es sich doch beim Deutschen – auch geschäftlich – immer, sein ach so mitleidsvolles Gemüt über die angeblichen Missstände in anderen Ländern in empörte Wallungen zu versetzen, zumal sich dabei die im eigenen Land vorhandenen so leicht vergessen lassen.« Im Unterschied dazu lobt er Meissners Anliegen: »Schritt um Schritt wird das Gewucher von Märchen und Lügen über das ›Aussterben des Großwildes‹ zerstört und eine Welt der Tatsachen aufgebaut, die erkennen lässt, dass die unmittelbaren Gefahren für das frei lebende Wild im Wesentlichen schon längst überwunden sind.«

Zwar erwähnt Haltenorth in seinen Ausführungen Bernhard Grzimek mit keiner Silbe, jedoch ist Eingeweihten klar, dass sich die Kritik gegen ihn richtet. Grzimek trifft der Angriff sehr. Immerhin sind beide Männer Mitglied der Deutschen Gesellschaft für Säugetierkunde, und der Zoodirektor misst dem Wort des »durchaus angesehenen Museums-Zoologen« mehr Gewicht zu als den Ausführungen Meissners, die mit Manfred Behr »den Namen eines Stuttgarter Multimillionärs und Kühlerfabrikanten als Mitverfasser« tragen, wie Grzimek ironisch bemerkt.

Haltenorth aber ist ein Kollege, ein Wissenschaftler, und sosehr Bernhard Grzimek bei allem auf eine breite Publikumswirkung bedacht ist, so wichtig ist es ihm auch, in der Fachwelt einen guten Ruf zu haben. Als er diesen durch Haltenorth in Gefahr gebracht sieht, schickt er nicht nur seitenlange Entgegnungen an alle deutschen Redaktionen. Er wendet sich auch, unter anderem am 4. August 1960 – zwei Jahre nach dem Beginn der Affäre und ein Jahr nach Veröffentlichung des Buchs –, mit einem Schreiben an den damaligen Präsidenten der Deutschen Gesellschaft für Säugetierkunde, Dietrich Starck: »Heute bekam ich ... die beiden gedruckten Broschüren von Herrn Dr. Haltenorth gegen mich zur Kenntnis. Da sich die ›Gesellschaft für Säugetierkunde‹ offiziell mit der Angelegenheit befasst, habe ich keineswegs die Absicht, mich in Gegenschriften zu äußern.«

Anscheinend hat Theodor Haltenorth Belege gesammelt, die für die Thesen von Meissner und Behr und gegen die Grzimeks sprechen, und diese schriftlich zusammengefasst. Bernhard Grzimek begründet die Entscheidung, keine Gegenpublikation zu verfassen, damit, dass die »durchweg vernichtend negative Beurteilung« des Buchs »in wissenschaftlichen und Fachblättern den Fachleuten ohnedies ausreichend bekannt ist«, und ergänzt, es sei für ihn »kaum fassbar, dass Herr Dr. Haltenorth ernstlich erneut den Nachweis zu führen versucht, es sei um die Wildtiere insbesondere Ostafrikas relativ gut bestellt«.

Um seine Überzeugung zu unterstreichen, verweist Grzimek auf eine im Juni 1960 in *Wild Life* (Nairobi) veröffentlichte Untersuchung, die gezeigt hat, dass die Wildbestände Ostafrikas rapide abnehmen und die riesigen Herden in einigen Gebieten die nächsten zehn bis zwanzig Jahre nicht überdauern, wenn sich die gegenwärtige Entwicklung fortsetzt. Weiter führt Grzimek aus, dass Haltenorth »in Ostafrika gegenüber den Briten die Arbeit von meinem Sohn und mir in der Serengeti überall herabzusetzen versucht« habe und die noch in Arbeit befindlichen Untersuchungen des englischen Regierungsbiologen Hugh Lamprey und des Amerikaners Lee Talbot positiv bewerte. Genau die aber bestätigten Grzimeks Auffassung, dass die Wildbestände in Afrika gefährdet sind. Schließlich, als Trumpf im Ärmel, führt Bernhard Grzimek noch einen letzten Punkt zu seinen Gunsten an: »Herr Dr. Haltenorth weicht dem Vorwurf aus, er habe seine wissenschaftliche Meinung zu diesem Punkte nach dem Empfang erheblicher Geldmittel von interessierter Seite grundlegend geändert. Dieser Vorwurf ist nicht von mir, sondern von Prof. Dr. Otto Koehler, Freiburg, öffentlich in der *Zeitschrift für Tierpsychologie* erhoben worden.«

Einem solchen Vorwurf von dritter Seite, noch dazu von der grauen Eminenz der Zoologie, ist kaum etwas entgegenzusetzen. Es ist zwar anzunehmen, dass Bernhard Grzimek seinen Kollegen Koehler um Schützenhilfe gebeten und vielleicht sogar mit Fakten für den Artikel versorgt hat, nach außen wäscht er seine Hände jedoch in Unschuld.

Die Auseinandersetzung scheint nach diesem Schreiben jedenfalls beendet. Auch dass der *Spiegel*, wie erwähnt, 1960 mit der zwölfseitigen Titelgeschichte *Tier-Plauderer Grzimek* Kritikern wie Meissner, Behr und Haltenorth sehr viel Platz einräumt, schadet Grzimek nicht. Kritiker hat er zeit seines Lebens – ob in der Jägerschaft oder unter Wissenschaftlern. In vielen Fällen stachelt die Kritik sogar seinen sportlichen Ehrgeiz an. Und dass der Streit mit Haltenorth nicht wie bei Heck zu lebenslanger Abneigung und Ablehnung führt, zeigt sich spätestens zehn Jahre später. 1969 verpflichtet Grzimek den Zoologen bei seiner Enzyklopädie *Grzimeks Tierleben* für das Kapitel über die Familie der Hirsche.

Bernhard Grzimek lehnt die Jagd nicht so kategorisch ab, wie häufig vermutet wird. Schon in *Serengeti darf nicht sterben* schreibt er: »Wer sagt denn, dass ich Jäger nicht leiden mag. Im Gegenteil. Ich habe zwar Tiere sehr gern und habe es fertig gebracht, mein ganzes Leben mit Tieren zu arbeiten. Deswegen werde ich aber nicht sentimental; ich denke trotzdem folgerichtig. Zum Beispiel kann ich nicht verlangen, dass man Tiere nicht töten soll, ich bin ja kein Vegetarier, ich esse Fleisch und Wurst. Als Naturwissenschaftler weiß ich natürlich: jedes Leben auf dieser Erde kann nur dadurch leben, dass es selbst welches zerstört. Der Löwe tötet das Zebra, das Zebra weidet das Gras.« Er differenziert genau: »Mir selber macht es keine Freude, ein Tier totzuschießen. Aber ich bin kein Fanatiker, ich will deswegen nicht alle anderen Menschen dazu bekehren. Ich weiß sehr wohl: Wir hätten heute in Europa ohne Jäger keine Rehe, Hirsche, Wildschweine, keine Hasen und Kaninchen mehr … Aber ich mag nun einmal nicht die Sorte ›Großwildjäger‹, die heute schnell zwischen zwei Geschäftsreisen für ein paar Wochen nach Ostafrika kommen und ein paar Löwen oder Elefanten umlegen, auch wenn sie nie vorher ein Gewehr in der Hand gehabt haben … Für eine Bestätigung brauchen schwache Männer nur Geld, nicht einmal Zeit aufwenden.«

Wenn schon Jagd, dann sollte sie laut Grzimeks Meinung nach festen Regeln organisiert und überwacht werden. Grzimek geht sogar so weit, dass er sich Anfang der Sechzigerjahre zusammen mit dem damaligen Bundestagspräsidenten Eugen Gerstenmaier (CDU) bemüht, »in Tansania wenigstens versuchsweise Jagdpachten einzuführen«, wie er später in seinen Lebenserinnerungen erklärt: »Ich vertrat die Ansicht, man sollte ruhig die Jagdrechte an einzelne wohlhabende Ausländer verpachten,

241

aber für lange Zeit – fünfzehn, zwanzig Jahre – und unter der Bedingung, dass sie keine zahlenden Jagdgäste einladen dürfen. Solche Leute würden sich dann gern ein Jagdhaus bauen, Jagdaufseher anstellen, sie hätten nach deutschem Muster den schwarzen Bauern die Wildschäden zu vergüten. Ein solcher Wildpächter würde sicher großen Wert darauf legen, auch nach zehn Jahren außergewöhnliche Elefantenbullen in seinem Bezirk zu haben.«

Angeblich hatten Grzimek und Gerstenmaier bereits die Zusage für einen Testlauf, als das Unterfangen nach der Unabhängigkeit Tanganjikas vom Vereinten Königreich 1961 und der Gründung der Vereinigten Republik Tansania 1964 an der Verschlechterung der diplomatischen Beziehungen scheitert. Der nicht verwirklichten Idee haftet zwar der Geruch des Kolonialismus an, doch das Ziel, das Bernhard Grzimek mit ihr verfolgt, ist einzig und allein, die Jagd zu kontrollieren – und gleichzeitig das Wild zu schützen und eine zusätzliche Devisenquelle für das Land zu schaffen.

Selbst über den Tod Bernhard Grzimeks hinaus hält sich in den Köpfen einiger Menschen die Ansicht, er habe Tiere stets über Menschen gestellt. In einem Brief an Victor Conzémius vom Mai 1958 nimmt Grzimek dazu Stellung: »Natürlich stelle ich nicht die Forderung, man sollte deswegen die Zivilisation aus Afrika heraushalten oder die Menschen zugunsten der wilden Tiere ausrotten. Ich bemühe mich nur, dass in Afrika wenigstens einige kleine Teile in Form von National-Parken und Reservaten für die Natur erhalten bleiben und dass man sie gegen die Ansprüche von Politikern, Geschäftsleuten und Industriellen verteidigt.«

Interessant ist, dass Grzimek, der später die Unabhängigkeit und Selbstverwaltung der afrikanischen Staaten eindeutig befürwortet, hieran 1958 noch zweifelt: »Wie positiv ich die kolonialen Leistungen der Belgier und verschiedener anderer europäischer Nationen beurteile, kann man in meinen Büchern jederzeit nachlesen. Ich rede auch in keiner Weise einer plötzlichen Übergabe der Verwaltung an die Eingeborenen das Wort, wie das jetzt so gern propagandiert wird. Ich halte es für unverantwortlich, Völkern von Analphabeten, die noch keine gebildete und führende Schicht größeren Ausmaßes entwickelt haben, wegen augenblicklicher politischer Konstellationen plötzlich halbentwickelte Staaten zu übergeben. Man darf das im Interesse dieser Völker selbst nicht tun.«

Später, besonders nach der Unabhängigkeit Tanganjikas im Dezember 1961, ist Bernhard Grzimek jedoch der Ansicht, dass die jungen Staaten sehr gut alleine klarkämen. Er lehnt in diesem Zuge ab, den Nationalparkverwaltungen weiße Direktoren vorzusetzen. Sein Sinneswandel hat sicherlich viel mit seiner Wertschätzung für den späteren Staatspräsidenten Tansanias, Julius Nyerere, zu tun – und damit, dass dieser auf Grzimeks Argumentation zur Bedeutung des Tierreichtums für das Land eingeht.

Im Sommer 1958 ist Grzimek jedoch mit anderen Dingen beschäftigt. Gerade ist seine Sendereihe *Ein Platz für Tiere* mit der Goldenen Rose ausgezeichnet worden, dem »Oscar des Fernsehens«, wie Grzimek in einer Pressemitteilung vom 21. Juli 1958 schreibt. Weitere Preise werden folgen, so zum Beispiel im Juli 1959 der erstmals verliehene Goldene Bildschirm, ein Publikumspreis der Programmzeitschrift *Bildschirm*.

Auch beschäftigt Grzimek weiterhin der Gedanke, eine Dependance des Frankfurter Zoos in Form eines Safariparks aufzubauen – eine Idee, die er über Jahrzehnte verfolgen und nach vielen Auseinandersetzungen mit der Stadt Mitte der Siebzigerjahre tatsächlich verwirklichen wird. Am 2. Juni 1958 schreibt er Jürg Zutt, dem Direktor der Nervenklinik der Universität Frankfurt, hierzu: »Die Ausläufe von Steppentieren und einer Anzahl von anderen raumbedürftigen Arten müssen so groß sein, dass ihre Vereinigung etwa mit den Standardgruppen des alten Frankfurter Zoos einen Riesen-Tiergarten entstehen lassen würde, den auf einmal zu besichtigen ein Besucher weder körperlich noch vor allem geistig leisten kann. Wir streben daher in Frankfurt an, die Erweiterung des Tiergartens, räumlich von dem alten Zoo getrennt, ziemlich weit von Frankfurt mitten in der Landschaft durchzuführen.«

Doch hauptsächlich dreht sich für Bernhard Grzimek in dieser Zeit alles um die Hundertjahrfeier. In der Jahreshauptversammlung der ZGF am 22. Juli 1958 beschließen die Mitglieder einstimmig, der Gesellschaft ihren ursprünglichen Namen zurückzugeben. So heißt sie von da an wieder »Zoologische Gesellschaft Frankfurt am Main, gegründet 1958«. Als erster Vorstand fungiert weiterhin Georg von Opel, seine Stellvertreter sind der Bankier Hans Heinrich Hauck und Bernhard Grzimek.

Ende Juli, Anfang August gönnt sich Bernhard Grzimek, gemeinsam mit Hildegard und Thomas, noch einen kurzen Urlaub in ihrem neuen Haus in Aldesago. Dann bricht der Trubel im Zoo los. Zum Auftakt der Feierlichkeiten wird Bernhard Grzimek am 25. August 1958 »für seine großen Verdienste um den Wiederaufbau des Zoologischen Gartens« die Ehrenplakette der Stadt Frankfurt verliehen. Die Auf- und Ausbauarbeiten sind jedoch lange noch nicht abgeschlossen: Allein 1958 werden unter anderem die neuen Bärenfreianlagen und das Wolfsgehege sowie im Insektarium ein neues Terrarium für Blattschneideameisen eingeweiht. Außerdem bietet Grzimek den Besuchern des Exotariums dank einer Spende der ZGF ab dem Sommer Hightech: Vier UKW-Sender ermöglichen, dass zeitgleich fünfzehn Besucher an einer drahtlosen Tonbandführung teilnehmen können. Was heute zur Standardausrüstung eines jeden Museums zählt, ist damals noch völlig neu. Die Texte für die Audioführungen verfasst und spricht Bernhard Grzimek anfangs übrigens selbst.

Vom 27. bis zum 31. August 1958 tagt dann der Internationale Verband der Zoodirektoren im Gesellschaftshaus. Beim Festakt am 30. August stehen Delikatessen auf der Speisekarte, gegen die Bernhard Grzimek schon wenige Jahre später in Restaurants den Kampf aufnimmt, indem er Aufkleber in die Speisekarten klebt: Gänseleberparfait und echte Schildkrötensuppe.

Während der Festabend geladenen Gästen vorbehalten bleibt, ist der 31. August 1958 der große Tag der Öffentlichkeit: Die hessische Polizeikapelle spielt auf den Zooterrassen, ein Heißluftballon steigt über dem Tierpark auf, und abends bieten Feuerwerk und Tanz einen würdigen Abschluss. Mit der Jubiläumsbriefmarke und dem Jubiläumsband *Hundertjähriger Zoo*, von dem bereits in den ersten Wochen mehr als 5000 Exemplare verkauft werden, bleiben die Feierlichkeiten auch über diese Tage hinaus in Frankfurt präsent.

Die Zoodirektoren und namhafte Persönlichkeiten, die nicht bei der Feier dabei sein können, schicken Glückwunschtelegramme und Geschenke. So kommt Post aus Peking, aber auch vom Intendanten des Hessischen Rundfunks, Eberhard Beckmann. Der Zoo im niederländischen Tillburg schickt einen Hammerkopf-Storch als Geschenk. Carl-Heinrich Hagenbeck, der wegen der Silberhochzeit seiner Schwester nicht an den Feierlichkeiten in Frankfurt teilnehmen kann, sendet eine Kiste mit fünf Nasenbärbabys und vermerkt, dass zum einen die Tierchen völlig zahm seien und dem »Befreier« sofort auf die Schulter krabbeln würden und dass zum anderen die eine Seite der Kiste extra mit feinem Maschendraht bespannt sei, »sodass Sie die Kiste statt eines Blumengrußes mit auf den Gabentisch stellen können«.

Eines der schönsten Geschenke hat sich der Frankfurter Zoo jedoch selbst gemacht, wie er vorab in einer Pressemitteilung mitteilt: »Erste Orang-Geburt im Zoo Frankfurt. Geschenk des Orang-Utan-Paares zur 100-Jahrfeier des Zoos: ein Baby«. Rui und Moritz, damals das einzige Orang-Utan-Zuchtpaar in Deutschland, hätten es mit ihrem Kwai getauften Nachwuchs zeitlich nicht besser einrichten können.

Bernhard Grzimek gönnt sich nun keine Pause mehr. Kaum ist der letzte Gast Anfang September 1958 abgereist, fliegt er erneut in die Serengeti, wo Michael bereits seit einigen Monaten wieder arbeitet. Die Hauptarbeit des Zählens und Kartierens der Wildbestände ist damit eindeutig auf Michael und die *Game Wardens*, die Wildhüter, gefallen, die ihm dabei helfen. So oft, wie er das zebragestreifte Flugzeug dafür im Einsatz hat, ist es nicht verwunderlich, dass er bereits einen Unfall hatte – und ein zweiter passiert, während sein Vater in Afrika ist.

Bei seinem ersten Unfall war Michael im Frühjahr 1958 bei der Landung mit dem Fahrgestell in einem Warzenschweinloch hängen geblieben. Der Frankfurter Zoo gab zu diesem Zwischenfall in einer Pressenotiz bekannt: »Dr. Bernhard Grzimek hat nunmehr nähere Nachricht von dem Unfall seines Sohnes Michael Grzimek in Britisch-Ostafrika erhalten. Demnach ist dieser nur leicht verletzt … Das Spezialflugzeug selbst liegt 350 Kilometer von der nächsten Straße entfernt, kann aber an Ort und Stelle wieder flugfähig gemacht werden. Die Ersatzteile dafür werden auf dem Flugweg von München aus hinuntergeschickt. Michael Grzimek benutzt inzwischen ein Ersatzflugzeug.«

Dieser Unfall wird später auch im Film *Serengeti darf nicht sterben* zu sehen sein, genauso wie ein Zwischenfall, bei dem Michael sich beim Fangen eines Zebras vom Auto aus eine Stange in den Hals rammt und sich damit schwer verletzt. Beide Unfälle werden dafür nachgestellt – Bernhard Grzimek weiß schließlich um das Stilelement Dramatik. Im Vorspann des Films heißt es deshalb auch: »Alles in diesem Film hat sich tatsächlich so ereignet. Einige Szenen wurden jedoch nachträglich aufgenommen.«

Während die Dornier in der Serengeti wieder flottgemacht wird, steht den Forschern eine Leihmaschine aus Kenia zur Verfügung. »Mit der kam eine Pilotin mit – es war eine Maschine, die Michael und ich nicht so kannten«, sagt Hermann Gimbel. »Als unser Flugzeug wieder flugfähig war, haben wir ein Fest gefeiert, und Bernhard und die junge hübsche Pilotin haben geflirtet wie nichts. Er konnte jede Frau in seinen Bann ziehen. Er war kein Kostverächter.«

Der zweite Unfall findet hingegen keine Erwähnung in Pressemitteilungen oder Zeitungsberichten. Er ereignet sich am 11. Oktober 1958, wie sich Hermann Gimbel erinnert: »Ich sollte im Flugzeug filmen, während die anderen beim Fliegen im Krater Tierzählungen durchführten. Ich saß hinter der Hinterbank und hatte einen so schlechten Blickwinkel, dass ich Michael gesagt habe, er solle tiefer und tiefer gehen – da haben wir dann plötzlich mit dem Fahrgestell ein Gnu gestreift, und dadurch ist eins der beiden Fahrgestelle abgerissen.«

Landen können sie mit dem beschädigten Flugzeug auf den Buschpisten auf keinen Fall. Michael Grzimek, Hermann Gimbel, Myles Turner und Gordon Harvey entscheiden sich deshalb, nach Nairobi zu fliegen, um dort eine Notlandung zu wagen. »Die Steuerung war etwas blockiert, wir konnten nicht mehr richtig steigen. Wir sind dann im Kreis immer höher und höher geflogen und haben beschlossen, Bernhard noch einen Zettel abzuwerfen, wohin wir fliegen. Den hat er aber nie gekriegt«, erinnert sich Myles Turner in seinen Memoiren: Bernhard Grzimek lag schlafend im Krater unter einem Baum und bekam von dem Unfall nicht das Geringste mit.

In *Serengeti darf nicht sterben* schreibt Bernhard Grzimek, dass er später allein und ohne Zelt oder Vorräte im Krater umhergewandert sei, um die bestmögliche und sicherste Stelle zum Übernachten zu finden. Denn je näher die Dunkelheit kommt, ohne dass Michael und die anderen zurückkehren, desto klarer wird ihm, dass etwas mit dem Flugzeug passiert sein muss. Er trifft schließlich auf einige Maasaikrieger mit einer Herde Ziegen und Schafe und verbringt mit ihnen die Nacht im Freien. Erst am nächsten Morgen kommen Mitglieder der Parkverwaltung mit Geländewagen, um Bernhard Grzimek abzuholen und ihm von dem Unfall zu berichten, der, wie Grzimek es im Buch beschönigt, beim »Wegsacken und Streifen einer Erderhöhung beim Start« passiert ist.

»Zum Glück hatten wir die Maschine erst morgens voll betankt«, erinnert sich Hermann Gimbel. »Wir sind dann nach Nairobi zum Wilson Airport. Vorher hatten wir noch die Batterien von der Kamera über Bord geworfen. Wir hatten Angst, dass die Säure herausspritzt, wenn wir crashen. Der Tower sagte uns dann, dass wir noch zu viel Benzin für eine Notlandung hätten und wir kreisen sollten. Dabei sind wir auch immer über den Friedhof mit vier offenen Gräbern gekommen und haben mit den *Game Wardens* rumgescherzt: ›Passt doch genau für uns.‹« In der Zwischenzeit sei der Flughafen zur Landung der Dornier für den anderen Verkehr gesperrt und die Feuerwehr herbeigeholt worden. »Michael hat die Landung dann wunderbar gemacht – wir haben uns zwei, drei Mal gedreht, aber weiter ist nichts passiert.«

Kaum, dass die vier aus der Maschine geklettert sind, scheint die Anspannung wie weggeblasen. Und sie haben die Nerven, alles gleich noch vor Ort zu filmen. Erst später wird Michael seinem Freund Hermann Gimbel eine böse Vorahnung anvertrauen. »Er hat zu mir gesagt: ›Das dritte Mal geht nicht gut. Dann musst du den Film fertigmachen‹«, erinnert sich dieser.

Da das Flugzeug für Reparaturen nun erneut an den Boden gebunden ist, fliegen Vater und Sohn Mitte Oktober 1958 mit einer Verkehrsmaschine nach Frankfurt zurück. Hier findet Bernhard Grzimek eine weitere Auszeichnung vor, die genau nach seinem Geschmack ist: Er ist zum Vizepräsidenten der Audubon Zoo-Eisenbahn ernannt worden, mit äußerst zweifelhaften Vorrechten – so darf er den Angestellten der Eisenbahn jederzeit Trinkgeld geben. Im vielleicht einzigen nicht ernsthaftsachlichen Briefwechsel zwischen ihm und einem anderen Zoodirektor dankt Bernhard Grzimek dem Direktor des Audubon Parks in New Orleans, Bob Heath, entsprechend zutiefst gerührt und verkündet seinerseits, dass »unsere Gesellschaft Bob Heath zu dem Präsidenten unserer Eisenbahn gewählt hat«. Nach einigen Auflistungen, welche Vorteile das für den Gewählten mit sich bringe, setzt Bernhard Grzimek ganz unten auf die Seite ein PS: »Bis jetzt haben wir noch überhaupt keine Eisenbahn.«

Dieser Scherz ist zu gut, als dass Grzimek ihn auslassen könnte. Und so lernt Rosemarie Reichenbach ihren neuen Chef gleich von seiner speziellen Seite kennen. Sie wird 1958 Grzimeks neue Sekretärin und bleibt es bis zu seiner Pensionierung.

Am 12. November 1958 wird Bernhard Grzimek bei einer Sitzung des Deutschen Verbandes der Zoodirektoren einstimmig zum neuen Präsidenten gewählt. Vorbei und vergessen sind die Zeiten, in denen diskutiert wurde, ob er es überhaupt verdient habe, dem Verband anzugehören. Nun steht er an dessen Spitze. Es ist Grzimeks erster Führungsposten in Verbänden und Organisationen, und er nimmt ihn an, obwohl ihm die »Vereinsmeierei« eigentlich gar nicht liegt. Doch die Überzeugung, etwas bewegen zu können, und die Publicity, die er an unzähligen anderen Stellen für sich einsetzen kann, sowie sicherlich auch die späte Genugtuung gegenüber Heinz Heck lassen ihn über seinen Schatten springen.

Damit kann er in der letzten Novemberwoche die lange vorbereitete Reise nach Ostdeutschland auch gleich als Vorbereitung auf sein am 1. Januar 1959 beginnendes und zwei Jahre dauerndes Amt nutzen. Denn vorrangig besucht er die ostdeutschen Zoologischen Gärten, unter anderem nach vierzehn Jahren erstmals wieder den Leipziger Zoo. In einem Brief an den Direktor des Zoos in Philadelphia (USA), Freeman Shelly, schildert Grzimek am 4. Dezember 1958 seine Eindrücke: »Der Tierpark Friedrichsfelde im Russischen Sektor Berlins scheint wirklich der größte und modernste Zoo der Welt zu werden ... Die Ostregierung scheint diesen neuen Zoo aus politischen und aus Prestige-Gründen zu bauen. Gleichzeitig bekommen die alten Zoos im Osten, in Dresden, Leipzig und Halle, kein Material für den Wiederaufbau oder die Modernisierung.«

Auf der Reise machen Bernhard und Hildegard Grzimek auch im Westberliner Zoo Station. An Heinz-Georg Klös schreibt Grzimek nach der Rückkehr: »Ich bin sehr bemüht, einen weiteren Praktisix-Fotoapparat zu bekommen, der von den VEB Kamerawerken Niedersedlitz in Dresden hergestellt wird. Ein Freigabeantrag für Bezahlung in Ostmark läuft, ich weiß aber nicht, ob er noch rechtzeitig vor meinem Abflug in den Weihnachtsfeiertagen bewilligt und die betreffende Kamera hergeschickt wird. Auf alle Fälle möchte ich wissen, ob es im äußersten Notfall möglich ist, eine Praktisix Spiegelreflexkamera 6 x 6 heute im freien Handel in Ost-Berlin in großen Fotogeschäften gegen Bezahlung in D-Mark

West zu kaufen und was sie kostet … Könnte das einer Ihrer Mitarbeiter einmal feststellen?«

Bernhard Grzimek hat es mit der Fotokamera so eilig, weil Michael und er am 23. Dezember 1958 ein letztes Mal nach Afrika aufbrechen wollen, um dort die Forschung abzuschließen und die Aufnahmen fertigzustellen.

Als die beiden Grzimeks aus Frankfurt abfliegen, hat Michael Grzimek gerade erfahren, dass seine Frau zum zweiten Mal schwanger ist. »Er hat immer gesagt: ›Ein Film – ein Kind‹«, erinnert sich Erika Grzimek. Kam Sohn Stephan im Jahr von *Kein Platz für wilde Tiere* zur Welt, ist Christian nun gemeinsam mit *Serengeti darf nicht sterben* auf dem Weg.

Die Reise nach Tanganjika führt Vater und Sohn dieses Mal über London, wo Bernhard Grzimek am 22. Dezember 1958 im Abendprogramm der BBC im Anschluss an die Uraufführung ihres Filmes *Kein Platz für wilde Tiere* eingeladen ist, über den Schutz der wilden Tiere Afrikas und die Großwildjagd zu diskutieren.

Zweieinhalb Wochen arbeiten Bernhard und Michael Grzimek danach in der Serengeti und im Ngorongoro-Krater konzentriert an der Fertigstellung ihrer Arbeit. »Bernhard war so beschäftigt damit, sein Buch parallel zu schreiben, dass er manchmal alleine in dem kleinen Haus im Krater blieb, wenn Michael für die Nacht zu uns geflogen kam«, erinnert sich Kay Turner.

Das Haus, in dem die beiden Grzimeks im Krater untergekommen sind, ist das alte Farmhaus von Friedrich Wilhelm Siedentopf, einem deutschen Siedler, der hier um 1908 zusammen mit seinem Bruder Adolf etwa zwölfhundert Rinder auf den saftigen Wiesen des Kratergrundes gehalten und sich im Zähmen von Zebras versucht hatte. Hierher, in das mittlerweile zur Schutzhütte für die Wildhüter umfunktionierte Haus, bringt ein Afrikaner Bernhard Grzimek am frühen Morgen des 11. Januar 1959 eine schriftliche Nachricht: »Ich muss Ihnen leider mitteilen, dass Michael mit dem Flugzeug abgestürzt und tot ist.«

Die Rekonstruktion der Geschehnisse jenes Tages und der des Vortags, an dem der Unfall passiert ist, ist schwierig. Fest steht, dass Bernhard und Michael Grzimek am 10. Januar am Kratersee des Ngorongoro-Kraters Flamingos filmen, während Hermann Gimbel und Alan Root in der Serengeti sind. Nach einem Mittagessen will Michael mit dem Flugzeug aus dem Krater heraus und »über den L'Engai, den Natronsee und die Salei-Ebene fliegen, um nach Tieren zu suchen, die wir am nächsten Tag zusammen filmen wollen«, wie Bernhard Grzimek in *Serengeti darf nicht sterben* festhält. Da er auf dem Rückweg Alan Root und Hermann Gimbel mit in den Krater nehmen will, bittet er seinen Vater, nicht mit ihm zu fliegen – denn für die Filmaufnahmen hatten sie einen der Sitze ausgebaut, sodass nur drei statt der erforderlichen vier Sitze zur Verfügung stehen. Michael kündigt seinem Vater an, dass er bei den Turners in Banagi übernachten will, sollte es zu spät werden. Hier wartet Kay Turner an diesem Abend auf ihn. Doch Michael Grzimek wird nicht kommen.

Gegen siebzehn Uhr – so ist es im Unfallbericht des Chef-Unfallinspektors des Büros des Verkehrskommissars der britischen Regierung Tanganjikas vermerkt – verliert er in geringer Flughöhe die Kontrolle über die Maschine und stürzt in einer steilen Rechtskurve ab. Schuld daran ist der Zusammenprall mit einem Gänsegeier, der gegen den rechten Tragflügel prallt und diesen so stark beschädigt, dass auch die Züge der Steuerung blockiert sind. Federn des Tieres werden später an der Unfallstelle gefunden. Michael Grzimek ist beim Aufprall sofort tot.

Michael war trotz seines jungen Alters der erfahrenere Pilot der beiden Grzimeks. Den Großteil der Flüge in Afrika absolvierte er. Er wusste, was er sich zutrauen konnte, auch wenn es kniffelig wurde, sagt Hermann Gimbel: »Einmal kamen wir vom Filmen und hatten kein Bier mehr. Michael meinte, wir sollten an einem Kral landen, wo es einen Inder gab, der Sachen verkaufte. Wir sind dann so lange über dem Fußballplatz gekreist, bis die Kinder weg waren und wir dort landen konnten. Runter ging gut, wir haben unser Bier bekommen, aber selbst mit Vollgas sind wir nur ganz knapp wieder hochgekommen.«

Kay Turner grübelt noch heute über die Absturzursache: »Ich glaube nicht, dass ein Geier den Unfall verursacht hat. Michael flog gewöhnlich, ohne etwas gegessen zu haben. Er kam oft abends nach seinen Flügen zu uns nach Banagi und verschlang eine ganze Handvoll Bananen. Und es gab ein Loch im Boden des Flugzeugs für die Filmkamera, durch das Abgase ins Innere der Maschine kamen. Michael könnte ohnmächtig geworden sein und den Steuerknüppel nach vorne gedrückt haben. Aber das war nur unsere Meinung.«

Die Absturzstelle befindet sich nach Angaben von Alan Root, der später selbst den Pilotenschein macht und heute passionierter Flieger ist, auf der östlichen Seite der Einmündung in die Sanjan-Schlucht, dort, wo sie sich auf die weiten Salei-Ebenen hin öffnet. »Da gibt es nichts sonst«, sagt Root. »Luftlinie liegt die Stelle knapp 65 Kilometer vom Ngorongoro-Krater und knapp 100 Kilometer von Seronera entfernt, wo ich auf Michael wartete.«

Zufällig werden ein Engländer und seine afrikanischen Helfer, die in der Steppe Untersuchungen für Wasserbohrungen durchführen, Zeugen des Unfalls. Sie fahren zu der Unfallstelle und bergen den toten Michael aus dem Wrack. Mittlerweile ist es dunkel geworden, doch die beiden Afrikaner fahren noch viele Stunden bis tief in die Nacht zum Kraterrand des Ngorongoro, wo sie Michaels Leiche zum Manager der Krater-Lodge bringen, wie Kay Turner berichtet. »Der Lodge Manager war es dann, der die Nachricht an Bernhard Grzimek schrieb und einen seiner Mitarbeiter zu Fuß in den Krater zu Bernhard schickte.«

Wie Bernhard Grzimek, der gerade frühstückt, auf die Nachricht von Michaels Tod reagiert, ist nicht überliefert. Die bittere Neuigkeit verbreitet sich jedoch über die Funkgeräte der Wildhüter wie ein Lauffeuer. Alan Root und Hermann Gimbel fahren mit ihnen zur Unfallstelle. Während sich Hermann Gimbel später an einen in Tränen aufgelösten Bernhard Grzimek erinnert, hat Alan Root das Bild vor Augen, das auch andere Augenzeugen in späteren Jahren beschreiben, wann immer die Rede auf Michaels Tod kommt: »Er war wie versteinert.«

Einer der ersten nicht unmittelbar Beteiligten, der Bernhard Grzimek damals trifft, ist der Direktor des Baseler Zoos, Ernst Lang. Gerade noch war er auf der Internationalen Zoodirektorenkonferenz zu Gast in Frankfurt gewesen, als sich die beiden Männer wenige Tage nach Michaels Tod im Krater wiedersehen. »Diese Begegnung wird mir lebenslang im Gedächtnis bleiben«, sagt Lang: »Ich hatte eine Safari nach Ostafrika geführt, und wir besuchten gerade den Ngorongoro Krater, als uns ein Wildhüter entgegenkam und sagte, dass der Sohn von Prof. Grzimek mit dem Flugzeug abgestürzt und tödlich verletzt sei. Er berichtete weiter, dass Prof. Grzimek in seiner Hütte sei, tief unten im Krater. Als wir Quartier im Ngorongoro-Camp bezogen hatten, habe ich mir einen Schwarzen gesucht, der wusste, wo Grzimek war, und bin mit ihm dort hinuntergestiegen in diese Hütte. Ich kam am späten Nachmittag zu ihm. Es war ein furchtbar trauriger Anblick: Er war alleine, als ich kam, und hat geweint. Ich habe noch nie einen so gebrochenen, traurigen Menschen gesehen wie damals Grzimek nach dem Tode seines Sohnes. Er hat sich dann etwas gefasst, und ich habe versucht, ihm etwas Trost zu spenden, aber es war mir selbst zum Weinen. Er hat mir dann erklärt, wie das Ganze geschehen ist, und hat gesagt: ›Jetzt liegt er dort oben unter diesen schweren Steinen.‹ Sie haben ihn ja am selben Tag beigesetzt, oben auf dem Kraterrand, rechter Hand, wenn man raufkommt, unter einer Steinpyramide aus großen Blöcken.«

Lang kennt Grzimek seit Anfang der Fünfzigerjahre und hat Vater und Sohn bereits im Jahr zuvor in der Serengeti getroffen, kurz nach ihrer Landung mit der Dornier in Afrika: »Ich hatte den Eindruck, dass die beiden das Flugzeug benutzen wie wir ein Fahrrad. Damals habe ich gedacht: ›Wenn nur nicht mal was passiert!‹« Bernhard Grzimek hätte sich ihm gegenüber nach Michaels Tod jedoch keine Vorwürfe gemacht, sondern aus dem früheren Leben erzählt: »Wie sie diese Forschungen durchgeführt haben.« Vielleicht eine Stunde, erinnert sich Lang, sei er bei ihm in der Hütte gewesen. Bei schönstem Wetter, das keiner der beiden Männer an diesem Tag wahrnahm. »Er hat, glaube ich, dann einen oder zwei Tage später eine Pressekonferenz in Arusha gehabt, wo ich mich gewundert habe, wie er sich so schnell aufraffen konnte, um die Presse zu informieren. Das hat er alles selbst gemacht; er konnte ja so den kühlen Typ spielen, konnte seine Gefühle gut verbergen.«

Michael wird am oberen Rand des Ngorongoro-Kraters beigesetzt. Die Steinpyramide, die heute nicht nur an ihn erinnert, sondern die achtundzwanzig Jahre später auch Bernhard Grzimeks letzte Ruhestätte werden soll, wird jedoch entgegen Langs Erinnerung erst einige Zeit später errichtet. In *Serengeti darf nicht sterben* schreibt Bernhard Grzimek über den Umgang der Maasai mit ihren Toten: »Große Medizinmänner und Häuptlinge werden manchmal in der Erde begraben. Jeder, der vorbeigeht, legt einen Stein auf ihr Grab, sodass schließlich große Hügel entstehen.«

Hieran könnte sich die Gestaltung des Grabes anlehnen – auch wenn Bernhard Grzimek sich zeitweilig um einen Findling bemüht. In einem Brief an Generalkonsul Herbert Freiherr von Stackelberg in Nairobi vom

14. August 1962 heißt es dazu: »Ich habe es bisher nicht zuwege gebracht, dem Grab meines Sohnes Michael am Ngorongoro ein würdiges Ansehen zu geben. Erst hatte man einen zementierten Steinhaufen hingebaut. Dann hat man statt eines schmalen, hohen Findlingssteins einfach eine Zementsäule gegossen. Ich überlege schon, ob ich nicht hier einen entsprechend rohen, etwa zwei Meter langen, hohen schmalen Stein bearbeiten lasse und per Schiff hintransportiere, da in Ostafrika Findlingssteine dieser Art nicht zu finden sind.«

Schließlich bleibt es jedoch bei einer Steinpyramide. Das Land für die letzte Ruhestätte seines Sohnes tauscht Bernhard Grzimek ein. »Das Gebiet gehörte den Maasai. Es war die Grenze um ein Dorf herum. Bernhard Grzimek fragte, ob er Michael dort beerdigen dürfe, wenn er im Gegenzug Wasserstellen für das Vieh des Dorfes anlegen ließe. So geschah es. Etliche Wasserstellen wurden daraufhin auf sein Geheiß gebaut«, erinnert sich Ngatait Lerug. Der alte Maasai-Chief aus der Ngorongoro-Region, damals nur wenige Jahre jünger als Michael Grzimek, hatte die beiden Frankfurter bereits kurz nach ihrer Ankunft am Krater kennengelernt.

Um an das Wirken seines Sohnes in Afrika zu erinnern, lässt Bernhard Grzimek später eine englischsprachige Inschrift an der Pyramide anbringen: »Michael Grzimek 12.4.1934–10.1.1959. Er gab alles, was er hatte, sogar sein Leben, um die wilden Tiere Afrikas zu schützen.«

Die Angehörigen in Frankfurt erfahren per Telegramm von Michaels Tod. Michael Grzimek ist auf den Tag genau am achtundvierzigsten Geburtstag seiner Mutter Hildegard verunglückt. Sowohl Rochus als auch Erika Grzimek erinnern sich, dass das Telegramm um die Mittagszeit des 10. Januars kam, da sie zum Mittagessen anlässlich des Geburtstages eingeladen gewesen waren. »Das Telegramm kam bei mir an. Ich habe es zum Essen mit rübergenommen. Wenn es dringend war, war eine rote Schleife dran«, berichtet Erika Grzimek.

Die Nachricht lautet: »Michael tödlich verunglückt. Alle anderen wohlauf.«

Da sich der Unfall jedoch erst am späten Nachmittag ereignete, Tanganjika Deutschland zwei Stunden zeitlich voraus ist und eine Nachricht von Bernhard Grzimek erst am nächsten Tag aufgegeben worden sein kann, als er selbst davon wusste, muss das Geburtstagsessen wohl einen Tag später stattgefunden haben. »Meine Eltern kamen nachmittags in den Zoo und auch weitere Verwandtschaft. Das war furchtbar«, sagt Erika Grzimek. Nach Afrika, ans Grab ihres Mannes zu fliegen, ist für die junge Witwe wegen der Schwangerschaft vorerst nicht möglich.

Für Hildegard Grzimek, die auf die Todesnachricht hin beschließt, ihren Geburtstag nie mehr zu feiern, ist Michaels Tod wahrscheinlich der Tropfen, der das Fass zum Überlaufen bringt. Jahrelang hat sie ihrem Mann den Rücken freigehalten, viele Aufgaben für ihn erledigt, das gesamte Familien- und Sozialleben gemanagt und dabei über seine Affären hinweggesehen. Doch die Ehe ist schon länger nicht mehr als glücklich zu bezeichnen. »Die Probleme meiner Eltern haben nach Michaels Tod verstärkt begonnen«, sagt Rochus Grzimek.

»Michael war Bernhards engster Vertrauter. Er hatte Hildegard abgelöst«, sagt Hellmut Neubüser. Der ehemalige Zooinspektor war seit Jahren regelmäßig in der Familie zu Gast: »Nach dem Tode Michaels zerbrach das Familienleben. Früher hatte sich Bernhard Grzimek dazugesetzt, wenn ich mal zum Kaffee da war, aber das war dann nicht mehr so.«

Nach außen gibt sich die Familie vereint. In einer Zeitungsanzeige bedankt sie sich einige Wochen nach Michaels Tod für die Anteilnahme: »Zum Tode unseres Michael Grzimek haben uns viele Freunde und Bekannte, aber auch Tausende von guten Menschen geschrieben, die weder ihn noch uns persönlich kannten. Wir danken diesen mitfühlenden Freunden und Unbekannten, dass sie versucht haben, uns zu trösten. Wir werden uns bemühen, im Sinne dessen zu arbeiten, wofür Michael lebte und starb. Dabei wird uns seine Unersetzbarkeit von Tag zu Tag klarer. Im Namen aller Angehörigen: Seine Eltern: Dr. Bernhard und Frau Hildegard, geb. Prüfer, seine Ehefrau: Erika Grzimek, geb. Schoof, sein Sohn: Stephan Grzimek.«

Doch die Trauer vereint die Hinterbliebenen nicht, sondern distanziert sie voneinander. Hildegard Grzimek tritt am 6. Februar 1959 aus der evangelischen Kirche aus. Und sucht zunehmend Trost im Alkohol.

Und wie geht es Bernhard Grzimek? Er ist am 21. Januar 1959 alleine nach Frankfurt zurückgekehrt. Die Filmaufnahmen und die Untersuchungen waren bei Michaels Tod fast abgeschlossen, die Rückreise für beide schon in greifbarer Nähe. »Michael wollte um den 20. Januar mit der Dornier zurück in Frankfurt sein. Dann sollte die Maschine gewartet und ausgekleidet werden, da es so schrecklich laut ohne Verkleidung war. Michael hat immer gesagt: ›Das Erste, das ich mir leiste, ist, dass ich die Maschine auskleiden lasse‹«, erinnert sich Erika Grzimek.

Bernhard Grzimek stürzt sich sofort wie blind in die Arbeit. Fünfundzwanzig Jahre später schreibt er in seinen Lebenserinnerungen über diese Zeit: »Ich musste allein die wissenschaftlichen Ergebnisse zusammenfassen und veröffentlichen, das allgemeinverständliche Serengeti-Buch schreiben und Michaels Filmaufnahmen zu einem abendfüllenden Lehrfilm zusammenstellen. Ich habe das damals gern und mit einer gewissen Verbissenheit getan; es lenkte mich vom Nachdenken darüber ab, dass Michael, Vater eines Kleinkindes und eines noch ungeborenen zweiten Sohnes, durch einen so blinden Zufall umgekommen war. Ich hatte mein Lebenswerk so sicher in jungen Händen gewusst.« Auch Michaels Doktorarbeit schreibt Bernhard Grzimek noch zu Ende, sodass diese 1960 veröffentlicht werden kann.

Nach außen stark, doch innerlich zerstört – der Tod Michaels nimmt Bernhard Grzimek auf einen Schlag den Sohn, den besten Freund, den Mitarbeiter, den Motor vieler gemeinsamer Ideen und den längst fest eingeplanten Nachfolger. Nichts hätte Bernhard Grzimek härter treffen können. »Er hat wahnsinnig unter Michaels Tod gelitten und bis zu seinem eigenen Tod von ihm gesprochen«, sagt Grzimeks uneheliche Tochter Monika. »Er empfand es als ungerecht, dass er sein Leben gelebt hat und Michael doch so begnadet war.«

Monika gehört zu den wenigen Personen, mit denen er über seine Gefühle spricht: »Er hat gesagt, dass er sich wahnsinnige Vorwürfe macht, denn der Sitz im Flugzeug sei nicht in Ordnung gewesen und er hätte fliegen wollen, aber Michael sei ihm einfach davongebrummt.« Jahre später lässt Bernhard Grzimek auch in einem Brief an Hans-Jürgen Stammer, den damaligen Direktor des Zoologischen Instituts der Universität Erlangen-Nürnberg, erkennen, wie es in ihm aussieht. Grzimek versucht, Stammer sein Beileid für den Unfalltod seines Sohnes Jürgen auszusprechen, und stellt fest: »Alle tröstenden und liebenswürdigen Worte haben in so einem Fall wenig Sinn. Ich kann auch nicht sagen, dass die Zeit in solch einem Fall die Wunden heilt. Im Gegenteil, je älter man wird, um so mehr merkt man, was man verloren hat.«

In all dieser Zeit äußert Bernhard Grzimek kein Wort über seinen erstgeborenen Sohn Rochus. Außenstehenden muss es so vorgekommen sein, als hätte Bernhard Grzimek nur einen Sohn gehabt. Eine Passage aus Grzimeks Lebenserinnerungen, in denen Rochus sonst nur als Kind und Jugendlicher Erwähnung findet, zeigt sehr deutlich Bernhard Grzimeks unterschiedliches Verhältnis zu seinen Söhnen: »Während ich auf der Schule in Mathematik hoffnungslos versagt habe, ist mein ältester Sohn Rochus Diplomkaufmann und Dr. rer. Oec. geworden, beschäftigt sich mit Datenverarbeitungsanlagen, von denen ich keine Ahnung habe, und hat über solche Dinge sogar schon ein Buch geschrieben.« Wie wenig Bernhard Grzimek in diesen Jahren von seinem Sohn Rochus weiß, zeigt die Tatsache, dass sogar diese Aussage falsch ist: »Das Buch habe ich über Zahlungsverkehr geschrieben«, sagt Rochus Grzimek. Über Michael schreibt Bernhard Grzimek hingegen: »Mein Sohn Michael war von Tieren begeistert wie ich. Er hat mich auch stark beeinflusst.«

»Wir haben beide furchtbar gelitten, aber wir mussten uns organisieren – wir mussten ja den Film fertigstellen«, sagt Erika Grzimek rückblickend über das Jahr 1959. »Wir hatten nur ein Ziel: Der Film muss raus, sonst ist das Geld weg. Denn da steckte ja alles drin. Michael hatte das Geld alleine aufgenommen und war damit hoch verschuldet.«

Sie arbeiten Tag und Nacht. Bernhard Grzimek legt Vorlesungen und Fernsehauftritte für weitere Monate auf Eis und nimmt auch ansonsten nur Termine wahr, die unumgänglich sind. Im Hintergrund arbeiten Alan Root und Hermann Gimbel an der Fertigstellung der Filmaufnahmen. So muss Gimbel den Flug über die Alpen mit einer Leihmaschine und einem Piloten nachdrehen, während Alan Root mit ganz anderen Problemen kämpft, wie er sich erinnert: »Als Michael starb, hat Bernhard es in meine Hände gelegt, die Filmaufnahmen in Afrika zu beenden. Er kam dafür nicht mehr zurück. Er wollte aber unbedingt eine Badeszene mit Nackten und schrieb mir immerzu, dass wir das unbedingt haben müssten. Nacktheit war damals noch recht selten im Kino, und er hatte ja eine gute Ausrede, sie in dem Film zu zeigen – mit den sogenannten Primitiven. Er wollte einige Maasai-Mädchen dafür haben, aber ich wollte das nicht machen. Daraufhin sagte er, wenn ich es nicht täte, würde es irgendwer anderes für ihn tun. Also habe ich schließlich, weil ich niemanden vor den Kopf stoßen wollte, einen Afrikaner kontaktiert, der für mich in Nairobi arbeitete, und er bezahlte acht Prostituierte in Nairobi, die dann einen tollen Job machten. Als sie nach dem Baden aus dem Wasser gestiegen waren, wo sie ja so tun mussten, als hätten sie einen Leoparden am Ufer entdeckt, fragten sie mich, was ich jetzt noch wünschte. Wir hatten ihnen ja eine Menge Geld bezahlt. Ich war sehr verlegen und sagte: ›Danke, das war alles.‹ Maasai hätten das nie gemacht – schon zu der Zeit liefen die Frauen nicht mehr mit nacktem Oberkörper herum. Nur einige Stämme an der Küste vielleicht noch. Aber es war gut für das Marketing des Films.«

Noch vor dem Film soll das Buch erscheinen. Doch über eine Vorabveröffentlichung des Texts von *Serengeti darf nicht sterben* in einer Artikelreihe in der Illustrierten *Revue* kommt es mit dem Verleger Helmut Kindler zum erbitterten Streit. Eigenmächtig, so schreibt Grzimek später, habe der Verleger dem ersten Artikel der Serie ein ganzseitiges Bild von Michael Grzimek mit Trauerrand und einen Nachruf beigefügt. Als Bernhard Grzimek sich das verbittet, erklärt ihm Kindler, dass sich die Serie »als Briefe des Sohnes an den Vater« viel besser verkaufen ließe. Das aber kommt für Bernhard Grzimek nicht infrage: »Es hätte den Eindruck erweckt, als wollte man jetzt noch aus dem Tod eines jungen Menschen einen Geschäftserfolg machen.«

Die Artikelserie wird sofort gestoppt, und auch für das Buch muss sich Grzimek einen neuen Verleger suchen.

Seinen 50. Geburtstag am 24. April 1959 begeht Bernhard Grzimek im kleinen Familienkreis. Nach Feiern ist niemandem zumute, und dem Jubilar ist es viel wichtiger, der Filmbewertungsstelle in Wiesbaden (FBW) *Serengeti darf nicht sterben* bereits Ende Mai 1959 vorlegen zu können. »Nur wenn Kulturfilme die Benotung ›wertvoll‹ oder ›besonders wertvoll‹ bekamen, hatten sie eine Möglichkeit, in den Kinos gezeigt zu werden«, schreibt Bernhard Grzimek dazu in *Auf den Mensch gekommen*: »Da sie ohnedies als weniger zugkräftig galten als Spielfilme, erwog kein einziger Lichtspielhaus-Besitzer auch nur, einen Lehrfilm ohne Prädikat in seine laufende Spielfolge aufzunehmen. Nur bei solchen Filmen verzichtete nämlich der Staat auf den größten Teil der sonst erhobenen Vergnügungssteuer.«

Die Antwort aus Wiesbaden erreicht Grzimek am 8. Juni 1959. Dem Film soll das Prädikat »Wertvoll« verliehen werden – doch nur, wenn Bernhard Grzimek zwei Sätze streicht. Die Aussagen, dass es um die Welt besser bestellt sei, wenn sich die Menschen wie Löwen benähmen und dass die Erhaltung der letzten Zebraherden für die Menschheit ebenso wichtig sei wie die Erhaltung der Akropolis oder des Petersdoms, befindet der Bewertungsausschuss als »unerlaubte Gleichsetzung«. Doch für Bernhard Grzimek spiegeln sie seine und auch die innerste Überzeugung seines verstorbenen Sohnes wider. »Wir hatten schließlich unsere Filme nicht gedreht, um schöne Tiere zu zeigen, sondern um damit die Menschheit aufzurütteln, die letzten Wildtiere auf Erden zu erhalten«, schreibt er später.

Bernhard Grzimek wehrt sich mit aller Macht und untermauert seine Haltung mit Gutachten von Wissenschaftlern. Für die Filmfestspiele in Berlin, die 1959 vom 26. Juni bis 7. Juli stattfinden, hat er *Serengeti darf nicht sterben* zwar nicht für den Wettbewerb angemeldet. Dennoch wird er dort im Rahmenprogramm gezeigt – noch ohne Prädikat, da die Auseinandersetzungen noch laufen. Erst am 27. Juli 1959 erfährt der Frankfurter Zoodirektor, dass der Hauptausschuss der Filmbewertungsstelle seine Auflagen zurückgenommen und dem Film die Note »wertvoll« verliehen hat. Doch mittlerweile hat sich der Streit verselbstständigt. So steht Anfang September 1959 überall groß in den Zeitungen zu lesen, »er werde nie wieder einen Film drehen, so lange Dokumentar- und Kulturfilme in der Bundesrepublik einer strengen und anonymen Zensur unterlägen, erklärte der Direktor des Zoologischen Gartens Frankfurt, Dr. Bernhard Grzimek«.

Grzimek wird üppig lautet eine der Schlagzeilen zu seinen Angriffen auf die Filmbewertungsstelle, und mit deren Vorsitzenden, dem damaligen Herausgeber der *Frankfurter Allgemeinen Zeitung*, Karl Korn, liefert er sich einen verdeckten Schlagabtausch per Leserbrief und Antwort des Herausgebers – verdeckt deshalb, weil Bernhard Grzimek das Pseudonym Michael Kohlhaas nutzt, was Korn aber durchschaut. Während Grzimek schreibt, dass der große Experte Konrad Lorenz die Streichungsforderungen als »wertblind und beinahe irreligiös« bezeichnet habe, antwortet Korn: »Alle Welt weiß inzwischen, dass *Serengeti darf nicht sterben* ohne Beanstandungen in der Berufungsinstanz das steuersenkende Prädikat

›Wertvoll‹ erhalten hat. Aber Ihnen geht es ums Prinzip, und darum treten Sie, obwohl Ihnen längst Ihr Recht wurde, als Michael Kohlhaas auf … Lassen wir doch, verehrter Herr Dr. Grzimek, die Kirche im Dorf!«

Serengeti darf nicht sterben ist trotz der um ihn entbrannten Diskussion alles andere als nur ein provozierendes Machwerk. Im Vergleich zu *Kein Platz für wilde Tiere* ist der Film weniger düster, erzählt nicht so viele Geschichten um Menschen und Tiere, sondern dokumentiert mehr die Arbeit von Vater und Sohn und ihr Bestreben, die Verlegung der Grenzen des Nationalparks zu verhindern, auf die bereits der Abspann von *Kein Platz für wilde Tiere* hingewiesen hat.

Der Film zeigt den Kampf der beiden Grzimeks gegen Wilddiebe und das Abschlachten von Wildtieren für Souvenirs, wie zum Beispiel zu Papierkörben verarbeitete Elefantenfüße: »Wenn die weißen Schießtouristen diese Trophäen mit nach Hause nehmen, kann man den Afrikanern schlecht klarmachen, dass sie auf die althergebrachte Jagd verzichten sollen und dass die letzten Tiere ihrer Heimat als kultureller Besitz aller Menschen geschützt werden sollen … Nur, wenn wir die Einheimischen für den Schutz der Wildtiere gewinnen können, wird die Zukunft der Serengeti gesichert sein.«

Der Film zeigt, wie Michael Grasproben analysiert, um festzustellen, für welche Futtergräser die Gnu- und Zebraherden den Park verlassen, und er thematisiert immer wieder den Zusammenhang zwischen den Wanderrouten der Tiere und der geplanten Grenzsetzung des Nationalparks: »Die Pflanzenkarte, die Michael zusammengetragen hat, ergibt, dass die nahrhaften Gräser hauptsächlich außerhalb der neuen Parkgrenzen wachsen. Diese Herden, der Stolz der Serengeti, müssen sterben, wenn man nicht auch draußen für sie sorgt … Noch ist Zeit, die Grenzen festzulegen, denn die Gebiete um die Serengeti sind noch nicht so besiedelt.«

Eine eingeblendete Karte illustriert: Tiere aus dem Westen und dem Kraterland im Osten wandern in die Mitte. Der Ngorongoro-Krater soll jedoch abgetrennt werden, dafür Land im Norden dazukommen. »Niemand weiß, ob die Tiere wirklich nach dieser Theorie wandern, also müssen wir das nachprüfen«, lautet der Sprecherkommentar von Holger Hagen. Später werden erste Ergebnisse der Untersuchung genannt: »In der Trockenzeit sind die Tiere in den Niederungen am Victoriasee. Sobald der Regen fällt, ziehen die Tiere in die Steppen der Mitte und breiten sich darauf aus. Dabei wandern sie immer wieder über die Grenzen des neuen Nationalparks hinaus, nach Osten, in Richtung Krater, und halten sich Wochen und Monate außerhalb von ihnen auf. Das neue Gebiet im Norden berühren sie nicht. Dieses Ergebnis ist niederschmetternd.«

Die Einschätzung der Grzimeks wird sich später als falsch erweisen – die Herden wandern sehr wohl in den Norden, über die Grenze nach Kenia hinweg. Doch damals stellen Vater und Sohn praktische Überlegungen an: »Wird es vielleicht in Zukunft gelingen, die Wanderung der Herden durch Zäune zurückzuhalten?« Wie schon in *Kein Platz für wilde Tiere* sehen die Grzimeks das Übel nämlich in der rasant wachsenden Bevölkerung, die die Natur mehr und mehr einzwängt und vor der sie die Serengeti schützen wollen: »Immer mehr Menschen leben auf der Erde – jeden Tag um 180 000 mehr. Unsere Enkel werden nur noch wenig von den Herrlichkeiten dieser Welt sehen … Soll nicht wenigstens die Serengeti, dieser letzte Riesenplatz Afrikas, so erhalten bleiben, wie Gott ihn erschuf? Für die Tiere und für die Menschen, die nach uns kommen.«

Während Bernhard Grzimek zu den Uraufführungen durch die Welt reist – der Film wird in sechzig Ländern gezeigt –, ebbt das Streitthema langsam ab. Im August 1959 erscheint das gleichnamige Buch, nun bei Ullstein, und am 14. Dezember fliegen Bernhard und Hildegard Grzimek nach Tansania – für Hildegard ist es der erste Besuch an Michaels Grab. Auch Michaels Witwe Erika war noch nicht dort: Nach der Geburt ihres zweiten Sohnes, Christian Bernhard, muss sie sich nun allein um zwei Kleinkinder kümmern.

Bei der Rückkehr aus Afrika, Anfang Januar 1960, findet Bernhard Grzimek die Nachricht vor, dass *Serengeti darf nicht sterben* für einen »Oscar« nominiert wurde.

Zur Vergabe der 32nd Annual Academy Awards am 4. April 1960 reist Bernhard Grzimek auf Drängen der Veranstalter nach Hollywood. Doch er reist allein. Keinen der Mitwirkenden, weder Hermann Gimbel noch Alan Root, hat er überhaupt über die Nominierung informiert. Dass er die, die ihm auch in den schweren Stunden geholfen haben, damit sehr vor den Kopf gestoßen hat, hat Bernhard Grzimek vielleicht nicht einmal gemerkt. In seiner Gedankenwelt ist der Erfolg des Films in gewisser Weise allein Michaels Verdienst. Und so aufgeregt er auch am Abend des 4. April im RKO Pantages Theatre in Hollywood war – so sehr wird er den Sohn an seiner Seite vermisst haben. Umso mehr, als er zufällig vor der Veranstaltung die Unterhaltung von zwei Beleuchtern mithört, die für die Fernsehübertragung die Schweinwerfer aufstellen. Der eine, so schreibt Bernhard Grzimek später, fragte den anderen, wie bloß dieser eine Name auf der Gewinnerliste ausgesprochen würde: »Da wusste ich, dass ich den Oscar gewonnen haben musste.«

Und so ist es dann auch: Im großen Triumphjahr von *Ben Hur*, der sich heute mit elf Trophäen Platz eins der Rangliste mit *Titanic* und *Herr der Ringe 3* teilt, erhält *Serengeti darf nicht sterben* in der Kategorie *Documentary* als erster deutscher Film überhaupt die goldene Statue.

Walt Disney, der in diesem Jahr nur einen Kurzdokumentarfilm eingereicht hat, geht leer aus. Bernhard Grzimek fühlt sich dem amerikanischen Filmproduzenten indirekt zu Dank verpflichtet: »Dass wir es überhaupt wagen konnten, abendfüllende Lehrfilme zu drehen, hatten Michael und ich Walt Disney zu verdanken. Er hatte durch seinen Film *Die Wüste lebt* und eine Reihe von ähnlichen Naturfilmen bewiesen, dass Lichtspielhäuser nicht nur mit Spielfilmen und Verbrecherjagden volle Kassen haben können. Ohne diesen Welterfolg der Disney-Filme hätten wir gar nicht damit rechnen können, dass die Theaterbesitzer auch nur erwägen würden, unsere Lehrfilme abends zu zeigen.«

Bernhard Grzimek schätzt Walt Disney sowohl als »großen Künstler« als auch als »sehr erfolgreichen Geschäftsmann«. Er übt jedoch auch Kritik an ihm und schreibt in seinen Lebenserinnerungen über den ansonsten nicht weiter belegten Kontakt zwischen sich und Disney: »Ich bemängele an seinen Filmen nur, dass sie in etwa den Eindruck erwecken, Afrika sei noch voller Löwen und Elefanten und alles sei in bester Ordnung. Ich bat ihn, doch wenigstens in der Einleitung zu sagen, dass solche Filme nur noch in wenigen Nationalparks des Erdteils gedreht werden könnten, in denen eine begrenzte Anzahl von Wildtieren mühsam geschützt wurde. Er bat mich zweimal, an seinen Filmplänen mitzuwirken, nahm aber diese meine Bitte und Bedingung nicht an. Welch ein ungeheurer Erfolg für den Naturschutz hätten die Disney-Naturfilme

sein können, wenn sie nur einige Sätze über die Bedrohung der Tier-
und Pflanzenwelt durch den Menschen enthalten hätten!«

Die große internationale Auszeichnung für *Serengeti darf nicht sterben* erlangt Grzimek mit seinem Stil, ohne Disneys Hilfe.

Hilfe für die bedrohte Tierwelt

»In den letzten Jahren mag der Zoologische Garten bei mir etwas in den Hintergrund getreten sein. Um die Zukunft des Zoos braucht man sich auf dieser Welt keine Sorgen zu machen.«
Bernhard Grzimek in *Auf den Mensch gekommen*

Bernhard Grzimek hält sich an seine Ankündigung, nie wieder einen Kinofilm zu drehen. Schließlich hat er mit dem ersten Film die höchste deutsche Auszeichnung der Branche gewonnen, mit dem zweiten die höchste internationale. Und darüber seinen engsten Freund und Mitarbeiter, seinen Sohn Michael, die treibende Kraft hinter den Filmen, verloren. Für Bernhard Grzimek gibt es also nichts mehr zu gewinnen, nichts mehr zu verlieren. Ohnehin wollte nach Aussage seiner Witwe Erika auch Michael nach *Serengeti darf nicht sterben* nur noch Fernsehfilme produzieren. Auch ohne den Tod seines Sohnes hätte Bernhard Grzimek also wahrscheinlich die Richtung eingeschlagen, die er nun, Anfang der Sechzigerjahre, vollends ansteuert und bis zu seinem Lebensende zu seiner Hauptaufgabe machen wird: die Arbeit im Naturschutz.

Dass er sich hierfür interessiert, hat Grzimek schon länger gezeigt, nicht zuletzt in seinen Filmen. Ausschlaggebend dürfte jedoch die Begegnung mit Julius Nyerere am 3. Januar 1960 gewesen sein. Bernhard Grzimek war nach Daressalam geflogen, um der dortigen Uraufführung von *Serengeti darf nicht sterben* beizuwohnen. Am Tag darauf empfängt ihn Nyerere, damals Sprecher der gewählten Abgeordneten des Parlaments und »nach der Unabhängigkeit Tansanias wahrscheinlich künftiger Präsident«, wie Grzimek kurz darauf schreibt, zu einem dreistündigen Gespräch. »Vom alten ›Kaiserhof‹ her, der heute ›New Africa Hotel‹ heißt, ging ich am früheren deutschen Offizierskasino vorbei – jetzt britischer Beamtenclub – durch die Palmenstraßen von Daressalam. Widerwillig hatte ich mir ein weißes Hemd mit langen Ärmeln angezogen und einen Schlips umgebunden. Über dem Arm trug ich eine richtige Jacke, die ich mir aber erst kurz vor der Tür anziehen wollte. So etwas muss man schon tun, wenn man bei dem künftigen Ministerpräsidenten des Landes Tanganjika (unserer früheren Kolonie Deutsch-Ostafrika) Besuch machen will. Aber der schlanke schwarze Mann, der an der Universität Edinburgh in Schottland seinen Doktortitel erworben hat, empfing mich im blauen Polohemd. So durfte ich auch die Jacke über die Stuhllehne hängen«, schreibt Bernhard Grzimek 1962 über diese Begegnung in *Auch Nashörner gehören allen Menschen.*

Es werden in den nächsten siebenundzwanzig Jahren viele weitere Zusammentreffen folgen. Zwei Dinge wird Grzimek dabei beibehalten: die elegante Kleidung, wann immer er Nyerere oder einen anderen afrikanischen Politiker trifft, und seine hohe Meinung über den tansanischen Präsidenten, den er bereits 1962 als den »intelligentesten Politiker Afrikas« bezeichnet. »Bernhard Grzimek und Julius Nyerere waren wirklich befreundet«, sagt Markus Borner, späterer Mitarbeiter Grzimeks und langjähriger Leiter der Afrikaprogramme der ZGF: »Das war eine interessante Freundschaft. Ein großer gegenseitiger Respekt. Was Nyerere, glaube ich, schätzte, war, dass Bernhard ihm geradeaus die Meinung sagte – er war selbst von zu vielen Politikern und Ja-Sagern umgeben.«

Und so ist es schon während des ersten Aufeinandertreffens der beiden keineswegs so, dass Nyerere den Ton angibt und Bernhard Grzimek ehrfurchtsvoll lauscht. Im Gegenteil. »Es war wohl weniger eine Unterhaltung als vielmehr eine einseitige Predigt, die ich [ihm] … an jenem feuchtwarmen Januarmorgen des Jahres 1960 gehalten habe«, schreibt Grzimek später und erklärt, er habe Nyerere dargelegt, wie viel Geld mit Fremdenverkehr zu verdienen sei: »Kein Afrikaner, aber auch kein Brite, der sein Leben in Afrika verbringt, macht sich klar, wie sich die Gefühle der Millionenmassen in den Großstädten Europas und Amerikas gegenüber den Tieren gewandelt haben. Die Menschen leben nicht mehr wie ihre Großväter zwischen Kühen, Hühnern und Schweinen in Dörfern und Kleinstädten, vor ihren Häusern stehen keine Wagen mehr mit abgesträngten Pferden, die aus dem umgehängten Hafersack futtern, sondern lackglänzende Autos. Die heutigen Städter hausen in Betonschluchten unter Auspuffgasen und Neonlicht … Gerade daher interessieren sie sich immer mehr für die Tiere, die sie nicht mehr haben … Da heute die Natur selten geworden ist, fahren die Urlauber in die Berge, sie suchen See und Sonne. Italien, Spanien, die Schweiz gleichen ihre Außenhandelsbilanz durch Touristenverkehr aus.«

Grzimek eröffnet Nyerere zwar, dass sein Land abgesehen vom Kilimandscharo »eigentlich nicht so schön« sei, dass es Touristenströme anziehen könnte, und doch sieht er Potenzial für den Fremdenverkehr: »Was die tierhungrigen Massen-Menschen hier sehen wollen, sind einfach Giraffen, Elefanten, Löwen, Zebraherden, Nashörner!«

Nyerere stimmt seinem Gast zwar zu, doch als Bernhard Grzimek ihn verlässt, ist sich der Deutsche über die Gesinnung des afrikanischen Politikers nicht sicher, wie er gegenüber Freunden äußert. Erst aus einem Artikel der britischen Tageszeitung *Daily Telegraph*, die einige Wochen später ein Interview mit Nyerere abdruckt, erhält Grzimek Gewissheit, wie er später schreibt: »›Ich persönlich mache mir nicht viel aus wilden Tieren‹, stand als Schlagzeile darüber. Das hatte der frühere katholische Missionslehrer Nyerere gesagt, und er hatte hinzugefügt: ›Ich kann mir nicht vorstellen, dass ich meinen Urlaub damit verbringe, Krokodile anzusehen. Aber ich weiß, dass Europäer und Amerikaner das lieben, dass sie Elefanten und Giraffen sehen wollen. Tanganjika hat noch die meisten Wildtiere von ganz Afrika. Ich werde dafür sorgen, dass die Touristen sie sehen können. Nach meiner Auffassung werden die Wildtiere Tanganjikas nach Sisal und Diamanten die drittstärkste Einnahmequelle unseres Landes werden.‹«

Bernhard Grzimek ist glücklich über diese Aussage. »Hätte dieser Führer der einzigen und größten politischen Partei Tanganjikas, ähnlich wie die meisten anderen schwarzen Politiker, erklärt, er sei überaus tierlieb – weil die Europäer das gern hören –, so hätte mir das viel weniger gefallen. Aber der Sohn eines kleinen Häuptlings aus der Umgebung der Serengeti-Steppe war nüchtern und ehrlich«, schreibt er 1962 in *Auch Nashörner gehören allen Menschen*.

Tatsächlich wird Nyerere, vielleicht auch ein wenig durch Bernhard Grzimeks Einfluss, über die Jahre mehr Interesse für die Natur entwickeln, als er sich anfänglich selbst vorstellen kann. Grzimek wird jedenfalls mehrfach Zeuge, wie sich der Staatspräsident von Wildhütern und Wissenschaftlern Tier- und Pflanzennamen nennen lässt. Und wie er in seinem Urlaub auch durchaus einmal mit Fernglas in der Serengeti auftaucht.

265

Afrika ist nur eines von vielen Reisezielen Grzimeks im Frühjahr 1960. Im April, auf dem Rückweg von der Oscar-Verleihung in den USA, macht er Zwischenstopps auf Hawaii und in Japan. Er besucht die dortigen Zoos und lässt Kameramänner, die er vor Ort anstellt, mit seiner mitgebrachten Arriflex-Kamera Material für Folgen von *Ein Platz für Tiere* filmen. Besonders beeindrucken Bernhard Grzimek die modernen Zoos und Aquarien in Japan und das traditionelle japanische Leben – das für ihn jedoch die eine oder andere Tücke mit sich bringt. Grzimek wohnt als Gast bei der Familie des Zoodirektors des Tokioter Ueno-Zoos, Tadamichi Koga. Als die Männer dort zum Essen die Hosen gegen Kimonos tauschen, fallen die traditionellen japanischen Gewänder für den großgewachsenen Grzimek immer zu kurz aus, wie er sich später erinnert.

Im Frühjahr 1960 muss sich Bernhard Grzimek auch erst einmal wieder dem laufenden Zoogeschäft widmen. Anfang März richtet er in seiner Funktion als Vorsitzender die Tagung des Verbandes Deutscher Zoodirektoren in Frankfurt aus. Parallel schreiten die Bauarbeiten im Zoo voran. »Nach zehnjährigen Bemühungen«, so heißt es im Jahresbericht des Zoos von 1959, »wurde das Zooerweiterungsgelände … restlos geräumt.« Nach Kämpfen mit Hauseigentümern kann ab 1960 verstärkt damit begonnen werden, die an den Zoo angrenzenden frei gewordenen Flächen zu nutzen. Unter anderem richtet der Zoo an der Rhönstraße einen Müllhof ein und beginnt entlang der Waldschmidtstraße mit dem Bau des Vogelhauses. Außerdem entsteht ein zweites Affenhaus.

»Er legte die Stadtverwaltung gerne aufs Kreuz. Zum Beispiel beim Bau der Affenhäuser – so, wie ihm das vorschwebte, war das nie hinzubekommen«, erinnert sich Dieter Backhaus. »Also wurde erst eine Affenfreianlage gebaut, und dann noch eine, und dann ein Mehrzweckgebäude – und das wurde dann das Verbindungshaus zwischen den beiden Anlagen. Oder der Neubau des Aquariums. Als wir schon um eine Million überzogen hatten, sagte er der Stadt erst, dass das ja ein Exotarium werden würde und wir da jetzt noch in einem zweiten Bauabschnitt oben drauf eine Etage für Reptilien und Amphibien bauen würden. Auf diese Weise merkten die Leute nicht ganz genau, wie viel Geld sie bewilligten, weil es sich über eine ganze Zeit hinzog. Da war er ausgesprochen clever. Er war einfallsreich und sehr beweglich.«

Gut 4000 Tiere aus 941 verschiedenen Arten leben mittlerweile im

Frankfurter Zoo. Trotzdem ist Bernhard Grzimek immer noch auf der Suche nach Neuigkeiten und ärgert sich im März 1960 umso mehr darüber, dass bei einem Transport der »ersten und einzigen« Kaiserpinguine vom Südpol nach Frankfurt alle Tiere verenden und er erst Mitte Juli, nach einem zweiten, geglückten Transport, die Ankunft der imposanten Vögel in Frankfurt verkünden kann.

Derweil haben sich laut einer Pressemitteilung der Stadt Frankfurt Mitglieder des Britischen Unterhauses und des Kabinetts in einer Sondervorführung *Serengeti darf nicht sterben* zeigen lassen. Und Friedensnobelpreisträger Albert Schweitzer, der das Buch gelesen hat, schreibt an Bernhard Grzimek: »Ich verstehe Ihre Befürchtung des Aufkommens der Wilderei in Afrika. Es ist ja schon im Gange ... Ihr Buch hat eine große Bedeutung. ... Sie leben mit Ihrem Sohn die Idee der Ehrfurcht vor dem Leben.«

Bernhard Grzimek hat währenddessen sein normales Leben wieder aufgenommen. »Er war nach dem Tod von Michael sehr viel ernster, aber wir hatten eine stärkere Veränderung erwartet. Er war immer noch derselbe. Er hatte sich sehr in der Gewalt«, sagt Dieter Backhaus.

Wenn Bernhard Grzimek leidet, mit dem Tod von Michael hadert, dann zeigt er diese Gedanken nicht öffentlich. Und er lässt seine Wut über den unnützen Tod seines Sohnes schon gar nicht an anderen aus. Fritz Stadtmüller, seit 1957 als Tierpfleger im Zoo Frankfurt tätig und später Leiter des Grzimek-Hauses, erinnert sich im Gegenteil an sehr positive Erlebnisse mit Bernhard Grzimek: »Einmal rief er uns Lehrlinge auf den Wirtschaftshof. Er hatte bei einer Fahrt über Land ein sich in einem Zaun erdrosseltes Rind gefunden und durfte das dann abholen lassen. Wir Lehrlinge mussten das dann mit zerteilen, und hinterher hat er gefragt, was wir abends denn vorhätten. Wir sagten, wir wollten alle Louis Armstrong sehen, und da hat er uns drei Lehrlingen seine Ehrenkarten in der ersten Reihe dafür gegeben. Das war was!«

Auf Frauen scheint Grzimek weiterhin eine besondere Wirkung zu haben. Davon zeugt ein Fund, den Tierpfleger Wolfgang Lummer Anfang, Mitte der Sechzigerjahre macht: »Die Quarantänestation war über die Straße weg auf dem Wirtschaftshof. Ich habe da häufig abends noch nach dem Rechten gesehen, und als ich was in die Mülltonne tat, lagen dort zehn bis fünfzehn Ordner drin. Ich wollte die Ordner mitnehmen, um sie zu nutzen – da sah ich, dass das alles Liebesbriefe, Fanpost-Briefe an Grzimek waren.« Aus Scham wirft der junge Mann die Dokumente nach kurzem Stöbern wieder in die Tonne. Nur einen Brief hebt er als Souvenir auf. Er datiert Silvester 1959/1960 und stammt von einer Schreiberin aus Basel. »Heute ist Silvester, und ich sitze allein in meinem Zimmer, einige Kerzen brennen, habe schöne Musik, eine gute Flasche Wein vor mir und das Schönste vor meinen Augen: Das ist Ihre Photografie. Ich war eingeladen zum Ball, aber ich wollte ganz allein sein mit Ihnen.«

Der Brief lässt erkennen, dass es sich nicht um eine Jugendliche handelt, sondern um ein, wie sie schreibt, ehemaliges Mannequin, das als Schneiderin arbeitet und damit jenseits der dreißig zu sein scheint. Bernhard Grzimek kennt sie nicht, sie ihn nur über das Fernsehen, und sie weiß auch nichts von seiner familiären Situation. Nur eines ist für sie sicher: »So lange ich lebe, werde ich Sie lieben.«

Sie erbittet einen Brief von ihm – »Sie können ganz ruhig sein, denn kein Mensch wird etwas von mir erfahren, ich bin sehr verschwiegen« –, legt dem zweiseitigen Schreiben ein Foto von sich bei und endet damit, dass sie sein Foto küsse und auf ihn warten werde.

Wer Briefe wie diesen so sorgfältig aufbewahrt hat, Bernhard Grzimek selbst oder seine Sekretärin, ist nicht klar. Geschmeichelt haben wird es dem damals 51-Jährigen gewiss. Denn auf seine Außenwirkung ist er äußerst bedacht. So hat sich Dieter Backhaus im Januar 1960 eine Aussage von Wolfgang Weber notiert, nach der Bernhard Grzimek einem Fotografen – wenn auch augenzwinkernd – schrieb: »Dieses Bild möchte ich gerne haben, weil ich darauf so schön und sympathisch bin wie in Wirklichkeit.«

Am 5. Juni 1960 tritt Bernhard Grzimek eine Reise nach Warschau zu einer internationalen Naturschutztagung an. Als auf seinen Visumsantrag bei der polnischen Militärmission in Westberlin die herzliche Antwort zurückkommt, dass er viele Freunde in Polen habe, erbittet Grzimek kurzerhand, mit dem eigenen Wagen einreisen zu dürfen, um seine alte schlesische Heimat zu besuchen. Er erhält die Erlaubnis. In Zielona Góra, dem Grünberg seiner Kindertage, muss er jedoch seinen Film beim Polizeichef abliefern, da er unwissentlich »militärische Einrichtungen« gefilmt hat, wie er später schreibt: das Postgebäude.

In Neisse fährt er zu dem Haus, in dem er mit seiner Mutter und seinen Geschwistern zuletzt gewohnt hat, und findet es als Altenheim vor. Auf den Gräbern seiner Eltern, Großeltern und Urgroßeltern in Twardawa fehlen die Tafeln mit den deutschen Inschriften, und auf Nachfrage erfährt Bernhard Grzimek, dass »Leute aus Warschau seinerzeit verlangt hätten, dass sie weggenommen würden«. Sie stehen jedoch nur versteckt hinter einem Busch und sind bei seinem nächsten Besuch wieder anmontiert. »Ich habe dann im Fernsehen als Erster nach dem Kriege und der Vertreibung der Deutschen über meine Reise durch Schlesien berichtet. Diese Sendung löste viele Aussprachen aus«, schreibt Bernhard Grzimek später in *Auf den Mensch gekommen* über die mittelbaren Folgen seiner Reise.

Nach zwei Jahren zähen Ringens hat sich die Justus-Liebig-Universität in Gießen im Juli 1960 entschieden, Bernhard Grzimek zum Honorarprofessor der Veterinärmedizinischen Fakultät zu ernennen. Doch diese Ernennung ist nur der Anfang: Am 12. November 1960 wird Bernhard Grzimek von der Ostberliner Humboldt-Universität der Titel eines Dr. med. vet. Honoris causa verliehen. Im Dezember 1960 wird er zudem Ehrenmitglied der Wissenschaftlichen Gesellschaft für Veterinärmedizin der DDR in Leipzig.

Zeit, sich auf den Auszeichnungen auszuruhen, bleibt Grzimek jedoch nicht. Im September 1960 wird mit Kiwu nicht nur der erste Okapi-Nachwuchs in Deutschland geboren, um den der Frankfurter Zoo ordentlich Wirbel macht. Bernhard Grzimek korrespondiert und diskutiert in dieser Zeit auch ausgiebig mit Zoodirektoren, einem Frankfurter Fleischhändler und der International Union for Conservation of Nature and Natural Resources (IUCN) in Brüssel über das Verfüttern von australischem Kängurufleisch und fordert vom Händler eine Bescheinigung der Wildlife Society in Australien über einen beschränkten Abschuss, ansonsten »würden wir hier gegen den Absatz des Kängurufleisches in der Öffentlichkeit propagieren«. Außerdem schafft er sich eine weitere regelmäßige publizistische Plattform: Zusammen mit Konrad Lorenz, dem Direktor des Max-Planck-Institutes für Verhaltensphysiologie in Seewiesen, und Heini Hediger von der Universität Zürich, dem Direktor des dortigen Zoologischen Gartens, bringt er die Zeitschrift *Das Tier* auf den Markt. »Es war eine Idee des Hallwag-Verlags in Bern, die kamen auf ihn zu«, sagt Dieter Backhaus, der von Anfang an als Schriftleiter dabei war. »Der Verlag hatte sich gedacht, das Heft für zwei Deutsche Mark zu verkaufen, was Grzimek zu teuer fand.«

In seinen Lebenserinnerungen stellt Bernhard Grzimek die Genese einer Tierzeitschrift so dar: »Ich hatte mit diesem Gedanken nie viel Gegenliebe bei deutschen Verlegern gefunden, weil sie bei ihren Berechnungen immer von dem Illustriertenpreis von etwa 60 Pfennig ausgingen und sich nicht viel Anzeigen für eine Tierzeitschrift versprachen. Die Schweizer Verleger in Bern aber hatten den kühnen Gedanken, einfach zwei Mark für jede Nummer zu verlangen, worauf ich nicht gekommen war.«

Von der Idee bis zum ersten Heft geht es Hals über Kopf, erinnert sich Backhaus: »Angeblich wollte ein anderer Verlag auch eine solche Zeitschrift auf den Markt bringen. So haben wir *Das Tier* innerhalb von drei Monaten redaktionell aus dem Boden gestampft und kamen statt am 1. Januar 1961 bereits am 1. Oktober 1960 auf den Markt.«

Die monatliche Illustrierte beginnt mit einer Startauflage von 60 000 Exemplaren und vierundfünfzig Seiten, davon anfänglich nur vier Seiten in Farbe. Später steigert sich der Umfang, und das Heft wird durchgängig vierfarbig gedruckt. Im ersten Editorial schreiben die drei Herausgeber über ihre Motivation: »›Das Tier‹ will kein Fachblatt sein, davon gibt es genug ausgezeichnete – es will keinen zoologischen Unterricht erteilen. Es wird nicht für Leute gemacht, die lernen, sondern für solche, die sich nach Feierabend erholen, ganz einfach ihre Neugier über Tiere und die Natur stillen wollen.« Hediger und Lorenz mit ins Boot zu holen sei Grzimeks Idee gewesen, sagt Dieter Backhaus: »Bei den Treffen in Bern zweimal im Jahr waren Lorenz und Hediger aber nie dabei. Sie bekamen nur die Druckfahnen zum Gegenlesen – sie waren ja nur die Namen über dem Ganzen. Lorenz war erst sehr zurückhaltend.«

Dierk Franck, ehemaliger Zoologieprofessor an der Universität Hamburg, sieht das Projekt auch noch aus einem anderen Blickwinkel: »Die heutigen Verhaltensforscher sollten sich einmal eine Scheibe davon abschneiden, wie man Wissenschaft an die Öffentlichkeit tragen kann – heute können die das nicht mehr. Zum Beispiel Lorenz, Tinbergen und von Frisch: alle drei Nobelpreisträger, hervorragende Wissenschaftler, die aber auch ganz tolle populärwissenschaftliche Bücher machten.«

Grzimek fungiert, nachdem alles läuft, nicht nur als Herausgeber, sondern auch als Chefredakteur und ist für seine Arbeit bestens organisiert: Seine braune Aktentasche, die er immer bei sich trägt, hat mehrere Fächer – getrennt nach *Zoo, privat, Das Tier* oder *Okapia.* Weiterhin bleibt Grzimek ein Meister der Mehrfachverwertung: In seinen Fernsehsendungen geht er auf Artikelinhalte der Zeitschrift ein und umgekehrt. Zudem nutzt er die Illustrierte immer wieder als Instrument, um auf unbequeme Schreiben zu antworten: »Lesen Sie hierzu doch in der nächsten Ausgabe von *Das Tier!*«

Einmal im Monat finden Redaktionskonferenzen statt, die Hefte werden ein halbes Jahr im Voraus geplant. »Grzimek wollte mehr auf Umweltfragen gehen, doch Hallwag zog da nicht mit«, erinnert sich Dieter Backhaus. »Der Hallwag-Verlag hatte, schon vor dem *Tier*, noch eine Automobil-Zeitschrift. Es passte ihnen nicht ins Konzept, dass wir Umweltthemen aufgreifen wollten. Genauso wenig durften wir etwas gegen die Industrie schreiben.«

Natürlich gelingt es Bernhard Grzimek immer wieder, dem Verlag Naturschutzthemen »unterzujubeln«. Zum Beispiel 1971, als er den Artikel mit der Überschrift *Wir brauchen ein einheitliches Naturschutzgesetz und nicht elf Ländergesetze* groß platziert. Oder als er kurze Zeit später über *Gequälte Tiere: Unglück für die Landwirtschaft* berichtet. Und wie im Zoo zählen für ihn besonders Weltneuheiten. »Er hat einmal im *Tier* geschrieben, dass er die ersten Fotos von fliegenden Flughörnchen weltweit zeigen würde. Ein Leser hat ihm dann geschrieben, dass *National Geographic* diese schon vor einem Jahr gezeigt hätte. Es ging lange hin und her mit den Briefwechseln – am Ende hat Grzimek ihm dann nur noch einen Satz geantwortet: »Sie haben recht«, erinnert sich Wolfgang Lummer, der neben seiner Arbeit als Tierpfleger im Frankfurter Zoo auch Tiere fotografierte, unter anderem für *Okapia.*

Mit einigen Umstrukturierungen wird es *Das Tier* vierzig Jahre lang geben, bevor es 2000 eingestellt wird. Dass er nun seine »eigene« Illustrierte hat, hindert Bernhard Grzimek aber nicht daran, auch weiterhin für andere Zeitungen, Zeitschriften und wissenschaftliche Publikationen zu schreiben. 1961 schreibt er für die *Revue* sogar eine mehrteilige Serie unter dem Titel *Mit Prof. Grzimek in Afrika*. Dennoch liegt ihm *Das Tier* besonders am Herzen. In der Anfangszeit legt er einige Exemplare auf Lesetischen in Häusern des Zoos aus, zum Beispiel im Giraffen-, Affen- und Raubtierhaus. Versehen mit einem dicken Stempel: »Gestohlen im Zoo Frankfurt«.

Beim Schreiben und Redigieren achtet er sorgfältig auf die Vermeidung von Fremdwörtern und macht Verbesserungsvorschläge, von denen Dieter Backhaus einige gesammelt hat. So schreibt Bernhard Grzimek statt »Thermosflasche« »Warmhalteflasche«, statt »alphabetisch« »abecelich«, statt »exklusiv« »allein«. »Wildern« wird bei ihm zum »gewilddieben«, »Appetit« zur »Genäschigkeit« und »Impotenz« zur »Geschlechtsschwäche« – um nur einige Beispiele zu nennen. Diese Eigenart begleitet Grzimek sein Leben lang, wie er selbst schreibt: »Seit meinem zwölften Lebensjahr ist es mein Ehrgeiz, mich in meiner Muttersprache ausdrücken zu können, und zwar auch in vernünftigen, verständlichen Sätzen.« Und so beschreibt er seine Lebenserinnerungen im Vorwort auch als »das fremdwörterärmste Buch, das es augenblicklich in deutscher Sprache gibt«.

Mit einem »kleinen Bluff«, wie er selbst sagt, initiiert Bernhard Grzimek Ende 1960 die ersten preiswerten Sammelreisen von Frankfurt nach Afrika. Um den afrikanischen Politikern zu beweisen, dass Touristen schon jetzt kämen, um die Naturschätze zu sehen und dabei reichlich Geld im Land zu lassen, erzählt er ganz nebenbei in seinen Fernsehsendungen, »dass man jetzt für ganze zweitausend Mark nach Afrika fliegen, dort die Serengeti oder die anderen Wildgebiete besuchen und wieder nach Frankfurt zurückkommen könnte. Das war zu diesem Zeitpunkt nicht wahr, zugestanden. Aber eine Menge Leute gingen in die Reisebüros, sie wollten solche Reisen mitmachen«, schreibt er 1962 in *Auch Nashörner gehören allen Menschen*.

Tatsächlich stürmen Grzimeks Fernsehzuschauer die Reisebüros, darunter Marco-Polo-Reisen an der Zeil in Frankfurt, an der Ecke zur Konstabler Wache. »In unserer kleinen Firmenchronik wird im Jahr 1960 die pionierhafte Erschließung der ostafrikanischen Nationalparks in Uganda, Kenia und Tansania durch regelmäßige Charterreisen in Zusammenarbeit mit Prof. Dr. Bernhard Grzimek und der Zoologischen Gesellschaft von 1858 e.V. in Frankfurt am Main erwähnt. In den Folgejahren heißt es: ›Dynamische Geschäftsexpansion durch den Aufbau regelmäßiger Charterketten nach Ostafrika‹‹, sagt Wolfgang Schwotzer, der seit 1958 Reiseleitungen für das 1956 gegründete Unternehmen übernahm und später Geschäftsführer und Anteilseigner wurde. »Es gab zu dieser Zeit noch keinen Tourismus in den Gebieten. Für unseren Firmengründer Carl-Ernst Fischer waren die Nachfragen nach Grzimeks Aussage im Fernsehen der Startschuss, um mit dem Schiff nach Ostafrika zu fahren, um sich kundzutun. Kurz danach hat er dann ein erstes Flugzeug gechartert, um damit in die Serengeti zu fliegen. Wir hatten eine solche Nachfrage, dass diese kleine Firma, die nur aus drei oder vier Personen bestand, tatsächlich Propellermaschinen gechartert hat.« Was Grzimek mit seiner Sendung in die Wege geleitet hat, bedeutete für das Unternehmen den Einstieg ins weltweite Tourismusgeschäft.

Die Reisen standen damals unter der Schirmherrschaft der ZGF, sagt Schwotzer: »Wenn ich mich richtig erinnere, haben wir für die Teilnehmer der Reisen für ein Jahr die Mitgliedschaft in der Zoologischen Gesellschaft Frankfurt gezahlt. Wir konnten mit Grzimeks Namen operieren, dafür haben wir uns verpflichtet, dass wir jede Reise mit einem wissenschaftlichen Reiseleiter von einem der deutschen Zoologischen Gärten besetzt haben. Es gab kein Honorar dafür, aber die Reise war für die Reiseleiter kostenlos.«

Grzimeks Stellvertreter im Zoo, Richard Faust, und dessen Frau Ingrid übernehmen die ersten Reiseleitungen. Grzimek selbst wird nie eine Gruppe begleiten, jedoch treffen die Touristen ihn ab und zu in Afrika. »Grzimek ist heute noch ein Begriff bei Touristenfahrern, besonders in der Serengeti. Für mich ist der sanfte Naturtourismus das Größte, was er erreicht hat«, sagt Christian Schmidt, der von 1994 bis 2008 Direktor des Frankfurter Zoos war.

Wie vieles andere nimmt die Öffentlichkeit auch diese Aktion nicht ungeteilt positiv auf, wie Bernhard Grzimek später schreibt: »Ich wurde von den Zeitungen angegriffen, weil ich das Fernsehen zur Geschäftswerbung benutzte. Aber ich hatte nie einen Zweifel daran gelassen, dass ich mit meiner Arbeit bestimmte Ziele verfolgen und nicht nur tierfreundliche Menschen unterhalten wollte.«

Ähnlich ergeht es Grzimek mit seinen Spendenaufrufen im Fernsehen. 1962 richtet er das ZGF-Sonderkonto *Hilfe für die bedrohte Tierwelt* ein, auf das er fortan am Ende jeder Sendung verweist, oft mit besorgter Miene und in ebensolchem Tonfall. Zahlreiche Spenden und Vermächtnisse lassen über die Jahrzehnte auf diesem Sonderkonto einen beträchtlichen Kapitalstock anwachsen, und vierzehn Jahre nach Grzimeks Tod entsteht im Jahr 2001 auf dieser Basis eine der größten Naturschutzstiftungen Europas: die Stiftung *Hilfe für die bedrohte Tierwelt*. Sie ist zum Zeitpunkt ihrer Gründung mit einem Stiftungskapital von rund dreiunddreißig Millionen Euro ausgestattet. Ihre Erträge fließen den weltweiten Natur- und Artenschutzprojekten der Zoologischen Gesellschaft Frankfurt zu.

Das Frankfurter Rechtsanwalt-Ehepaar Franz und Heinke Peter widmet sich im Auftrag der ZGF seit dieser Zeit hauptsächlich der Abwicklung von Nachlässen. Sie hatten Bernhard und Michael Grzimek kurz vor deren Serengetireise durch Vermittlung eines Bekannten kennengelernt und für sie die gesamten Verträge bezüglich des Filmes ausgearbeitet. »Was mir imponiert hat, war, dass häufig in den Testamenten stand: ›Mein Erbe soll Prof. Grzimek bekommen.‹ Er hat aber immer gleich gesagt: ›Da bin nicht ich gemeint, das ist für die Gesellschaft.‹ Das passierte oft, und wir mussten das dann dem Gericht mitteilen«, sagt Heinke Peter.

Nicht selten handelt es sich um Erbschaften in Millionenhöhe. Und nicht selten trifft es die Familienangehörigen recht unerwartet, wie Heinke Peter weiß: »Ein ganz reicher Hopfenhändler aus dem Sudetenland hatte keine Kinder, aber viele Nichten. Allen hatte er erzählt, sie würden Alleinerbinnen. Alle kamen dann nach München zum Amtsgericht, zur Testamentseröffnung. Und Alleinerbin wurde die Zoologische Gesellschaft Frankfurt. Der Rechtspfleger sagte hinterher: ›Dass ich da lebendig rausgekommen bin ...‹«

Für die ZGF, die nach Grzimeks Willen auf teure Werbeanzeigen in eigener Sache verzichtet, sind seine Spendenaufrufe unverzichtbar. »Er hat es nie ausgesprochen, aber es schwang immer mit, dass, wenn er das nicht machen dürfte, er die Sendung auch nicht machen würde«, sagt Ekkehard Böhmer, Regisseur von *Ein Platz für Tiere*.

Über die Spendenaufrufe kommt es aber auch zu einer Auseinandersetzung zwischen Bernhard Grzimek und Georg von Opel, wie der ehe-

274

malige Zootierarzt des Opelzoos, Gerhard Grenz, berichtet: »1964 oder 1965 gab es eine Fernsehsendung von Grzimek, in der von Flamingos im Natronsee berichtet wurde und die ihre verklebten Beine zeigte. Danach hat er wie immer um Spenden für die notleidenden Tiere gebeten. Das hat dann Georg von Opel ziemlich erregt, und er hat zu Grzimek gesagt: ›Sie führen die Menschheit an der Nase herum!‹ – denn als Vorstand konnte er in den Akten einsehen, dass die Spenden, die nach der Sendung reichhaltig gesprudelt waren, nicht für einen einzigen Flamingo ausgegeben wurden. Das hat mir Georg von Opel brühwarm erzählt, nachdem er von der Sitzung mit Grzimek kam. Die Antwort Grzimeks war, dass er ja nicht gesagt hätte, dass es für die Flamingos sei, sondern für die notleidenden Tiere.«

Ende Dezember 1960 startet Bernhard Grzimek zu einer Reise nach Uganda, in den Kongo und zum Abschluss nach Tanganjika. Am 11. Januar 1961 titelt die *Bild-Zeitung: Sorge um Dr. Grzimek – Deutscher Zoo-Direktor verschwunden.* Am Tag darauf: *Wo ist der letzte Brief? Neue Rätsel um Zoo-Direktor.*

Was war geschehen? Etwa ein halbes Jahr zuvor war ehemals Belgisch Kongo unabhängig und zur Demokratischen Republik Kongo geworden. »Leute meines Schlags möchten wissen, was aus unserer Arbeit unter schwarzer Herrschaft wird«, schreibt Bernhard Grzimek kurze Zeit später. »Werden die mühsam gehegten Schutzgebiete im Wirrwarr des politischen Umsturzes dann nicht untergehen? Werden die neuen schwarzen Herren willens und fähig sein, die letzten Tiere ihrer Heimat weiter zu schützen? Oder werden sie, genau wie wir Europäer früher, in ihnen nur Schädlinge ihrer Pflanzungen und Beutestücke für blutige Jagden sehen?«

Zusammen mit Alan Root fährt Grzimek deshalb von Uganda, das erst im Oktober 1962 seine Unabhängigkeit feiern wird, in den Kongo, um sich dort über die Lage zu informieren und sich zu versichern, dass den Wildhütern ihre Gehälter (unter anderem auch Spenden der ZGF) auch wirklich gezahlt werden, wie er nach seiner Rückkehr in einem Brief an den Minister für Landwirtschaft in Stanleyville erwähnt. Und weil es bereits Übergriffe von Soldaten des Ministerpräsidenten Patrice Lumumba auf Europäer gegeben hat, lässt Bernhard Grzimek eine Postkarte bei einem Bekannten in Uganda, die dieser nach Frankfurt schicken soll, wenn Alan Root und er nicht bis zu einem bestimmten Tag zurück sind. Auf dieser Karte hat Grzimek geschrieben, dass er wahrscheinlich nach Stanleyville gebracht worden sei. Da der Engländer die Karte jedoch voreilig absendet und ein Telegramm, das Grzimek nach Frankfurt schickt, als er wohlbehalten nach Uganda zurückgekehrt ist, erst recht spät in Deutschland ankommt, gilt er in der Heimat zwei Tage lang als verschollen.

Auch wenn er in *Auch Nashörner gehören allen Menschen* schreibt: »Nun bin ich wirklich kein Held und habe nicht den Ehrgeiz, in einen Bürgerkrieg zu geraten«, kokettiert Grzimek doch mit dem nicht ganz ungefährlichen Ausflug. Das zeigt eine Postkarte, die er am 6. Januar 1961 an den Frankfurter Landgerichtsrat Gerhard Zoebe schickt: »Herzliche Grüße, wieder aus Uganda, nachdem ich im Congo gerade entwischt bin. Ihr Grzimek«

In Tanganjika führt Bernhard Grzimek lange Gespräche mit dem Wildhüter des Ngorongoro Kraters, Tony Mence. Grzimek sorgt sich um den Erhalt der Nashörner und schickt nach seiner Rückkehr sofort einen vierseitigen Bericht an verantwortliche Stellen, unter anderem auch an Bundestagspräsident Eugen Gerstenmaier. Überhaupt knüpft Bernhard Grzimek für seine Naturschutzarbeit zunehmend Kontakt zu deutschen Politikern. An Bundesaußenminister Heinrich von Brentano richtet er so Mitte Februar 1961 die Bitte, über das Auswärtige Amt 9000 Mark für eine Plakataktion in Tanganjika zum Werben für den Wildtierschutz zu finanzieren, was von Brentano zusagt. Zwei Monate später trifft er sich dann im Auswärtigen Amt in Bonn mit dem Bundestagspräsidenten, um über finanzielle Hilfe für den Albert-Park im Kongo zu verhandeln.

Im Mai 1961 trifft er Gerstenmaier erneut, jetzt allerdings unter anderen Vorzeichen: Auf Vermittlung von Wolfgang Burhenne, der damals bereits im Internationalen Naturschutz aktiv und 1963 maßgeblicher Initiator der Gründung des WWF Deutschland ist, kommen Bernhard Grzimek und der Naturschutzreferent im Hamburger Naturschutzamt, Henry Makowski, beim Bundestagspräsidenten zusammen. »Wir haben uns im Bierkeller von Gerstenmaier getroffen, am 24. Mai 1961«, erzählt Makowski. Vormittags hatten die beiden Männer noch zusammen mit

Burhenne bei einer Sitzung der Arbeitsgruppe Landschaftspflege und Naturschutz der Deutschen Afrika-Gesellschaft e.V. zusammengesessen.

Seit *Serengeti darf nicht sterben* geraten Makowski und Grzimek immer wieder in Streit, der zum Teil auch öffentlich ausgetragen wird, wie Makowski sagt: »Ich hatte das Filmen für *Serengeti darf nicht sterben* vor Ort in Afrika erlebt. Ich habe mich danach über einen Artikel von ihm in *Wild und Hund* geärgert, wo er sagt, wie toll und wichtig das alles gewesen sei. Da habe ich mit einem Artikel in *Wild und Hund* geantwortet, dass er die Kirche im Dorf lassen solle. Erstens stimmten die Zahlen nicht, die er publiziert hat, und zweitens ist es filmerisch eine Schweinerei, in einem Nationalpark so tief über wandernde Tierherden zu fliegen – in seinem Film sieht man nur Tiere in Panik, und das ist im Naturschutz absolut verboten. Er hatte die Zahlen nach unten verschoben, redet von ›300 000 Tiere gründen einen Staat‹, dabei waren es über eine Million. Ein Jahr darauf ist eine luftfotografische Erfassung gemacht worden von der noch englischen Verwaltung, und dabei ist die Zahl eine Million herausgekommen. Grzimek hat das dann als Bestätigung seiner Arbeit genommen. Das als wissenschaftliche Tatsache darzustellen, dass man aus der Luft zählen kann, habe ich ihm echt übel genommen.«

Dabei ist Makowski kein ausgemachter Grzimek-Gegner – im Gegenteil: »Ich habe als Junge seine Bücher verschlungen. Das ist so, als wenn der Vater Fehler macht – dann wird man als Sohn sauer«, sagt er zwanzig Jahre nach Grzimeks Tod.

Der Streit zwischen den beiden Männern wird 1960 durch den *Spiegel*-Aufmacher *Der Entertainer. Tierplauderer Grzimek* erst richtig entfacht. »Die haben den Artikel in *Wild und Hund* gefunden und Grzimek mit meinen Vorwürfen konfrontiert. Grzimek hat gesagt, Makowski wäre bestochen worden von den deutschen Jägern, gegen ihn etwas zu machen, das stimmt alles nicht. Dann kamen *Spiegel*-Leute zu mir: ›Dürfen wir Sie zitieren?‹ Ich wollte das nicht breitgetreten haben und habe verboten, meine Ausführungen zu veröffentlichen, um dem Naturschutz nicht zu schaden. Daraufhin rief mich Grzimek in meinem Büro im Naturschutzamt in Hamburg an, und danach sogar meinen Senator, Kultursenator Hans Biermann-Ratjen. Grzimek hat sich beschwert, dass ich ihm in die Parade fuhr und den Naturschutz öffentlich heruntermachte. Sein nächster Schritt war dann, dass er in *Das Tier* auf den *Spiegel*-Artikel einging: ›Hier sieht man, wie der Naturschutz heruntergemacht wird. Das hat der Makowski schon mit den Jägern gemacht, und wenn jetzt die Nashörner weiter im Ngorongoro-Krater gewildert werden, dann geht das auf sein Konto.‹ Das hat mich dann geärgert, und ich habe mir einen Anwalt genommen«, erklärt Makowski.

An diesem Punkt schaltet sich Burhenne ein und veranlasst das private Treffen bei Gerstenmaier. Burhenne legt den beiden Streithähnen ein vorbereitetes Schreiben vor. »Grzimek und ich haben ehrenwörtlich bei Unterschrift erklärt, dass – so der Wortlaut – ›wir beide jeden persönlichen Streit beenden. Wir versichern uns, uns in Zukunft nicht mehr anzugreifen, jede fachliche Auseinandersetzung in der Öffentlichkeit, das heißt in Veröffentlichungen, zum Beispiel auch Rundschreiben und Vorträgen, zu vermeiden und auch Dritte nicht dazu zu veranlassen. Diese Vereinbarung ist im weitesten Sinne zu verstehen, sodass wir also in hier nicht erfassten Situationen in diesem Sinne handeln wollen‹«, berichtet Makowski weiter. »Wir alle tranken und klopften uns ordentlich auf die Schenkel, was wir doch Tolles für den Naturschutz täten, und dieses Schlitzohr von Burhenne hatte dann diese Vereinbarung vorbereitet – so eine hat Grzimek wahrscheinlich nur einmal unterschrieben.«

Nach dem Treffen in Bonn, so Makowski, hätten sie ein »wunderbares Verhältnis« gehabt. Keine Freundschaft, aber »einen respektvollen Umgang, der beiden Spaß gemacht hat«.

Im Frankfurter Zoo baut mittlerweile eine Frau ein Aufgabenfeld aus, das es so bisher in Deutschland noch nicht gegeben und für das Bernhard Grzimek den richtigen Riecher gehabt hat: Rosl Kirchshofer, die in Wien als Grundschullehrerin tätig war und nebenberuflich Zoologie und Psychologie studiert hat, ist durch ein Auslandsstipendium an den Frankfurter Zoo gekommen – und wird Deutschlands erste Zoopädagogin. »Die Idee hatte Bernhard Grzimek aus den USA mitgebracht«, erinnert sie sich.

Rosl Kirchshofer soll sich hauptsächlich um Schüler und Biologieunterricht im Zoo kümmern, bekommt für ihre Aufgabe von Grzimek aber vollkommen freie Hand, wie sie sagt: »Einmal habe ich ihn gefragt, was er sich denn jetzt so konkret vorstellen würde, und da hat er nur gesagt: ›Machen Sie so viele Führungen wie möglich.‹ Das hat mich geärgert. Das alleine konnte es für mich nicht sein! Dann habe ich mir selbst ein

Programm gemacht, mich dabei an den Lehrplänen orientiert. Als Erstes habe ich Aussendungen an die Schulen gemacht.«

Das »Fräulein Doktor vom Zoo«, wie die *Frankfurter Neue Presse* sie ihren Lesern Anfang 1961 vorstellt, wird auf vielen Gebieten bald unersetzbar für Grzimek. Nicht nur bringt sie mit unzähligen geführten Schulklassen zusätzliche Besucher in den Zoo; sie schreibt Pressemitteilungen, beantwortet wissenschaftliche Anfragen, leitet Reisegruppen nach Afrika und beantwortet nebenberuflich für ihn die Leserpost an *Das Tier*. Ihre Aufgabe als Zoolehrerin erfüllt sie so gut, dass sie 1972 zur ersten Präsidentin der Internationalen Zoopädagogen berufen wird.

Auch wenn in Frankfurt alles zum Besten steht, ist Bernhard Grzimek weiterhin in Sorge um die Nationalparks im Kongo. Er greift deshalb zu einem Mittel, das er später zur Perfektion treibt: Er bittet Kollegen aus dem Kreis der Zoodirektoren sowie aus Wissenschaft und Politik, an Premierminister Antoine Gizenga in Stanleyville zu schreiben, ihre Sorge über die Situation auszudrücken und zu versichern, dass sie sich für den Wildbestand im Kongo interessieren. Seinem Schreiben legt er einen Musterbrief bei, den er etwas abzuwandeln bittet. Später ruft er auch seine Fernsehzuschauer oder Leser auf, ihn zu unterstützen. Dabei gibt er direkt Namen und Adressen von verantwortlichen Politikern bekannt.

Doch Grzimek geht noch weiter, wie sich Alan Root erinnert: »Er erzählte jedem Touristen in Afrika, dass er dem Präsidenten oder Minister schreiben sollte – zum Beispiel zur Erhaltung der Nationalparks. Wir klauten aber auch selber sehr viel Briefpapier aus Hotels und Lodges und schrieben diese Briefe dann abends selbst, mit jedem erdenkbaren Namen als Unterschrift. Wir machten das mindestens zwei, drei Jahre lang. Bernhard war der Meinung, dass einige Touristen diese Briefe bestimmt gerne geschrieben hätten, aber einfach zu faul dazu waren. Also hätten wir, so seine Argumentation, sie quasi nur für sie geschrieben. Er sagte, dass wir jeden Brief bräuchten, den wir bekommen könnten.«

Alles steuert für Bernhard Grzimek auf eine große Naturschutzkonferenz der Internationalen Naturschutzorganisation (IUCN) in Tanganjika hin: Die erste Sitzung der Beratergruppe des Ngorongoro Schutzgebietes, die vom 6. bis 11. September 1961 mit hundertsiebzig Teilnehmern aus fünfundzwanzig Nationen in Arusha stattfindet. Vom Ostafrika Touristenverband in Nairobi fordert Grzimek zuvor Zahlen und Statistiken über den Tourismus in Kenia, Tanganjika, Uganda und Zanzibar an. »Ich muss bei einer Konferenz afrikanischer Wildexperten nächsten Sommer sprechen … Ich wurde gebeten, über die Entwicklung des Tourismus in Afrika zu sprechen«, begründet er seine Anfrage.

Im Vorfeld der später »Arusha-Konferenz« genannten Tagung bittet Grzimek, der gerade zum Kurator der Nationalparks von Tanganjika ernannt worden ist, im Fernsehen und in *Das Tier* um Spenden, um einen Film auf Suaheli drehen zu können, um »den afrikanischen Zuhörern … den wirtschaftlichen und kulturellen Wert der Nationalparks« verständlich zu machen. Ein »fahrbares Bildwerfergerät und ausgebildete Afrikaner« sollen in einem »Propagandazug« Schulen, Gemeindehäuser und andere öffentliche Zusammenkünfte besuchen und mit dem Film über die Nationalparks aufklären. Plakate mit der Aufschrift »Um unsere Nationalparks beneidet uns die Welt – seid stolz auf sie« und »Unsere Nationalparks bringen gutes Geld nach Tanganjika – erhaltet sie«, wie die ersten bereits von dem Maler und Grafiker Wilhelm Eigener entworfen und von der Zoologischen Gesellschaft Frankfurt gestiftet worden sind, sollen auf Suaheli im ganzen Land verteilt werden.

Bernhard Grzimek plant Aufsatzwettbewerbe in Schulen, Besuche von »Häuptlingen und einflussreichen Afrikanern«, aber auch von Schulklassen in den Nationalparks sowie die Ausbildung neuer afrikanischer Wildhüter, »sodass in absehbarer Zeit fähige Verwalter der Nationalparks die Aufgaben der britischen Beamten übernehmen können«. Er fordert die Schaffung weiterer Nationalparks, den Ausbau von Anziehungspunkten für Touristen und die Förderung der Forschung in den Gebieten. Noch kurz vor seinem Abflug Anfang September 1961 schreibt er Nyerere, der nur drei Monate später erster Ministerpräsident des dann unabhängigen Landes wird, dass er mit einem deutschen Fernsehteam zur Konferenz kommen wird. Tatsächlich berichtet Bernhard Grzimek in seiner Sendung *Ein Platz für Tiere* am 8. November 1961 über die Arusha-Konferenz. Bereits am 20. September zeigt das Fernsehen einen von ihm produzierten vierzigminütigen Film »mit Fotos und Filmen über Ihre positive Einstellung zum Naturschutz in Tanganjika und Ihren persönlichen Einsatz in dieser Sache«, wie er Nyerere schreibt.

Bei der Tagung, der auch der britische Gouverneur Tanganjikas,

280

Sir Richard Turnbull, kurz beiwohnt, wird hauptsächlich über einen Managementplan, technische Hilfe sowie Fragen der Administration für den Ngorongoro-Krater diskutiert. Am 9. September besucht eine kleine Gruppe Tagungsteilnehmer den Krater. Sie berichtet hinterher unter anderem von »Überweidung, Bodenerosion und Austrocknung des Baches«.

Bernhard Grzimek notiert später handschriftlich am Rande des Protokolls: »24 Bomas im Wald gezählt.« Wie diese spezielle Erwähnung der Maasai-Siedlungen beispielhaft zeigt, beschäftigen Grzimek die Maasai sehr. Seine Meinung über das Hirtenvolk Ostafrikas wird jedoch sehr unterschiedlich wiedergegeben. Im Film *Serengeti darf nicht sterben* wird eine Maasai-Siedlung mit hohen, sie umgebenen Dornenwällen gezeigt. Dazu sagt der Sprecher: »Diese hochgewachsenen Hirten sind ein stolzes Volk. Jahrhundertelang haben sie weite Gebiete in Schrecken gehalten, bis endlich die Kolonialregierung ihren Übermut dämpfte. Sie halten sich für das auserwählte Volk Gottes. Auf Europäer sehen sie herab. Sie sperren in der Trockenzeit die letzten Wasserlöcher für die Tiere ab. Sie schlagen die letzten Dornenbüsche ab, um daraus Wälle um ihre Rastplätze bauen zu können. So bringen sie die letzten Quellen zum Versiegen und vernichten ihre eigene Zukunft. Aber welches schwarze oder weiße Hirtenvolk hätte sich schon um das ferne Schicksal seiner Heimat Gedanken gemacht.«

Nur drei Jahre später, in seinem 1962 erschienenen Buch *Auch Nashörner gehören allen Menschen* schreibt Bernhard Grzimek in einem ganz anderen Tonfall: »Sie sind so feine Kerle, diese schlanken, hochgewachsenen Maasai ... Wir Europäer, erst Deutsche, und nachher die Briten, haben eine Schwäche für diese kriegerischen Hirten, die uns nichts nachahmen. Sie nehmen keine europäischen Kleider an, sie schießen nicht mit Gewehren, nicht einmal zu Fahrrädern oder Radios kann man sie überreden ... Im Lande der Maasai gibt es die meisten wilden Tiere. Bisher haben sie ihnen kaum etwas getan, weil sie nur Rindfleisch, aber keines von anderen Tieren essen.«

»Ganz früher hat eine bestimmte Altersgruppe einen Löwen töten müssen, um ihren Mut zu beweisen. Aber ansonsten taten die Maasai den Wildtieren nichts«, bestätigt der Maasai Joe ole Kuwai, der bis 2008 als Projektleiter Afrika für die ZGF in Tansania tätig war. »Ich traf Bernhard Grzimek 1958. Ich war damals vierzehn Jahre alt und hütete gerade die Ziegen.« Grzimek, so Joe ole Kuwai, habe ihm viele Fragen gestellt: »›Wo ist dein Zuhause? Was machst du hier? Was empfindest du gegenüber Weißen?‹ Ich sagte: ›Kein Problem. Ich habe nie unter Weißen gelitten. Mein Vater und mein Großvater haben nie unter den Deutschen oder den Briten gelitten.‹ Dann fragte er mich über Wildtiere: wie ich als Maasai darüber denken würde. Ich sagte ihm, dass Wildtiere für mich in Ordnung seien. ›Als ein Maasai muss man seine Rinder vor den Wildtieren schützen. Aber wir essen keine Wildtiere, und wir bekämpfen sie auch nicht. Und wir behandeln sie nicht als Haustiere, wie Weiße es tun.‹«

Grzimek nimmt Joe ole Kuwai mehrmals im Auto mit zur Schule – sonst wäre es für den Jungen ein mehrere Tage langer Marsch gewesen. Kuwai erinnert sich: »Die Maasai waren nicht verängstigt über die Arbeit, die die Grzimeks taten. Sie guckten sie an und konnten keinen Grund für diese Arbeit erkennen. ›Wo ist das Problem mit den Wildtieren?‹, dachten sie.« Während Michael sich unter die jugendlichen Maasai gemischt habe, habe Bernhard sich an die älteren gehalten. »Er hatte keine Angst vor niemandem. Er konnte jederzeit einfach so bei den Maasai auftauchen und mit ihnen reden, gar kein Problem.«

So sei Bernhard Grzimek bei den Maasai zuerst auch sehr anerkannt gewesen, sagt Joe ole Kuwai: »Nur später, als den Maasai für den Naturschutz Land weggenommen wurde, brachten sie die Sachen durcheinander und beschuldigten ihn, dass er dafür verantwortlich sei, da er sich ja auch für die neuen Grenzen der Serengeti stark gemacht hatte.« Dabei, so ole Kuwai, habe Grzimek ihm gesagt, als die Maasai aus dem Ngorongoro-Krater umgesiedelt werden sollten: »Diese Leute sind hier schon seit einigen hundert Jahren. Sie können selbst entscheiden, wann und wohin sie ziehen wollen.« Er habe sie nie dazu gezwungen, sondern immer gesagt, dass die Maasai kein Problem seien – »er wollte bloß keine Farmer in den Naturschutzgebieten haben«.

Auch Ngatait Lerug, ein alter Maasai-Chief aus einem Dorf oberhalb des Ngorongoro-Kraters, der Bernhard und Michael Grzimek als junger Mann direkt nach ihrer Ankunft im Ngorongoro-Krater traf, berichtet, dass Bernhard Grzimek die Maasai und ihre Lebensweise respektiert und gemocht habe. »Er hat damals Chief ole Timbau viel besucht und mit ihm diskutiert. Außerdem brauchte er Hilfe von den Maasai beim Filmen. Es wurde ihm ein älterer Mann zur Seite gestellt, der nur herumging und ihm Informationen brachte, zum Beispiel, wenn irgendwo ein getötetes Tier lag, was er filmen konnte.« Noch heute erkläre er den jungen Maasai, so Ngatait Lerug, dass Bernhard Grzimek die Maasai so habe leben lassen wollen, wie sie es immer schon getan hatten.

In seinem Vortrag auf der Arusha-Konferenz spielen die Maasai jedoch keine Rolle. Bernhard Grzimek widmet sich allein dem »Wert der Tourismus-Industrie«. Eine seiner Hauptaussagen: »Afrika wird ein ähnliches Touristenaufkommen wie andere Länder nur erzielen, wenn es gelingt, die breite Masse zu erreichen. Dieses kann mit Kostenreduktion geschehen. Die Haupteinsparung liegt hierbei nicht so sehr bei den Hotelkosten in Afrika als vielmehr in den Flugkosten von Europa und Amerika nach Afrika, da dieses den Hauptanteil der Urlaubskosten ausmacht.« Grzimek schlägt Gruppenreisen vor und setzt sich für die Vergrößerung des Flughafens nahe Arusha und damit nahe den Nationalparks ein.

Zwölf Jahre später, 1973, sorgt er sich in einem englischsprachigen Artikel mit dem Titel *In welchen Punkten Afrikaner weiße Nationen beschämen – Ist Tourismus eine Gefahr für die afrikanische Tradition?* um die Folgen des von ihm früher so geförderten Tourismus: »Reiche Gastronomen benutzen ihren Einfluss, um gigantische Gebäude mitten in Nationalparks zu errichten, mitten im Herz der Wildnis. Ein Hotel mit einigen hundert Betten beschäftigt – glücklicherweise, betrachtet man die Arbeitslosigkeit in Afrika – ungefähr 1000 Einheimische, einschließlich ihrer Familien. Das bedeutet, dass früher oder später halbmoderne, eklige Dörfer und später kleine Städte entstehen werden inmitten der Wildnis ... Wir müssen jetzt jeden Versuch unternehmen, damit Tourismus sich nicht so überwältigend auf ein afrikanisches Land konzentriert, in welchem sich Hoteliers, Reiseagenturen und Fluglinien bereits etabliert haben. Sondern dass ... andere Länder auch ihren Anteil der Geldströme abbekommen, Länder wie Zaire, Ruanda, Zambia, Malawi, Uganda, Botswana, Tansania und Kamerun.«

Bevor Bernhard Grzimek im September 1961 Tanganjika verlässt, überreicht er als Geschenk der ZGF einen Scheck über 23 000 Mark an die Verwaltung der Nationalparks, damit diese eine Jugendherberge für schwarze Schulkinder in der Serengeti errichten kann. Als das Land dann am 9. Dezember 1961 nach mehr als vierzig Jahren britischer Herrschaft unabhängig wird und als erste Regierung der Welt seinem Landwirtschaftsministerium den Namen »Ministerium für Landwirtschaft und wilde Tiere« gibt, fühlt Grzimek sich bestätigt. In *Auch Nashörner gehören allen Menschen* hält er nicht nur fest, dass die neue Regierung den Etat der Nationalparks um vierzig Prozent gesteigert, sondern auch, was sie feierlich im Arusha-Manifest verkündet hat: »Das Wildleben zu erhalten ist eine bedeutsame Angelegenheit für uns alle in Afrika. Die wilden Geschöpfe und ihre Lebensräume sollen nicht nur von uns bewundert werden und uns begeistern, sondern sie sind auch ein untrennbarer Teil unserer natürlichen Hilfsquellen und unseres künftigen Wohlergehens. Wir übernehmen die Verantwortung für unsere Natur und erklären feierlich: Wir werden alles in unserer Macht Stehende tun, damit unsere Urenkel sich noch dieses reichen und kostbaren Erbes erfreuen.«

Da er vor und nach der Konferenz bereits für mehrere Wochen in Afrika war, fliegt er nicht mehr wie in späteren Jahren über Weihnachten und Silvester dorthin, sondern verbringt die Feiertage mit der Familie in Aldesago. Vorher hat der Frankfurter Zoodirektor noch die »größten und modernsten Vogelhallen der Welt« eröffnen können – so eine Pressemitteilung des Zoos vom 7. November 1961. Das damals Besondere: Die Vögel sind in Freifluganlagen und nicht in Käfigen untergebracht.

Schon seit Längerem plant Bernhard Grzimek, Wissenschaftler nach Afrika zu schicken beziehungsweise dort Institute zu errichten. »Ich habe Sorge vor den ›Experten‹, die jetzt auf unterentwickelte Länder losgelassen werden, um sie zu beraten«, begründet er dieses Ansinnen im Dezember 1961 in einem Brief an den Zoologieprofessor Arthur Hasler von der Universität Wisconsin. »Ich bemühe mich vielmehr, Forschungsstellen in Afrika selber zu schaffen, damit wir erst einmal herausbekommen, was wir den Afrikanern überhaupt raten sollen. Bisher sind unsere Kenntnisse über die wichtigsten ökologischen und z. B. Erosionsprobleme so gering, dass man mit gutem Gewissen einschneidende Maßnahmen in großem Umfange gar nicht empfehlen kann. Ich mache die Erfahrung, dass es nicht einfach ist, wirklich gute Wissenschaftler nicht für ½ oder

2 Jahre, sondern 10 oder 20 Jahre nach Afrika zu bekommen. Das verlangt eine bestimmte personelle Organisation.«

Anfang 1962 treibt Grzimek gleich zwei Forschungsinstitute in Afrika voran. Zunächst bemüht er sich, in enger Zusammenarbeit mit dem Zoologieprofessor Wolf Herre, Leiter des Institutes für Haustierkunde und späterem Rektor der Christian-Albrechts-Universität in Kiel, eine Wirbeltierforschungsstelle aufzubauen. Der Plan sieht eine vom Land Schleswig-Holstein finanzierte Außenforschungsstelle der Universität Kiel in Tanganjika vor und wird nach dem maßgeblich involvierten Ministerpräsidenten Schleswig-Holsteins, dem späteren Bundesminister und Bundestagspräsidenten Kai-Uwe von Hassel, auch »Von-Hassel-Plan« genannt. Die Forschungsstelle, so schreibt Grzimek an von Hassel, soll nicht rein zoologisch, sondern interdisziplinär ausgerichtet sein. Er berichtet ihm, dass die Universität in London in diesem Winter die ersten Sonderkurse für »Naturschutz-Fachleute« durchführen würde und dass es ein derartiges Sachgebiet in Deutschland leider noch nicht gebe. Etliche Jahre bevor Naturschutz an den deutschen Universitäten ein Thema und als Fach studierbar wird, fordert Grzimek dieses bereits ein.

Grzimek möchte Biophylaktiker ausbilden – eine Berufsbezeichnung, die der Zoodirektor selbst erfunden und in einem Brief an Konrad Lorenz als »wissenschaftliche Naturschützer« definiert hat. In einem Fachartikel *Über Biophylaxe* führt Grzimek aus: »Ich schlage vor, unter Biophylaxe wissenschaftliche Arbeit zu verstehen, welche alle Formen der belebten Natur für die Zukunft erhalten will. Demgegenüber will der Tierschutz dem einzelnen Tier unnötige Schmerzen ersparen; der Naturschutz will organisatorisch und praktisch die Natur vor der Zerstörung bewahren. Biophylaktische Forschung wird auch in unserer Heimat immer dringlicher, um das Leben – einschließlich unseres eigenen – gegen die Verschmutzung und Vergiftung von Luft, Wasser und Boden zu schützen.«

Mit diesen Gedanken ist Bernhard Grzimek seiner Zeit weit voraus. In seinen Ausführungen, die er im September 1963 auch beim jährlichen Treffen der Internationalen Zoodirektoren im englischen Chester Zoo wiederholt, wagt er eine für einen Zoodirektor interessante Aussage: »Neuerdings liest man hin und wieder, dass die bedrohten Wildtiere in den Zoologischen Gärten erhalten bleiben würden. Gerade als Tiergärtner möchte ich betonen, dass dies eine Illusion ist. Dank erheblicher

Fortschritte in unserem Fach können wir zwar eine ganze Reihe von Tierarten bei uns durch viele Generationen weiter vermehren, aber durchaus nicht alle, und oft gerade nicht die wichtigsten.« Mehr als 40 Jahre später ist zwar belegt, dass mithilfe von Zoologischen Gärten einige Tierarten vor dem Aussterben bewahrt werden konnten. Aber Grzimeks Grundgedanke gilt damals wie heute: dass der Schutz der Gebiete in den Ursprungsländern Vorrang haben muss, weil sonst aller Artenschutz in Zoos sinnlos ist. Der Begriff Biophylaxe wird sich jedoch nicht durchsetzen.

Noch ein weiteres Forschungsprojekt treibt Bernhard Grzimek in diesem Jahr voran: die Michael-Grzimek-Forschungsstelle in Tanganjika. Bereits am 26. Februar 1962 weiht Bundestagspräsident Eugen Gerstenmaier die in Tanganjika »Michael-Grzimek-Memorial-Laboratory« genannte Station in Banagi ein und überreicht mit den Ausstattungsgeschenken der Bundesregierung auch einen Scheck über 5500 Mark für den Michael-Grzimek-Gedächtnis-Fonds.

Wo früher die ersten Wildhüter der Serengeti und Michael und Bernhard Grzimek in ihrer Blechhütte gelebt hatten, steht nun neben dem Wohnhaus ein neues kleines Labor. »Einige Leute waren verärgert, dass ich einen Belgier als ersten Mann für das … Labor vorgeschlagen habe, und ich habe gehört, dass sie sich über mich beschwert haben. Ich kümmere mich nicht um solche Nationalisten, weil das Wichtigste ist, die besten Leute zu bekommen«, schreibt Grzimek wenig später in einem Brief an John Owen, den Direktor der Nationalparks in Tanganjika.

Der zweite Mann neben dem kurz zuvor von der Nationalparkverwaltung eingestellten belgischen Biologen Jacques Verschuren ist Hans Klingel, ein späterer Zoologieprofessor und Zebrafachmann, den Grzimek über dessen Doktorvater George Schaller ausfindig gemacht hat. Während Jacques Verschuren an Gazellen arbeitet und Hans Klingel an Steppen-Zebras, holt Grzimek noch einen dritten Mann an Bord: Murray Watson, einen Engländer, der über Gnus forscht. John Owen, dem Direktor der Nationalparks in Tanganjika, war diese Mischung verschiedener Nationalitäten nur recht, wie Klingel sagt: »Er wollte die Parks dringend internationalisieren.«

Auch die Finanzierung der Forschung ist international: Die drei Forscher werden über das Entwicklungsprogramm der Vereinten Nationen in New York finanziert und von der Organisation für Ernährung und

Landwirtschaft betreut. Bernhard Grzimek steht als geistiger Motor hinter dem Projekt und finanziert die Ausrüstung, wie sich Klingel erinnert: »Wenn er in der Gegend war, kam er immer auf Besuch vorbei. Er ließ sich erzählen, wie es lief, und hat sich immer sehr bemüht, uns mit Dingen auszustatten. Zum Beispiel haben wir durch seine Vermittlung einen Unimog bekommen, sowie Ersatzteile – ein Getriebeteil hat er einmal mit Touristen zu uns rausgeschickt.«

Grzimek selbst forscht nicht in der Station. Und so sehr sein Ansehen in den sich langsam formierenden Naturschutzkreisen zu steigen beginnt, so wenig, erinnert sich Klingel, »fürchte ich, hat man ihn damals in Ethologen-Kreisen ernst genommen. Damals hat sich die Verhaltensforschung hauptsächlich auf Fische und Vögel bezogen. ›Was über Säugetiere steht ja alles schon im Brehm‹.« Doch eines, so der Zoologe, war unumstritten: »Grzimek hat als Erster richtig in der Serengeti gearbeitet. Sie sah damals noch ganz anders aus, war in Ost-West-Richtung ausgedehnt und der Ngorongoro-Krater gehörte noch dazu.«

Dass die Grenzen der Serengeti, anders als von Grzimek befürwortet, ab 1958 doch nach Norden verschoben wurden, ist auf ein Gutachten des Londoner Botanikprofessors W. H. Pearsall zurückzuführen. Seine ökologische Studie, durchgeführt in nur zwei Monaten im November und Dezember 1956, wie sich Wildhüter Myles Turner später staunend erinnert, soll endlich die kontroverse Diskussion um die Grenzsetzung beenden. »Man hatte Michael und mich gebeten, die Wanderungen der großen Wildtierherden der Serengeti zu erforschen, um danach die Grenzen berichtigen zu können. Wir hatten all unser Geld darauf verwandt, Michael war dabei umgekommen, und trotzdem hatte der Generalgouverneur die Grenzen schon geändert, ehe unser Bericht vorlag, und zwar in einer ökologisch falschen Weise«, beklagt Bernhard Grzimek später in seinen Lebenserinnerungen.

Seine Bemühungen um die Serengeti – so muss es ihm vorgekommen sein – scheinen gescheitert. Doch auch, wenn er weder den Serengetipark eingerichtet hat noch seine aktuellen Grenzen zu verantworten hat: »Bernhard war auf gewisse Weise der Vater der Serengeti. Er machte das Gebiet dem Rest der Welt überhaupt erst bekannt. Als er kam, gab es vorher fast keinen Tourismus, aber dafür sehr viel Wilderei«, sagt Kay Turner.

287

Sicherlich ist es auch auf Grzimeks Interesse an und sein Engagement für Afrika zurückzuführen, dass 1962 die Satzung der ZGF von einer reinen Zoofördergesellschaft in eine Gesellschaft zum Zweck des »Erhaltes von Pflanzen und Tieren im In- und Ausland« geändert wird. Besonders die Schaffung und Erhaltung von Nationalparks liegt Bernhard Grzimek dabei am Herzen. In einem Brief an den Tierarzt Rolf Wunderlich schreibt er so am 8. Juni 1962: »Man sollte anstreben, dass von uns aus im Rahmen der Entwicklungshilfe für zehn Jahre Patenschaften für einen Nationalpark, zum Beispiel den Serengeti-Nationalpark, übernommen werden.« Bisher seien noch keine Gelder der deutschen Entwicklungshilfe in Nationalparks geflossen, so Grzimek. »Dabei ist die Stimmung in der deutschen Öffentlichkeit gerade dafür außerordentlich günstig. Außerdem ist kein anderes Projekt in Afrika so sehr durchdacht und zukunftssicher.«

In einem anderen Bereich hingegen kann Grzimek schon 1962 Erfolge verbuchen: Die deutschen Zoodirektoren beschließen im Juni auf ihrer Tagung in Nürnberg auf seine Anregung hin, keine wild gefangenen Orang-Utans mehr anzukaufen. »Der Orang-Utan ist die einzige Wildtierart auf der Erde, deren Bestand durch Nachfrage Zoologischer Gärten gefährdet werden könnte«, heißt es hierzu in einer Pressemitteilung des Frankfurter Zoos, und Grzimek schreibt an Wolfgang Burhenne, den Geschäftsführer der Interparlamentarischen Arbeitsgemeinschaft: »Ich habe energisch kämpfen müssen, dass die deutschen Zoo-Direktoren den Beschluss gefasst haben … Allerdings kann er nur wirksam werden, wenn alle oder die meisten Zoos der ganzen Welt sich anschließen.«
    »Die Sechzigerjahre waren die Hochzeit des Tierimports«, erinnert sich Wolfgang Delfs, der 1962 Tierfänger in Namibia wurde und auch den Frankfurter Zoo belieferte. Denn nach dem Krieg habe überall ein riesiger Bedarf bestanden, der dann kontinuierlich nachgelassen habe. »Grzimek gefiel, dass ich keine Geparden an Privatleute oder Zirkusse verkaufte, sondern nur an Zoos oder Safariparks. Als Erstes hat er bei uns eine ganz seltene, kleine Schwarzfuß-Katze bestellt. Die hatte kein anderer Zoo. Dann kamen die seltenen Erdwölfe, Geparden, Erdferkel, Schuppentiere.« Ab und zu, so Delfs, habe Grzimek auch bei ihm und seiner Frau angerufen: »Er hat sich nach der Ernährung, gerade von

33 *(oben)* Grzimek im Januar 1966 bei der Beobachtung von Löwen in der Serengeti. *Foto: Okapia.*

34 *(unten)* Gefährliches Spiel: Nur mit Sandalen wagt Grzimek sich hinter einem aufblasbaren Nashorn extrem nah an ein echtes heran. *Foto: Okapia.*

35 Familienbande: 1964 besuchte Bernhard Grzimek seine nichteheliche Tochter Monika erstmals in Israel.
Foto: Okapia.

36 Im Januar 1969 mit Monika auf einer Reise durch Indien im Kaziranga Nationalpark.
Foto: Okapia.

37 *(links)* Ein kleiner Spaß Mitte der 1970er Jahre mit Enkel Christian, beim Besuch des Empire State Buildings in New York.
Foto: Okapia.

38 *(unten)* Am 30. Mai 1978 auf dem offiziellen Foto nach der Hochzeit mit seiner zweiten Frau Erika, der Witwe seines Sohns Michael, vor dem gemeinsamen Haus in Frankfurt.
Foto: Ullstein Bild.

39 *(oben)* Die Ankunft des Gorillamanns Matze am 24. Mai 1969 ist ein großer Moment für den Zoo – Grzimek mit seinen Mitarbeitern Hellmut Neubüser, Christoph Scherpner, Rosl Kirchshofer, Dieter Backhaus und seinem Stellvertreter Richard Faust (v. l. n. r.). *Foto: Wolfgang Lummer.*

40 *(unten)* Im Oktober 1966 reist Bernhard Grzimek nach Colombo/Sri Lanka – und ist begeistert von den Rikschas. *Foto: Archiv Hubert Weinzierl.*

41 Postkarte aus den USA an seine Tochter Monika: »Liebe Monika, ich muss ständig Interviews geben ... Ich bin froh, daß es in 4 Tagen in Kalifornien endlich zu Ende ist.«
Foto: Archiv Monika Karpel.

42 Postkarte aus Nairobi an Georg Kleemann, Wissenschaftsredakteur bei der Stuttgarter Zeitung. Selbst in Afrika dabei: Grzimeks berühmter Stempel.
Foto: Archiv Claudia Sewig.

43 *(oben)* Große Spendenaktion zugunsten »Hilfe für die bedrohte Tierwelt«: Grzimek stellte im Dezember 1970 im Zoo die Schallplatte »Stars für Grzimek« vor, mit Affenpfleger Horst Klose nebst Orang-Utan Sali (Mitte) sowie »Nikolaus« Leo Leandros. *Foto: Philipp Kerner.*

44 *(unten)* Gespräch mit Willy Brandt, 1966 bei einem Empfang des Verlegers Kindler auf der Frankfurter Buchmesse. *Foto: dpa Picture-Alliance.*

45 *(oben)* Gemeinsam für die gute Sache: Konrad Lorenz, Hubert Weinzierl, Bernhard Grzimek, Otto König und Wolfgang Haber (v. l. n. r.) am 20. Juli 1972 bei der Verkündung des Ökologischen Manifestes der Gruppe Ökologie im Hofbräuhaus, München. *Foto: Archiv Hubert Weinzierl.*

46 *(unten)* Wenn es dem Naturschutz dienlich war, scheute Grzimek auch vor dem Kontakt zu Diktatoren nicht zurück, wie 1973 mit dem ugandischen Präsidenten Idi Amin. *Foto: Okapia.*

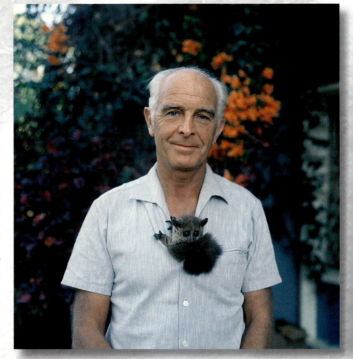

47 Buschbaby statt Krawatte – Grzimek Anfang 1968 in Afrika. *Foto: Okapia.*

48 In Berlin und Frankfurt hatte seine erste Ehefrau Hildegard die Tiere aufgezogen. In Afrika griff Bernhard Grzimek 1976 bei einem Pavianbaby selbst zur Milchflasche. *Foto: Archiv Monika Karpel.*

49 *(oben)* Mit Rudi Carrell, dessen Sohn Alexander und einer Seychellen-Riesenschildkröte im Januar 1982 in Afrika.
Foto: Okapia.

50 *(links)* Als Wappentier führte Grzimek zeit seines Lebens den Igel – ein Umstand, der auf seinen Spitznamen in der Kindheit zurückgeht (hier 1971 in *Ein Platz für Tiere*).
Foto: Ullstein Bild.

51 *(rechts)* Ein Augenblick der Konzentration im Studio von *Ein Platz für Tiere*, Februar 1977. Foto: Hessischer Rundfunk.

52 *(unten)* Letzte Absprachen beim Hessischen Rundfunk vor der Sendung. Foto: Hessischer Rundfunk.

53 *(links)* Studiobesuch von Gepard Cheetah, 31. Oktober 1977.
Foto: Hessischer Rundfunk.

54 *(unten)* Gemächlicher Studiogast: Bei dem Faultier musste Grzimek einen schnellen Fluchtversuch nicht fürchten. Einige andere Tiere waren da nicht so leicht zu präsentieren.
Foto: Hessischer Rundfunk.

55 *(oben)* Gorilla Klaus nimmt Körperkontakt auf, hier bei einem Studiobesuch am 27. Februar 1983. *Foto: Hessischer Rundfunk.*

56 *(rechts)* Keine Angst vor wilden Tieren – Bernhard Grzimek mit einem der vielen Geparden, die ihn über die Jahre aus dem Zoo ins Studio begleiteten. *Foto: Hessischer Rundfunk.*

57 Mit einem Klammeraffen.
Foto: Hessischer Rundfunk.

58 Immer gut auf die Sendungen vorbereitet: Grzimek mit handschriftlichem Manuskript und einem Serval auf der Schulter.
Foto: Hessischer Rundfunk.

59 *(oben)* Grzimek auf einer seiner letzten Reisen, hier in einem Auslegerboot in Indonesien, 1985. Foto: Okapia.

60 *(rechts)* Ein Moment der Ruhe. Bernhard Grzimek und Dolmetscherin Jeanette Cochrane schlafend am Deck ihres Bootes in Indonesien. Foto: Okapia.

61 *(oben)* Bernhard Grzimek auf seiner letzten Reise in die Antarktis, im Januar 1987, mit einem See-Elefanten. *Foto: Okapia.*

62 *(unten)* Mit den Antwerpener Bartzwergen fing Grzimeks Faszination für Tiere an; ihnen galt sie auch noch im Alter. *Foto: Okapia.*

63 Bernhard Grzimeks zweite Ehefrau Erika (Mitte) mit den Söhnen Stephan und Christian, die tansanische Ministerin für Natur und Tourismus, Gertrude Mongella, und die Botschafterin der BRD in Tansania, Christel Steffler, während der Trauerfeierlichkeiten am 26. Mai 1987. Die Urne mit Grzimeks Asche wurde am Ngorongoro-Krater in Tansania neben dem Grab seines Sohnes Michael beigesetzt. *Foto: dpa Picture-Alliance.*

64 Die Grabpyramide von Vater Bernhard und Sohn Michael Grzimek. *Foto: Claudia Sewig.*

seltenen Tieren, erkundigt. Zum Beispiel von den Erdwölfen, die reine Ameisenfresser sind. Das hat uns beeindruckt.«

Der Wettkampf der Zoos, die allesamt spektakuläre und seltene Arten zeigen wollen, und die ersten Ideen zum Naturschutz geraten jedoch manchmal miteinander in Konflikt, wie Christian Schmidt weiß: »Anfang der Sechziger gab es einen großen Krach mit Dr. Wilhelm Windecker, dem Direktor des Zoos in Köln. Die Stadt Köln hatte damals irgendein offizielles Partnerschaftsverhältnis mit dem Staat Ruanda, und der Oberbürgermeister Theo Burauen, der auch Verwaltungsratvorsitzender des Kölner Zoos war, brachte von dort zwei Berggorillas für den Zoo mit. Dagegen hat sich Grzimek öffentlich ausgesprochen. Das waren richtige Attacken gegen Windecker, der sich dagegen wehrte, weil er die Tiere ja nicht selbst geholt hätte.«

Auch der von Bernhard Grzimek auferlegte freiwillige Verzicht der deutschen Zoodirektoren auf gewilderte Orang-Utans verlief nicht reibungslos, so Schmidt: »Der Stuttgarter Zoo hat noch ganz kurz vor dem Unterschreiben der Resolution durch den Verband zwei Orangs gekauft, und die Ironie ist, dass das Männchen Charly später in den Frankfurter Zoo kam.«

Die Nationalparks bleiben jedoch in dieser Zeit Bernhard Grzimeks wichtigstes Anliegen, und da er auch ständig neue Aufnahmen für seine Fernsehsendungen braucht, bricht er am 15. August 1962 für vier Wochen nach Kanada auf, um dort unter anderem im Jasper- und im Banff-Nationalpark zu filmen. Der Direktor des Assiniboine Park Zoos in Winnipeg, an den sich Grzimek vorher hilfesuchend gewandt hat, gibt ihm als Assistenten einen seiner Pfleger mit. »Er wird dann wohl filmen müssen, weil das im Allgemeinen leichter ist als fotografieren. Man kann dabei nicht viel falsch machen«, schreibt Grzimek vor seiner Abreise. Außerdem schiebt er noch schnell die deutsche Unterstützung für ein weiteres Projekt für die Nationalparks in Tanganjika an: eine Wildhüterschule.

In einem Brief vom 8. August 1962 an den damaligen Bundesminister für wirtschaftliche Zusammenarbeit und späteren Bundespräsidenten Walter Scheel schreibt er hierzu: »Ein Schlüsselproblem ... ist es, geeignete afrikanische Personen für den Betrieb der Nationalparke und der Game Departments (Jagd- und Wildschutzverwaltungen) zu finden ...

289

Das Game Department unter der Leitung von Major Bruce Kinloch, den ich gut kenne, beabsichtigt daher, eine ›Wildlife Management Training School‹ einzurichten … Diese Schule in Tanganjika würde auch gleichzeitig dazu dienen, um das entsprechende Naturschutzpersonal, also Wildhüter, Wildwarte usw., auch für die anderen ostafrikanischen Länder, Uganda und Kenia mit auszubilden. Da diese ohnedies auf dem Gebiet der Nationalparke führend sind, würde damit ein Muster für die anderen afrikanischen Länder geschaffen.«

Das für dieses Projekt vorgesehene Haus, ein leer stehendes Schulgebäude in Mweka bei Moshi, kann das Game Department auch durch Spenden der ZGF ankaufen und die Wildhüterschule so schon im Folgejahr eröffnen. Zum Dank wird Bernhard Grzimek in den Aufsichtsrat der Ausbildungsstätte gewählt, die bis heute besteht.

Auch in Frankfurt hat sich wieder einiges getan: Der Zoo kann im September 1962 nach vierjähriger Bauzeit das sogenannte Publikums-Sichtgebäude einweihen – in Wirklichkeit das zweite Affenhaus, zu dem Grzimek später schreibt: »Wir hatten uns schon so an diesen seltsamen Namen gewöhnt, dass es uns schwerfiel, als die Gebäude richtig standen, wieder ›Affenanlagen‹ daran zu schreiben.« Selbst in der Einladung zur Einweihung ist von einem Publikums-Sichtgebäude die Rede, wie Grzimek es »in den Vorlagen, die durch die städtischen Körperschaften gingen« vorher stets genannt hatte. Er denkt pragmatisch: »Wir wollten damit unterstreichen, dass es für die Besucher gebaut würde, und zwar so, dass sie die Tiere besser sehen konnten. Es ist nun einmal für Stadtpolitiker leichter, Geld für ein ›Publikums-Sichtgebäude‹ freizugeben, als für ein Affenhaus.«

Im neuen Haus sowie in einigen anderen Gehegen lässt er zwischen den Innen- und Außengehegen Plastikklappen installieren, die die Tiere selbst öffnen können. Bernhard Grzimek schreibt sie sich als »Frankfurter Erfindung« auf die Fahne, doch einige Kollegen monieren, dass es sich nur um die Weiterentwicklung eines bereits bekannten Prinzips handle.

Der Frankfurter Zoo entwickelt sich gut, ebenso Grzimeks Einfluss in Afrika; stetig gehen Spenden für seine Naturschutzarbeit, »die Erwartungen übertreffend«, auf dem Konto der Zoologischen Gesellschaft Frankfurt ein – 1962 allein rund 344 000 Mark. Und doch ist Bernhard

Grzimek unzufrieden. Die von ihm erarbeiteten Pläne für die »Wirbeltierforschungsstelle« entwickeln sich, so empfindet er es, unter dem Einfluss von Wolf Herre zu einem »Haustier-Institut«, und der Brief einer Kieler Studentin, die Grzimek berichtet, Herre würde in seiner Vorlesung »Stellung gegen Sie und Ihre Arbeit« beziehen, führt nicht gerade zu einer Verbesserung der Situation. Der Tonfall zwischen den Beteiligten wird schärfer, Grzimeks Glaube an das Projekt schwächer. Und auch mit seinen Plänen für einen großen Außenzoo stößt er immer wieder auf Hindernisse.

So liegt eine leichte Drohung in den Schlussworten eines Briefes an den hessischen Finanzminister Wilhelm Conrad, in dem Grzimek im Oktober 1962 fast ein wenig damit liebäugelt, auszuwandern: »Da ich auch sonst mit meiner Arbeit und meinen Plänen im Lande Hessen kein besonderes Glück entwickelt habe, habe ich in den letzten Wochen eine Planungsberatung in Kanada übernommen, auch werde ich Anfang Januar einer Einladung nach New York folgen.«

Worum es sich bei der Planungsberatung handelt, führt Grzimek nicht weiter aus. Der Empfang in New York, zu dem er geladen ist, gilt jedenfalls ihm: Die New York Zoological Society zeichnet Bernhard Grzimek »in Anerkennung Ihrer außerordentlichen Verdienste zum Schutz der Wildtiere, ebenso wie für Ihre zahlreichen damit verbundenen Bemühungen um das Tierleben und die Zoologie« mit ihrer Goldmedaille aus. Diese nimmt Grzimek am 10. Januar 1963 im Großen Ballsaal des Waldorf-Astoria-Hotels vom Präsidenten der Gesellschaft, Fairfield Osborn, entgegen, der in seiner Laudatio auch Michaels Bemühungen um den Naturschutz ausdrücklich erwähnt.

Seine Afrikareise hat Bernhard Grzimek für die Verleihung in den Dezember 1962 vorverlegt. Bereits im Oktober hat er dazu in Bonn Vorgespräche über eine Versuchs- und Lehranstalt für Wasserwirtschaft und Landtechnik im Kilomberotal, eine Veterinärstation in Daressalam, die Wildhüterschule in Mweka und das geplante Institut für Wirbeltierforschung geführt. In Daressalam spricht Grzimek nun mit zuständigen Stellen über »die Durchführung von Forschungsprojekten sowie einige Hilfsaktionen der ›Zoologischen Gesellschaft von 1858‹«.

Da er dieses Mal im Auftrag der Bundesregierung unterwegs ist, muss Bernhard Grzimek noch vor seiner Abreise Angaben zu einer Versicherung machen. Diese verraten, wie schlecht es um seine Ehe steht. Denn in dem Brief an die Deutsche Wirtschaftsförderungs- und Treuhandgesellschaft in Bonn heißt es: »Im Schadensfalle ist die Versicherungssumme aus der Kollektiv-Unfall-Versicherung zu je einem Drittel zu zahlen an: Rochus Grzimek …, Thomas Grzimek … und Erika Grzimek« – Sohn, Adoptivsohn und Schwiegertochter. Nur seine Ehefrau Hildegard würde im Falle eines Unfalls nicht bedacht.

Zwischen Hildegard Grzimek und ihrer Schwiegertochter Erika besteht seit Michaels Tod ein gespaltenes Verhältnis. »Sie hat immer gesagt: ›Eine Mutter leidet mehr.‹ Da sind wir dann böse aneinandergeraten«, sagt Erika Grzimek. Die beiden Frauen sehen sich 1963 auf der Beerdigung von Hildegards Vater ein letztes Mal, wie sich Erika Grzimek erinnert: »Da wollte ich nicht mitgehen. Aber Hildegards Schwester hat gesagt: ›Du gehörst dazu. Der Tisch ist groß genug.‹«

Erika Grzimek zieht am 1. Juli 1963 mit ihren Söhnen Stephan und Christian in das Haus am Röderbergweg 168 ein, in dem sie später gemeinsam mit Bernhard Grzimek bis zu dessen Tod leben wird. »Bernhard hatte schon ab 1963 ein Büro hier im Haus, kam ab dann her«, sagt sie. Hier, nur wenige Gehminuten vom Zoo entfernt, ist bis 1972 auch die Redaktion von *Das Tier* untergebracht.

Im Juli 1963 kauft Bernhard Grzimek ein Grundstück in Arusha in Tanganjika und lässt darauf ein Haus mit Gästehaus bauen. »Das große Haus haben wir vermietet, und wir haben immer im kleinen Gästehaus gewohnt«, sagt Erika Grzimek. Wenn sie später zusammen mit ihrem Sohn Christian dorthin reisen, wird dieser von Bernhard Grzimek morgens bereits um sechs Uhr geweckt, wie sich Erika Grzimek erinnert: »Sein Klappbett stand hinter dem Schreibtisch – und da wollte Bernhard dann arbeiten. Dort hat er viel erledigt: Korrespondenz, die ihm auch viel vom Zoo hinterhergeschickt wurde.« Grzimek hatte auch eine »Erika«-Reiseschreibmaschine aus Dresden mit nach Afrika gebracht. »Die hatte er überall dabei. Er schrieb mit dem Ein-Finger-Suchsystem«, sagt Erika Grzimek.

Als Tansania sich mehr und mehr in einen sozialistischen Staat verwandelt, kaufen die Grzimeks noch ein Haus in Nairobi (Kenia), wie sich Erika Grzimek erinnert: »In Tansania gab es nichts mehr zu kaufen, man stand vor leeren Regalen, alles wurde enteignet. Deshalb Nairobi – von dort sind wir auch immer mit 80, 100 Litern Sprit mit unserem VW-Bus nach Tansania rübergefahren, weil man in Tansania auch nicht mehr tanken konnte.«

Doch als Bernhard Grzimek im Dezember 1962, Januar 1963 nach Tanganjika reist, wohnt er noch im Hotel. Am 3. Januar ist er in Daressalam bei Julius Nyerere zu Gast, der nun Staatspräsident ist. In *Auf den Mensch gekommen* schreibt Bernhard Grzimek über dieses Treffen: »Er war freundlich wie immer und meinte: ›Ich werde jetzt ständig in den Zeitungen wegen der Nashörner im Ngorongoro-Krater bekrittelt – und Sie stecken dahinter!‹ Ich sagte ihm: ›Wenn man kein reicher Mann ist und kein Politiker, dann beeinflusst man Staatsleute noch immer am leichtesten über die öffentliche Meinung!‹ Er lächelte, hob zum Spaß beide Hände und meinte: ›Schon übermorgen schicke ich einen meiner Minister dorthin!‹ Es hat mich immer sehr beeindruckt, in welchem Ausmaß Julius Nyerere, der Mwalimu, der Lehrer der Nation, auch Beanstandungen hinnahm, ohne beleidigt zu sein.«

Anlässe, Bernhard Grzimeks Worte und Taten falsch zu verstehen, habe es genug gegeben, erinnert sich Markus Borner: »Er war zu allen direkt. Dem ersten schwarzen Nationalparkdirektor hat er mal mit der Kamera im Gesicht herumgefuchtelt und gesagt: ›Ihr Schwarzen seid so schwierig zu fotografieren – man kann euch gar nicht richtig belichten!‹« Bernhard Grzimek bringen zwar Verhandlungsgeschick, Fleiß und starker Wille häufig zum Ziel – Diplomatie ist dabei jedoch nicht immer im Spiel.

Mit Nyerere wird Grzimek auch über die Nutzung von Wildfleisch gesprochen haben, die er von Forschern des Michael-Grzimek-Memorial-Laboratory untersuchen lassen will. Die Arbeit dort läuft mittlerweile unter dem Namen Serengeti Research Project. Gleich nach seiner Rückkehr versucht Bernhard Grzimek, geeignete Mitarbeiter für dieses Vorhaben zu finden. In Briefen schreibt er im Januar 1963: »Die Deutsche Bundesregierung hat Mittel bereitgestellt, um … ein besonderes ›Game Utilization Project‹ für zunächst drei Jahre zu ermöglichen. Es handelt sich darum, einmal die Krankheiten der Wildtiere und ihre Beziehungen zu den Haustieren von unserem Standpunkt aus zu erforschen, vor allem aber zu untersuchen, wie man einen Teil der Wildtiere schonend fangen und töten kann, ohne die anderen für den Tourismus zu scheu zu machen, und ob und auf welche Weise man ihr Fleisch gewinnen, Teile konservieren und in Verbrauchszentren bringen kann.«

Bereits im Juni 1962 hatte Bernhard Grzimek zusammen mit dem Kenianer Igor Mann in *Die Fleischwirtschaft* über die Möglichkeiten der Verwertung von Flusspferdfleisch geschrieben. Hintergrund war, dass der Dauerbestand von rund 35 000 Flusspferden auf der ugandischen Seite des Eduard-Sees einmalig um 5000 und später jährlich um 1000 Tiere verringert werden sollte. Grzimeks Fazit: »Die 1,3 Millionen Kilo Flusspferdfleisch würden den Eiweißbedarf von 38 461 Menschen decken und 35 Kilo je Kopf im Jahr liefern.«

Die Untersuchung soll nun an den Wildbeständen der Serengeti fortgesetzt werden. Die Idee hinter diesem Projekt erläutert Bernhard Grzimek Ende Januar 1963 in einem weiteren Brief: »Ein Weg, die Wildtiere Afrikas in einigen Ecken zu erhalten, wird wohl unter anderem der sein, regelmäßig einen Teil des Fleisches von ihnen für die Ernährung der Bevölkerung zu verwerten. Sonst rotten die neuen Politiker alle Wildtiere zugunsten von Kühen, Schafen und Industrie ganz aus.«

Als Forschungsleiter wird Bernhard Grzimek der Veterinär Rüdiger Sachs empfohlen. »Sein Anraten nach meiner Zusage war: ›Setzen Sie sich in Ihr Auto und besuchen Sie jeden Nationalpark im südlichen Afrika. Wir treffen uns dann in Arusha.‹ Erst viel später hat er mir erzählt, dass er selbst nicht nach Südafrika reingelassen wurde und deshalb die Nationalparks dort leider nicht kannte – anscheinend hatte er etwas gegen die Apartheid gesagt«, erinnert sich Sachs. Tatsächlich kann Bernhard Grzimek Südafrika erst besuchen, als dort im Oktober 1968 die Internationale Zoodirektorenkonferenz abgehalten wird.

Als er nach dem Ausbau des Camps nach ungefähr fünf Monaten seine richtige Tätigkeit aufnehmen möchte, muss Sachs erfahren, dass er im Nationalpark gar nicht schießen darf. Die Folge: »Jetzt waren unsere Projektgelder aufgebraucht und wir durften die Arbeit nicht machen, die Deutschland von uns erwartete.«

Sachs zieht aus der Serengeti ins hundert Kilometer entfernte Kirawira und baut dort Mitte 1964 eine neue Station auf. »Im Zweifel hat Grzimek von meinen Untersuchungen erhofft, dass Wildtiere besser dastehen als Haustiere«, sagt der spätere Veterinärprofessor. Aber er findet etwas ganz anderes heraus: »Ich habe so viele neue Parasiten gefunden – insgesamt zehn – dass die Fleischverwertung in Frage stand. Darüber war Grzimek heilfroh. Und ich habe über die neuen Parasiten habilitiert.« Der Versuch, Wildfleisch in Konserven und nicht wie in Afrika üblich als Trockenfleisch zu konservieren, wird eingestellt. Für Grzimek sei das ein Erfolg gewesen, sagt Sachs. Die Mitglieder der deutschen Regierung habe dies weniger erfreut: »Grzimek hatte in Bonn bei einigen einen schlechten Namen. Wenn ich mal von Schwierigkeiten mit ihm berichtete, waren da Regierungsvertreter, die immer gleich wollten, dass ich ihnen das detailliert im Brief schilderte. Dann hätten sie einen Grund gehabt, etwas gegen Grzimek zu machen.«

Auch in Afrika wird Grzimek nicht nur Befürworter gehabt haben. Die Regierung von Tanganjika zeichnet seine Verdienste jedoch im April 1963 aus, indem sie ihn zum Ehrenwildhüter ernennt. »Damit wurden ihm in diesem Land polizeiliche Vollmachten verliehen. Sie dienen vor allem der Wilddiebbekämpfung«, lässt er in einer Pressemitteilung des Zoos bekannt geben.

Nach einer kurzen Reise an die Elfenbeinküste im Mai 1963 tritt Bernhard Grzimek im Juni 1963 seine erste Reise in die Sowjetunion an. »Zunächst eigentlich nur, um mit Afrika zu vergleichen, bin ich in den letzten Jahren in den Vereinigten Staaten, Kanada, den europäischen Ländern und in der Sowjetunion bis nach dem fernen nördlichen Asien herumgereist. Ich wollte sehen, was in den ›weißen‹ Ländern mit den freien Tieren geschieht«, schreibt Grzimek in seinem 1965 erschienenen Buch *Wildes Tier, weißer Mann*: »Sicher wird es in Deutschland, der Schweiz, Frankreich zwischen den Mähdreschern und den krebsartig wuchernden Städten in hundert Jahren noch Wildtiere geben. Aber nur Hirsche, Rehe, Hasen, Fasane: gewissermaßen Haustiere ohne Ställe, ›wilde‹ Tiere, die sich dem Leben auf Getreideschlägen und Rübenäckern angepasst haben und schnell genug quer über unsere Autobahnen flitzen … So hatte ich gehofft, in der Sowjetunion, die mit so großem Erfolg einzelne Tierarten erhalten und wieder verbreitet hat, Gebiete zu finden, in denen die Natur nicht ›gemanagt‹, sondern völlig unberührt gelassen ist. In denen sich auch Wölfe ungestört vermehren können. Ich habe diese Gebiete auch dort nicht gefunden.«

Bernhard Grzimek schreibt das Buch, dessen Lesezeichen sein Symboltier, ein Igel aus Pappe, schmückt, zwar wie immer im unterhaltsamen Plauderstil und fügt zahlreiche Anekdoten und Bemerkungen hinzu, die häufig nichts mit Naturschutz zu tun haben (»Das Speiseeis, das man in Moskau an jeder Straßenecke verkauft, ist das beste, das ich je in der Welt gegessen habe.«). Jedoch bleibt er der Mahner, der nicht müde wird zu verkünden, wie schlecht es um den Lebensraum der Wildtiere bestellt ist.

Eineinhalb Jahre hat er gebraucht, um über den sowjetischen Botschafter die Erlaubnis zu bekommen, frei in der ganzen Sowjetunion herumfahren und ohne Kontrolle filmen zu können. Jetzt besichtigt er Naturschutzeinrichtungen im Kaukasus, auf der Krim, in der Taurischen Steppe, in Kasachstan, der Ukraine und Mittelrussland. Er lässt sich Biber und die seltenen Saiga-Antilopen zeigen und filmt dabei reichlich für *Ein Platz für Tiere*. Da seine Bücher ins Russische übersetzt worden sind, ist Grzimek in den dortigen Tier- und Naturschutzkreisen durchaus nicht unbekannt. Weil seine Tantiemen in Rubeln ausgezahlt werden, verfügt er in der Sowjetunion sogar über ein eigenes Konto.

Bernhard Grzimek entdeckt neben seiner großen Leidenschaft für Afrika ein weiteres Land, das es ihm besonders angetan hat, wie Erika Grzimek weiß: »In den Sechzigern sind wir dann jeden Hochsommer nach Russland gefahren, das hat er sehr geliebt.« Das Fazit seiner ersten Reise in die Sowjetunion fasst er für Moskauer Journalisten zusammen: »Ich erzählte ihnen von diesen Waldstreifen über die ganze Sowjetunion und dass sie nach meiner Ansicht in 70, 80 Jahren für die Zukunft der Sowjetvölker einmal viel wichtiger sein werden als die Eroberung des Mondes oder politische Systeme.«

In einem Nebensatz in *Wildes Tier, weißer Mann* wird er zwei Jahre später und damit vier Jahre nach Errichtung der Mauer übrigens seinen Glauben an eine Wiedervereinigung Deutschlands ausdrücken: »Im Jahr 1966 beginnt man einen neuen, viel größeren Zoo außerhalb des Moskauer Stadtzentrums zu bauen. Bis dahin aber ist der neue Tierpark Friedrichsfelde in Ostberlin offensichtlich der größte und modernste Tiergarten innerhalb des Ostblocks. Wenn die Berliner wieder zusammen sind, können sie sich freuen, zwei so verschiedenartige, großzügige Tiergärten zu haben.«

Bei all seinen Reisen und seinen vielfältigen Verpflichtungen ist es erstaunlich, wie Bernhard Grzimek das tägliche Zoogeschäft nicht nur kontrolliert, sondern den Aus- und Umbau immer weiter vorantreibt. Disziplin ist alles: Morgens ist er einer der Ersten im Büro. »Aus dem Zoo verschwand er um 17 oder 18 Uhr, manchmal auch schon um 16 Uhr, das waren die normalen Arbeitszeiten der Verwaltung«, sagt Dieter Backhaus. »Aber dann ging er in sein Arbeitszimmer in seiner Wohnung – und dort brannte oft das Licht bis um 23 Uhr. Das war sehr motivierend für uns.«

Mit seiner Gabe, gut delegieren zu können, wenn er von der Fähigkeit seiner Mitarbeiter überzeugt ist, schafft Bernhard Grzimek das Arbeitspensum im Zoo, und er findet sogar Zeit für Aktivitäten, die auf den ersten Blick in Konkurrenz zu seiner Arbeit für die ZGF stehen: Am 5. März 1963 gehört Bernhard Grzimek zu den zehn Gründungsmitgliedern des WWF Deutschland.

Bereits 1961 war die internationale Organisation des *World Wildlife Fund* in der Schweiz ins Leben gerufen worden. Nun aber kommt es, wieder einmal, zu einem geschichtsträchtigen Treffen in Eugen Gerstenmaiers Keller. »Schließlich hatten wir es geschafft, das ›Who is Who‹ der Bonner Republik zu überzeugen, bei der Gründung des Vereins *World Wildlife Fund* mitzumachen. Mit Hochkarätern wie Bernhard Grzimek und Freiherr von Boeselager trafen wir uns im Keller der Dienstresidenz von Eugen Gerstenmaier in Bad Godesberg. Wir kannten einander, wir vertrauten einander, und vor allem verband uns eine tiefe Leidenschaft für den Naturschutz«, erzählt Wolfgang Burhenne 2007 in einem Interview zum 45-jährigen Bestehen des WWF Deutschland. Darauf angesprochen, warum Bernhard Grzimek in einer »Konkurrenzveranstaltung« mitgemischt habe, erklärt er: »Damals war es selbstverständlich, dass die gleichen Leute überall dabei waren. Früher gab es weniger Geld, da hat man sich untereinander mehr abgesprochen.« Außerdem, so Burhenne, habe Grzimek »nicht direkt für den WWF gesammelt, aber ein unterstützendes Wort gegeben«.

Nicht nur Bernhard Grzimek ist immer für eine Überraschung gut. Im November 1963 wird ihn eine Begegnung überraschen wie vielleicht keine zweite in seinem Leben: Im Zoo tritt eine junge Frau auf ihn zu.

»Wollen Sie ein Autogramm?«, fragt er sie. Sie antwortet: »Nein, mein Name ist Monika, ich bin Ihre Tochter.«

Monika Karpel, so heißt seine Tochter inzwischen, erinnert sich genau an das erste Zusammentreffen mit ihrem Vater: »Er ist schlohweiß geworden, hat mich angeguckt und gesagt: ›Ach um Gottes willen, das ist ja wunderbar! Kann ich dich zum Kaffee einladen?‹ Dann hat er meinen Mann und mich zum Kaffee in den Zoo eingeladen.«

Einen Monat vor ihrem dreiundzwanzigsten Geburtstag ist die junge Frau auf dem Weg nach Israel, wohin sie mit ihrem ersten Mann, Ralph Robert Karpel, auswandern will. Bereits kurz nach ihrem Kennenlernen, nachdem sie ihm von Bernhard Grzimek erzählt hat, habe ihr Mann sie gedrängt, Kontakt zu ihrem Vater aufzunehmen, erzählt sie: »Daraufhin habe ich ihn 1959 oder 1960 angerufen, und Hildegard war am Telefon. ›Hier ist Monika.‹ ›Wer ist denn Monika?‹ ›Ich bin die Tochter und hätte gerne mit meinem Vater gesprochen.‹ Daraufhin hat sie ihn ans Telefon geholt, und er hat mich gefragt: ›Was willst du von mir?‹ Und da war er so komisch, dass ich gesagt habe: ›Überhaupt nichts!‹, und den Hörer aufgelegt habe.« Ein missglückter Start – doch es kommt noch schlimmer: »In der Nacht hat mich meine Mutter grün und blau geprügelt, weil Hildegard bei ihr angerufen und gesagt hat, wenn ich zweihundert Mark haben wollte, dann sollte ich mich offiziell an sie wenden – sie wäre gerne bereit, mir eine Spende zu schicken«, sagt Monika Karpel.

Die junge Frau wagt danach nicht mehr, Kontakt zu ihrem Vater aufzunehmen – bis zu jenem Tag: »Als mich meine Schwiegereltern im November 1963 abholten, als wir nach Israel ausgewandert sind, haben wir noch vor dem Einschiffen in Genua eine Urlaubsreise durch Deutschland gemacht und sind auch nach Frankfurt gekommen. Mein Mann drängte mich zu einem Zoobesuch. Bernhard Grzimek kam gerade aus dem Haus – und mein Mann sagte: ›Geh doch mal hin, da kommt dein Vater!‹«

Der darauf folgende gemeinsame Kaffee ist kurz, aber nett, und Bernhard Grzimek lädt seine Tochter für abends in ein chinesisches Restaurant ein. »Ich kam rein, und er saß schon am Tisch. Der erste Satz ärgerte mich bereits: ›Wenn du nicht so hübsch wärest, hätte ich dich gar nicht eingeladen.‹ Da hat es mir schon gereicht. Dann gab er mir eine Ausgabe von *Serengeti darf nicht sterben*, und in jeder Seite lagen hundert

Mark. Das habe ich dann in die Suppe fallen lassen und habe mir ein Taxi zurück ins Hotel genommen«, erinnert sich Monika Karpel an die zweite gescheiterte Kontaktaufnahme.

Ungeschickter hätte sich Bernhard Grzimek kaum verhalten können. Wie leicht hätte es damit beendet sein können, bevor es richtig begann. Doch er wollte seine Tochter an jenem Abend keineswegs abbügeln, wie der nächste Tag zeigt: »Er hatte sich vorher schon meine Adresse geben lassen, und ich bekam am nächsten Morgen einen riesigen Rosenstrauß ins Hotel mit einer Entschuldigung«, so Monika Karpel. Sein unglücklicher Auftritt war wohl auch durch eine große Portion Unsicherheit gesteuert.

Das Band ist damit jedenfalls geknüpft. Schon im März 1964 fliegt Bernhard Grzimek für drei Wochen nach Israel, um Monika zu besuchen. »Er fand es verrückt, dass wir nach Israel gegangen sind. Er hat mir immer gesagt: ›Es lohnt sich für kein Land der Welt, sich umbringen zu lassen.‹ Er war absolut apolitisch.« Trotzdem fühlt er sich wohl in der neuen Heimat seiner Tochter und versteht sich auch mit ihren Schwiegereltern gut, wie Monika Karpel sagt: »Mein Schwiegervater war Kinderarzt, die beiden kamen gut miteinander klar. Meine Schwiegermutter hat bei seinem ersten Besuch Glühwein serviert, und mein Vater hat immer gesagt: ›Kann ich noch mehr haben von diesem wundervollen Tee?‹ Geschmackssinn hatte mein Vater überhaupt keinen.«

Dafür hat Grzimek umso mehr Humor, mit dem er sich auch vor der neu gewonnenen Familie nicht zurückhält: »Er hatte extra Metallplatten mit, die so klangen, als hätte er das Geschirr fallen lassen. Dann hat er einen Wasserhahn mit Gummisaugnapf an die Tür des Pontiacs meiner Schwiegereltern angebracht. Schließlich lag noch künstliches Erbrochenes vor der Eingangstür, als wir vom Essen zurückkamen. Er war voll ausgerüstet angereist.«

Bernhard Grzimek und seine Tochter Monika, von der er zu Kriegsende 1945 Abschied genommen hatte, verstehen sich nach ihrem Wiedersehen bestens, wie Monika Karpel sagt: »Mein Vater hat mir ab da jede Woche geschrieben, ein, zwei Briefe pro Woche. Bis an sein Lebensende.« Die Anreden in den Briefen sind so liebevoll wie vielfältig: »Liebes Kind« und »Heißgeliebtes Töchterlein« nennt er sie, unterzeichnet mit »Kuss, Vater« oder »Gruß + Kuss, Gr.«. Er nennt seine zierliche Tochter, die ihm nicht einmal bis zur Schulter reicht, zärtlich »Miniaturmädchen« oder »Mein geliebter Zwerg.« Hat er sie länger nicht gesehen, schreibt er ihr: »Mir fehlt etwas unter dem rechten Arm.« Er sorgt sich um sie, will an ihrem Leben teilhaben – »Du solltest mindestens alle zwei Tage schreiben« – und geizt nicht mit Komplimenten.

»1964 hat er mich nach Griechenland eingeladen, nur wir zwei. Davor hat er gesagt ›Du hast eine gute Figur‹ und hat mir einen Bikini gekauft«, sagt Monika Karpel. Der oft so hart und arrogant wirkende Mann, der bisher mit Rochus, Michael und Adoptivsohn Thomas nur den Umgang mit Jungen gewohnt war, wird in Bezug auf Monika plötzlich weich und verletzlich. Wenn er ihr Geschenke macht oder sie auf Reisen einlädt, werden sicherlich auch Schuldgefühle eine Rolle gespielt haben oder zumindest das Gefühl, die vielen Jahre ohne Kontakt in irgendeiner Weise nachholen oder ausgleichen zu wollen. Aber es ist mehr als das: Bernhard Grzimek geht in seiner Vaterrolle für Monika richtig auf.

Es wirkt fast so, als habe er nach Michaels Tod endlich wieder eine Bezugsperson gefunden. Nicht für die Fortsetzung seines Lebenswerkes – hierbei setzt er in gewisser Weise sicherlich auf Erika Grzimek und später vor allem auch auf Enkelsohn Christian –, sondern für einen Austausch mit jemandem, von dem er sich verstanden fühlt. Seine Ehefrau Hildegard scheint dieses Bedürfnis nicht (mehr) stillen zu können, und auch sein ältester Sohn nicht. »Mein Vater hat Rochus anscheinend abscheulich behandelt«, sagt Monika Karpel. »Nicht dass er ihn nicht mochte – Rochus war für ihn absolut nicht existent, er war auf einer ganz anderen Wellenlänge als Bernhard. Mein Vater hat immer nur von Michael geredet.«

Über Monikas Mutter sprechen Vater und Tochter selten, und Kontakt zwischen Bernhard Grzimek und seiner ehemaligen Geliebten besteht nur wenig – wenn, dann telefonisch oder schriftlich, und zudem recht unerfreulich. Auch zum gemeinsamen Sohn Cornelius hat Grzimek nur selten Kontakt. Cornelius weiß die Kontaktversuche seines Vaters abzublocken, und Grzimek ist sich erst 1986 nach einem Vaterschaftstest sicher, dass Cornelius wirklich sein Sohn ist.

Den gemeinsamen Kindern mit Hildegard verschweigt Grzimek die Existenz ihrer Halbgeschwister jahrzehntelang. Rochus Grzimek erinnert sich, dass sein Vater es der Mutter und ihnen gegenüber auch bei rechtlichen Auseinandersetzungen Anfang der Fünfzigerjahre abgestritten habe. Er lernt seine Halbschwester erst in der zweiten Hälfte der Sechzigerjahre kennen: »Da erschien mein Vater mit Monika und ihrem Mann, hat die beiden aber nicht richtig vorgestellt. Cornelius habe ich erst nach dem Tod meines Vaters kennengelernt.«

So gut sich Bernhard Grzimek mit Tochter Monika versteht, so viel Zeit er mit ihr verbringt und sie gerne auf Reisen mitnimmt, so konsequent verschweigt er ihre wahre Identität – vielleicht aus Angst vor der öffentlichen Meinung, vielleicht aber auch, um Hildegard zu schützen. Nur Fritz Jantschke, der 1968 im Zuge seiner Doktorarbeit über Orang-Utans nach Frankfurt gekommen war, später dort Kurator wurde und als Redakteur für *Das Tier* arbeitete, erinnert sich, von Bernhard Grzimek die Wahrheit über Monika erfahren zu haben: »Einmal kam er mit Monika bei uns ins Redaktionsbüro, wahrscheinlich 1986. Als wir sie anguckten, da wir sie nicht kannten, sagte er nur: ›Das ist meine Tochter.‹ Und hat sich dann an meinem verdutzten Gesichtsausdruck geweidet.«

Vom 23. Dezember 1963 bis zum 1. Februar 1964 fliegt Bernhard Grzimek nach Tanganjika – nicht mit Tochter Monika, sondern mit Erika Grzimek. Fünf Jahre nach Michaels Tod hat sich das Verhältnis zwischen Schwiegervater und Schwiegertochter verändert, wie Monika Karpel berichtet: »Er hatte definitiv bereits 1964 eine Affäre mit Erika, weil er mich da nach Griechenland auf die erste Reise eingeladen hat und sie ihn vom Flughafen abholte – und ich nicht sagen durfte, dass ich Erika gesehen hatte.«

Der Afrikaaufenthalt damals ist jedoch keineswegs nur Urlaub. Am 19. Januar 1964 schreibt Bernhard Grzimek aus Arusha an seine Sekretärin Rosemarie Reichenbach und bittet sie, folgende Nachricht an die Presse und die Nachrichtenagenturen zu geben: »Der Präsident des Staates Tanganjika, Dr. Julius Nyerere, forderte während einer privaten Urlaubsreise mit seiner Familie den deutschen Universitätsprofessor Dr. Bernhard Grzimek dazu auf, ihn zu einem Tagesausflug in den neuen Ngurdoto-Nationalpark zu begleiten … Geldmittel für Straßen, Häuser und andere Anlagen in diesem Schutzgebiet sind durch eine Rundfunksammlung Dr. Grzimeks aufgebracht worden.«

Nach seiner Rückkehr kümmert sich Bernhard Grzimek weiterhin um ein geeignetes Grundstück für die geplante »Tierfreiheit« und schlägt in einem Brief an Rüdiger Sachs bezüglich des Wildnutzungsprojektes ungewöhnliche, fast väterliche Töne an: »Die wenigsten Dinge im Leben gehen glatt. Es gibt überall Widerstände zu überwinden, besonders bei neuen Vorhaben, die sich nicht in eingefahrenen Gleisen bewegen. Man darf diese Schwierigkeiten aber auch nicht überbewerten und sich durch sie nicht entmutigen lassen. Ich glaube, Sie werden etwas Schönes hinstellen und zum Schluss selbst recht zufrieden sein.«

Seine Bemühungen für die Nationalparks in Afrika führen so weit, dass er ein Merkblatt über die Arbeitsbedingungen in Afrika anfertigen muss, um damit der Flut an Anfragen von jungen Menschen gerecht zu werden, die gerne dort arbeiten möchten. Außerdem muss er immer wieder Anfragen von Hobbyfotografen ablehnen, die ihn gerne auf seinen Reisen unterstützen würden: »Ich fotografiere auf meinen Reisen selbst und habe meistens keine Begleiter dabei«, lässt er sie wissen.

Nach der Gründung des WWF Deutschland wird Ende Februar 1964 dessen Spendenaktion *Natur in Gefahr* bei einem feierlichen Dinner im Schlosshotel Kronberg bei Frankfurt offiziell ins Leben gerufen. Neben Bundestagspräsident Eugen Gerstenmaier als Präsident und Bernhard Grzimek als Vizepräsident ist auch Prinz Bernhard der Niederlande anwesend, der zu den Gründungsvätern des WWF International gehört und damals dessen amtierender Präsident ist. In einem Brief vom 20. März 1964 an Wolfdietrich Kühme vom Serengeti Research Project schreibt Bernhard Grzimek darüber: »Wir hatten hier einen schrecklichen Krach in der ganzen deutschen Presse. Ich eröffnete die Sammlung für den World Wildlife Fund durch eine Zwiesprache mit Prinz Bernhard der Niederlande und Gerstenmaier im Fernsehen. Der Hamburger Sender schloss unmittelbar daran eine Persiflage an, worin die beiden anderen als Großwildjäger angegriffen wurden. Dadurch ist der Erfolg unserer Sammlung im Augenblick weitestgehend zunichte gemacht. Ich griff öffentlich den verantwortlichen Fernsehintendanten an, und es gab einen Riesenkrach in allen Zeitungen.«

Tatsächlich breiten die Zeitungen unter Überschriften wie *Verschnupfter Zoodirektor* über *Nur wirklich Prominente werden parodiert* bis hin zu *Prof. Grzimek hat recht* die Sache aus. Ihnen zufolge hat Grzimek angedroht, vom Ersten zum Zweiten Deutschen Fernsehen zu wechseln.

Grzimek versucht, in einem Rundschreiben die Situation zu erklären: »Wie Sie richtig erkannt haben, hatte ich mich nicht darüber beschwert, parodiert worden zu sein. Vielmehr hatte es mich empört, dass der kabarettistisch gehaltene Angriff gegen meine Gesprächspartner Prinz Bernhard und Dr. Gerstenmaier unmittelbar an unseren Aufruf angeschlossen wurde und so seine Wirkung fast völlig zunichte machte. Tatsächlich hat sich diese unkollegiale Handlung so ausgewirkt, dass uns – gemessen an dem Erfolg früherer Aufrufe – DM 450 000 an Spenden für so sehr wichtige Zwecke verloren gingen. Was wir im Geiste schon verteilt hatten, um dringendste Not abzustellen, muss nun ungeschehen bleiben.«

Noch während der Aufregung um Fernsehdebatte und Parodie wird Bernhard Grzimek mit der goldenen Wilhelm-Boelsche-Medaille ausgezeichnet, einem von der Kosmos-Gesellschaft gestifteten und für die Verbreitung wissenschaftlicher Erkenntnisse vergebenen Preis. Verleger Rolf Keller, der Präsident der Gesellschaft, lobt bei der Verleihung, der Preisträger habe erkannt, dass »sein Laboratorium Fenster habe, durch die man in einfachen Worten zu Laien sprechen kann«.

Der Preis stärkt Grzimeks ohnehin große Außenwirkung und macht ihn für andere Organisationen attraktiv, die verstärkt beginnen, um ihn zu werben. Auch Hans Krieg, den Präsidenten des 1950 gegründeten Deutschen Naturschutzrings (DNR), schreibt Grzimek an und fragt ihn, ob er ihn als seinen Nachfolger vorschlagen könne. »Aber erschrecken Sie nicht: Mein langjähriger, neu habilitierter Mitarbeiter Dr. Wolfgang Engelhardt, ein kluger und loyaler Mann und bester Sachkenner … ist bereit, sich zum Vizepräsidenten wählen zu lassen. Er würde zusammen mit dem bewährten Dipl. Forstwirt Weinzierl, dem Sohn des Bundestagsabgeordneten, die laufende Arbeit machen. Aber darüber muss eine bekannte Persönlichkeit stehen, die repräsentiert und den Ton angibt.«

Grzimek antwortet Krieg am 13. April 1964: »An sich hat der Vorschlag etwas für sich. Man kann in Bonn und sonst wo mit dem Hinweis auf eine Millionenorganisation leichter die gesetzgebenden und fondsverteilenden Stellen beeinflussen. Auf der anderen Seite bin ich derart mit Aufgaben und Arbeiten eingedeckt, dass ich streng darauf achten muss, nichts zusätzlich zu übernehmen … Was glauben Sie, müsste ich in dieser Angelegenheit überhaupt jährlich tun? Irgendwohin reisen? Reden halten?«

Als Krieg ihn beruhigt, dass die beiden Vizepräsidenten ihm die gesamte Alltagsarbeit abnehmen würden und ihm die Möglichkeit gäben, »nur noch nach Art eines Ministers die Richtlinien festzulegen«, sagt Grzimek zu, das Amt zu übernehmen, wenn er denn gewählt würde. Tatsächlich gewinnt er die Wahl einstimmig, und schon drei Tage später gibt er in einer Pressemitteilung bekannt, dass er damit »der Führer einer Organisation von über zwei Millionen Mitgliedern geworden« sei, in welcher »rund 220 im ›Naturschutzring‹ vereinigte Deutsche Verbände von Naturfreunden, Jägern, Naturschützern, Wandervereinigungen, Landschaftspflegern usw. organisiert sind«. Grzimek verweist auf die hohen staatlichen Zuwendungen von Polen und den Niederlanden für den Naturschutz und auf den geringen Stellenwert innerhalb der BRD. Hier wolle, so betont Grzimek, der DNR »endlich eine Änderung schaffen«.

Nach der Zoologischen Gesellschaft und dem WWF hat Bernhard Grzimek damit ein Instrument in der Hand, mit dessen Hilfe er die Kräfte für den Naturschutz in Deutschland bündeln und sich diesen auf die Fahne schreiben kann. War er doch bisher hauptsächlich mit Projekten in Afrika beschäftigt, was so auch in den Köpfen der Bevölkerung und sicherlich auch bei den deutschen Politikern verankert ist. »Er hat wenig Aktivität für den Deutschen Naturschutz gezeigt, sich mehr auf das Ausland konzentriert«, sagt Wolfgang Engelhardt, der ihm damals als Vizepräsident zur Seite stand und nach Grzimeks Amtszeit von 1968 bis 2000 selbst Präsident des DNR war. »Er war eine volle Amtsperiode Präsident, hat aber 1968 nicht mehr erneut kandidiert, da er der Meinung war, er könne als Einzelpersönlichkeit mehr erreichen denn als Präsident eines großen Verbandes, der natürlich auch auf die Ansinnen der Mitgliedsorganisationen Rücksicht nehmen musste.«

Auch wenn Bernhard Grzimek nach Aussage seines damaligen Vizepräsidenten manchmal Schwierigkeiten hat, sich in die Strukturen des DNR einzuordnen, und oft seinen Kopf durchsetzen möchte, sorgt er gleich 1964 mit einer Spende für die erste richtige Geschäftsstelle des Verbands. Dort, in der Münchener Maximilianstraße, ist er jedoch nie anzutreffen. »Er hatte eine große Abneigung gegen all den Vereinskram, und ich habe ihm das abgenommen. Auf diese Weise bin ich fast jede

Woche nach Frankfurt gefahren. Wir haben uns bei ihm im Büro getroffen, und er hat fast alles, was ich ihm vorbereitet habe, unterschrieben«, sagt Hubert Weinzierl.

So bekleidet Bernhard Grzimek einen weiteren einflussreichen Posten. Doch der Ruhm treibt merkwürdige Blüten. Das zumindest zeigt sich im Juli 1964, als Grzimek von seinem Freund Heinrich Dathe, dem Direktor des Tierparks in Ostberlin, informiert wird, dass in der DDR ein Hochstapler mit Grzimeks Namen sein Unwesen treibe: »Vor einigen Jahren hat er mit herrlichen Lobesbriefen von Dir ein Mädchen beinahe zur Ehe bezirzt, bis die Mutter zu mir kam und ich alles aufklären konnte. Jetzt hat er sich hier aber neu bemerkbar gemacht, er will Afrika-Vorträge halten. Beruflich ist er Heizer. Er hat sich aber im Laufe der Zeit bereits zwei Doktor-Titel zugelegt und hat sich gerade am 20. Juni 1964 in einem Briefe von Dir zum ›Colonel und Brigadecommander of the Game Rangers from Tanganjika‹ befördern lassen.«

Richard Faust antwortet Dathe im Namen des verreisten Grzimeks, dass ihnen besagter Hochstapler nicht bekannt sei und sie bisher auch keine Briefe an ihn geschickt hätten, die er hätte herumzeigen können.

Bernhard Grzimek ist währenddessen im Urlaub. Zusammen mit Alan Root und dessen Ehefrau Joan besucht er seit Anfang des Monats sechs Wochen lang Australien, das Bismarckarchipel sowie die damals noch voneinander unabhängigen Staaten Papua und Neu-Guinea. Wie zuvor in Kanada und der Sowjetunion möchte sich Grzimek auch hier ein Bild von der Natur, den Nationalparks und den Zoos machen und Material für seine Fernsehsendungen und *Das Tier* sammeln. Deshalb bleiben Alan und Joan Root in seinem Auftrag auch noch einige Monate länger, um genug Filmmaterial liefern zu können.

Natürlich fasst Grzimek auch die Erlebnisse aus dieser Reise in ein Buch: *Vierfüßige Australier*, das später auch unter dem Titel *Mit Grzimek durch Australien* auf den Markt kommt, erscheint 1966. Ausgiebig beschreibt er darin die Besonderheiten der australischen Tierwelt und der Landschaft, jedoch auch, dass er auf der Fahrt in seinem VW-Bus von Sydney bis Adelaide zweiundzwanzig Kängurus sah – davon fünfzehn von Weitem und sieben totgefahrene auf der Straße. Und dass er »täglich die prächtigsten Aufnahmen von Waldbränden machen« konnte, »die mir nirgends auf der Welt so gut gelungen waren«.

Nebenbei hat sein Besuch auch für den Frankfurter Zoo positive Auswirkungen, wie der Jahresbericht 1964 vermerkt. »Besonders erfreulich war ein Geschenk des Sir Colin Mackenzie Sanctuary, Healesville, Australien, das Professor Grzimek im Sommer besucht hatte«, heißt es dort. »Wir erhielten von dort zwei Schnabeligel. Nachdem der Zoo Frankfurt früher schon lange Jahre Schnabeligel mit Erfolg gepflegt hatte, war es durch die Ausfuhrbestimmungen der australischen Regierung nicht mehr möglich, diese Art neu zu beschaffen.«

Vor seiner Abreise hatte sich Bernhard Grzimek in Sachen Tierfreiheit, dem geplanten Außenzoo, noch familiäre Hilfe ins Boot geholt: Günther Grzimek, der zu der Zeit als freier Gartenarchitekt in Ulm arbeitet und einer der Söhne des Günther Grzimek ist, für den Bernhard in den Vorkriegsjahren das Gut bewirtschaftet hat. Er hat für ihn ein Gutachten über einen möglichen Standort verfasst und kommt zu dem Schluss, dass die im Raum Weilburg vorgesehene Landschaft sowohl in Bezug auf ihre Topographie als auch durch ihre Vegetation und Oberflächengewässer besonders reizvoll sei. Vielleicht noch wichtiger: »Es kann mit Sicherheit gesagt werden, dass nach Vorliegen eines verbindlichen Beschlusses eine schnelle Realisierung möglich sein wird und eine funktionell und ästhetisch sehr befriedigende Anlage entstehen kann.« Bereits ein Jahr später wird der Standort jedoch verworfen und zwei weitere in Weilmünster und Camberg ins Auge gefasst.

Mehr als sechs Jahre kämpft Bernhard Grzimek zu diesem Zeitpunkt schon um die Realisierung seiner Idee, doch er ist ihretwegen immer wieder Anfeindungen ausgesetzt. Auf den aus Kreisen der Jäger geäußerten Einwand, dass »man lieber deutsche Tiere in Hessens Wäldern fördern sollte«, antwortet er am 21. Mai 1965 in einem Schreiben an den Präsidenten des Hessischen Landesjagdverbandes: »Es ist verständlich, dass Jäger das Gelände, in welchem dieser Zoologische Garten errichtet wird, lieber für sich und ihre Freunde reserviert sehen möchten. Die Bestände an einheimischen Arten sind jedoch dort denkbar gering ... Wald und Landschaft werden hier also einmal nicht für Fabriken, Reihensiedlungen, Übungsplätze, Autobahnen usw. vernichtet, wie das tagtäglich mit Hunderten von Hektaren in der kleinen Bundesrepublik geschieht. Ist es nicht recht eigennützig, sich aus privatem Interesse gegen solche gemeinnützige Pläne zu wenden?« Und er verweist auf seine

Präsidentschaft des Deutschen Naturschutzringes, in welchem ja auch die Jagdverbände vereinigt seien: »Man kann eben sehr wohl das eine tun und deswegen das andere nicht lassen, das heißt, sich für die Erhaltung der frei lebenden deutschen Tiere einsetzen und gleichzeitig für unsere Bevölkerung auch einen neuen, großen und modernen Zoologischen Garten schaffen.«

Daraufhin entbrennt ein reger schriftlicher Disput zwischen den Jagdverbänden, der Schutzgemeinschaft Deutscher Wald, Kommunalpolitikern und der ZGF, die Grzimek teilweise für sich sprechen lässt. Er nutzt sein weit verzweigtes Netzwerk, um von überall her Gutachten von Zoologen und Tiergärtnern zu erbitten, die sich für die Tierfreiheit aussprechen, droht jedoch auch, als Präsident des Deutschen Naturschutzrings zurückzutreten.

Sein Vorgänger Hans Krieg schreibt ihm am 3. September 1965 dazu: »Ich bitte Sie, nicht zurückzutreten … Meine Überzeugung, dass der Ring unter Ihrer großzügigen Führung neuen Auftrieb erhalten werde, hat sich ja als richtig erwiesen. Jetzt dürfen wir aber diese Entwicklung nicht wieder aufs Spiel setzen … Nehmen Sie meine freundschaftliche Bitte nicht krumm: Passen Sie ihre Zoo-Pläne den Wünschen der großen Verbände an! Man wird es Ihnen danken.«

Grzimek antwortet vier Tage später: »Es handelt sich nicht darum, das ich mein Gesicht verlieren würde, wenn der erste großzügige Zoologische Garten in Deutschland nicht zustande kommt, sondern dass damit ein ungeheuer großer Schritt in der Richtung wirklich praktischen Naturschutzes in Deutschland zunichte wird.« Er verspricht jedoch, »das noch eine Weile recht gründlich zu überschlafen«.

Zunächst einmal reist Bernhard Grzimek nach Tansania, wo er vom 23. Dezember 1964 bis Mitte Februar 1965 überwintert. Hier trifft er unter anderem mit Nikolaas Tinbergen von der Universität Oxford und Wolfgang Wickler vom Max Planck Institut in Seewiesen zusammen, die sich einen persönlichen Eindruck vom Serengeti Research Project verschaffen wollen. Und auch wenn er in Afrika ist, verfolgt Grzimek die Entwicklungen in Deutschland mit Interesse. So schreibt er am 14. Januar 1965 wegen eines geplanten WWF-Spiels an Wolfgang Burhenne: »Sie sollten solche Pläne … mit mir abstimmen. Ich habe gerade ein Spiel mit Wildtieren im Druck, das ein Nürnberger Betrieb herausbringt und ganz auf meine Fernseh-Sendungen abstimmt.« Deshalb könne der WWF nicht mit Grzimeks Namen für das Spiel werben. Einige Tage später schickt er hinterher, er habe den Verlag gebeten, das Spiel nicht mit einem Aufruf für den WWF zu versehen, sondern für *Hilfe für die bedrohte Tierwelt*: »Anderenfalls wirkt die Sache gar zu verwirrend, und schließlich kommen die Spenden jedenfalls denselben Zwecken zugute.«

Das Brettspiel *Ein Platz für Tiere*, das kurz darauf auf den Markt kommt, ist nicht Grzimeks einziger Ausflug in die Unterhaltungsindustrie: Auch Puzzles, Sammelhefte und Quartetts mit seinen Aufnahmen (*Grzimeks Tierbilder* oder *Serengeti darf nicht sterben*) kommen auf den Markt, ebenso 1970 die Schallplatte *Stars für Grzimek*, von deren Erlösen ein Teil als Spende abgeht.

DEN PELZTRÄGERN AN DEN KRAGEN

*»Vergessen wir nie: Der Einzige, der einen Ozelot braucht,
ist der Ozelot selbst.«*

Bernhard Grzimek in *Paradiese*

1965 startet Bernhard Grzimek die beiden großen Kampagnen, mit denen man seinen Namen fortan verbinden wird. Zum einen bezieht er deutlich Stellung gegen Leopardenmäntel, zum anderen gegen die Art und Weise der Robbenschlachtung vor der kanadischen Küste.

Am Anfang seines Feldzuges gegen Leopardenmäntel steht ein Brief Grzimeks an die italienische Schauspielerin Gina Lollobrigida. Nachdem sich die Londoner Tierschutzgesellschaft (Fauna Preservation Society London) im April 1964 »an alle führenden Modeschriftsteller in England sowie an den Präsidenten und die Mitglieder des Fachverbandes Londoner Modehäuser« gewandt hat, um den artgefährdenden und meist illegalen Handel mit Leopardenfellen zu stoppen, bittet Bernhard Grzimek die gefeierte Schauspielerin, »aus ethischen Gründen auf das Tragen von Leopardenfellen zu verzichten«. Sein offener Brief wird in vielen europäischen Tageszeitungen abgedruckt, und tatsächlich verzichten »auf Grund ähnlicher Bitten ... Frau Jacqueline Kennedy, die britische Königin, Mitglieder des holländischen Königshauses und andere führende Damen der ersten internationalen Gesellschaft« darauf, Leopardenpelze zu tragen, wie eine Pressemitteilung des Frankfurter Zoos im Februar 1965 bekannt gibt.

Jedoch ruft die Aktion auch die Kürschner auf den Plan. In der Mitteilung heißt es dazu: »Die Verbände des deutschen Kürschnerhandwerks und der Pelzwirtschaften drohten dagegen Prof. Grzimek ... ein gerichtliches Verfahren an, wenn er nicht bestimmte Wendungen in seinem Brief an Frau Lollobrigida öffentlich widerrufe.« Sie sehen in dem Schreiben einen »unzulässigen Boykottaufruf«.

Grzimek denkt nicht an einen Widerruf und erklärt, er werde sich in seinem Kampf gegen das Tragen von Leopardenfellen durch keine Drohung abschrecken lassen. Dabei geht es ihm keineswegs um Pelze an sich, sondern nur um Felle von Tieren, die von der Ausrottung bedroht sind. Er gibt außerdem zu bedenken, dass die Beutetiere bei der Entnahme von Leoparden aus der Wildbahn überhand nehmen und das ökologische Gleichgewicht aus den Fugen gerät. In einem Brief an einen liberianischen Tierhändler schreibt er so am 1. März 1965: »Ich bin erfreut zu hören, dass es mein Kommentar zu der Leoparden-Mode sogar bis nach Afrika geschafft hat. Tatsächlich wäre es eine Lösung des Problems, Leoparden für die Pelzindustrie zu züchten, obwohl ich glaube, dass es das Beste wäre, wenn sich die Damen der gehobenen Gesellschaft daran gewöhnen würden, keine Leopardenmäntel zu tragen. Das ist der schnellste Weg, die Nachfrage nach Leopardenfell zu drosseln.« Kurz darauf kann er stolz verkünden, dass auch Wilhelmine Lübke, die Gattin des deutschen Bundespräsidenten, erklärt habe, nun keine Leopardenmäntel mehr zu tragen.

Von der Tötung der Babyrobben in Kanada erfährt Bernhard Grzimek schon im Jahr zuvor durch den Chefredakteur der *Montrealer Nachrichten*, Mario von Brentani, der ihn in der Angelegenheit um Unterstützung bittet. Am 21. Mai 1964 antwortet Grzimek ihm: »Ich würde Ihnen gerne behilflich sein, doch bin ich mit Ausnahme der von Ihnen zugesandten Ausschnitte aus Ihrer Zeitung über das Abhäuten lebender Seehundejunge nicht informiert. Ich hörte auf diesem Wege zum ersten Mal davon.«

Sein Interesse ist jedoch geweckt. Aus Kanada besorgt er sich Foto- und Filmmaterial von Tierschützern aus dem St.-Lorenz-Golf, das zeigt, wie Sattelrobbenjungtiere »zum großen Teil noch lebend enthäutet werden, um die White Coats, die weißen Robbenbabyfelle, zu gewinnen«, wie er später in *Auf den Mensch gekommen* schreibt.

»Ziemlich unvermittelt bekamen wir 1965 einen Brief von Grzimek, der einen Scheck über 5000 Dollar enthielt, zur Nutzung gegen die Robbenschlachtungen«, erinnert sich Brian Davies, der damals bei der Gesellschaft zum Schutz gegen Missbrauch der Tiere in New Brunswick (New Brunswick Society for the Prevention of Cruelty to Animals) im kanadischen Fredericton tätig ist: »Grzimek war der Bevölkerung in Kanada und den Vereinigten Staaten damals nicht bekannt, aber unter Naturschützern war er auch bei uns ein Name.«

Am 8. Dezember 1965 zeigt Bernhard Grzimek die Aufnahmen aus Kanada erstmals in seiner Sendung *Ein Platz für Tiere*. Im Anschluss fordert er die Fernsehzuschauer auf, Beschwerdebriefe an den zuständigen kanadischen Ministerpräsidenten zu schicken und gleichzeitig auch an den italienischen Ministerpräsidenten, der das Zustandekommen eines internationalen Abkommens zur Begrenzung der Sattelrobbenjagd in internationalen Gewässern verzögere. Damit löst er eine wahre Flut an Briefen, gerichtlichen Auseinandersetzungen, politischen Verwicklungen, jedoch auch wissenschaftlichen Beobachtungen während der Jagdsaison aus. Sein Engagement bewirkt schließlich eine veränderte Gesetzgebung.

Nicht zuletzt wegen seines stetig zunehmenden Einsatzes für den Naturschutz sagt Bernhard Grzimek andere Termine immer häufiger ab. Bei seinen Zookollegen stößt er damit nicht unbedingt auf Verständnis.»Du hieltest es schon für richtig, in den letzten Jahren von den Internationalen Zootagungen fernzubleiben und hast auch Deine Anwesenheit bei unseren deutschen Tagungen auf ein Minimum an Zeit beschränkt«, schreibt Richard Müller, Direktor des Wuppertaler Zoos, am 1. Juni 1965 auf Grzimeks Absage für die nächste Zoodirektorentagung in Bremerhaven:»Mag sein, dass Du mit Deinem großen Garten ... davon unter Umständen wenig profitierst, doch sollte man über dem Einzelnen die Linie des Ganzen nicht außer Acht lassen ... Schließlich würde es mir persönlich auch aufrichtig leidtun, wenn Dein Fernbleiben bei so manchem Kollegen die Meinung aufkommen ließe, unser Kreis sei Dir einigermaßen gleichgültig und Du ließest uns verstehen, dass Dein Interesse an Angelegenheiten außerhalb Frankfurts nur gering ist.«

Müllers Kritik ist berechtigt. Und sie zeigt, dass Bernhard Grzimek die Versammlungen nicht nur wegen seiner allgemeinen Abneigung gegen derlei Veranstaltungen meidet, sondern auch, weil durch die starke Position des Frankfurter Zoos die deutschen Treffen für ihn an Bedeutung verlieren. Grzimek ist jedoch erfahren genug, um zu wissen, dass ein Zoologischer Garten nie autark bestehen kann, und so bemüht er sich von da an wieder um ein regelmäßigeres Erscheinen bei den Tagungen.

Das Treffen in Bremerhaven schwänzt er dennoch, da er Mitte Juni

311

1965 zu einem Kongress der Wildbiologen nach Moskau eingeladen ist. »Als ich eintraf, wurde mein Verdacht bestätigt: es handelte sich um eine Jägerveranstaltung«, schreibt Bernhard Grzimek später in *Auf den Mensch gekommen*. Doch er bekommt eine seltene Gelegenheit geboten. »Irgendwann wollten ihm die Offiziellen eine Freude machen und haben ihn gefragt, wohin er gerne auf Exkursion im Anschluss an die Tagung fahren würde – sie würden ihm die Genehmigung geben. Da hat er gefragt: ›Was ist am weitesten weg?‹ ›Sibirien!‹ Dann sind wir nach Sibirien geflogen, nach Irkutsk«, erinnert sich Erika Grzimek.

Zum Ende des Kongresses wird ihm zudem eine besondere Ehre zuteil. »Grzimek hatte auf der Tagung einen Film über Afrika gezeigt«, sagt Eugeniusz Nowak, der als wissenschaftlicher Mitarbeiter der Universität Warschau ebenfalls an der Tagung teilgenommen hatte: »Ein Funktionär fragte ihn hinterher, ob er sich den Film ausleihen könnte, um ihn der Familie von Leonid Breschnew zu zeigen.« Natürlich stimmt Bernhard Grzimek zu, und so kommt mit dem Parteichef der KPDSU der mächtigste Mann der Sowjetunion in den Genuss von Afrikas wilden Tieren.

Bei seiner Rückkehr findet der Zoodirektor erfreulichen Zuwachs in Frankfurt vor: Das Gorillapaar Makula und Abraham hat mit Sohn Max für den ersten in Deutschland geborenen Gorillanachwuchs gesorgt. Auch wenn die Mutter das Jungtier ablehnt und es in die Obhut des Tierpflegerehepaares Gerhard und Doris Podolczak kommt, gibt der Frankfurter Zoo stolz bekannt, der einzige auf der Welt zu sein, dem es gelungen sei, »alle vier Menschenaffenarten (Gorilla, Orang-Utan, Schimpanse und Bonobo) zu züchten«.

Bernhard Grzimek ist aber nur kurz in Frankfurt. Schon eine Woche nach seiner Rückkehr startet er nach Afrika, dieses Mal nach Uganda. In seinem Bemühen, die afrikanischen Nationalparks mit Fahr- und Flugzeugen im Kampf gegen Wilderer auszustatten, ist er auf ein neues, ungewöhnliches Gefährt gestoßen, das er vor Ort ausprobieren und an die Nationalparkverwaltung von Uganda übergeben will: ein Amphicar. Er hat das rotweiße schwimmfähige Viersitzercabrio bereits nach Kenia verladen lassen, wo Alan Root es abgeholt und nach Entebbe gefahren hat. Dorthin reist nun auch Bernhard Grzimek.

»Natürlich ist so ein Wasserauto auch ein hübsches Spielzeug für ausgewachsene Männer«, bekennt Grzimek in seinem 1969 erschienenen

312

Buch *Grzimek unter Afrikas Tieren*, in dem er mehrere seiner Abenteuer episodenhaft zusammenfasst. »Ich hätte das Schwimmauto dreimal an amerikanische Touristen verkaufen können, die ganz entzückt davon waren. Mit Aufschlag vermutlich. Aber ich hatte es schon zusammen mit Aubrey Buxton den Uganda-Nationalparks zum Geschenk gemacht. Hoffentlich gelingt es dem neuen afrikanischen Direktor des Parks, Herrn Francis Katete, damit den Wilddieben das Handwerk zu legen.«

Aubrey Buxton ist damals der Direktor des britischen Fernsehsenders *Anglia Television*, für dessen Naturfilmabteilung *Anglia Survival* Alan Root seit 1962 tätig ist. »*Anglia* war mein Hauptauftraggeber, aber von Beginn an hatte ich mit Bernhard Grzimek eine Vereinbarung, dass er die deutschen Rechte für alles haben durfte, was ich machte. Er sagte dann in seinen Sendungen auch immer ›Gedreht von meinem Kameramann in Afrika‹, selbst wenn ich es für *Anglia* gedreht hatte«, erinnert sich Alan Root.

So schippern die beiden Männer eine Weile mit dem Amphicar zwischen Flusspferden und Krokodilen herum und machen eindrucksvolle Aufnahmen, besonders an den Murchison Wasserfällen, wo sich Bernhard Grzimek wenige Jahre später erbittert gegen den Bau eines Kraftwerkes einsetzt. Zum Abschluss seiner Reise möchte er noch den Rudolf-See im Norden Kenias besuchen, und so mieten er und Alan Root in Ugandas Hauptstadt Kampala ein Flugzeug mit einem britischen Piloten.

Nach einigen Tagen am See wollen sie zum Kidepo-Nationalpark fliegen, dem dritten neuen Nationalpark in Uganda. Doch der Pilot ist erst seit zwei Monaten in Ostafrika tätig, noch nie in dieser Region geflogen – und so machen sie einen gefährlichen Fehler: Als sie ihr Ziel nicht finden, es immer dunkler wird und zudem schlechtes Wetter droht, halten die Männer ein paar Hütten mit Blechdächern für das Hauptquartier des Parks und landen. Kurz darauf sehen sie sich von etwa fünfzig Soldaten mit Maschinengewehren umzingelt. »Wir sind versehentlich über die Grenze von Uganda hinaus und ein Stück in den Sudan hinein geflogen«, schreibt Grzimek später. »Unsere Sachen wurden ausgeladen. Als dabei drei, vier, fünf Kameras, Objektive, eine Filmkamera zum Vorschein kommen, werden die zwei Offiziere immer aufgeregter. Man hält uns offenbar für Spione.« Sie sind in einem Polizei- und Armeelager gelandet und ausgerechnet in einen großen Aufstand hineingeraten.

Die drei Männer werden inhaftiert. »Jetzt endlich bekommst du deine Zwangsferien, die dir alle Bekannte immer verordnen, sage ich mir«, schreibt Grzimek rückblickend scherzhaft. Doch er erkennt den Ernst der Lage, sendet Telegramme, von denen er nicht weiß, ob sie die Empfänger erreichen, und schmiedet mit Alan Root sogar kurzfristig Fluchtpläne. Schließlich aber werden sie über Juba nach Khartoum gebracht, wo sich der deutsche Generalkonsul Theodor Mez in die Sache einschaltet. Doch eine entscheidende Wendung tritt erst durch die Intervention von Julius Nyerere ein. Der Staatspräsident Tansanias telegrafiert persönlich an die Regierung im Sudan. »Daraufhin trat sofort das Kabinett in Khartoum zusammen und ließ mich am selben Abend frei. Später kamen auch Telegramme von Dr. Gerstenmaier und der UNO«, schreibt Bernhard Grzimek am 9. August 1965 an den deutschen Botschafter in Uganda, Wilfried Sarrazin.

Bei Nyerere hatte sich Grzimek bereits nach seiner Rückkehr persönlich mit einem langen Brief und einer Beschreibung der Zustände im Sudan bedankt: »Die Tatsache ihres Eingreifens war in den meisten deutschen Zeitungen abgedruckt, und ich werde sie auch im Fernsehen noch einmal unterstreichen. Das könnte auch dazu beitragen, die Beziehungen zwischen Westdeutschland und Tansania zu verbessern, welche durch Maßnahmen der Bonner Regierung gestört wurden, die ich nicht als gerechtfertigt ansah«, schreibt er dem Regierungschef und spielt damit auf die sogenannte Hallstein-Doktrin an. Sie sah einen Abbruch der diplomatischen Beziehungen zu den Staaten vor, die die DDR als eigenständigen Staat anerkannten.

Die Übergabe des Amphicars ist durch den Rummel um die Verhaftung im Sudan medial untergegangen, was Bernhard Grzimek bedauert. Wenn Spenden der ZGF zum Einsatz kommen, möchte er das gerne möglichst vielen Spendern und potenziellen neuen Spendern mitteilen. Er kann die Szenen, wie er mit dem schnittigen Wagen ins Wasser prescht und Flusspferde umrundet, jedoch für *Das Tier, Ein Platz für Tiere* und sein Buch *Grzimek unter Afrikas Tieren* verwenden. In Letzterem schildert er auch, wie er den Titel einmal gar zu wörtlich nahm, als er halb unter, halb hinter aufgeblasenen lebensgroßen Gummitieren auf die lebenden Pendants losging.

»Die Idee kam ursprünglich von mir«, erzählt Alan Root. »Ich hatte es bereits an einem Nashorn ausprobiert, deshalb wusste ich, dass es funktioniert. Ich sprach mit Bernhard Grzimek darüber, weil er mir von seinen Attrappenversuchen mit Pferden im Zweiten Weltkrieg berichtet hatte.«

Grzimek springt sofort auf die Idee an. Als Erstes denken die Männer an ausgestopfte Tiere, doch die wären in Lebensgröße zu schwer. Also überredet Grzimek eine deutsche Spielwarenfirma, ihm die Gummitiere zum Aufblasen herzustellen. Nachdem die beiden Männer diese mit Autoabgasen aufgepumpt und danach mit Schlamm eingerieben und so ein wenig lebensechter gemacht haben, probieren sie die Wirkung an Löwen und Nashörnern aus. »Beide reagierten, als ob es sich um Artgenossen handelte«, erinnert sich Alan Root. Nur die Elefanten seien zu intelligent gewesen und hätten von den Gummitieren keinerlei Notiz genommen.

Alan Root bewundert heute noch, wie Grzimek Sachen aus kleinen Ideen entwickelte – selbst wenn die Gefahr bestand, dass er dabei albern aussehen könnte: »Er nahm diese Experimente wirklich ernst, wusste aber zur gleichen Zeit, dass es auch eine große Unterhaltung für seine Zuschauer war. Auch wenn sicherlich einige Wissenschaftler über ihn gelacht haben – er kümmerte sich nicht darum.«

Wie halsbrecherisch unbekümmert Bernhard Grzimek an die Sache herangeht, belegen Fotos der Aktionen: Einer Nashornkuh steht er auf wenige Meter gegenüber, nur durch das Gummitier und somit viel heiße Luft getrennt. Und er trägt Sandalen, mit denen er im Notfall kaum hätte flüchten können.

Den Ausklang des Jahrs 1965 und den Beginn und Großteil des Jahres 1966 bestimmt für Bernhard Grzimek aber wieder das Engagement gegen die Kanadische Robbenjagd. Denn der kanadische Botschafter in Deutschland drängt den Hessischen Rundfunk, dass Grzimek eine »Berichtigung« seiner Sendung von Anfang Dezember 1965 bringen solle, was diesen umso mehr anspornt, neuere Filmaufnahmen als die bisher gezeigten zu bekommen. Mit ihnen will er belegen, dass weiterhin Robbenjunge bei lebendigem Leib gehäutet werden, wie die britische Tierärztin Elizabeth Simpson im März 1966 in ihrem Gutachten berichtet hat.

So bezieht Grzimek am 12. April 1965 auf Bitte des Intendanten des

Hessischen Rundfunks, Werner Hess, noch einmal Stellung zur Robben-jagd. Zwei Wochen später fliegt er nach London, um dort Diavorträge über seine Naturschutzarbeit, jedoch auch über die Robbentötungen im Rahmen der Ausstellung *The Observer Magazine Wildlife Exhibition* zu halten. Hier trifft er Brian Davies, der die Robben-Jagdsaison 1966, fi-nanziert von ZGF und DNR, als Beobachter begleitet hat und nun neues Filmmaterial mitbringt. Sein Fazit gibt Grzimek in *Das Tier* wieder: »Un-sere Gesellschaft ist der Meinung, dass die neuen Bestimmungen es nicht erreicht haben, die grausamen Methoden der Robbenjagd zu beseitigen. Die Gesellschaft sieht keine Möglichkeit, wie die Robbenjagd durch ein zivilisiertes Land anerkannt werden könnte.«

Während seines Aufenthalts in Tansania vom 30. Dezember 1965 bis Mitte März 1966 hatte Grzimek zuvor an einer Konferenz zum Fortgang des Serengeti Research Project teilgenommen, das offiziell in Serengeti Research Institute (SRI) umbenannt und nach Seronera verlagert wer-den sollte. »Alle Mitglieder der Konferenz sind sich darin einig, dass die ökologische Untersuchung der Serengeti, wie sie von Prof. Grzimek initiiert wurde, die Hauptaufgabe des Institutes sein muss«, heißt es in dem Tagungsbericht.

»In Seronera war der größere Flugplatz, so konnten Geldgeber schnel-ler zum Institut gebracht werden – mit dem neuen Institut hatte Grzimek dann aber nicht mehr so viel zu tun«, erinnert sich Hans Klingel. Bern-hard Grzimek, so der Zoologe, hatte jedoch noch die Thyssen-Stiftung, die das Institut in Seronera finanzieren wird, mit ins Boot geholt.

Viel aktueller ist für Bernhard Grzimek mittlerweile ein anderes Pro-jekt: die Insel Rubondo im Viktoria-See in Tansania. Bereits im Vorjahr hatte er sich bemüht, in europäischen Zoos Schimpansen zu finden, die er dort auswildern kann. Die 38 Kilometer lange, acht Kilometer breite und 350 Quadratkilometer große Insel, die zu drei Vierteln mit Urwald bewachsen ist, ist seit zwei Jahren unbewohnt. Nur einige verwilderte Bananenplantagen erinnern noch an die Fischer, die vor ihrer Umsied-lung aufs Festland hier gelebt haben.

Am 1. März 1965 erläutert Bernhard Grzimek dem Minister für Land-wirtschaft, Wälder und Wildtiere in Tansania, S. A. Maswanya, zum ers-ten Mal seine Idee, nach den von Wildwart Peter Achard bereits hierher gebrachten Nashörnern auch Schimpansen und andere bedrohte Tierarten auszuwildern, und bittet um die Unterstützung der Regierung. Der Minister jedoch lehnt in einem Schreiben vom 18. Juni 1965 Grzimeks Ansinnen ab: »Die Insel in einen Nationalpark zu verwandeln würde die Waldnutzung stoppen, und dem könnte im Interesse der Nation nicht zugestimmt werden. Jedoch wurden bereits, wie Sie sicherlich wissen, von der Jagdverwaltung einige seltene Tierarten aus Naturschutzgründen auf die Insel gebracht, und ich habe vor, dem Präsidenten zu raten, die Insel Rubondo zu einem Wildreservat zu erklären.«

Auch hier braucht Bernhard Grzimek einen langen Atem, doch es lohnt sich: Zwölf Jahre später wird die Insel zum Nationalpark erklärt.

Schon 1966 jedoch wildert Grzimek Schimpansen auf der Insel aus, wie sich Markus Borner erinnert, der die ZGF später beim Aufbau des Nationalparks unterstützt. Die Affen überhaupt auf die Insel zu bekommen ist ein abenteuerliches Unterfangen. So werden die elf Zootiere in Begleitung des Frankfurter Oberwärters Gerhard Podolczak mit dem Frachtdampfer *Eibe Oldendorff* von Antwerpen nach Mombasa geschickt und schließlich in Daressalam angelandet. Bei der Freilassung der Menschenaffen macht sich Bernhard Grzimek akribisch Notizen auf einem kleinen Block – darunter die Feststellung: »Wir laufen wegen bösem Weib alle mit Schuhen ins Wasser.«

Nach ihrer Befreiung kommen die an Menschen gewöhnten Schimpansen immer wieder auf sie zu. So schildert auch Markus Borner, dass er und seine Frau am Anfang ihrer Zeit auf Rubondo echte Probleme mit den Schimpansen hatten: »Die haben häufig angegriffen. Wir mussten das ganze Haus zunageln, weil die immer eingebrochen sind – sie kamen ja alle aus dem Zoo oder Zirkus. Man muss aber sagen, dass es die einzige Gruppe von ausgewilderten Schimpansen ist, die wieder total wild geworden ist.«

Als einige Zeitungen diese Auswilderung als *Eulen nach Athen tragen* betiteln, begründet Grzimek die Rückführung der afrikanischen Tierart in einer Mitteilung an die Mitglieder der Zoologischen Gesellschaft: »Zootiere wählten wir deshalb aus, weil die Beschaffung von erwachsenen Schimpansen in Afrika selbst außerordentlich schwierig und kostspielig ist. Zudem kommen bei derartigen Fangexpeditionen auch immer einige Tiere um, während bei den aus zoologischen Gärten nach Afrika

317

gebrachten Schimpansen nur ein einziges Tier während der zunächst außerordentlich stürmischen Seereise verstarb. Interessant ist dieses Experiment auch deswegen, weil man auf diese Weise erproben kann, ob es tatsächlich gelingt, lange Zeit im Zoo gehaltene und da aufgewachsene Tiere wieder an die freie Wildbahn zu gewöhnen.«

Die bekannteste Schimpansenforscherin, Jane Goodall, ist jedoch alles andere als begeistert von der Auswilderung: »Das war etwas, was ich sehr missbilligt habe. Es gab keinen richtigen Plan. Die Tiere wurden einfach nur auf der Insel abgeladen. Es gab einige sehr junge Tiere, die nicht überleben konnten. Einige Männchen mussten erschossen werden, weil sie Menschen angriffen. Mittlerweile sind die Überlebenden wild, haben sich vermehrt, und man könnte deshalb sagen, dass es ein Erfolg war. Aber es hat sehr lang gedauert und war für viele der Schimpansen nicht gut.«

Noch vor Grzimeks Abreise nach Rubondo hat ein anderer deutscher Zoodirektor die Aufmerksamkeit der Medien auf sich gezogen: Wolfgang Gewalt. Er ist gerade sechs Wochen als Zoodirektor des Duisburger Tiergartens im Amt, als sich ein Beluga in den Rhein verirrt. Gewalt macht sich daran, den weißen Wal zu fangen, da sein Tiergarten ein Delphinarium hat. Zwar entwischt ihm der Wal – doch Medien und Öffentlichkeit sind auch so in Aufruhr. »Alle sagten damals: ›Der herzlose Gewalt, der gnadenlose Jäger‹«, erinnert sich Gewalt. Wie häufig in solchen Fällen sei sofort auch Grzimek nach seiner Meinung gefragt worden: »Er hatte einen großen Namen – wenn er etwas über Tiere sagte, dann galt das für die Leute. Auch wenn er Tierarzt war.«

Grzimek kannte Gewalt schon aus dessen Zeit als Assistent im Berliner Zoo. In einem *Spiegel*-Artikel vom 30. Mai 1966 mit der Überschrift *Um diesen einen Beluga sorgen sich Hunderttausende* schafft es der Frankfurter Zoodirektor geschickt, sich weder konkret für noch gegen das Fangen des Tieres im Rhein auszusprechen. Er bemerkt lediglich: »Es ist immer wieder erstaunlich, wie sehr sich die Gemüter erregen, wenn Tieren unter ihren Augen etwas angetan wird ... Dass die Norweger dieselben Weißwale vor Spitzbergen so gut wie ausgerottet haben, und zwar in recht blutiger, grausamer Weise, kümmert niemanden, denn Spitzbergen ist ja weit weg.« Dass Grzimek seinen Amtskollegen Gewalt in einer

Meldung der Deutschen Presseagentur verteidigt und schreibt, er würde »ebenso handeln wie Dr. Gewalt«, veranlasst den Duisburger Zoodirektor später dazu, in seinem Buch *Auf den Spuren der Wale* zu verkünden: »Wichtig war sowieso nur Bernhard Grzimek.«

Nach außen hält Grzimek damit kollegial zu einem der Seinen. In einem vertraulichen Brief an Gewalt vom 3. Juni 1966 lässt er diesen jedoch wissen: »Rein privat wollte ich Ihnen aber doch meine Bedenken mitteilen. Ich habe das Delphinarium im Duisburger Zoo noch nicht selbst gesehen, meine Mitarbeiter und andere Herren sagen mir aber, dass es verhältnismäßig sehr klein ist ... Ich habe etwas Bedenken, dass Sie sich unnötig der Kritik der Öffentlichkeit aussetzen, sofern die Sache schiefgeht ... Ein Fang im schnell fließenden Tiefwasser des Rheins und die schonende Überführung in ein Boot, von da in andere Transportmittel, birgt doch die Gefahr der starken Beschädigung oder Tötung des Tieres in sich. Außerdem ist das Tier nun einmal zu einer solchen Berühmtheit geworden, weshalb Europa aufpassen wird, was Sie damit tun und wie es ihm weiter in Ihrem Delphinarium ergeht. Vielleicht sollten Sie sich dabei nicht unnötig Angriffsfläche schaffen.«

Grzimek selbst stürzt sich zu der Zeit in das nächste große Naturschutzprojekt, eines der damals größten in der Bundesrepublik: die Errichtung eines deutschen Nationalparks. Es ist nicht seine Idee. »In der Serengeti hatte ich im Manuskript seines Buchs *Wildes Tier, weißer Mann* die Passagen gelesen, dass man in Europa wohl keine Nationalparke mehr schaffen könne«, erinnert sich Hubert Weinzierl. »›Hier irrt Grzimek‹, schrieb ich ihm an den Rand und trug ihm die Idee von einem Nationalpark im Bayerischen Wald und Böhmerwald und einem zweiten im Alpengebiet am Königssee vor.«

Bernhard Grzimek lässt sich schnell überzeugen, wie Weinzierl berichtet: »Eine Weile später haben wir das Gebiet des heutigen Nationalparks Bayerischer Wald durchwandert. Grzimek kam im dunklen Anzug und mit Lackschuhen von irgendeinem Kongress. Das gab skurrile Fotos von unserer Wanderung über die Hochschachten und durch die Filze. Diese Exkursion, die bei Ministerpräsident Alfons Goppel in der Staatskanzlei in München endete, wurde zur Geburtsstunde unseres ersten Nationalparks in Deutschland.« Kurz nach diesem Treffen am 15. Juli 1966 gibt die Bayerische Staatskanzlei bekannt: »Ministerpräsident Goppel sagte zu, die Möglichkeiten zur Errichtung eines Nationalparks in Bayern zu prüfen.«

Grzimek und Weinzierl hatten Alfons Goppel als Vertretung des Präsidiums des Deutschen Naturschutzrings ihrerseits eine Denkschrift überreicht. In ihr wird vom »wohl heißesten Wunsch der gesamten deutschen Naturschutzbewegung überhaupt« gesprochen, »auch in unserem Lande einen echten Nationalpark nach dem großen Vorbild so zahlreicher anderer Länder zu schaffen«. Dabei verweist Grzimek wohlweislich nicht auf Afrika, sondern auf die Schweiz, die Tschechoslowakei und Polen.

»Jahrzehntelang haben sich die deutschen Fachleute um die Verwirklichung eines deutschen Nationalparks bemüht, aber immer wieder hieß es, so etwas sei in unserem dicht besiedelten, weitgehend industrialisiertem Lande nicht mehr möglich«, heißt es so in der Ausarbeitung des Deutschen Naturschutzrings. Und um zu verdeutlichen, wie ernst Grzimek und seine Mitstreiter die Sache angehen, präsentiert er Goppel nicht nur bereits Ende Juli 1966 die erste Kostenabschätzung für das Projekt (»DM 1,5 Millionen einschließlich der Kosten des Erstjahres«), sondern schickt Hubert Weinzierl auch ins russische Grafskaja am Don, um Biber für das Projekt einzukaufen. »Grzimek war durch seine Fernsehsendungen und seine Popularität der ideale Transporteur für so etwas, er war der Lautsprecher der Naturschutzbewegung«, sagt Hubert Weinzierl. »Und er bekam recht: ›Wenn die Nationalparkidee erst einmal erkannt ist, läuft sie von selbst‹, hat er gesagt.«

Bernhard Grzimek legt ausdrücklich Wert darauf, dass es sich bei dem Projekt um einen »Nationalpark der internationalen Definition handeln soll. Nur ein solcher würde ein Novum für die Bundesrepublik bedeuten, während Schutzgebiete anderer Klassifizierungen ja bereits in großer Anzahl vorhanden sind« – so zumindest schreibt er am 4. August 1966 an das Bayerische Staatsministerium des Inneren. Um seine Worte zu unterstützen, stellt er Goppel noch am selben Tag hunderttausend Mark aus der öffentlichen Sammlung *Hilfe für die bedrohte Tierwelt* für die Errichtung des Nationalparks in Aussicht, »sofern dieser ... eine öffentlich rechtliche Körperschaft mit gemeinnützigem Charakter wird«.

Nachdem die Planung mehr und mehr an die Öffentlichkeit gedrungen ist, wird allerdings erste Kritik laut, vor allem vonseiten der Forstver-

320

waltung. Doch Grzimek nutzt seine Kontakte, um Stimmung für einen Nationalpark zu machen. »Sie erboten sich gestern, in die Angelegenheit Nationalpark im Bayerischen Wald mit einem Aufsatz etwa in der *Zeit* einzusteigen«, schreibt er so am 23. September 1966 an den Zoologen und Publizisten Vitus Dröscher.

Dieser kennt Bernhard Grzimek seit einem persönlichen Rundgang durch den Frankfurter Zoo. »Dabei hat er mich auf die Probe gestellt und mir Vogelküken unter die Nase gehalten: ›Was ist das?‹ Als ich nach der Schnabelform ›Geier‹ sagte, was richtig war, lief unser Gespräch noch besser«, erinnert sich Dröscher. In seinem Schreiben bittet Grzimek ihn, den Artikel »umgehend zu machen, damit die Entscheidung der Bayerischen Landesregierung noch beeinflusst wird, welche schon in den nächsten 14 Tagen bis drei Wochen fallen soll.« Er hält es für »die letzte Chance, in Deutschland noch einen Nationalpark zu schaffen«. Der Artikel erscheint, doch die Entscheidung lässt auf sich warten.

Nach einem kurzen Aufenthalt am oberen Amazonas, bei dem er mit Kameraleuten und Wissenschaftlern mehrerer Länder eine Bestandsaufnahme bedrohter Tierarten vornimmt, und einer Konferenz in Budapest, reist Bernhard Grzimek Ende Oktober 1966 zusammen mit Hubert Weinzierl nach Ceylon zur Internationalen Zoodirektorenkonferenz im Zoologischen Garten von Dehiwala in Colombo und von dort weiter nach Indien. Die beiden wollen die Tagung auch nutzen, um sich in den Ländern über Nationalparks zu informieren.

»Bei solchen Reisen war Bernhard von rührender Kindlichkeit«, erinnert sich Weinzierl. »In Madras musste ich ihn wieder und wieder in der Rikscha fotografieren. Oder später in Prag, als der damalige Umweltminister Max Streibl und ich ihn verloren hatten und ihn mit verzücktem Gesichtsausdruck vor dem Glockenturm mit der Spieluhr wiederfanden, die er immer noch einmal anhören wollte.« Offenbar wird Weinzierl in Ceylon jedoch auch »Bernhards Eitelkeit«, wie er sagt: »Damals gab die legendäre Staatspräsidentin Sirimavo Bandaranaike einen Staatsempfang für den internationalen Kongress. Bernhard und ich hatten in einem der großartigen Nationalparks ein komfortables Zelt mit Stromanschluss. Da konnte er mit seinem immer im Gepäck vorhandenen Reisebügeleisen sorgsam seine Hemdkrägen bügeln.«

Bernhard Grzimeks Reisen sind damit 1966 noch nicht abgeschlossen: Anfang Dezember bricht er für wenige Tage in die USA auf – dieses Mal jedoch weder in Zoo- noch in Naturschutzmission, sondern aus ganz privatem Interesse. Ihm sind die Leitung des Zoos Chicago-Brookfield und eine Lehrtätigkeit an der Universität von Chicago angeboten worden.

Grzimek kommt rasch zu einem Entschluss: »Ich habe mich entschieden, in Frankfurt zu bleiben, nachdem ich bereits sehr versucht gewesen war, dorthin zu wechseln«, schreibt er Al Oeming von der Alberta Game Farm in Kanada gleich nach seiner Rückkehr am 14. Dezember 1966. In seinen Lebenserinnerungen erklärt er später: »Vor allem hatte ich eine Sorge. Ich hatte immerhin beinahe zehn Jahre gebraucht, um mich bei der damals teilweise korrupten Stadtverwaltung Frankfurts nach dem Kriege durchzusetzen. Beinahe wäre ich dabei mit meiner Familie zugrunde gegangen. Ich hatte Sorge, dass die Chicagoer Stadtverwaltung nicht besser sein und dass ich noch sehr viel länger Zeit brauchen würde, um mich dort durchzusetzen. Dazu war ich inzwischen aber etwas zu alt.«

Am 2. Dezember 1966, also noch während Grzimeks Abwesenheit, wird sein jüngster Sohn Thomas sechzehn Jahre alt – ein Alter, in dem er immer öfter nach seiner wahren Herkunft fragt. Zum einen geht es um seinen Namen. »Er wurde mal Armund und mal Armand geschrieben – die Eltern haben ihn dann Thomas genannt, Thomas Armund Grzimek«, sagt Erika Grzimek.

Bernhard Grzimek erkundigt sich diesbezüglich beim Standesamt Frankfurt-Höchst: »Auf der Urkunde ist der Vorname Armund geschrieben. Soweit mir bekannt ist, soll der Eingetragene Armand, also mit a, heißen. Ich bitte, den Fall zu prüfen und mir gegebenenfalls eine neue, berichtigte Geburtsurkunde auszustellen.« In einem anderen Brief bittet Grzimek: »Wäre es Ihnen möglich, mir eine Geburtsurkunde auszustellen, auf der nur sein Name und die Namen der beiden Adoptiveltern angeführt sind, jedoch der Hinweis auf die natürliche Mutter fehlt?« Deren voller Name, ihre Herkunft aus Frankfurt und ihre evangelische Konfession sind der Urkunde normalerweise zu entnehmen. »Er wollte vor Thomas die leibliche Mutter verbergen«, sagt Erika Grzimek.

Warum? Weil ihn seine Adoptiveltern damals noch für zu jung halten?

So sagt es Erika Grzimek. In einem späteren Brief an seinen Adoptivvater schreibt Thomas, dass er »so lange von den Eltern belogen worden« sei. Immerhin verschweigen sie ihm auch lange Zeit, dass Bernhard Grzimek nicht sein leiblicher Vater ist. »Das glaubte Thomas aber«, so Erika Grzimek. »Bernhard hat sich einen riesigen Spaß gemacht zu behaupten, dass ein schwarzes Mädchen aus Afrika, von der er ein Foto hatte, die Mutter von Thomas und er der Vater sei und dass er doch mit Hilde eine großartige Frau hätte, die das mitmachen würde.«

Auch in einem Brief an Julius Nyerere vom 23. Juli 1965 schreibt Grzimek nur: »Wie Sie wissen, habe ich einen afrikanischen Sohn.« Die Interpretation bleibt so Nyerere überlassen – ein Stilmittel, das Bernhard Grzimek nur zu gerne nutzt. Als der *Spiegel* jedoch seine Aussage aufgreift, dass er mit einer Afrikanerin einen Sohn hat, »gab es von der Stadt eine Abmahnung – und dann hat er alles aufgeklärt«, sagt Erika Grzimek. »Thomas war definitiv kein Sohn von Bernhard. Und auch nicht von Michael.«

Für Thomas Grzimek ist damit jedoch noch lange nicht alles geklärt. Ihn lassen die Fragen nach seiner Herkunft nie los. So schreibt er seinem Ziehvater im Oktober 1978 in einem Brief: »Ich würde gerne wissen, wer mir diesen Namen verpasst hat. Meine leibliche Mutter, Hildegard oder Du. Also?«

Fernab von seinen familiären Problemen verbringt Bernhard Grzimek die Monate Januar und Februar 1966 in Tansania. Dort erreicht ihn eine tragische Nachricht aus dem Frankfurter Zoo: Gorillamann Abraham ist im Wassergraben der Außenanlage ertrunken. Der Menschenaffe war Ende 1957 eineinhalbjährig für achtzehntausend Mark in die Wohnung der Grzimeks gekommen, wo ihn Hildegard Grzimek in der Anfangszeit im Tierzimmer betreute. Neben Sohn Max, dessen Geburt der Zoo Frankfurt im Juni 1965 noch so stolz gefeiert hatte, bringt Gorilladame Makula noch nach Abrahams Tod am 3. Mai 1967 die gemeinsamen Zwillinge Ellen und Alice zur Welt. Die »zoologische Weltsensation«, wie der Frankfurter Zoo den doppelten Nachwuchs feiert, erhält ihre Namen von prominenten Taufpatinnen: den Schauspielerinnen, Tänzerinnen und Entertainerinnen Ellen und Alice Kessler.

Bernhard Grzimek lässt sich nach seiner Rückkehr eine Totenmaske des Gorillagesichtes anfertigen, die von da an in seinem Zoobüro hängt. Ansonsten ist dieses eher spartanisch ausgestattet, abgesehen von seinem lebenden Inventar wie zum Beispiel Gepard Dikhill, mit dem er gerne Besucher erschreckt, wie sich Rechtsanwalt Franz Peter erinnert: »Er sagte mir, ich solle schon einmal reingehen, er käme gleich nach. Das machte er mit vielen Besuchern – er fand es lustig zu sehen, was passierte. Ich fand das nicht so lustig. Aber der Gepard hat mir nichts getan.« Einmal habe allerdings Grzimeks Sekretärin aufgeregt angerufen, als ihr Chef gerade bei ihnen war: »Der Gepard ist wild geworden, er muss sofort kommen!«

Oder die Servale Quatio und Narimann: »Die hatte er oft im Direktorenzimmer«, erinnert sich Tierpfleger Wolfgang Lummer. Grzimek brauchte ja für seine Auftritte im Fernsehen immer wieder Tiere, und da war es einfacher, wenn sie schon an ihn gewöhnt waren. Wie Jokele, das Buschbaby. Das hatte sich nämlich von Michael und Bernhard Grzimek in der Serengeti nicht auswildern lassen und war dann doch wieder mit nach Frankfurt zurückgekehrt.

Der »Ehrenwild-Kleinhüter«, wie sich Grzimek scherzhaft in einem seiner Briefe an Richard Faust nennt, wird Mitte Februar 1967 in Tansania zum ersten Mal ernsthaft krank. Wahrscheinlich beim Baden in einem stehenden Gewässer hat er sich eine Darmbilharziose eingehandelt, wie der behandelnde Arzt in Arusha, Harald Strohschneider, feststellt. Kleine Parasiten sind vom Wasser aus durch die Haut eingedrungen und haben sich in Leber, Darm und Harnwegen festgesetzt. Bernhard Grzimek reicht eine Krankschreibung für eine Woche ein – in all seinen Dienstjahren ein absoluter Einzelfall.

Lange schonen kann er sich jedoch nicht, denn gerade hat die ZGF in einem Rundschreiben bekannt gegeben, dass auch »während der Robbenfangsaison 1967 in den kanadischen Hoheitsgewässern neutrale, zoologisch- und tiermedizinisch geschulte Beobachter die Fangmannschaften begleiten« und dass dies durch eine finanzielle Unterstützung der Gesellschaft ermöglicht werde. Doch nach seiner Rückkehr aus Afrika erfährt Grzimek, dass »Herr Staatssekretär Claus Schütz in der 94. Sitzung des Bundestages am 16.2. öffentlich eine Erklärung abgegeben hat, die von unseren wissenschaftlichen Sachverständigen festgestellten, häufigen Grausamkeiten bei der Robbenjagd in kanadischen

Hoheitsgewässern träfen nicht zu, im Fernsehen gezeigte Berichte seien gefälscht«, wie Grzimek im März 1967 in einem Brief an den damaligen Bundesaußenminister Willy Brandt schreibt. An Schütz selbst hatte er bereits am 1. März 1967 in knappen, scharfen Worten geschrieben:»Da ich mich von dieser Auskunft mit betroffen fühle und rechtliche Schritte einleiten möchte, wäre ich dankbar, wenn ich über den Wortlaut dieser Mitteilung an den Bundestag unterrichtet werden könnte.«

Bernhard Grzimek ist nicht nur persönlich betroffen. Er sieht auch seine Arbeit und seine Glaubwürdigkeit akut gefährdet, zumal bereits im dritten Jahr große Spendensummen in die Kampagne gegen die Robbenquälerei fließen. In seinem Brief an Brandt erläutert er entsprechend, dass Schütz durch einen Referenten habe mitteilen lassen, dass er sich auf einen Bericht des zuständigen Sachbearbeiters in der deutschen Botschaft in Ottawa gestützt habe. »Ich sehe es als unfair und nicht korrekt an, dass Herr Staatssekretär Schütz sich nicht mit uns in Verbindung gesetzt und unsere Unterlagen geprüft hat, ehe er diese öffentliche diffamierende Erklärung abgab. Sie verletzt Hunderttausende, welche durch Spenden und Briefe sich bemüht haben, diese scheußlichen Missstände abzustellen.«

Grzimek kündigt an, öffentlich auf Schütz' Behauptungen zu reagieren, und setzt diese Ankündigung in seiner Sendereihe *Ein Platz für Tiere* rasch in die Tat um. Hier zitiert er aus dem ersten Bericht der Beobachterin Elizabeth Simpson für 1967, dass es keine Verringerung der Grausamkeiten zum Vorjahr gebe, sondern immer noch viele Tierleichen mit unzerbrochenen Schädeln gefunden würden, »was anzeigt, dass das Enthäuten begonnen wurde, bevor die Tiere tot waren«.

Mittlerweile hat sich Bernhard Grzimek sicherheitshalber eidesstattliche Versicherungen der Urheber der ersten Aufnahmen schicken lassen, dass diese Szenen nicht gestellt waren. Nach einem Mittagessen in der Bundeskanzlei, bei der Bundeskanzler Kurt Georg Kiesinger »die Freundlichkeit hatte, mich als Einzigen recht lobend in seiner Tischrede zu erwähnen« (wie Grzimek vertraulich am 13. April 1967 an den Bundestagsabgeordneten Hermann Schmitt-Vockenhausen schreibt), entschuldigt sich Claus Schütz bei Bernhard Grzimek. Noch mehr wird sich Grzimek jedoch über den Brief von Willy Brandt gefreut haben, in dem dieser am 19. April 1967 schreibt: »Auch ich missbillige die Grausam-

325

keiten, die offenbar bei der Robbenjagd begangen werden. Sie sind des Menschen unwürdig. Daher begrüße ich sehr die Bemühungen, die Sie und viele Tierfreunde in aller Welt unternehmen, um diesen Methoden ein Ende zu bereiten. Soweit ich Ihnen dabei behilflich sein kann, bin ich gerne dazu bereit.«

Tatsächlich werden Willy Brandt und Bernhard Grzimek zweieinhalb Jahre später enger in Sachen Naturschutz zusammenarbeiten, als sie beide zu diesem Zeitpunkt ahnen: Nach seiner Wahl zum Bundeskanzler ernennt Willy Brandt Bernhard Grzimek Ende 1969 zu seinem Beauftragten für den Naturschutz.

Vorerst wird Bernhard Grzimek 1967 auf Einladung von Prinz Bernhard der Niederlande, dem Gründungspräsidenten des WWF International, in den Stiftungsrat der Organisation berufen. »Soweit ich mich erinnere, nahm er gelegentlich an den Sitzungen des WWF-Stiftungsrates teil, indessen ohne sich übermäßig zu engagieren. Dazu war er wohl zu sehr Einzelgänger und sich seiner eigenen Stellung und Erfolge wohl bewusst«, sagt Fritz Vollmar, der erste Direktor des WWF International. »Bernhard Grzimek hatte sich bereits bewiesen, als der WWF auf den Plan trat – daher kam wahrscheinlich auch seine anfängliche Skepsis. Er war wohl kein Teamplayer, zeigte sich aber dem WWF gegenüber zunehmend kooperativ.«

In Sachen Nationalpark kann die Zoologische Gesellschaft ihren Mitgliedern noch keinen Durchbruch, aber immerhin einen Fortschritt verkünden: Am 23. Mai 1967 wird der Zweckverband zur Förderung des Projektes eines Nationalparks Bayerischer Wald gegründet. Bernhard Grzimek, der in den Fachbeirat des Verbandes gewählt wird, nutzt seine Reise nach München, um am Vorabend der Gründungsversammlung mit Alois Hundhammer, dem bayerischen Staatsminister für Landwirtschaft und Ernährung, ein Gespräch unter vier Augen zu führen. Dieser hat sich bisher recht ablehnend gegenüber dem geplanten Nationalpark geäußert. Doch Grzimek scheint Hundhammer von den Plänen so weit überzeugt zu haben, dass dieser einen unabhängigen Gutachter um eine Stellungnahme zu den Plänen aufgefordert hat. »Dass Sie den Namen des Herren nicht nennen wollen, dafür habe ich großes Verständnis«, schreibt Grzimek kurz darauf an den Staatsminister. »Andererseits sind die fünf Finger einer Hand schon zu viel, um die Sachverständigen in Deutschland aufzuzählen, welche auf diesem Sachgebiet Erfahrung haben – wir haben nun einmal bisher noch keinen Nationalpark in Deutschland.«

Sein Brief zeigt nicht nur, dass Bernhard Grzimek ahnt, wen Hundhammer als Gutachter angefragt hat, sondern auch, dass eine alte Wunde noch nicht verheilt ist. Grzimek informiert den Staatsminister, »dass Herr Direktor Heinz Heck vor gegen zwanzig Jahren sehr heftige persönliche Angriffe gegen mich geführt hatte, die zu meiner kurzfristigen Inhaftierung geführt haben … Ein Gutachten aus seinem Kreis dürfte sehr leicht unobjektiv sein.« Er schlägt daher vor, das Gutachten zur Gegenreferierung Wolfgang Engelhardt vorzulegen, der wenige Tage zuvor zum Generaldirektor der Naturwissenschaftlichen Sammlungen des Bayerischen Staates ernannt worden ist. Dass Engelhardt als Mitarbeiter Grzimeks im Deutschen Naturschutzbund damit zu »seinem Kreis« gehört, lässt er unerwähnt.

Auch wenn er am 5. Juni 1967 die Nachricht bekommt, dass ihn die Verwaltung der Nationalparks in Uganda zum Ehrenmitglied des Kuratoriums ernannt hat, treten Bernhard Grzimeks Aktivitäten in Afrika im Vergleich zu den Vorjahren ein wenig in den Hintergrund. Zu viel gibt es für ihn in Deutschland zu tun: Am 2. Juni 1967 hat das Landgericht Frankfurt eine einstweilige Verfügung gegen ihn erlassen, weil er in seiner Fernsehsendung vom 16. Mai »erneut eine Boykottaktion gegen Seehundkleidung proklamierte«, wie der Verband der Deutschen Rauchwaren- und Pelzwirtschaft in einem Schreiben verkündet. Der Fernsehprogrammdirektor des Hessischen Rundfunks, Hans-Otto Grünefeldt, schreibt daraufhin an Grzimek: »Da wir uns einig waren, das Thema Robben in absehbarer Zeit nicht mehr aufzugreifen, ist meines Erachtens die ganze Angelegenheit somit ohnehin erledigt.«

Grzimek legt gegen die einstweilige Verfügung Widerspruch ein, doch das Landgericht bekräftigt die Verfügung nach einer Verhandlung am 6. Juli 1967. Auch gegen dieses Urteil legt Grzimek Berufung ein, und er erklärt einem Juraprofessor der Universität Tübingen, der sich aufgrund einer Studie für den Streitwert und die Prozesskosten interessiert: »Ich trage die Prozesskosten selbst, da der Streit sich ja um eine Fernsehsendung von mir dreht, für die ich Honorare erhalte. Deswegen

will ich die Geldmittel, welche uns die Öffentlichkeit für die Spendensammlung *Hilfe für die bedrohte Tierwelt* zur Verfügung gestellt hat, dafür nicht einsetzen.«

Grzimek ist bereit, seine Sache bis zum Bundesgerichtshof zu vertreten. Doch so weit kommt es nicht: Nach einem persönlichen Gespräch
zwischen ihm und Vertretern der Pelzwirtschaft bei einem Mittagessen
im Frankfurter Hof, zu dem der Hauptgeschäftsführer des Verbandes
der Deutschen Rauchwaren- und Pelzwirtschaft, Willy Treusch, Bernhard Grzimek schon lange aufgefordert hatte, schließen die Parteien im
September 1967 einen Vergleich. Sie kommen darin überein, durch eine
gemeinsame Sachverständigenkommission feststellen zu lassen, ob und
in welchem Umfang Tierquälereien bei der Babyrobbenfell-Gewinnung
vorkommen. So beschließen sie, »für die Saison März 1968 je einen Vete-
rinärpathologen mit Universitätsrang gemeinsam in die Fanggebiete in
und vor Kanada [zu] entsenden. Die deutsche Pelzwirtschaft wird sich
an den Kosten dieser Kommission mit DM 10 000 beteiligen.« In der
Öffentlichkeit stehen so beide als Gewinner da. In unzähligen Briefen
an Brian Davies in dieser Zeit macht Bernhard Grzimek seine Einstellung zur Robbenjagd noch einmal ganz deutlich: »Ich vertrete nicht die
Ansicht, dass es unmoralisch ist, Tiere für Pelze zu töten. Wenn sie sach-
gemäß getötet werden, sollte man es nicht ablehnen, dass sie zu verschiedenen Zwecken getötet werden und nicht nur, um Menschen zu
ernähren, die vor Hunger sterben.«

Zuvor war er im Juli 1967 in die Sowjetunion und nach Polen gereist und hatte beim stellvertretenden sowjetischen Landwirtschaftsminister und Leiter des Naturschutzes, Boris Nicolajewic Bogdanow,
die Zusage erwirkt, dass die Sowjetunion Wildtiere für den geplanten
Nationalpark Bayerischer Wald liefern würde. Im polnischen Landwirtschaftsministerium führt er ähnliche Verhandlungen mit dem Leiter der polnischen Nationalparks, Tadeusz Szczęsny, und besucht den
Białowieza-Nationalpark.

Mit einem einzigen Knopfdruck führt Willy Brandt am 25. August 1967
um 10.57 Uhr auf der Internationalen Funkausstellung in Berlin das ein,
auf das Bernhard Grzimek schon lange sehnsüchtig gewartet hat: das
Farbfernsehen. Bereits beim Abdruck seiner Artikel in Illustrierten hat

Grzimek stets darauf gedrängt, dass seine Fotos in Farbe erscheinen – weiß er doch gerade bei Naturaufnahmen um die wesentlich bessere Wirkung. Und so präsentiert er auch kurz darauf, am 2. September 1967, im Frankfurter Hotel Intercontinental stolz den ersten »vollfarbigen« Band von *Grzimeks Tierleben*. Dazu hat ihn der ehemalige Verleger der *Revue*, Helmut Kindler, überredet, für den Bernhard Grzimek als Herausgeber fungiert. Zum Auftakt erscheint ein Band über Säugtiere, insgesamt wird es eine dreizehnbändige Enzyklopädie, deren letzter Teil 1971 erscheint.

1664 Mark müssen Käufer für das Gesamtwerk bezahlen, ein stolzer Preis für ein monumentales Werk. »Nur in deutscher Sprache sind bisher über die Tiere so umfangreiche, auch für den Laien bestimmte Werke erschienen wie vor hundert Jahren *Brehms Tierleben* und heute das vorliegende«, schreibt Grzimek im Vorwort des ersten Bandes. Kindler lässt seinem Herausgeber die Freiheit, sich über die Entfremdung des Menschen von der Natur, die Überbevölkerung und Industrialisierung zu beklagen und zu bekunden: »Hunderttausende empören sich in Briefen, Zeitungen, Funk und Fernsehen über Misshandlungen von Tieren.« Bernhard Grzimek bleibt seiner Linie also treu, sogar so weit, dass »weitgehend alle Fremdwörter und Fachausdrücke vermieden« werden.

Die einzelnen Abhandlungen stammen von deutschen und internationalen Wissenschaftlern, die Hauptredaktion hat Grzimeks langjähriger Zoomitarbeiter Dietrich Heinemann übernommen. »Das Werk, das meinen Namen trägt, ist eine Gemeinschaftsarbeit«, betont Bernhard Grzimek: »Mancher Wissenschaftler, der in der Zoologie weit mehr geleistet hat als ich, mag an dem Titel *Grzimeks Tierleben* Anstoß genommen haben. Es hat monatelanger Wechselgespräche mit dem Verleger bedurft, bis ich diesem Titel zugestimmt habe ... Da meine Fernsehsendungen, meine Tätigkeit als Direktor eines großen Zoologischen Gartens und meine Arbeit in den Nationalparks der Überseeländer meinen so schwer aussprechbaren Namen ganz unverdient in der breiten Öffentlichkeit bekannter gemacht haben als den anderer Fachgelehrter, die überwiegend – und sicher weit verdienstvoller – im Forschungslabor arbeiten, schien dem Verleger dieser Titel eine der Voraussetzungen für den Erfolg zu sein.«

Die Buchbesprechungen sind jedenfalls überaus positiv, auch die des anerkannten Wissenschaftsjournalisten Theo Löbsack. Er schreibt in seinem Artikel für die *Zeit* am 24. November 1967: »Der jetzt vorliegende erste von insgesamt dreizehn Bänden des Grzimek'schen Tierlebens, um es gleich zu sagen, deutet nicht nur auf eine würdige Nachfolge des ehrwürdigen *Brehm* hin. Er prophezeit auch, dass uns eine Meisterleistung internationaler Zusammenarbeit präsentiert werden wird, die ihresgleichen suchen dürfte.« Auch wenn Löbsack bezogen auf Grzimeks Einführung von »essen« statt »fressen« und »trinken« statt »saufen« bei den Säugetieren von einem »Lesegenuss eigener Art« spricht, schließt er mit dem Fazit: »Wenn Alfred Brehm noch lebte – er hätte seine Freude gehabt.«

Im November 1967 wendet sich Grzimek dann im Namen des Deutschen Naturschutzrings an Hermann Höcherl, den Bundesminister für Ernährung, Landwirtschaft und Forsten, um gegen die Haltungsbedingungen im sogenannten Hühnerhochhaus in Berlin-Neukölln zu protestieren. Es ist der erste Einsatz des ehemaligen »Hühnerbarons« gegen die Käfighaltung von Hühnern, und es werden noch viele folgen. »Der zuständige Amtstierarzt hat vor einiger Zeit dieses Hühnerhochhaus besichtigt und dabei einwandfrei festgestellt, dass die Hühner durch die dortige Haltung schwere körperliche Schäden erleiden und der Tatbestand einer schweren Tierquälerei erfüllt ist«, schreibt Grzimek. »Wir würden jegliche Berechtigung verlieren, gegen den alljährlichen Singvogelmord in Italien, gegen die Stierkämpfe und ähnliche Grausamkeiten zu protestieren, wenn wir den hier in Frage stehenden Zustand weiter dulden würden.«

Während Bernhard Grzimek in den Wintermonaten mit Erika und Sohn Stephan Tansania, Kenia, Uganda und Sambia besucht und auf der Rückreise bei Monika in Israel vorbeischaut, gibt es in Deutschland Diskussionen über den geplanten Nationalpark. Als Zeitungen verbreiten, dass dort Wölfe und Bären ausgesetzt werden sollen und versuchsweise bereits ein Elch im Bayerischen Wald freigelassen worden sei, versucht Hubert Weinzierl, die Behauptungen zu widerlegen – nicht ohne alle Schreiben an Bernhard Grzimek nach Afrika weiterzuleiten und ihn dort sogar kurz zur Besprechung zu treffen.

Zeitgleich wehrt sich Alfred Toepfer dagegen, dass sich der Deutsche Naturschutzring weiter mit dem Thema Nationalpark befasst. Der Hamburger Unternehmer und bekannte Stifter, der damals Präsidiumsmitglied des DNR und Vorsitzender des Vereins Naturschutzpark e. V. ist, hat bereits zuvor lange mit Grzimek korrespondiert und in seinen Briefen die Umsetzung von Naturparks favorisiert, während Grzimek Nationalparks den Vorrang gibt. »Grzimek hat die Idee der Naturparke von Alfred Toepfer für Tourismus gehalten. Für Grzimek galt der Nationalpark als Qualitätsmerkmal, Naturparke waren ihm zu dünn und zu seicht«, erinnert sich Hubert Weinzierl.

Tatsächlich hatte das Präsidium des DNR bereits am 25. November 1967 aufgrund von Unstimmigkeiten zwischen den einzelnen Mitgliedsverbänden einstimmig beschlossen, dass sich der Naturschutzring nicht mit diesem Projekt befassen würde und Grzimek und Weinzierl ihre weiteren Aktionen nicht in ihren Funktionen als Präsidialmitglieder durchführen sollten. Vielleicht gehört diese Entscheidung zu den Gründen dafür, dass Bernhard Grzimek im August 1968 beschließt, sich nach vierjähriger Amtszeit nicht mehr als Präsident des DNR zur Verfügung zu stellen.

Grzimeks Engagement gegen die Robbenschlachtungen scheint sich hingegen auszuzahlen. Die von der ZGF und dem Deutschen Rauchwaren- und Pelzwirtschaftsverband zur Robbenjagdsaison 1968 nach Kanada entsandten Beobachter kehren mit positiven Nachrichten zurück, wie die Zoologische Gesellschaft vermeldet: »Es ergab sich, dass im Gegensatz zu den früheren Befunden in diesem Jahr 96 Prozent der untersuchten Tiere völlig zertrümmerte Schädel hatten, bevor sie enthäutet wurden ... Danach haben die Massenproteste, die von den europäischen Fernsehzuschauern an die kanadische Regierung gerichtet worden sind, offensichtlich zu einem befriedigenden Erfolg geführt ... Nach Meldungen kanadischer Zeitungen waren aufgrund der Fernsehsendungen von Professor Grzimek schon in den ersten Tagen 15 000 Protestbriefe bei der kanadischen Regierung eingegangen.« Die Gesellschaft stellt in Aussicht, sofern ihr die Mittel zur Verfügung stehen, auch in künftigen Jahren gelegentlich neutrale Kontrollen vornehmen zu lassen.

Um Kontrollen bittet Bernhard Grzimek in einem Brief vom 24. April 1968 auch Francis Katete, den Direktor der Nationalparks in Uganda: »Ein erheblicher Teil der Leopardenfelle und Krokodilhäute, die in Europa und auch in Amerika verarbeitet werden, bestehen aus gewilderten und aus dem Land geschmuggelten Beständen. In diesem

Sinne wirken auch alle meine Assistenten, die die Touristen-Touren nach den afrikanischen Nationalparks als wissenschaftliche Reiseleiter begleiten, auf die Klienten hin. Es ist dann besonders peinlich, wenn eine solche Touristengruppe, die ja für den Naturschutz und für die afrikanischen Nationalparks und das afrikanische Wild begeistert und gewonnen werden soll, in einer Nationalpark-Lodge sehen muss, dass dort in den Souvenir-Shops Krokodil- und Leopardentaschen käuflich angeboten werden ... Ich glaube, man sollte doch überlegen, ob man nicht zumindest in den Nationalparks den Verkauf von Fellen – zumindest bedrohter Arten – ganz verbieten sollte.«

In Bezug auf den nach wie vor schwelenden Streit um den Nationalpark Bayerischer Wald wendet sich Bernhard Grzimek vertraulich an den damaligen CSU-Vorsitzenden und Bundesfinanzminister Franz Josef Strauß. Grzimek möchte damit vermeiden, dass er »zu einer öffentlichen Kontroverse mit einem führenden CSU-Minister gedrängt werde«, wie er Strauß am 22. März 1968 schreibt. Sein Disput mit Alois Hundhammer ist lange noch nicht beigelegt. »Herr Minister Dr. Hundhammer spricht im Landtag und in seinen Presseverlautbarungen offensichtlich mit Absicht immer von Plänen des ›Frankfurter Zoo-Direktors Dr. Grzimek‹, obwohl ich doch nur als einer der Gutachter gehört worden bin und es sich in Wirklichkeit um Bestrebungen der 22 niederbayerischen Landkreise handelt«, führt Grzimek aus und verweist auf eine – von ihm selbst in Auftrag gegebene – Infratest-Umfrage, nach der sich »88 Prozent der deutschen und 91 Prozent der bayerischen Bevölkerung« für einen Nationalpark ausgesprochen haben. Damit argumentiert er eindeutig gegen den von Hundhammer favorisierten Naturpark, der menschliche Nutzung, insbesondere die Erholungsnutzung, zulässt, während in Nationalparks der menschliche Einfluss und besonders die Nutzung im überwiegenden Teil vermieden werden soll.

Strauß bittet Grzimek in seinem Antwortbrief um Geduld. Die aber ist nicht unbedingt Bernhard Grzimeks Sache – schon gar nicht, wenn auch noch eine weitere Seite, von der er sich Unterstützung erhofft hatte, Bedenken äußert. »Man sollte meines Erachtens nicht mit allen Mitteln an der Bezeichnung ›Nationalpark‹ festhalten«, schreibt ihm nämlich am 17. Mai 1968 Graf Lennart Bernadotte von der Insel Mainau im Bodensee, wo der schwedische Adelige den Deutschen Rat für Lan-

332

despflege gegründet hat. »Vielmehr würde ich es für richtig halten, in diesem Falle einen ›Europäischen Naturpark‹ anzustreben und zu versuchen, sich mit der tschechoslowakischen Seite in dieser Hinsicht abzustimmen.«

Auch Bernhard Grzimek ist durchaus an einem länderübergreifenden Gebiet interessiert, besteht jedoch auf der Gründung eines Nationalparks mit eigener Verwaltung, wie seinem vertraulichen Brief an Bundesernährungsminister Hermann Höcherl vom 11. Juli 1968 zu entnehmen ist. Grzimek denkt hier bereits darüber nach, wie sich die Dinge auf unbürokratischem Weg lösen ließen: »Wenn ein eigenes Nationalpark-Gesetz und eine eigene Verwaltung geschaffen sind, kann man sich mit der dann immer über alle Einzelheiten intern streiten. Den Park allmählich immer mehr in tieferen, nicht bewaldeten Lagen zu vergrößern ist bei der augenblicklichen und künftigen Entwicklung der Landwirtschaft in dieser argen Gegend wirklich kein Problem, man darf nur augenblicklich nicht laut davon reden.«

Um ein wenig zu entspannen, auch wenn er sich dabei gleichzeitig über den Naturschutz vor Ort informiert, war Bernhard Grzimek Mitte Mai für vierzehn Tage einer Einladung von Generalkonsul Bruno Schubert gefolgt, der für sich selbst sowie für Erika und Bernhard Grzimek Premierenflüge der Fluggesellschaft Varig nach Brasilien organisiert hatte.

»Damals hat mich mein Vater das erste Mal nach Frankfurt eingeladen, und ich durfte dann mit nach Brasilien fliegen«, erinnert sich Monika Karpel. »Wir waren dann dort abends zum Essen eingeladen und waren alle total betrunken, weil wir nicht gemerkt hatten, dass in dem leckeren Zitronensaft so viel Alkohol mit drin war.« Was Grzimeks Tochter beschreibt, ist für den disziplinierten Mann eine absolute Ausnahme – auch wenn er, nicht zuletzt durch seinen fehlenden Geschmackssinn, auch gerne am Ende eines Abends Bier und Wein durcheinandertrinkt, wie sich Monika Karpel erinnert.

In Brasilien führt Bernhard Grzimek einige gute Gespräche, darunter mit dem bekannten Ornithologen Augusto Ruschi. Dieser widmet dem Deutschen Ende 1973 eine neu entdeckte Kolibriart, *Threnetes grzimeki*, auf Deutsch auch *Grzimek-Eremit* genannt, worüber sich Bernhard Grzimek sehr freut. 1968 veranlasst der Zoodirektor jedoch zunächst eine

Lieferung von Kolibris für den Frankfurter Zoo und schickt kurz nach der Reise ein Fernsehteam nach Brasilien, um Aufnahmen von Ruschis Station in Santa Teresa zu machen.

Wieder in Frankfurt alarmieren Bernhard Grzimek Nachrichten aus Tansania: Im Ngorongoro-Krater soll ein Hotel gebaut werden. Grzimek setzt augenblicklich Telegramme ab: an verschiedene Zeitungen mit der Bitte, die Sache zu recherchieren, an internationale Naturschutzorganisationen mit dem Aufruf, Protest einzulegen. Und an Staatspräsident Julius Nyerere: »Dieses Vorhaben würde einen der schönsten Plätze der Welt und Tansanias für immer ruinieren und von der ganzen Welt bedauert werden. Bitte verhindern Sie dieses Desaster!«

Grzimek hat den Tourismus in Tansania angekurbelt. Jetzt versucht er, ihn zu stoppen. In einem längeren Brief an Nyerere vom 27. Mai 1968 schildert er, dass er sich nach der Unabhängigkeit des Landes verantwortlich gefühlt habe, dass Touristen nach Ostafrika kämen. »In der Zwischenzeit hat sich Tourismus in die ostafrikanischen Nationalparks mehr und mehr entwickelt. Es ist nicht mein Fehler, wenn Tansania davon nicht seinen gerechten Anteil an Touristen abbekommt, weil es keinen großen Flughafen für große Flugzeuge mit Gruppenreisen in der Nähe von Arusha oder eine vernünftige Straße von der Serengeti in die Seen-Region gebaut hat.«

Es ist also nicht so, dass Bernhard Grzimek sich gegen diese Eingriffe und damit eine Zunahme an Touristen in der Region wendet. Nur sieht er das von einem österreichischen Architekten am Grunde des Kraters, im Lerai-Wäldchen geplante Hotel als Verschandelung der Landschaft und damit als kontraproduktiv für den Tourismus an. Und er hat erhebliche Bedenken hinsichtlich der Folgen auf das Ökosystem des Kraters, wie er Julius Nyerere mitteilt. Nicht zuletzt werden Grzimek jedoch ganz private Gedanken an die Grabstelle Michaels, die den bisher fast unberührten Krater überblickt, geschmerzt haben.

Die Antwort lässt nicht lange auf sich warten. Am 8. Juni 1968 teilt ein persönlicher Assistent Nyereres Grzimek in einem Brief mit, dass die Erkenntnis, dass das Hotel am Grunde des Kraters gebaut werden solle, den Präsidenten dazu veranlasst habe, die Erlaubnis für das Vorhaben auf der Stelle zu entziehen. Was Grzimek mit Sicherheit erfreut, sorgt in Arusha für Protest des Architekten. Eine Meldung der Deutschen Presseagentur vom 10. Juni 1968 zitiert ihn folgendermaßen: »Grzimek scheint den Ngorongoro-Krater für seinen eigenen Privatzoo zu halten. Er sagt ›Nein‹ zu den Plänen, und die anderen wissenschaftlichen Eierköpfe machen prompt mit. Aber sie verstehen eben nichts vom Tierleben.«

Es bleibt jedoch dabei – ein Hotel auf dem Kratergrund wird nicht gebaut. Doch schon kurze Zeit später wittert Grzimek neues Unheil, diesmal aus Uganda: An den Murchison Wasserfällen, an denen er mit Alan Root das Amphicar getestet hat, soll ein Elektrizitätswerk gebaut werden. »Die Firmen scheinen den Präsidenten überzeugt zu haben, dass das ohne Störung des Nationalparks möglich sei«, schreibt Grzimek am 17. Juli 1968 an verschiedene Naturschutzorganisationen. »Natürlich ist dieses unmöglich, weil der Bau Jahre braucht und die Leute, die sich um die Station kümmern werden, dort leben müssen. Das heißt, dass ein neues Dorf oder eine neue Stadt entstehen wird, die nicht unter der Führung des Nationalparks steht … Bitte protestieren sie gegen dieses Projekt und bitten viele andere, es auch zu tun.«

Bernhard Grzimek wendet sich in dieser Sache auch an den geschäftsführenden Direktor der Weltbank in Washington, Ernst von Hofe. In seinem Brief vom 21. August 1968 argumentiert er, allein in Uganda habe der Tourismus 1967 / 68 um fünfundzwanzig Prozent zugenommen, dieser sei jedoch durch den geplanten Bau des Elektrizitätswerks gefährdet. Zudem erklärt er, er sei in großer Sorge, »dass die Geld gebenden Institutionen« – womit er die Weltbank mehr oder weniger direkt anspricht – »eine Entscheidung zu Gunsten des Murchison Falls Power Station Projektes fällen, ohne dass die Auswirkungen auf den für die Dauer sehr viel wichtigeren Tourismus nach Uganda sorgfältig untersucht werden«. Sich gegen den Bau eines Hotels auszusprechen ist das eine. Doch sich hierfür direkt an internationale Geldgeber zu wenden hat eine andere Dimension – allerdings nicht für Bernhard Grzimek. Er macht, was in seinen Augen getan werden muss, um die Natur in Afrika zu schützen.

Während sich Grzimek in Afrika mit aller Kraft für die Interessen des Naturschutzes einsetzt, tut sich Mitte 1968 auch einiges im Frankfurter Zoo. So spendet die Binding-Brauerei 90 000 Mark für ein neues Tierkinderhaus, in dem Jungtiere gut sichtbar für die Besucher hinter großen Glasscheiben aufgezogen werden sollen. Überschattet wird der

Sommer im Frankfurter Zoo allerdings durch den Tod von drei Schimpansen. Am 4. Juni 1968, so erklären sich die Mitarbeiter später den Vorfall, fällt die sechsjährige Schimpansin Senga wahrscheinlich beim Spielen in den Wassergraben. Bei dem Versuch ihrer Mutter Uschi, mit Säugling Elisabeth im Arm Senga zu Hilfe zu kommen, ertrinken alle drei Menschenaffen.

Jetzt, nur eineinhalb Jahre nach dem Tod des Gorillamanns Abraham, werden nach dem erneuten Unfall Fanggitter in den Wassergraben eingezogen. »Für meinen Mann und mich ist dieses der schwärzeste Tag seit 23 Jahren im Zoologischen Garten gewesen«, schreibt Hildegard Grzimek später in ihrem Buch *In meinem Herzen haben viele Tiere Platz*. Sie hatte Uschi im Tierzimmer der Wohnung großgezogen und war mit ihr, weil sie »die gehorsamste war, ... außerdem intelligent und mit einem sehr ausgeglichenen Temperament« sogar zu einem Fernsehauftritt nach München gefahren.

Im Juli 1968 fliegt Bernhard Grzimek kurz nach Schweden und England, um verschiedene große Tierparks zu besuchen. Er berichtet darüber am 10. September 1968 in *Ein Platz für Tiere* und schreibt an Helmut Weinzierl: »Inzwischen sind ja nach unseren Plänen eine ganze Reihe von derartigen Zoos entstanden, in denen die Tiere weitgehend frei umherlaufen und die Besucher sie von Gefährten aus beobachten. Ich möchte das den hessischen Politikern unter die Nase reiben.« Es ist erkennbar, dass die von ihm geplante »Tierfreiheit« Bernhard Grzimek auch jetzt noch nicht losgelassen hat. In seiner Sendung berichtet er aber auch über die Vergiftung der Abwässer, zeigt durch chemische Substanzen verunreinigte Bäche und nennt im gleichen Atemzug »als einziges Unternehmen die Farbenfabrikanten Bayer AG«, wie deren Vorstandsvorsitzender Kurt Hansen direkt nach der Sendung in einem Brief an Grzimek beklagt. »Es würde mich interessieren, wenn Sie mir angeben würden, warum gerade wir als einziger ›Sünder‹ von Ihnen namentlich genannt wurden.«

Bernhard Grzimek antwortet am 18. Juli 1967: »Dass ich diesmal gerade die Farbenfabrikanten Bayer AG als einzigen ›Sünder‹ namentlich genannt habe, hat einen guten Grund. Ich halte nichts davon, ganz allgemein ›die Gemeindeverwaltungen‹ oder ›die Industrie‹ anzuklagen.« Gleichzeitig fordert er Hansen zum Handeln auf: »Darf ich Ihnen einen versöhnlichen Vorschlag machen? Sobald Sie den Farbwerken

Hoechst AG mit Ihren ebenso modernen und noch größerem Klärwerk gefolgt sind, bin ich gerne bereit, das in meiner Fernsehsendung zu zeigen und die Farbenfabrikanten Bayer AG öffentlich zu loben.«

Als die Konferenz der Internationalen Zoodirektoren Mitte Oktober 1968 im südafrikanischen Pretoria stattfindet, kommt Bernhard Grzimek das sehr gelegen. In einem Brief an den Direktor des New Yorker Zoos, William Conway, schreibt er kurz vor dem Abflug: »Ich war noch nie in Südafrika, weil ich persönlich die südafrikanische Politik nicht mag. Außerdem befürchte ich, dass mein Name hinterher in Zeitungen veröffentlicht wird, was mir Schwierigkeiten in den schwarzafrikanischen Ländern bereiten könnte, in welchen ich mit den Politikern in Sachen des Naturschutzes kooperieren muss. Ich werde die Chance der Zoodirektoren-Konferenz nutzen, weil ich glaube, dass ich inmitten von dreißig oder vierzig anderen wichtigen Menschen verschwinde.«

Zurück von der Reise, die Grzimek auch für einen ersten Abstecher in die Etosha-Pfanne im damals unter Südafrikanischer Mandatsmacht stehenden Namibia nutzt, schreibt er unverzüglich an Wilfried Sarrazin, den deutschen Botschafter in Uganda: »Ich habe dort dem Ministerpräsidenten Voster eingehend von der tüchtigen Arbeit der Schwarzen auf dem Gebiete des Naturschutzes erzählt, wie sehr sie – zumindest Tansania – den alten Nationen auf diesem Gebiet mit gutem Beispiel vorangehen.« Auch Julius Nyerere, den er bereits vorher diplomatisch über seine Reise in Kenntnis gesetzt hatte, informiert er: »Ich musste auf der Konferenz einen Vortrag halten über *Naturschutz in Zentral- und Ostafrika*, in welchem ich die großen Erfolge in den neu unabhängigen afrikanischen Ländern mit den nachteiligen Entwicklungen in Südafrika vergleichen konnte.« Grzimek verspricht, Nyerere mehr darüber bei seinem nächsten Besuch zu berichten.

Bevor er wie sonst über die Feiertage nach Afrika aufbricht, fliegt er im Dezember 1968 mit Tochter Monika nach Indien – was Grzimek in *Auf den Mensch gekommen* auch erwähnt. Dem Leser bleibt dabei jedoch völlig unklar, wer Monika ist. Dabei handelt es sich um die einzige Stelle, an der er seine Tochter in seiner Autobiografie erwähnt – vielleicht ein Kunstgriff, um das sonst vollständig totgeschwiegene Kapitel seines Lebens doch kurz zu würdigen.

Zunächst reisen Bernhard Grzimek und seine Tochter nach Kalkutta, dann weiter nach Assam, um den Kaziranga-Nationalpark zu besuchen, der in Deutschland über einen Naturfilm des Arztes Robin Banerjee bekannt geworden ist. Er ist ihr Gastgeber. »Dr. Banerjee hatte darauf bestanden, dass wir in seinem Landhaus wohnten ... Er hatte zu unseren Ehren die Badewannen und die Toiletten frisch mit weißer Ölfarbe streichen lassen. Leider war die Farbe aber noch nicht trocken, und die Damen riefen um Hilfe, weil sie an den Sitzen festklebten«, schreibt Bernhard Grzimek später in seinen Memoiren. Als Liebhaber von Scherzartikeln dürfte ihm das gefallen haben. Noch mehr begeistert ihn jedoch, was sie bei ihrem ersten kurzen Ausritt auf einem Elefanten im Nationalpark zu sehen bekommen: »Schon in der ersten halben Stunde sahen wir, wie ein Tiger einen Barasinga-Hirsch verfolgte, packte und niederriss. Ich war auf so etwas noch gar nicht vorbereitet und hatte auch keine Filmkamera mit, denn ich hatte ja eigentlich nur am Rande des Schutzgebietes etwas Luft schöpfen wollen. Gerade dann geschehen aber immer die aufregendsten Dinge!«

Aus Arusha, wohin Bernhard Grzimek Mitte Januar 1969 weiterfliegt, dankt er Robin Banerjee für die »wundervolle Zeit«, die sie in seinem Haus verbracht hätten, und berichtet, dass ihre weitere Reise gut verlaufen sei. »In Kalkutta begann unser Taxi zu brennen und brach zusammen. In Bombay zerbrach mein Toilettensitz im Hotel ... Monika bekam ein wenig Fieber und eine Nierenentzündung ... Aber die ganze Reise hat uns sehr begeistert und beeindruckt«, schreibt er – und meint es keineswegs ironisch.

In Afrika, wohin ihm ein *Hörzu*-Reporterteam die während seiner Abwesenheit verliehene Goldene Kamera für den besten »Hauslehrer« bringt, ist Bernhard Grzimek wieder viel unterwegs: Neben Tansania und Kenia bereist er Südafrika, Botswana und Rhodesien. In seinem »Basislager« in Arusha muss er sich im Frühjahr 1969 auch mit dem »Fall Gerstenmaier« beschäftigen, denn Bundestagspräsident Gerstenmaier ist wegen der Beanspruchung von Wiedergutmachungsgeldern nach dem Zweiten Weltkrieg und seiner Einflussnahme auf eine förderliche Novelle in die Kritik geraten und wegen des öffentlichen Drucks am 23. Januar 1969 von seinem Amt zurückgetreten. Kurz darauf, so informiert Richard Faust Bernhard Grzimek, erreicht den Zoo ein Schreiben, dass Gersten-

338

maier »aus allen Organisationen austreten will, bei denen er ohnehin nur noch nominelles Mitglied« ist – also auch aus der Zoologischen Gesellschaft Frankfurt, wo er seit 1963 dem Kuratorium angehört.

Auch der deutschen Sektion des WWF sitzt Gerstenmaier als Präsident vor, weswegen sich Wolfgang Engelhardt mit einem Brief an Bernhard Grzimek wendet, in dem er ihn bittet, sich als neuer Präsident zur Verfügung zu stellen. »Dies liegt schon insofern auf der Hand, als Sie ja der Vizepräsident sind, außerdem sowieso über die Hälfte der eingehenden Mittel selbst beigebracht haben … Von ihrer bisherigen Vizepräsidentschaft im WWF Deutschland abgesehen, kommt auch rein fachlich und sachlich meines Erachtens überhaupt keine andere Persönlichkeit in der Bundesrepublik für diesen Posten in Frage«, führt Engelhardt aus.

Grzimek lehnt jedoch umgehend und eindeutig ab und erklärt: »Ich möchte keinesfalls den Vorsitz des deutschen WWF übernehmen, um der Sache selbst willen nicht. Wir brauchen Geld aus der Industrie und Finanz – von kleinen und mittleren Leuten sammle ich es durchs Fernsehen. Gerade die erstgenannten Kreise habe ich durch gelegentliche öffentliche Kritiken von Auswüchsen der Jagd, Flussverseuchung durch Großindustrie usw. vielfach auf die Füße getreten.« Noch ein weiterer Grund hält Grzimek davon ab, Engelhardts Ansinnen zuzustimmen, wie er einige Tage später an Richard Faust schreibt: »Im Übrigen wäre es mir nicht unsympathisch, wenn ich bei der Gelegenheit aus dem deutschen Vorstand herauskäme und auf diese Weise alles ausschließlich über die Zoologische Gesellschaft von 1858 machen könnte.«

Auch der geplante Nationalpark im Bayerischen Wald beschäftigt Bernhard Grzimek in Afrika. In einem Brief an Landrat Baier vom 4. Februar 1969 schreibt er: »Von Herrn Weinzierl höre ich, dass gestern der Nationalpark beschlossen worden ist. Können Sie mir – möglichst postwendend – mitteilen, was darunter zu verstehen ist? … Nach den letzten Presseverlautbarungen wollte das Landwirtschaftsministerium ja nur ein paar Tiergehege in einem Gebiet anlegen, das weiter der Forstverwaltung untersteht. Ich würde immer dagegen kämpfen, dass so etwas Nationalpark oder auch nur ähnlich genannt wird. Hier in Ostafrika entsteht in Nairobi gerade ein Hilton-Wolkenkratzer. Die Kenia-Hotels haben jetzt den höchsten Prozentsatz verkaufter Ketten von allen Hotels der Welt – dank frei lebenden Tieren in den Nationalparks. Das wollte mir vor acht Jahren auch niemand glauben.«

Tatsächlich, erfährt Grzimek später, hat der Bayerische Landtag einen Nationalpark im Bayerischen Wald beschlossen. In dem Bericht der 224. Sitzung des Deutschen Bundestages vom 26. März 1969 ist dazu ein Schreiben von Bundesminister Hermann Höcherl abgedruckt, welches besagt, dass der beschlossene »Nationalpark« nicht den Richtlinien der Vereinten Nationen entspräche und dass daher die Bezeichnung nicht für richtig gehalten werde. »Auf jeden Fall müsste vermieden werden, dass eine eigene Organisation einer Nationalparkverwaltung aufgebaut wird.«

Immerhin kann der Zoodirektor nach seiner Rückkehr aus Afrika einen anderen Erfolg vermelden: den 1. Preis bei einem Ideenwettbewerb der Stadt Münster für den Entwurf eines neuen Zoos. An ihm hat sich Bernhard Grzimek gemeinsam mit seinem entfernten Vetter, dem Landschaftsarchitekten Günther Grzimek, und dem Architekten Harald Deilmann beteiligt. Dennoch geht der 1974 eröffnete »Allwetterzoo Münster« nicht auf ihre Pläne zurück – als die Baukosten immer weiter steigen, kündigt die Zoo AG im Juli 1971 den Architektenvertrag mit Deilmann und greift auf andere Entwürfe zurück.

Auch wenn er es selbst nicht thematisiert und sogar Frankfurt verlässt, dreht sich im April 1969 alles um Bernhard Grzimeks 60. Geburtstag. Schon während er am 21. April den Zoodirektor von Jersey, Gerald Durrell, und am 22. April siebenunddreißig Mitglieder des amerikanischen Zoodirektorenverbandes empfängt, erreichen den Frankfurter Zoo bereits Glückwunschbekundungen aus aller Welt.

Doch Bernhard Grzimek flieht mit Erika in die Schweiz, um hier am 24. April 1969 seinen Ehrentag so privat wie möglich zu feiern. »Wir haben seinen 60. Geburtstag zusammen mit ihm in Genf gefeiert. Mit Erika, und dann war da noch ein Schweizer dabei – ein kleiner, privater Kreis. Da war er zufrieden, dass er dort in Ruhe gelassen wurde, weil ihn keiner kannte«, erinnern sich Bernhard Grzimeks langjährige Rechtsanwälte, Franz und Heinke Peter.

Später schreibt Grzimek in einem Brief an Vasily Peskov, einen Korrespondenten der Moskauer Zeitung *Komsomolskaya Pravda*: »Leider hat irgendjemand im Rundfunk und im Fernsehen gesagt, dass ich 60 Jahre alt werde, und auf diese Weise kam eine solche Flut von Gratulationen aus ganz Europa, dass es mich viel Geld gekostet hat, allen Leuten dann eine Danksagung zu schicken. Außerdem bekam ich noch einen Orden verliehen und musste dann diese selbe Feier doch noch zehn Tage später wieder in Frankfurt erleben.« Bernhard Grzimek erhält nicht irgendeinen Orden, sondern das Große Verdienstkreuz der Bundesrepublik Deutschland; Bundespräsident Heinrich Lübke verleiht es ihm am 24. April 1969 »in Anerkennung der um Staat und Volk erworbenen besonderen Verdienste«.

Nun ist Bernhard Grzimek also sechzig Jahre alt – älter, als es seine Eltern geworden sind, älter, als er selbst geglaubt hatte zu werden. Er hat einen Beruf, der ihm die Freiheiten gibt, seiner Berufung für die Belange des Naturschutzes nachzugehen, wofür er weltweit Anerkennung bekommt. Der Wiederaufbau des Zoos und der Ausbau der Erweiterung sind im Wesentlichen abgeschlossen – aus einer Ruine hat er einen modernen Zoo von Weltruf geformt, der im kommenden Jahr erstmals in seiner Geschichte drei Millionen Besucher aufweisen kann. Außerdem zahlt sich sein hartnäckiges Ringen um die »Tierfreiheit« endlich aus. Ende 1969 erhält der Zoo auf Antrag aller im Stadtparlament vertretenen Parteien den Auftrag, eine zweite Zooabteilung, den Nidda-Zoo, im Nordwesten der Stadt zu planen. Grzimeks Fernsehsendungen haben nach mehr als zehn Jahren immer noch sehr gute Einschaltquoten und ihn, zusammen mit dem glamourösen Gewinn des Oscars, zu einem Star der damaligen Zeit gemacht.

Doch ist Bernhard Grzimek glücklich? Seine Ehe ist gescheitert, und seine neue Beziehung kann und will er (noch) nicht öffentlich machen – zu sehr steht er dafür im Rampenlicht. Der Tod Michaels schmerzt ihn auch nach zehn Jahren sehr. Er stürzt sich rastlos in die Arbeit und kann doch seinem privaten Kummer nicht entkommen.

Es ist Adoptivsohn Thomas, der ihm mehr und mehr Grund zur Sorge gibt. Thomas wird 1969 zum ersten Mal mit Haschisch in der Frankfurter U-Bahn aufgegriffen, wie Erika Grzimek sagt: »Er hat mit Drogen gehandelt, hat aber selbst wohl nicht so lange welche genommen.« Das erste Mal gibt es nur eine Verwarnung, doch als weitere Aufgriffe folgen und Thomas Ende 1969 zudem nicht zum Studium an der

341

Sporthochschule Mainz angenommen wird, handelt Bernhard Grzimek. »Ein Berater hat zu uns gesagt: ›Sehen Sie zu, dass sie ihn hier rausbekommen. Raus aus dem Milieu‹«, sagt Erika Grzimek. Das sei auch ein Abkommen mit dem Richter gewesen, der die Angelegenheit verhandelte. »Wir haben ihn dann 1970 für zwei Jahre nach Uganda geschickt. Da sollte er in einem Reisebüro arbeiten. Doch der Leiter des Reisebüros sagte uns: ›Der tut nichts.‹«

Bernhard, so Erika Grzimek, sei der Überzeugung gewesen, dass Thomas die gleichen Voraussetzungen gehabt habe wie Rochus und Michael. Doch das ist nicht ganz richtig: Mitte der Fünfzigerjahre, als er in die Familie kommt, sind Rochus und Michael schon fast aus dem Haus. Nur wenige Jahre später zerbricht die Ehe von Hildegard und Bernhard, als Thomas gerade neun oder zehn Jahre alt ist. Der Vater ist von da an immer seltener zu Hause, die Mutter verzweifelt, verletzt, psychisch labil. Noch dazu ist der Nachname Grzimek nicht immer von Vorteil. Doch Thomas bereitet vor allem seine Herkunft Probleme. Als er später in Sachsenhausen ein Zimmer sucht und keines bekommt, müssen Bernhard und Erika Grzimek es für ihn anmieten – »und dann haben wir erst hinterher gesagt, dass es sich um einen farbigen Sohn handelt«, so Erika Grzimek. Rochus Grzimek berichtet von ähnlichen Schwierigkeiten. »Thomas ist nicht so sehr am Namen, sondern an seiner Hautfarbe gescheitert«, sagt er. »Mütter haben ihre Töchter zurückgepfiffen, wenn Liebeleien anfingen. Und unsere Eltern waren hierbei für ihn keine Ansprechpartner mehr.«

Nach außen lässt sich Bernhard Grzimek von seinen privaten Problemen nichts anmerken. Im Gegenteil – er stellt in dieser Zeit sogar sein komödiantisches Geschick unter Beweis. »Du hast Dich selbst übertroffen«, lässt Heinrich Dathe, der Direktor des Tierparks Berlin-Friedrichsfelde, Bernhard Grzimek im April 1969 wissen und spielt damit auf einen Auftritt Grzimeks im *Blauen Bock* an, der »ganze Völkerstämme amüsiert« habe.

Eigentlich, so schreibt Grzimek später in seinen Lebenserinnerungen, hatte er keine Zeit für solche Fernsehauftritte. Doch der Entertainer Heinz Schenk, der zu dieser Zeit mit seiner Sendereihe *Zum Blauen Bock* neben Grzimek eines der Zugpferde des Hessischen Rundfunks ist, habe ihn bekniet, bei der hundertsten Sendung dabei zu sein. So muss er neben Heinz Haber, Heinrich Harrer, Ernst von Khuon und Eugen Schumacher an einem Stammtisch der »Tele-Lehrer« teilnehmen, Lieder singen und auch noch dirigieren. »Ich höre zwar sehr gern Musik, besonders klassische, kann aber keine richtig von mir geben«, schreibt Bernhard Grzimek später über den ihm peinlichen Auftritt, »und ausgerechnet ich hatte den Taktstock zu schwingen.« Sieben Mal verpasst er vor umstehenden bekannten Opernsängern den Einsatz.

Mit der ZGF kämpft Bernhard Grzimek Mitte 1969 weiter gegen den Bau des Murchison-Elektrizitätswerkes und schreibt dazu nun auch an den Präsidenten der Weltbank und ehemaligen US-amerikanischen Verteidigungsminister, Robert McNamara: »Der Präsident Ugandas, Herr Obote, hat vielen Menschen und wahrscheinlich auch Ihnen geschrieben, dass in Kenia ähnliche Werke in Nationalparks ohne jegliche Störung für das Wild gebaut wurden. Das ist einfach nicht wahr.« Als Obmann für Orang-Utans im Verband Deutscher Zoodirektoren bittet er zeitgleich den damaligen Premierminister von Singapur, Lee Kuan Yew, sich den internationalen Schutzbemühungen für die bedrohten Menschenaffen anzuschließen und den Handel und das Halten von Orang-Utans ohne offizielle Papiere in Singapur zu verbieten.

Aus heimischen Landen gibt es gute Nachrichten: Am 22. Mai 1969 beschließt der Haushaltsausschuss des Bayerischen Landtages einstimmig die Gründung eines Bayerischen Nationalparks. Damit kommt das große Projekt endlich ins Rollen.

Dafür tauchen in Tansania erneut Probleme in einem Gebiet auf, das Bernhard Grzimek gerade erst als gesichert geglaubt hatte. »Minister Bryceson hat sich entschlossen, den Ngorongoro-Krater und die Serengeti zu zerstören. Bitte schreiben Sie umgehend!«, betitelt er ein Rundschreiben vom 1. September 1969 an verschiedene afrikanische Zeitungsredaktionen und Politiker. In ihm beklagt er, dass der Landwirtschaftsminister Tansanias, Derek Bryceson, entschieden habe, von den 3200 Quadratmeilen der Ngorongoro Conservation Area bis auf hundertsechzig Quadratmeilen alles in Vieh- und Farmland umzuwandeln. Einzig der hundertvierzig Quadratmeilen große Ngorongoro-Krater und der pittoreske Empakaai-Krater, fünfzig Meilen im Norden davon, sollen von der Entwicklung ausgenommen bleiben. Grzimek verweist darauf,

343

dass Bryceson, »der einzige europäische Minister im Kabinett Tansanias, die Entscheidung hauptsächlich aus politischen Gründen« gefällt habe. An Präsident Julius Nyerere schreibt Bernhard Grzimek deshalb am 2. September 1969: »Ich kann einfach nicht glauben, Herr Präsident, dass Sie diese Katastrophe geschehen lassen.«

Unter der Überschrift *Grzimek schlägt auf Ngorongoro-Krater-Pläne ein* berichtet die Zeitschrift *The Standard* als eine von vielen in Ostafrika über die Empörung des Naturschützers. Dessen Engagement wird jedoch nicht überall begrüßt. So schreibt ihm der deutsche Botschafter in Daressalam, Norbert Hebich, am 8. September 1969: »Die Entwicklungsplanung für das Ngorongoro Gebiet geht auf das Jahr 1959 zurück ... Damals wurden die Maasai von Seronera in das Ngorongoro Gebiet übergesiedelt. ... In letzter Zeit haben sich die Maasai laufend beschwert, dass die bereits 1959 versprochene und 1964 gesetzlich vorgesehene Erschließung des Landes noch nicht durchgeführt sei.« Es sei kaum eine ökologische Veränderung des Landes zu erwarten, da die Maasai auch bisher das Gebiet genutzt hätten. »Ich glaube daher, dass Sie Minister Bryceson Unrecht tun, wenn Sie annehmen, dass er aus irgendeinem egoistischen Grund diesen Entschluss gefasst hat.« Missbilligend schließt Hebich: »Wie Sie aus den beiliegenden Zeitungsartikeln ersehen können, hat sich auch diesmal wieder eine unliebsame Zeitungspolemik entwickelt, die Ihrer wertvollen Arbeit für die Wildpflege und -erhaltung nur abträglich sein kann.«

Beinahe zur Entspannung, so möchte man meinen, besucht Bernhard Grzimek während der hitzigen Auseinandersetzungen einen Wildkongress in der Sowjetunion, wo er sich erneut nach Tieren für den Nationalpark Bayerischer Wald erkundigt, und er nutzt die Konferenz der Internationalen Zoodirektoren in New York, um von dort über Mexiko nach Kuba zu fliegen – was damals alles andere als einfach ist. So fragt er vorher bei Heinrich Dathe an: »Hast Du eine Vorstellung, wie man das macht, ohne mit der Pistole ein ganzes Verkehrsflugzeug zu entführen?«

Es gelingt ihm schließlich mit Einladungsbriefen des Zoodirektors von Havanna, Abelardo Moreno, ein Visum zu bekommen. Nach seiner Rückkehr kann er Dathe berichten, dass es »sehr interessant« gewesen sei, wenngleich »die äußeren Umstände natürlich ein bisschen deprimierend« wären.

Ausflüge auf das Bonner Parkett

>*»Ich danke Ihnen für die Ernennung zum Beauftragten der*
>*Bundesregierung für die Angelegenheiten des Naturschutzes.*
>*Man mag diese Fragen in der Bevölkerung und ebenso auch bei*
>*den Politikern als noch wenig ernst nehmen, ja oft belächeln.*
>*Die Verschmutzung, Vergiftung unserer Umwelt und die ständige*
>*Schädigung unseres Lebensraumes ist jedoch in Wirklichkeit*
>*schon für unsere nächste Zukunft eine sehr viel ernstere Frage*
>*als viele augenblickliche politische und wirtschaftliche Entschei-*
>*dungen, welche jetzt die Gemüter bewegen.«*
>
> Bernhard Grzimek in einem Brief
> an Bundeskanzler Willy Brandt, 23.12.1969

Während Grzimeks Reise findet in Deutschland ein Ereignis statt, das die nächsten drei Jahre seines Lebens noch einmal gewaltig verändern wird: die Wahl zum 6. Bundestag am 28. September 1969, nach deren Abschluss CDU und CSU zum ersten Mal in der Geschichte der Bundesrepublik nicht mehr den Bundeskanzler stellen. Stattdessen wählt am 21. Oktober 1969 eine Koalition aus SPD und FDP den Sozialdemokraten Willy Brandt zum neuen Bundeskanzler.

Teile seiner Regierungserklärung vom 28. Oktober 1969 druckt die ZGF umgehend in ihren Mitteilungen an die Mitglieder ab. »Die Bundesregierung ist der Überzeugung, dass dem Schutz der Natur, von Erholungsgebieten, auch der Tiere, mehr Aufmerksamkeit geschenkt werden muss ... Zum ausreichenden Schutz vor Wasserverunreinigung und vor Lärmbelästigung werden entsprechende Gesetze vorgelegt«, zitiert sie. Daneben äußert die Zoogesellschaft die Hoffnung, »dass es dem Bundestag in diesem Gesetzgebungsabschnitt gelingen möge, einmal das längst fällige neue Tierschutzgesetz zu verabschieden, ferner wirklich Gesetze in den Bundestag einzubringen, die verhindern können, dass mit Luft und Wasser weiterhin so grober Missbrauch getrieben wird, und die es ermöglichen, dass vielleicht doch noch in Deutschland Vollnaturschutzgebiete entstehen können, wie es sie im benachbarten

Ausland und in den überseeischen, so genannten ›unterentwickelten‹ Ländern längst gibt«.

Bernhard Grzimek hofft, dass Brandt auch als Bundeskanzler Mitglied des ZGF-Kuratoriums wird, wozu dieser sich im Sommer 1969 noch als Bundesaußenminister in einem Brief an Grzimek bereiterklärt hatte. Dort heißt es: »Seit Jahren beobachte ich Ihre wirkungsvolle Arbeit, die in vielen Teilen der Welt zu … schönen Erfolgen geführt hat. Ihr Wirken dient nicht nur der Wissenschaft, sondern bringt Millionen von Menschen, insbesondere der Jugend, Freude und Verständnis für die Natur. Was Ihnen in einigen Ländern Afrikas gelungen ist, ist deutsche Entwicklungshilfe im besten Sinn.« Und Brandt hält sich an seine Zusage.

Die Regierungserklärung allein ist für Grzimeks Engagement im Naturschutz bereits ein positives Zeichen. Doch die neue Regierung scheint mehr zu planen, wie ein *Spiegel*-Artikel vom 3. November 1969 verrät: »Bundeskanzler und Hundehalter Willy Brandt wollte einen prominenten Tierpfleger engagieren: Professor Bernhard Grzimek, Tierschutz-Gewissen der Nation.« Noch während der Kabinettsitzung, auf der dieses besprochen worden sei, hätten sich Brandts Gehilfen ans Werk gemacht: »Sie versuchten Grzimek zu erreichen, um telefonisch ʾsein Einverständnis für den Regierungsjob einzuholen. Doch der prominente Professor war auf Expedition. Nur bis New York konnten die Bonner Grzimeks Spur verfolgen, dann verlor sie sich in Kuba.«

Bernhard Grzimek soll also in die Politik einsteigen. Nicht, dass er in Sachen Naturschutz mit deutschen und ausländischen Politikern nicht ohnehin schon seit gut einem Jahrzehnt in intensivem Kontakt stünde. Doch mit einem solchen Angebot hat er nicht gerechnet. »Es war an sich überraschend, dass ich zum Amt des Naturschutzbeauftragten gebeten wurde. Es ist wohl auf Vorschlag des damaligen Bundespräsidenten Dr. Gustav Heinemann geschehen«, erzählt Bernhard Grzimek 1977 dem Moderator Carlheinz Hollmann in der Sendung *Das ist Ihr Leben*. »Mit Heinemann hatte ich mich vorher beim Kaffee ordentlich rumgeschlagen über Dinge, die ihm wichtig waren, wie die Kirche. Und ich war deshalb überrascht, dass er mich Willy Brandt vorschlug.« In seinen Lebenserinnerungen erklärt Grzimek, er sei auch deshalb so erstaunt gewesen, weil er beim Wahlkampf zur Bundestagswahl das Ansinnen der SPD abgelehnt hatte, sein Bild für die Parteiwerbung zu nutzen. »Ich bin, wie ich schon früher dargelegt habe, der Ansicht: Wenn man als Naturschützer im letzten Augenblick das Abrutschen der Menschheit und ihrer Umwelt ins Verderben bremsen will, dann darf man sich nicht an Parteien oder Regierungsformen binden«, so Grzimek.

Auf der Bahnfahrt nach Bonn zu Willy Brandt und seinem Kanzleramtschef und Bundesminister für besondere Aufgaben, Horst Ehmke, wägt Bernhard Grzimek am 21. November 1969 ab, ob er das Amt annehmen soll oder nicht. »Wenn ich es nicht tat, würde man mir künftig vorhalten: Du hast es leicht, die Politiker öffentlich zu tadeln und an ihnen herumzunörgeln; wenn Du selbst die Verantwortung übernehmen sollst, dann kneifst Du. Andererseits schrieben die Zeitungen der Gegenpartei bereits: Herr Brandt will sich nur einen bekannten Fernseh-Namen sichern, damit die Öffentlichkeit nicht merkt, wie wenig er in Wirklichkeit für die Erhaltung der Natur zu tun gedenkt«, schreibt er in *Auf den Mensch gekommen*. Carlheinz Hollmann verrät er: »Willy Brandt wollte mich zum Staatssekretär ernennen. Ich habe das aber nicht gemacht, weil ... ich jederzeit in der Lage sein möchte [ihm zu sagen], dass, wenn Sie nichts tun und im Naturschutz nicht die und die Gesetzte durchbringen, ich dann erklären kann: ›Ja, die Gegenpartei hat recht gehabt, Sie wollten nur meinen Namen benutzen und tun nichts ordentlich für den Naturschutz.‹«

Bernhard Grzimek entscheidet sich schließlich, die Aufgabe ehrenamtlich auszuüben. »Ich bin mit Dank bereit, die Ernennung zum ›Beauftragten des Bundeskanzlers für den Naturschutz‹ anzunehmen«, schreibt er noch am 21. November 1969 an Ehmke. »Diese Tätigkeit soll sich auf das Bundesgebiet und das Ausland (Entwicklungshilfe) erstrecken. Ich werde Einzelfragen des Natur- und Tierschutzes, die mir dringlich erscheinen und die ich bereits skizzenhaft erläutert habe, dem Herrn Bundeskanzler vorlegen und um Weisungen und Unterstützungen zu Verhandlungen mit den einzelnen Ressorts bitten. Von einer persönlichen Vergütung bitte ich abzusehen. Ich werde meine Tätigkeit im Wesentlichen von Frankfurt ausüben. Die Bundesregierung ist bereit, die Kosten für einen Assistenten, eine Sekretärin und die Bürokosten dafür zu übernehmen.«

Nun hat Bernhard Grzimek also doch ein neues Amt übernommen. Sein genauer Titel ist, weil es die Position bisher so noch nicht gab, am

Anfang nicht ganz eindeutig. Vom »Beauftragten des Bundeskanzlers für den Naturschutz« entwickelt er sich schließlich zum »Beauftragten der Bundesregierung für Angelegenheiten des Naturschutzes«. Wird Grzimek die Aufgabe auf Dauer liegen, im Namen des Naturschutzes Politiker unterschiedlicher Ansicht unter einen Hut zu bekommen?

Hat er sich kurz zuvor noch von seinen Aufgaben im WWF Deutschland zurückziehen wollen, übernimmt er nun einen Posten von noch viel größerer Dimension. Doch vielleicht reizt ihn genau das: Als Bundesbeauftragter muss er mit seinen Anliegen nicht von außen an Politiker herantreten. Jetzt sitzt er mittendrin im politischen Betrieb, ohne sich einem Parteienlager zuordnen lassen zu müssen. Dass er noch dazu einen ständigen Vertreter in Bonn hat und selbst »im Wesentlichen nur beratend« tätig ist, hat sicherlich zu seiner Entscheidung beigetragen.

Vielleicht ist es Zufall, vielleicht ist aber auch die Anspannung in diesen Tagen zu viel für Bernhard Grzimek – er erleidet seinen ersten Herzinfarkt, wie sich Erika Grzimek erinnert: »Als er zu Brandt gefahren ist, ist er noch zur Toilettenfrau gegangen und hat sich ein Schmerzmittel geben lassen, weil er so Schmerzen im linken Arm hatte. Er konnte seinen Mantel im Zug gar nicht mehr anziehen. Und dann hat er im Vorzimmer von Willy Brandt auf dem Sofa gelegen. Ich habe ihn später von der Bahn abgeholt und gleich zu unserem Internisten in Sachsenhausen gebracht. Und der hat gesagt, dass es sehr ernst gewesen sei.«

Bernhard Grzimek arbeitet danach weiter wie bisher und unterzieht sich lediglich sicherheitshalber einem Gesundheitscheck. Doch selbst um den Herztod seines Vaters wissend schont er sich nicht. Die Stadt Frankfurt zahlt ihm allerdings 1970 eine »Erholungsbeihilfe« in Höhe von hundertfünfundzwanzig Mark.

Willy Brandt freut sich über den Naturschützer an einer Seite und sichert Grzimek breite Unterstützung von Seiten der Regierung zu. Die Öffentlichkeit informiert am 6. Januar 1970 ein offizielles Bulletin der Bundesregierung von Grzimeks Berufung. Dieser weilt gerade in Tansania, wo er Weltbankchef Robert McNamara im Ngorongoro-Krater trifft und mit ihm erneut über den geplanten Bau des Elektrizitätswerks an den Murchison Fällen in Uganda spricht. Grzimeks Worte verfehlen ihre Wirkung auf den Weltbankchef nicht, doch als nur vier Monate später der Direktor der Nationalparks in Uganda, Francis Katete, bei einem

348

Autounfall stirbt, verliert Bernhard Grzimek einen hochgeschätzten Mitstreiter und Ansprechpartner für den Naturschutz in diesem Land.

Gleich zu Beginn seiner Tätigkeit für die Bundesregierung muss der Zoodirektor zurückstecken: Willy Brandt lehnt seine Bitte ab, die Dienststelle des Naturschutzbeauftragten in Frankfurt einzurichten. Brieflich erfährt Grzimek, dass das Büro dem Bundeskanzleramt in Bonn angegliedert werden soll. Doch immerhin hat er bereits einen Mitarbeiter gefunden, der die laufende Arbeit für ihn übernehmen und an seiner statt in Bonn präsent sein wird: Wolfgang Erz. Schon seit Ende 1968 hat der vierunddreißigjährige Wissenschaftler die Abteilung Naturschutz der Bundesanstalt für Vegetationskunde, Naturschutz und Landschaftspflege geleitet, eine Vorgängereinrichtung des heutigen Bundesamtes für Naturschutz. Das Büro wird in Grzimeks Abwesenheit eingerichtet, und dieser bittet Erz schriftlich, ihn »ganz regelmäßig jeden Montag und jeden Donnerstag um 7.30 Uhr im Büro anzurufen«.

Als ihn Bundeslandwirtschaftsminister Josef Ertl im Februar 1970 um einen möglichst baldigen Termin für ein erstes Gespräch bittet, weilt Bernhard Grzimek zusammen mit Erika und Monika gerade in Uganda, wo sie in einen schweren Autounfall verwickelt werden. »Wir haben Thomas besucht, und da kam uns ein Fahrer auf der falschen Seite entgegen, sehr schnell, und rammte unseren vw-Bus. Ich war als Fahrerin eingeklemmt, halb weggetreten, und hörte den Bernhard immer nur rufen: ›Wo sind die Stricke, wo sind die Stricke?‹ Mein ganzer Arm war auf«, erinnert sich Erika Grzimek. Bernhard selber kommt ohne größere Verletzungen davon, aber der Schock sitzt tief. In keinem seiner weiteren Briefe bis zur Abreise Anfang März lässt er den Unfall unerwähnt.

Bei seiner Rückkehr hat der Naturschutz auch verstärkt im Frankfurter Zoo Einzug gehalten. Beginnend im März werden im Naturschutzjahr 1970 jeden zweiten Samstag im Monat spezielle Führungen zum Thema »Naturschutz im Zoo« angeboten. Ergänzend gibt es im Zoogesellschaftshaus eine Ausstellung über die Arbeit der zgf. Grzimeks Stellvertreter Richard Faust übernimmt die Korrespondenz des Zoos ab dieser Zeit fast vollständig, auch wenn Bernhard Grzimek den einen oder anderen Brief noch unterschreibt. Trotz seiner großen Arbeitsdisziplin bewältigt der Zoodirektor, zgf-Vizepräsident, Fernsehunterhalter,

349

Buchautor und Bundesbeauftragte nicht mehr alle Aufgaben gleichzeitig und muss sich Freiräume schaffen – gerade auch für die neue Arbeit in Bonn.

Solchermaßen befreit beginnt Bernhard Grzimek, seinen Aufgabenbereich als Naturschutzbeauftragter abzustecken und die ersten Ideen einzubringen. »Ich bin durchaus Ihrer Meinung, dass ich mich nicht zur allgemeinen Beschwerdestelle entwickeln möchte und dass Angelegenheiten der Mitgliederverbände und Einzelanträge nur über den DNR an mich kommen sollen«, schreibt er an Wolfgang Engelhardt. Horst Ehmke teilt er am 19. März 1970 mit, dass er grundsätzlich der Ansicht sei, »dass das Referat Naturschutz in das Innenministerium kommen sollte«, welches – so führt er später in seinen Lebenserinnerungen weiter aus – »bereits den technischen Umweltschutz bearbeitet. Man kann diese nahe verwandten Gebiete nicht ohne Schaden auf zwei Ministerien verteilen.«

Angesichts dieser Einstellung ist verständlich, dass Bernhard Grzimek und Bundeslandwirtschaftsminister Josef Ertl nie wirklich warm miteinander werden. »Ich glaube nicht, dass er mit Ertl persönlich Probleme hatte. Aber Bauern und Naturschutz, das war eben schwierig«, erinnert sich Horst Ehmke. »Grzimeks größter Widersacher war die Fachverwaltung«, sagt auch Hubert Weinzierl: »Der Naturschutz war damals bei der Landwirtschaft angesiedelt, und die waren der Meinung, dass die Landwirte geborene Naturschützer sind. Die ganze Agrarverwaltung war damit Gegner derer, die mit anderen Ideen daherkamen.«

Grzimek fordert von Ehmke noch im laufenden Etatjahr eine halbe Million Mark für Öffentlichkeits- und Informationsarbeit ein. Außerdem bittet er darum, Wolfgang Erz, Wolfgang Engelhardt und Hubert Weinzierl in die Niederlande und nach Schweden schicken zu dürfen, um dort »die zur Zeit besten Naturschutzgesetze und die dazu gehörenden Verwaltungen kennenlernen« zu können. Schließlich mischt er sich sogar in das neue Tierschutzgesetz ein – auch wenn er in *Auf den Mensch gekommen* anmerkt, dass er als Naturschutzbeauftragter »an sich nichts mit Tierschutz zu tun« hat. Außerdem drängt er Wolfgang Engelhardt, dass er »in allernächster Zeit« den Entwurf für das Bundesnaturschutzgesetz brauche. »Ich möchte versuchen, es nicht als Rahmengesetz, sondern als konkurrierende Gesetzgebung des Bundes durchzubringen.

Wenn das glückte, hätten wir natürlich sehr viel gewonnen«, schreibt er Engelhardt. Es wird zu seinem Hauptanliegen in der Zeit als Bundesbeauftragter werden: dass Naturschutz Bundessache wird und nicht Ländersache bleibt.

Um seinem Anliegen Nachdruck zu verleihen, greift Bernhard Grzimek zu seinem gängigen Mittel: In den Schreiben an die Mitglieder der ZGF bittet er, dass möglichst viele Menschen an die Ministerpräsidenten schreiben und diesen mitteilen: »Bitte, stimmen Sie *jetzt* im Bundesrat zu, dass der Bund künftig einheitliche Gesetze für den Naturschutz erlassen kann.« Auch alle Ministerpräsidenten und die Mitglieder des Bundesrates ruft er in dieser Angelegenheit zur Unterstützung auf. Ehmke schreibt er außerdem, dass es »auf die Dauer doch sehr notwendig« sei, »dass der Herr Bundeskanzler mich einmal persönlich empfängt« – zumal Bernhard Grzimek auf Brandts Wunsch gerade eine Aufstellung von Fragen erarbeitet hat, die der Bundeskanzler bei einem Treffen mit dem Ministerpräsidenten der DDR in Bezug auf den Naturschutz erörtern kann.

Auch wenn die Anfangszeit als Bundesbeauftragter für Bernhard Grzimek gleich sehr arbeitsintensiv ist, da er sich gut präsentieren möchte, gibt es für ihn noch andere Beschäftigungsfelder. So schreibt er am 23. März 1970 in einem Brief an seine Tochter Monika: »Ich bin dabei, die letzte Fernsehsendung dieses Frühjahrs, am 14.4., fertig zu machen. Thomas hat in Kampala mit einem zweiten Herrn zusammen eine kl. Wohnung gemietet und spart so viel Geld. Er schreibt recht vernünftig, war auch schon beim Botschafter eingeladen. Wir sind hier sehr fleißig beim Planen des großen 24-Stunden-Hauses und des zweiten Zoos. Viele Sitzungen deswegen ... Viele Grüße und Küsse, Vater«.

Als 24-Stunden-Haus bezeichnet Grzimek ein neues Gebäude für nacht- und tagaktive Tiere, dessen Planung 1969 begonnen wurde, das jedoch erst 1978 als Grzimek-Haus im Frankfurter Zoo eröffnen wird – vier Jahre nach seiner Pensionierung. Auf plakative Zusätze auf den Gehegebeschilderungen wie »erstmalig in Deutschland« oder »einmalig in Europa« muss Frankfurt allerdings ab 1970 verzichten: Auf der Jahrestagung des Verbandes Deutscher Zoodirektoren im Juni beschließen Grzimeks Kollegen einstimmig und gegen seinen Protest, dass dieses Gebaren künftig einzustellen sei und höchstens noch »Seltenheit« auf den

Schildern vermerkt sein dürfte. Entsprechend betitelt Bernhard Grzimek die Pressemitteilung zur Akquise einiger Bongos, einer afrikanischen Antilopenart, auch nur mit »Noch seltener und teurer als ein Okapi«.

Auch die Pelzwirtschaft ist wieder einmal an Bernhard Grzimek herangetreten. Während der Internationalen Pelzmesse im April 1970 laden ihn Vertreter von Großfirmen aus der ganzen Welt überraschend zu einer vertraulichen Sitzung ein. Das Gespräch verläuft sehr konstruktiv, und die Arbeitsgemeinschaft der Pelzwirtschaft gibt am 27. April 1970 gemeinsam mit Grzimek bekannt, dass die deutsche Pelzwirtschaft eine schützende Gesetzgebung fordere, um eine wirtschaftliche Übernutzung von Wildtierarten zu verhindern, dass sie einen befristeten Importstopp für die Felle von Leoparden, Jaguaren, Geparden und Tigern befürworte und nur noch solche Felle bearbeiten und verkaufen wolle, die vor dem 1. Juli 1970 in die Bundesrepublik eingeführt und von der Industrie- und Handelskammer durch ein Siegel kenntlich gemacht wurden.

Mitte Juni 1970 schickt dann DNR-Geschäftsführer Dieter Kadner an Bernhard Grzimek den Entwurf für ein Bundesgesetz für Naturschutz und Landschaftspflege. Doch die Einrichtung der übergeordneten Behörde wird dieser nicht mehr miterleben. Erst 1993, sechs Jahre nach Grzimeks Tod, wird das Bundesamt für Naturschutz gegründet.

Dafür wird am 7. Oktober 1970 mit dem Nationalpark Bayerischer Wald der erste deutsche Nationalpark eröffnet. Glücklich ist Bernhard Grzimek dennoch nicht, da der Nationalpark, wie Grzimek bemängelt, nicht den geltenden internationalen Bestimmungen entspricht. Besonders stört ihn, dass der Park von Bayern und nicht von der »Zentralregierung« verwaltet wird, dass Jagd, Fischerei und Forstwirtschaft in der herkömmlichen Form ausgeübt werden dürfen und dass der Nationalpark noch nicht zum Voll-Naturschutzgebiet erklärt wurde. Auch wenn Grzimek mit der Landesregierung zu einer Einigung kommt und der Nationalpark am 7. Oktober 1970 feierlich und ohne kritische Worte eröffnet wird (in einem Brief an Hubert Weinzierl verspricht Bernhard Grzimek »Frieden auf diesem Gebiet, aber nur bis etwa nächsten Sommer«), schreibt er in seinen Memoiren immer noch von »dem falschen Nationalpark in der Bundesrepublik«. Es versöhnt ihn auch nur wenig, dass Weinzierl ihm während der Feierlichkeiten in Grafenau die Ehrenmitgliedschaftsurkunde des Bundes Naturschutz in Bayern überreicht.

Direkt nach der Eröffnung fliegt Bernhard Grzimek weiter zur Zoodirektorenkonferenz nach Ost-Berlin und nutzt die Gelegenheit, um eine kurze Reise durch die DDR anzuhängen. Weil seine Fernsehsendungen mittlerweile aufgezeichnet werden, fällt nicht auf, dass er am 13. Oktober 1970, zur Feier der hundertsten Sendung von *Ein Platz für Tiere*, nicht in Frankfurt ist.

In der Jubiläumsfolge überreicht Intendant Werner Hess Bernhard Grzimek einen Scheck für das Sonderkonto *Hilfe für die bedrohte Tierwelt* – ein Bekenntnis des Senders zu einem seiner Zugpferde und dessen beharrlichen, nicht unumstrittenen Spendenaufrufen. Grzimek hat in dieser Sendung einen Gorilla mit im Studio, denn er berichtet unter anderem über die nach sieben Monaten Bauzeit fertiggestellte Freianlage für Gorillas im Frankfurter Zoo. Sie ist, nach dem tragischen Ertrinken mehrerer Menschenaffen in jüngster Zeit, statt durch einen Wassergraben durch eine Glasscheibe von den Besuchern getrennt – eine innovative Neuerung in der damaligen Zoowelt.

Noch kurz vor seiner Reise hat Bernhard Grzimek Kontakt zu *Spiegel*-Herausgeber Rudolf Augstein aufgenommen. Er schreibt: »Um in der Gesetzgebung und Mittelbereitstellung einen Teil meiner eingeleiteten Schritte zu verwirklichen, brauche ich vor allem eine immer stärkere Mobilisierung der öffentlichen Meinung.« Grzimek weiß: Wenn er die Wähler auf seine Seite bringt und auf das Thema Naturschutz einschwört, werden die Politiker folgen. Daher bittet er Augstein um eine halbe Million Sonderdrucke des *Spiegel* mit aktuellen Artikeln über die Verschmutzung des Rheins und die »Vergiftete Umwelt«, um diese überwiegend über den Deutschen Naturschutzring verteilen zu lassen. »Das würde den *Spiegel* auf einem ganz neuen Gebiet und in neue Bevölkerungsebenen einführen«, argumentiert Grzimek. Augstein willigt ein, aus den beiden – nicht von Grzimek verfassten – Artikeln einen Sonderdruck anfertigen zu lassen.

Auch wenn er seine Unmusikalität nicht zuletzt bei Heinz Schenk unter Beweis gestellt hat, bekommt es Bernhard Grzimek am 3. November 1970 schon wieder mit einem Dutzend Sängern zu tun – freiwillig, sogar gewollt. Er präsentiert, auf Einladung Willy Brandts in Bonn, seine Benefiz-Schallplatte *Stars für Grzimek*. Der Erlös der Platte mit Liedern unter anderem von Petula Clark, Chris Andrews, Udo Jürgens

353

und Mahalia Jackson kommt der Aktion *Hilfe für die bedrohte Tierwelt* zugute. »Ein paar Einsichtige bemühen sich, der Tierwelt und der Natur zu helfen. Ich danke Ihnen, dass Sie durch den Kauf dieser Platte sich in diese Front eingereiht haben«, schreibt Grzimek im Begleittext. Sein Aufruf ist dabei erstmalig nicht allein auf die Natur ausgerichtet, sondern ganz konkret auch auf die Hilfe von »armen Menschen«, wie er schreibt. Durch die Unterstützung der Nationalparks seien Touristen und damit Devisen in Entwicklungsländer gebracht worden. »Sie haben es armen Entwicklungsländern auf diese Weise bereits ermöglicht, Straßen, Hospitäler, Schulen zu bauen, das Leben der armen Menschenbevölkerung zu verbessern. Wer Tieren hilft, hilft immer zugleich auch Menschen, und zwar sehr wirksam.«

Warum auf einmal dieser öffentliche Vorstoß in eine neue Richtung? Bei seinem Engagement für die Umwelt hat Bernhard Grzimek immer auch an die Menschen gedacht und wird es auch weiterhin tun. Wenn er in späteren Jahren durch die ZGF Prämien für besonders erfolgreiche Wildhüter aussetzt, will er damit die Menschen für ihre Arbeit belohnen, ihnen zeigen, dass sich Einsatz auszahlt – und gleichzeitig damit natürlich etwas Gutes für einen erfolgreichen Naturschutz tun. Dass er auf der Schallplatte beinahe für Entwicklungshilfe wirbt, mag ein Schachzug für eine breitere Arbeitsplattform für seine Arbeit in Bonn gewesen sein.

Grzimeks Einsatz für den Naturschutz wird von vielerlei Seite geschätzt und bewundert. So erreicht ihn am 9. November 1970 ein Brief von Charles Lindbergh. Der weltbekannte amerikanische Pilot, sieben Jahre älter als Grzimek, engagiert sich seit Beginn der Sechzigerjahre ebenfalls für den Naturschutz und berichtet ehrenamtlich an die Internationale Naturschutzunion (IUCN) seine Eindrücke von Naturschutzgebieten und bedrohten Arten, wo immer er sich gerade auf der Welt aufhält. In diesem Zusammenhang war er gerade einmal wieder in der Serengeti, wie er Grzimek schreibt. Zugleich erinnert er an ein Ereignis, das sich zwischen den beiden Männern bereits vor einigen Jahren in Tansania zugetragen haben muss: »Meine Frau und ich sprechen oft über den Abend mit Ihnen in unserem Camp in der Serengeti. Und ich werde niemals meine schlechte Navigation bei meinem ersten Versuch, Sie mit dem Land Rover nach Seronera zurückzubringen, vergessen!«

Bernhard Grzimek antwortet vier Tage später: »Ich erinnere mich auch noch sehr gut an unseren Abend vor Jahren in Ihrem Camp in der Serengeti. Ich selbst hätte es niemals gewagt, meinen Weg durch die offene Ebene der Serengeti in einer dunklen Nacht zu finden. Es war eine große Beruhigung für mich, dass solch ein weltbekannter Navigator wie Sie den Weg verfehlt hat!« Eine amüsante Vorstellung, wie die beiden bedeutenden Männer, der eine quasi in der Serengeti zu Hause, der andere höchstwahrscheinlich mit bestem Orientierungsvermögen ausgestattet, hilflos nachts durch die Serengeti fahren.

Für seine »unermüdlichen und erfolgreichen Bemühungen, die europäische Öffentlichkeit zu erziehen und ihr die Verantwortlichkeit für die Erhaltung der Natur in der ganzen Welt bewusst zu machen«, wird Bernhard Grzimek am 18. November 1970 im Londoner Buckingham-Palast von Prinz Bernhard der Niederlande mit der Goldmedaille des WWF ausgezeichnet. Dabei werden gerade in diesen Tagen verstärkt negative Stimmen über Grzimeks Arbeit laut. »Es muss einmal deutlich gefragt werden, wie lange der Bundesbeauftragte für Naturschutz, Professor Bernhard Grzimek, seine Popularität als Feigenblatt strapazieren lässt. Auch der Symbolwert eines deutschen Professors hat Grenzen, zumal wenn er in den Sog der Erfolglosigkeit gerät«, postuliert beispielsweise Josef Othmar Zöller vom Bayerischen Rundfunk im November 1970. Hans-Otto Grünefeldt, Programmdirektor des Hessischen Rundfunks, schreibt Grzimek am 2. Dezember 1970, dass »eine größere Anzahl von Hörern« gegen seine Ausführungen über den Umweltschutz protestiert hätte. Und schließlich teilt Willy Brandt seinem Bundesbeauftragten mit, dass ihm »aus dem Kreise der Ministerpräsidenten der Länder ... die Klage vorgetragen« wurde, »dass Sie im Fernsehen ... einzelne Ministerpräsidenten wegen ihres Eintretens gegen die Übertragung der konkurrierenden Gesetzgebungszuständigkeiten für Naturschutz und Landschaftspflege auf den Bund angegriffen haben«. Der Bundeskanzler versichert Grzimek zwar, dass die Bundesregierung weiterhin die volle Gesetzgebungskompetenz für Naturschutz fordere und dass er Grzimeks Werben dafür in der Öffentlichkeit begrüße. »Ich bitte Sie jedoch, darauf Rücksicht zu nehmen, dass Sie bei Ihren Äußerungen – auch wenn Sie sie als Privatmann tun – immer zugleich als Beauftragter der Bundesregierung für Angelegenheiten des Naturschutzes gesehen werden.«

Was Grzimek bisher ohne größere Probleme gelang – die Arbeit als Zoodirektor mit seinen Tätigkeiten beim Fernsehen und auf dem Feld des Naturschutzes zu vereinen –, scheint ein Jahr nach Übernahme des Bonner Amtes schwierig zu werden. Vielleicht schießt Bernhard Grzimek mittlerweile zu sehr über das Ziel hinaus. Diese Kritik kennt er bereits aus seinen Anfangsjahren als Zoodirektor. Er ist jedoch von seinem Weg überzeugt, durch etliche Erfolge in seiner Vorgehensweise bestätigt und stürzt sich, statt aufzugeben, weiter in die Arbeit. Das ist Bernhard Grzimeks Stärke: hart zu arbeiten, nicht lockerzulassen und darauf zu vertrauen, dass viele Menschen zwar vielleicht etwas länger brauchen als er, um aktuelle Themen und Gefahren zu erkennen, dass sie dann aber begreifen, dass er recht hat, und nach seiner Aufforderung handeln.

Auf seine Bitte formiert sich am 21. Dezember 1970 die Arbeitsgruppe des Bundesnaturschutzbeauftragten für die Erstellung des Entwurfes eines Bundesgesetzes für Naturschutz und Landschaftspflege. Den Vorsitz übernimmt Erwin Stein, ehemaliger hessischer Kultus- und Justizminister und Richter am Bundesverfassungsgericht, und neben den Naturschutzbeauftragten der Länder sind auch Wolfgang Erz, Dieter Kadner und Henry Makowski in die Arbeit eingebunden.

Zufrieden mit dieser Aufstellung kann Bernhard Grzimek Anfang Januar 1971 mit Erika und Christian nach Afrika aufbrechen. In Kenia stellt er der Verwaltung über die ZGF 200 000 Mark in Aussicht, damit der Staat den Nairobi-Nationalpark vergrößern kann. Bei einem Besuch auf der Insel Rubondo, auf der er regelmäßig nach dem Rechten sieht und weitere Auswilderungspläne hegt (sogar für Gorillas), nimmt er zwanzig Fischern ihre Fangerlaubnis ab und verweist dabei auf seine Position als Ehrenwildhüter.

Kaum zurück in Frankfurt startet er nach zwei Monaten erneut nach Afrika, um einer Einladung von Staatspräsident Joseph Mobutu in den Kongo zu folgen, die dieser bereits vor einem Jahr ausgesprochen hatte und der Grzimek erst jetzt nachkommen kann. Seit knapp sechs Jahren ist Mobutu, der sich später in diesem Jahr in Mobutu Sese Seko und das Land in Zaire umbenennen wird, seit einem Staatsstreich an der Macht. Für Grzimek ist es das erste Zusammentreffen mit dem Mann, der nach seinem Tod 1997 als einer der schlimmsten Diktatoren Afrikas bezeichnet werden wird. In den kommenden Jahren wird Grzimek ihn jedoch noch mehrere Male treffen – unter anderem 1973 im Buckingham Palast in London. »Ich sollte dem Präsidenten Mobutu, der gerade dort zu einem Staatsbesuch weilte, zusammen mit Prinz Philipp … Filmaufnahmen vorführen, die Goetz Dieter Plage inzwischen für mich bereits von den Berggorillas in Zaire gemacht hatte. Da Präsident Mobutu nicht englisch spricht, war ich – neben ihm sitzend – bemüht, den Text ins Französische zu übertragen und ihm zu erklären, was wir vorhatten. Der Präsident ist ja ein überzeugter Naturschützer«, schreibt Grzimek 1974 in *Auf den Mensch gekommen*. Und genau das zählt für Grzimek: dass er mit ihm über Naturschutzbelange reden und dadurch etwas auf diesem Feld bewegen kann. Gräueltaten seines Gegenübers blendet er bewusst aus.

So bleibt Mobutu nicht der einzige Diktator, mit dem er verhandelt: 1973 trifft er in Uganda den Machthaber und späteren Präsidenten Idi Amin, bei dem er sich bereits 1971 schriftlich für den Stopp der Pläne für das Murchison-Kraftwerk bedankt. Im Zusammenhang mit diesem persönlichen Treffen stellt Bernhard Grzimek später auch seine Einstellung zu Verhandlungen mit Diktatoren klar: »Ich möchte … bemerken, dass ich als Naturschützer … kein Urteil über eine Staatsform oder über die Politik solcher Männer ablege. Sie geht mich nichts an, wir kämpfen um Dinge, die für die Menschen viel wichtiger sind als wechselnde Regierungsformen und Weltanschauungen.«

Nicht um die Regierungsform, aber immerhin um eine wichtige Struktur der deutschen Regierung geht es für Grzimek nach seiner Rückkehr. Das Büro des Bundesbeauftragten für den Naturschutz, das bisher im Bundeskanzleramt verankert war, soll nämlich »aus haushaltsrechtlichen und verwaltungsmäßigen Gründen« dem Landwirtschaftsministerium zugeordnet werden, wie Ehmke ihm schreibt. Bernhard Grzimek ist davon wenig begeistert, doch er ist klug genug, sich in dieser Formsache nicht lange zu sträuben – die Ziele zu erreichen, die er innerhalb der Gesetzgebung verfolgt, ist ihm deutlich wichtiger. So kann Grzimek Bundeskanzler Willy Brandt am 3. Mai 1971 zur vertraulichen Kenntnisnahme den Entwurf für ein Bundesnaturschutzgesetz übersenden, den die von ihm eingesetzte Arbeitsgruppe erarbeitet hat.

Am 14. August 1971 erreicht die ZGF die Nachricht, dass ihr Präsident Georg von Opel im Alter von nur 59 Jahren am Steuer seines Wagens einen Herzinfarkt erlitten hat und verstorben ist. Am 3. Dezember 1971 ist daher eine Wiederholung der Wahl vom 8. Juli nötig, aus der Bernhard Grzimek einstimmig als neuer Präsident hervorgeht. Bundesbankpräsident Karl Klasen wird zum zweiten Vizepräsidenten gewählt. Und Grzimeks alter Freund und Förderer Bruno H. Schubert, Generalkonsul von Chile, in seinem Amt als Vizepräsident bestätigt.

In der zweiten Septemberwoche brechen Bernhard und Erika Grzimek vorerst zur Zoodirektorenkonferenz nach Prag auf und besuchen anschließend einige Nationalparks. Die Rückfahrt führt über Polen. »Auch der Rückweg nach Neisse (Nysa), meiner Heimatstadt, ging glatt vonstatten. In Zwiatowice (Schwesterwitz), auf dessen Gut unsere Familie über 200 Jahre gesessen hatte, fand ich im Kirchdorf Twardawa die Gräber meiner Eltern und Vorfahren gut gepflegt vor«, schreibt Grzimek nach der Rückkehr am 4. Oktober 1971 an Antoni Gucwinski, Direktor des Zoologischen Gartens in Breslau. Bernhard Grzimek verpasst nie eine Gelegenheit, sich über den Zustand der Gräber zu versichern.

Versichern will sich während Grzimeks Abwesenheit auch ein besonders aufmerksamer Zeitungsleser – und zwar bezogen auf Grzimeks Haarpracht. »Ob Sie es nun glauben oder nicht, aber Herr Prof. Grzimek trägt keine Perücke, wie Sie meinen, das aus den Bildern entnehmen zu können«, schreibt Richard Faust dem neugierigen Herrn am 24. September 1971. Es komme vielmehr darauf an, wie die Haare gekämmt seien, zur Seite oder nach hinten.

Tatsächlich lässt Bernhard Grzimek seine Haare in dieser Zeit an den Seiten länger wachsen und wird damit in den nächsten Jahren die kahlen Partien in der Mitte zu überdecken versuchen. »Er hat die Haare sieben Jahre lang schulterlang getragen und in drei Schichten über den Kopf gekämmt. Dafür ließ er sich extra ein Haarspray aus Amerika schicken«, erinnert sich Christian Grzimek. Beim Hessischen Rundfunk ist man darüber nicht allzu begeistert: »Es war sehr mühsam, ihm zu sagen, dass er einen viel schöneren Kopf hatte ohne diese quer gelegten Haare«, sagt Heiner Walenda-Schölling, damals verantwortlicher Redakteur für *Ein Platz für Tiere*. »Er war eitel. Er hat immer im Monitor geguckt, wie er aussah.«

Um das Aussehen geht es auch in einer anderen Angelegenheit: Schon im August 1971 hat sich Bernhard Grzimek an den Sänger Ivan Rebroff gewandt und den in Berlin geborenen Künstler gebeten, bei öffentlichen

358

Auftritten auf Pelzmäntel bedrohter Arten zu verzichten. Hieraus entwickelt sich ein reger Briefwechsel, der großenteils von Richard Faust verfasst und von Grzimek unterschrieben wird. Rebroff, der sich als »feuriger Verfechter gerade Ihrer Aktionen zum Schutz der letzten Paradiese dieser Erde und deren schönsten Bewohner« bezeichnet, besitzt unter anderem einen Leopardenfellmantel und eine Nebelparderjacke. Auch wenn er von sich selbst behauptet, »eines der letzten Exemplare der Gattung Homo sapiens« zu sein, »der sich eine harmonische, ausgewogene und ungestörte Beziehung zur Natur bewahrt hat«, erklärt er sich bereit, die Pelze nicht mehr öffentlich, sondern nur noch im privaten Bereich zu tragen – »aus Freude an der Schönheit«, wie er in einem Brief am 19. Oktober 1971 schreibt. Als kurz darauf jedoch ein Artikel in einer Illustrierten erscheint, in dem Rebroff wieder stolz mit seinen Pelzen abgebildet ist, hakt Grzimek noch einmal nach und erreicht schließlich, dass der Sänger eine Erklärung unterzeichnet, in der er bestätigt, dass er von nun an auf den Neukauf von Pelzen geschützter Arten verzichten wird. Ein öffentlichkeitswirksamer Erfolg, der gleich von beiden Seiten an die Presse gegeben wird. Am 8. Mai 1972 wird Rebroff sogar drei Sumatratigerbabys im Frankfurter Zoo taufen.

Ein wenig in der Öffentlichkeit zurückrudern muss Bernhard Grzimek jedoch in anderer Hinsicht. In seiner ersten Fernsehsendung nach der Sommerpause am 28. September 1971 hat er unter anderem auch über die Gefährdung der heimischen Igel durch den heißen, trockenen Sommer und den Einsatz von Schneckengiften gesprochen (natürlich passend gekleidet mit einer Krawatte mit Igel-Emblem) und dabei erklärt, dass bei der ZGF gegen frankierte Rückumschläge Merkblätter anzufordern seien, in denen erklärt würde, wie man untergewichtigen Igeln über den Winter helfen könne. Danach erlebt nicht nur die ZGF eine beispiellose »Igelwelle«, wie ein Mitarbeiter des Münchener Tierparks Hellabrunn sich erinnert: Allein in den ersten vier Wochen nach der Sendung kommen in Frankfurt 21 000 Anforderungen an, und in Zoos wie Hellabrunn und anderen Naturschutzorganisationen werden zahlreiche vermeintlich untergewichtige Igel abgegeben. Bernhard Grzimek muss daraufhin noch einmal deutlich erklären, dass nicht jeder Igel Hilfe braucht.

Bald darauf weilt er wieder in Afrika: Direkt zu Anfang des neuen

Jahres, im Januar 1972, nimmt er in Tansania an der Jahressitzung des Serengeti Research Institutes teil. Er trifft sich auf Bitte der tansanischen Regierung in Daressalam mit dem Tourismusminister, begutachtet neue Maßnahmen im Selous Wildreservat und hat auch endlich einmal wieder die Gelegenheit, sich mit Staatspräsident Julius Nyerere auszutauschen. Die beiden Männer haben viel zu besprechen, denn die Nationalparks in Tansania sind zu dieser Zeit führungslos: Der langjährige Direktor John Owen war als einer der letzten Europäer in der Regierung durch einen Afrikaner ersetzt worden, der jedoch nach nur kurzer Zeit auf einen anderen Posten versetzt wurde. Gerade in dieser »verletzlichen Phase«, wie Bernhard Grzimek später in einer Zusammenfassung über die Lage der Nationalparks von Tansania schreibt, erlaubt auch noch der Regionalkommissar aus Musoma dem Stamm der Wakuria, in ein Teilstück der Serengeti zu ziehen. Grzimek empfiehlt deshalb Nyerere, übergangsweise zumindest erfahrene Wildhüter wie Myles Turner in der Serengeti zu belassen, bis ein neuer Nationalparkdirektor gefunden ist.

Auch auf Rubondo erwarten Grzimek Probleme. Das Geld auf dem von der ZGF angelegten Entwicklungshilfekonto für das Naturschutzreservat ist restlos aufgebraucht; alle Arbeiten müssen eingestellt werden. Wegen der großen Dringlichkeit schießt Bernhard Grzimek von seinem privaten Konto in Arusha 10 000 Tansania Schilling vor und stellt weitere 12 800 Tansania Schilling gezielt für ein neues Boot und einen Dieselmotor zur Verfügung.

Mit Erika und Christian reist er anschließend in den Kongo und nach Ruanda, um im Kagera-Nationalpark, im Parc de Volcanes und im Virunga-Nationalpark mit den Parkwarten zu verhandeln. Außerdem besucht er zum ersten Mal die amerikanische Zoologin Dian Fossey, die seit sechs Jahren die Berggorillas in den Virunga-Bergen erforscht. Dian Fossey, deren unermüdlicher Kampf für die sanften Riesen und deren gewaltsamer Tod der Weltöffentlichkeit spätestens durch den Hollywoodfilm *Gorillas im Nebel* (1988) bekannt werden, hatte sich im April 1971 auf Vermittlung von Alan Root erstmals schriftlich an Grzimek gewandt. Ihr war eine Anzeige in den *International Zoo News* in die Hände gefallen, mit der die angeblich ein »Gorilla Sanctuary« in Wondenberg, Niederlande, nach Freilandfängen von jungen Berggorillas suchte.

Für die seltenen Tiere bestehen auch zu dieser Zeit bereits verschärfte

Exportbedingungen. Zum Schein geht Fossey, getarnt als afrikanischer Tierhändler Jacques Marshall, schriftlich auf die Annonce ein. Als ihr daraufhin ein Niederländer ein konkretes Angebot für mehrere Jungtiere macht, schaltet sie umgehend Bernhard Grzimek ein und bittet die ZGF herauszufinden, wer hinter dem (eventuell ebenfalls fingierten) Namen des Interessenten steckt, um ihn an den Pranger stellen zu können, sollte er tatsächlich Tiere auf illegalem Weg aus Afrika herausschmuggeln wollen. Tatsächlich bekommt Dian Fossey (beziehungsweise »Jacques Marshall«) kurze Zeit später von dem Holländer den Tipp, die Tiere doch »als Schimpansen« zu deklarieren und nur ganz kleine Luftlöcher in die Boxen zu machen, damit die Kontrolle schwerer fällt.

Bernhard Grzimek und Richard Faust sind alarmiert. Sie versuchen auf verschiedenen Wegen mehr als ein Jahr lang, den Kaufinteressenten ausfindig zu machen, jedoch ohne Erfolg. Als Faust in einem Brief an Fossey schreibt, dass wohl nichts zu tun bliebe, als abzuwarten, erhält er am 27. September 1972 ein beängstigendes Telegramm: »Ihr Zaudern und Ihre Unentschlossenheit betreffend der Fakten über den illegalen Exporteur … haben zu dem Abschlachten einer kompletten Gorillagruppe geführt. Das überlebende Jungtier ist jetzt auf dem Weg in den Zoo in Rotterdam. Sie, Herr Faust, hätten diese Tragödie verhindern können, anstelle meine Warnungen zu ignorieren … Ich verbleibe zutiefst angewidert von Ihrer Ambivalenz, Fossey.«

Auf eilige Nachfragen, was genau geschehen sei und wie man helfen könne, erhält Bernhard Grzimek keine Antwort. Einige Zeit später kommt dann ein weiterer Brief der Forscherin in Frankfurt an, in dem sie mit keinem Wort auf das Telegramm eingeht. Die Tötung der Gorillas scheint sich nicht ereignet zu haben – vielleicht hat Dian Fossey das Telegramm nur geschickt, um ihren Frust über den Stillstand in der Sache auszudrücken und die Zoologische Gesellschaft Frankfurt zum Handeln zu zwingen. Ihre Launen sind berüchtigt. Und so endet die Korrespondenz zu diesem Thema im Juni 1973, ohne dass das Rätsel um die Gorillas gelöst werden konnte.

Von diesem unerfreulichen Ausgang ahnt Bernhard Grzimek noch nichts, als er im Februar 1972 mit Erika und dem damals zwölfjährigen Christian bei Dian Fossey eintrifft, die sich lange Zeit begeistert von Grzimeks Enkelsohn zeigt und ihn in jedem Brief grüßen lässt.

Als die Grzimeks Anfang März 1972 nach Frankfurt zurückkehren, hat im Zoo der Bau des 24-Stunden-Hauses begonnen. 7,9 Millionen Mark hat die Stadt dafür bewilligt. »Grzimek hat weit gedacht: Er wollte das Haus behindertengerecht gebaut haben«, erinnert sich Fritz Stadtmüller, der langjährige Leiter des später Grzimek-Haus genannten Gebäudes. Der Architekt, so Stadtmüller, sei ein Kirchenbauer gewesen, der vorher noch keine Zoohäuser entworfen hatte.

In Grzimeks Abwesenheit hat sich die Zoopädagogin Rosl Kirchshofer um eine Angelegenheit gekümmert, die die ZGF das ganze Jahr über beschäftigen wird: um den Singvogelmord in Italien, wegen dem das Internationale Antijagd-Komitee in Turin an die Zoologische Gesellschaft herangetreten ist. Gegen diesen »in Italien beliebten Volkssport«, wie Grzimek später schreibt, dem während des Vogelzuges zweimal jährlich mehrere Hunderttausend Tiere zum Opfer fallen, initiiert die Gesellschaft mit großem Erfolg Unterschriftensammlungen, sendet Pressenotizen an italienische Tageszeitungen sowie deutsche und italienische Politiker und klärt deutsche Touristikunternehmen, die Italienreisen im Programm haben, über das »Massaker« auf. Trotzdem geht die Jagd weiter.

Mitte 1972 dreht sich für Bernhard Grzimek dann wieder vieles um deutsche Naturschutzbelange: Am 13. Mai 1972 gehört er, auch wenn er selbst abwesend ist, zu den Gründungsmitgliedern der Gruppe Ökologie – einem Kreis aus fünfunddreißig Wissenschaftlern, Journalisten, Naturschutz-Mitstreitern, Freunden, denen allesamt das Thema Ökologie am Herzen liegt. Auch der spätere Nobelpreisträger Konrad Lorenz, der große Verhaltensforscher Otto König sowie Grzimeks Naturschutz- und Fernsehkollegen Horst Stern und Heinz Sielmann sind beteiligt.

Die Gruppe Ökologie, die eine »Mittlerrolle zwischen Wissenschaft einerseits und Massenmedien und vorhandenen Umwelt- und Naturschutzorganisationen andererseits« übernehmen will, wie es im Protokoll der Gründungssitzung heißt, präsentiert sich der Presse am 20. Juli 1972 mit einem Manifest im Münchener Hofbräuhaus. Mit ihren namhaften Mitgliedern und Konrad Lorenz als Sprecher, der, um sich Gehör zu verschaffen, während der Pressekonferenz auf den Tisch springt, ist ihr die Aufmerksamkeit der Presse sicher. Natürlich gibt es auch innerhalb der Gruppe Konkurrenz, wie sich Dieter Kadner, der Sekretär der Gruppe, erinnert, »aber trotzdem herrschte immer ein sehr freundschaftlicher Umgang – die Alphatiere haben gewusst, dass es hier nichts zu beißen gibt«.

Wie der vier Jahre zuvor gegründete Club of Rome in seinem 1972 veröffentlichten Bericht *Die Grenzen des Wachstums* bezieht auch die Gruppe Ökologie in ihrem Manifest zur Überbevölkerung Stellung: »Die Schätze der Erde haben ihre Grenzen erreicht, der Tag ist abzusehen, an dem der Erdboden die Menschen nicht mehr ernähren kann, die Rohstoffe zu Ende gehen und die Fruchtbarkeit des Bodens nachlässt ... Wer die Überbevölkerung weiterhin fördert, bringt uns dem gemeinsamen Selbstmord näher.« Dieses ist auch Grzimeks ganz persönliche Meinung, die er schon bald jedem auf besondere Weise kundtun wird, mit dem er korrespondiert.

Dennoch mögen Grzimek zu dieser Zeit Zweifel an der Wirksamkeit seines Engagements gekommen sein. Zwar ist der Tierschutz, wie von ihm gefordert, mittlerweile Bundessache, doch obliegt er der Verantwortung des Ernährungsministers, »der gleichzeitig die Vorteile bestimmter Wirtschaftskreise, wie etwa der industriellen Massentierhaltung, vertreten muss«, wie Bernhard Grzimek später resigniert schreibt. Auch die Aussichten für das von ihm geforderte Bundesnaturschutzgesetz stehen schlecht. »Ich wollte daher bereits im Sommer mein Amt als Naturschutzbeauftragter der Regierung aufgeben«, schreibt er entsprechend zwei Jahre später in *Auf den Mensch gekommen*. Doch die politischen Querelen um das von der CDU angekündigte Misstrauensvotum gegen Willy Brandt lassen Bernhard Grzimek die persönliche Entscheidung zurückstellen: »Ich wollte nicht den Eindruck erwecken, ich gehöre zu den Ratten, die das sinkende Schiff verlassen.«

Auch wenn die Ereignisse sicherlich Grzimeks Aufmerksamkeit in Anspruch nehmen, fordern ihn im Sommer 1972 auch seine anderen Betätigungsfelder: Im Juni fliegt der Zoodirektor für vierzehn Tage in die USA und nach Kanada, um dort »Entwicklungen kennenzulernen, die für den zweiten großen Zoologischen Garten Frankfurts verwendbar sind«, wie eine Pressemitteilung meldet. 1973 soll endlich mit dem Bau des Nidda-Zoos, Grzimeks »Tierfreiheit«, begonnen werden. Und weil die ersten Bände von *Grzimeks Tierleben* gerade unter dem Titel *Grzimek's Animal Life Encyclopedia* auf Englisch erschienen sind, muss

Grzimek diese in vielen amerikanischen Fernsehsendungen präsentieren. Der dreizehnte Band der deutschen Auflage ist noch 1971 herausgekommen; 1972 wird an drei Zusatzbänden zu allgemeinen zoologischen Fragen gearbeitet, die später mit den Titeln *Entwicklungsgeschichte der Lebewesen, Verhaltensforschung* und *Unsere Umwelt als Lebensraum – Ökologie* herauskommen. Als Präsident der ZGF erarbeitet Grzimek zudem zusammen mit der Internationalen Naturschutzunion (IUCN) eine Schonliste bedrohter Krokodilarten, die der deutschen Lederwarenindustrie mit der Bitte um Berücksichtigung vorgelegt werden soll.

Auch am heimischen Schreibtisch ist Grzimek fleißig, wie er seiner Tochter am 31. August 1972 schreibt: »Liebe Monika, ich bin die letzten Wochen stark damit beschäftigt, mein vor 18 Jahren erschienenes und seitdem in den Neuauflagen wenig bearbeitetes Buch *Kein Platz für wilde Tiere* ganz auf neuen Stand zu bringen, vier neue Abschnitte dazu zu schreiben usw. So bleibt alle andere Arbeit liegen. Augenblicklich lese ich den Text eines Spielfilms durch, den amerikanische Produzenten über Michael und mich drehen wollen. So etwas kommt den Beteiligten immer recht komisch vor. Es ist erfreulich, dass Du die Autofahrerei jetzt besser lernst. Du hättest besser aufpassen sollen, wenn Du mit mir fährst!«

Auf dem Brief an Monika prangt er zwar noch nicht. Ansonsten verlässt ab Mitte August 1972 jedoch kaum noch ein Schriftstück Grzimeks Hand, auf dem nicht der Stempelaufdruck »Ceterum censeo progenerationem esse delimitandam« zu lesen ist – selbst auf den Mitteilungen der ZGF ist dieser Satz von da an zu finden. Was einige Empfänger verunsichert und andere sogar verärgert, ist Ausdruck von Grzimeks Meinung zur Überbevölkerung: »Im Übrigen bin ich der Meinung, dass die Vermehrung der Menschheit einzuschränken ist.«

Grzimek wird zwar für diesen Spruch bekannt, geprägt hat ihn jedoch der damalige Direktor von WWF International, Fritz Vollmar. »Um 1970 herum war für mich das Hauptproblem die Überbevölkerung. Da habe ich mich an einen alten Spruch von Senator Marcus Porcius Cato dem Älteren erinnert: ›Ceterum censeo cartaginem esse delendam‹ – ›Im Übrigen bin ich der Meinung, dass Karthago zerstört werden muss‹«, erinnert dieser sich. »Mit meinem alten Lateinlehrer habe ich ihn dann umformuliert … Leider ist er bei den Leuten nicht angekommen, ich habe keine Resonanz darauf bekommen – bis auf Bernhard Grzimek, der ihn übernommen hat. Er hat mir darüber nichts gesagt, ich war aber nicht böse auf ihn – im Gegenteil! Ich hätte mir gewünscht, dass es mehrere getan hätten.«

Bernhard Grzimek hat sich also wieder einmal einer guten Idee bedient und diese publik gemacht. Und tatsächlich gelingt ihm, was Vollmar sich gewünscht hätte: Ende Dezember 1973 fragt Greifvogelexperte Heinz Brüll bei ihm an, ob er sich einen gleichlautenden Stempel anfertigen dürfte.

Grzimek beschäftigt das Thema Überbevölkerung schon seit Jahren; bereits 1962 hat er in einem Brief an den damaligen Bundestagspräsidenten Eugen Gerstenmaier geschrieben: »Ich möchte Ihnen nur meine Begeisterung dafür zum Ausdruck bringen, dass Sie es als Erster gewagt haben, sich eindeutig zu dem Hauptproblem Nummer eins der Menschheit, der Geburtenbeschränkung, positiv zu äußern!« Und auch gegenüber Julius Nyerere nahm er diesbezüglich kein Blatt vor den Mund, wie sich Markus Borner an eine Begebenheit erinnert: »Nyerere saß, wie bei jeder Audienz, im Schaukelstuhl, und wir haben drum herum gesessen, in Daressalam in seinem Haus an der Waterfront. Da hat der Bernhard ihm den Finger ins Gesicht gehalten und hat gesagt: ›Julius, du musst sicherstellen, dass es Geburtenkontrolle in diesem Land gibt!‹ Ich bin fast im Boden versunken und dachte, jetzt erschießen sie uns. Aber Bernhard war von der Überbevölkerungsproblematik ja schon früh überzeugt.« Nyerere, der Bernhard Grzimek nie mit dem Namen, sondern stets mit »Prof.« anredete, habe geantwortet: »›Hör zu, Prof. Erstens gucke ich schon nach deinen Zebras, reg dich nicht auf. Und zweitens, Prof, das sage ich jetzt ganz leise, machen wir das ja mit der Geburtenkontrolle, aber wir hängen es nicht an die große Glocke.‹ Das war echt nett und hat gezeigt, dass Nyerere Bernhard wirklich geschätzt hat«, berichtet Borner weiter.

Als die SPD im Herbst 1972 die Neuwahlen gewinnt, weiß Grzimek, dass er noch einmal alles in eine Waagschale werfen muss. Am 23. November 1972 schreibt er daher an Willy Brandt: »Sehr geehrter Herr Bundeskanzler! Da Sie jetzt ja mit der Neubildung der Regierung befasst sind, darf ich an unser Gespräch Anfang 1970 erinnern. Sie hatten sich seinerzeit vergeblich bemüht, den Naturschutz mit dem Umweltschutz zu vereinigen … Ich wiederhole nunmehr meine Bitte, dies jetzt bei der Neubildung der Regierung zu tun. Es erscheint hoffnungslos, den Naturschutz weiter im Ernährungsministerium zu belassen. Das ist auch die Auffassung wohl aller führender Naturschützer und Naturschutzorganisationen.« Um die Bedeutung seines Anliegens zu unterstreichen, lässt Grzimek dem Brief am 1. Dezember 1972 ein Telegramm folgen: »Wir bitten dringend Naturschutz und Umweltschutz in einem Ministerium zu vereinigen und ein Bundesumweltamt zu schaffen. Zoologische Gesellschaft von 1858, Frankfurt / Main.«

Glaubt Bernhard Grzimek wirklich noch, dass es im zweiten Anlauf mit Willy Brandt doch noch zu einem Bundesnaturschutzgesetz und einem Bundesumweltamt kommen kann? Wohl kaum – schon Ende 1972 hat er Wolfgang Erz für sich einen Entwurf für sein Rücktrittsschreiben verfassen lassen.

Grzimek verschickt dieses Schreiben, das auch für den Fall eines politischen Machtwechsels gedacht gewesen sein kann, zwar vorläufig noch nicht, schließt Mitte Dezember 1972 jedoch ein anderes Kapitel seines Lebens endgültig: Er trennt sich von seiner Frau Hildegard und zieht zu Erika Grzimek in den Röderbergweg. »Die Sache mit Erika hat meine Mutter kaputtgemacht. Mein Vater ist ausgezogen, während meine Mutter schwer krank im Krankenhaus lag«, sagt Rochus Grzimek.

In einem Interview mit Hildegard Grzimek wird fünf Jahre später in der Zeitschrift *Gong* zu lesen sein: »Als sie am 18. Dezember entlassen wurde, erlebte sie erneut Schmerzliches: Professor Grzimek hatte sich aus dem Staub gemacht.« In der Personalakte wird als Auszugsdatum der 31. Januar 1973 vermerkt mit dem Zusatz, dass das »Verlassen der Wohnung aus persönlichen Gründen« vor der Pensionierung stattgefunden habe und daher keine Umzugskostenvergütung gezahlt werde.

Zweiundvierzig Jahre bewegter Ehe enden an diesem Punkt. Zumindest räumlich – geschieden werden Bernhard und Hildegard Grzimek erst 1977. Sohn Rochus erinnert sich: »Meine Mutter hatte der Scheidung 1973 nicht zugestimmt. Sie hatten sich aber auch schon schriftlich geeinigt, wie sie das Vermögen aufteilen wollten. Die Eltern hatten Gütertrennung – die hatten sie im Zuge des neuen Ehegesetzes in der

366

zweiten Hälfte der Fünfzigerjahre nachträglich eintragen lassen, denn mein Vater wollte keine Zugewinngemeinschaft. Er sagte, so würde es, wenn etwas mit den Filmen schiefginge, nicht ans Vermögen der Frau gehen.«

Hildegard Grzimek zieht in die Straße, in der auch Erika und Bernhard wohnen, wenn auch ans andere Ende, unweit des Zoos. Rochus Grzimek berichtet: »Meine Mutter wohnte dann in einer Dreizimmerwohnung. Die hatten sie noch gemeinsam gekauft. Sie bekam lebenslanges Wohnrecht und seine Pension.«

Was wird Bernhard Grzimek in diesen Tagen über seine Ehe, sein Leben durch den Kopf gegangen sein? Mit einundzwanzig Jahren war er verheiratet, mit zweiundzwanzig bereits zum ersten Mal Vater geworden. Hält er die damalige Entscheidung jetzt, im Alter von dreiundsechzig Jahren, für verfrüht? Sieht er in ihr die Ursache für das Scheitern seiner Ehe, das sich bereits lange vor der Trennung angekündigt hat? Nach außen wird er nicht müde zu betonen, wie gut es sei, früh Kinder zu haben, um mit ihnen gemeinsam viel erleben zu können. Warum hält er sich hiermit dann bei seinem ältesten Sohn Rochus so zurück? Bernhard Grzimek hat sich früh für einen seiner beiden Söhne entschieden: für Michael. Und damit Rochus und auch seine Frau Hildegard in den Hintergrund gerückt.

Nach Michaels Tod sind diese Verbindungen emotional nicht wieder aufzubauen. Bernhard Grzimek versucht es nicht einmal, sondern sucht sich mit Tochter Monika und Schwiegertochter Erika neue Ansprechpartner. Wie verletzend muss das für Hildegard gewesen sein, die all die Jahre zu ihm gestanden und selbst über die Affären und die nichtehelichen Kinder hinweggesehen hat, um dann nicht für eine beliebige jüngere Frau, sondern sogar für die Schwiegertochter verlassen zu werden. Wirklich glückliche Ehe- und Familientage liegen für Bernhard und Hildegard Grzimek bereits weit entfernt. Es ist davon auszugehen, dass Bernhard Grzimek mit dem Auszug nur deshalb so lange gewartet hat, um die öffentliche Reaktion auf seine Entscheidung erst gegen Ende seiner Karriere durchstehen zu müssen. Er weiß, dass das Zusammenziehen mit der Schwiegertochter in der damaligen Zeit als Skandal empfunden wird.

Zwei Wochen nach seinem Auszug bricht Bernhard Grzimek wie üblich nach Ostafrika auf, um für die Bundesregierung in Tansania an der Sitzung des Serengeti-Forschungsinstitutes teilzunehmen und Staatspräsident Julius Nyerere zu einem Gespräch zu treffen. Außerdem plant er Besprechungen mit den Direktoren der Nationalparkverwaltungen von Tansania, Kenia und Uganda.

Nach außen deutet nichts darauf hin, dass er sich nun doch endgültig entschlossen hat, als Bundesbeauftragter für den Naturschutz zurückzutreten. Doch wenige Tage bevor er Ende Januar 1973 zu seinen letzten offiziellen Terminen innerhalb Afrikas aufbricht – einem Treffen mit Idi Amin und einem Vortrag an der Makerere Universität im ugandischen Kampala –, schreibt Bernhard Grzimek aus Nairobi an Willy Brandt: »Sehr geehrter Herr Bundeskanzler, die Neugliederung der Ressorts ist nun abgeschlossen. Auch dabei konnten seit Jahren vergeblich vorgetragene Wünsche den Naturschutz betreffend wieder nicht berücksichtigt werden. Ich möchte daher meinen bisherigen Auftrag an Sie zurückgeben.« Als Gründe nennt er »verschiedene Unzulänglichkeiten«, so zum Beispiel Schwierigkeiten in der Zusammenarbeit mit dem Landwirtschaftsministerium und die seiner Ansicht nach unzureichende materielle wie personelle Ausstattung des Naturschutzreferates. Auch beklagt er: »Persönlich habe ich während der Tätigkeit in drei Jahren nicht überzeugt werden können, dass den Ressorts und ihrer Bürokratie wirklich an der Arbeit eines unabhängigen Naturschutzbeauftragten gelegen war, der sich tatkräftig für die von Ihrer Regierung versprochenen Aufgaben mit einsetzt. Das Schlagwort vom ›Aushängeschild‹ ist in der Öffentlichkeit mehrfach gebraucht worden.«

Der Brief entspricht im Wesentlichen dem Entwurf von Wolfgang Erz. Diesen setzt Grzimek zeitgleich davon in Kenntnis, dass er »nunmehr, nach reichlicher Überlegung, den anliegenden Rücktrittsbrief an den Bundeskanzler abgeschickt« habe. Außerdem bittet er Erz um die Herausgabe einer Pressemitteilung »etwa des folgenden Inhalts, sofern Sie keine Bedenken haben: ›Grzimek gab Beauftragung als Naturschutzbeauftragter an den Bundeskanzler zurück‹«.

Fünf Tage später schickt Bernhard Grzimek einen Nachtrag an Willy Brandt, in dem er den Bundeskanzler noch einmal bittet, sich für die Zusammenführung des Naturschutzes in einem Ressortstarkzu machen, »das nicht unmittelbar von starken Wirtschaftsinteressen beherrscht wird«. Außerdem dankt er Brandt für seine »persönliche Liebenswürdigkeit und Wohlwollen« – etwas, was dem ersten, faktenlastigen Schreiben gefehlt hatte. Auch an Bundespräsident Gustav Heinemann schreibt er an diesem Tag eine Begründung seines Rücktritts, zu der er sich verpflichtet fühlt, da Heinemann ihn für das Amt vorgeschlagen hatte.

Am 31. Januar 1973 gibt Wolfgang Erz den Rücktritt Grzimeks während dessen Abwesenheit per Pressemitteilung bekannt. Damit entgeht Grzimek dem Medienrummel. Auf die zahlreichen Anfragen, vor allem auch von besorgten Privatpersonen, verfasst Richard Faust im Namen der ZGF ein Antwortschreiben: »Prof. Grzimek wird ganz zweifellos die Hände jetzt nicht in den Schoß legen, sondern weiterhin für seine Ziele arbeiten, und gerade dann braucht er Ihre Anerkennung und Unterstützung.« Er fordert die Briefeschreiber, getreu Grzimeks Vorgehensweise, auf, den politischen Vertretern ihren Protest gegen die Regierungspolitik mitzuteilen. An Grzimek schreibt er, es sei ganz gut, dass er nicht genau wisse, wann dieser zurückkäme – denn so könne er den Journalisten auch keine Auskünfte geben. »Sehen Sie sich also bitte vor, wenn Sie zurückkommen. Sie müssen damit rechnen, dass die Presse über Sie herfällt, und manchmal kriegen diese Leute ja eher heraus, wer auf der Maschine sitzt, als wir.«

Tatsächlich schlagen die Wellen in den Medien in diesen Tagen hoch, vom Bedauern über Grzimeks Entscheidung und der Frage nach der Zukunft (*Was kommt nach Grzimek?*) bis hin zur unverhohlenen Kritik an Grzimeks Person und Methoden (*Grzimeks Panikmache. Woran der Naturschützer scheiterte*). Fakt ist: Bernhard Grzimek wird der erste, aber auch der letzte Beauftragte der Bundesregierung für den Naturschutz gewesen sein.

Bundeskanzler Willy Brandt bestätigt Bernhard Grzimek am 8. Februar 1973 »mit Bedauern« den Erhalt seiner beiden Briefe und bittet ihn, sich nach der Rückkehr aus Afrika zu einem Gespräch mit ihm zu treffen. »Willy Brandt hat Grzimek sehr geschätzt – er hat nie einen Besuch in Afrika gemacht oder einen Afrikaner in Deutschland getroffen, ohne vorher Bernhard Grzimek anzurufen«, sagt Hubert Weinzierl. »Brandt wusste, dass Grzimek die afrikanische Mentalität kennt. Grzimek hat es

Brandt auch nicht verübelt, dass er ihn geholt hat, ihn dann aber nicht richtig machen ließ – da konnte er differenzieren.«

Auch von Bundesinnenminister Hans-Dietrich Genscher und Bundespräsident Gustav Heinemann treffen Schreiben ein, die Bedauern ausdrücken, jedoch auch Dank für das bisher Geleistete. »Er war engagiert und intelligent. Ein Wissenschaftler und Manager in einem. Das Problem war, dass er nicht genug managen konnte in Bonn. Seine Position war ja nur ein Ehrentitel«, beschreibt Horst Ehmke fünfunddreißig Jahre später die Situation.

Alfred Toepfer schreibt Grzimek am 22. März 1973: »Die großen Hoffnungen haben sich nicht erfüllt. Sie haben daraus verständlicherweise die Konsequenzen gezogen. Ihr spektakulärer Rücktritt hat den erwarteten starken Widerhall in der Öffentlichkeit gefunden. Sollte es zu dem erhofften größeren Engagement der Bundesregierung für den Naturschutz führen, so wird man Ihnen erneut zu danken haben.« Bernhard Grzimek ist zu diesem Zeitpunkt bereits zurück in Frankfurt und antwortet: »Wenn man die jetzige Entwicklung in der ganzen Welt sieht, hat man manchmal doch das Gefühl, auf Grund des Lebensalters froh sein zu müssen, dass man diese Dinge nicht mehr mit zu erleben braucht.«

Sein öffentliches Mahnen ist nicht nur Schau. Zwar versteht Bernhard Grzimek es perfekt, die Stirn zu krausen und seiner Stimme noch eine Spur mehr Besorgnis zu verleihen, wenn er im Fernsehen spricht. Und auch alles von ihm in Schriftform Gefasste ist durchweg plakativ, wenn er ein Ziel verfolgt. Doch der Mensch dahinter sorgt sich tatsächlich auch ganz persönlich um die Welt. Und sosehr er nach außen für sie kämpft, so sehr resigniert er mit fortschreitendem Alter.

Seit seinem Dienstbeginn als Sachverständiger im Preußischen Landwirtschaftsministerium ist Bernhard Grzimek nun bereits vierzig Jahre lang im öffentlichen Dienst tätig. Das Jubiläum, zu dem er eine Ehrenurkunde vom Magistrat, zwei Theaterkarten, zwölf Flaschen Hochheimer Wein, vierhundert Mark Treuegeld, eine Pflanzschale im Wert von zwanzig Mark und drei Tage Sonderurlaub erhält (wovon er Letzteres am meisten geschätzt haben wird), geht während seiner Abwesenheit und des Trubels um seinen Rücktritt unbemerkt unter. Lediglich eine Meldung der Deutschen Presseagentur verkündet am 21. Mai 1973, dass Grzimek »nicht die Absicht habe, nach Erreichen der Altersgrenze 1974 im Dienst der Stadt Frankfurt zu bleiben«. Er wäre, so die Meldung, »unter Umständen bereit gewesen, die Leitung des Zoos zu behalten, wenn das seit Jahren diskutierte Projekt einer 30 Hektar großen Zoo-Dependance im Niddatal hätte realisiert werden können«. Gerade hat jedoch der Magistrat beschlossen, den Teilbetrag von 2,8 Millionen Mark für die erste Baustufe nicht zu bewilligen. Nachdem Anfang 1973 die ersten baureifen Pläne mit Einrichtungen für winterharte Huftiere wie Wisente und Hirsche sowie für einen Kinderspielplatz und eine Reitbahn fertiggestellt waren, ist die »Tierfreiheit« jetzt erneut gefährdet. Da springt die ZGF ein, die sich unter Grzimeks Einfluss seit Anfang der Sechzigerjahre von einer reinen Zoofördergesellschaft mehr und mehr zur Naturschutzorganisation gewandelt hat. Sie stellt der Stadt Frankfurt eine Million Mark für den Baubeginn des Niddazoos zur Verfügung; das Land Hessen gibt weitere achtzigtausend Mark dazu. So kann im Herbst 1973 endlich mit der Erschließung des Geländes begonnen werden.

Bereits im Mai 1973 hatte der Bundesrat einem neuen Bundeswaldgesetz zugestimmt. Prompt meldet sich Bernhard Grzimek – nun wieder als Präsident der Zoologischen Gesellschaft und überzeugter Naturschützer – bei Bundeskanzler Willy Brandt und bemängelt: »Der Entwurf des Bundesernährungsministers stellt grundsätzlich stets die wirtschaftliche Nutzung des Waldes in den Vordergrund, obwohl die Erträge für die Etats der Länder und Gemeinden recht unwichtig geworden sind. Die Schutz- und Erholungsaufgaben des Waldes werden in dem Gesetzentwurf ... wohl mehrfach erwähnt, in den tatsächlichen Verfahrensregeln aber stets zweitrangig behandelt.« Zugleich verweist Grzimek noch einmal auf den Stein'schen Entwurf für ein Bundesnaturschutzgesetz, in dem auch Regelungen zum Schutz des Waldes aufgeführt seien.

In Artikeln (unter anderem für *Das Tier* unter dem Titel *Fichtenplantagen statt anheimelndem Wald. Ertls neues Bundeswaldgesetz bedroht die Landschaft der Bundesrepublik*) wendet Grzimek sich auch in der Öffentlichkeit gegen das geplante Gesetz. An Alfred Toepfer schreibt er dazu am 18. Juni 1973: »Ich konnte bei Herrn Ertl, der persönlich ein recht netter und sicher auch sehr tüchtiger Mann ist, zugunsten des Naturschutzes und ähnlicher Dinge kaum etwas erreichen. Deswegen will ich ihn jetzt öffentlich kritisieren. Er wird mich daraufhin sicher recht böse angreifen oder angreifen lassen. Andererseits wird er aber, so hoffe ich sehr, insge-

371

heim einige der beanstandeten Mängel beseitigen oder bessern. … Wenn man in meinem Alter selbst keine Karriere mehr machen will, kann man sich ein bisschen Ärger und Schmähungen schon einstecken, um dem eigentlichen Ziel weiterzuhelfen.«

Es scheint beinahe, als würde Bernhard Grzimek – befreit von der Last des öffentlichen Amtes – noch einmal richtig loslegen. So hat er kurz zuvor in einer Rede zur Sechzigjahrfeier des Bundes Naturschutz in Bayern in Regensburg erklärt: »Unsere Arbeit kann nicht in der stillen, langsamen, vornehmen Weise getan werden, wie es bisher der Fall war. Unsere Arbeit kann nicht mit Glacéhandschuhen geleistet werden. Wir brauchen die blanke Faust, wir haben das unverhohlene Wort nötig und die rücksichtslose Tat, wollen wir etwas erreichen. Jedes strafgesetzlich erlaubte Mittel muss uns recht sein, um unsere Natur und damit uns selber vor dem Verderb zu bewahren.«

Während Grzimeks Afrikareise zu Jahresbeginn hatte Richard Faust Bundestagspräsidentin Annemarie Renger auf die Problematik der Verwendung von Fellen von bedrohten Arten hingewiesen und ihren deshalb nicht ganz zeitgemäßen Auftritt in einem Leopardenfellmantel kritisiert. Die Bundestagspräsidentin hatte daraufhin in einem Brief an Bernhard Grzimek angekündigt, den Mantel nicht mehr tragen zu wollen. Nun wendet sich ein anderer Prominenter in einem umgekehrten Fall an Grzimek: der bekannte bayerische Schauspieler Walter Sedlmayr, dem eine Werbeanzeige einer Pelzhandelsfirma aufgefallen ist. Da er nicht weiß, ob es sich bei den genannten Tierarten um bedrohte Arten handelt, bittet er Grzimek um Hilfe, »um zu entscheiden, ob man diese Firma darauf aufmerksam machen kann, dass ihre Reklame dem Tierschutz ganz sicher widerspricht«. Rosl Kirchshofer nimmt sich in Grzimeks Namen der Sache an. Sie dankt Sedlmayr und fordert ihn auf, der Firma dringend einen Brief zu schreiben, da er mit seiner Vermutung richtig gelegen habe.

Zu Pfingsten verbringt Bernhard Grzimek ein paar Urlaubstage in den Schweizer Bergen und in Belgien. Vor seiner Reise hat er beim Direktor der Königlichen Zoologischen Gesellschaft in Antwerpen nachgefragt, ob dieser ihm Betriebe in Belgien nennen könne, in denen er Massentierhaltung filmen könne. »Für meine Vorlesungen an der Universität Gießen brauche ich eine Reihe von Fotoaufnahmen und Filmen von Intensivhaltung, also der Haltung von Hühnern, Schweinen und Rindern ohne Auslauf auf sehr eng begrenzten Plätzen, in ›Batterien‹«, schreibt er Walter Van den Bergh. Recht wahrscheinlich schiebt er diese Begründung nur vor, denn seit seiner Beurlaubung für die Tätigkeit als Bundesbeauftragter hat Grzimek in Gießen nicht mehr gelehrt.

Im September 1973 veröffentlicht Bernhard Grzimek jedoch einen Artikel in der Wochenzeitung *Die Zeit*: *Zum Schlachten geboren. Mit tierquälerischen Methoden erzielen Mästereien höhere Umsätze.* Ein Artikel für *Das Tier* und Fernsehbeiträge folgen. Für all das braucht er Foto- und Filmmaterial – und das ist in Deutschland schwierig zu bekommen. Mit Enkel Christian wird er nicht viel später heimlich in einer Legebatterie in Hessen filmen, als der Bauer gerade nicht da ist. »Das war ganz klar Hausfriedensbruch«, sagt Christian Grzimek heute. Aber die Aufnahmen sind im Kasten.

Privat verzehrt Bernhard Grzimek übrigens, wie in einem Artikel der *Frankfurter Neuen Presse* vom 19. Dezember 1973 zu lesen ist, schon lange nur noch Eier von freilaufenden Hühnern. Und auch seinen Zooinspektor Hellmut Neubüser hat er angewiesen, im Zoo keine Eier aus Legebatterien zu verwenden. »Grzimek wollte Eier von glücklichen Hühnern haben. Ich bin dafür überall umhergefahren und habe mir eine Menge Ärger eingehandelt, weil da schon die Prozesse liefen. Er hat sich dann mit Eiern aus Bodenhaltung zufriedengegeben«, erinnert sich Neubüser.

Ein Bericht von Horst Stern über Tierhandel, den dieser in seiner Sendereihe *Sterns Stunde* Anfang Juli 1973 zeigt, verursacht zwischen den beiden Naturschützern und Fernsehmännern deutliche Spannungen. Denn Stern prangert in seinem Beitrag Zoos an, die Tiere von dubiosen Händlern beziehen, und blendet dabei eine Artenliste mit dem Briefkopf des Frankfurter Zoos ein. Für die Medien ist das ein gefundenes Fressen. Horst Stern zeigt sich von Grzimeks öffentlichen Anschuldigungen, die ihm »eklatante Fehler« unterstellen, getroffen und kündigt in einem langen Brief vom 8. Juli 1973 sogar seinen Austritt aus der Gruppe Ökologie an, sollte dort eine ähnliche Meinung über ihn vorherrschen. »Aber«, so schreibt er Grzimek zum Abschluss, »noch vertraue ich darauf, was gerade Sie vor einiger Zeit ... schrieben: dass meine Glaubwürdigkeit nicht zuletzt darauf beruhe, dass ich auch ›uns Naturschützern hier und da unbequem‹ sei.«

Bernhard Grzimek bemüht sich, in Telefonaten und Briefen die Sache richtigzustellen. »Ihre Sendung über den Tierhandel war ungemein verdienstvoll: Ich selbst hätte sie als Zoodirektor wegen meiner Kollegen nicht gut machen können«, schreibt er am 18. Juli 1973 an Stern. Und er gibt – nett verpackt – zu, tatsächlich anders als öffentlich behauptet von einem der nicht ganz einwandfreien Händler Tiere bezogen zu haben. »Nebenbei gesagt: Die seinerzeit … bezogenen Nasenaffen sind zur erfolgreichsten Zuchtgruppe dieser Art in allen Zoos geworden«, verpackt er das Schuldeingeständnis gegenüber Stern in eine Erfolgsmeldung. Die Angelegenheit ist damit für beide erledigt.

Als »beliebtester Fernsehprofessor« ist Bernhard Grzimek Ende April gerade erst mit einem Bambi der Zeitschrift *Bild und Funk* ausgezeichnet worden. Da kommt die nächste Urkunde in Frankfurt an: Als weiteres afrikanisches Land hat ihn Uganda zum Ehrenkurator der Nationalparks ernannt.

In seiner Hauptfunktion als Direktor des Frankfurter Zoos steht in diesen Tagen dagegen seine letzte Teilnahme an der Internationalen Tagung der Zoodirektoren an. Als er Mitte Oktober 1973 nach Tokio startet, weiß er, dass das nächste Treffen in Basel im Herbst 1974 bereits von seinem Nachfolger wahrgenommen werden wird. Deshalb verlängert Bernhard Grzimek seine Reise noch einmal um einige Tage, während deren er Hongkong und Bangkok besucht. An seine Tochter Monika schreibt er am 1. November 1973: »Wir fliegen gerade von Hongkong ab – sein wesentliches Merkmal außer Wolkenkratzern ist die unglaubliche Billigkeit sämtlicher Dinge, da es hier keinen Einfuhrzoll gibt. Gerade nach dem teuren Japan fällt das auf.«

Ende 1973 setzt sich Bernhard Grzimek erneut im großen Stil für den Artenschutz ein. Bereits Anfang März 1973 hatte die Bundesrepublik das Washingtoner Artenschutzübereinkommen unterzeichnet. Es soll den internationalen kommerziellen Handel mit gefährdeten Tier- und Pflanzenarten regulieren und ihn für vom Aussterben bedrohte Arten unterbinden. Auf das Übereinkommen haben viele Verbände lange hingearbeitet. So hat auch die ZGF in Zusammenarbeit mit dem WWF Artenlisten zusammengestellt und in verschiedene Sprachen übersetzt – ein wichtiger Schritt, um sich in der internationalen Zusammenarbeit sicher zu sein, dass man von derselben Art spricht. Doch nach der Unterzeichnung des Übereinkommens gibt es in der Bundesrepublik unterschiedliche Auffassungen über das Wann und Wie des Inkrafttretens. *Meint es Herr Minister Ertl ernst mit der Washingtoner Artenschutz-Konvention?*, lautet deshalb der Titel einer Pressemitteilung, die die Zoologische Gesellschaft Frankfurt am 18. Oktober 1973 herausgibt.

Wieder einmal kritisiert Grzimek Josef Ertls Arbeit und greift das Vorgehen des Ministers an: »Ein internationales Abkommen gilt erst dann durch einen Staat ratifiziert, wenn mit dem Vertragsgesetz *gleichzeitig* auch die Durchführungsregelungen Gesetzeskraft erlangt haben«, schreibt er und steht mit seiner Forderung, deshalb auch so zu verfahren, nicht alleine. Umso mehr freut sich Grzimek, dass er Ende November 1973 dem Staatssekretär im Bundesministerium für Ernährung, Landwirtschaft und Forsten danken kann, dass »sich Ihr Haus als das für den Naturschutz verantwortliche Ressort nunmehr nachträglich entschlossen hat, den Gesetzentwurf *mit* Durchführungsregelung im Kabinett vorzulegen«. Es wird jedoch noch zweieinhalb Jahre dauern, bis die BRD das Artenschutzabkommen als erster EG-Staat in Kraft setzen wird.

In Frankfurt laufen derweil, vier Monate vor seiner Pensionierung, Vorbereitungen für das Ende der Ära Grzimek. Am 30. April 1974, sechs Tage nach seinem 65. Geburtstag, wird der Zoodirektor aus dem Amt ausscheiden. Der Magistrat fasst daher in seiner Sitzung vom 3. Dezember 1973 einige Beschlüsse zur Ehrung Grzimeks. So soll das im Bau befindliche 24-Stunden-Haus, dessen Rohbau Ende 1972 fertiggestellt werden konnte und in dem nun die Innenarbeiten laufen, den Namen Grzimek-Haus bekommen. Bernhard Grzimek und seine Frau sollen auf Lebzeit geltende Freikarten für den Besuch des Zoologischen Gartens erhalten. Außerdem wollen sich Stadt und ZGF für zwei Auszeichnungen einsetzen: das Große Verdienstkreuz mit Stern des Verdienstordens der Bundesrepublik Deutschland »wegen seiner großen Verdienste um die bedrohte Tierwelt im In- und Ausland« und die Staatsmedaille »für besondere Leistungen auf dem Gebiet der Tierzucht und Tierhaltung«.

Noch ist Bernhard Grzimek jedoch im Amt, auch wenn bereits die Gerüchteküche über seine zukünftigen Aufgaben brodelt. »Dass Herr Professor Grzimek die Leitung eines Nationalparks in Südafrika übernehmen will, entspricht nicht den Tatsachen«, lässt Richard Faust einen interessierten Bürger am 21. Januar 1974 wissen.

Abwegig wäre der Gedanke, dass sich Grzimek ganz nach Afrika zurückziehen will, durchaus nicht. Vielleicht halten ihn, neben seiner Verpflichtung für die Zoologische Gesellschaft, jedoch auch die Enkel in Deutschland: Erikas Söhne Stephan und Christian werden im Sommer 1974 gerade erst achtzehn und fünfzehn Jahre alt.

So plant Bernhard Grzimek stattdessen, exotische Tiere für seine private Haltung nach Deutschland zu holen. In einem Brief an den Direktor des Zoos im australischen Adelaide schreibt er hierzu am 11. April 1974: »Während meiner Reise durch Australien vor acht oder neun Jahren war ich besonders beeindruckt von ihrer großen Gruppe Gelbfuß-Felskängurus, welche so eindrucksvolle Farben haben und in Bäume klettern. Ich erfuhr, dass der Zoo in Adelaide der einzige Zoo ist, der diese Art hält, und dass die Tiere auch im Freiland sehr selten sind. Ich möchte einige Tiere privat in meinem Privathaus auf dem Land halten und würde deshalb sehr gerne einige ihrer Felskängurus kaufen ... Vielleicht möchten Sie aber der einzige Zoo bleiben, der diese Tiere hält. In diesem Fall könnten wir eine Vereinbarung treffen, dass ich die Tiere niemals an Zoologische Gärten verkaufen würde, erst recht nicht an australische, und dass Sie Nachkommen von mir zurückerhalten könnten, sollte der Erfolg Ihrer Zucht gefährdet sein.« Ja, das würde dem eingefleischten Zoomann gefallen, »erstmalig« und »einzigartig« diese Tiere in Deutschland zu halten – auch wenn es nur für ihn privat ist.

Leider findet sich kein Antwortschreiben auf diese Anfrage, die Bernhard Grzimek übrigens Richard Faust zur Kenntnis gibt. Kängurus wird der pensionierte Zoodirektor in seinem Alterssitz, einer umgebauten Mühle in Donnersdorf im unterfränkischen Landkreis Schweinfurt, jedenfalls nicht halten. »Wir hatten vier Vollblut-Araber, Guanakos und Hühner – seine geliebten Antwerpener Bartzwerge«, sagt Christian Grzimek.

Bevor es jedoch aufs Land geht, ist Bernhard Grzimek wie gewohnt von Ende Dezember 1973 bis Mitte März 1974 in Tansania, Ruanda, Uganda und Zaire. Nach seiner Rückkehr schreibt er an General Idi Amin in Uganda, um sich für den netten Empfang in Kampala im Februar zu bedanken und um dem Diktator einen Artikel aus der *Daily News* aus Daressalam (Tansania) zur Kenntnis zu geben: »In diesem Artikel wird behauptet, dass Sie dem Libyschen Führer Al-Gaddafi erlaubt haben, Tiere im Kabalega Nationalpark zu schießen.« Grzimek schreibt, dass er annehme, dass es sich bei dem Artikel um ein Missverständnis oder eine bewusste Boshaftigkeit handele, weil »eine solche Sache bis jetzt noch niemals in irgendeinem anderen afrikanischen Land wie Zaire, Sambia, Kenia oder Tansania, welche in der Naturschutz-Bewegung führend in der Welt sind, stattgefunden hat oder in Zukunft stattfinden wird«. Er bittet um eine »Berichtigung« des Artikels, entweder durch Idi Amin persönlich oder durch dessen Öfffentlichkeitsabteilung.

Idi Amin einen solchen Brief zu schreiben ist nicht ungefährlich. Zwar gibt Bernhard Grzimek vor, dem Artikel keinen Glauben zu schenken. Aber gleichzeitig lässt er den Diktator wissen, dass ihm solche Vorfälle – sollten sie tatsächlich stattfinden – nicht verborgen blieben. Ist der Naturschutz es wert, sich mit einem Mann anzulegen, über den immer mehr Details über grausame Folterungen und Morde an internationale Komitees gemeldet werden und dem am Ende seiner Machtherrschaft dreihunderttausend Menschen zum Opfer gefallen sein werden?

Vielleicht braucht es Leute wie Bernhard Grzimek, die unerschrocken, durchaus provokant, manchmal ein wenig voreilig und im Eifer des Gefechts schon einmal über das Ziel hinausschießend Dinge angehen. Visionäre, die wie er nicht erst darauf warten, dass die UNO das Jahr 1974 zum Weltbevölkerungsjahr ausruft. Sondern die wie er bereits zwanzig Jahre zuvor in *Kein Platz für wilde Tiere* auf die Probleme der Überbevölkerung hinweisen. Am 11. April 1974 wird Bernhard Grzimek dann auch »für seine Verdienste auf dem Gebiet des Naturschutzes in Afrika und aller Welt« die Goldene Arche verliehen – ein Preis, den Prinz Bernhard der Niederlande 1971 gestiftet hat und der mit Bernhard Grzimek erstmals an einen Deutschen vergeben wird.

Dann brechen im Frankfurter Zoo die letzten Tage unter Grzimeks Leitung an. »In der letzten Zeit ist uns die Arbeit ziemlich über dem Kopf zusammengeschlagen. Das Ausscheiden von Herrn Professor Grzimek warf entsprechende Schatten voraus«, schreibt Richard Faust in einem Brief am 23. April 1974 – einen Tag vor dem fünfundsechzigsten Geburtstag seines Chefs. Der 46-Jährige übernimmt, auch wenn er seit fast 22 Jahren im Frankfurter Zoo beschäftigt ist und die Abläufe in einigen Bereichen schon seit Langem für Grzimek aus dem Hintergrund gesteuert hat, kein leichtes Amt: Die Besucherzahlen sind rückläufig, und gleichzeitig müssen das Personal und damit der Etat für die Personalkosten aufgestockt werden, als im Oktober die 40-Stunden-Woche eingeführt wird. Außerdem meldet Ende Mai 1974 die Firma, die mit der Planung und dem Einbau der Klimatechnik im 24-Stunden-Haus betraut war, überraschend Konkurs an, was massive Neuplanungen, Umbauten, Kosten und jahrelange Verzögerungen des Projektes nach sich zieht. Die wahrscheinlich größte Hürde für den eher im Verborgenen agierenden neuen Zoodirektor Richard Faust ist jedoch, dass er sich an seinem omnipräsenten Vorgänger messen lassen muss.

Diesem wird ein gebührender Abschied bereitet. Zum 1. April hatte die *Frankfurter Neue Presse* bereits mit einem großen Foto verkündet: »Sensationeller Dressurakt zur Verabschiedung Grzimeks: Vier Eichhörnchen als Musikkapelle zusammengestellt, die am heutigen Tag im Zoo zu sehen und zu hören sein werden« – vielleicht eine Hommage an den immer noch legendären Aprilscherz Grzimeks mit dem weißen Elefanten ein Vierteljahrhundert zuvor. Am Tag der offiziellen Verabschiedung, dem 30. April 1974, bittet Oberbürgermeister Rudi Arndt dann für zehn Uhr im Kaisersaal des Frankfurter Römers zu einem Empfang. Hierbei wird Bernhard Grzimek die Ehrenplakette in Gold für die Förderung des Naturschutzes und Erhaltung der Tierwelt überreicht. Außerdem wird eine Bronzebüste Grzimeks enthüllt, die die Künstlerin Margret Joy Buba-Flinsch bereits in den Fünfzigerjahren von Bernhard Grzimek angefertigt hatte. Schon einige Jahre zuvor hatte die in New York lebende Malerin und Bildhauerin Richard Faust angeschrieben, da sie dem Zoo oder der ZGF die Büste gerne schenken wollte. Richard Faust hatte ihr jedoch klargemacht, dass Grzimek zu seinen Lebzeiten keine Büste von sich aufstellen lassen würde.

Mit der Verabschiedung enden für Bernhard Grzimek neunundzwanzig Jahre als Zoodirektor – viele Jahre auf einem Posten, den er aus der Not heraus angenommen hatte und den er ursprünglich schnell wieder aufgeben wollte. Doch durch sein unermüdliches Engagement wurde er zum Sinnbild des deutschen Zoodirektors schlechthin, sein Schreibtisch gleichzeitig Dreh- und Angelpunkt seiner vielfältigen Naturschutzaufgaben. Letzteres wird sich auch in Zukunft nicht ändern: Bleibt Bernhard Grzimek doch nach seinem Ausscheiden als Zoodirektor weiterhin Präsident der Zoologischen Gesellschaft Frankfurt.

378

Als Pensionär zurück
zu den Hühnern

»Ich glaube nicht, dass ich in Deinem Alter zu Melancholie ge-
neigt habe. Jetzt tue ich es, aber es ist wohl das Alter. Ich kann gut
verstehen, dass Karl V. auf der Höhe seiner Macht über die halbe
damalige Welt auf einmal abdankte und ins Kloster ging.«
Bernhard Grzimek in einem Brief an seine Tochter Monika, 05.12.1971

Bernhard Grzimek ist alles andere als ein klassischer Pensionär. Drei Wochen Urlaub, dann geht es für ihn bereits zurück an den Schreibtisch. Seine nächsten Fernsehsendungen müssen fertiggestellt und Artikel für *Das Tier* geschrieben werden. Die Zoologische Gesellschaft Frankfurt hat im Auftrag der EG-Kommission eine Expertise zur Situation des Vogelschutzes in den EG-Ländern auszuarbeiten. Außerdem schreibt Bernhard Grzimek an seinem nächsten Buch.

»Es handelt vom Umgang mit Zweibeinern, der manchmal sehr schön, oft aber auch aufregend und niederdrückend war. Tiere sind nur dort erwähnt, wo es notwendig ist, um den Zusammenhang zu wahren«, schreibt er im Vorwort zu seinen Lebenserinnerungen. Sie erscheinen noch 1974 unter dem Titel *Auf den Mensch gekommen*. Nicht nur, dass darin zwangsläufig die letzten dreizehn Jahre bis zu seinem Tod fehlen. Auch ernste persönliche Themen wie seine nichtehelichen Kinder, seine NSDAP-Mitgliedschaft, die Trennung von seiner Frau und seine Verbindung zu seiner Schwiegertochter bleiben in ihm unerwähnt. Seiner Fangemeinde bietet Grzimek jedoch eine Menge lustiger Anekdoten und Einsichten in sein Berufsleben.

Kann Bernhard Grzimek nicht loslassen? Oder warum arbeitet er weiterhin so viel? Mit seinen Büchern, Artikeln und Fernsehsendungen verdient er nicht schlecht, doch selbst wenn sein Ruhegehalt von monatlich 3000 Mark an Hildegard Grzimek geht, ist er auf das Geld nicht so angewiesen, dass er nicht kürzertreten könnte.

Was treibt ihn an? Im Fall des Fernsehens spielt sicherlich eine gewisse Eitelkeit eine Rolle. Hauptsächlich ist es jedoch die Verpflichtung, die Grzimek gegenüber den Belangen des Naturschutzes verspürt. Der Kampf für die Natur ist seine Lebensaufgabe. Und eine solche Aufgabe beendet man nicht mit Erreichen des Rentenalters.

Was die Leitung des Zoos angeht, ist Bernhard Grzimek jedoch konsequent. »Nach der Pensionierung hat er sich sofort komplett aus dem Zoo-Alltag herausgehalten. Da musste Dr. Faust gar nichts sagen. Der Professor ist mit seinem Büro im Zoogesellschaftshaus nach oben in die Zoologische Gesellschaft gezogen und kam dann zweimal wöchentlich vormittags dorthin«, erinnert sich Ingrid Koberstein, langjährige Sekretärin im Zoo und ab 1993 zweite Ehefrau von Richard Faust.

So gut er zu seiner Zeit als Direktor delegieren konnte, so gut kann Bernhard Grzimek seinem Nachfolger jetzt das Feld überlassen. In einem Artikel der *Frankfurter Rundschau* wird am 12. Juli 1974 zwar ein Tierpfleger des Frankfurter Zoos mit der Aussage zitiert, Grzimek sei »noch fast jeden Tag hier« und picke »mit seinem Spazierstock das Papier vom Rasen«. Jedoch hält er sich auch auf dem Zoogelände und im Umgang mit seinen ehemaligen Mitarbeitern zurück. »Er ging als Besucher nach der Pensionierung noch in die Tierhäuser und fragte zum Beispiel: ›Ist der Rüsselhund noch der gleiche?‹ Aber er kam nicht mehr einfach in die hinteren Bereiche, wenn man ihn nicht dahin einlud. Und dann hat er sich sehr höflich dafür bedankt«, sagt Fritz Stadtmüller, langjähriger Leiter des Grzimek-Hauses.

Unter der Woche ist Bernhard Grzimek also in Frankfurt. Und jedes Wochenende fahren Erika, die Kinder und er nach Donnersdorf. Mit den Tieren, die sie für die dreihundert Jahre alte Mühle kaufen, holt er sich Kindheits- und Jugenderinnerungen zurück. Hühner hat Bernhard Grzimek ja bereits als Kind und Student gehalten. Seine Liebe zu den edlen Araber-Pferden war spätestens im Krieg auf dem Gut Janów Podlaski entbrannt, und hier kaufen die Grzimeks jetzt auch zwei Pferde. Bernhard Grzimeks Reitpferd wird der Schimmel Sultan. Auch wenn er seit dreißig Jahren nicht mehr geritten ist – gelernt ist gelernt. »Er hat nur eine Reitstunde zur Auffrischung genommen«, erinnert sich Christian Grzimek. Allerdings gibt Bernhard Grzimek zu, dass seine stattliche Größe nicht ideal für Vollblut-Araber ist: »»Ausgerechnet Sie mit Ihrer Länge von 1,90 Meter wollen auf so zierlichen Pferden reiten?‹, fragte man mich zweifelnd und bot mir Riesenböcke zum Kauf an‹.« So schreibt er in seinem nächsten Buch nach der Autobiografie, dem 1977 erschienenen Werk *Und immer wieder Pferde.*

Auch wenn er deutlich weniger Zeit im Büro der Zoologischen Gesellschaft Frankfurt verbringt als zuvor und immer weniger Schriftverkehr direkt führt, ist Bernhard Grzimek über alles informiert, da alle Schriftstücke zum Abzeichnen durch seine Hand wandern. Und er bleibt als ZGF-Präsident präsent, legt sein besonderes Augenmerk weiterhin auf die Projekte in Afrika. Kaum hat ihn Hessens Wirtschaftsminister Heinz-Herbert Karry im Frankfurter Römer mit dem höchsten Deutschen Orden, dem Großen Verdienstkreuz mit Stern des Verdienstordens der Bundesrepublik Deutschland, für seine Verdienste um den Wiederaufbau des Frankfurter Zoos ausgezeichnet, ist Bernhard Grzimek Ende 1974 schon wieder auf dem Weg nach Tansania, Kenia und Ruanda, um dort wie gewohnt zu überwintern und zu arbeiten.

Deshalb zu glauben, dass es Grzimek nur um Projekte in Übersee gegangen sei, ist jedoch falsch. Ende 1974, Anfang 1975 beginnt er beispielsweise verstärkt, sich gegen die Massentierhaltung in der Bundesrepublik einzusetzen. Der ZGF schließt sich in diesem Zuge ein Arbeitskreis von Wissenschaftlern und Fachleuten an, die nach Alternativen zur »tierquälerischen Massentierhaltung« suchen. Der Heidelberger Kreis Nutztierhaltung, der später in Internationale Gesellschaft für Nutztierhaltung umbenannt wird, steht am Anfang unter der Schirmherrschaft von Bernhard Grzimek und Felix Wankel, dem Erfinder des Wankelmotors. Wie Grzimek in den vergangenen Jahren die Tötung von bedrohten Großkatzen- und Krokodilarten für Fellmäntel und Ledertaschen plakativ in die Öffentlichkeit getragen hat, prangert er jetzt in Fernsehen und Zeitschriften die Massentierhaltung an.

Und auch hier ist er erfolgreich. »Wenn ich als Normalverbraucher Eier kaufe und erfahren würde, dass diese Eier aus Hühnerkäfigen kommen, ließe ich die Finger davon und würde Widerwillen empfinden«, schreibt Kammersänger Rudolf Schock im Februar 1975. Nobelpreisträger Konrad Lorenz schreibt kurz darauf: »Derartige Grausamkeiten gegen Tiere sind nicht nur unmenschlich, sondern auch auf die Dauer entmenschend wirksam«, wobei er auf die »unleugbare Gefühlsabstumpfung, ja Verrohung« der Halter abzielt.

Grzimek will es genau wissen und lässt »Infratest« knapp neunhundert Frauen zum Kauf von Hühnereiern befragen. Das Ergebnis gibt die Zoologische Gesellschaft Frankfurt im Oktober 1975 in einer Pressemitteilung bekannt: »Westdeutsche Hausfrauen lehnen die Batteriekäfighaltung von Hühnern ab … Aus Gewissensbissen, Mitleid und unter Bezugnahme auf natürlichere Haltungsformen sind die Frauen bereit, ein bis drei Pfennig mehr je Ei zu bezahlen, wenn diese Eier von Hühnern aus der freien Bodenhaltung beziehungsweise der Auslaufhaltung stammen.«

Wieder einmal kritisiert Bernhard Grzimek Bundeslandwirtschaftsminister Ertl, diesmal wegen der Massentierhaltung in der Bundesrepublik, und er setzt Mitte 1975 in seinem Artikel *Wir kämpfen für die Bauern, Herr Ertl!* in *Das Tier* die Batteriehühnerhaltung mit einer »KZ-Haltung« gleich. Ein Vergleich, den er bereits Ende 1973 in seinem *Tier*-Artikel *Gequälte Tiere: Unglück für die Landwirtschaft* gezogen hatte. Einem Geflügelzuchtmeister aus Nordrhein-Westfalen geht das zu weit: Er versucht eine einstweilige Verfügung zu erwirken, nach der Bernhard Grzimek die Begriffe »KZ-Käfighaltung«, »KZ-Hühnerhaltung« und »KZ-Eier« nicht mehr verwenden darf. »Wir haben dagegen Einspruch eingelegt, die Sache kam zum Landgericht Düsseldorf, und wir haben gewonnen«, erinnert sich der Hamburger Jurist Klaus Sojka. Er und Grzimek kennen sich seit einigen Jahren von Tierschutzkongressen und Naturschutzversammlungen.

Sojka übernimmt die Verteidigung Grzimeks während des Prozesses, der mit dem ersten Urteil Mitte Januar 1976 noch nicht beendet ist – die Gegenseite legt Berufung ein. Doch auch das Oberlandesgericht Düsseldorf entscheidet Ende Mai 1976 für Grzimek. »In der Begründung dieser Urteile war für uns Tierschützer der erste rechtliche Grundgehalt herauszulesen, dass die Käfighaltung gegen das Tierschutzgesetz verstößt«, sagt Sojka. Grzimek, so der Anwalt, sei »kein Kämpfer gewesen, aber ein Draufgänger. Ich habe das Gefühl gehabt, dass er den Duktus verfolgte: ›Hauptsache interessant!‹ Er war außerordentlich wichtig für die damalige Zeit, um Leute aufzurütteln – wenn er etwas gesagt hat, dann war das Gesetz. Aber generell war es ihm lieber, wenn es ohne Keilerei abging.« Wenn Grzimek für Besprechungen nach Hamburg kam, habe er es immer eilig gehabt. »Er kam dann mit der Bahn, und wir haben direkt im oder am Bahnhof einen Raum gesucht, um das Neueste zu besprechen. Meistens in einer Bahnhofswirtschaft, oder auch im Hotel

Europäischer Hof«, sagt Sojka. Grzimek habe gute Argumente geliefert und auch entsprechende Gutachten von Experten.

Dass die Justiz Grzimek recht gibt, heißt nicht, dass die Kritiker verstummen. Der Veterinärwissenschaftler Gerhard Monreal aus Berlin, Inhaber eines Lehrstuhls für Geflügelkrankheiten, drückt in einem offenen Brief an Grzimek aus, was etliche Geflügelexperten damals denken: »Ohne Ihre Erfolge als Tiergärtner und Wildtierforscher in irgendeiner Weise schmälern zu wollen … muss ich hier leider feststellen, dass Sie sich heute auf dem Gebiet der Geflügelhaltung wie auch der Geflügelkrankheiten absolut nicht mehr als kompetent bezeichnen können. Ihre Aktivitäten auf dem Sektor Tierschutz / Wirtschaftsgeflügel scheinen zwar ausgesprochen publikumswirksam zu sein, allerdings ist es für den Fachwissenschaftler peinlich zu beobachten, wie ein auf anderen Gebieten anerkannter Wissenschaftler hier mit einem Minimum an Sachkenntnis, aber umso mehr von Emotionen getragen, vor der breiten Öffentlichkeit argumentiert und handelt.« Er thematisiert auch den KZ-Vergleich: »Was kann einen Naturwissenschaftler veranlassen, diese grauenhaften Geschehnisse unserer Zeit in solcher zynischen Oberflächlichkeit auch nur zu erwähnen, um eine Form der Tierhaltung in der breiten Öffentlichkeit zu diskriminieren?«

Bernhard Grzimek antwortet ihm ebenfalls mit einem offenen Brief, verweist auf seine »jahrzehntelange hauptamtliche Tätigkeit in der Wirtschaftsgeflügelzucht« und geht in die Offensive – wieder mit einem Vergleich: »Den Vorwurf, dass ich mich ›emotionell‹ dagegen wende, nehme ich an. Als die ersten Menschen den Kampf gegen den fürchterlichen Sklavenhandel begannen – mit dem so viele Geschäftsinteressen in Europa verbunden waren –, da warf man ihnen ebenfalls Gefühlsduselei und Weltfremdheit vor. Vom Sklavenhandel bezahlte Experten behaupteten, dass ›Neger‹ diese Grausamkeiten und Demütigungen nicht empfänden wie Weiße.« Zur Verwendung des »KZ«-Ausdrucks schreibt er: »In mehr als zwei Jahren habe ich noch nicht eine Beschwerde von früheren KZ-Insassen oder ihren Angehörigen erhalten, dafür aber mehrere eindeutige Zustimmungen, darunter von dem Motorenkonstrukteur Dr. Wankel und von Kirchenpräsident Dr. Niemöller, die beide in der Nazizeit eingekerkert waren. Auch sie bezeichnen die Batteriehühner mit Nachdruck als ›KZ-Hühner‹.«

Für Bernhard Grzimek und seine Mitstreiter ist die gesamte Angelegenheit ein Erfolg. Die ZGF gibt nach dem zweiten Urteil bekannt, dass sie auch weiterhin gegen die Massentierhaltung vorgehen werde, und bekommt Zuspruch vom damaligen rheinland-pfälzischen Ministerpräsidenten Helmut Kohl. »Für Ihre Forderung nach einer tierschutzgerechten Haltung von Hühnern habe ich großes Verständnis. Ich bin der Ansicht, dass es auf diesem Gebiet gewisse Formen der Käfighaltung gibt, die es zu beseitigen gilt«, schreibt er. Doch stößt auch er sich an Grzimeks Ausdrucksweise: »Ob Ihrem sachlichen Anliegen gedient wird, wenn bei den Protesten gegen eine Batteriekäfighaltung von Hühnern Begriffe wie ›KZ-Hühnerhaltung‹ oder ›niederträchtige KZ-Käfighaltung‹ verwendet werden, muss allerdings bezweifelt werden.«

Zu diesem Zeitpunkt hat Bernhard Grzimek jedoch längst beschlossen, die kontroversen Begriffe trotz der ausdrücklichen richterlichen Erlaubnis nicht mehr zu verwenden. Sein Ziel hat er bereits erreicht. Das Thema ist in aller Munde.

Noch 1975, am 16. Juni, ist im Blätterrauschen um die Hühnerhaltungsprozesse beinahe unbemerkt endlich Grzimeks »Tierfreiheit« eröffnet worden: der Nidda-Zoo. Das Gelände im sogenannten Niddatal, zwischen Ginnheim und Praunheim am Ginnheimer Wäldchen, wird mit einem kleinen Fest von Oberbürgermeister Rudi Arndt und Stadtrat Hilmar Hoffmann der Öffentlichkeit übergeben. Am Anfang bestehen nur der Ponyhof und der Kinderspielplatz. »Es gab keinen Eintritt, das Gelände war immer offen«, erinnert sich Wolfgang Lummer, der als Tierpfleger vom Frankfurter Zoo in den Nidda-Zoo wechselte. »Es gab Ponyreiten, dafür musste gezahlt werden. Dann gab es später eine Weißstorchenzucht, eine Hirschanlage, eine Wisentanlage und eine Elchanlage – das Haus war aber nie besetzt.« Immer, wenn die Stadt für den weiteren Ausbau oder den Betrieb des dreiundsechzig Hektar großen Geländes nichts zahlen wollte, so Lummer, habe Grzimek mit Geld von der ZGF ausgeholfen. »Wie ein Geschwür wurde hier und da rumgewerkelt. Grzimek wollte immer Sachzwänge schaffen.«

Es ist nun einmal seine Idee, sein Kind. »Wäre Grzimek noch zehn, fünfzehn Jahre länger Zoodirektor gewesen, hätten wir heute den Nidda-Zoo«, sagt Lummer. So aber muss Grzimek mit ansehen, wie der Außenzoo zwar faktisch endlich realisiert ist, jedoch nie wirklich zum Leben erwacht. »Er ist mal mit Christian vorbeigekommen und war ganz entsetzt, dass sich nichts getan hatte. ›Wenn das so weitergeht, machen sie das dicht‹, sagte er zu mir. Und so kam es dann auch«, berichtet Lummer. Der Nidda-Zoo schließt 1988; ein Jahr später wird auf seinem Gelände die Bundesgartenschau veranstaltet. »Die Bevölkerung um den Nidda-Zoo war gegen den Nidda-Zoo – die hatten Angst vor einer Entwertung der Grundstücke durch den Zoo. Da kam es den Parteien gerade recht, als die Bundesgartenschau anstand«, sagt Christian Schmidt, bis 2008 Zoodirektor des Frankfurter Zoos, über die Gründe der Schließung, die nur ein Jahr nach Grzimeks Tod erfolgt. Gegen die bereits Jahre vorher bekannten Pläne hatte sich dieser in der Öffentlichkeit bis zum Schluss vehement zur Wehr gesetzt.

Bis auf den Wegfall des Zooalltags und den Zugewinn an Mußestunden in Donnersdorf scheint Grzimeks Leben in den ersten Jahren nach seiner Pensionierung also weiterzugehen wie bisher. Auszeichnungen und neue Ämter lassen ihn weder zur Ruhe kommen noch in Vergessenheit geraten. Die Zoologische Gesellschaft San Diego verleiht Bernhard Grzimek am 21. Mai 1976 die Goldene Medaille »für seine Verdienste um die Erhaltung der Natur und um die Entwicklung Zoologischer Gärten«. Sie gilt als eine der höchsten Auszeichnungen auf diesem Gebiet.

Auch in Naturschutzangelegenheiten kommt man immer wieder auf ihn zu. So ist er bei der Gründung des Bundes Natur- und Umweltschutz Deutschland e.V. (BNUD) im Juli 1975 eines der Gründungsmitglieder. »Der BNUD ist ein bisschen als Gegensatz zum Deutschen Naturschutzring gegründet worden«, erklärt Gerhard Thielcke, ebenfalls Gründungsmitglied und ab 1977 Vorsitzender. »Der DNR war ein Dachverband, in dem so viele Verbände zusammengeschlossen waren, die nichts mit Naturschutz zu tun hatten. Für uns war es klar, dass wir einen Verband haben mussten, der keine Rücksicht auf Jäger oder Landwirte oder Reiter nehmen musste.« Genau das ist auch Grzimeks Ansicht – und war nicht zuletzt einer der Gründe für seinen Rücktritt als DNR-Präsident.

1976 nennt sich die neue Vereinigung in Bund für Umwelt und Naturschutz Deutschland um, abgekürzt BUND. »Natürlich war die Abkürzung eingängiger als BNUD. Wir wollten mit dem Namen BUND aber auch die Bundesregierung provozieren, aber leider haben die uns nicht verklagt«, erinnert sich Thielcke. Der BUND gründet im November 1976 die Deutsche Naturschutzakademie (DNA), deren erster Präsident Bernhard Grzimek wird.

Damit stellt sich Grzimek wieder als Galionsfigur des Naturschutzes zur Verfügung. »Es gab den Slogan: Wenn wirklich etwas aktuell war, der Zug fuhr, dann stieg Grzimek hinten auf, ging nach vorne durch bis zum Lokführer und übernahm das Steuer. Zwar war der Lokführer weiterhin dabei, aber Grzimek war so groß, dass er alle überragte«, sagt Henry Makowski über diese Zeit.

Viele mögen Bernhard Grzimek dieses Verhalten angekreidet haben, ihm vorgeworfen haben, sich immer dann einspannen zu lassen, wenn Sachen bereits angeleiert waren, und mit guten Ideen anderer an die Öffentlichkeit zu gehen. Aber: Keiner außer Grzimek hielt seinen Kopf hin, wenn er von der Sache überzeugt war, machte die Angelegenheit als prominenter Kopf und Stimme für die, die im Hintergrund agierten, publik. »Er schob viele Dinge an, und wenn sie liefen, zog er sich zurück«, sagt Christian Grzimek. Dabei setzt sich Bernhard Grzimek auch für Themen ein, die damals noch nicht durchgesetzt waren. »Das war sein Verdienst: Er hat Dinge gesehen und verwertet, die andere noch nicht kapiert hatten«, sagt Makowski.

Grzimeks Engagement wird auch außerhalb der Grenzen der Bundesrepublik gewürdigt. Der amerikanische Journalist und langjährige Herausgeber des *Esquire Magazine*, Harold Hayes, widmet Bernhard Grzimek einen großen Teil seines 1976 erschienenen Buchs *Last Place on Earth* über die Entwicklung in der Serengeti. Das erste von drei Kapiteln heißt übersetzt: *In Grzimeks Händen.* Hayes hatte Bernhard Grzimek nicht nur in Tansania, sondern auch in Uganda mehrfach begleitet. Während Hayes in seinem Buch noch ausführlich Grzimeks Beziehungen zu Männern wie Idi Amin und Julius Nyerere sowie seinen großen Einfluss auf die afrikanischen Führer und Länder beschreibt, sorgt sich Bernhard Grzimek genau in dieser Zeit um seine Stellung in Tansania. An die Verwaltung der Nationalparks schreibt er am 28. Mai 1976: »Ich hatte bis jetzt angenommen, dass ich immer noch Ehrenmitglied des Verwaltungskomitees sei, weil ich dazu auf Lebzeit ernannt wurde. Ich finde meinen Namen aber nicht in Ihrem Jahresbericht.« Zeitgleich hakt er bei der Botschaft Tansanias in Bonn nach: »Meine lange Beziehung mit

Ihrem Land und meine Arbeit für die Nationalparks Tansanias berücksichtigend war ich erstaunt, dass ich zum offiziellen Essen mit Präsident Nyerere von unserem Bundespräsidenten Walter Scheel eingeladen war, jedoch nicht zu dem Empfang der Botschaft Tansanias.«

Jetzt, da er nicht mehr auf Urlaubstage angewiesen ist, kann Bernhard Grzimek immerhin unbeschwerter reisen. Anfang 1976 besucht er für Dreharbeiten Nepal und das Himalajagebirge, im Frühjahr macht er Urlaub in Aldesago in der Schweiz, im Sommer besucht er Nationalparks in der Sowjetunion. Zwischendurch bewegt die Fernsehzuschauer ein besonderer Auftritt, der heute zu den Klassikern der Fernsehunterhaltung gehört. »Er kam eines Morgens ins Redaktionsbüro von *Das Tier* und erzählte, dass er am Vorabend eine Sendung gesehen habe und sich gefragt hätte: ›Wann habe ich denn das gemacht?‹ Dann hätte er erst erkannt, dass er das gar nicht gewesen sei«, erinnert sich Fritz Jantschke an eine Begebenheit 1976. Es geht um Loriots Grzimek-Parodie in dem Sketch *Die Steinlaus.*

Jantschke, Grzimeks ehemaliger Kurator im Frankfurter Zoo und Redakteur von *Das Tier*, ist sich bis heute nicht sicher, ob Grzimek das Gesagte ernst meinte, also anfänglich wirklich glaubte, der leicht näselnde Mann mit dem gelben Pullover im Fernsehen sei er: »Ich traue ihm beides zu: Entweder hat er einen Scherz gemacht, oder es hat sich wirklich so zugetragen.« Auch ein Brief von Bernhard Grzimek an seine Tochter Monika gibt darüber keine Aufschlüsse – nur, dass es ihm gefallen hat: »Am letzten Montag machte mich Loriot im Fernsehen nach – sehr ähnlich und sehr witzig.«

Die Nachahmung Grzimeks durch den Humoristen und Zeichner Vicco von Bülow ist tatsächlich perfekt. In seinem Buch *Möpse & Menschen. Eine Art Biographie* schreibt Loriot 1983 zu den Drehaufnahmen: »Zur äußerlichen Verwandlung bedurfte es eines kleinen Stückes Wachs, mit dem meine Nase verlängert und somit den edleren Formen des Zoologen angepasst wurde.«

Die Ähnlichkeit ist in der Tat verblüffend. Am Schreibtisch sitzend, wie Grzimek in seinen Sendungen *Ein Platz für Tiere*, stellt Loriot den Zuschauern die Steinlaus als »kleinen, possierlichen Nager« vor. Die (fiktive) Zeichentricklaus zerlegt mit ihrem Appetit nicht nur Hochhäuser und Kirchen, sondern schafft es 1982 auch in das – ansonsten durchweg sachliche – medizinische Wörterbuch *Pschyrembel*. Damit hält sie nicht nur ihren Erfinder Loriot, sondern auch den karikierten Grzimek mehr als ein Vierteljahrhundert später im Gedächtnis – wobei sich die Erinnerungen jüngerer Generationen hierbei ab und an vermischen: »Grzimek, war das nicht der mit der Steinlaus?«

Weitaus ernsthafter geht es gegen Ende des Jahres 1976 für Bernhard Grzimek in politischen Angelegenheiten zu. Er lässt nicht locker, die Ausgliederung des Naturschutzes aus dem Landwirtschaftsministerium zu fordern. In einem Brief an Brandts Amtsnachfolger Bundeskanzler Helmut Schmidt (SPD) schreibt Grzimek am 22. Oktober 1976: »Möglicherweise ist Ihnen noch erinnerlich, dass ich seinerzeit als Beauftragter der Bundesregierung für den Naturschutz unter Kanzler Willy Brandt zurücktrat. Insbesondere geschah das, weil es diesem in dreimaligem Bemühen ... nicht gelang, den Naturschutz aus dem ›Interessen-Ministerium‹ des Herrn Ertl in das Innenministerium zu verlegen ... Ich empfehle, jede Gelegenheit zu nützen, um vielleicht jetzt Naturschutz, Tierschutz und möglichst auch die Veterinärverwaltung nach dem früheren, bewährten Muster wieder ins Innenministerium zu verlegen.«

In einer Fernsehsendung Mitte November 1976 kritisiert Grzimek zudem den schleswig-holsteinischen Ministerpräsidenten Gerhard Stoltenberg (CDU) für seine Ablehnung der Errichtung eines Nationalparks im Wattenmeer. »Diese Vorgänge passen zu dem Verhalten von Gerhard Stoltenberg bei der Anlage des Kernkraftwerkes Brokdorf«, heißt es in einer Pressemitteilung der ZGF Anfang Dezember 1976. Der Bau des Kernkraftwerkes, das 1986 ans Netz gehen wird, hat gerade begonnen und wird von heftigen Protesten und Demonstrationen von Umweltschützern begleitet. In einem Brief an Staatssekretär Arthur Rathke in Kiel hat Bernhard Grzimek bereits im November 1976 seine Einstellung zur Atomkraft deutlich gemacht: »Ich darf hiermit zum Ausdruck bringen, dass ich die Errichtung neuer Kernkraftwerke zu diesem Zeitpunkt für unverantwortlich halte.«

Während seines Tansaniaaufenthalts im Januar und Februar 1977 erfährt Grzimek, dass die Insel Rubondo endlich als zehnter Nationalpark des Landes ausgewiesen worden ist. Gleich nach seiner Rückkehr schreibt er deshalb am 3. März 1977 an Derek Bryceson, den Direktor der Tansanischen Nationalparks und seit 1975 zweiten Ehemann von Jane Goodall: »Ich nehme an, dass die Nationalparks in Tansania in einer sehr schwierigen finanziellen Situation durch die neue Tourismus-Politik sind. Es kann eine Weile dauern, bis große Mengen Touristen direkt nach Tansania kommen, wie wir sie alle erhoffen. Deshalb versuchen wir, unser Bestes zu tun, um den Nationalparks in Tansania zu helfen. Ich brauche sehr zügig offizielle Anfragen um Hilfe für Veterinärzwecke im Serengeti-Nationalpark, auf Rubondo usw. ... Wir können nicht viel Geld geben, aber was uns möglich ist zu geben, werden wir sehr schnell geben!«

Insgesamt, so ist es im Jahresbericht der ZGF vermerkt, werden 1977 fast 725 000 Mark für die Förderung von Projekten weltweit ausgegeben. Die Gesellschaft, die in dem Jahresbericht stolz vermerkt, dass bisher nur 0,7 Prozent der Spendengelder »dank beträchtlicher ehrenamtlicher Mitarbeit« für Verwaltungskosten aufgebracht wurden, führt 1977 ein neues Logo ein: einen vom Frankfurter Künstler Wolfgang Weber gezeichneten Gorillakopf. »Die Idee war noch vor seiner Pensionierung entstanden«, erinnert sich Weber. »Bernhard Grzimek hat mich dann später gebeten, dass der Gorilla etwas freundlicher gucken soll – das habe ich dann aber erst Anfang der Neunzigerjahre geändert.«

1977 ist für Bernhard Grzimek ein Jahr mit vielen persönlichen Auseinandersetzungen innerhalb der Familie. Am 24. Juni 1977 werden er und Hildegard Grzimek geschieden, kurz vor der Einführung des neuen Scheidungsgesetzes, das die Rechte der Frau stärken soll. Hat Bernhard Grzimek Hildegard deshalb gedrängt, in die Scheidung einzuwilligen, die sie ihm seit 1973 verweigert hat? In die Öffentlichkeit wird darüber nichts dringen. Nur die Zeitschrift *Gong* spekuliert 1978 in einem Artikel über die Zurückhaltung Hildegard Grzimeks: »Im Scheidungsurteil vom 24. Juni 1977 werden ihr finanzielle Sanktionen angedroht, falls sie Nachteiliges über ihren Ex-Mann berichtet.« Bernhard Grzimek weiß um Hildegards Wissen über seine Eskapaden und sein Verschweigen der Parteizugehörigkeit in der NS-Zeit. Indem er Hildegard seine Pensionszahlungen überlässt, kommt er ihr entgegen.

Doch auch die Probleme mit Thomas vergrößern sich. Ein Lehrgang in der Steigenberger Hotel-Berufsfachschule in Bad Reichenhall von Ja-

nuar bis März 1977 und ein Lehrgang auf einer Hotelfachschule in der
Schweiz von April bis Juli 1977 sind nur kleine Versuche, den 26-Jäh-
rigen wieder Fuß fassen zu lassen. Nachdem er 1969 das erste Mal mit
Haschisch aufgegriffen worden war, saß er 1976 wegen des Handels mit
Heroin in Untersuchungshaft. In einem Brief schreibt Bernhard Grzimek seinem Adoptivsohn in dieser Zeit: »Dass der Richter Dir den Aufenthalt in der Drogenhandelsstadt Frankfurt untersagt hat, halte ich für
hilfreich und sehr gut für Dich. Sonst säßest Du sicher schon längst wieder im Gefängnis und dieses Mal ohne Bewährung und für lange.« Und
tatsächlich wird Thomas 1977 wegen Heroinhandels verurteilt. »1978
kam er wieder vier Monate in Untersuchungshaft – es kam eins nach
dem anderen. Aber er schrieb immer: ›Jetzt schaffe ich es, jetzt bleibe
ich auf dem rechten Weg‹«, erinnert sich Erika Grzimek. Vater und Adoptivsohn standen im ständigen Briefverkehr zueinander. »Thomas hat
lange Briefe geschrieben, manchmal fünf Seiten. Er hatte eine schöne
Handschrift. Er war auch nicht aggressiv. Er kam immer nur und wollte
Geld, oder hier kamen die Rechnungen von Arztbesuchen und Bußgeld-
bescheiden an, die er nicht zahlen konnte.«

Thomas' Briefe spiegeln die verzweifelte Suche eines Sohnes nach der
Liebe und Anerkennung seines Vaters. Stolz schreibt er: »Ich habe seit
einem halben Jahr alles gemeistert, seit ich entlassen wurde.« Er verspricht: »Ich werde das Geld auch nicht verplempern.« Und er hofft »auf
Dein Verständnis, Dein Sohn«.

Bernhard Grzimeks Briefe an Thomas hingegen sind oft hart und
verbittert: »Leider muss ich Dir wieder einen abschlägigen Bescheid wegen des Geldes geben«, schreibt er ihm. Und in einem anderen Brief:
»Schließlich kann ich nur Lob ernten für alles, was ich als Waisenkind
für Dich getan habe … Einsilbig immer wieder von Studien- und Aus-
bildungsansätzen zu reden, vor denen Du allerdings stets wegliefst …
Solltest Du allerdings unwahre oder negative Lügen der Sensation wegen andeuten wollen, würde ich dem recht schnell richterliche gebotene
Strafen entgegensetzen.«

Wie bei Hildegard fürchtet Bernhard Grzimek auch bei Thomas, dass
Details aus dem Privatleben der Familie an die Öffentlichkeit gelangen
könnten. Thomas antwortet seinem Vater: »Bevor wir uns streiten: Ich
habe bisher nichts veröffentlicht und will es auch nicht. Würde ich es

aber tun, würde ich natürlich bei der Wahrheit bleiben. Trotzdem wäre es dann nicht gut für den Namen Grzimek. Lass uns auf dem halben Weg entgegenkommen.«

Wie sehr der adoptierte Sohn über die vielen Jahre hinweg an der familiären Situation zerbricht und für sich selbst schließlich keinen Platz mehr sieht, verdeutlicht ein weiterer Satz aus einem Brief an Bernhard Grzimek: »Ich wünsche Dir auch von Herzen, dass Christian und Stephan Deinen Vorstellungen entsprechen.«

Hildegard, so sagt Erika Grzimek, zieht sich irgendwann ganz von Thomas zurück. Rochus Grzimek erinnert sich diesbezüglich an einen Besuch bei seiner Mutter: »In den Siebzigerjahren saß ich bei meiner Mutter zum Kaffee, als ein Staatsanwalt klingelte. Ich war bei dem Gespräch nicht dabei, aber meine Mutter erzählte mir später, dass er Thomas aus der Untersuchungshaft freilassen würde, wenn er wieder bei ihr mit festem Wohnsitz gemeldet sei. Das hat meine Mutter abgelehnt – nach dem Rauschgift konnte sie das nicht mehr. Am Ende hatte sie gar keinen Kontakt mehr zu ihm.«

Und auch wenn Bernhard Grzimek Thomas gegenüber einen harten Tonfall in den Briefen anschlägt, macht er sich weiterhin Sorgen um ihn, wie Erika Grzimek sagt: »Nachts haben wir ihn immer wieder in einschlägigen Bars gesucht. Bernhard ist dann im Auto davor sitzen geblieben – seine Anwesenheit dort wäre sonst bestimmt von der Presse aufgegriffen worden.«

Ein Teil der, vor allem für die damalige Zeit nicht ganz konventionellen Familie verreist im August und September 1977 zusammen: Bernhard Grzimek fliegt mit Erika, Enkel Christian und Tochter Monika nach Kanada. Mit einem hölzernen Boot und in Begleitung eines Indianers fahren sie eine Woche lang den Fluss Nahanni entlang. »Wir hatten keine Sitze im Boot, mussten selbst kochen, selbst Zelte aufschlagen und alles, weil der Indianer meist betrunken war. Wir haben die erste Nacht draußen geschlafen. Nach ein paar Tagen hatten wir alle genug. Aber wir hatten viele Bären fotografiert«, erinnert sich Monika Karpel.

In der Januarausgabe 1978 von *Das Tier* wird Bernhard Grzimek über die Reise berichten und diesen Artikel später als Kapitel *Das Tal der Kopflosen. Auf dem Nahanni-Fluss im Nordwesten Kanadas* in seinem 1979 herausgegebenen Buch *Vom Grizzlybär zur Brillenschlange* veröffentlichen. Mit den Büchern bleibt er sich treu: Wie die meisten anderen ist auch dieses ein Sammelsurium bereits erschienener Artikel.

Seine Reise nach Hamburg im Dezember 1977 dient einem anderen Zweck: Für die 1976 gestartete ZDF-Show *Das ist Ihr Leben* soll eine Sendung über den Naturschützer aufgezeichnet werden. Die Show wird zu diesem Zeitpunkt noch von Carlheinz Hollmann moderiert, der Grzimek zu Beginn der am 8. Dezember 1977 ausgestrahlten Sendung – scheinbar überraschend – am Hamburger Hauptbahnhof abholt. »In diesen Tagen läuft die Ausstellung *Das Tier in der Kunst* vom WWF, dazu wurde Grzimek eingeladen«, erklärt Hollmann vorher den Zuschauern.

Im Studio warten verschiedene Gäste auf Grzimek: Sohn Rochus, Dressurreiterin Inge Theodorescu, die Grzimek unter ihrem Mädchennamen Inge Fellgiebel im Zweiten Weltkrieg auf dem Gestüt Janów Podlaski kennengelernt hatte, Zirkusdirektor Fritz Mey-Sarrasani, der Grzimek noch von seinen Berliner Tigerdressuren kennt, Filmerin Leni Riefenstahl, für die er Wolf Dschingis trainiert hatte, Wolfsforscher Erik Ziemen, der zusammen mit seinem Rudel zahmer Wölfe und Grzimek schon durch den Bayerischen Wald gewandert war, der Westberliner Zoodirektor Heinz-Georg Klös, der Frankfurter Zootierpfleger Kurt Reinhard, Grzimeks Enkel Stephan und David Babu, der Chefwildhüter der Serengeti. Über Letzteren freut sich Bernhard Grzimek besonders. Er drückt ihm nach der Sendung 1300 Mark in die Hand, einen »Vorschuss auf Ausrüstungsgegenstände für den Einsatz gegen Wilderer«, wie er in einer kurzen Aktennotiz für die Zoologische Gesellschaft kurz danach erklärt.

Ein halbes Jahr nach der Sendung und ein knappes Jahr nach seiner Scheidung heiratet Bernhard Grzimek am 30. Mai 1978 seine Schwiegertochter Erika. »Wir hatten keinen Aushang beim Standesamt im Römer gemacht. Das Standesamt hatte an diesem Tag eigentlich auch geschlossen, hätte nur uns getraut, was damals ein riesiger Aufwand war«, erinnert sich Erika Grzimek. »Aber irgendeiner hatte nicht dicht gehalten und die Presse war dann doch da. Wir hätten kommen müssen, wenn nicht eine Krankheit vorlag. Dann hatte Bernhard ganz schnell einen kaputten Fuß.« Unter Vorlage eines Attests erreicht das prominente Paar, dass der Standesbeamte es zu Hause traut. Die zwanzig Pressevertreter, die in den Gängen des Standesamtes warten, gehen leer aus.

An seine Tochter Monika, der er gleich am nächsten Tag Presseausschnitte über die Hochzeit schickt, schreibt Bernhard Grzimek am 6. Juli 1978 über den weiteren Verlauf des Tages: »Im Neuhof, wo wir Mittag essen wollten, lauerten schon wieder *Bild*-Reporter. Vor dem Hause bei mir ließen sich sieben Stunden lang 15-20 Reporter nieder, sodass wir uns abends dann doch vor der Haustür knipsen ließen, weil sie uns sonst in Horden in jedes Lokal verfolgt hätten. Den nächsten Tag ging es mit Anrufen und Klingeln weiter. Auch in der Mühle waren sie inzwischen. Wir haben uns aber nicht interviewen lassen, obwohl sie sogar Geld dafür boten. So wird wohl der Rummel bald verflogen sein.«

Bernhard Grzimek ist bei seiner zweiten Heirat neunundsechzig, Erika Grzimek fünfundvierzig Jahre alt. Der 21-jährige Stephan und sein 18-jähriger Bruder Christian bekommen fast zwanzig Jahre nach dem Tod ihres Vaters den Mann zu ihrem Stiefvater, der zeit ihres Lebens bereits die Vaterrolle für sie übernommen hatte. In der Presse wird viel spekuliert, und immer wieder ist von einer Heirat aus Gründen der Versorgung Erikas und ihrer Söhne zu lesen. »Er hat mir immer gesagt, wie viel Erika an Erbschaftssteuer zahlen muss, wenn er mal stirbt. Daraufhin habe ich gesagt: ›Warum heiratest du sie dann nicht?‹ Denn ich wusste ja, dass die beiden ein Verhältnis hatten. Er hatte aber Angst davor, dass sich dann die Presse das Maul zerreißen würde«, sagt Monika Karpel dazu.

Natürlich wird nach der Hochzeit in der Presse diskutiert, ob es sich gehöre, die eigene Schwiegertochter zu heiraten. Grzimeks Moralverständnis ist jedoch ein anderes. Auch hier denkt und handelt er naturwissenschaftlich – die wenigsten Tiere leben in Einehe. Seiner Tochter Monika sagt er jedenfalls einmal auf die Frage, ob er es nicht komisch fände, mit Michaels Frau verheiratet zu sein: »Och, Michael hätte bestimmt nichts dagegen gehabt.«

Auf eine Hochzeitsreise verzichten Bernhard und Erika Grzimek 1978. Bernhard Grzimek ist direkt nach der Hochzeit terminlich auch schon wieder eingespannt. Am 12. Juni 1978 wird ihm in Frankfurt die Urkunde zur Ernennung als Ehrenmitglied des Deutschen Bundes für Vogelschutz überreicht; am 16. Juni 1978 trifft er in München zusammen mit Hubert Weinzierl Kardinal Joseph Ratzinger zu einem Gespräch. »Bernhard Grzimek und ich haben auch solche Termine wahrgenommen. Ich wollte die Idee des Naturschutzes auch in andere Kreise hineinbringen. Zum Beispiel in die Kreise von Gewerkschaften, Politikern, der Kirche. Einer davon war der damalige Kardinal von München, Joseph Ratzinger. Der war ja schon immer ein Branchenführer der christlichen Ideologie. Es war ein sehr lustiges Gespräch«, erinnert sich Weinzierl.

Der streng erzogene Bernhard Grzimek ist unglaublich bibelfest, wie Weinzierl sagt: »Wenn wir abends zusammen gesessen haben, kamen wir oft auf christliche Diskussionen. Meine Frau Beate ist katholische Theologin, und mit ihr hat sich Grzimek über dieses Thema ausführlich unterhalten.« Auch Papst Benedikt XVI., wie Joseph Ratzinger seit seiner Wahl im Jahr 2005 zum Nachfolger von Papst Johannes Paul II. heißt, kann »sich spontan an die Begegnung mit Herrn Prof. Grzimek und Herrn Weinzierl in München erinnern«. Er bestätigt, dass es in dem gemeinsamen Gespräch auch um Glaubensfragen ging, präzisiert aber, dass es sich dabei keinesfalls um die Erörterung tieferer theologischer Inhalte oder gar Probleme handelte. Man habe vielmehr ganz allgemein von der Natur und der Schöpfung ausgehend eine grundsätzliche Übereinstimmung in Bezug auf den Schöpfungsgedanken festgestellt.

Sein Einsatz für den Naturschutz auf breiter Ebene hat für Bernhard Grzimek jedoch auch Grenzen. Parteipolitisch will er sich auch weiterhin nicht engagieren. »Eines Tages bekam ich einen Anruf von ihm, ob ich mal Zeit hätte, zu ihm hochzukommen, es ginge um die Grüne Aktion Zukunft (GAZ)«, erinnert sich Fritz Jantschke. »Da war gerade Professor Heinz Kaminski bei ihm, der zweite Mann hinter Herbert Gruhl bei der GAZ. Kaminski war von Gruhl zu Grzimek geschickt worden – von Professor zu Professor, sozusagen. Grzimek sollte für die Hessenwahl am 8. Oktober 1978 für die GAZ gewonnen werden.«

Grzimek lehnt zwar ab, sich selbst zu engagieren, schickt aber seinen Mitarbeiter Jantschke vor, der dann für die Grüne Aktion Zukunft kandidiert. »Grzimek hat sich nie für die Grünen engagiert«, sagt Fritz Jantschke. »Die Grünen hätten ihn aber auch nicht haben wollen – für die wäre er Persona non grata gewesen, wegen seiner politischen Vergangenheit und auch wegen seiner Popularität. Da waren damals zu viele linke Gruppierungen dabei.«

Immerhin, erinnert sich Erika Grzimek, erlaubt Bernhard Grzimek, dass für die Stadtwahlen Plakate mit seinem Konterfei und dem

394

Aufdruck »Ich wähle grün« gedruckt wurden. »Da kam dann prompt eine Woche später ein Schreiben vom Hessischen Rundfunk: Er sei nun siebzig Jahre alt und jetzt müsste man die Sendungen mal ein wenig reduzieren – von sieben auf eine Sendung im Jahr. Da ist er dann nach Mainz gefahren und hat sich schon mal beim ZDF erkundigt.« Ob das Schreiben tatsächlich im Zusammenhang mit der politischen Aussage Grzimeks steht, ist schwer zu sagen. Die Frankfurter *Bild*-Zeitung titelt jedenfalls am 4. Januar 1980: *Aus! Grzimeks* Ein Platz für Tiere *stirbt* und zitiert Hans-Otto Grünefeldt, den Programmdirektor des Hessischen Rundfunks, mit den Worten: »In beiderseitigem Einvernehmen haben wir uns entschlossen, die Sendereihe abzusetzen.« Am 20. Januar 1980 soll demnach mit der 150. Folge Schluss sein.

»Es gab eigentlich immer Streit um die Anzahl der Sendungen und die Sendeplätze – das hatte aber nichts mit dem Hessischen Rundfunk, sondern mit der ARD zu tun, denen das nicht mehr so ins Schema passte. Er hat das dann aber immer wieder durchgedrückt, obwohl es später nicht mehr so viele Sendungen pro Jahr waren wie am Anfang«, sagt Heiner Walenda-Schölling, der verantwortliche Redakteur der Sendung. Durchschnittlich zehn Millionen Menschen schalten Grzimeks Sendungen Ende der Siebzigerjahre ein. Rosemarie Schütte, Grzimeks Cutterin beim HR, erinnert sich: »So ganz langsam drohte die Zeit am Ende über ihn hinwegzurollen. Der Markt änderte sich, es kamen jüngere Leute.« Die Sendereihe wird jedenfalls – vielleicht auf Druck der Öffentlichkeit – dann doch nicht eingestellt. Bernhard Grzimek muss es jedoch geschmerzt haben, dass er nach so vielen Jahren kämpfen muss, um nicht vom Bildschirm zu verschwinden.

Kurze Zeit nach der Diskussion um seine Fernsehsendung meldet sich Bernhard Grzimek mit einem neuen Buch zu Wort. In dem 1978 erscheinenden *Paradiese* legt er, neben Reinhold Messner, Leni Riefenstahl und Herbert Tichy, dar, was für ihn Paradiese sind. Der Band besticht hauptsächlich durch großformatige Fotos – und erzählt ansonsten fast nur seine Lebensgeschichte. Allerdings schreibt Grzimek in diesem Buch einen Satz, mit dem er bis heute zahlreiche Zitatsammlungen bereichert: »Vergessen wir nie: Der Einzige, der einen Ozelot braucht, ist der Ozelot selbst.«

Nicht um den Ozelot, sondern um Nashörner sorgt er sich im Dezember 1978 und Januar 1979 bei seinem Aufenthalt in Tansania. Direkt nach seiner Rückkehr schreibt er an Präsident Julius Nyerere: »Wir kennen uns seit 25 Jahren … Deshalb fühle ich mich verpflichtet Ihnen zu schreiben, dass die Nationalparks, besonders im nördlichen Teil Tansanias, sich in echter Gefahr befinden. Das Nashorn, als Beispiel, wird bald völlig verschwunden sein.«

Grzimek schildert Nyerere eigene Beobachtungen und die von Bekannten, wonach die Zahl der Nashörner dramatisch zurückgegangen ist. Und er nennt den Grund dafür: »Die Nationalparks Tansanias sind in einer schrecklichen Unordnung und einem Missmanagement. Es ist absolut unmöglich, eine große Verwaltung in Arusha zu leiten, wenn der Chef in Daressalam lebt und vielleicht einmal im Monat für einige Stunden ins Büro kommt. Wenn man überraschend die Verwaltung der Nationalparks in Arusha besucht, sind dort meistens viele der Angestellten nicht anwesend.« Wilderei nehme wieder zu, gespendete Flugzeuge seien nicht im Einsatz, und geforderte Berichte, was mit den Spendengeldern genau geschehen sei, träfen immer seltener ein, so Grzimek weiter. »Wie können wir unter diesen Umständen vor unseren Spendern weitere Zuwendungen rechtfertigen?«

Es ist keine einfache Zeit für Tansania. Gerade befindet sich das Land zum zweiten Mal nach 1971/72 im Krieg gegen Uganda. Wieder weil sich Tansania weigert, die Amin-Regierung in Uganda anzuerkennen. Für Bernhard Grzimek ist es schwierig, die zwei Präsidenten der Länder, mit denen er in der Vergangenheit viel zu tun gehabt hat, im Krieg miteinander zu wissen, doch muss ihm vor allem das Herz geblutet haben, sein Lebenswerk, »seine Serengeti«, in Gefahr zu sehen. Kurz vor dem 50. Geburtstag des »ältesten und bekanntesten Nationalparks im gesamten ›schwarzen‹ Afrika« 1981. Und kurz vor seinem eigenen 70. Geburtstag. Fragen, was er noch tun kann, wie viel Zeit ihm noch für sein Engagement bleibt, werden ihm durch den Kopf gegangen sein.

Bernhard Grzimek meint es ernst: Sein Herz gehört dem schwarzen Kontinent – das ist nicht bloß eine plakative Kampagne. Sein Ausspruch »Bei uns in Afrika« ist in deutschen Zoo- und Naturschutzkreisen längst ein geflügeltes Wort. So fliegt er im März 1979 in den Sudan, um mit Präsident Dschafar Muhammad an-Numairi und Mitgliedern der Regierung in Khartum über einen ersten Nationalpark zu verhandeln. Bisher hatte die ZGF eine halbe Million Mark für Untersuchungen der Wildbestände im Sudan ausgegeben, um herauszufinden, welche Gebiete besonders schützenswerte Tierarten beherbergen. Als solche Region stellt sich das Boma-Gebiet heraus, in dem »die zweitstärkste Wildtieransammlung dieser Erde« lebt, wie die ZGF Mitte 1979 ihren Mitgliedern verkündet. Im November 1979 wird Bernhard Grzimek außerdem auch die libysche Regierung über die Einrichtung eines Nationalparks beraten.

Mindestens genauso viel Aufmerksamkeit wie der Gründung der Partei DIE GRÜNEN wird Bernhard Grzimeks 70. Geburtstag am 24. April 1979 in den Medien zuteil – wenn nicht in einigen »bunten Blättern« sogar mehr. Im März und April des Jahres beleuchten Zeitungen und Zeitschriften sein Lebenswerk, berichten von den Vorbereitungen für seine 150. Fernsehsendung und über seine aktuelle Reise in den Sudan. Grzimek hat sich im Vorfeld seines Ehrentages allen Interviewanfragen gestellt – so eine Plattform bekommt er so schnell nicht wieder. An seinem Geburtstag selbst hält er es jedoch wie eh und je und verschwindet mit der Familie aus Frankfurt. Mit Schäferhund Cäsar und den Pferden und Hühnern ist er in seiner Mühle von mehr Tieren als Menschen umgeben. Selbst die Geburtstagstorte gibt es in Igelform.

Zurück in Frankfurt engagiert sich Bernhard Grzimek zum zweiten Mal, nach der großen Welle in den Sechzigerjahren, gegen das unsachgemäße Abschlachten von Robbenjungen in Kanada. Die Bitte an die kanadische Regierung, von der ZGF bezahlte, unabhängige Gutachter zuzulassen, lehnt diese mit der Begründung ab, die Quote der Gutachter sei bereits erschöpft. Schon im März 1979 hatte sich Grzimek an die britische Königliche Gesellschaft zum Schutz gegen den Missbrauch von Tieren (Royal Society for the Prevention of Cruelty to Animals) gewandt: »Es scheint mir sehr wichtig, Wissenschaftler einzustellen, die nicht von der kanadischen Botschaft hinsichtlich ihrer Karriere oder der Finanzierung ihrer Forschung abhängig sind. Damals habe ich keine deutschen Pathologen nach Kanada geschickt, weil ich damit rechnete, dass Leute sagen würden: ›Sie haben sechs Millionen Juden umgebracht, und nun kritisieren sie andere Nationen und schreiben ihnen vor, wie sie mit Tieren umgehen sollen.‹«

An den kanadischen Premierminister Joe Clark schreibt Grzimek nach der Rückkehr von einer Neufundlandreise: »Ich bin geschockt zu hören, dass Kanada darüber nachdenkt, den Walfang wieder aufzunehmen! Und das in einer Zeit, in der fast alle anderen Nationen weltweit damit aufgehört und selbst die Sowjetunion und Japan zugestimmt haben, ihre Aktionen auf diesem Feld um einen großen Anteil zu reduzieren.« Grzimek erhält jedoch keine Antwort auf dieses Schreiben und wiederholt seine Bitte um eine Aussage, ob die Nachricht stimme, im Februar 1980.

Die Zeit um den Jahreswechsel 1979 / 80 verbringt Bernhard Grzimek damit, in Kenia, Tansania und vor allem in Uganda nach der Situation der Nationalparks zu sehen. In Uganda erfährt er, dass marodierende tansanische Soldaten die Hälfte des Tierbestandes im Ruwenzori-Nationalpark abgeschossen haben. In Gesprächen mit dem neuen ugandischen Präsidenten Godfrey Lukongwa Binaisa, dessen Tourismusminister und dem Direktor der Nationalparks sichert Grzimek dem Land bessere Ausrüstung für Wildhüter zu, und zurück in Nairobi bestellt er prompt zwei Landrover für die ugandischen Nationalparks. Außerdem erreicht er in Tansania, dass härtere Strafen auf Wilderei verhängt werden. Der auf Antrag der ZGF eingesetzte einheimische Zoologe Eric Edroma nimmt kurz darauf aus der Luft eine Bestandsabschätzung der größeren Wildtiere in den ugandischen Nationalparks vor. Sein Fazit: »Wenn es mit dieser Geschwindigkeit weitergeht, sind Ugandas Elefanten im Ruwenzori- und Kabalega-Nationalpark bis Ende 1980 ausgerottet.« Grzimek verkündet diese Einschätzung über eine Pressemitteilung der ZGF und ruft zu Spenden für die Unterstützung der Arbeit der Wildhüter auf.

Während der Naturschutz in einigen afrikanischen Ländern in dieser Zeit in einer schweren Krise steckt, ist er in Deutschland im Aufwärtstrend. »Unsere Politiker entdecken allgemein jetzt ihr Interesse für den Naturschutz und den Tierschutz, nachdem die Grünen in einem Land auf über fünf Prozent gekommen sind«, schreibt Grzimek einem Mitglied der ZGF am 19. Mai 1980. »Nunmehr geht plötzlich so vieles, was vorher völlig unmöglich war. Deswegen würde ich persönlich – das ist nicht die Auffassung der Zoologischen Gesellschaft von 1858 – es sehr begrüßen, wenn die Grünen noch weiterhin ein bisschen zunehmen würden.«

Es ist eine der politischsten Aussagen, die Bernhard Grzimek je außerhalb des Familienkreises trifft. Weiterhin fordert er die Verlagerung von Natur- und Tierschutz ins Innenministerium und schreibt daher auch an den neuen Bundeskanzler Helmut Schmidt – mit den gleichen Formulierungen, mit denen er sich zuvor an dessen Amtsvorgänger und andere Entscheidungsträger gewandt hat.

Unermüdlich bringt er 1980 ein weiteres Buch heraus: *Einsatz für Afrika*. Das Werk fasst Ausschnitte seiner Arbeit in Afrika zusammen, die so größtenteils vorher als Artikel in *Das Tier* abgedruckt waren. Was an der deshalb nicht weniger lesenswerten, reich bebilderten Sammlung von Abenteuergeschichten neu ist und deshalb auffällt, ist, wie er über Erikas Sohn Stephan spricht: »Bei 40 Grad im Schatten haben mein Sohn Stephan und ich das Bedürfnis, öfter zu duschen«, heißt es in einer Episode aus dem Sudan. Erstmals verwendet er damit öffentlich die Bezeichnung »Sohn« für einen seiner beiden Enkel, einen der Söhne von Erika und Michael Grzimek – die ja seit zwei Jahren auch seine Stiefsöhne sind. Innerhalb der Familie ist das Gefüge schon länger klar: »Wir sagten Vater zu ihm«, berichtet Christian Grzimek. Vor dem Gesetz zu Söhnen von Bernhard Grzimek werden Stephan und Christian später tatsächlich noch: Er adoptiert beide.

Adoptivsohn Thomas hat mittlerweile eine sechsmonatige Haftstrafe wegen Drogenhandels abgesessen. »Ich glaube von heute sagen zu können, dass mich dieser lange Knast-Aufenthalt ausreichend kuriert hat und ich nicht mehr auf dumme Gedanken komme … Ich danke Dir für Deine materielle Unterstützung … Viele liebe Grüße, auch an Erika, Dein Sohn Thomas«, hat er Bernhard Grzimek am 18. April 1979 geschrieben.

Doch die Hoffnung, dass Thomas in ein normales Leben zurückfindet, währt nicht lange. Nach einem Bericht der *Bunten* hat er im Gefängnis einen ersten Selbstmordversuch unternommen. Er wird mit aufgeschnittenen Pulsadern gefunden und gerettet. Wieder in Freiheit »trank er täglich eine Flasche Whisky. Oft lag er im Bett und dachte über sein Leben nach«, zitiert die Illustrierte Thomas' Lebensgefährtin, mit der er sich ein kleines Apartment in der Innenstadt von Münster teilt. Am frühen Morgen des 7. August 1980, vier Monate vor seinem 30. Geburtstag, stürzt sich Thomas Grzimek aus einem Fenster der Wohnung im dritten Stock in die Tiefe.

Die Verletzungen sind gravierend: Unter anderem sind beide Lungenwurzeln eingerissen, drei Brustwirbelkörper zertrümmert und das Rückenmark durchtrennt. Um kurz nach sieben Uhr wird Thomas Grzimek ins Krankenhaus eingeliefert, um 10.50 Uhr stirbt er.

Bernhard Grzimek erfährt erst vier Tage später davon. Bis zum 11. August 1980 ist er nämlich mit Christian auf Reisen. Mitte Juli waren die beiden nach San Francisco aufgebrochen und von hier aus nach Seattle, Alaska und auf die Pribilof-Inseln gereist. »Ich habe Thomas einäschern und die Urne dort auf Abruf stehen lassen. Dann sind Bernhard und ich später ganz alleine zum Friedhof gegangen«, erinnert sich Erika Grzimek. Im Juni 1980 hat Thomas noch sein Testament gemacht: »Thomas wollte seinen Pflichterbteil vorab ausbezahlt bekommen. Das wollte Bernhard nicht, weil er Bedenken hatte, dass Thomas sonst alles auf einmal ausgibt. Thomas sollte aber seinen Lebensunterhalt davon bestreiten können. Dann hatten sie sich auf eine Ratenzahlung geeinigt, tausend Mark im Monat. Thomas' Freundin hat dann nach seinem Freitod den Rest abgeholt.«

Einundzwanzig Jahre nach Michaels Unfalltod muss sich die Familie mit dem Tod eines weiteren Sohnes auseinandersetzen. Doch auch wenn der neuerliche Verlust Bernhard Grzimek sicherlich mitnimmt, ist sein Schmerz nicht mit dem nach Michaels Absturz zu vergleichen. Zu sehr hat der Vater Michael geliebt, zu sehr hat ihn Thomas enttäuscht. »Thomas sitzt wieder im Gefängnis – Rauschgifthandel. Jetzt langt es mir«, hatte Bernhard Grzimek noch im März 1978 an Tochter Monika geschrieben. Immer wieder hatte er ihm geholfen, immer wieder musste er das Straucheln des Adoptivsohns mit ansehen. »Angeblich hat Thomas einen sehr erschütternden Abschiedsbrief geschrieben, den der Vater zerrissen haben soll. Sechs Seiten, viele Anschuldigungen, was der Vater alles falsch gemacht haben soll. Er wäre gescheitert an den späteren häuslichen Verhältnissen«, sagt Rochus Grzimek.

Dass es Bernhard Grzimek nicht gut geht, bleibt seinen Mitarbeitern nicht verborgen. »X ist am 11. aus Alaska zurückgekommen, aber in einer körperlich außerordentlich schlechten Verfassung. Seitdem habe ich ihn nicht gesehen, heute ist er ebenfalls nicht gekommen, hat aber letzte Woche alle Post, die hier für ihn aufgelaufen war, mitgenommen«, schreibt Ingrid Koberstein am 18. August 1980 an Markus und Monica Borner in

400

Tansania. In internen Schreiben und Mitteilungen zwischen Mitarbeitern bleibt Bernhard Grzimek weiterhin »X« – er behält das Kürzel, das er sich bereits 1945 gegeben hat.

Mit dem Ehepaar Borner hat Bernhard Grzimek in diesen Jahren immer häufiger zu tun. Nachdem die Schweizer Biologin für die ZGF in Indonesien mit Orang-Utans gearbeitet hatte, waren die beiden 1978 nach Rubondo gegangen, um beim Aufbau des Nationalparks zu helfen. 1983 werden sie in die Serengeti ziehen, wo Markus Borner seitdem die Afrikaprojekte der ZGF leitet.

Im November 1980 bereitet der Zoologe den für Dezember und Januar geplanten Besuch von Bernhard Grzimek vor. Außerdem stehen die Feierlichkeiten zum 50-jährigen Bestehen des Serengeti-Nationalparks an. Da für Bernhard Grzimek zu diesem Anlass eine Wildhüteruniform von der Nationalpark-Verwaltung angefertigt werden soll, muss dieser Markus Borner noch vor der Abreise seine Kleidermaße mitteilen. »Er war generell immer sehr korrekt gekleidet, wenn er in Afrika war«, erinnert sich Borner. »Er hatte in der Lodge am Abend auch immer eine Krawatte um.« Ansonsten sei Grzimek jedoch bei den gemeinsamen Reisen anspruchslos gewesen: »Beim Reisen brauchte er überhaupt keinen Luxus. Er hat es eher genossen, wenn es billig war. Er war ein Sparfuchs, unheimlich geizig mit sich selbst, aber er konnte auch sehr großzügig sein.« So habe Bernhard Grzimek seine Gastgeber am Ende eines jeden Aufenthalts zum Essen eingeladen. »Einen Abend waren wir in einem Chinesischen Restaurant in Nairobi. Er hat dann mit Christian das Menu ausgesucht – so, dass die vier billigsten Sachen zusammenkamen.« Eine Angewohnheit, über die man mit einem Augenzwinkern hinwegsehen kann. Schwieriger ist es für Grzimeks Gäste, wenn der Gastgeber während des Essens aufsteht, um Spenden für die gute Sache einzutreiben.

Exemplarisch für Grzimeks unermüdliche Spendensammlung und seinen unglaublichen Erfolg, der nach ihm so nie wieder erreicht werden wird, ist ein Treffen Anfang der Achtzigerjahre. »Bernhard Grzimek war zu Besuch in Afrika, und Rob Malpas, der damalige Chef des WWF Ostafrika, hatte eine Großspenderin, etwa 70 bis 75 Jahre alt, aus Amerika zu Besuch«, erinnert sich Markus Borner. »Rob erzählte ihr von Bernhard, und sie war ein großer Grzimekfan und wollte ihn gerne kennenlernen. Das haben wir dann eingefädelt – so etwas machte Bernhard

401

Grzimek sehr gerne. Im Norfolk-Hotel im ›Ibis-Grill‹, dem teuersten Restaurant im teuersten Hotel in Nairobi, haben wir dann einen großen Tisch für zwanzig Leute mit allen Ehrengästen vorbereitet. Wir haben Bernhard dann gebrieft, wer die Dame war. Ich bin mit Bernhard und Christian hingefahren, und da stand sie schon im Eingang. Da ist Bernhard sofort auf sie zugegangen und hat gesagt: ›Gnädige Frau, warum hat es so lange gedauert, bis wir uns kennenlernen?‹ Die Frau ist weggeschmolzen. Dann hat er sie am Arm genommen, hat sie reingeführt und hat zu einem Ober gesagt: ›Einen Tisch für zwei, bitte.‹

Für uns war das blöd – da saßen wir an dem Tisch für zwanzig, auf der anderen Seite des Saals, die Hauptpersonen waren weg, und wir hatten nicht viel zu sagen. Neben mir hat der Anwalt der Dame gesessen, und der war schrecklich nervös. Zum Schluss sind dann der Anwalt und ich an das kleine Tischchen der beiden zum Kaffee gebeten worden, und dann hat die Dame gesagt, dass sie gerne etwas geben würde. Ich weiß nicht mehr, wie viel sie gesagt hat, aber Grzimek hat dann beim Anblick des Schecks gesagt: ›Also, sehr geehrte Dame, noch eine Null hinten dran wäre noch viel schöner.‹ Und das hat sie dann gemacht! Der Anwalt wäre allerdings fast durchgedreht.« Die Wirkung Bernhard Grzimeks auf Menschen, insbesondere aber auf Frauen, war auch mit siebzig Jahren noch beachtlich.

Ende Januar 1981 nimmt Grzimek an der Jubiläumsfeier für die Serengeti teil, zu deren Anlass sich hundertdreißig internationale Gäste, Wissenschaftler, Naturschützer, Journalisten und Politiker in Seronera treffen. Tansanias Vizepräsident Aboud Jumbe legt im Laufe der Tagung einen Kranz an Michael Grzimeks Grab nieder. Bernhard Grzimek besucht zwar die Tagung, wird jedoch nicht müde, in einem Interview mit einer ostafrikanischen Zeitung zu erwähnen, dass er von wissenschaftlichen Konferenzen generell nichts halte: »Das Wichtige kann ich mir hinterher im Protokoll durchlesen.«

Eine, die während der Feierlichkeiten ebenfalls anwesend ist, erlebt jedoch, dass er sich auf besondere Weise einbringt: »Ich erinnere mich noch genau, wie er an Michaels Grab stand und mit den Wildhütern sprach«, sagt Jane Goodall. »Ich war schockiert, dass während der gesamten Feier die Wildhüter, die oftmals ihr Leben im Kampf gegen die

Wilderer riskieren, komplett ignoriert wurden. Sie mussten alle in Reih und Glied in der heißen Sonne stehen, während die eingeladenen Gäste unter einer Plane im Schatten saßen. Kein einziger Wildhüter hielt eine Rede, und alle Ansprachen waren auf Englisch, was die Wildhüter nicht verstehen konnten. Nur Grzimek gab sich die Mühe, sie direkt anzusprechen, und ließ seine Worte übersetzen. Ich sagte ihm hinterher, wie dankbar ich ihm dafür war.«

Zurück in Frankfurt, erreicht Bernhard Grzimek die Nachricht, dass sudanesische Soldaten in den Nationalparks Ugandas wildern. Er schreibt umgehend an Präsident an-Numairi und beginnt verstärkt, Preise für die besten Wildhütereinheiten im Einsatz gegen Wilderer auszuloben. In einem Brief an den Senior-Wildhüter einer Einheit in Kenia, Ted Goss, der einen schweren Autounfall halbwegs glimpflich überstanden hat, zeigt sich dabei auch wieder sein besonderer Humor. Grzimek schreibt ihm am 19. Oktober 1981: »Das einzig Bedauernswerte ist, dass das andere verwickelte Auto nicht mit Wilderern besetzt war. In diesem Fall hätten wir das sehr effektiv für unsere Kampagne einsetzen können.«

Auf der anderen Seite der Welt geht Bernhard Grzimek währenddessen weiter gegen die Robbentötungen in Kanada vor. Mitte März 1981 berichtet er darüber erneut im Fernsehen und geht auch auf die Waljagd ein – und darauf, dass die Bundesrepublik »in den zwölf Jahren, in denen Herr Ertl der zuständige Minister ist, wohl ständig der größte Umsatzmarkt auf der Welt für Walerzeugnisse gewesen« ist, wie er anschließend in einem Antwortschreiben auf eine Beschwerde des Bundesernährungsministeriums schreibt.

In der zweiten Juniwoche 1981 macht in den deutschen Zeitungen dann eine dramatische Meldung über Bernhard Grzimek die Runde: »Not-OP nach Sturz von Lieblingshengst Sultan«. Christian Grzimek wiegelt ab: »Der Reitunfall war eine Ente der *Bild*-Zeitung.« Nachdem durchgesickert sei, dass Bernhard Grzimek in St. Gallen im Krankenhaus lag, hätten Reporter bei ihnen angerufen. »Wir waren in der Mühle. Als wir nichts sagen wollten, haben sie es bei den Nachbarn probiert, bis hin zum Bürgermeister. Daraus wurde dann die erfundene Geschichte.«

Tatsächlich ist Bernhard Grzimek im Kantonsspital St. Gallen von Bernhard Weber operiert worden – allerdings nach einem Bandscheibenvorfall. »Er wollte nicht alt und gebrechlich erscheinen, deshalb hat er den Vorfall und die Operation geheim gehalten«, sagt Erika Grzimek. »Danach hat er wahnsinnig trainiert, kam schweißgebadet von den langen Spaziergängen um die Felder und Koppeln wieder, damit er die gebuchte Alaskareise antreten konnte.« In der Tat fliegt Bernhard Grzimek bereits vierzehn Tage nach dem Eingriff nach Churchill ab.

Kurz danach und knapp einundzwanzig Jahre nach der ersten Ausgabe von *Das Tier* vollzieht sich im Juli 1981 eine große Änderung, die auch im Titel der Zeitschrift sichtbar wird: Durch die Zusammenlegung mit dem Konkurrenzblatt *Sielmanns Tierwelt* entsteht *Grzimeks Tier und Sielmanns Tierwelt*. Im Editorial schreiben die Herausgeber: »Beide Zeitschriften hatten bisher für jedermann erkennbar ähnliche Ziele – und daran wird sich auch nach dem Zusammenschluss nichts ändern: Wir wollen Ihnen die biologischen Kenntnisse und Erkenntnisse der heutigen Zeit in einer äußerlich ansprechenden Form verständlich und lesenswert, hoffentlich unterhaltsam und manchmal vielleicht auch spannend darbieten. Das ist gerade jetzt wichtiger denn je, obwohl (oder weil?) noch nie so viel über Natur und Umweltschutz, über Biologie und verwandte Gebiete geschrieben und verhandelt wurde wie heute.«

Fritz Jantschke, damals Redakteur bei *Das Tier*, erklärt die Hintergründe der Fusion mit den wirtschaftlichen Schwierigkeiten von *Sielmanns Tierwelt*. »*Das Tier* war immer viel lebendiger, populärer. *Sielmanns Tierwelt* war sehr exakt, sehr brav, für Oberlehrer. Das Verrückte: *Sielmanns Tierwelt* wurde hauptsächlich von Journalisten gemacht, *Das Tier* aber von Zoologen. Vom Erscheinungsbild hätte man das genaue Gegenteil erwartet.« Es sei zwar völlig unüblich gewesen, den Titel zu ändern, erinnert sich Gerd Ludwig, damals ebenfalls Redakteur und später Chefredakteur von *Das Tier*, doch wollten die Zeitungsmacher Sielmanns Leser mit auffangen. »Davon ist aber nach einem Jahr nicht viel geblieben. Dann waren die ehemaligen Abonnenten von *Sielmanns Tierwelt* weg. Wir haben den Gemeinschaftstitel dann wieder rückgängig gemacht.«

Das Schreiben und Publizieren ist immer noch ein wichtiger Teil von Grzimeks Leben. Auf Einladung der Sowjetregierung reist er Anfang September 1981 zur Buchmesse nach Moskau. Zwölf seiner Bücher sind zu diesem Zeitpunkt ins Russische übersetzt worden. »Wir freuen uns, dass er laut Mitteilung der zuständigen Stellen der zurzeit am meisten gelesene deutsche Schriftsteller in der Sowjetunion ist«, schreibt die ZGF in ihren Mitteilungen im Herbst 1981. Bernhard Grzimek, dem während seines Aufenthaltes eine Honorarprofessur der biologischen Fakultät der Moskauer Lomonossow-Universität verliehen wird, nutzt die Reise, um in Vorlesungen und Fernsehauftritten um die Stilllegung der sowjetischen »Walschlachtflotten« zu bitten.

Doch sein Einsatz, all seine Tätigkeiten füllen den Workaholic nicht aus. Er scheint sich nicht daran gewöhnen zu können, dass das Alter gewisse Veränderungen, Verlangsamungen des Lebens mit sich bringt. Am 11. November 1982 schreibt er so an Tochter Monika: »Ich muss dringend nächste Woche die Fernsehsendung zum Schneiden abliefern, und soeben ging mir unser Schneidetisch innerhalb von zwei Tagen zum dritten Mal entzwei. Es ist wirklich fürchterlich ... Wir haben am Sonntag 21 Zwerghühner geschlachtet, gerupft und ausgenommen – eine stundenlange, unangenehme Arbeit ... Wenn man so einen Brief schreibt, merkt man erst, wie wenig doch im Grunde genommen im Dasein geschieht.«

Dabei ist er 1982 keineswegs untätig gewesen. Gleich zu Beginn des Jahres reist er in die westafrikanischen Staaten Senegal und Gambia, um sich über Naturschutzprojekte zu informieren. Nach einem kurzen Aufenthalt in Frankfurt fliegt Bernhard Grzimek dann Anfang Februar nach Ostafrika, um in Tansania Staatspräsident Julius Nyerere zu einem langen Gespräch zu treffen. »Ich konnte ihn nicht überzeugen, die Grenze zu Kenia unter bestimmten Voraussetzungen, die ich vorschlug, wieder zu öffnen«, schreibt Bernhard Grzimek, spürbar enttäuscht, eine Woche nach dem Gespräch am 8. März 1982 an einen Bekannten in Kenia. Die durch Differenzen zwischen den beiden Ländern seit mehreren Jahren geschlossene Grenze wird erst 1983 wieder geöffnet werden. Immerhin hat Nyerere Grzimek empfangen, worüber sich dieser im Vorfeld gar nicht sicher war – wie er Markus Borner noch am 3. Februar 1982 geschrieben hatte.

In den Mitteilungen für die Mitglieder der ZGF wird in diesen Jahren vermehrt darauf hingewiesen, dass Bernhard Grzimek seine Afrikareisen privat finanziert. Auch ist es der Gesellschaft wichtig zu erklären, warum im September 1982 vom Bayerischen Hauptmünzamt goldene und silberne Ehrenmedaillen mit Grzimeks Bildnis herausgegeben werden:

»Prof. Grzimek vertrat den Standpunk, dass man derartige Ehrenmünzen, ebenso wie die Benennung von Straßen und Plätzen, immer erst nach dem Ableben der betreffenden Person vornehmen solle, nicht noch zu ihren Lebzeiten. Die Hersteller dieser Münze haben sich jedoch verpflichtet, DM 10 von jeder Silbermünze und DM 60 von jeder Goldmünze der Sammlung *Hilfe für die bedrohte Tierwelt* unserer ›Zoologischen Gesellschaft von 1858 Frankfurt‹ zuzuführen. Das würde insgesamt etwa DM 500 000 für die Aufgaben unserer Gesellschaft ergeben. Aus dieser Überlegung haben wir zugestimmt, dass die Hersteller diesem Rundschreiben ein Werbeblatt für diese Münzen beilegen«, heißt es im Herbst 1982.

Nach außen merkt man der ZGF keine Veränderung an. Doch intern leidet das Verhältnis zwischen Bernhard Grzimek und Richard Faust, die so viele Jahre so eng und so gut zusammengearbeitet haben. »Die Spannungen zwischen Grzimek und Faust sind über die Jahre gewachsen«, sagt Markus Borner: »Grzimek war der PR-Mann, Faust der Organisator. Grzimek hat immer sehr respektvoll über den Faust geredet. Aber er hatte am Ende ein wenig Angst vor Faust. Er hat dann immer gesagt: ›Ich kann euch den Wagen nicht gleich versprechen, das muss ich erst in Deutschland abklären, damit der Faust da nicht gegen ist.‹«

Vorgehensweise und Einstellung zu einigen Themen gehen bei den beiden so unterschiedlichen Männern immer mehr auseinander, wie in einem Brief von Richard Faust an Markus Borner vom 3. Dezember 1982 deutlich wird. Über die Vergabe von Orden an gegen Wilderer erfolgreiche Wildhüter schreibt Faust: »Ich bin nicht ganz glücklich, wie die Sache mit den Ordensverleihungen läuft. Die Zahl für Tansania scheint mir schon recht hoch. Und X will in diesem Winter noch nach Simbabwe und natürlich auch nach Kenia. Dort schreibt er ebenfalls schon überall Briefe hin und kündigt Orden an. Es werden also vermutlich jetzt im Winter Orden mit der Gießkanne verteilt … Irgendwo muss man mit den Füßen auf dem Boden bleiben, und wir haben sowieso etwas Geldsorgen. Mir kommt das Ganze so vor wie der Weihnachtsmann, der unter den Kindern Plätzchen verteilt. Das wertet die Orden ab und tut dem Geldbeutel ziemlich weh. Wenn ich mir dann zusätzlich noch überlege, wie hoch die Beträge zum Teil im Vergleich zum Einkommen der ›Empfänger‹ sind, halte ich das auch aus psychologischen Überlegungen heraus nicht für günstig. Tut mir leid, ich bin über die ganze Geschichte in dieser Form nicht sehr happy, und man sollte das für das nächste Jahr bremsen. Sonst kann man in Afrika bald die Straßen mit unseren Orden pflastern.« Über diesen Punkt werden sich Bernhard Grzimek und Richard Faust auch in Zukunft nicht einigen können, was das einst gute Verhältnis der beiden Männer trübt.

Tatsächlich reist Bernhard Grzimek Anfang Januar 1983 mit 16 000 Mark aus der Kasse der ZGF nach Tansania, »damit bei der Verleihung der Orden in Arusha ... die Preise auch wirklich in bar verfügbar waren«, wie er in seiner Abrechnung Mitte Februar 1983 schreibt. An die zwölf Preisträger verteilt er insgesamt fast vierzehntausend Mark. Sicherlich sind das Geld und die Auszeichnung ein Ansporn für die Männer, sich um die Bekämpfung der Wilderei zu kümmern. Fausts Bedenken ob der hohen Auszeichnungssummen sind jedoch durchaus berechtigt. So bittet der Leiter einer Wildhütereinheit Bernhard Grzimek einige Zeit später, einen seiner Männer nicht erneut auszuzeichnen, da dieser dann so viel Geld zusammen habe, dass er sich zur Ruhe setzen könne.

Auch Markus Borner wirkt auf Grzimek ein, die Verleihung nur alle vier Jahre vorzunehmen, damit sie etwas Besonderes bleibt. Vielleicht ist Bernhard Grzimek in diesen Dingen zu wenig Kaufmann und zu sehr Idealist, um – gerade im fortschreitenden Alter – die Auswirkungen seiner gut gemeinten Handlungen noch vollständig überblicken zu können. Das Geld, so erinnert sich Erika Grzimek, sei jedoch immer ein großer Disput zwischen Richard Faust und Bernhard Grzimek gewesen: »Bernhard wollte es für Projekte ausgeben, Faust wollte es zusammenhalten.«

Trotz Grzimeks Bemühungen nimmt die Wilderei in der Serengeti in diesen Jahren immer größeren Umfang an. »Es sieht so schlecht aus wie noch kaum zuvor«, schreibt Markus Borner am 1. Juli 1983: »Obwohl die ZGF die Unimogs der Wilderer-Bekämpfungseinheit wieder hergestellt hat – vier stehen einsatzbereit in Seronera – wird seit ca. einem Monat kaum mehr Wildererverfolgung durchgeführt, weil kein Diesel und Benzin vorhanden ist. Dieses ist nicht nur in der Serengeti so, sondern im ganzen Land. Die Information, dass in der Serengeti keine Fahrzeuge mehr auf der Straße sind, geht natürlich schnell zu den Wilderern durch. Im letzten Monat sind im westlichen Korridor sicher jeden Tag ein paar hundert Gnus den Wilderern zum Opfer gefallen.« Borner schreibt weiter, dass er vor Ort nur »Feuerwehr« spielen könne und dass er darüber nachgedacht habe, ob man nicht deutsche Staatsgelder für die Serengeti beantragen könne. Der gesamte Jahresunterhalt des Parks koste zwei Millionen Mark, was für die Bundesrepublik nicht allzu viel Geld sei, zumal die Serengeti durch Bernhard Grzimek einen höheren Stellenwert als irgendwo sonst hätte. Jedoch, so Borner, würden sich im Zweifel die Tansanier querstellen, die Staatsanleihen lieber für andere Projekte wie Wasserbau und Gesundheitswesen verwenden würden. Somit hieße es leider abzuwarten.

Immerhin sind für Borner die ausgemusterten Uniformen der deutschen Wehrbereichsverwaltung extrem hilfreich, die Grzimek seit einigen Jahren erfolgreich für den Einsatz in Afrika einwirbt. »Genau diese Art von Ausrüstungsgegenständen wird überall dringend gebraucht und erhöht die Moral der Wildhüter wie kaum etwas anderes! Können Sie noch mehr bekommen?«, schreibt Markus Borner bereits im Juni 1983 an Bernhard Grzimek.

Als mit dem CDU-Politiker Helmut Kohl am 1. Oktober 1982 ein Kuratoriumsmitglied der ZGF zum Bundeskanzler gewählt wird, ist das für Bernhard Grzimek noch ein Grund mehr, diesem auf dem Weg zur Neubildung des Kabinetts Ende März 1983 seine obligatorische Bitte vorzutragen, »ehe Sie einen neuen Ernährungsminister benennen, den Naturschutz und auch den Tierschutz aus diesem Ministerium herauszunehmen und in das Innenministerium oder ein anderes Fachministerium zu überführen«. Wieder wird dieser Bitte nicht nachgekommen, aber Grzimek bekommt einen neuen Gegenspieler: den CSU-Politiker Ignaz Kiechle, der Josef Ertl (FDP) als Bundesernährungsminister ablöst. Drei weitere Jahre muss Bernhard Grzimek noch warten, bevor am 6. Juni 1986 das Bundesministerium für Umwelt, Naturschutz und Reaktorsicherheit gegründet wird. Eines wird ihn schon im März 1983 gefreut haben: Bei den vorgezogenen Neuwahlen zum 10. Bundestag ziehen die Grünen erstmals in den Bundestag ein.

Der 125. Geburtstag des Frankfurter Zoos im August 1983 geht ohne Festveranstaltungen über die Bühne – große Feierlichkeiten »erlauben die städtischen Finanzen nicht«, heißt es im Amtsblatt der Mitteilungen der Stadt Frankfurt am Main vom 26. Juli 1983. Dass sich Bernhard Grzimek dennoch zu seiner ehemaligen Arbeitsstätte zu Wort meldet, hängt mit zwei Entscheidungen zusammen, die den Zoo betreffen. So hat sich Richard Faust entschlossen, die einsame Elefantendame Baroda aus dem hundert Jahre alten Elefantenhaus nach Hamburg in Hagenbecks Tierpark abzugeben. Der enttäuschten Öffentlichkeit tritt Bernhard Grzimek am 7. Juni 1983 mit einem offenen Brief in der Nachtausgabe der *Frankfurter Abendpost* entgegen. »Hätte ich gewusst, wie die Entwicklung weitergeht, wären die Elefanten bereits in meiner Zeit aus dem Frankfurter Zoo verschwunden«, verteidigt er Fausts Entscheidung.

Zu einem Vorhaben der Stadt Frankfurt bezieht er ebenso klar Stellung: »Die Entscheidung, die schon beschlossene Zoo-Abteilung im Nidda-Gelände zugunsten der kostspieligen Bundesgartenschau aufzugeben, hat mein Lebenswerk in Frankfurt vernichtet«, schreibt er voller Bitterkeit. Etwa 600 000 Besucher waren seit der Eröffnung 1975 in den Nidda-Zoo gekommen. Bernhard Grzimek sieht durch die Entscheidung, das große Außengelände zu schließen, auch die Zukunft des räumlich beengten Frankfurter Zoos in der Innenstadt gefährdet. Doch außer lautstarker Meinungsäußerungen in den Medien kann er nichts dagegen tun.

Auf einem anderen Gebiet bieten sich Grzimek mehr Einflussmöglichkeiten. Zwar kauft er schon seit Jahren für seine Sendung *Ein Platz für Tiere* Filmbeiträge von internationalen Kameraleuten ein. Jedoch lässt er es sich nicht nehmen, ab und zu selbst noch etwas zu produzieren. So fliegt er im November 1983 mit Christian erst für acht Tage nach Winnipeg und Churchill an der Hudson Bay in Kanada, um Eisbären zu fotografieren und zu filmen, und reist anschließend nach Florida weiter. Tochter Monika schreibt er am 26. November 1983: »Liebe Monika, zu Deinem 42. Geburtstage am 6. Dezember wünsche ich Dir alles Gute – vor allem endlich die Scheidung. ... In der Hudson Bay in Kanada war es schon recht kalt – gefroren und etwas Schnee. Aber wir sahen und fotografierten doch eine Menge Eisbären.«

Dass sich ihr Vater bei ihrem Geburtstag um ein Jahr vertut – sie wird bereits dreiundvierzig Jahre alt – sieht ihm Monika Karpel nach, da er es mit Namen und Daten ja noch nie gehabt hat. Vielleicht ist Bernhard Grzimek aber auch zu sehr durch die Ereignisse um Monikas Bruder, seinen Sohn Cornelius, abgelenkt: »Der von Cornelius beantragte Gerichtstermin zwecks Vaterschaftsbestimmung ist abgewiesen worden. Warum hatte er sich nicht mit mir unmittelbar in Verbindung gesetzt? Auch mich würde das Ergebnis interessiert haben«, schreibt er Monika. So wird laut Aussage von Erika Grzimek erst drei Jahre später durch einen Vaterschaftstest belegt, dass die beiden Vater und Sohn sind. Kontakt wünscht Cornelius dennoch weiterhin nicht.

Dafür, dass er »sein Leben mit beispielhafter Konsequenz in den Dienst des Naturschutzes, insbesondere des Schutzes der Tiere gestellt hat«, wird Bernhard Grzimek kurze Zeit später einmal mehr ausgezeichnet. Die Redaktion der Zeitschrift GEO verleiht ihm den ersten GEO-Umweltpreis des Jahres 1983. »Bernhard Grzimek, der lebenslange Aktivist, der in Afrika so entschlossen wie in Europa und in anderen Teilen der Welt für den Frieden des Menschen mit der Natur kämpft, hat sich um uns alle verdient gemacht«, schreibt der damalige GEO- und spätere *Stern*-Chefredakteur Rolf Winter in seiner Begründung.

Bei der Verleihung am 9. Dezember 1983 im Hamburger Rathaus erklärt Bernhard Grzimek, dass »die schwarzen Menschen« den Naturschutz in ihren Ländern »bisher besser gemacht haben als die übrige Menschheit«. Und dass es Zeit werde, dass darauf nicht nur die Staatsoberhäupter, sondern die gesamte Bevölkerung stolz sei. Der Preis, den er während seiner aktiven Karriere noch in jedem zweiten Brief erwähnt hätte, scheint ihn nicht mehr richtig zu freuen: »Je älter man wird, umso mehr Orden sammelt man ein«, schreibt er seiner Tochter Monika recht nüchtern.

An Reisen, die er vorher stets akribisch plant, erfreut sich der viel- und weitgereiste Naturschützer jedoch wie zuvor. Nach seinem Afrikaaufenthalt zu Beginn des Jahres 1984 schmiedet er Mitte Februar bereits die nächsten Pläne. An Monika Karpel schreibt er dazu: »Liebe Monika, wir, d.h. Christian und ich, werden also vermutlich vom 18.–28.4. in Israel sein. … Wir wollen besuchen: Elat, Hazeva (Anava Valley), En Gedi, Ma'azan Michael südlich von Haifa, Hulek Reservat in Upper Galilee u. Golan, Tel-Aviv University.«

So verbringt Bernhard Grzimek seinen 75. Geburtstag in Israel – in der Negev-Wüste, mit der Beobachtung von Vögeln. Den Zeitungen, die seinen besonderen Geburtstag in seiner Abwesenheit mit großen Artikeln bedenken, hatte er Anfang April 1984 noch gesagt, er werde in Frankfurt mit seiner zweiten Frau Erika feiern, »bei Chopin und

410

einem guten Glas«. Seine Reise nach Israel war da jedoch schon lange geplant.

In Frankfurt treffen unterdessen Glückwünsche aus aller Welt ein. Richard Faust gratuliert trotz Grzimeks »Flucht« im Namen des Zoologischen Gartens, Bundeskanzler Helmut Kohl und Bundespräsident Karl Carstens senden Glückwunschschreiben, in denen sie Grzimeks Arbeit würdigen, und pünktlich zu seinem Ehrentag erscheint auch sein letztes Buch, *Tiere, mein Leben. Erlebnisse und Forschungen aus fünf Jahrzehnten.*

Keine zwei Wochen nach Bernhard Grzimeks Geburtstag stirbt seine erste Ehefrau Hildegard am 5. Mai 1984 an Krebs. »Meine Mutter hat die letzten vier, fünf Monate bei uns im Haus gelebt und ist auch hier gestorben«, sagt Rochus Grzimek. »Sie hat das Haus nicht mehr verlassen – deshalb kann sie auch keinen Versöhnungsbrief an meinen Vater geschrieben haben, wie es in der *Bild*-Zeitung stand. Die beiden haben allerdings noch telefoniert, da ich meinen Vater informiert hatte, wie es um sie stand. Daraufhin hatte er ihr noch einen Rosenstrauß geschickt.«

Umso mehr schmerzt es Rochus Grzimek, der absichtlich keine Todesanzeige für seine Mutter schaltet, dass vor dem Friedhof bereits ein Fotograf wartet: »Ich habe dann allen meinen Kindern gesagt, dass wir getrennt reingehen. Der Vater war auch da, er saß mit uns in der ersten Reihe und nahm die Kondolenz mit entgegen – aber er hatte die *Bild*-Zeitung bestellt. Er war immer hinter Publicity her.«

Erika Grzimek mag das nicht glauben: »Es war immer unser Prinzip, die Presse aus unserem Privatleben herauszuhalten.«

Ob und wie sehr Bernhard Grzimek der Tod der Frau geschmerzt hat, mit der er siebenundvierzig Jahre verheiratet war, ist schwer zu sagen. Immerhin war sie die Mutter zweier seiner Kinder, seine Wegbegleiterin seit frühen Tagen seiner Karriere und engste Mitarbeiterin, besonders bei der Publikation von Artikeln und Büchern sowie bei der heimischen Tieraufzucht. Doch selbst in einem Brief an seine Tochter Monika vom 30. Mai 1984 lässt Bernhard Grzimek keine Emotionen erkennen: »Liebe Monika, nur ein Lebenszeichen. Zu berichten habe ich eigentlich wenig, was uns beide angeht. Vor 14 Tagen starb Hildegard, meine erste Frau. Halskrebs. Sie hatte mir ein paar Tage vor dem Tode noch einen recht netten Brief geschrieben, auf Grund eines Blumenstraußes, den ich ihr übersandt hatte. Vor drei Tagen starb an Lungenkrebs mein Neffe, Prof. Waldemar Grzimek, ein recht bekannter Bildhauer. … Er lehrte in Darmstadt. Vor vier Wochen war ich noch – mit ihm – bei der Eröffnung einer Ausstellung von Werken von ihm hier in Frankfurt. Kuss, Bernhard.«

Von der ursprünglichen Familie – Bernhard und Hildegard, Rochus und Michael Grzimek – leben nun nur noch die beiden, die bisher am wenigsten Kontakt miteinander hatten: Bernhard und Sohn Rochus. Vielleicht bringt sie das und auch die freudige Nachricht über die Fortsetzung des Stammbaums wieder näher: Am 26. Juni 1984 wird mit Alexandre Bernhard Grzimeks erster Urenkel geboren. »Wir sind mit meinem Vater und unserer Tochter Natascha im Juli 1984 zu unserem Sohn Anselm-Christian, seiner Frau Christiane und Alexandre nach Biarritz gefahren und danach direkt weiter ins Ferienhaus nach Aldesago«, erinnert sich Rochus Grzimek. Es war ein guter Auftakt für das, was noch folgte, sagt er: »Die letzten drei Jahre seines Lebens haben wir dann gemeinsam mit meinem Vater Urlaub gemacht, zu Ostern, im Sommer und im Herbst.«

Vielleicht besinnt sich der Familienmensch Bernhard Grzimek in diesen Jahren auf seine Wurzeln, vielleicht denkt er jedoch auch verstärkt an den eigenen Tod. Jedenfalls gibt er 1984 seinen Teil der einst von Michael und ihm gegründeten Firma Okapia, die nach Michaels Tod von ihm und Erika Grzimek weitergeführt wurde, an Enkel Christian ab.

Die ZGF unterstützt Mitte der Achtzigerjahre viele Projekte in Deutschland, darunter den Uhu- und den Wanderfalkenschutz, Protestaktionen gegen den Einsatz von Pestiziden und die Einrichtung des Nordseehauses Butjadingen. Im Oktober 1984 entlässt Bernhard Grzimek in seiner Funktion als Ehrenvorsitzender des BUND im Spessart eine von achtzehn Wildkatzen in die Freiheit. Diese Aktion zur Wiederansiedlung der Wildkatzen in deutschen Wäldern wird von der ZGF finanziert – und nach einem Jahr in den Medien stark kritisiert, da keine Spur mehr von den scheuen Tieren zu finden ist. Sicher ist, dass eine Wildkatze kurz nach der Freilassung von einem Forstfahrzeug überfahren wurde. Hinter dem Verschwinden der anderen Tiere vermutet Grzimek jedoch zum Teil die Jäger, und er lässt deshalb *Das Tier* titeln: *Schießt nicht auf Grzimeks Wildkatzen!*

Von Moderator Frank Elstner wird Bernhard Grzimek Anfang 1985 zum Fernsehrückblick *Menschen '84* eingeladen. »75 Jahre und noch immer aktiv«, schreibt die *Bild*-Zeitung dazu. Doch hinter der aktiven Erscheinung steht ein Mensch, der sich immer häufiger mit schwermütigen Gedanken zurückzieht. »Ich habe gerade – um 9 h früh – versucht, Dich noch mal tel. zu erreichen, denn Christian und ich fliegen heute Abend ab, die Nacht durch nach Nairobi«, schreibt Bernhard Grzimek am 16. Januar 1985 an Tochter Monika. »In Afrika wird es wieder das Übliche sein, die selben Menschen, die selben Verhandlungen usw. Wir wollen spätestens den 12. Februar wieder zurück sein … Gruß und Kuss, Bernhard. Wozu lebt man eigentlich noch?«

Bernhard Grzimek hat resigniert. Er glaubt kaum noch daran, dass die großen Probleme der Welt, allen voran die Überbevölkerung und das, was sie bewirkt, zu lösen sind. Das macht er in seinen letzten Lebensjahren in verschiedenen Interviews immer wieder deutlich, auch wenn er trotzdem kaum eine Gelegenheit auslässt, seinen liebsten Ausspruch »Und wenn morgen die Welt untergeht, pflanze ich doch heute noch einen Apfelbaum« zu zitieren (der damals noch Martin Luther zugeschrieben wird). Doch die Besorgnis um den Zustand der Erde ist nur das eine. »Mein Vater hat auch sehr unter Depressionen gelitten«, sagt Monika Karpel. »Er hat sich dann zwei, drei Tage im Zimmer eingeschlossen, aber er hat nie darüber geklagt.« An einen solchen Vorfall können sich Erika und Christian Grzimek in Frankfurt nicht erinnern.

Sein Gemütszustand und das voranschreitende Alter beeinträchtigen auch seine Arbeit, beklagt Richard Faust. »Hier ergibt sich langsam ein Problem«, schreibt er am 2. Juli 1985 an Markus und Monica Borner und bezieht sich dabei auf Bernhard Grzimek. »Da er vieles nicht mehr mitkriegt, schon gar nicht die viele Knochenarbeit (das hat er sowieso nie mitgekriegt und wollte es auch nicht), beschleicht ihn allmählich das Gefühl, es geht überhaupt nichts mehr. Wenn ich ihm von Zeit zu Zeit zu berichten versuche, hört er nicht hin und hat es in den nächsten fünf Minuten wieder vergessen, oder er erzählt mir zwischendurch – zum 150-sten Mal –, dass er vor kurzem in Schlesien war und zum Professor der Moskauer Universität ernannt wurde. Und wenn er so das Gefühl hat, dass nichts geschieht, besteht immer die große Gefahr, dass er sich plötzlich in irgendeiner anderen Richtung auszutoben versucht, was bekanntermaßen großes Durcheinander und Probleme hervorruft. Ich habe dann die größte Mühe, das anschließend wieder in den Griff zu bekommen.«

Die Zusammenarbeit zwischen Grzimek und Faust wird immer schwieriger. »Sicherlich war er am Ende schusselig, aber er war nicht senil«, betont Monika Karpel. Auch wenn er in Tansania längst als »Mzee, das heißt als ein älterer und angesehener Mann« gilt, wie Monica Borner sagt, und dort besonderen Respekt genießt, so wird ihm dieser bei der Arbeit in Frankfurt nicht zuteil. »Grzimek war nicht mehr an der Macht – er hat nichts mehr zu sagen gehabt«, erinnert sich Monika Lennig, die 1986 als Sekretärin bei der ZGF anfing. »Es war kein freundlicher Umgang mehr zwischen Faust und Grzimek. Im Gegenteil: Grzimek wurde fast gemobbt.« Zweimal in der Woche sei er ins Büro gekommen, dienstags und donnerstags, von zehn oder elf Uhr morgens bis gegen zwei oder drei Uhr am Nachmittag, und er sei immer gleich in seinem Büro verschwunden. »Grzimek war sehr verschlossen. Er ging schnurstracks in sein Zimmer, hat kurz auf dem Weg gegrüßt und dann die Tür zugemacht.« Mittags sei an beiden Tagen Richard Faust zu Besprechungen mit ihm aus dem Zoobüro hochgekommen. »Ansonsten diktierte Grzimek die restliche Zeit wie wild. Er war dann zufrieden, wenn er dienstags kam und der Schreibtisch voller Unterschriftenmappen war, weil alles erledigt war.«

Zu dieser Zeit lässt Bernhard Grzimek unter jeden Brief an Nichtmitglieder den Zusatz »Nehmen Sie sich noch einen Moment Zeit ...« setzen, um auf die Arbeit der ZGF hinzuweisen und um Spenden und Mitgliedschaften zu werben. Das Verhältnis zu Richard Faust wird sich bis zu seinem Tod 1987 jedoch nicht mehr bessern.

Im Juli 1985 reist Bernhard Grzimek nach Indonesien. »Liebe Monika, die Reise durch viele Inseln von Indonesien – u. a. Sumatra, Java, Celebes, Komodo – war furchtbar anstrengend, aber schön. Mehrmals lagen wir ohne Stuhl, Bank, Polster bis zu 21 Stunden auf den blanken Brettern eines Fischerkahns, flach auf dem Boden, die Nacht durch, bei hohem Wellengang. Wir machten gute Aufnahmen«, schreibt er seiner Tochter hinterher, am 28. Juli 1985.

Mit Monika macht er seine nächste Reise: Am 11. September 1985 gehen sie in Neapel an Bord der MS Vistafjord. »An Bord hatte er so alte Schuhe an, dass ich ihm an Land neue kaufen wollte. Da sagte er: ›Lass mal, das macht schon mein Schuster. Bei dem hatte ich die Schuhe schon acht Mal, und er hat gesagt, dass er mir neue kauft, wenn ich ein neuntes Mal komme‹«, erzählt Monika Karpel. »Mein Vater war sehr sparsam, besonders für sich«, sagt sie. »Er hat Geld geliebt, weil er das Sicherheitsgefühl brauchte, weil er im Krieg auch andere Zeiten erlebt hat. Er hat das Geld aber nie benutzt, um Luxus zu haben – weder beim Essen noch bei der Kleidung oder den Hotels. Er hat eine kleine Plastiktasche gehabt, die hat er überallhin geschleppt, und ist einen Golf gefahren. Wir haben manchmal in schlechten Hotels gewohnt auf Reisen, aber das habe ich ihm nicht übel genommen, weil ich durch ihn interessante Menschen kennengelernt habe.« Auch an Bord beziehen Vater und Tochter aus Sparsamkeit eine Doppelkabine, wie Monika Karpel sagt. Die Vistafjord ist jedoch alles andere als eine schlechte Unterkunft: Das 1973 gebaute Kreuzfahrtschiff ist von 1981 bis 1982 den deutschen Fernsehzuschauern als erstes Traumschiff bekannt.

Bernhard Grzimek wird an Bord von anderen Passagieren erkannt. War ihm das Aufsehen um seine Person zum Anfang seiner Karriere noch lästig und hatte er deshalb starren Blickes und schnellen Schrittes im Zoo regelmäßig versucht, den Besuchern zu entkommen, so genießt er jetzt die Aufmerksamkeit. Eine Marotte lässt er sich dabei nicht nehmen: »Mein Vater hatte immer die Angewohnheit, wenn Leute um ein Autogramm baten, ihren Kugelschreiber hinterher zu behalten. Er sagte zu mir, das wäre die Strafe dafür, dass sie ihn belästigt hätten. Er gab die Kugelschreiber dann in Afrika an die Kinder«, sagt Monika Karpel. Und noch eine Angewohnheit Bernhard Grzimeks kommt auf Reisen mit seiner Tochter zum Vorschein, wie diese sagt: »Er hat sich wahnsinnig gerne fotografieren lassen.«

Auf der Reise, die sie in knapp vierzehn Tagen unter anderem nach Capri, Athen, Korfu und Venedig führt, lernt die gerade geschiedene Monika Karpel ihren zweiten Ehemann kennen: einen in Australien lebenden Engländer. »Noch vor Venedig hat Charles mir an Bord einen Heiratsantrag gemacht, und er hat uns dann in Venedig überallhin eingeladen – das hat meinem Vater gefallen«, sagt Monika Karpel. »Mein

Vater hat dann auch eingestimmt, dass Charles mich heiratet.« Leider wird dieses erst nach Bernhard Grzimeks Tod erfolgen.

Wenige Monate nach der Schiffsreise fliegt Grzimek schon wieder nach Afrika. »Ich glaube, dass wir keine solch offiziellen Reisen mehr machen sollten in der Zukunft, sondern besser irgendwo in der Serengeti campieren gehen«, schreibt Markus Borner am 23. Februar 1986 in einem Telex an Richard Faust. Borner hatte für Grzimek, der zu dieser Zeit gerade mit Christian bei ihm in Tansania weilt, wie gewohnt einen vollen Terminplan mit Rundreise durch verschiedene ostafrikanische Länder ausgearbeitet. Doch er muss Bernhard Grzimek zu Empfängen und Medaillenverleihungen an die Wildhüter begleiten und bezweifelt, dass »der alte Herr« die an ihn gerichteten Erwartungen noch erfüllen kann.

Borner sitzt in der Zwickmühle: Zum einen schätzt er sehr, was Bernhard Grzimek mit seinem Lebenswerk für den Naturschutz, besonders in Afrika, geschaffen hat, und kann Grzimeks Einfluss in Afrika besser als jeder andere beurteilen. »Ich bin überzeugt, dass sein Einfluss auf die afrikanischen Staatsmänner viel ausgemacht hat. Der Stolz der Afrikaner auf ihre Naturschutzgebiete geht viel auf ihn zurück«, sagt Borner zwanzig Jahre nach dem leicht verzweifelten Telex. Doch die Zusammenarbeit mit dem alternden ZGF-Präsidenten macht das Wissen um dessen frühere Stärken nicht einfacher. Und so macht sich Markus Borner Gedanken, wie es zukünftig weitergehen soll. Keiner der beiden Männer ahnt zu diesem Zeitpunkt, dass es ohnehin Grzimeks letzte Afrikareise ist.

Ostern 1986 verbringt Bernhard Grzimek gemütlich in Aldesago mit Rochus und seiner Familie. Kurz danach erschüttert ein atomarer Unfall die Welt: Am 26. April 1986, zwei Tage nach Bernhard Grzimeks siebenundsiebzigstem Geburtstag, schmilzt im Kernkraftwerk von Tschernobyl der Reaktorkern und verursacht die bisher größte Katastrophe in der Geschichte der friedlichen Nutzung von Atomenergie. Nach offiziellen Angaben wird dabei vierzig bis fünfzig Mal so viel Radioaktivität wie bei der Atombombenexplosion über Hiroshima im August 1945 freigesetzt. Auch in der Bundesrepublik werden erhöhte Strahlungswerte gemessen.

Politisch überschlagen sich die Ereignisse ebenfalls: Waren Mitte Januar 1986 noch die Anträge der SPD und der Grünen, den Umweltschutz als Staatsziel ins Grundgesetz aufzunehmen, im Bundestag an der Haltung von CDU/CSU gescheitert, gibt Bundeskanzler Helmut Kohl am 3. Juni 1986 die Einrichtung eines Bundesministeriums für Umwelt, Naturschutz und Reaktorsicherheit bekannt. Erster Bundesumweltminister wird drei Tage später der CDU-Politiker Walter Wallmann. »Die in der Arbeitsgemeinschaft der Naturschutzverbände zusammengeschlossenen Organisationen begrüßen die Einrichtung des Umweltministeriums und gratulieren Ihnen zu Ihrer Ernennung, wobei wir meinen, auch der Tierschutz müsse in die Zuständigkeit Ihres Ministeriums gestellt werden«, schreibt Manfred Niekisch am 20. Juni 1986 an Wallmann. Niekisch, damals Direktor der Artenschutzzentrale der Umweltstiftung WWF-Deutschland, übernimmt später die Professur Internationaler Naturschutz an der Universität Greifswald, wird Präsidiumsmitglied der ZGF und im Jahr 2008 – vierunddreißig Jahre nach Grzimeks Ausscheiden aus dem Amt – Zoodirektor in Frankfurt.

Niekisch thematisiert in seinem Brief bereits einige Mängel an der geplanten Novelle des Bundesnaturschutzgesetzes. Bernhard Grzimek reagiert auf seine Art und wendet sich umgehend, wie schon in den vergangenen Jahrzehnten, an möglichst viele Politiker, um sie zu bitten, sich für Änderungen im Gesetzesentwurf einzusetzen. So schreibt er unter anderem am 6. November 1986 an den damaligen hessischen Umweltminister Joschka Fischer: »Mit Schrecken nehmen wir wahr, dass noch vor der Bundestagswahl eine Änderung des Bundesnaturschutzgesetzes beschleunigt durchgesetzt werden soll, die in Wirklichkeit eine deutliche Verschlechterung bedeutet.«

Fischer, der 1998 Bundesaußenminister und Vizekanzler wird, ist seit Bildung der ersten rot-grünen Landesregierung in Hessen Staatsminister für Umwelt und Energie. Am 10. Dezember 1986 antwortet er auf Grzimeks Schreiben: »Auch ich bin der Meinung, dass die Gesetzesnovellierung in der jetzt verabschiedeten Form eine Verschlechterung gegenüber dem bisherigen Rechtszustand bedeutet. Schlimm ist vor allem, dass den Ländern durch die nunmehr verabschiedete bundesgesetzliche Regelung Kompetenzen genommen werden, die Länder gezwungen werden, die unpraktikable und praxisferne Regelung des Bundesgesetzgebers zu vollziehen und die in den letzten Jahren im Landesvollzug gefundenen Lösungen eines effektiveren Artenschutzes insbesondere beim Handel mit gefährdeten Arten aufzugeben.« Das Land Hessen, so Fischer, habe sich sowohl in den Bundesratsausschüssen als auch in der abschließenden

Beratung des Bundesrates für Änderungen stark gemacht, jedoch erfolglos. »Hessen wird aber weiterhin versuchen, über den Bundesrat Verbesserungen des Natur- und Artenschutzes auf Bundesebene zu erreichen. Hierbei werden die vom BUND und anderen Verbänden vorgebrachten Änderungsvorschläge wichtigste Grundlage sein.«

Der bayerische Ministerpräsident Franz Josef Strauß schätzt die Situation anders ein. »Das Gesetz bringt keineswegs – wie Sie dies behaupten – Verschlechterungen im Artenschutz mit sich. Das Gegenteil ist der Fall«, schreibt der CSU-Politiker am 4. Januar 1987 an Grzimek. Die Bayerische Staatsregierung habe deshalb am 28. November 1986 dem ersten Gesetz zur Änderung des Bundesnaturschutzgesetzes zugestimmt. Dabei ist Strauß ein Punkt sehr wichtig: »Sie fordern die Einführung der Verbandsklage. Die Bayerische Staatsregierung lehnt diese Klageform ab, weil sie der deutschen Rechtsordnung fremd ist.« Tatsächlich wird das Verbandsklagerecht noch bis zum Jahr 2002 Ländersache bleiben und erst dann im Bundesnaturschutzgesetz verbindlich geregelt.

Im Zuge der Einrichtung des Bundesumweltministeriums und der Ansicht der Naturschutzverbände, dass diesem auch der Tierschutz unterstellt werden müsse, wird Grzimek wieder häufiger auf seine Einstellung zu Tierversuchen und Tierschutz angesprochen. Einem Mitarbeiter des WWF in Wien schreibt er hierzu am 11. September 1986: »Wir haben uns schon wiederholt gegen Tierversuche eingesetzt, Eingaben an Ministerien gemacht, Veröffentlichungen geldlich unterstützt usw. Wir werden das auch weiter tun. Allerdings sind wir der Ansicht, dass durch zu übertriebene Forderungen die Begrenzung und Überwachung der Tierversuche eher verhindert wird. … Wenn man blindlings verlangt, dass grundsächlich jeder Tierversuch verboten wird, gibt man der Industrie nur die Möglichkeit zu behaupten, wir wären übertriebene Gefühlsmenschen und fordern unsinnige Dinge. … Im Übrigen vergessen Sie nicht, dass jeder, der heute bei uns Eier oder Kalbfleisch isst, in noch viel größerem Umfange für die lebenslange Quälerei von wehrlosen Tieren (in der Massentierhaltung) sorgt.«

Bereits 1978 hatte er in seinem Kapitel des Buches *Paradiese* betont, dass »meine Lebensaufgabe im Wesentlichen der Naturschutz war und bleibt, von dem der Tierschutz nur ein Teil sein kann«. Auch die Veränderung des menschlichen Soziallebens reflektiert Grzimek: »Was kann

418

der Umgang mit Tieren uns heute geben? Er kann den vielen verein-
samten Menschen in der modernen Industriegesellschaft persönliche
Fühlungsnahme mit anderen Lebewesen schenken. Unsere Großmütter
erzählen den Enkeln keine Märchen mehr, sondern sitzen sorgfältig getrennt von ihnen vereinsamt in einem Altersheim oder einer wohlausge-
statteten Zweizimmerwohnung, wo ihnen ein Hund oder eine Katze die
Liebe ihrer Enkelkinder ersetzen muss.«

Bernhard Grzimek bleibt dieses Schicksal erspart: Enkelsohn Christian lebt mit ihm unter einem Dach. Er ist es auch, der in den letzten
Lebensjahren Grzimeks mit ihm auf Reisen geht, während Erika Grzimek
immer öfter zu Hause bleibt. »Bernhard hat versucht, Christian immer
alle Türen aufzumachen – es schien sein Traum zu sein, dass Christian
ein zweiter Michael wird«, sagt Markus Borner. Vom 10. bis zum 30. Juni
1986 reisen Großvater und Enkel nach China. »Sonnenpalast, Heiliger
Tempel, Große Mauer, Museum, Gräber, Panda fotografieren. Durch-
fall«, notiert Bernhard Grzimek in einer Tabelle, die er spätestens seit
1973 sorgfältig führt.

»Er hat zweimal am Tag zuhause Blutdruck gemessen und hat das aufgeschrieben. Das war ihm vom Arzt empfohlen worden«, erklärt Erika
Grzimek die Aufzeichnungen. Außerdem trägt Bernhard Grzimek in
die Tabelle täglich sein Gewicht und sein Befinden ein, wie die Außen-
temperatur ist, welche Gymnastik er gemacht hat und was Besonderes
ansteht – »Ratskeller mit Erika«, »Mittagessen bei Schubert« oder »Fern-
sehaufnahmen in München«. Bis 1981 finden sich in dem handschriftlich
akribisch auf Karopapier niedergeschriebenen Dokument auch Kilome-
terangaben zu den Fitnessübungen Rudern, Radeln und Expander. »Er
machte jeden Morgen Sport, außer sonntags«, sagt Erika Grzimek.

In einem Artikel der *Bild*-Zeitung vom 26. April 1986 ist zu lesen, dass
er morgens fünfunddreißig Kniebeugen macht, bei geöffnetem Fenster
achtzig Mal am Expander zieht und anschließend fünfzig langsame Lie-
gestütze macht. »Ich hatte immer Angst, dick zu werden«, wird Grzimek
zitiert, der zu dem Zeitpunkt sechsundsiebzig Kilogramm wiegt. Deshalb äße er auch nur Vollkornbrot.

Entsprechend beklagt sich Bernhard Grzimek in einem Brief an
Tochter Monika vom 2. Juli 1986 über das Essen in China: »Liebe Monika, wir ... sind gerade nach 16 Stunden Flug aus China zurückgekom-

men, ohne Aussteigen aus dem Flugzeug. Die einzige Karte, die ich aus China geschrieben habe, ging an Dich. Wir hatten eine leidlich Deutsch sprechende Begleiterin, eine 32-jährige Frau (ein Kind) und waren in Peking, Nanking, Shanghai, Kanton usw. usw., aber auch hoch im Gebirge bei den berühmten Bambusbären. Es war sehr eindrucksvoll, aber unser Bedarf an Pagoden, Tempeln, Parks usw. ist jetzt gedeckt. Auch die berühmte Große Mauer haben wir bestiegen. Von der (guten) chinesischen Küche habe ich genug. Kein Brot, kein Gebäck, nur warme Gerichte mit Stäbchen, schon zum Frühstück … Inzwischen ist mein Bruder Ansgar hier gestorben. Vor der Abreise hatte ich ihn noch im Krankenhaus aufgesucht. Er ist 78 Jahre geworden.«

Auf dem Weg mit Rochus und seiner Frau Jutta nach Aldesago, wo sie von Mitte Juli bis Anfang August 1986 drei Wochen Urlaub verbringen werden, besuchen sie Fränze, Grzimeks fünf Jahre ältere Schwester. Sie ist die Einzige von Bernhards Geschwistern, die ihm nach Ansgars Tod noch geblieben ist.

Nach seiner Rückkehr nach Frankfurt engagiert sich Bernhard Grzimek wahrscheinlich das erste und einzige Mal öffentlich außerhalb seines gewöhnlichen Betätigungsfeldes. Für die Aktion »Rettet die Straßenbahn« hält er am 16. August 1986 vor dem Frankfurter Römer eine unterstützende Rede: »Gerade für ältere Leute ist es schwieriger und unangenehmer, die U-Bahn zu benutzen«, sagt er. Bernhard Grzimek spürt sein Alter trotz aller Übungen, trotz seiner fortwährenden Arbeit – auch wenn er in den Medien gerade wieder einmal gefeiert wird.

»Liebe Monika, heute musste ich immer wieder telefonisch in lauter Radio-Stationen sprechen, weil heute Abend das ›Jubiläum‹ meiner Fernsehsendungen ist – 30 Jahre, die 173. Sendung. Jetzt fallen immer mehr die gelben Blätter ab. Bald wird alles kahl sein. Wie rasend schnell so ein Jahr herum ist! Es ist schwer, Dir längere Briefe zu schreiben – es geschieht einfach fast gar nichts. Herzlich Bernhard«, schreibt er seiner Tochter am 4. November 1986. Als Postskriptum setzt er darunter: »Ihr seid gut – Seit gestern ist es kalt – bitte endlich merken!« Ihre falsche Rechtschreibung, sagt Monika Karpel, hätte ihn immer geärgert.

Dreißig Jahre Fernsehen. Hundertdreiundsiebzig Sendungen über die Tierwelt, die Natur und ihre Bedrohung. Was als einmalige Sendung gedacht war, hat sich zu einem der Dauerbrenner des damaligen Fernsehens entwickelt. Bernhard Grzimek hat sich stoisch über alle Entwicklungen der Unterhaltungsbranche hinweggesetzt und ist sich und dem Konzept immer treu geblieben, auch wenn ihm die Sendungen zunehmend schwerer fallen, wie der damalige Regisseur Hartmut Schottler sagt: »Als er älter wurde, wurde er während der Sendung immer ruhiger und leiser. Wir haben dann mit ihm drüber gesprochen und zugesehen, dass nach einer halben Stunde ein Tierknüller kam, damit auch er wieder lebendiger wurde.«

In den Mitteilungen der ZGF verkündet Bernhard Grzimek, dass sich die Wiederholungen seiner älteren Sendungen im Hessischen Fernsehen seit gut zwei Jahren »sehr günstig« auf die Spendensammlung auswirkten. Deshalb fordert er die Mitglieder der Gesellschaft auf, auch in Bayern, Niedersachsen und anderswo bei Sendeanstalten Wiederholungen der Sendungen einzufordern. »Ein Honorar würde ich übrigens nicht bekommen«, betont er.

Im Februar noch in Afrika, im Juni in China, im August in der Schweiz und Ende Dezember 1986 auf dem Weg in die Antarktis – selbst für einen Mann, der zeitlebens viel gereist ist, scheint es fast, als wisse Bernhard Grzimek, dass ihm nicht mehr viel Zeit bleibt. »Christian und ich werden ab 28.12. für drei Wochen nach dem Feuerland an der Südspitze Südamerikas fliegen und von da in die Antarktis fahren. Pinguine, Robben, Wale usw. Es wird wohl ziemlich mühsam«, schreibt er noch am 19. November 1986 an Tochter Monika.

Doch auf seiner letzten Reise wird ihn nicht sein Enkel, sondern ein Bekannter begleiten. »Christian hatte einen Bandscheibenvorfall, konnte deshalb nicht mit ihm in die Antarktis. Da bin ich mitgefahren«, sagt Johannes Gebbing, Sohn des ehemaligen Leipziger Zoodirektors, über die für Bernhard Grzimek völlig untypische Reisebegleitung. Reisen, auch kombiniert mit Arbeit, waren für Grzimek zeitlebens Familiensache. »Die Reise war sein großer Wunsch, er kannte ja sonst fast alles«, sagt Gebbing, der im selben Alter wie Grzimeks Söhne ist und während seines Zoologiestudiums in Frankfurt bei der Familie zu Gast gewesen war. Der Kontakt war über die Jahre lose bestehen geblieben. Als Grzimek die Expedition unbedingt antreten möchte und auch zum Filmen Begleitung braucht, fällt die Wahl auf ihn.

Von Frankfurt aus reisen Grzimek und Gebbing mit der Varig, der damals größten südamerikanischen Fluggesellschaft, über Rio de Janeiro nach Buenos Aires. »Dort sind wir groß empfangen worden, mit Ministern und allem. Er schien dort noch bekannter als hier«, erinnert sich Gebbing. Von Buenos Aires fliegen sie weiter auf die argentinische Halbinsel Valdés. »Für das Gebiet hatte die ZGF viel gespendet, deshalb waren wir die Einzigen, die dort in das Naturschutzgebiet durften. Da ist Grzimek mit seinem Stock zwischen den See-Elefanten rumgelaufen, die müde vom Kampf im Meer, da gerade Brunftzeit war, am Strand lagen.« Auch wenn Grzimek einen Stock zu Hilfe nimmt, schont er sich nicht, erzählt Gebbing: »Ich wollte noch zu einer Kolonie Raubmöwen, drei Kilometer entfernt, und er rief nur: ›Warte, ich komme mit!‹ Ich habe ihm das Alter nicht angemerkt, er war fit.«

Am äußersten Zipfel Argentiniens, in Ushuaia, gehen die beiden Männer an Bord des argentinischen Militärschiffes *El Paradiso* und brechen mit vielen Wissenschaftlern in die Antarktis auf. Johannes Gebbing teilt sich mit Bernhard Grzimek eine Kabine und beobachtet immer wieder, wie Grzimek während des Abendessens einschläft. »Nach zehn Minuten wachte er dann wieder auf und führte den Satz dort fort, wo er ihn aufgehört hatte.« In der Antarktis besuchen sie die Forschungsstationen von China und den USA. »Da waren zwei Gespanne von Schlittenhunden – blitzschnell saß er auf einem der Schlitten«, erinnert sich Gebbing. Bernhard Grzimek fotografiert, und Johannes Gebbing filmt, große Mengen Pinguine und Schwertwale. Und selbst an Bord vergisst Grzimek seine Übungen nicht. »Regelmäßig Bauch, Knie«, notiert er in seiner Blutdrucktabelle.

Nach seiner Rückkehr schreibt er am 17. Januar 1987 gleich an seine Tochter: »Liebe Monika, ich komme soeben aus Südamerika und der Antarktis, in der Nähe des Südpols, zurück. Christian bekam im letzten Augenblick seinen Rücken-Anfall und konnte nicht mit. Seine bezahlte Reise übernahm Hanno Gebbing, der ein recht lustiger und angenehmer Begleiter war.«

Wie in den vergangenen Jahren so oft finden sich auch in diesem Brief genaue Temperaturangaben. »Thermometer waren ein Hobby von ihm, die hatte er überall, sogar in der Badewanne«, sagt Erika Grzimek. »Er hat sie auch kontrolliert, und dann machte er Aufkleber drauf: ›Misst

422

ein Grad zu wenig‹. Bei Weckern machte er es genauso.« Ein Mann, der immer gewohnt war, klar und strukturiert zu leben und zu arbeiten, verlangt selbst von einfacheren technischen Geräten absolute Präzision.

Die Filmaufnahmen aus der Antarktis müssen warten, denn zuerst muss Grzimek seine Sendung über China fertigstellen, die am 6. März 1987 aufgezeichnet wird und den Titel *Die Tiere Chinas* tragen soll. Doch die Ausstrahlung der 175. Folge von *Ein Platz für Tiere* am 17. März 1987 erlebt Bernhard Grzimek nicht mehr.

»Minus 5 Grad, 76,8 Kilo« trägt er am 13. März 1987 bei der morgendlichen Messung in seine Tabelle ein. Vormittags ist es noch heiter, nachmittags ziehen Wolken auf, als er gegen 15.45 Uhr zu Fuß das Haus verlässt. Bernhard Grzimek will in den Zirkus. Der Zirkus Williams-Althoff gastiert wie immer im Ratsweg, vor der Eissporthalle, nur zehn Minuten entfernt von den Grzimeks.

»Er war spät dran«, erinnert sich Erika Grzimek. Ich sagte ihm noch: ›Geh nicht wieder bei Rot rüber!‹ Denn das machte er oft. Er antwortete: ›Die Autofahrer müssen gucken, wenn ich komme.‹ Dann habe ich noch gesagt: ›Pass auf, heute ist auch noch Freitag, der 13.‹ Und er sagte nur: ›Das ist doch mein Glückstag.‹«

Bernhard Grzimek möchte die Tiger im Zirkus fotografieren. »Professor Grzimek hatte mich angerufen und gefragt, ob er Aufnahmen machen könnte von den Sibirischen Tigern. Die liebte er besonders. Er war als Zirkusfreund bekannt«, erinnert sich Rainer Westphal, damals Pressechef des Zirkus Williams-Althoff. »Ich kannte ihn nicht persönlich, wartete am Eingang auf ihn. Er kam alleine, eine Minute vor Vorstellungsbeginn um 16 Uhr angelaufen. Dunkler Wintermantel, Schal, Anzug, mit einer Umhängetasche, wo die Kamera drin war.«

Westphal begleitet Bernhard Grzimek zu seinem Platz in einer Loge. Die Tigernummer ist gleich die erste im Programm. Rainer Westphal schaut hinten im Zelt stehend den zehn Sibirischen Tigern zu und hat dabei auch seinen prominenten Gast im Auge. »Da sah ich, dass Grzimek nach rechts wegsackte und dann regungslos im Stuhl verharrte. Ich schickte einen unserer Platzanweiser hin, um nachzugucken, was los war. Da war er schon nicht mehr ansprechbar.«

Zirkusmitarbeiter bringen Bernhard Grzimek aus dem Zelt in Westphals Container, das Pressebüro. »Die Vorstellung lief weiter – eine Zirkusvorstellung läuft immer weiter, was auch passiert«, sagt er. Bernhard Grzimek lebt noch. »Wir haben ihn auf die Sitzecke gelegt. Der Puls war sehr schwach. Wir haben sofort den Notarzt alarmiert, der sehr schnell kam. Aber der konnte dann nur noch seinen Tod feststellen.«

Kein Jahr zuvor, im Juli 1986, hatte sich Bernhard Grzimek eine Artikelserie *Kampagne gegen Herzinfarkt* ausgeschnitten. »Er hatte auch ein Spray, das man bei einem Herzinfarkt auf die Zunge sprühen sollte. Das hatte er immer dabei, und darin waren wir auch alle unterrichtet worden. Nur hat im Zirkus natürlich keiner davon gewusst«, sagt Erika Grzimek. Die Familie wird telefonisch über Bernhard Grzimeks Tod informiert, doch auch die Presse bekommt Wind davon. »Um 19 Uhr war es schon im Fernsehen«, sagt Erika Grzimek.

Was sich Bernhard Grzimek immer gewünscht hat, ist eingetreten: ein schneller Tod. Schon in *Auf den Mensch gekommen* hatte er geschrieben: »So soll es einmal enden – durch einen Löwen, durch Herzschlag, durch einen Elefanten oder Flugzeugabsturz. Nichts ist schlimmer, als das auf Tage, Wochen, Monate, Jahre ausgedehnte Hinscheiden, das uns die heutige Medizin beschert.«

Freunde wissen um seine Sorge. »Er hatte keine Angst vor dem Tod, aber Angst davor, alt zu werden und krank dahinzusiechen«, sagt Wolfgang Weber. An Hubert Weinzierl hatte Bernhard Grzimek noch wenige Tage vor seinem Tod seine liebste Bibelstelle geschickt: »Der Mensch hat nichts mehr denn das Tier, denn alles ist eitel. Es fährt alles an einen Ort, es ist alles von Staub gemacht und wird wieder zu Staub. Wer weiß, ob der Geist des Menschen aufwärts fährt und der Odem des Tieres unterwärts unter die Erde fahre.« In seinem letzten Telefonat sagt er zu Weinzierl: »Auch wenn der Naturschutz hoffnungslos erscheint – es bleibt uns doch nichts anderes übrig als weiterzumachen, damit wir wenigstens anständig vor der Geschichte bestehen können. Es ist tröstlich und hoffnungsvoll, dass die Kräfte der Natur auf Dauer stärker sein werden als die zerstörerischen Kräfte der Menschen.«

Auch mit seiner Tochter Monika hat Bernhard Grzimek noch wenige Tage vor seinem Tod telefoniert. Sie glaubt nicht an einen natürlichen Herztod. »Mein Vater hat mir sehr oft gesagt: ›Ich werde nie bettlägerig werden. Ich habe immer Schlangengift zur Verfügung, und wenn ich nicht mehr will, dann ritze ich das in die Haut und bin nach zwei Minuten tot‹«, sagt sie.

Bernhard Grzimek stirbt sechs Wochen vor seinem 78. Geburtstag. In seinem Arbeitszimmer hängt 20 Jahre später immer noch unverändert der Abreißkalender von 1987, datiert auf den 13. März – seinen »Glückstag«. Er zeigt ein Gedicht von Rainer Maria Rilke.

Das ist die Sehnsucht: wohnen im Gewoge
und keine Heimat haben in der Zeit.
Und das sind Wünsche: leise Dialoge
täglicher Stunden mit der Ewigkeit.

Und das ist Leben. Bis aus einem Gestern
die einsamste Stunde steigt,
die, anders lächelnd als die andern Schwestern,
dem Ewigen entgegenschweigt.

NACHWORT

»Guten Morgen, Herr Professor.« In Seronera fällt Morgenlicht durch die Bürofenster der ZGF. Markus Borner beginnt seinen Arbeitstag im Herzen der Serengeti. Dem Flecken Afrikas, an den Bernhard Grzimek sein Herz verloren hatte. Und über dem seine Asche »gelegentlich aus einem Kleinflugzeug verstreut werden« soll, wenn sie nicht »neben Michaels Grab im Ngorongoro-Krater begraben« werden könne. So ist es sein letzter Wille.

Bernhard Grzimek ist seit wenigen Wochen tot. In Frankfurt ist er ohne Aufsehen eingeäschert worden. Auch das war sein ausdrücklicher Wunsch: »Ich bitte, nach meinem Tode keinesfalls bezahlte Anzeigen in Tageszeitungen aufzugeben. Bekannte sollen keine Blumen, sondern Geld dafür an die Sammlung *Hilfe für die bedrohte Tierwelt* schicken. Ich bitte, meine Leiche ohne jede Trauerfeier zu verbrennen.« So hatte er in seinem Testament verfügt.

Nun steht seine Urne in Markus Borners Büro und wartet darauf, am Rand des Ngorongoro-Kraters beigesetzt zu werden. Unter der Steinpyramide, unter der Michael Grzimek achtundzwanzig Jahre zuvor seine letzte Ruhestätte gefunden hat. »Dass ich den Professor bis dahin jeden Morgen begrüßt habe, hätte ihm gefallen«, sagt Markus Borner.

Während der vielen gemeinsamen Jahre in Afrika hat der Schweizer Biologe, der Grzimeks Aufgaben vor Ort übernehmen wird, »St. Bernhard« und seinen Humor kennen- und schätzen gelernt. Der Spitzname war Bernhard Grzimek in Naturschutzkreisen für seine leicht pastoral wirkenden Ansprachen im Fernsehen schon vor langen Jahren verpasst worden.

Sein Wunsch nach einer schlichten Beisetzung erweist sich als äußerst schwierig. »Mama Mongella ging davon aus, dass wir ihn komplett runterbringen. Als ich ihr sagte, dass nur Asche kommt, warnte sie mich, dass Tansanier einen Körper brauchen und keinen Aschenbecher. Das würde dort seltsam aufgenommen. Sie schlug vor, dass wir eventuell in Tansania einen Sarg kaufen und die Urne vom Flughafen aus per Sarg transportieren. Sie will eine große Zeremonie aufziehen«, schreibt Richard Faust in einem Telex am 16. März 1987 an Markus Borner. Mit Mama Mongella meint er Gertrude Mongella, Ministerin für Natur und Tourismus in Tansania. Sie plant mehr oder weniger ein Staatsbegräbnis für Bernhard Grzimek – mit militärischer Ehrengarde. Darüber, so Faust an Borner drei Tage später, habe »die Familie die Hände über dem Kopf zusammengeschlagen«. Der Zoodirektor und kommende Präsident der ZGF bittet Borner daher, auf die afrikanische Regierung diplomatisch einzuwirken: »Die Familie bat mich, nochmals auf seinen letzten Willen hinzuweisen. Gegen eine Ranger-Garde wird kein Einspruch erhoben.«

Während Afrika das anstehende (Groß-)Ereignis plant, blickt Deutschland zurück. Tageszeitungen und Magazine überschlagen sich mit Serien zu Grzimeks Leben. Im Fernsehen wird *Serengeti darf nicht sterben* gezeigt. Im Frankfurter Zoo und bei der Zoologischen Gesellschaft Frankfurt gehen Beileidsbekundungen aus der ganzen Welt ein. Durch seinen plötzlichen Tod sind im Büro der Gesellschaft Briefe liegen geblieben, die Bernhard Grzimek noch selbst diktiert hatte. Sie werden – pragmatisch, wie er es selbst hätte veranlassen können, doch etwas bizarr anmutend – mit dem Zusatz »Nach Diktat verstorben« abgeschickt. Die Idee eines »Professor Grzimek Memorial Fund« und eines Gedächtniszentrums von der Regierung Tansanias lehnen die ZGF und Erika Grzimek mit Hinweis auf seinen letzten Willen ab. »Bernhard war immer dagegen, Bauten in Nationalparks zu errichten«, sagt Erika Grzimek.

Als Termin für die Urnen-Beisetzung wird nach wochenlangem Hin und Her der 26. Mai 1987 festgesetzt. Alan Root hat die Zeilen für die Inschrift vorgeschlagen, die unter der Gedächtnisplatte für Michael Grzimek an der Steinpyramide angebracht werden wird:

PROFESSOR BERNHARD GRZIMEK
A LIFETIME OF CARING FOR WILD ANIMALS
AND THEIR PLACE ON OUR PLANET
»IT IS BETTER TO LIGHT A CANDLE
THAN TO CURSE THE DARKNESS«

»Professor Bernhard Grzimek. Ein Leben für die wilden Tiere und ihren Platz auf unserer Erde. ›Es ist besser, eine Kerze anzuzünden, als die Dunkelheit zu verfluchen‹« – kein Ausspruch Grzimeks, doch gibt das Zitat dessen Lebensphilosophie gut wieder.

An ihrem 32. Hochzeitstag mit Michael, vier Tage vor dem neunten Hochzeitstag mit Bernhard nimmt Erika Grzimek an der gemeinsamen Grabstätte von Vater und Sohn Abschied. Ihre Söhne Stephan und Christian sind an dem diesigen, achtzehn Grad kalten Tag am Rande des Ngorongoro-Kraters bei ihr. Auch Ministerin Gertrude Mongella und die deutsche Botschafterin in Tansania, Christel Steffler, sind unter den Trauergästen. Die Wildhüter feuern im Anschluss an die Zeremonie zwölf Schuss Salut ab. Ein größeres Aufsehen, als Grzimek es gewünscht hatte, aber die kleinste denkbare Variante für die Regierung Tansanias, die ihre Verbundenheit ausdrücken möchte.

Die Ära Bernhard Grzimek ist vorbei. Doch die Familie kommt nicht zur Ruhe. Vierzehn Jahre Erbstreit vor Gericht werden von der Presse mit Überschriften wie *Grzimek gegen Grzimek* und *Wo hatte Grzimek seine 27 Millionen her?* begleitet. Siebenundzwanzig Millionen Mark, auf diese immense Summe schätzt Rochus Grzimek damals das Vermögen, das sein arbeitsamer Vater mit seinen Buch-, Fernseh- und Filmprojekten sowie durch geschickte Geldanlagen aufgebaut hat. Auf Nachfrage bei der Zoologischen Gesellschaft Frankfurt erfährt der Sohn, dass Bernhard Grzimek in den letzten zwanzig Jahren seines Lebens allein insgesamt 449 000 Mark auf das Konto *Hilfe für die bedrohte Tierwelt* gespendet hat. Konten und Immobilien Bernhard Grzimeks im In- und Ausland können von den damit befassten Stellen nicht ganz so schnell und problemlos zusammengetragen werden. Der Fall ist auch sonst kein einfacher: Nachdem Bernhard Grzimek noch 1985 ein Adoptionsverfahren für seine Enkel Stephan und Christian angestrengt hatte, werden diese erst vier Jahre nach seinem Tod posthum zu seinen Söhnen erklärt.

Der Erbstreit endet schließlich mit einem Vergleich, über den keine Einzelheiten an die Öffentlichkeit dringen – und mit der Zerrüttung der Familie.

Das geistige Erbe Grzimeks wird in der ZGF fortgeführt. »Im Bewusstsein der Deutschen ist die Zoologische Gesellschaft Frankfurt noch heute Grzimeks Gesellschaft«, sagt Wolfgang Fremuth, Referatsleiter Europa der ZGF. Er hatte Bernhard Grzimek noch Mitte der Achtzigerjahre bei seiner Arbeit für den BUND kennengelernt. »Wir zehren jetzt noch von dem, was Grzimek akquiriert hat.« Die Jahre nach dem Tod Grzimeks seien weder für die ZGF noch für die Naturschutzbewegung einfach gewesen, sagt Fremuth: »Er war ein geistiges Vorbild und eine wichtige Integrationsfigur. Der Motor, der Leitwolf – mit seinem Tod ist etwas weggebrochen.«

Fremuth ist sich sicher, dass Bernhard Grzimeks Stimme noch viele Jahre Gewicht gehabt hätte: »Nach der Wiedervereinigung Deutschlands hätte er eine fantastische Rolle spielen können – es gab ja einiges auf dem Umweltsektor zu regeln.« Und auch heute hätte Grzimek noch Bestand, so Fremuth: »Die Gesellschaft braucht Leitfiguren. Das Problem der Nach-Grzimek-Ära war, dass es eine solche Figur nicht mehr gab. Die Verbände haben zwar mehr Mitglieder und politisches Gewicht gewonnen, aber sie haben es nicht zu einer richtigen Bewegung geschafft, weil sie sich nicht auf bestimmte Figuren oder bestimmte Inhalte verständigen konnten.«

Auch wenn die ZGF mit dem Tode Grzimeks ihr öffentliches Zugpferd verloren hat, konzentriert sie sich in den darauf folgenden Jahren darauf, die von ihr geförderten weltweiten Naturschutzprojekte erfolgreich fortzuführen. Erst nach dem Tod von Richard Faust im Jahr 2000 besinnt sie sich auch wieder auf den Namen Grzimek. Man ist stolz darauf, sein geistiges Erbe fortzuführen. Und das kommuniziert die Zoologische Gesellschaft von da an auch wieder nach außen. So geht im Jahr 2001 aus dem von Bernhard Grzimek 1962 ins Leben gerufenen Spendenkonto die gleichnamige Stiftung *Hilfe für die bedrohte Tierwelt* hervor. Sie zählt heute zu den großen Naturschutzstiftungen in Deutschland.

2008, im Jahr ihres 150. Geburtstages, fördert bzw. betreibt die Zoologische Gesellschaft Frankfurt unter Präsident Gerhard Kittscher und Geschäftsführer Christof Schenck rund siebzig Naturschutzprojekte in dreißig Ländern. Das im Frankfurter Zoo mithilfe der Gesellschaft errichtete Grzimek Camp erinnert an die Jahre Bernhard und Michael Grzimeks in der Serengeti. Auch dort, vor Ort in Afrika, wird im Besucherzentrum des Nationalparks in Seronera die Erinnerung an die Grzimeks und an Bernhard Grzimeks jahrzehntelangen Einsatz für Tansanias Natur lebendig gehalten.

Was Bernhard Grzimek besonders gefallen hätte: 2008 wird mit Manfred Niekisch ein Professor für Naturschutz neuer Direktor des Zoologischen Gartens Frankfurt. Und am 24. April 2008 wird, aus Anlass von Grzimeks neunundneunzigstem Geburtstag, direkt vor dem Haupteingang des Frankfurter Zoos ein Teil der Straße »Am Tiergarten« in »Bernhard-Grzimek-Allee« umbenannt. Sicherlich hätte ihm das geschmeichelt. Doch etwas anderes wäre ihm weitaus wichtiger gewesen – ein Wunsch, dem er zeitlebens nachhing und der doch nicht mehr zu erfüllen war: dass seine Mutter seinen beruflichen Werdegang und Erfolg noch miterlebt hätte. Die wohl einzige Frau in seinem Leben, die keine Konkurrenz zu fürchten hatte.

DANKSAGUNG

Über einem Buch steht meist nur ein einzelner Name. Hinter diesem Buch stehen unendlich viele. Namen von Verwandten, Freunden und Wegbegleitern des Projektes, ohne die es diese Biographie nie gegeben hätte. Ihnen allen gebührt mein zutiefst empfundener Dank.

Meiner Agentin Rebekka Göpfert, die das Abenteuer mit mir gewagt hat. Meiner Lektorin Stefanie Heinen und allen Mitarbeitern der Verlagsgruppe Lübbe, die diesem Buch so fabelhaft auf die Welt geholfen haben. Meinem Arbeitgeber, dem *Hamburger Abendblatt*, für die nötigen Freiheiten. Allen hundert Zeitzeugen, die sich mit mir und für mich auf eine, nicht immer einfache, Zeitreise begeben haben und deren Erinnerungen das Herz dieses Buches sind – allen voran die Familie von Bernhard Grzimek. Der Zoologischen Gesellschaft Frankfurt, meiner Basis, die mir keine größere Unterstützung hätte sein können. Dem Zoologischen Garten Frankfurt am Main für die nette Aufnahme. Dem Hessischen Rundfunk für die offenen Türen bei meiner Ergründung eines seiner ersten Zugpferde. All den hilfsbereiten Mitarbeitern der Universitäten, Bibliotheken, Archive und Verbände, die ich mit meinen Anfragen gelöchert habe. Harald Schliemann für den Anstoß zu diesem Buch. Sven Kummereincke und Boris Bochnick für die gnadenlosen Kommentare, die brillanten Ideen und das Antreiben – ohne euch wäre ich verloren gewesen! Anders Hanser und Norbert Klein dafür, diesen Weg gemeinsam mit mir gegangen zu sein. Meinen Eltern Hanna und Georg Sewig sowie Margot Richter, die mir durch alle Höhen und Tiefen den Rücken gestärkt haben. Meinem unendlich verständnisvollen Freundeskreis und meinen von mir vernachlässigten Patenkindern Alexandre und Kaori, die mich nach vier Jahren zurückbekommen.

Und dem Kopiergerät der Zoologischen Gesellschaft Frankfurt. Meinem engsten Vertrauten über so viele Monate.

BILDNACHWEIS

Archiv Claudia Sewig Nr. 42
Archiv Hubert Weinzierl Nr. 40, 45
Archiv Monika Karpel Nr. 20, 41, 48
Archiv Rochus Grzimek Nr. 15
Claudia Sewig Nr. 64
dpa Picture Alliance Nr. 11, 44, 63
Hessischer Rundfunk Nr. 13, 19, 22,
    32, 51, 52, 53, 54, 55, 56, 57, 58
Okapia Nr. 1, 2, 3, 4, 5, 6, 7, 8, 9, 12,
    14, 17, 18, 21, 23, 24, 25, 26, 28,
    29, 30, 31, 33, 34, 35, 36, 37, 46, 47,
    49, 59, 60, 61, 62
Philipp Kerner Nr. 43
Ullstein Bild Nr. 16, 27, 38, 50
Wolfgang Lummer Nr. 10, 39

QUELLEN- UND LITERATURVERZEICHNIS (AUSWAHL)

Veröffentlichungen von Bernhard Grzimek

Grzimek, Bernhard: *Die Psittakose (»Papageienkrankheit«)*. In: Journal für Ornithologie, Heft 1/1933
Ders.: *Taschen-Zwerghühner-Atlas*, Neisse (o. J.).
Ders.: *Das kleine Geflügelbuch*, Berlin 1934.
Ders.: *Wir Tiere sind ja gar nicht so*, Stuttgart 1941.
Ders.: *Geflügel richtig füttern!*, Leipzig 1942
Ders.: *Wolf Dschingis*, Stuttgart 1943.
Ders.: *Unsere Brüder mit den Krallen*, Stuttgart 1943.
Ders.: *Michael knipst sich aus*, Rottenburg/Neckar 1949.
Ders.: *Das Tierhäuschen in den Bergen*, Stuttgart 1949.
Ders.: *Die Elefantenschule*, Rottenburg/Neckar 1949.
Ders.: *Krankes Geflügel. Handbuch der Geflügelkrankheiten*, Stuttgart/Berlin 1950.
Ders.: *Das Eierbuch*, Stuttgart/Berlin 1951.
Ders.: *Affen im Haus*, Stuttgart 1951.
Ders.: *Nutzbringende Zwerghuhnzucht*, Leipzig 1952.

Ders.: *Flug ins Schimpansenland*, Stuttgart 1952.
Ders.: *Kein Platz für wilde Tiere*, München 1954.
Ders.: *Thulo aus Frankfurt*, Stuttgart 1956.
Ders.: *20 Tiere und 1 Mensch*, München 1956.
Ders.: *Serengeti darf nicht sterben*, Berlin 1959.
Ders.: *Auch Nashörner gehören allen Menschen*, Berlin, Frankfurt, Wien 1962.
Ders.: *Über Biophylaxe*. In: Verhandlungen der Deutschen Zoologischen Gesellschaft in München 1963, Leipzig 1963.
Ders.: *Wildes Tier, weißer Mann*, München 1965.
Ders.: *Wir lebten mit den Baule*, Darmstadt, Berlin, Wien 1963 (Die erste Fassung des Buches erschien 1952 unter dem Titel *Flug ins Schimpansenland*.).
Ders.: *Vierfüßige Australier*, München 1966.
Ders. (Hrsg.): *Grzimeks Tierleben*. 13-bändige Enzyklopädie mit drei Sonderbänden, München 1967–1971.
Ders.: *Grzimek unter Afrikas Tieren*, Berlin, Frankfurt, Wien 1969.

Ders.: *Auf den Mensch gekommen.*
Erfahrungen mit Leuten, München,
Gütersloh, Wien 1974.
Ders.: *Mit Grzimek durch Australien*,
München 1975 (zuerst erschienen als:
Vierfüßige Australier, München 1966).
Ders.: *Und immer wieder Pferde*,
München 1977.
Ders. (u. a.): *Paradiese*, München 1978.
Ders.: *Vom Grizzlybär zur Brillen-*
schlange. Ein Naturschützer berichtet
aus 4 Erdteilen, München 1979.
Ders.: *Einsatz für Afrika*,
München 1980.
Ders.: *Tiere, mein Leben*,
München 1984.
Ders. / Grzimek, Michael: *A Study*
of the Game of the Serengeti Plains.
In: Zeitschrift für Säugetierkunde,
Band 25 / 1960, S. 1–59.

Weitere Quellen und Darstellungen

Behr, Manfred / Meissner, Hans Otto:
Keine Angst um wilde Tiere. Fünf
Kontinente geben ihnen Heimat,
München, Bonn, Wien 1959.
Blab, Josef (u. a.): *Naturschutz und*
Biologische Vielfalt. Heft 18. Rote
Listen – Barometer der Biodiversität,
Bonn 2005.
Charles Darwin Foundation: *Noticias*
de Galápagos, Heft 3 / 1964, Juli 1964.
Der Spiegel: *Tier-Plauderer Grzimek.*
Hamburg, Heft 38 / 1960, S. 74–86.
Deutsche Tierärztliche Wochenschrift,
Heft 11 / 1981, S. 449–451.
Deutscher Naturschutzring:
50 Jahre Lobbyismus für Natur und
Umwelt. Deutscher Naturschutzring
1950–2000, Bonn 2000.
Eibl-Eibesfeldt, Irenäus: *Grundriß der*
vergleichenden Verhaltensforschung,
München 1974.

Engels, Jens Ivo: *Von der Sorge um*
die Tiere zur Sorge um die Umwelt.
Tiersendungen als Umweltpolitik
in Westdeutschland zwischen 1950
und 1980. Archiv für Sozialgeschichte,
Heft 43 / 2003.
Franck, Dierk: *Eine Wissenschaft*
im Aufbruch. Chronik der Ethno-
logischen Gesellschaft 1949–2000,
Hamburg 2008.
Frohn, Hans-Werner / Schmoll,
Friedemann: *Amtlicher Naturschutz –*
Von der Errichtung der »Staatlichen
Stelle für Naturdenkmalpflege« bis
zur »ökologischen Wende« in den
1970er-Jahren. In: Natur und Land-
schaft. Zeitschrift für Natur-
schutz und Landschaftspflege,
Heft 1 / 2006.
Gass, Heinz: *Hat er die alle gefressen?*
Erinnerungen eines Zoo- und Klein-
tierarztes, Norderstedt 2006.
Gebbing, Johannes: *Ein Leben für*
die Tiere, Mannheim 1957.
Geflügel-Börse, 1984.
Geflügel-Börse, Heft 1 / 2004.
Gewalt, Wolfgang: *Auf den Spuren der*
Wale. Expeditionen von Alaska bis
Kap Hoorn, Bergisch Gladbach 1988.
Grzimek, Christian: *Bernhard Grzimek.*
In: Hessische Streiflichter. Beiträge
zum 50. Jahrestag des Landes Hessen,
hrsg. v. Klaus Böhme und Walter
Mühlhausen, Frankfurt / Main 1995,
S. 196–201.
Grzimek, Gerhard / Grzimek,
Rupprecht: *Die Familie Grzimek*
aus Oberglogau in Oberschlesien.
4., erweiterte und überarbeitete
Ausgabe, Reutlingen 2000.
Grzimek, Günther: *Grzimeks Men-*
schenleben, Dorheim 1972.
Grzimek, Hildegard: *Mein Leben*
für die Tiere. Erlebnisse und Erfah-
rungen einer Tiermutter, Mainz 1964

(auch erschienen unter dem Titel *Mit Tieren unter einem Dach*).

Dies.: *Mit Tieren unter einem Dach*, Bergen-Enkheim bei Frankfurt 1974.

Dies.: *Tiere – meine lieben Hausgenossen*, Rüschlikon-Zürich 1968.

Dies.: *In meinem Herzen haben viele Tiere Platz*, Rüschlikon-Zürich 1970.

Hayes, Harold T. P.: *The Last Place On Earth*, New York 1977.

Hediger, Heini: *Ein Leben mit Tieren im Zoo und in aller Welt*, Zürich 1990.

Heinroth, Katharina: *Mit Faltern begann's. Mein Leben mit Tieren in Breslau, München und Berlin*, München 1979.

Hoffmann, Hilmar: *Der Ehrenbürger. Aus dem Leben des Mäzens Bruno H. Schubert*, Frankfurt / Main 2003.

Immelmann, Klaus: *Wörterbuch der Verhaltensforschung*, Berlin, Hamburg 1982.

Kirchshofer, Rosl: *Zoologische Gärten der Welt. Die Welt des Zoos*, Frankfurt / Main, Innsbruck 1966.

Kisling, Vernon N. Jr. (Hrsg.): *Zoo and Aquarium History. Ancient Animal Collections to Zoological Gardens*, London, New York, Washington D. C. 2001.

Klee, Ernst: *Das Personenlexikon zum Dritten Reich. Wer war was vor und nach 1945*, Frankfurt / Main 2005.

Klös, Heinz-Georg: *100 Jahre Verband Deutscher Zoodirektoren*. In: Bongo (Hauszeitschrift des Berliner Zoos), Heft 13 / 1987, S. 3–35.

Klös, Heinz-Georg / Klös, Ursula: *Bernhard Grzimek zum Gedenken*. In: Bongo (Hauszeitschrift des Berliner Zoos), Heft 14 / 1988, S. 119–122.

Koehler, Otto: *Bernhard Grzimek zur Vollendung des 60. Lebensjahres*.

In: Der Zoologische Garten, Heft 1 / 2 / 1970.

Koep, Werner: *Wild hinter unsichtbaren Gittern. Report über die Schutzgemeinschaft Deutsches Wild*, Wiesbaden 1985 (= Schriftenreihe Verbände der Bundesrepublik Deutschland, 14).

Krauß, Ursula: *Entwicklung der tierärztlichen Lebensmittelhygiene in Deutschland bis 1945 und danach in der Deutschen Demokratischen Republik*. Digitale Dissertation, Freie Universität Berlin, Fachbereich Veterinärmedizin, 1972.

Loriot: *Möpse & Menschen. Eine Art Biographie*. Zürich 1983.

Miehle, Daniela: *Lebensmittelliefernde Tiere: Begriffsdefinition, Historie und Rechtsgrundlagen*. Dissertation, Ludwig-Maximilians-Universität München, Tierärztliche Fakultät, 2003.

Natur und Umwelt, Vierteljahreszeitschrift für Ökologie und Umweltpolitik, Bundesausgabe, Jahrgänge 1975–1987.

Nowak, Eugeniusz: *Wissenschaftler in turbulenten Zeiten*, Schwerin 2005.

Scherpner, Christoph: *Von Bürgern für Bürger. 125 Jahre Zoologischer Garten Frankfurt am Main*, Frankfurt / Main 1983.

Schuster, Martin: *Die SA in der nationalsozialistischen »Machtergreifung« in Berlin und Brandenburg 1926–1934*. Dissertation, Technische Universität Berlin, Fakultät 1 – Geisteswissenschaften, 2005.

Sitwell, Nigel (Hrsg.): *Wildlife '73. Gefährdete Tiere und Pflanzen der Wildnis*. Jahrbuch des Welt-Naturschutzes mit einem Vorwort von Prof. Dr. Bernhard Grzimek, München 1973.

Taschwer, Klaus / Föger, Benedikt: *Konrad Lorenz*, Wien 2003.

Torma, Franziska: *Eine Naturschutzkampagne in der Ära Adenauer. Bernhard Grzimeks Afrikafilme in den Medien der 50er Jahre*, München 2004.

Turner, Kay: *Serengeti Home*, New York 1977.

Turner, Myles: *My Serengeti Years. The Memoirs of an African Game Warden*, New York, London 1987.

Verschuren, Jacques: *Sterben für die Elefanten*. Geleitwort Prof. Grzimek, Frankfurt / Main, Berlin, Wien 1970.

Zoologische Gesellschaft Frankfurt (Hrsg.) / Andres-Brümmer, Dagmar / Schenck, Christof: *Ein Platz für wilde Tiere. Naturschutz auf Grzimeks Spuren*. Mit einem Vorwort von Erika und Christian Grzimek, München 2008.

Zoologischer Garten Frankfurt am Main (Hrsg.): *Hundertjähriger Zoo*, Frankfurt / Main 1958.

Zoo-Verein, Westfälischer Zoologischer Garten e. V. (Hrsg.): *Von Landois zum Allwetterzoo – 125 Jahre Zoo in Münster*, Münster 2000.

Mehr über die Fortsetzung von Bernhard Grzimeks Arbeit erfahren Sie auf der Homepage der Zoologischen Gesellschaft Frankfurt (ZGF): www.zgf.de. Hier finden Sie ausführliche Informationen zu den aktuellen Projekten und Zielen der Gesellschaft sowie über die Möglichkeiten, diese zu unterstützen.

PERSONENREGISTER

Abraham
  (ehem. Juwelenhändler) 172 f.
Abraham, Flora 172
Acker, Fritz 122
Akeley, Carl E. 45
Albrecht, Reinhard 216
Alexander, Peter 212
Al-Gaddafi, Muammar 376
Althoff, Franz 147
Amin, Idi 89, 357, 368, 376, 386
Andreas (Generalmajor) 84
Andrews, Chris 353
An-Numairi,
  Dschafar Muhammad 396, 403
Anton, Mark 23
Aquin, Thomas von 14
Armstrong, Louis 267
Arndt, Rudi 378, 384
Assmus, Burkhard 56, 58
Augstein, Rudolf 353
Babett und Hans (Tagelöhner) 114
Babu, David 392
Backhaus, Dieter 187, 217 f., 227,
  266 ff., 297
Bandaranaike, Sirimavo 321
Banerjee, Robin 338
Bausch, Pina 44
Bean, Robert 196
Becker, Johannes 167
Behr, Manfred 238 ff., 438
Beneš, Edvard 28

Berger, Gottlob 116
Bernadotte, Graf Lennart 7, 332
Bernhard, Prinz der Niederlande
  63, 302, 326, 355, 377
Bertina, Martha 125
Bier, August 47
Binaisa, Godfrey Lukongwa 398
Bittner, Heinrich 38, 51
Blaum, Kurt 122, 133, 142
Blomberg, Werner von 68
Bock von Wülfingen, Ferdinand 78
Bockelmann, Werner 218
Bogdanow, Boris Nicolajewic 328
Böhm, Karlheinz 145
Böhmer, Ekkehard 210 ff., 215, 274
Bonath, Klaus H. 220 f.
Bormann, Martin 98 f.
Borner, Markus 33, 264, 293, 317, 365,
  401, 405 ff., 416, 419, 427 f.
Borner, Monica 400, 413 f.
Börries Freiherr von Münchhausen 23
Brandt, Willy 325 ff., 345 ff., 351, 353,
  355 ff., 363, 365 f., 368 ff., 388
Brehm, Alfred 330
Brentani, Mario von 310
Brentano, Heinrich von 236, 276
Breschnew, Leonid 312
Brüll, Heinz 365
Bryceson, Derek 343 f., 388
Buba-Flinsch, Margret Joy 378
Buddenbrock, Wolfgang von 182

Bülow, Vicco von (Loriot) 387 f., 439
Burauen, Theo 289
Burhenne, Wolfgang 276 ff., 288,
  297, 307
Busch, Paula 18
Butz, Hans 105
Buxton, Aubrey 313
Carstens, Karl 411
Cato, Marcus Porcius
  (der Ältere) 364
Charles (zweiter Ehemann von
  M. Karpel) 415 f.
Clark, Joe 398
Clark, Petula 353
Coing, Helmut 218
Conrad, Wilhelm 291
Conway, William 337
Conzémius, Victor 237, 242
Cornelius (unehelicher Sohn)
  128, 162, 300, 409 f.
D'Albert, Eugen 86
Darré, Richard Walther 62, 78,
  83, 106
Dathe, Heinrich 305, 342, 344
Davies, Brian 310, 316, 328
De Kowa, Viktor 205
Deilmann, Harald 340
Delfs, Wolfgang 288
Deloch, Emilie 20
Demmer, Heini 234
Denis, Armand 232
Denis, Michaela 232
Diebschlag, Emil 99
Disney, Walt 208, 210, 261 f.
Dobberstein, Johannes 50 f.
Dröscher, Vitus 321
Dudenhöfer, Klaus 204 f.
Durrell, Gerald 221, 340
Edroma, Eric 398
Ehmke, Horst 347, 350 f., 357, 370
Ehrhardt, Heinz 7
Eichendorff, Joseph Freiherr von 21
Eigener, Wilhelm 280
Elkeles, Gerhard 53
Elstner, Frank 413

Engelhardt, Wolfgang 303 f., 327,
  339, 350 f
Ertl, Josef 349 f., 371, 375, 382, 388,
  403, 408
Erz, Wolfgang 349 f., 356, 366, 368 f.
Faust, Ingrid 182, 217, 235 f.
Faust, Richard 182, 217, 236 f., 273,
  305, 324, 338 f., 349, 358 f., 361, 369,
  372, 375 ff., 380, 406 f., 409, 411,
  413 f., 416, 428, 430
Fellgiebel, Erich 102
Fellgiebel, Hans 101 ff.
Fellgiebel, Karin 102
Fichtner, Rudolf 86
Finck, Werner 139
Fischer, Carl-Ernst 273
Fischer, Joschka 417
Fossey, Dian 360 f.
Franck, Dierk 270, 438
Fremuth, Wolfgang 430
Frisch, Karl von 151, 270
Fuchs, Josef 106 ff.
Ganjon, Adam siehe auch
  »Dr. Schrader« 159
Gass, Heinz 220, 438
Gebbing, Johannes 169, 438
Gebbing, Johannes junior 421 f.
Genscher, Hans-Dietrich 370
Gerriets, Jan 42 f., 54
Gerstenmaier, Eugen 238, 241 f., 276,
  278, 286, 297, 302 f., 314, 338 f., 365
Gewalt, Wolfgang 318 f., 438
Gimbel, Hermann 201 ff., 231 f.,
  246 f., 249 ff., 256, 260
Giraudoux, Jean 145
Gizenga, Antoine 279
Gobert, Boy 145
Goebbels, Joseph 64
Goodall, Jane 318, 389, 402
Goppel, Alfons 319 f.
Goss, Ted 403
Graf, Richard 232
Grenz, Gerhard 275
Gruhl, Herbert 394
Grünefeldt, Hans-Otto 327, 355, 395

Grzimek, Alexandre   412
Grzimek, Anselm-Christian   412
Grzimek, Ansgar   13, 17, 20, 22, 26,
   41, 59, 420
Grzimek, Barbara   13, 16
Grzimek, Bernhard   *passim*
Grzimek, Brigitte, genannt Gitte
   (später Domina Anselma)   13, 24, 73
Grzimek, Brita   22
Grzimek, Christian Bernhard
   100, 195, 199, 211, 249, 260, 292, 300,
   356, 358, 360 f., 373, 376, 380, 385 f.,
   391, 393, 399 ff., 409 f., 412, 416, 419,
   421 f., 429, 438 f.
Grzimek, Christiane   412
Grzimek, Cornelius-Daniel   237
Grzimek, Emilie   20
Grzimek, Erika   172 f., 176, 183, 185,
   195, 199 f., 211 f., 216 f., 231, 235, 237,
   249, 253 ff., 260, 263, 292, 296, 300 f.,
   312, 322 f., 330, 333, 340 ff., 348 f.,
   356, 358, 360 f., 366 f., 380, 390 ff.,
   399 f., 404, 407, 410 ff., 418, 422 ff.,
   428 f., 440
Grzimek, Franziska,
   genannt Fränze   13, 17
Grzimek, Gisela   34
Grzimek, Günther   22, 34, 36 f., 39,
   183, 306, 340, 438
Grzimek, Hedwig   15 f., 21, 73
Grzimek, Hildegard (geb. Prüfer)
   29, 41 f., 48 f., 54, 60, 65 f., 70 ff., 74 f.,
   77 f., 81 f., 84 ff., 90 f., 93 f., 104, 109,
   111, 113 ff., 124, 126 ff., 132, 135 f., 142 f.,
   155 ff., 161 f., 164 f., 172 f., 185 f., 198 ff.,
   210, 216 f., 223, 244, 248, 253 f., 260,
   292, 298, 300 f., 323, 336, 342, 366 f.,
   379, 389 ff., 411 f., 438
Grzimek, Ingeborg, genannt Inge   34
Grzimek, Joseph   13, 15
Grzimek, Jutta   216, 237, 420
Grzimek, Ludwig   20 f.
Grzimek, Margarete, genannt Margot
   11 ff., 15 ff., 19, 21, 24 ff., 28, 31,
   41, 71 f.

Grzimek, Michael   7 f., 48 f., 60, 66,
   71 f., 81, 85, 90 f., 93, 97, 100, 104,
   107, 109, 111, 113, 127, 130, 135, 141,
   143, 160 f., 164 f., 169, 172 f., 175 f., 185,
   188, 190 ff., 199 ff., 207, 209, 216 ff.,
   223, 225 ff., 230 ff., 235, 245 ff., 259 ff.,
   263, 267, 274, 282, 286 f., 291 f.,
   300 f., 323 f., 334, 341 f., 364, 367, 393,
   399 f., 402, 412, 419, 427 ff., 431, 438
Grzimek, Natascha   412
Grzimek, Notker   12, 17 ff., 26, 31, 115 f.
Grzimek, Paulfranz   11 ff., 24, 26, 30
Grzimek, Pauline (geb. Deloch)   20
Grzimek, Rochus Benedikt   11, 41,
   48 ff., 57 ff., 66, 71 ff., 78 f., 81 f., 84 ff.,
   90 f., 93 f., 96 f., 100, 104, 107 ff.,
   113 ff., 120 f., 127 ff., 135 f., 141, 145, 156,
   158 ff., 164, 166, 173, 180, 185 ff., 199 f.,
   216, 236 f., 253 f., 256, 292, 300, 342,
   366 f., 391 f., 400, 411 f., 416, 420, 429
Grzimek, Stephan   199, 216, 249, 254,
   292, 330, 376, 391 ff., 399, 429
Grzimek, Thomas   199 ff., 216, 244,
   292, 300, 322 f., 341 f., 349, 351, 389 ff.,
   399 f.
Grzimek, Ulrich   90
Grzimek, Waldemar   39, 413
Gucwinski, Antoni   358
Haber, Heinz   343
Hagenbeck, Carl-Heinrich   194, 206,
   227, 244
Haller, Alfred   235
Haller, Gerta   235
Hallstein, Walter   167
Haltenorth, Theodor   238 ff.
Hansen, Kurt   336
Harlan, Veit   205
Harrer, Heinrich   343
Hartley, Carr   222
Harvey, Gordon   229 f., 246
Hassel, Kai-Uwe von   285
Hauck, Hans Heinrich   167, 243
Haupt, Hermann   99 f.
Hayes, Harold   386, 439
Heath, Bob   247

443

Hebich, Norbert 344
Heck, Heinz 39 f., 124, 130, 137 f., 145 f., 151, 153, 156 ff., 168, 176 ff., 241, 248, 327
Heck, Ludwig 39 f.
Heck, Lutz 39, 69, 82, 110
Heck, Lutz jr. 110, 178
Hediger, Heini 166, 269 f., 439
Hedin, Sven 82
Hedwig (Hausangestellte) 96
Heinemann, Dietrich 165, 329
Heinemann, Gustav 346, 369 f.
Heinroth, Katharina 49, 58, 110, 166, 168, 177, 205, 439
Heinroth, Oskar 58, 69, 110, 166
Held, Martin 145
Hennig, Arno 206
Herhaus, Fritz 131, 162
Herhaus, Lulu 131, 162
Herre, Wolf 285, 291
Hess, Werner 316, 353
Himmler, Heinrich 106, 119
Hindenburg, Paul von 53
Hinz, Wilhelm 51
Hitler, Adolf 53, 56, 58, 61, 68, 76, 88 f., 91 ff., 98 f., 107, 109
Höcherl, Hermann 330, 333, 340
Hofbauer, Klemens Maria 12
Hofe, Ernst von 335
Hoffbauer, Clemens (Pseudonym Bernhard Grzimeks) 12, 63
Hoffmann, Hilmar 384, 439
Hollbach, Wilhelm 64 f., 75, 101, 118 ff., 125, 128, 130, 133, 152
Hollmann, Carlheinz 346 f., 392
Hoppe, Helene 138, 147
Hoppe, Oskar 147, 154 ff.
Hubert, »Boy« 202
Hundhammer, Alois 326 f., 332
Immenkamp, Eugenie 152
Ippen, Rudolf 187
Jackson, Mahalia 354
Jaffé, Rudolf 182 f.
Jantschke, Fritz 301, 387, 394, 404
Jente, Martin 210, 215

Johannes Paul II. 394
Johnson, Martin 226
Johnson, Orsa 226
Juliana, Königin der Niederlande 7
Jumbe, Aboud 402
Junker, Hermann 177
Jürgens, Curd 145, 205
Jürgens, Udo 353
Kadner, Dieter 352, 356, 362
Kaleta, Erhard 38 f.
Kaminski, Heinz 394
Karpel, Monika 298 ff., 333, 391, 393, 409 f., 413 ff., 420
Karpel, Ralph Robert 298
Karry, Heinz-Herbert 381
Karst, Ludwig 31
Kästner, Erich 185
Katete, Francis 313, 331, 348
Keller, Rolf 303
Kennedy, Jacqueline 309
Kessler, Alice 323
Kessler, Ellen 323
Khuon, Ernst von 343
Kiechle, Ignaz 408
Kiesinger, Kurt Georg 325
Kindler, Helmut 257, 329
Kinloch, Bruce 290
Kirchshofer, Rosel 278, 362, 372, 439
Kittscher, Gerhard 430
Klasen, Karl 358
Klingel, Hans 286 f., 316
Klöppel, Annemarie 143 f.
Klöppel, Günter 143
Klös, Heinz-Georg 38, 124, 136, 166, 177, 248, 392, 439
Knott, Carsten 141
Koberstein, Ingrid 380, 400
Koch, Marianne 205
Koehler, Otto 49, 91, 99, 151 f., 161, 240, 439
Koga, Tadamichi 266
Kohl, Helmut 384, 408, 411, 416
Kohlhaas, Michael (Pseudonym Bernhard Grzimeks) 258 f.

Kolb, Walter 142, 150, 157, 163 ff.,
 168, 180, 187, 194, 197, 218, 227
Korn, Karl 258
Kosterlitz, Hans-Krafft 156, 159
Krahl, Hilde 145
Kraus, Kurt 120
Krieg, Hans 303 f., 307
Krüger, Wilhelm 51
Krzysztalowicz, Andrzej 102
Kühme, Wolfdietrich 302
Kulenkampff, Hans-Joachim
 145, 210, 212
Kuntze-Just, Heinz 205
Küsle (Bäckermeister) 115
Küsle, Walli 115
Lamprey, Hugh 240
Lander, Herbert 201, 203
Lang, Ernst 251 f.
Leander, Zarah 145
Lederer, Gustav 122, 125, 141, 222
Leiske, Walter 164, 180, 184
Lembke, Robert E. 155
Lennig, Monika 414
Lerug, Ngatait 253, 282 f.
Lieberenz, Paul 82
Lindbergh, Charles 354
Lingen, Theo 145
Löbsack, Theo 329 f.
Lollobrigida, Gina 309
Lorberg, Karl 167
Lorenz (Bischof von Breslau,
 um 1200) 12
Lorenz, Konrad 8, 49, 69, 151,
 218, 258, 269 f., 285, 362, 381
Lübke, Heinrich 341
Lübke, Wilhelmine 310
Lummer, Wolfgang 267, 271,
 324, 384 f.
Lumumba, Patrice 275
Luther, Martin 413
Lutterloh, Ernst 73
Mahler, Charlotte 126
Makowski, Henry 63, 276, 356, 386
Mallinson, Jeremy 221
Malpas, Rob 401

Mann, Igor 294
Marshall, Jacques
 (Deckname von Dian Fossey) 361,
 siehe auch »Dian Fossey«
Martini, Louise 145
Maswanya, S. A. 316
Matthes, Joachim 180
Maugham, Somerset 145
McNamara, Robert 343, 348
Meissner, Hans-Otto 237 ff., 438
Meissner, Otto 238
Mence, Tony 276
Mende, Oskar 20, 90
Menzer, Rudolf 187
Mertens, Robert 187
Messner, Reinhold 395
Meyendorf, Irene von 180 f.
Mey-Sarrasani, Fritz 99 f., 392
Meysel, Inge 145
Mez, Theodor 314
Millowitsch, Willy 7
Mobutu, Joseph
 (später Mobutu Sese Seko) 356 f.
Molloy, Peter (Colonel) 225
Mongella, Gertrude 428 f.
Monreal, Gerhard 383
Moreno, Abelardo 344
Moritz (Ministerialdirektor) 83
Mührdel, Ferdinand 120
Müller, Richard 141, 168 f., 177,
 218, 311
Narten, Georg 76, 96
Neiss, Karl 156
Neubüser, Hellmut 133 f., 140 ff., 159,
 163, 197, 219, 254, 373
Neumann, Clemens 23
Neumann, Max 57, 59, 76
Neumann-Kleinpaul, Kurt 51
Niekisch, Manfred 417, 431
Niemöller, Martin 383
Nocker, Hilde 215
Nowak, Eugeniusz 312, 439
Nyerere, Julius 243, 263 ff., 280, 293,
 301, 314, 323, 334, 337, 344, 360, 365,
 368, 386 f., 396, 405

Obote, Milton 343
Oeming, Al 322
Ole Kuwai, Joe 281 f.
Ole Timbau (Maasai-Chief) 282
Opel, Georg von 167, 204, 206 f.,
  218, 243, 274 f., 357
Oppenhoff, Franz 119
Oromek, Richard 157
Osborn, Fairfield 291
Ovid 23
Owen, John 286, 360
Pearsall, W. H. 287
Peskov, Vasily 340
Peter, Franz 324
Peter, Heinke 274, 340
Petrich, Franz 76
Pflaumbaum, Walter 77
Philipp (Prinz) 357
Piel, Harry 100
Pittier, Henri 183
Plage, Götz Dieter 357
Podolczak, Doris 312
Podolczak, Gerhard 312, 317
Pohoski, Stanislaw 102
Praxmarer, Walter 100, 156, 159, 168
Priemel, Kurt 233 f.
Prüfer, Gerda 41
Prüfer, Max 41
Pulz, Karl 159
Putnam, Patrick Tracy Lowell 202
Rabenau, Alexander 168
Raddatz, Carl 181
Rathke, Arthur 388
Ratzinger, Joseph
  (Papst Benedikt XVI.) 393 f.
Rebroff, Ivan 358 f.
Reichenbach, Rosemarie 248, 301
Reinacher, Manfred 220
Reinhard, Kurt 392
Rémond, Fritz 139, 144 f.
Renger, Annemarie 372
Riefenstahl, Leni 86 ff., 392, 395
Rilke, Rainer Maria 425
Root, Alan 189, 232 f., 249 ff., 256, 260,
  275 f., 279, 305, 312 ff., 335, 360, 428

Root, Joan 305
Rossberger, Peter III. 199
Rossberger, Peter IV. 199
Rühmann, Heinz 145
Rulffs, Martin 226
Ruschi, Augusto 333 f.
Rust, Bernhard 105
Sachs, Rüdiger 294 f., 302
Sarrazin, Wilfried 314, 337
Sauerbruch, Ferdinand 47
Schacherl, Karl 159 f.
Schäfer, Ernst 183
Schaller, George 286
Scheel, Walter 289, 387
Schenck, Christof 430, 440
Schenk, Heinz 353
Schick, Albert 187
Schlott, Martin 151
Schmidt, Christian 273, 289, 385
Schmidt, Helmut 388, 399
Schmidt, Max 187
Schmidt-Hoensdorf, Fritz 77
Schmitt-Vockenhausen, Hermann 325
Schneider, Karl Max 166, 185
Schock, Rudolf 381
Schön, Ignaz 152
Schottler, Hartmut 215, 421
Schubert, Bruno H. 130 f., 333, 358, 419
Schubert, Inge 130
Schulze, Kurt 91, 96, 101 ff., 105, 151
Schumacher, Eugen 211 f., 343
Schütte, Rosemarie 214, 216, 395
Schütz, Claus 324 f.
Schwotzer, Wolfgang 273
Scott, Sir Peter Markham 7
Sedlmayr, Walter 372
Seitz, Alfred 151, 177, 205, 218
Seton, Ernest Thompson 96
Shakespeare, William 43
Shaw, George Bernhard 145
Sheehan (Major) 126
Shelley, Freeman 248
Siedentopf, Friedrich Wilhelm 249
Sielmann, Heinz 211, 362
Simpson, Elizabeth 315, 325

Sojka, Klaus 382 f.
Sondag, Walter 153
Sophie (Dienstmädchen) 136, 141
Spiegel, Gotthard 41
Stackelberg, Herbert Freiherr von 252
Stadtmüller, Fritz 267, 362, 380
Stammer, Hans-Jürgen 255
Stammer, Jürgen 255
Stanja (Hausmädchen) 111
Stausberg, Robert 139
Steffler, Christel 429
Stein, Erwin 167, 356
Steinbacher, Georg 122, 124 f., 148, 156, 177
Steinmetz, Hermann 177
Stern, Horst 211, 362, 373 f.
Stewart, James 205
Stoltenberg, Gerhard 388
Stosch-Sarrasani, Trude 99
Strauß, Franz Josef 332, 418
Streibl, Max 321
Stresemann, Erwin 47
Strohschneider, Harald 324
Strzybny, Gaudentius (Pater) 16
Szczęsny, Tadeusz 328
Talbot, Lee 240
Theodorescu, Inge geb. Fellgiebel 102 f., 392
Thielcke, Gerhard 385 f.
Thienemann, Hans-Georg 177
Tichy, Herbert 395
Tinbergen, Nikolaas 49, 92, 270, 307
Toepfer, Alfred 330 f., 370 f.
Toyoda, Tatsuro 44
Traber (Zirkusfamilie) 129
Trappe, Margarete 225
Trebitsch, Gyula 204
Treusch, Willy 328
Turnbull, Sir Richard 281
Turner, Kay 230, 249 ff., 287, 440

Turner, Myles 230 ff., 246, 287, 360, 440
Uexküll, Jakob von 69
Valente, Caterina 212
Van den Bergh, Walter 373
Verschuren, Jacques 286, 440
Vollmar, Fritz 326, 364 f.
Walenda-Schölling, Heiner 213, 358, 395
Wallmann, Walter 417
Wanke, Maria 15
Wankel, Felix 381, 383
Wäscha-Kwonnesin (Tierschriftsteller) 96
Watson, Murray 286
Weber, Bernhard 403
Weber, Wolfgang 268, 389, 424
Wegener, Paul 66
Weinzierl, Hubert 194, 237, 303, 305, 319 ff., 330 f., 336, 339, 350, 352, 369, 393 f., 424
Welk, Ehm 50, 64
Westphal, Rainer 423
Wickler, Wolfgang 307
Wilhelm I. (deutscher Kaiser) 17
Windecker, Wilhelm 289
Winkler, Elfriede 17
Winter, Rolf 410
Wunderlich, Rolf 288
Yew, Lee Kuan 343
Zahn, Werner 177
Zeidler (Witwe) 36, 38
Zeller, Wolfgang 205
Ziemen, Erik 392
Zoebe, Gerhard 169, 276
Zöller, Josef Othmar 355
Zuckmayer, Carl 145
Zukowsky, Ludwig 122, 177
Zutt, Jürg 243

Von Arminius bis Adenauer, von Canossa bis zum Mauerfall

Bernd Ingmar Gutberlet
DIE 33 WICHTIGSTEN
EREIGNISSE DER
DEUTSCHEN GESCHICHTE
ca. 272 Seiten
Gebunden mit Schutzumschlag
ISBN 978-3-431-03759-3

Wo und wann fand noch mal die Krönung Karls des Großen statt?
Warum war der Gang nach Canossa ein so einschneidendes Ereignis?
Und welche Symbolkraft hatte Willy Brandts Kniefall von Warschau?

Die deutsche Geschichte voller überraschender Ereignisse und dramatischer Wendungen, großer Siege und vernichtender Niederlagen. Wer sich nur noch lückenhaft an seinen Geschichtsunterricht erinnert oder einfach sein Wissen auf kurzweilige Art auffrischen möchte, dem hilft Bestsellerautor Bernd Ingmar Gutberlet in 33 Kapiteln gekonnt auf die Sprünge. Kurz, prägnant und unterhaltsam.

Ehrenwirth